HISTOIRE ROMAINE

DE

DION CASSIUS.

PARIS,
TYPOGRAPHIE DE FIRMIN DIDOT FRÈRES,
RUE JACOB, 56.

HISTOIRE ROMAINE

DE

DION CASSIUS,

TRADUITE EN FRANÇAIS,

AVEC DES NOTES CRITIQUES, HISTORIQUES, ETC.,

ET LE TEXTE EN REGARD,

collationné

SUR LES MEILLEURES ÉDITIONS ET SUR LES MANUSCRITS DE ROME,
FLORENCE, VENISE, TURIN,
MUNICH, HEIDELBERG, PARIS, TOURS, BESANÇON.

PAR E. GROS,

INSPECTEUR HONORAIRE DE L'ACADÉMIE DE PARIS,
PROVISEUR DU LYCÉE IMPÉRIAL BONAPARTE.

TOME QUATRIÈME.

PARIS,

LIBRAIRIE DE FIRMIN DIDOT FRÈRES,

IMPRIMEURS DE L'INSTITUT,

RUE JACOB, 56.

1855.

AVERTISSEMENT.

Dans ce IVe volume, je donne moins de place que dans les précédents à la discussion du texte, qui est beaucoup plus pur et ne présente point de lacune. Mais le récit de Dion offre quelques inexactitudes et n'est pas toujours assez développé. J'ai dû le rectifier et le compléter, dans les Éclaircissements, à l'aide de Cicéron, de César, de Plutarque et d'Appien, qu'il a pris évidemment pour guides.

ERRATA.

Pag. 59, lig. 9, lis. *leur*... — Pag. 63, lig. 20, après les mots *Caius Atéius*, ajoutez *et*... — Pag. 97, lig. 8, lis. *Trévires*... — Pag. 125, lig. 7-8, au lieu de *l'attaquait avec toute la force de son éloquence*, lis. *avait fait une déposition terrible contre lui*... — Pag. 221, lig. 16, lis. *même*... — Pag. 368, lig. 5, lis. Ἀντωνίου... — Pag. 432, lig. 39, lis. Ῥωμαίων... — Pag 437, lig. 38, lis. *Atéius*... — Pag. 438, lig. 36, lis. *couvert*... — Pag. 444, lig. 39, ponctuez ainsi : ἔσεσθαι·

ΤΩΝ

ΔΙΩΝΟΣ

ΙΣΤΟΡΙΩΝ ΡΩΜΑΙΚΩΝ

ΤΑ ΒΙΒΛΙΑ

ΛΘ΄, Μ΄, ΜΑ΄.

ΤΩΝ

ΔΙΩΝΟΣ

ΙΣΤΟΡΙΩΝ ΡΩΜΑΙΚΩΝ

ΤΟ ΤΡΙΑΚΟΣΤΟΝ ΕΝΝΑΤΟΝ ΒΙΒΛΙΟΝ [1].

Τάδε ἔνεστιν ἐν τῷ τριακοστῷ ἐννάτῳ τῶν Δίωνος Ῥωμαϊκῶν [2].

Ὡς Καῖσαρ Βελγικοῖς ἐπολέμησεν.

Ὡς Κικέρων κατῆλθεν.

Ὡς Πτολεμαῖος, ἐκπεσὼν ἐξ Αἰγύπτου, ἐς Ῥώμην ἀνῆλθεν.

Ὡς Κάτων τὰ ἐν Κύπρῳ κατεστήσατο.

Ὡς Πομπήϊος καὶ Κράσσος ὕπατοι ᾑρέθησαν.

Ὡς τὸ θέατρον τὸ Πομπηΐου καθιερώθη.

Ὡς Δέκιμος [3] Βροῦτος, Καίσαρος ὑποστράτηγος, Οὐενετοὺς ναυμαχίᾳ ἐνίκησεν.

Ὡς Πούπλιος Κράσσος, Καίσαρος ὑποστράτηγος, Ἀκυϊτανοῖς ἐπολέμησεν.

1. J'ai collationné pour ce livre les mêmes manuscrits que pour le XXXVIII; cf. tom. III, page 294, not. 1.
A partir de ce livre, je me contenterai de citer les variantes : je ne dis-

HISTOIRE ROMAINE

DE DION.

LIVRE TRENTE-NEUVIÈME.

Matières contenues dans le trente-neuvième livre de l'Histoire romaine de Dion.

Comment César fit la guerre contre les Belges, § 1-5.
Retour de Cicéron, § 6-11.
Comment Ptolémée, chassé d'Égypte, vint à Rome, § 12-16.
Comment Caton organisa l'île de Cypre, § 17-23.
Comment Pompée et Crassus furent élus consuls, § 24-37.
Dédicace du théâtre de Pompée, § 38-39.
Comment Décimus Brutus, lieutenant de César, vainquit les Vénètes dans un combat naval, § 40-43.
Comment Publius Crassus, lieutenant de César, fit la guerre contre les Aquitains, § 44-46.

---

cuterai que celles qui pourront donner lieu à des remarques que je n'aurais pas eu occasion de faire dans les trois premiers volumes.
2. Cf. tom. III, p. 124, not. 2.
3. A, B : Δεκίμιος.

Ὡς Καῖσαρ, Κελτῶν τισι πολεμήσας, τὸν Ῥῆνον διέβη· καὶ περὶ τοῦ Ῥήνου.

Ὡς Καῖσαρ ἐς Βρεττανίαν ἐπεραιώθη· καὶ περὶ τῆς νήσου.

Ὡς Πτολεμαῖος ὑπὸ Γαουϊνίου ἐς Αἴγυπτον κατήχθη, καὶ ὡς ὁ Γαουΐνιος ἐπὶ τούτῳ ἐκρίθη.

Χρόνου πλῆθος, ἔτη τέσσαρα ἐν οἷς ἄρχοντες οἱ ἀριθμούμενοι οἵδε ἐγένοντο·

Π. Κορνήλιος Π. υἱ. Λεντοῦλος Σπινθὴρ καὶ Κ. Καικίλιος[1] Κ. υἱ. Μέτελλος Νέπως.

Γν. Κορνήλιος Π. υἱ. Λεντοῦλος Μαρκελλῖνος καὶ Λ. Μάρκιος[2] Λ. υἱ. Φίλιππος.

Γν. Πομπήϊος Γν. υἱ. Μάγνος, τὸ β΄, καὶ Μ. Λικίνιος[3] Π. υἱ. Κράσσος, τὸ β΄.

Λ. Δομίτιος Γν. υἱ. Ἀηνόβαρβος[4], καὶ Ἄππιος Κλαύδιος Ἀππ. υἱ. Πούλχρος.

1. Οὕτω μὲν δὴ καὶ ἐκεῖνα διεπολεμήθη[5]· μετὰ δὲ ταῦτα, τοῦ χειμῶνος, ἐν ᾧ Κορνήλιός τε Σπινθὴρ καὶ ὁ Μέτελλος ὁ Νέπως ὑπατεύειν ἤρξαντο, διελθόντος, τρίτος τις πόλεμος αὐτοῖς ἐγένετο. Οἱ γὰρ Βελγικοὶ[6], τῷ τε

---

1. D'après Rob. Étienne. — Leunclavius propose Κ. Καικίλιος, comme une leçon nouvelle, sans doute parce qu'il n'avait consulté que l'édition de H. Étienne, où le prénom manque.
2. Préférable à Μάρκος, donné par A, B, C, et par Rob. Étienne.

HISTOIRE ROMAINE DE DION, L. XXXIX.

Comment César fit la guerre contre certains peuples celtes et traversa le Rhin : cours de ce fleuve, § 47-49.

Passage de César dans la Bretagne : détails sur cette île, § 50-54.

Comment Gabinius ramena Ptolémée en Égypte, et comment il fut mis en accusation pour ce fait, § 55-65.

Temps compris dans ce livre : quatre ans. Les consuls furent :

P. Cornelius Lentulus Spinther, fils de P., et Q. Cæcilius Metellus Nepos, fils de Q.

Cn. Cornelius Lentulus Marcellinus, fils de P., et L. Marcius Philippus, fils de L.

Cn. Pompeius Magnus, fils de Cn. II, et M. Licinius Crassus, fils de P. II.

L. Domitius Aenobarbus, fils de Cn., et Appius Claudius Pulcher, fils d'App.

---

1. Ainsi finit cette guerre: ensuite, à la fin de l'hiver pendant lequel Cornelius Spinther et Metellus Nepos entrèrent dans l'exercice du consulat, les Romains en eurent une troisième à soutenir. Les Belges, formés du mélange de

An de Rome 697.

P. Corn. Spinther et Metellus Nepos consuls.

---

3. A : Λικίννιος.
4. Ἀννόβαρβος, dans le même Ms. Ἀννόβαρβας, dans G.
5. Cf. p. 461, not. 7, tom. III de cette édition.
6. Leunclavius a substitué Βελγικοὶ à Κελτικοὶ donné par Xylander.

Ῥήνῳ πολλοῖς καὶ συμμίκτοις γένεσι προσοικοῦντες, καὶ ἐπὶ τὸν Ὠκεανὸν τὸν κατὰ Βρεττανίαν¹ καθήκοντες, ἐν μὲν τῷ πρὶν, οἱ μὲν ἔνσπονδοι τοῖς Ῥωμαίοις ἦσαν, οἱ δὲ ἐφρόντιζον αὐτῶν οὐδέν· τότε δὲ², τὸν Καίσαρα εὖ φερόμενον ἰδόντες, καὶ δείσαντες μὴ καὶ ἐπὶ σφᾶς ὁρμήσῃ, συνεστράφησαν· καὶ κοινῷ, πλὴν Ῥημῶν³, λόγῳ χρησάμενοι, συνεβουλεύσαντό τε ἐπὶ τοῖς Ῥωμαίοις, καὶ συνωμόσαντο⁴, Ἀδρὰν⁵ προστησάμενοι.

2. Ταῦτ' οὖν ὁ Καῖσαρ παρὰ τῶν Ῥήμων μαθὼν, ἐν φρουρᾷ τε αὐτοὺς ἐποιήσατο, κἀνταῦθα πρὸς τῷ Αὐξούνῳ⁶ ποταμῷ στρατοπεδευσάμενος, ἤθροιζέ τε ἅμα τοὺς στρατιώτας καὶ ἐξήσκει. Οὐδὲ ἐτόλμησε πρότερον τοῖς πολεμίοις, καίτοι τὴν χώραν σφῶν κατατρέχουσιν⁷, ἐς χεῖρας ἐλθεῖν, πρὶν ὡς καὶ δεδιότος αὐτοῦ καταφρονήσαντες, ἐπεχείρησαν τήν τε γέφυραν καταλαβεῖν, καὶ τὴν σιτοπομπίαν⁸, ἣν δι' αὐτῆς παρὰ τῶν συμμάχων ἐποιεῖτο, ἀφελέσθαι. Τοῦτο γὰρ ἐξ αὐτομόλων προγνοὺς ἐσόμενον,

---

Reimarus conserve la leçon vulgaire, ici et dans le § 1 de l'argument : ὡς Καῖσαρ Κελτικοῖς ἐπολέμησεν. Avec Sturz et M. Imm. Bekker, j'adopte Βελγικοῖς — Βελγικοί. Cette correction, autorisée par A qui porte Βελτικοῖς — Βελτικοί, à cause de la confusion de γ avec τ, est confirmée par César, De Bell. Gall. II, 1 : Certior fiebat omnes Belgas... contra populum Romanum conjurare, obsidesque inter se dare.

1. F : Βρετανίαν. — 2. C : δή.
3. Ῥημῶν ici et plus bas dans tous les Ms. César, l. l. 3 : Remi, qui proximi Galliæ ex Belgis sunt, ad eum legatos, Iccium et Antebrogium, primos civitatis, miserunt, qui dicerent se suaque omnia in fidem atque potestatem populi Romani permittere, neque se cum reliquis Belgis consensisse.

plusieurs races, habitaient sur les bords du Rhin et s'étendaient jusqu'à l'Océan, vis-à-vis de la Bretagne. Antérieurement, une partie avait fait alliance avec les Romains : les autres ne s'étaient pas inquiétés de ce peuple ; mais alors, voyant les succès de César et craignant qu'il ne vînt les attaquer aussi, ils se liguèrent et s'abouchèrent tous, à l'exception des Rémois, se lièrent par des serments et résolurent la guerre contre les Romains. Adra fut mis à leur tête.

2. Instruit par les Rémois de ce qui se passait, César établit dans leur pays des postes de défense, campa sur les bords de l'Aisne, rassembla tous ses soldats et les exerça ; mais, quoique les ennemis ravageassent les terres des Rémois, il n'osa pas les attaquer avant que les Belges, qui le méprisaient comme un homme dominé par la crainte, n'eussent tenté de s'emparer du pont et d'enlever les vivres que ses alliés lui faisaient parvenir par ce pont. César, informé à temps de leurs projets par des transfuges, fit marcher, pen-

---

4. G : συνωμόσατο. — 5. C : Ἀδρόν. M. Imm. Bekker lit Γάλβαν, d'après César, l. l. 4 : Nunc esse regem Galbam : ad hunc, propter justitiam prudentiamque, summam totius belli omnium voluntate deferri.

6. D'après C, je substitue avec M. Imm. Bekker cette leçon à l'ancienne Αὐξούννῳ. Leunclavius aimerait mieux Ἀξόνᾳ.

7. Cf. César, l. l. 6-7.

8. Reimarus préférerait σιτοπεμπείαν : Sturz adopte cette leçon. Je maintiens l'ancienne, qui est confirmée par les Ms. M. Imm. Bekker la respecte aussi.

ἔπεμψεν ἐπ' αὐτοὺς νυκτὸς τούς τε ψιλοὺς [1] καὶ τοὺς ἱππέας. Καὶ οἱ μὲν, προσπεσόντες τοῖς βαρβάροις ἀπροσδόκητοι, πολλοὺς ἀπέκτειναν [2]· ὥστε πάντας τῆς ἐπιούσης νυκτὸς ἐς τὴν οἰκείαν [3], ἄλλως τε καὶ ἐπειδὴ οἱ Αἴδουοι [4] ἐσβεβληκότες ἐς αὐτὴν ἠγγέλλοντο, ἀπαναστῆναι [5]. Καῖσαρ δὲ ᾔσθετο μὲν τὸ γιγνόμενον, οὐκ ἐτόλμησε δὲ σφᾶς εὐθὺς [6], ἀγνοίᾳ τῶν χωρίων, ἐπιδιῶξαι · ἀλλ' ἅμα [ἕῳ [7]] τήν τε ἵππον λαβὼν, καὶ τοὺς πεζοὺς [8] ἐπακολουθεῖν κελεύσας, κατέλαβεν αὐτούς. Καὶ ὑποστάντας ἐς μάχην (ἐνομίζετο γὰρ σὺν μόνῃ τῇ ἵππῳ εἶναι)· διέτριψε [9] μέχρις οὗ καὶ ὁ πεζὸς ἦλθε. Καὶ οὕτω παντὶ τῷ στρατῷ περισχὼν, τούς τε πλείους κατέκοψε [10] καὶ τοὺς περιλοίπους ὁμολογίᾳ παρεστήσατο [11]. Κἀκ τούτου καὶ τῶν δήμων τοὺς μὲν ἀμαχὶ προσηγάγετο, τοὺς δὲ πολέμῳ.

3. Νερούϊοι δὲ τῆς [12] μὲν πεδιάδος (οὐ γὰρ ἦσαν [13]

---

1. A : ψίλους, en marge. B : τούς τε φίλους ψιλούς. Cf. la note de Sturz, tom. I, p. 477 de son édition.
2. Cf. César, l. l. 10 et suiv.
3. C porte en marge λείπει; mais les autres Ms. n'indiquent aucune lacune. Dans G, le passage οἰκείαν — ἐσβεβληκότες, ἐς a été ajouté en marge par une main plus moderne.
4. F : Αἰδούσιοι, — 5. C : ἐπαναστῆναι. G : ἐπ*α*ναστῆναι.
6. Omis dans C, D, H ; ajouté en marge dans G.
7. L'ancienne leçon ἅμα τήν τε se trouve dans tous les Ms. Reimarus l'a conservée ; mais Sturz adopte la correction de Rob. Étienne ἅμα φωτί, d'après César, l. l. 11 : *Prima luce*, confirmata re ab exploratoribus. M. Imm. Bekker lit ἅμα ἕῳ, qui fournit le même sens. J'insère sa conjecture dans le texte ; mais en mettant ἕῳ entre crochets. J'aimerais mieux pourtant ἡμέρᾳ, qui a pu être omis à cause de la ressemblance entre ἅμα et l'abréviat'on employée par les copistes, au lieu de ἡμέρᾳ.

dant la nuit, contre les barbares son infanterie légère et sa cavalerie, qui tombèrent sur eux à l'improviste et en tuèrent un grand nombre : les autres rentrèrent tous, la nuit suivante, dans leur pays, parce qu'ils avaient appris qu'il venait d'être envahi par les Éduens. César n'ignora pas leur départ; mais, ne connaissant pas le pays, il n'osa les poursuivre sur-le-champ. A la pointe du jour, il se mit à la tête de la cavalerie, donna à l'infanterie l'ordre de le suivre et atteignit les ennemis qui lui tinrent tête, persuadés qu'il n'avait avec lui que la cavalerie. César les occupa jusqu'à ce que l'infanterie l'eût rejoint : aussitôt qu'elle fut arrivée, il les enveloppa avec toute son armée, en massacra la plus grande partie et reçut le reste à composition. Après ce succès, il soumit les autres peuplades, celles-ci sans combattre, celles-là par la guerre.

3. Les Nerviens, qui n'étaient pas capables de se

---

8. Le passage ἐπιδιῶξαι — πεζούς manquait dans G : il a été ajouté en marge.

9. Ὑποστάντες est une faute de copiste dans F. La leçon ὑποστάντας — διέτριψε parait suspecte à Reiske, qui déclare ne connaître aucun exemple de l'emploi de διατρίβειν avec un nom de personne à l'accusatif. Cette construction est fort rare, il est vrai; mais elle peut se justifier; cf. Thes. Gr. Ling., tom. II, p. 1361, éd. Didot. Je conserve donc l'ancienne leçon, sans recourir à la conjecture de Reiske, qui voudrait sous-entendre ἀποκρουόμενος, ou bien ἀμύνων après διέτριψε.

10. Cf. César, l. l. 11 et suiv.

11. G : παριστήσατο.

12. Οὖν τῆς, non-seulement dans A cité par Sturz; mais aussi dans D, H.

13. Ce verbe a été ajouté par Reimarus, d'après C : je l'insère dans le texte, comme Sturz et M. Imm. Bekker.

ἀξιόμαχοι) ἑκόντες αὐτῷ ἐξέστησαν, ἐς δὲ δὴ τὰ ὄρη τὰ ὑλωδέστατα ἀνακομισθέντες, ἔπειτ' ἐπειδὴ [1] καὶ ἐκεῖθεν ἐπικατέδραμον ἀνέλπιστοι, [καὶ] καθ' ὃ μὲν αὐτὸς ὁ Καῖσαρ ἦν, ἐτράποντο καὶ ἔφυγον [2]· τῷ δὲ δὴ πλείονι τοῦ στρατοῦ καθυπέρτεροί τε ἐγένοντο, καὶ τὸ στρατόπεδον αὐτοβοεὶ [3] εἷλον. Αἰσθόμενος δὲ τοῦτ' ἐκεῖνος (προκεχωρήκει γὰρ ἐπί τι τοὺς τετραμμένους διώκων) ἀνέστρεψε [4]· καὶ καταλαβὼν αὐτοὺς ἐν τῷ ἐρύματι ἁρπαγὴν ποιουμένους, περιεστοιχίσατο καὶ κατεφόνευσε. Πράξας δὲ ταῦτα, οὐδὲν ὅ τι [5] μέγα ἔργον τοὺς λοιποὺς Νερουΐους χειρούμενος ἔσχε.

4. Κἀν τούτῳ Ἀτουατικοὶ, πλησιόχωροί τε αὐτοῖς ὄντες, καὶ τὸ γένος τό τε φρόνημα τὸ τῶν Κίμβρων ἔχοντες, ὥρμησαν μὲν ὡς καὶ βοηθήσοντες [6] σφίσιν. Ἐπειδὴ δὲ ἔφθησαν προαλόντες, ἀνεχώρησαν, καὶ πάντα τἆλλα [7] χωρία ἐκλιπόντες, ἐς ἓν [8] τεῖχος τὸ κράτιστον ἀνεσκευάσαντο. Καὶ αὐτῷ τὸν Καίσαρα προσβαλόντα, ἐπὶ πολλὰς ἡμέρας ἀπεκρούσαντο, μέχρις οὗ [9] πρὸς μηχανῶν ποίησιν

---

1. G et H : ἔπειτα ἐπειδή. Reiske propose de remplacer ἐπειδὴ par ἐπὶ τὴν πεδιάδα, et Sturz se montre favorable à cette substitution : elle ne me paraît pas motivée. Je maintiens l'ancienne leçon ; mais la phrase marcherait mieux, si l'on supprimait ἐπειδὴ ici, ou bien καὶ avant καθ' ὅ. Je me borne à placer ce καὶ entre crochets.
2. Cf. César, l. l. 19 et suiv. ; Plutarq., Vie de César, XX, et Julius Celsus, De Vit. Jul. Cæs. lib. II, p. 48 et suiv. Collect. Lemaire.
3. Αὐτοβοὶ, dans A, B, D, E, F, H.
4. Προσεχωρήκει, dans C, F, faute reproduite par Rob. Etienne. L'édition de Leunclavius porte : αἰσθόμενος δὲ τοῦτ' ἐκεῖνος προσκεχωρήκει. Ἐπί τε τοὺς τετραμμένους, διώκων, ἀνέστρεψε. Reimarus, d'accord avec Oddey, proposa d'abord αἰσθόμενος δὲ τοῦτ' ἐκεῖνος (προκεχωρήκει γὰρ

mesurer avec lui, abandonnèrent volontairement la plaine et se retirèrent sur les montagnes couvertes des forêts les plus touffues, d'où ils fondirent inopinément sur les Romains. Ils furent repoussés et mis en fuite là où César commandait en personne; mais ils eurent l'avantage presque partout ailleurs, et prirent d'emblée le camp des Romains. A cette nouvelle, César, qui s'était laissé entraîner assez loin en poursuivant les fuyards, rebroussa chemin, enveloppa les barbares qui pillaient son camp et en fit un grand carnage. Après cet exploit, il n'eut aucune peine à soumettre le reste des Nerviens.

4. Sur ces entrefaites, les Aduatiques, voisins des Nerviens et qui avaient la même origine et la même audace que les Cimbres, s'étaient mis en marche pour les secourir; mais prévenus par la défaite des Nerviens, ils rentrèrent dans leur pays et abandonnèrent toutes leurs places, à l'exception d'une seule, qui était la plus forte et où ils se retirèrent. César l'attaqua; mais ils le repoussèrent pendant plusieurs jours, jusqu'au moment où il s'occupa

---

ἐπί τε τοὺς τετραμμένους, διώκων) ἀνέστρεψε. Plus tard, il lut sans parenthèse ἐκεῖνος, ὃς προκεχωρήκει κτλ.; cf. Addend. p. 1697, tom. II de son édition. Sturz a suivi la seconde conjecture; mais en substituant προὐκεχωρήκει à προκεχωρήκει, et en adoptant la correction de Reiske ἐπί τι, au lieu de ἐπί τε. Avec M. Imm. Bekker, je lis : αἰσθόμενος δὲ τοῦτ' ἐκεῖνος (προκεχωρήκει γὰρ ἐπί τι..... διώκων) ἀνέστρεψε.

5. D'après Reimarus et Sturz. M. Imm. Bekker préfère ἔτι, proposé par Leunclavius et Turnèbe.

6. C et G : βοηθήσαντες. — 7. F : τὰ ἄλλα. — 8. Omis dans le même Ms.

9. L'ancienne leçon porte μέχρις οὖν. Reimarus, après avoir remarqué l'absence de οὖν dans C, propose, mais timidement, μέχρις οὗ approuvé

ἐτράπετο. Τότε γὰρ, τέως μὲν τήν τε ὕλην τέμνοντας καὶ τὰ μηχανήματα συμπηγνύντας τοὺς Ῥωμαίους ἑώρων, γέλωτα [1] τῇ ἀπειρίᾳ τῶν γιγνομένων [2] ἐποιοῦντο. Ἐπεὶ δὲ ἐκεῖνά τε ἐξειργάσθη, καὶ ὁπλῖται σφίσι πανταχόθεν ἅμα ἐπ' αὐτῶν προσήγοντο, κατεπλάγησαν, ἅτε μὴ πώποτε τοιοῦτόν τι [3] ἑωρακότες· καὶ ἐκηρυκεύσαντο [4], τά τε ἐπιτήδεια τοῖς στρατιώταις πέμψαντες, καὶ ὅπλα τινὰ ἀπὸ τοῦ τείχους ῥίψαντες [5]. Ὡς μέντοι τά τε μηχανήματα τῶν ἀνδρῶν γυμνωθέντα αὖθις εἶδον [6], καὶ ἐκείνους πρὸς θυμηδίαν οἷα [7] ἐπὶ νίκῃ τετραμμένους ᾔσθοντο, μετέγνωσαν· καὶ ἀναθαρσήσαντες, τῆς νυκτὸς ἐπέξοδον, ὡς καὶ ἀνελπίστους σφᾶς κατακόψοντες, ἐποιήσαντο. Περιπεσόντες δὲ τοῖς προφύλαξιν (ὁ γὰρ Καῖσαρ ἀκριβῶς πάντα ἀεὶ διώκει) ἐσφάλησαν· καὶ οὐδὲ τῶν λοιπῶν οὐδεὶς ἔτι συγγνώμης ἔτυχεν, ἀλλὰ πάντες ἐπράθησαν [8].

5. Ἐπειδὴ δὲ οὗτοί τε κατεστράφατο [9], καὶ ἄλλοι, οἱ μὲν [10] ὑπ' αὐτοῦ, οἱ δὲ καὶ διὰ τῶν ὑποστρατήγων, συχνοὶ

par Oddey. Sturz n'hésite pas à adopter cette leçon, qu'il donne comme tirée de A : elle est aussi dans F et H. M. Imm. Bekker l'adopte.

1. Cf. César, l. l. 30 et suiv. ; Jul. Celsus, l. i. p. 51.
2. Γενομένων, dans A, C, E, G, H et dans Rob. Étienne.
3. Τοιοῦτό τι, dans A, cité par Sturz, et dans B, C, D, F, G.
4. A : διεκηρυκεύσαντο, adopté par M. Imm. Bekker, est peut-être préférable à la leçon vulgaire ἐκηρυκεύσαντο : je la respecte pourtant, parce qu'on peut très-bien la maintenir et qu'elle est confirmée par plusieurs Ms. C porte ἐκηρυκεύσαντες.
5. Cf. César, l. l. 32.
6. Ἰδὸν, dans A, mentionné par Sturz, et dans B, C, D, F, G, H.
7. L'ancienne leçon προθύμῃ διανοίᾳ parut justement suspecte à Reimarus : il rejeta aussi ῥαθύμῃ διανοίᾳ qu'avait proposé le Critique appelé N

de la construction des machines. Tant que les Aduatiques virent les Romains couper des pièces de bois et les assembler pour former des machines, ils plaisantaient, parce qu'ils n'en connaissaient pas l'usage ; mais lorsqu'elles furent achevées et qu'on y eut amené, de tous les côtés, des soldats pesamment armés, les barbares, qui n'avaient jamais rien vu de pareil, furent frappés de stupeur. Ils envoyèrent une députation à César pour demander la paix, firent porter à ses soldats tout ce dont ils avaient besoin et jetèrent du haut des murs une partie de leurs armes. Puis, ayant vu ces machines dégarnies de soldats et remarquant que les Romains s'abandonnaient à la sécurité qu'inspire la victoire, ils se repentirent de leur démarche, reprirent leur audace et firent une sortie, pendant la nuit, dans l'espérance de les surprendre et de les tailler en pièces. Mais ils allèrent donner contre les avant-postes ; car César veillait constamment à tout, et leur tentative échoua. Aucun de ceux qui échappèrent à la mort n'obtint grâce : ils furent tous vendus.

5. Après la défaite des Aduatiques, beaucoup d'autres peuples furent soumis par César ou par ses lieute-

dans son édition et substitua προθύμῳ à προθύμῃ. Sturz adopte cette correction. M. Imm. Bekker, par le simple changement de πρὸς en πρὸ, perpétuellement confondus par les copistes, est arrivé à une leçon excellente : πρὸς θυμηδίαν οἷα. Je l'ai adoptée.

8. D'après B, C. — Rob. Étienne avait deviné cette leçon : elle a été suivie par H. Étienne et par Leunclavius. A, D portent l'ancienne ἐπράχθησαν. Pour les détails historiques, cf. César, l. l. 33, et Jul. Celsus, l. l. p. 52.

9. Reimarus maintient l'ancienne leçon ἐπειδὴ δὲ οὔτ' ἐστράφετο, mais il traduit *his ita subjugatis*, d'après la correction ἐπειδὴ δὲ οὗτοι κατεστράφατο, proposée par Leunclavius. Je l'adopte avec Sturz et M. Imm. Bekker.

10. Les mots οἱ μὲν, qui manquaient dans F, ont été ajoutés en marge par une main moderne.

ἐκεχείρωντο, ὅ τε χειμὼν ἐνέστη, ἀνεχώρησεν [1] ἐς τὰ χειμάδια. Μαθόντες δὲ ταῦθ' οἱ Ῥωμαῖοι, ἐθαύμασαν ὅτι ἔθνη τοσαῦτα, ὧν οὐδὲ τὰ ὀνόματα πρότερον ἠκρίβουν, ᾑρήκει· καὶ ἐψηφίσαντο πεντεκαίδεκα ἐπ' αὐτοῖς ἡμέρας θῦσαι [2]· ὅπερ οὔπω [3] πρότερον ἐγεγόνει. Κἂν τῷ αὐτῷ τούτῳ χρόνῳ Γάλβας ὁ Σερούϊος, ὑποστρατηγῶν αὐτῷ, μέχρι μὲν ἥ τε ὡραία [ἦν [4]] καὶ τὸ στράτευμα συνεστὸς [5] εἶχεν, Οὐάραγρους παρά τε τῇ Λεμάνῳ [6] λίμνῃ, καὶ πρὸς τοῖς Ἀλλόβριξι μέχρι τῶν Ἄλπεων οἰκοῦντας, τοὺς μὲν βίᾳ, τοὺς δὲ καὶ ὁμολογίᾳ παρεστήσατο· ὥστε καὶ χειμάσαι κατὰ χώραν παρασκευάσασθαι. Ἐπεὶ μέντοι οἱ πλείους τῶν στρατιωτῶν οἱ μὲν παρειμένοι, οἷα μὴ πόρρω τῆς Ἰταλίας ὄντες, οἱ δὲ καὶ ἐφ' ἑαυτῶν, ἄλλοσε ἀπεχώρησαν [7], καὶ αὐτῷ ἀπροσδόκητοι κατὰ τοῦτο οἱ ἐπιχώριοι ἐπέθεντο· πρὸς ἀπόνοιαν ὑπ' ἀπογνώσεως προήχθη· καὶ ἐκπηδήσας ἐκ τοῦ χειμαδίου ἄφνω, τούς τε προσκειμένους οἱ τῷ παραδόξῳ τοῦ τολμήματος ἐξέπληξε [8], καὶ δι' αὐτῶν πρὸς τὰ

---

1. D'après A, C, F, G, au lieu d'ἀνεχώρησαν. Sturz suit la leçon de ces Ms.; mais il ne cite que A et C. M. Imm. Bekker l'adopte aussi.
2. Cf. César, l. l. Plutarq., Vie de César, XXI; Jul. Celsus, l. l. p. 53.
3. A, F : οὖν πω.
4. Avec l'ancienne leçon ἥ τε ὡραία, il faut sous-entendre ἦν, d'après Reimarus, ou bien εἴα ou ἔτρεπε, d'après Reiske. M. Imm. Bekker lit : ἥ τε ὡραία ἦν que j'adopte; mais en plaçant ἦν entre crochets.
5. G : συνεστώς.
6. D'après Turnèbe et M. Imm. Bekker, ou bien Λεμμάνῳ, d'après Leunclavius. Sturz, qui conserve l'ancienne leçon Λεμβάνῳ, maintenue aussi par Reimarus, attribue la correction de Leunclavius au Ms. A. C'est une erreur : A porte Λεμβάνῳ, ainsi que B, C, G.

nants, et comme la mauvaise saison approchait, il se retira dans ses quartiers d'hiver. A la nouvelle de ces victoires, les Romains s'étonnèrent qu'il eût subjugué tant de nations dont ils ne savaient pas même exactement le nom et décrétèrent quinze jours d'actions de grâces aux dieux, ce qui ne s'était jamais fait jusqu'alors. En même temps, pendant que la saison le permettait encore et que ses troupes étaient réunies, Servius Galba, lieutenant de César, soumit par la force ou par des traités les Véragres, qui habitaient sur les bords du Léman, aux confins des Allobroges, jusqu'aux Alpes. Il se disposait même à passer l'hiver dans ce pays; mais la plupart de ses soldats s'étant dispersés, les uns avec des congés, parce qu'on n'était pas loin de l'Italie, les autres de leur propre autorité, les habitants profitèrent de cette circonstance pour tomber brusquement sur Galba. Le désespoir alors le poussa à une résolution téméraire : il s'élança tout à coup hors de ses quartiers d'hiver, étonna par cette audace incroyable les ennemis qui le serraient de près et s'ouvrit, à travers leurs

---

7. Reimarus reproduit l'ancienne leçon, ἐπεὶ μέντοι οἱ πλείους τῶν στρατιωτῶν οἱ μὲν παρέμενον, οἷα μὴ πόρρω τῆς Ἰταλίας ὄντες, οἱ δὲ καὶ ἐφ' ἑαυτῶν ἄλλοσε ἀπεχώρησαν, κτλ. « Sed postquam multi e militibus alii quidem remanserant, alii privatis de causis in alia loca discesserant. » Mais elle est évidemment vicieuse. Aussi, le célèbre éditeur de Hambourg proposat-il plus tard, cf. Addend. l. I, de remplacer παρέμενον par παρειμένοι, que j'adopte avec Sturz et M. Imm. Bekker : Sed postquam multi ex militibus *alii quidem dimissi*, quod haud longe ab Italia abessent, *alii privatis de causis* in alia loca discesserant. M. Tafel a suivi cette interprétation : *In eigenen Angelegenheiten*. D'après l'enchaînement des idées, j'ai mieux aimé donner à ἐφ' ἑαυτῶν le sens de *per se*. Cf. Thes. Gr. Ling., tom. III, p. 1511, éd. Didot.

8. Cf. César, De Bell. Gall. III, 2 et suiv. ; Jul. Cels., l. l. lib. III, p. 54.

μετέωρα διέπεσε. Γενόμενος δὲ ἐν τῷ ἀσφαλεῖ ἠμύνατο μὲν αὐτοὺς μετὰ τοῦτο, καὶ ἐδουλώσατο, οὐ μὴν καὶ ἐχείμασεν αὐτόθι, ἀλλὰ καὶ ἐς τὴν τῶν Ἀλλοβρίγων μετέστη [1]. Ταῦτα μὲν ἐν τῇ Γαλατίᾳ [2] ἐγένετο.

6. Πομπήϊος δὲ ἐν τούτῳ τὴν κάθοδον τῷ Κικέρωνι ψηφισθῆναι διεπράξατο. Ὃν γὰρ διὰ τοῦ Κλωδίου ἐξεληλάκει, τοῦτον ἐπ' αὐτὸν ἐκεῖνον ἐπανήγαγεν. Οὕτω που τὸ ἀνθρώπειον δι' ὀλίγου τέ ἐστιν ὅτε μεταβάλλεται, καὶ ἀφ' ὧν ὠφεληθήσεσθαί τινες ἢ καὶ βλαβήσεσθαι νομίζουσι, τὰ ἐναντιώτατα ἀντιλαμβάνουσι. Συνέπραττον δὲ ἀπὸ τῶν στρατηγῶν καὶ τῶν δημάρχων ἄλλοι τε καὶ Τῖτος Ἄννιος [3] Μίλων [4], οἵπερ που καὶ τὴν γνώμην ἐς τὸ πλῆθος ἐσήνεγκαν· ὅ τε Σπινθὴρ ὁ ὕπατος [5], τὸ μέν τι [6] καὶ τῷ Πομπηΐῳ χαριζόμενος, τὸ δὲ καὶ ἐξ ἰδίας ἔχθρας τὸν Κλώδιον ἀμυνόμενος, ὑφ' ἧς καὶ τὴν μοιχείαν αὐτοῦ δικάζων κατεγνώκει [7]. Καὶ ἐκείνῳ δὲ ἄλλοι τε τῶν ἐν ταῖς ἀρχαῖς ὄντων ὑπῆρχον, καὶ ὁ ἀδελφὸς Ἄππιος Κλαύδιος στρατηγῶν, ὅ τε Νέπως ὁ ὕπατος, ἀπ' οἰκείας τινὸς ἔχθρας τὸν Κικέρωνα μισῶν.

---

1. F : ἀπέστη. — 2. Ἰταλίᾳ, leçon fautive dans A, B, F. Les mots ταῦτα μὲν ἐν τῇ Γαλατίᾳ, qui manquaient dans G, ont été ajoutés en marge. Il en est de même des mots Πομπήϊος — τῷ, au commencement du paragraphe suivant.
3. F : Ἄνιος. — 4. F : Μήλων, faute reproduite par Rob. Étienne.
5. Cf. Cic., Disc. pour Sextius, XXXII et suiv. ; Disc. au sénat, après son retour, IV ; Disc. aux Romains, après son retour, V et suiv.
6. Μέν τοι, dans D, E, F, G.
7. Reiske, soupçonnant qu'il y a ici une lacune, propose d'ajouter :

rangs, un passage jusqu'à un lieu élevé. Une fois en sûreté, il fit expier aux barbares leur attaque et les subjugua ; mais il n'hiverna pas davantage dans ce pays et passa dans celui des Allobroges. Tels sont les événements dont la Gaule fut le théâtre.

6. Pendant qu'ils s'accomplissaient, Pompée travailla au rappel de Cicéron. Il fit revenir à Rome, pour l'opposer à Clodius, celui qu'il en avait éloigné avec le concours de ce même Clodius. Ainsi le cœur humain est quelquefois sujet à de soudains changements, et tel homme qui semblait devoir nous être utile ou nuisible, nous fait éprouver tout le contraire de ce que nous attendions. Pompée eut pour auxiliaires des préteurs et des tribuns qui proposèrent le décret au peuple : Titus Annius Milon fut de ce nombre. Le consul Spinther le seconda aussi, pour lui être agréable et pour se venger de Clodius, contre lequel il nourrissait une haine personnelle, qui avait dicté son vote dans le procès de l'adultère. Clodius, de son côté, comptait des appuis parmi les magistrats : c'étaient, entre autres, le préteur Appius Claudius, son frère, et le consul Népos, devenu par un ressentiment particulier l'ennemi de Cicéron.

ἐσπούδαζεν ὑπὲρ τοῦ Κικέρωνος. Et en effet, la pensée n'est pas complète dans l'ancienne leçon ὁ γὰρ Σπινθὴρ κτλ. La difficulté disparaît, en lisant avec Xylander ὅ τε Σπινθὴρ ὁ ὕπατος, et en faisant dépendre ces mots de συνέπραττον δὲ, comme ἄλλοι τε καὶ Τῖτος Ἄννιος. Nous allons trouver une construction analogue : Ἐκείνῳ δὲ ἄλλοι τε ὑπῆρχον, καὶ ὁ ἀδελφὸς Ἄππιος Κλαύδιος .. ὅ τε Νέπως ὁ ὕπατος. J'adopte donc la correction de Xylander. M. Tafel l'a suivie dans sa traduction : *Es unterstützten ihn auch mehrere prätoren und volkstribunen, unter andern Titus Annius, Milo... dessgleichen der Consul Spinther*. M. Imm. Bekker conserve l'ancienne leçon ὁ γὰρ et met des points après κατεγνώκει, pour indiquer une lacune.

7. Οὗτοί τε οὖν ἐπὶ πλέον ἢ πρὶν, ἅτε καὶ ἡγεμόνας τοὺς ὑπάτους ἔχοντες, καὶ οἱ ἄλλοι οἱ ἐν τῇ πόλει, διαστάντες πρὸς ἑκατέρους, ἐθορύβουν. Καὶ ἄλλα τε ἐκ τούτου οὐκ ἐν κόσμῳ πολλὰ ἐγίγνετο, καὶ ἐν αὐτῇ τῇ διαψηφίσει [1] ὁ Κλώδιος γνοὺς τὸ πλῆθος πρὸς τοῦ Κικέρωνος ἐσόμενον, τοὺς μονομάχους, οὓς ὁ ἀδελφὸς αὐτοῦ πρὸς ἀγῶνας ἐπιταφίους ἐπὶ τῷ Μάρκῳ τῷ συγγενεῖ προπαρεσκεύαστο [2], λαβὼν, ἐσεπήδησεν [3] ἐς τὸν σύλλογον· καὶ πολλοὺς μὲν ἔτρωσε, πολλοὺς δὲ ἔκτεινεν [4]. Οὔτ' οὖν ἡ γνώμη [5] ἐκυρώθη, καὶ ἐκείνοις [6] ὡς δορυφόροις συνὼν, φοβερὸς καὶ ἐς τὰ ἄλλα πᾶσιν ἦν [7]· ἀγορανομίαν τε ᾔτει, ὡς καὶ τὴν δίκην τῆς βίας, ἂν ἀποδειχθῇ, διαφευξόμενος. Ἐγράψατο γὰρ αὐτὸν ὁ Μίλων, καὶ οὐκ ἐσήγαγεν [8]· οὔτε γὰρ οἱ ταμίαι, δι' ὧν τὴν ἀποκλήρωσιν τῶν δικαστῶν γενέσθαι ἐχρῆν, ᾕρηντο· καὶ ὁ Νέπως ἀπεῖπε τῷ στρατηγῷ μηδεμίαν, πρὸ τῆς κληρώσεως αὐτῶν, δίκην προσέσθαι. Ἔδει δὲ ἄρα τοὺς ἀγορανόμους πρὸ τῶν ταμιῶν καταστῆναι, καὶ διὰ τοῦτο ὅτι μάλιστα ἡ διατριβὴ ἐγένετο.

8. Μαχόμενος δὲ καὶ περὶ αὐτοῦ τούτου, πολλὰ ἐτά-

---

1. « In suffragatione de Ciceronis reditu, dit Fabricius, de quo Milonem et caeteros tribunos plebis retulisse jam dictum est. » Cf. Cic. Disc. aux Romains après son retour, V ; Disc. au Sénat après son retour, III ; Disc. pour Milon, XIV.

2. Cf. Cic. Disc. pour Sextius, IV ; Disc. contre Vatin., XV.

3. Ἐπεπήδησεν, dans C. et dans le Ms. de Munich n° 2. — 4. A la leçon vulgaire δὲ καὶ je substitue, comme Sturz, celle qui se trouve dans les deux Ms. de Munich et dans A, D, G, H. — 5. Les mots ἡ γνώμη manquent dans G.

7. Ainsi, Clodius et Milon ayant les consuls pour guides, et le reste des citoyens prenant parti pour l'un ou pour l'autre, des troubles éclatèrent plus violents que jamais. Déjà des désordres avaient été commis, lorsque, au moment où les suffrages allaient être déposés, Clodius fut instruit que le peuple devait se prononcer en faveur de Cicéron. Il se mit à la tête des gladiateurs que son frère tenait prêts pour célébrer des jeux funèbres en l'honneur de Marcus, son parent, s'élança dans l'assemblée, blessa un grand nombre de citoyens et en tua plusieurs. Le décret ne fut pas rendu, et dès lors Clodius, entouré de ces gladiateurs comme d'autant de satellites, fut redoutable pour tous. Il briguait l'édilité, espérant, s'il l'obtenait, échapper à l'accusation de violence. Milon avait déféré son nom; mais il ne l'avait pas mis en accusation; parce que les questeurs, qui devaient tirer au sort le nom des juges, n'avaient pas été élus. Népos avait défendu au préteur de recevoir aucune accusation, avant que les juges eussent été désignés, et les édiles devaient être nommés avant les questeurs. Ce fut là surtout ce qui fit ajourner l'accusation contre Clodius.

8. Milon, luttant contre ces délais, suscita beaucoup

---

6. Reiske aimerait mieux ἐκεῖνος, c'est-à-dire Clodius : sa conjecture est confirmée par G.

7. Πᾶσι ἦν, dans G.

8. Ἐσήγαγε μέν· οὔτε, dans A, B, C, F, G. Reiske aimerait mieux : οὐ μέντοι καὶ ἐσήγαγε.

ραττε ¹· καὶ τέλος, μονομάχους τινὰς καὶ αὐτὸς καὶ ἄλλους τῶν τὰ αὐτά οἱ βουλομένων ἀθροίσας, ἐς χεῖρας τῷ Κλωδίῳ συνεχῶς ᾔει ²· καὶ σφαγαὶ κατὰ πᾶσαν, ὡς εἰπεῖν, τὴν πόλιν ἐγίγνοντο. Ὁ οὖν Νέπως φοβηθεὶς πρός τε τοῦ συνάρχοντος καὶ πρὸς τοῦ Πομπηΐου τῶν τε ἄλλων τῶν πρώτων, μετεβάλλετο. Καὶ οὕτως ἥ τε γερουσία κατελθεῖν τὸν Κικέρωνα, τοῦ Σπινθῆρος ἐσηγησαμένου, προεβούλευσε· καὶ ὁ δῆμος, ἀμφοτέρων τῶν ³ ὑπάτων ἐσενεγκόντων, ἐψηφίσατο ⁴. Ἀντέλεγε μὲν γὰρ πρὸς αὐτοὺς ⁵ Κλώδιος, ἀλλ' ἐκείνῳ τε ὁ Μίλων ἀντέκειτο, ὥστε μηδὲν βίαιον ⁶ δρᾶσαι· καὶ τῷ νόμῳ ἄλλοι τε, καὶ ὁ Πομπήϊος συνεῖπον, ὥστε πολὺ κρείττους αὐτοὺς γενέσθαι.

9. Κατῆλθέ τε οὖν ὁ Κικέρων ⁷, καὶ χάριν τῇ τε βουλῇ καὶ τῷ δήμῳ, παρασχόντων αὐτῷ τῶν ὑπάτων, καὶ κατὰ τὸ συνέδριον καὶ κατὰ τὴν ἐκκλησίαν ἔγνω ⁸· τῷ τε Πομπηΐῳ τὴν ἔχθραν τὴν ἐπὶ τῇ φυγῇ μεθεὶς, συνηλλάγη, τήν τε ⁹ εὐεργεσίαν παραχρῆμα ἀπέδωκε. Λιμοῦ γὰρ ἐν τῇ πόλει ἰσχυροῦ γενομένου ¹⁰, καὶ τοῦ ὁμίλου παντὸς ἔς τε τὸ θέατρον, (οἵῳ δὲ δὴ καὶ τότε ἔτι ¹¹ θεάτρῳ ἐς τὰς

---

1. D'après A, B, F. Ἐτάραττε, dans G. Cf. Cic. Disc. pour Sextius, XL et suiv.; Discours au Sénat après son retour, VIII. La leçon ἐτάραττε est confirmée par Nic. Leoniceno : *faceva gran turbazione*.
2. Le passage ἐς χεῖρας — κατὰ πᾶσαν a été ajouté en marge dans G.
3. Cet article a été ajouté en marge, dans G. — 4. C et D : ἐψηφίσαντο. Le peuple vota avec enthousiasme le rappel de Cicéron. Plutarq. Cic. XXXIII : Λέγεται μηδέποτε μηδὲν ἐκ τοσαύτης ὁμοφροσύνης ἐπιψηφίσασθαι τὸν δῆμον.
5. G : αὐτόν. — 6. Βέβαιον, dans le même Ms. — 7. Omis dans A, F.

de troubles. A la fin il réunit, lui aussi, des gladiateurs et d'autres hommes dévoués à sa cause, et en vint souvent aux prises avec Clodius. Rome entière, pour ainsi parler, fut un théâtre de carnage. Népos, à qui son collègue, Pompée et d'autres citoyens du premier rang inspiraient des craintes, changea de parti. Alors, sur le rapport de Spinther, le sénat décréta le rappel de Cicéron, et le peuple sanctionna cette décision d'après la proposition des deux consuls. Clodius les combattit, il est vrai; mais Milon lui tint tête avec tant d'énergie qu'il ne put commettre de violence. La loi fut appuyée par Pompée et par plusieurs autres, qui obtinrent sur leurs adversaires un éclatant succès.

9. Cicéron revint donc à Rome : les consuls lui ayant permis de parler, il remercia le Sénat dans la Curie et le peuple dans le Forum. Il oublia l'inimitié qu'il avait conçue contre Pompée à cause de son bannissement, se réconcilia avec lui et lui témoigna sur-le-champ sa reconnaissance. Une famine terrible désolait Rome, et tout le peuple s'était élancé d'abord sur un théâtre, construit comme l'étaient encore, à cette époque, les théâtres des-

---

8. Cf. Cic. Lettr. à Attic. IV, 1; Disc. pour Sextius, LXIII, et Disc. au Sénat, après son retour.

9. A l'ancienne leçon καὶ τήν γε, maintenue par M. Imm. Bekker, Reimarus substitue, d'après Rob. Étienne, καὶ τήν τε. Suivant Reiske, il faut supprimer καὶ ou τε : je retranche καὶ, comme Sturz.

10. Cf. Cic. Disc. pour sa Maison, V. — 11. Ajouté en marge dans F.

πανηγύρεις ἐχρῶντο ¹) καὶ μετὰ τοῦτο καὶ ἐς τὸ Καπιτώλιον ἐπὶ τοὺς βουλευτὰς συνεδρεύοντας ἐσπηδήσαντος· καὶ τότε μὲν ἐν χερσὶν αὐτοὺς ἀποσφάξειν, τότε δὲ καὶ καταπρήσειν σὺν αὐτοῖς τοῖς ναοῖς ² ἀπειλοῦντος· ἔπεισε σφᾶς ἐπιμελητὴν τοῦ σίτου τὸν Πομπήϊον προχειρίσασθαι ³, καὶ διὰ τοῦτο καὶ ἀρχὴν αὐτῷ ⁴ ἀνθυπάτου καὶ ἐν τῇ Ἰταλίᾳ καὶ ἔξω ἐπὶ πέντε ἔτη ⁵ δοῦναι. Καὶ ὁ μὲν, ὥσπερ ἐπὶ τοῖς καταποντισταῖς πρότερον, οὕτω καὶ τότε ἐπὶ σίτῳ ⁶ πάσης αὖθις τῆς οἰκουμένης, τῆς ὑπὸ τοῖς Ῥωμαίοις τότε ⁷ οὔσης, ἄρξειν ἔμελλε ⁸.

10. Καῖσαρ δὲ καὶ Κράσσος ἄλλως μὲν ἤχθοντο τῷ Κικέρωνι, σπουδὴν δ᾽ οὖν τινα αὐτοῦ ἔσχον, ἐπειδὴ πάντως καθήξοντα αὐτὸν ᾔσθοντο· (καὶ γὰρ ὁ Καῖσαρ καὶ ἀπὼν εὔνοιάν τινα αὐτῷ ἐνεδείξατο·) οὐ μέντοι καὶ χάριν οὐδεμίαν ἀντέλαβον. Ἐκεῖνος γὰρ τοῦτό τε οὐκ ἀπὸ γνώμης ⁹ σφᾶς πεποιηκότας εἰδὼς, καὶ τῆς φυγῆς αἰτιωτάτους γεγονέναι ¹⁰ νομίζων, ἐκ μὲν τοῦ προφανοῦς οὐ πάνυ πρὸς αὐτοὺς ἐθρασύνετο, ἅτε καὶ τῶν τῆς ἀκράτου παρρησίας ἐπικαρπιῶν νεωστὶ ¹¹ πεπειραμένος· βιβλίον μέντοι

---

1. C'est-à-dire un théâtre temporaire et construit en bois; cf. Plin. H. N. XXXVI, 15. Asconius, Schol. Cic. Milon, p. 48, ed. Orelli XIV, dit à cette occasion : L. Cæcilius Rufus..... quum faceret ludos Apollinares, ita infima concitata multitudo annonæ caritate est, ut omnes, qui in theatro spectandi causa consederant, pellerentur.
2. Le Sénat avait été convoqué par le consul Métellus dans le temple de la Concorde; Cic. Disc. pour sa Maison, VIII.

tinés aux jeux publics, puis dans le Capitole où les sénateurs étaient en séance, et les avait menacés tantôt de les égorger à l'instant même, tantôt de les livrer aux flammes eux et le temple. Cicéron persuada au sénat de charger Pompée du soin des subsistances et de lui donner, à cet effet, le pouvoir proconsulaire dans l'Italie et hors de l'Italie pour cinq ans. Ainsi, à l'occasion des subsistances, Pompée devait alors, comme autrefois à l'occasion des pirates, avoir de nouveau sous sa dépendance tous les pays soumis aux Romains.

10. César et Crassus haïssaient Cicéron : cependant ils se montrèrent bien disposés pour lui, dès qu'ils virent que son retour était certain. César lui avait témoigné quelque bienveillance, même pendant son absence; mais Cicéron ne leur en sut aucun gré. Il n'ignorait pas qu'ils n'obéissaient point à une inspiration du cœur, et il les regardait comme les principaux auteurs de son bannissement. Il n'osa pourtant rien dire ouvertement contre eux, parce qu'il avait recueilli récemment le fruit d'une trop grande liberté de langage; mais il composa en secret un

3. Cic. l. l. IV-VII; Lettr. à Attic. IV, I. Epit. T. Liv. CIV. Plutarq. Vie de Pompée, XLIX. — 4. G : αὐτοῦ. — 5. H : ἔτι.
6. L'ancienne leçon ἐπὶ τῷ est fautive. Leunclavius propose ἐπὶ τῷδε, qui n'est pas satisfaisant, et Oddey ἐπὶ τούτῳ. Avec M. Imm. Bekker, j'adopte la correction de Reiske : ἐπὶ σίτῳ — *frumenti procurandi ergo*.
7. Omis dans C. — 8. G, H : ἔμελλεν, adopté par M. Imm. Bekker.
9. Reiske propose de sous-entendre ὀρθῆς. J'ai traduit d'après l'ancienne leçon, qui me paraît satisfaisante. — 10. Omis dans C. — 11. A, B, F, G : νεωστεί.

τι ἀπόρρητον ¹ συνέθηκε· καὶ ἐπέγραψεν ² αὐτῷ, ὡς καὶ περὶ τῶν ἑαυτοῦ βουλευμάτων ἀπολογισμόν τινα ἔχοντι· πολλὰ δὲ δὴ καὶ δεινὰ ἐς αὐτὸ καὶ περὶ ἐκείνων καὶ περὶ ἄλλων τινῶν συνένησε ³, καὶ διὰ τοῦτο φοβηθεὶς μὴ καὶ ζῶντος αὐτοῦ ἐκφοιτήσῃ, κατεσημήνατό τε αὐτὸ καὶ παρέδωκε τῷ παιδὶ ⁴ προστάξας οἱ μήτ' ἀναγνῶναι μήτε δημοσιεῦσαι ⁵ τὰ γεγραμμένα, πρὶν ἂν μεταλλάξῃ ⁶.

11. Κικέρων μὲν οὖν αὖθις ἀνεβλάστανε, καὶ τήν τε ἄλλην οὐσίαν, καὶ τὸ ἔδαφος τῆς οἰκίας, καίτοι τῇ Ἐλευθερίᾳ ⁷ ἀνειμένον, καὶ τοῦ Κλωδίου καὶ ⁸ ἐπιθειάζοντος, καὶ ἐς ἐνθυμίαν αὐτῷ προβάλλοντος ⁹, ἐκομίσατο· τὴν γὰρ ἐσφορὰν τοῦ φρατριατικοῦ νόμου, παρ' ἣν ἐκ τῶν εὐπατριδῶν ἐς τὸ πλῆθος ἐπεποίητο, διαβάλλων, ὡς οὐκ ἐν τοῖς ὡρισμένοις ἐκ τῶν πατρίων χρόνοις ἐκτε-

---

1. Cicéron le désigne sous le titre d'ἀνέκδοτα, Lettr. à Attic. II, 6. Cf. XIV, 17.
2. Dans l'ancienne leçon καὶ ἐπεὶ ἐπέγραψεν, je supprime ἐπεὶ, comme Sturz, d'après Leunclavius.
3. L'ancienne leçon συνήνεσε, confirmée par les Mss. est fautive : Leunclavius propose συνένησε que j'adopte avec Reimarus, Sturz, M. Imm. Bekker, et qui fournit un sens excellent.
4. Il s'agit de Tiron : παιδὶ ne doit donc pas être traduit par *filio*, comme l'a cru Xylander, mais par *servo*, suivant la remarque d'Oddey.
5. Au lieu de παρέδωκε — δημοσιεῦσαι, C, D, G, H portent παρεδημοσιεῦσαι : le copiste n'a fait qu'un mot de παρέδωκε — δημοσιεῦσαι, et il a omis le reste.
6. C, G : μεταλάξῃ.
7. Outre le discours de Cicéron pour sa Maison, cf. Disc. sur les Répons. des Arusp. VI et suiv.; Lettr. à Attic. IV, 2. — 8. Omis dans C.
9. Tous les Ms. donnent l'ancienne leçon ἐς ἐνθύμιον αὐτοῦ προβάλλοντος que Leunclavius voulait remplacer par καὶ θυμίασιν ἐς αὐτὸ προβάλλον-

livre dont le titre semblait annoncer l'apologie de son système politique et dans lequel il entassa des attaques amères contre César, Crassus et d'autres citoyens. Dans la crainte que ce livre ne vît le jour pendant sa vie, il le scella et le remit à son affranchi avec ordre de ne point le lire et de ne pas le publier avant sa mort.

11. Cicéron vit renaître son ancienne prospérité : il recouvra tous ses biens et même la place qu'occupait sa maison, quoiqu'elle eût été dédiée à la Liberté et que Clodius, invoquant la vengeance des dieux, s'efforçât de lui inspirer des scrupules. Cicéron attaqua la loi Curiate, en vertu de laquelle Clodius avait quitté l'ordre de la noblesse pour celui des plébéiens : il reprochait à cette loi de n'avoir pas été faite dans le temps fixé par la coutume des ancêtres et s'élevait contre tous les actes

---

τος, conjecture peu digne de ce savant critique. Wesseling a heureusement rapproché ce passage de Thucydide, V, 16 : Πλειστοάναξ δὲ ὑπὸ τῶν ἐχθρῶν διαβαλλόμενος περὶ τῆς καθόδου, καὶ ἐς ἐνθυμίαν τοῖς Λακεδαιμονίοις ἀεὶ προβαλλόμενος ὑπ' αὐτῶν, ὁπότε τι πταίσειαν. Nul doute que Dion ne l'ait imité : aussi Reimarus, Addend., p. 1696, tom. II de son édition, propose-t-il : καὶ ἐς ἐνθυμίαν αὐτῷ προβάλλοντος. J'adopte cette correction avec Sturz et M. Imm. Bekker; cf. Thes. Græc. Ling., tom. III, p. 1094, éd. Didot. Quant à l'interprétation latine du célèbre éditeur de Hambourg : Clodio *consecrante et religionem illi objiciente,* je ne saurais l'approuver. Ἐπιθειάζοντος a ici le même sens que ἐπιθειάζοντες dans Plutarque, Camill. XVIII : Καὶ τῶν ἱερέων οἱ καλούμενοι Φητιαλεῖς ἐνῆγον, ἐπιθειάζοντες que les savants éditeurs du Thes. Græc. Ling. l. l. p. 1599, rendent ainsi : *Deos invocantes tanquam testes, s. ultores :* à l'appui de cette interprétation ils donnent le passage de Dion qui nous occupe. Sturz traduit : *Quanquam* eam Clodius non tantum *consecrasset,* sed et religionem *objecisset.* Les deux présents exigent : Clodio *Deos invocante* (tanquam testes, s. ultores) et religionem illi *objiciente.*

θέντος αὐτοῦ, τήν τε¹ δημαρχίαν τοῦ Κλωδίου πᾶσαν, ἐν ᾗ καὶ τὰ κατὰ τὴν οἰκίαν ἐδέδοκτο, κατέλυε· λέγων οὐχ οἷόν τε εἶναι, τῆς μεταστάσεως αὐτοῦ τῆς ἐς τὸν ὅμιλον παρανόμως γεγενημένης, ὑγιές τι² τῶν ἐν αὐτῇ πραχθέντων νομίζεσθαι, καὶ ἔπεισε διὰ τούτου τοὺς ποντίφικας τὸ ἔδαφός οἱ, ὡς καὶ ὅσιον καὶ βέβηλον ὄν, ἀποδοῦναι. Καὶ οὕτω καὶ ἐκεῖνο³, καὶ χρήματα ἔς τε τὴν τῆς οἰκίας κατασκευήν, καὶ εἰ δή τι ἄλλο τῆς οὐσίας αὐτοῦ ἐλελύμαντο, ἔλαβε.

12. Μετὰ δὲ δὴ [τοῦτο⁴], Πτολεμαίου τοῦ βασιλέως ἕνεκα αὖθις ἐκινήθησαν⁵. Ἐπειδὴ γὰρ πολλά τισι τῶν Ῥωμαίων χρήματα, τὰ μὲν οἴκοθεν, τὰ δὲ καὶ δανεισάμενος, ὅπως τήν τε ἀρχὴν βεβαιώσηται, καὶ φίλος καὶ σύμμαχος ὀνομασθῇ, καταναλώκει⁶, καὶ αὐτὰ παρὰ τῶν Αἰγυπτίων βιαίως ἠργυρολόγει· καὶ διά τε τοῦτο ἐχαλεπαίνετο, καὶ ὅτι τὴν Κύπρον ἀπαιτῆσαι παρὰ τῶν Ῥωμαίων, ἢ καὶ τὴν φιλίαν τὴν πρὸς αὐτοὺς ἀπειπεῖν κελευόντων αὐτῶν, οὐκ ἠθέλησε· καὶ οὔτε πεῖσαι σφᾶς ἡσυχάζειν, οὔτ' αὖ βιάσασθαι (ξενικὸν γὰρ οὐκ εἶχεν) ἠδυνήθη· διέδρα τε ἐκ τῆς Αἰγύπτου, καὶ ἐς τὴν Ῥώμην ἐλθών, κατηγόρησέ τε αὐτῶν, ὡς καὶ ἐκ τῆς βασιλείας αὐτὸν ἐκβεβληκότων· καὶ

---

1. D'après F et M. Imm. Bekker, au lieu de la leçon vulgaire τὴν δημαρχίαν.
2. H : τε — 3. C : ἐκεῖνα.
4. Reimarus propose ici, comme § XVIII : μετὰ δὲ δὴ τοῦτο, au lieu de la leçon vulgaire : μετὰ δὲ δή. M. Imm. Bekker adopte cette correction. Je l'adopte aussi, mais en plaçant τοῦτο entre crochets.

de son tribunat, pendant lequel avait été porté aussi le décret sur sa maison. Il soutenait que, Clodius ayant été admis parmi les plébéiens en violation des lois, on ne pouvait tenir pour légal rien de ce qui s'était fait pendant ce tribunat : par là il persuada aux pontifes de lui rendre la place de sa maison, qui, en réalité, n'était pas consacrée aux dieux. Cicéron obtint, en outre, l'argent nécessaire pour la rebâtir et pour réparer les dommages que sa fortune pouvait avoir éprouvés.

12. De nouveaux troubles éclatèrent ensuite à l'occasion de Ptolémée. Ce roi, pour raffermir sa puissance et pour avoir le titre d'ami et d'allié, avait distribué à plusieurs Romains des sommes considérables, tirées de ses trésors ou qu'il avait empruntées. Réduit à employer la violence pour obtenir de l'argent des Égyptiens, il s'était rendu odieux par ses exactions et par son refus de redemander Cypre aux Romains, ou de renoncer à leur amitié, ainsi que l'exigeaient ses sujets. N'ayant pu leur persuader de rester tranquilles ni les y contraindre, parce qu'il n'avait point d'étrangers à sa solde, il s'enfuit de l'Égypte, se réfugia à Rome et accusa son peuple de l'avoir

---

5. H : ἐκινήθωσαν, faute du copiste.
6. C'est la forme attique : d'après A, cité par Sturz, et d'après D, F, G, H, je la substitue, comme M. Imm. Bekker, à l'ancienne leçon κατηναλώκει, maintenue par Reimarus.

ἔτυχεν ὥστε ὑπὸ τοῦ Σπινθῆρος, ᾧ ἡ Κιλικία ἐπετέτραπτο [1], καταχθῆναι.

13. Ἐν ᾧ δὲ ταῦτα [ἐγένετο] [2], οἱ Ἀλεξανδρεῖς, τέως μὲν ἀγνοήσαντες ὅτι ἐς τὴν Ἰταλίαν ἀπηρκὼς [3] ἦν, ἢ τεθνηκέναι αὐτὸν νομίσαντες, Βερενίκην τὴν θυγατέρα αὐτοῦ ἐς τὴν βασιλείαν ἀντικατέστησαν [4]. ἔπειτα δὲ τἀληθὲς μαθόντες, ἄνδρας ἑκατὸν ἐς τὴν Ῥώμην ἔπεμψαν, πρός τε τὰ ἐγκλήματα αὐτοῦ ἀπολογησομένους, καὶ ἀντικατηγορήσοντας ὅσα ἠδίκηντο. Προμαθὼν δὲ [5] ταῦτ' ἐκεῖνος (ἔτι δὲ ἐν τῇ Ῥώμῃ ἦν [6]) ἐνήδρευσε τοὺς πρέσβεις, πρὶν ἐλθεῖν, ἄλλους ἄλλῃ διαπέμψας. Καὶ τοὺς μὲν πλείους αὐτῶν κατὰ τὴν ὁδὸν ἔφθειρε [7]· τῶν δὲ λοιπῶν, τοὺς μὲν [8] ἐν τῷ ἄστει αὐτῷ ἀπέκτεινε· τοὺς δὲ καὶ καταφοβήσας ἐκ τούτων, ἢ χρήμασι διαφθείρας, ἔπεισε μήτε [9] ταῖς ἀρχαῖς ὑπὲρ ὧν ἐστάλατο [10] ἐντυχεῖν, μήθ' ὅλως μνείαν τινὰ περὶ τῶν ἀπολωλότων ποιήσασθαι.

14. Καίτοι τὸ πρᾶγμα οὕτω περιβόητον ἐγένετο, ὡς

---

1. L'ancienne leçon ἔτυχεν ὥστε ὑπάτου Σπινθῆρος, ᾧ ἡ Κιλικία ἐπετράπετο, καταχθῆναι a donné lieu à diverses conjectures. Xylander et Turnèbe proposent ἐνέτυχεν ὥστε δι' ὑπάτου; Leunclavius ἐνέτυχεν ὥστε ὑπὸ ὑπάτου. Avec Sturz, je maintiens ἔτυχεν et je remplace ὑπάτου par ὑπὸ τοῦ : ἔτυχεν a ici le sens de *contigit ei;* cf. les notes de Fabricius, celles de Sturz et un passage analogue de Dion, § 34 de ce livre. Enfin je substitue ἐπετέτραπτο à ἐπετράπετο, moins satisfaisant pour le sens. M. Imm. Bekker adopte ces deux corrections.

2. Dans l'ancienne leçon ἐν ᾧ δὲ ταῦτα, οἱ, il manque un verbe : ἐγένετο ou ἐπράττετο. M. Imm. Bekker indique l'absence du verbe par des points; j'ai mieux aimé insérer ἐγένετο dans le texte, en plaçant ce mot entre crochets.

3. D'après Leunclavius. Sturz et M. Imm. Bekker substituent cette le-

chassé du trône. Il obtint d'être ramené dans ses États par Spinther, gouverneur de la Cilicie.

13. Sur ces entrefaites, les habitants d'Alexandrie, ignorant qu'il avait fait voile vers l'Italie ou le croyant mort, donnèrent la couronne à Bérénice, sa fille. Puis, instruits de la vérité, ils envoyèrent à Rome cent députés chargés de les défendre contre le Roi et de l'accuser, à leur tour, pour toutes ses injustices. Prévenu à temps, Ptolémée, qui était encore à Rome, fit partir, avant leur arrivée, des émissaires de divers côtés, pour leur tendre des piéges. La plupart de ces députés furent tués, chemin faisant : quant aux autres, il en fit massacrer plusieurs dans Rome même, effraya ainsi ceux qui restaient encore, ou il parvint à les corrompre et les amena à ne pas s'occuper auprès des magistrats de l'objet de leur mission et à ne point parler de ceux qui avaient été tués.

14. Mais cet événement fit tant de bruit que le sénat, à

çon à l'ancienne ἀπειρηκώς, évidemment fautive. Celle qui se trouve dans A, ἀπηρηκώς, n'est pas meilleure.

4. C : ἀντεχατέστησαν. F : κατέστησαν.
5. A, B : οὖν, adopté par M. Imm. Bekker.
6 Les mots ἠδίκηντο — ἦν, omis dans G, ont été ajoutés en marge.
7. D : ἔφθειρεν.
8. Dans l'ancienne leçon τοὺς μὲν αὐτῶν, Sturz conseille de supprimer αὐτῶν. Je l'ai retranché avec M. Imm. Bekker.
9. F : μή τι.
10. A : ἐστάλαντο, leçon qui a déterminé Sturz à remplacer l'ancienne ἐστείλαντο par la forme ionienne ἐστάλατο que j'adopte, comme M. Imm. Bekker.

καὶ¹ τὴν βουλὴν ἀγανακτῆσαι δεινῶς, ἐνάγοντος σφᾶς ὅτι μάλιστα Φαουωνίου ² τοῦ Μάρκου καθ' ἑκάτερον ³, ὅτι τε πολλοὶ παρὰ τῶν συμμάχων πρέσβεις πεμφθέντες βιαίως ἀπολώλεσαν ⁴, καὶ ὅτι συχνοὶ ⁵ καὶ τότε τῶν Ῥωμαίων ἐδεδωροδοκήκεσαν ⁶. Καὶ οἱ μὲν τὸν Δίωνα τὸν τῆς πρεσβείας ⁷ αὐτοκράτορα (περιῆν γὰρ) μετεπέμψαντο, ὡς καὶ τὴν ἀλήθειαν παρ' αὐτοῦ μαθησόμενοι· οὕτω ⁸ δὲ ἄρα καὶ τότε ἔθ' ὁ Πτολεμαῖος τοῖς χρήμασι κατεκράτει, ὥστε μήτε τὸν Δίωνα ἐς τὸ συνέδριον ἐσελθεῖν ⁹, μήτε μνήμην τινὰ τοῦ φόνου τῶν τεθνηκότων, ἕως γε καὶ αὐτὸς παρῆν ¹⁰, γενέσθαι. Καὶ μέντοι τοῦ Δίωνος μετὰ ταῦτα δολοφονηθέντος, οὐδεμίαν οὐδ' ἐπ' ἐκείνῳ ¹¹ δίκην δέδωκε· τά τε γὰρ ἄλλα, καὶ ὁ Πομπήϊος τῇ τε οἰκίᾳ αὐτὸν ὑπεδέδεκτο, καὶ ἰσχυρῶς αὐτῷ προσήρετο ¹². Τῶν γε μὴν ἄλλων τῶν αὐτόθεν ἐνεκλήθησαν μὲν ἐν ὑστέρῳ συχνοί, ἑάλωσαν δὲ ὀλίγοι. Τό τε γὰρ δεδωροδοκηκὸς πολὺ ἦν, καὶ ἀλλήλοις διὰ τὸ ἴδιον ἕκαστος δέος συνεμάχουν.

1. A : ὅστε καὶ τήν. B. ὥστε καὶ τήν. — 2. G : Φαουωνίου.
3. Leunclavius voulait substituer ἕκαστον à l'ancienne leçon ἕτερον. Avec Sturz et M. Imm. Bekker, je préfère ἑκάτερον proposé par Reimarus.
4. D'après Sturz et M. Imm. Bekker : l'ancienne leçon porte ἀπολώλεισαν. Sur les désinences εισαν et εσαν, cf. M. Lobeck. in Phrynich. p. 149.
5. C : πολλοί, et en marge, συχνοί.
6. L'ancienne leçon ἐδεδωροδόκεισαν, maintenue par Reimarus, est fautive. Il faut lire, d'après A, ἐδεδωροδοκήκεισαν, ou ἐδεδωροδοκήκεσαν que j'adopte avec Sturz et M. Imm. Bekker; cf. not. 4, ou bien δεδωροδοκήκεσαν, avec M. Lobeck, l. l. p. 150.

l'instigation de M. Favonius, montra la plus vive indignation de ce que plusieurs députés d'un peuple allié avaient péri par la violence et de ce qu'un grand nombre de Romains avaient encore été accessibles à la corruption. Pour connaître la vérité, il manda le chef de cette ambassade, Dion, qui avait échappé au danger; mais Ptolémée exerçait encore tant d'influence par son or, que Dion ne comparut pas : il ne fut pas même question du meurtre des députés, tant que ce roi resta à Rome. Bien plus, Dion ayant péri plus tard dans un guet-apens, Ptolémée ne fut pas recherché pour cet assassinat; surtout parce que Pompée l'avait reçu dans sa maison et lui prêtait le plus puissant appui. Parmi ceux qui avaient trempé dans cette affaire, plusieurs furent bien mis en accusation dans la suite ; mais il y en eut peu de condamnés. Le nombre de ceux qui s'étaient laissé corrompre était considérable ; mais ils se soutenaient les uns les autres, par la crainte que chacun éprouvait pour lui-même.

7. Le passage τὸν τῆς πρεσβείας — μήτε τὸν Δίωνα, manque dans D, G, H.
8. F : οὔτε. — 9. Omis dans C ; πρὸς ἐλθεῖν dans H.
10. Reiske aimerait mieux περιῆν — *in vivis superfuit*, qu'il rapporte à Dion. M. Imm. Bekker adopte cette conjecture.
11. C et A : οὐδὲ ἐπ' ἐκείνῳ.
12. D'après Leunclavius, Sturz remplace l'ancienne leçon, ἰσχυρῶς αὐτῷ ἤρετο par ἰσχυρῶς αὐτῷ συνήρετο. M. Imm. Bekker lit : ἰσχυρῶς οἱ συνήρετο. J'ai mieux aimé adopter ἰσχυρῶς αὐτῷ προσήρετο, d'après un passage analogue de Dion, XLIII, 17 : Προθύμως τἄλλα τισὶ κατ' ἐμοῦ προσήραντο.

15. Οἱ μὲν οὖν ἄνθρωποι τοιαῦτα ὑπὸ τῶν χρημάτων ἐποίουν· τὸ δὲ δὴ θεῖον [1] κεραυνῷ κατ' ἀρχὰς εὐθὺς τοῦ ἐχομένου ἔτους τὸ ἄγαλμα τοῦ Διὸς τοῦ ἐν τῷ Ἀλβανῷ ἱδρυμένου βαλὸν [2], τὴν κάθοδον τοῦ Πτολεμαίου χρόνον τινὰ ἐπέσχε. Τοῖς γὰρ Σιβυλλείοις ἔπεσιν ἐντυχόντες, εὗρον ἐν αὐτοῖς ἐγγεγραμμένον [3] αὐτὸ τοῦτο· « Ἂν ὁ τῆς Αἰγύπτου βασιλεὺς βοηθείας τινὸς δεόμενος ἔλθῃ, τὴν μὲν φιλίαν οἱ μὴ ἀπαρνήσασθε [4], μὴ μέντοι καὶ πλήθει τινὶ ἐπικουρήσητε. Εἰ δὲ μὴ, καὶ πόνους καὶ κινδύνους ἕξετε. » Κἀκ τούτου τὴν συντυχίαν τῶν ἐπῶν πρὸς τὰ τότε γενόμενα θαυμάσαντες, ἀπεψηφίσαντο πάντα τὰ περὶ αὐτοῦ ἐγνωσμένα, Γαΐῳ Κάτωνι πεισθέντες δημάρχῳ. Ταῦτα δὲ ἐχρήσθη μὲν οὕτως· ἐδημοσιεύθη δὲ (οὐ γὰρ ἐξῆν οὐδὲν τῶν Σιβυλλείων, εἰ μὴ ἡ βουλὴ ψηφίσαιτο, ἐς τὸ πλῆθος ἐξαγγέλλεσθαι) [5] διὰ τοῦ Κάτωνος. Ἐπειδὴ γὰρ τάχιστα ὁ νοῦς τῶν ἐπῶν διεθρυλήθη [6], (ὥσπερ εἴωθε γίγνεσθαι) [7] ἔδεισε μὴ συγκρυφθείη· καὶ ἔς τε τὸν ὅμιλον τοὺς ἱερέας ἐσήγαγε [8], κἀνταῦθα, πρὶν ὁτιοῦν τὴν γερουσίαν ἐπ' αὐτοῖς χρηματίσαι, ἐξεβιάσατο σφᾶς ἐκλαλῆσαι τὸ λόγιον. Ὅσῳ γάρ τοι μᾶλλον οὐκ ἐδόκει σφίσιν ἐξεῖναι τοῦτο, τὸ πλῆθος ἔσχε [9].

16. Καὶ ἐκεῖνο μὲν ἔσχεν οὕτως, καὶ ἐς τὴν τῶν

---

1. D'après A, je substitue cette leçon à l'ancienne τὸ δὲ θεῖον.
2. Sturz propose de substituer βαλὸν à l'ancienne leçon βαλὼν qu'il a pourtant laissée dans son texte. D'après A, C, D, E, F, G, H, je lis βαλὸν adopté par M. Imm. Bekker.
3. D'après A, D, F. — M. Imm. Bekker substitue aussi cette leçon à l'ancienne γεγραμμένον.
4. B, C, D, E, F, G : ἀπαρνήσασθαι.

15. Voilà où l'on était poussé par la soif de l'or : du reste, dès le commencement de l'année suivante, les dieux eux-mêmes, en frappant de la foudre la statue de Jupiter élevée sur le mont Albain, retardèrent pour un temps le retour de Ptolémée. Les livres sibyllins furent consultés, et l'on y lut ces paroles : « Si le roi d'Égypte vient « vous demander du secours, ne lui refusez pas votre « amitié; mais ne lui accordez aucune armée : sinon, « vous aurez à supporter des fatigues et des dangers. » Frappés de l'accord de cet oracle avec les circonstances présentes, les Romains, sur l'avis de Caton, tribun du peuple, annulèrent les résolutions prises au sujet de Ptolémée. Telle fut la réponse de la Sibylle : Caton la divulgua, quoiqu'il ne fût pas permis de publier les oracles sibyllins sans un décret du sénat. Elle circula promptement dans le sénat, comme c'est l'ordinaire : Caton, qui craignait qu'on ne la tînt secrète, amena les pontifes devant le peuple et les força de la lire, avant que le sénat eût statué. Plus cette lecture leur paraissait illégale, plus le peuple insista.

16. Cette réponse de la Sibylle fut traduite en latin et

---

5. G : ἐπαγγέλεσθαι. — 6. D'après B, C, D, E, F. L'ancienne leçon
porte διεθρυλλήθη, et G : διεθρυλήθη.

7. Les mots ὥσπερ εἴωθε γίγνεσθαι ont été omis par Penzel, comme une interpolation du copiste.

8. F : ἐσήγαγεν.

9. Cette leçon a donné lieu à diverses conjectures. Leunclavius propose τοσούτῳ πλέον τὸ πλῆθος ἠσχαλλε — *tanto plebs ægrius rem ferebat.*

34 ΤΩΝ ΔΙΩΝΟΣ ΙΣΤΟΡΙΩΝ ΡΩΜ. ΒΙΒΛ. ΛΘ.

Λατίνων γλῶσσαν γραφὲν ἀνεκηρύχθη. Γνώμας δὲ αὐτῶν μετὰ τοῦτο ποιουμένων, καὶ τῶν μὲν, ἄνευ στρατοῦ τῷ Σπινθῆρι τὴν τοῦ Πτολεμαίου κάθοδον προσταττόντων, τῶν δὲ δὴ καὶ τὸν Πομπήϊον μετὰ ῥαβδούχων δύο καταγαγεῖν αὐτὸν [1] κελευόντων [2], (ὅ τε γὰρ Πτολεμαῖος μαθὼν τὸ χρησθὲν, ἠξίωσε τούτου τυχεῖν, καὶ τὰ γράμματα αὐτοῦ Αὖλος Πλαύτιος ἐς τὸ κοινὸν δημαρχῶν ἀνέγνω [3]) δείσαντες οἱ βουλευταὶ μὴ μείζων ἔθ᾽ ὁ Πομπήϊος καὶ ἀπ᾽ ἐκείνου γένηται, ἀντέπραξαν αὐτῷ, τῇ τοῦ σίτου προφάσει χρησάμενοι [4]. Ταῦτα μὲν ἐπί τε [5] Λουκίου Φιλίππου καὶ ἐπὶ Γναίου Μαρκελλίνου ὑπάτων ἐγένετο· καὶ αὐτὰ ὁ Πτολεμαῖος μαθὼν τήν τε κάθοδον ἀπέγνω, καὶ ἐς Ἔφεσον ἐλθὼν παρὰ τῇ θεῷ διῃτᾶτο [6].

17. Τῷ δὲ δὴ προτέρῳ ἔτει [7] καὶ τοιόνδε τι, ἴδιον μὲν, φέρον δέ πως ἐς τὴν συγγραφὴν, ἐπράχθη. Τοῦ γὰρ νόμου διαρρήδην ἀπαγορεύοντος μηδένας δύο [8] ἅμα ἐκ τῆς αὐτῆς συγγενείας τὴν αὐτὴν ἱερατείαν ἔχειν, ὁ Σπινθὴρ ὁ ὕπατος, ἐπιθυμήσας Κορνήλιον Σπινθῆρα τὸν υἱὸν ἐς τοὺς

Wagner : τοσούτῳ ἐντονώτερον περὶ τοῦτο τὸ πλῆθος ἔσχε. Reiske : τοσούτῳ τὸ πλῆθος ἔσπερχε. Sturz place une virgule après τοῦτο et sous-entend τόσῳ μᾶλλον avant τὸ πλῆθος, ellipse trop hardie. Xylander se borne à dire que le passage est corrompu et ne propose aucune correction. M. Imm. Bekker met des points après τοῦτο, comme signe d'une lacune. Les Ms. ne fournissant aucun secours, je maintiens l'ancienne leçon; mais je traduis d'après la conjecture de Wagner.

1. Omis dans A, B, E, F.
2. C : κελευόντων αὐτῶν.
3. Cette proposition fut faite par le tribun Canidius. Plutarq. Pomp. XLIX : Οὐ μὴν ἀλλὰ καὶ Κανίδιος εἰσήνεγκε δημαρχῶν νόμον, ἄνευ στρατιᾶς Πομπήϊον ἔχοντα ῥαβδούχους δύο διαλλάττειν Ἀλεξανδρεῦσι τὸν βασιλέα. Καὶ

HISTOIRE ROMAINE DE DION, L. XXXIX.

publiée. Puis on délibéra : les uns voulaient que Spinther fût chargé de ramener Ptolémée en Égypte sans armée, les autres que Pompée l'y reconduisît avec deux licteurs, ainsi que ce roi l'avait demandé, aussitôt qu'il avait eu connaissance de l'oracle : le tribun Aulus Plautius lut publiquement sa lettre. Le sénat, craignant que cette mission ne rendît Pompée encore plus puissant, s'y opposa sous prétexte qu'il était chargé d'assurer les subsistances. Voilà ce qui arriva, sous le consulat de Lucius Philippus et de Cnæus Marcellinus : à la nouvelle de ce qui avait été résolu, Ptolémée désespéra de son retour en Égypte et se retira à Éphèse, où il vécut dans le temple de Diane.

17. L'année précédente se passa un fait relatif à des particuliers, mais qui pourtant n'est pas étranger à l'histoire. La loi défendait expressément que deux membres de la même famille fussent revêtus du même sacerdoce en même temps. Le consul Spinther voulut néanmoins faire entrer dans le collége des augures Cornelius Spin-

---

Πομπήϊος μὲν ἐδόκει τῷ νόμῳ μὴ δυσχεραίνειν· ἡ δὲ σύγκλητος ἐξέβαλεν εὐπρεπῶς, σκηψαμένη δεδιέναι περὶ τἀνδρός.

4. Cf. Plutarque, l. l. — 5. F : ἐπὶ τοῦ.

6. Le temple de Diane à Éphèse jouissait du droit d'asile ; cf. Strabon, XIV, p. 641, éd. Casaub.; Paris, 1620.

7. Omis dans le Ms. de Munich, n° 2.

8. L'ancienne leçon μηδένα δύο est corrompue. Leunclavius propose μὴ δεῖν δύο que Reimarus regarde comme indubitable : j'adopte, avec Sturz et M. Imm. Bekker, μηδένας δύο, d'après Reiske, qui s'exprime ainsi, à cette occasion : « Ut μηδένα ἕνα idem est atque μηδέποτε ἕνα ὅστις ἂν εἴη, ita μηδένας δύο, μηδένας τρεῖς est *numquam duo, numquam tres*, quicunque tandem illi fuerint. »

οἰωνιστὰς ἐσαγαγεῖν, ἔπειτ' ἐπειδὴ ¹ ὁ Φαῦστος ὁ τοῦ Σύλλου παῖς, ἐκ τοῦ τῶν Κορνηλίων ² φύλου ³ ὤν, προενεγέγραπτο ⁴, ἐξεποίησεν αὐτὸν ἐς τὸ Μαλλίου ⁵ Τορκουάτου γένος. Καὶ οὕτως ⁶ ὁ νόμος, ἐν τοῖς ἑαυτοῦ ῥήμασι μείνας, ἔργῳ κατελύθη.

18. Μετὰ δὲ δὴ τοῦτο ὁ Κλώδιος ἐπειδὴ τάχιστα ἐς τὴν ἀγορανομίαν ⁷ ἐπί τε τοῦ Φιλίππου καὶ ἐπὶ τοῦ Μαρκελλίνου παρελήλυθε, (πρὸς γὰρ τὴν ἀπόδρασιν τῆς δίκης παρακελευστὸς ᾑρέθη) γραφὴν κατὰ ⁸ τοῦ Μίλωνος τῆς τῶν μονομάχων παρασκευῆς ἀπήνεγκεν ⁹. Ἃ γὰρ αὐτὸς ἔπραττε, καὶ ἐφ' οἷς ἐκρίνετο, ταῦτ' ἐκείνῳ ἀντενεκάλει ¹⁰. Ἐποίει δὲ τοῦτο, οὐχ ὅτι τὸν Μίλωνα προσδοκῶν αἱρήσειν, (ἅτε καὶ συναγωνιστὰς ἰσχυροὺς, ἄλλους τε καὶ τὸν Κικέρωνα τόν τε Πομπήϊον ¹¹ ἔχοντα), ἀλλ' ἵνα ἐπὶ τῇ προφάσει ταύτῃ τῷ τε Μίλωνι προσπολεμοίη, καὶ ἐνείνους ὑβρίζοι ¹².

19. Πρὸς γοῦν τοῖς ἄλλοις τοιόνδε τι ἐμεμηχάνητο· παρασκευάσας τοὺς ἑταίρους ¹³, ἵν' ὁπότε πύθοιτο αὐτῶν ἐν τοῖς συλλόγοις, « τίς ὁ ποιῶν ἢ καὶ λέγων τοιόνδε τι

---

1. C : ἔπειτα δὲ ἐπειδή. D : ἔπειτα ἐπειδή.
2. A l'ancienne leçon Κορνηλίου je substitue, avec Sturz et M. Imm. Bekker, Κορνηλίων proposé par Leunclavius. Cette correction paraît indubitable à Reimarus.
3. Φίλου, dans C, F, H, et dans le Ms. de Munich, n° 2.
4. F : ἐνεγέγραπτο. — 5. E, G, H : Μαλίου. — 6. F : οὗτος.
7. Cf. Cic. Disc. pour Sextius, LXIV ; Disc. sur les Rép. des Arusp. XI et XIII.
8. D'après Leunclavius, avec Sturz et M. Imm. Bekker, au lieu de la leçon vulgaire καί.

ther, son fils; mais comme Faustus, fils de Sylla, de la famille des Cornelius, avait été déjà admis dans ce collége, Spinther fit adopter son fils par la famille de Manlius Torquatus. De cette manière, la loi fut respectée littéralement, mais violée en réalité.

18. Ensuite Clodius, à peine parvenu à l'édilité sous le consulat de Philippe et de Marcellinus (une cabale l'avait fait élire pour le soustraire à une poursuite judiciaire), déposa une accusation contre Milon, pour avoir rassemblé une troupe de gladiateurs. Il lui reprochait ce qu'il faisait lui-même, ce qui l'avait fait mettre en accusation. Ce n'était pas dans l'espérance de perdre Milon, qui avait de puissants soutiens, entre autres Cicéron et Pompée; mais pour avoir un prétexte de lui faire la guerre et d'insulter ses protecteurs.

19. Clodius, entre autres artifices qu'il avait imaginés, convint avec ses amis que, toutes les fois qu'il leur demanderait dans les assemblées, *Qui a fait ou dit*

---

9. Ἀπήνεγκε, dans A, B, F, H. Reimarus avait d'abord conseillé ἐσήνεγκεν ; mais plus tard, cf. Addend. tom. II, p. 1697 de son édition, il préféra ἐπήνεγκεν, adopté par Sturz.

10. C : ἀντενεβάλει.

11. D'après A, B, D, H, et non pas seulement d'après A mentionné par Sturz, je remplace l'ancienne leçon καὶ τὸν Πομπήϊον par τόν τε Πομπήϊον que M. Imm. Bekker adopte aussi.

12. E : ὑβρίζῃ. — 13. A, C, F, H : ἑτέρους.

ἦν ¹, » συνεκβοῷεν ὅτι Πομπήϊος· ἐπηρώτα πολλάκις ἐξαίφνης πάνθ' ὅσα ἐπαίτια περὶ αὐτὸν ἢ κατὰ τὸ σῶμα, ἢ κατ' ἄλλο ² τι ἦν, ἰδίᾳ καὶ καθ' ἕκαστον, ὡς οὐ περὶ ἐκείνου δὴ λέγων· κἀκ τούτου τῶν μὲν ἐξαρχόντων, τῶν δὲ συνεπηχούντων σφίσιν ³, (οἷα φιλεῖ ἐν τοῖς τοιούτοις γίγνεσθαι) καὶ λεγόντων, ὅτι Πομπήϊος, χλευασία πολλὴ συνέβαινεν· ὥστε ⁴ ἐκεῖνον, μήτε τὴν ἡσυχίαν ἄγειν καρτεροῦντα, μήθ' ὁμοιόν τι ποιεῖν αὐτῷ ὑπομένοντα, περιοργῆ τε γίγνεσθαι, καὶ ἐν ἀμηχανίᾳ καθίστασθαι· καὶ λόγῳ μὲν τὸν Μίλωνα κατακρίνεσθαι, ἔργῳ δὲ αὐτὸν μηδ' ἀπολογούμενον ἁλίσκεσθαι. Ὁ γὰρ Κλώδιος, ὅπως ἔτι πλεῖον ποιοίη ⁵, οὐκ εἴα τὸν φρατριατικὸν νόμον ἐσενεχθῆναι· πρὶν γὰρ ἐκεῖνον ⁶ τεθῆναι, οὔτ' ἄλλο τι τῶν σπουδαίων ἐν τῷ κοινῷ πραχθῆναι ⁷, οὔτε δίκην οὐδεμίαν ἐσαχθῆναι ἐξῆν.

20. Τέως μὲν οὖν ὁ Μίλων τῶν λοιδοριῶν καὶ τῶν σφαγῶν πρόσχημα αὐτοῖς ⁸ ἦν. Τεράτων δέ τινων ἐν

1. L'ancienne leçon τι ποιῶν ἢ καταλέγων τοιόσδε τις ὢν est altérée. Leunclavius propose τίς ποιῶν ἢ καὶ λέγων. La conjecture καὶ λέγων, au lieu de καταλέγων, est fort plausible, à cause de la perpétuelle confusion de καί avec κατά, et conduit à un sens probable ; mais Leunclavius n'a pas touché à la fin de la phrase. S'il eût substitué τοιόνδε τι ἦν à τοιόσδε τις ὤν, sa leçon aurait été, sinon certaine, du moins très-vraisemblable. Mais alors, au lieu de τις ποιῶν, il aurait fallu τις ὁ ποιῶν, d'après M. Imm. Bekker. Je lis donc avec cet éditeur : « τις ὁ ποιῶν ἢ καὶ λέγων τοιόνδε τι ἦν. »
2. F : κατὰ ἄλλο. — 3. C, D : σφίσι. — 4. B, F : ὥστε καί.
5. L'ancienne leçon ἐπὶ πλεῖον est corrompue, et les Mss. ne sont d'aucun secours. Reiske propose : ἐπὶ πλεῖον χρόνον ἐμποιοίη — *quo diutius rem protraheret*. M. Tafel donne le même sens : *Um sein spiel desto länger treiben zu können.* M. Imm. Bekker lit : ὅπως ἐπὶ πλεῖον

telle chose? ils s'écrieraient ensemble : *Pompée*. Il les questionnait souvent à l'improviste, les uns après les autres, sur tout ce qui pouvait donner prise à la critique chez lui, soit au physique, soit sous un autre rapport; mais sans avoir l'air de parler de Pompée. Aussitôt les uns nommant Pompée et les autres faisant écho, comme il arrive en pareille occurrence, c'étaient des moqueries sans fin. Pompée, qui n'avait pas la force de rester impassible et qui ne pouvait se résoudre à rendre la pareille à Clodius, se laissait aller à la colère et perdait contenance. Les attaques portaient en apparence sur Milon; mais, en réalité, c'était Pompée qui avait le dessous, sans oser même se défendre. Clodius, pour gagner du terrain, ne laissa point proposer la loi Curiate; et tant que cette loi n'avait pas été rendue, il n'était pas permis de traiter une affaire publique de quelque importance, ni d'intenter un procès.

20. Jusque-là Milon leur avait fourni un prétexte pour s'injurier et pour commettre des meurtres; mais

ἀπορoίη. Cette conjecture s'éloigne trop de la leçon primitive. Je propose ὅπως ἔτι πλεῖον ποιοίη, *quo magis etiam proficeret*, d'après deux passages d'Andocides, Sur les Myst., p. 74, 10 (§ 144, p. 72-73, Coll. Didot) : ἐὰν τοῖς ἐχθροῖς τοῖς ἐμοῖς πεισθῆτε, ... οὐδὲν ἔτι πλέον ποιήσετε — *nihil quicquam profeceritis*. Et Disc. contre Alcibiade, p. 114, 1 (§ 7, p. 85, Coll. Didot) : οὐδὲν γὰρ ἂν πλεῖον εἰς τὸ παρὸν ποιήσαιμεν, *nihil enim ad rem præsentem profecerimus*.

6. Les mots μήτε τὴν ἡσυχίαν — πρὶν γὰρ ἐκεῖνον manquent dans F.

7. Le passage πρὶν — πραχθῆναι est omis dans C, D, E, G, H. Il a paru pour la première fois dans l'édition de Reimarus, d'après Gronove qui l'avait trouvé dans A : il est aussi dans B, F.

8. Au lieu de l'ancienne leçon αὐτός. Celle que je donne est tirée de C Sturz, qui l'adopte, ainsi que M. Imm. Bekker, l'attribue à B.

40 ΤΩΝ ΔΙΩΝΟΣ ΙΣΤΟΡΙΩΝ ΡΩΜ. ΒΙΒΛ. ΛΘ.

τούτῳ γενομένων ¹ (ἔν τε γὰρ τῷ Ἀλβανῷ νεὼς Ἥρας βραχὺς ἐπὶ τραπέζης τινὸς πρὸς ἀνατολῶν ἱδρυμένος, πρὸς τὴν ἄρκτον μετεστράφη ², καὶ λαμπὰς ἀπὸ τῆς μεσημβρίας ὁρμηθεῖσα, πρὸς βορέαν διῆξε ³· λύκος τὲ ἐς τὴν πόλιν ἐσῆλθε, καὶ σεισμὸς ἐγένετο· τῶν τε πολιτῶν τινες κεραυνοῖς ἐφθάρησαν, καὶ θόρυβος ἐν τῷ Λατίνῳ ὑπὸ γῆς ἐξηκούσθη. Καὶ αὐτὰ οἱ μάντεις ἀκέσασθαι ⁴ θελήσαντες, ὀργίζεσθαι σφίσι ⁵ δαιμόνιόν τι, ὡς καὶ ἱερῶν τινων ἢ χωρίων οὐχ ὁσίων ἐποικουμένων, ἔφασαν), ἐνταῦθα ὁ Κλώδιος τὸν Κικέρωνα μεταλαβὼν, τῷ τε λόγῳ πολὺ ἐνέκειτο ⁶, ὅτι τὸ ἔδαφος τῆς οἰκίας, ἱερωμένον ⁷ τῇ Ἐλευθερίᾳ, κατῳκοδόμησε ⁸. Καὶ ἐπῆλθέ ποτε ἐπ' αὐτὸ, ὡς καὶ ἐκ θεμελίων αὖθις ἀναιρήσων· καὶ οὐκ ἐποίησε μὲν τοῦτο· ὁ γὰρ Μίλων ἐκώλυσεν ⁹.

R.p.200. 21. Ὁ δ' οὖν Κικέρων, ὡς καὶ παθὼν αὐτὸ, ὀργήν τε εἶχεν ¹⁰, καὶ κατηγορίας ἐποιεῖτο. Καὶ τέλος τόν τε Μίλωνα καὶ δημάρχους τινὰς παραλαβὼν, ἀνῆλθέ τε ἐς τὸ Καπιτώλιον, καὶ τὰς στήλας ἐπὶ τῇ ἑαυτοῦ φυγῇ ὑπὸ ¹¹ τοῦ Κλωδίου σταθείσας καθεῖλε· καὶ τότε μὲν αὐτὰς, ἐκείνου σὺν Γαΐῳ τῷ ¹² ἀδελφῷ στρατηγοῦντι ἐπελθόντος,

1. G : γενομένον ͞ω.
2. C : ἐπεστράφη.
3. Substitué à l'ancienne leçon διήξε, d'après Reimarus, Sturz et M. Imm. Bekker. C, D, G, H portent διῆξεν.
4. A, B, C, E, F : ἀκούσασθαι. Je donne avec Reimarus, Sturz et M. Imm. Bekker, la leçon proposée par Leunclavius et par Turnèbe.
5. F : φησί.

alors plusieurs prodiges arrivèrent : sur le mont Albain, un petit temple de Junon, placé sur une table et dont la porte regardait l'orient, se tourna du côté du couchant; un météore lumineux s'élança du midi vers le nord, un loup entra dans la ville, il y eut un tremblement de terre, quelques citoyens furent frappés de la foudre, un bruit souterrain se fit entendre dans la campagne du Latium. Les devins, cherchant à conjurer ces funestes présages, disaient qu'une divinité était irritée contre Rome, parce que des habitations particulières avaient été construites dans des lieux sacrés, ou qui n'étaient pas d'un usage public. Clodius partit de là pour attaquer Cicéron, et lui reprocha avec acharnement d'avoir rebâti sa maison sur un terrain dédié à la Liberté. Il s'y transporta même un jour pour la renverser une seconde fois ; mais il ne put exécuter son projet : Milon s'y opposa.

21. Cicéron ne fut pas moins courroucé que si sa maison avait été détruite, et il accusa vivement Clodius. Enfin il monta au Capitole avec Milon et quelques tribuns du peuple, et enleva les colonnes que Clodius avait érigées à l'occasion de son bannissement; mais celui-ci, accouru avec son frère Caïus qui était préteur, les lui re-

6. Ou mieux πολὺς ἐνέκειτο, proposé par Reiske, approuvé par Sturz, qui respecte pourtant la leçon vulgaire, et adopté par M. Imm. Bekker.
7. G : ἱερωμένων. — 8. Le même : κατοκοδόμησε. — 9. C, G : ἐκώλυεν. — 10. A, B, C, E : εἶχε.
11. D'après Reiske et M. Imm. Bekker, au lieu de l'ancienne leçon ἐπί.
12. Comme Sturz, j'ajoute cet article d'après Reiske.

ἀφηρέθη· μετὰ δὲ τοῦτο φυλάξας ἐκδημοῦντα τὸν Κλώ-διον [1], ἀνέβη τε αὖθις ἐς τὸ Καπιτώλιον, καὶ λαβὼν αὐ-τὰς [2], οἴκαδε ἀπεκόμισε [3]. Γενομένου δὲ τούτου, οὐδὲν ἔτ' ἀπώμοτον οὐδὲ ἑτέρῳ [4] αὐτῶν ἦν, ἀλλὰ ἐλοιδόρουν [5] ἀλλήλους, καὶ διέβαλλον [6] ἄλλα τε ὅσα ἐδύναντο, μηδε-νὸς τῶν αἰσχίστων ἀπεχόμενοι· καὶ ὁ μὲν τήν τε δημαρ-χίαν τὴν τοῦ Κλωδίου, ὡς καὶ παρὰ τοὺς νόμους γενο-μένην, καὶ τὰ πραχθέντα [7] ἐν αὐτῇ ὑπ' αὐτοῦ, ὡς καὶ ἄκυρα ὄντα· ὁ δὲ τήν τε [8] φυγὴν τὴν τοῦ Κικέρωνος, ὡς καὶ δικαίως ἐγνωσμένην, καὶ τὴν κάθοδον αὐτοῦ, ὡς καὶ παρανόμως ἐψηφισμένην.

22. Μαχομένων δὲ αὐτῶν, καὶ τοῦ Κλωδίου πολὺ [9] τῇ στάσει ἐλαττουμένου, ὁ Κάτων ὁ Μάρκος ἐπελθὼν ἀνίσωσεν αὐτοὺς [10]. Τῷ τε γὰρ Κικέρωνι ἀχθόμενος, καὶ φοβηθεὶς ἅμα μὴ καὶ [11] ὅσα αὐτὸς ἐν τῇ Κύπρῳ ἐπεποιή-κει, καταλυθείη, ὅτι πρὸς τοῦ Κλωδίου δημαρχοῦντος ἐπέπεμπτο [12], προθύμως αὐτῷ συνήρατο. Μέγα γὰρ ἐπ' αὐτοῖς ἐφρόνει, καὶ περὶ παντὸς τὸ [13] βεβαιωθῆναι αὐτὰ ἐποιεῖτο. Ὁ μὲν [14] γὰρ Πτολεμαῖος, ὁ τὴν νῆσον τότε κατέ-

1. G : λώ^Κδιον. — 2. Αὐτὰ, dans tous les Ms. — 3. A, G : ἀνεκό-μισεν.
4. Ou mieux οὐδετέρῳ, d'après M. Imm. Bekker. Au lieu de αὐτῶν, H porte αὐτῷ.
5. Ἀλλ' ἐλοιδόρουν, dans le Grammairien publié par M. Imm. Bekker, Anecdot. Gr. tom. I, p. 155.
6. F : διέβαλον. — 7. F : καταπραχθέντα.
8. H : οὐδὲ τήν τε, faute du copiste.
9. D'après A, B, F, au lieu de l'ancienne leçon πολλῇ. Sturz et M. Imm. Bekker adoptent aussi πολύ que Reiske avait deviné.

prit. Plus tard Cicéron, épiant le moment où Clodius était absent, remonta au Capitole, enleva de nouveau ces colonnes et les emporta chez lui. Dès lors il n'y eut rien que Clodius et Cicéron ne se crussent permis l'un contre l'autre : ils s'injuriaient réciproquement, se déchiraient par mille calomnies, et ne s'abstenaient pas même des attaques les plus grossières. Cicéron disait que le tribunat avait été donné illégalement à Clodius et que tous ses actes étaient frappés de nullité ; Clodius, que Cicéron avait été justement banni et que son retour était une violation des lois.

22. Pendant qu'ils se faisaient la guerre, au grand désavantage de la faction de Clodius, M. Caton revint à Rome et rétablit l'équilibre dans cette lutte. Déjà ennemi de Cicéron, il craignait que tout ce qu'il avait fait à Cypre ne fût annulé, parce qu'il y avait été envoyé par Clodius, tribun du peuple, et il soutint celui-ci avec ardeur. Caton était très-fier de son administration dans cette île, et attachait le plus grand prix à ce qu'elle fût approuvée. Ptolémée, maître de Cypre,

10. Tout en maintenant l'ancienne leçon ἀνέσωσεν αὐτοὺς, Reimarus traduit d'après la conjecture d'Oddey, qui lui paraît excellente : je la donne avec Sturz et M. Imm. Bekker. M. Tafel l'a suivie : *Brachte sie Marcus Cato bei seiner rückkehr wieder ins gleichgewicht.*

11. Omis dans C.

12. Je substitue à l'ancienne leçon ἐπέμπετο celle de A, exigée par le sens et adoptée par M. Imm. Bekker. Sturz la cite ; mais il ne l'insère pas dans son texte.

13. F : τε. — 14. D'après A, D, F, G : μὲν est omis dans C.

χων, ἐπειδὴ τά τε ἐψηφισμένα ἤσθετο, καὶ μήτ' ἀντᾶραι τοῖς Ῥωμαίοις ἐτόλμησε, μήτ' αὖ στερηθεὶς τῆς ἀρχῆς ζῆν ὑπέμεινε, φάρμακον πιὼν ἀπέθανε· καὶ οἱ Κύπριοι τὸν Κάτωνα οὐκ ἀκουσίως, ἅτε καὶ φίλοι καὶ σύμμαχοι τῶν Ῥωμαίων ἀντὶ δούλων ἔσεσθαι προσδοκήσαντες, ἐσεδέξαντο. Ὁ δὲ Κάτων ἐπὶ μὲν τούτοις οὐδὲν εἶχε σεμνύνεσθαι· ὅτι δὲ δὴ τά τε ἄλλα ἄριστα διῴκησε, καὶ δούλους καὶ χρήματα πολλὰ ἐκ τῶν βασιλικῶν ἀθροίσας [1], οὐδὲν ᾐτιάθη, ἀλλὰ ἀνεπικλήτως πάντα ἀπέδειξεν, ἀνδραγαθίας, οὐδὲν ἧττον ἢ εἰ [2] πολέμῳ τινὶ ἐνενικήκει, μετεποιεῖτο. Ὑπὸ γὰρ τοῦ πολλοὺς δωροδοκεῖν, σπανιώτερον τὸ τῶν χρημάτων καταφρονεῖν τινα τοῦ τῶν πολεμίων κρατεῖν ἐνόμιζε [3].

23. Τότε οὖν ὁ Κάτων ἐν δόξῃ τινὶ ἐπινικίων διὰ ταῦτ' αἰσίων ἐγένετο· καὶ οἱ ὕπατοι γνώμην ἐν τῷ συνεδρίῳ ἐποιήσαντο, στρατηγίαν [4] αὐτῷ δοθῆναι, καίπερ μηδέπω ἐκ τῶν νόμων προσήκουσαν. Καὶ οὐκ ἀπεδείχθη μὲν (αὐτὸς γὰρ ἀντεῖπε), τὴν δὲ δὴ εὔκλειαν καὶ ἐκ τούτου μείζονα ἔσχε. Κλώδιος δὲ ἐπεχείρησε μὲν τοὺς οἰκέτας τοὺς ἐκ τῆς Κύπρου ἀχθέντας, Κλωδίους, ὅτι αὐτὸς τὸν Κάτωνα ἐκεῖσε ἐπεπόμφει, ὀνομάσαι· οὐκ ἠδυνήθη

---

1. Cf. Plutarque, Cat. Min., XXXVIII. Sextus Rufus : Cato Cyprias opes Romam navibus advexit, ita ut jus ejus insulæ avarius magis quam justius simus assecuti. Cf. Ammien Marcellin, XIV, 8.
2. Leunclavius propose d'ajouter cette conjonction, qui est nécessaire pour le sens : je l'insère avec M. Sturz et M. Imm. Bekker.

s'était empoisonné aussitôt qu'il eut connu les décrets du sénat : il n'osa point prendre les armes contre les Romains, et il n'aurait pu survivre à la perte de sa puissance. Les Cypriotes, qui étaient alors esclaves et qui espéraient devenir les alliés et les amis de Rome, reçurent Caton à bras ouverts. Il n'y avait là rien dont il pût tirer vanité; mais il avait gouverné avec habileté; il avait eu sous la main, sans encourir le moindre reproche, beaucoup d'esclaves et des trésors considérables qui avaient appartenu au roi; il avait tout remis aux Romains, en restant pur de tout soupçon; et il se croyait un homme aussi éminent que s'il avait remporté des victoires sur les champs de bataille; car, à cause de la corruption générale, le mépris des richesses lui paraissait une vertu plus rare que la valeur qui triomphe des ennemis.

23. Caton parut donc digne du triomphe, et les consuls proposèrent au sénat de lui décerner la préture; quoique les lois ne le permissent pas encore. Mais il ne fut pas nommé préteur : il s'y opposa lui-même, et par là il obtint une plus grande gloire. Clodius chercha à faire donner le nom de *Clodiens* aux esclaves amenés de Cypre, parce que c'était lui qui y avait envoyé Caton : il échoua par la résistance

---

3. D, G, H : ἐνόμιζεν adopté par M. Imm. Bekker. Quoique la leçon vulgaire puisse être maintenue, la conjecture de Reimarus, qui propose ἐνομίζετο, ne manque pas de vraisemblance : *rarior adeo virtus habebatur*.

4. Στρατηγίαν ἐξαίρετον — *præturam extra ordinem*, dans Plutarq. l, l. XXXIX.

δὲ¹, ἐναντιωθέντος ² αὐτοῦ. Καὶ οἱ μὲν, Κύπριοι ἐπεκλήθησαν, καίτοι τινῶν Πορκίους³ σφᾶς προσειπεῖν ἐθελησάντων· ὁ γὰρ Κάτων καὶ τοῦτο ἐκώλυσεν. Ὀργῇ δ' οὖν ὁ Κλώδιος τὴν ἐναντίωσιν αὐτοῦ φέρων, τά τε διοικηθέντα ὑπ' αὐτοῦ διέβαλλε⁴, καὶ τοὺς λογισμοὺς τῶν πεπραγμένων ἀπῄτει· οὐχ ὅτι καὶ διελέγξαι τι αὐτὸν ἀδικοῦντα ἐδύνατο⁵, ἀλλ' ὅτι ὑπὸ ναυαγίου τὰ γράμματα σχεδόν τι πάντα διέφθαρτο. Καὶ ἐδόκει κατὰ τοῦτό τι ⁶ ἰσχύσειν. Ἐβοήθει ⁷ δὲ καὶ τότε τῷ Κλωδίῳ ὁ Καῖσαρ, καίτοι μὴ παρών, καὶ τάς γε ⁸ κατηγορίας αὐτῷ τὰς κατὰ τοῦ Κάτωνος ἐπιστολιμαίους (ὥς γέ φασί τινες) ⁹ ἔπεμπεν. Ἐπεφέρετο ¹⁰ δὲ τῷ Κάτωνι ἄλλα τε, καὶ ὅτι τὴν στρατηγίαν οἱ αὐτὸς ¹¹ τοὺς ὑπάτους πείσας (ὥς γε ἔλεγον) ἐσηγήσασθαι, προσεποιήσατο ¹² ἐθελοντὴς (ἵνα καὶ ¹³ μὴ ἄκων ἀποτετυχηκέναι αὐτῆς δόξῃ) ¹⁴ παρεῖσθαι.

24. Οὗτοί τε οὖν ἐμάχοντο, καὶ ὁ Πομπήϊος ἔσχε μὲν καὶ ἐν ¹⁵ τῇ τοῦ σίτου διαδόσει ¹⁶ τριβήν τινα. Πολλῶν γὰρ πρὸς τὰς ἀπ' αὐτοῦ ἐλπίδας ἐλευθερωθέντων, ἀπογραφὴν σφῶν, ὅπως ἔν τε κόσμῳ καὶ ἐν τάξει τινὶ σιτοδο-

1. Omis dans le Ms. de Munich, n° 2. — 2. F : ἐναντιωθῆναι. — 3. C : Πορκίου. — 4. F, G : διέβαλε.
5. Cf. Plutarque, Cat. Min. XXXVIII.
6. Omis dans F. — 7. C, H : ἐβοήθη.
8. Reimarus, qui lit τάς τε d'après Rob. Étienne, reproche à H. Étienne et à Leunclavius d'avoir remplacé, sans motif suffisant, cette leçon par τάς γε. Sturz maintient τάς τε. D'après A, j'adopte τάς γε, comme M. Imm. Bekker.
9. A, C, F : γέ τινές φασιν.

de Caton, et ils furent surnommés *Cypriens*. On avait voulu les appeler *Porciens;* mais Caton l'avait également empêché. Clodius, indigné de son opposition, attaquait son administration et lui en demandait compte : ce n'était pas qu'il pût le convaincre de malversation ; mais les registres de Caton avaient presque tous péri dans un naufrage, et Clodius se flattait de réussir, à la faveur de cette circonstance. César seconda Clodius, quoiqu'il fût absent : on prétend même qu'il lui envoya par lettres divers griefs contre Caton accusé, entre autres choses, d'avoir engagé les consuls (c'était un bruit répandu) à le proposer pour la préture et d'avoir feint d'y renoncer de lui-même, pour ne point paraître échouer involontairement.

24. Pendant cette lutte entre Clodius et Caton, la distribution du blé donna quelque peine à Pompée. Un grand nombre de citoyens avaient affranchi leurs esclaves, dans l'espoir qu'ils pourraient participer à cette distribution. Pompée voulut qu'ils fussent inscrits dans une tribu, afin de mettre une règle et de l'ordre dans la ré-

---

10. A cause de ἄλλα, je remplace, avec Sturz, l'ancienne leçon ἐπεφέροντο par ἐπεφέρετο.

11. A, B, F : αὐτούς. — 12. C : προσεποιήσαντο.

13. D'après A, G. — M. Imm. Bekker substitue aussi cette leçon à l'ancienne, ἵνα μὴ καί.

14. C et D : δόξει. F, H : δόξης.

15. D'après A, F et M. Imm. Bekker, je donne cette leçon, au lieu de ἔσχε μὲν ἐν.

16. Cf. Plutarque, Pomp. XLIX-LII.

48 ΤΩΝ ΔΙΩΝΟΣ ΙΣΤΟΡΙΩΝ ΡΩΜ. ΒΙΒΛ. ΛΘ.

τηθῶσιν [1], ἠθέλησε [2] ποιήσασθαι. Οὐ μὴν ἀλλὰ τοῦτο μὲν τῇ τε ἑαυτοῦ σοφίᾳ, καὶ ἐκ τοῦ πλήθους τοῦ σίτου, ῥᾷόν πως διῴκησε· τὴν δὲ δὴ ὑπατείαν αἰτῶν πράγματα ἔσχε [3], καὶ αἰτίαν ἀπ' αὐτῶν ἔλαβεν. Ἐλύπει μὲν γὰρ [4] αὐτὸν καὶ τὰ [5] ὑπὸ τοῦ Κλωδίου γιγνόμενα, καὶ μάλισθ' ὅτι καὶ ὑπὸ τῶν ἄλλων ὑπερεωρᾶτο, ὧν διέφερε [6] διά τε τὸ ἀξίωμα καὶ διὰ τὰς ἐλπίδας· ἀφ' ὧν καὶ ἰδιωτεύων ὑπὲρ πάντας αὐτοὺς τιμηθήσεσθαι [7] προσεδόκησεν, ὑβριζόμενος. Ἀλλὰ τούτων [8] μὲν ἔσθ' ὅτε καὶ κατεφρόνει· παραχρῆμα μὲν γὰρ κακῶς ἀκούων ἐδυσχέραινε [9]· διαλιπὼν [10] δὲ, καὶ ἐς ἀναλογισμὸν τῆς τε ἑαυτοῦ ἀρετῆς καὶ τῆς τῶν ἐναντίων κακίας ἀφικνούμενος, οὐκέτ' αὐτῶν προετίμα.

25. Ὁ δὲ δὴ Καῖσαρ αὐξανόμενος, καὶ ὁ δῆμος τά τε κατειργασμένα αὐτῷ θαυμάζων, ὥστε καὶ ἐκ τῆς βουλῆς ἄνδρας, ὡς καὶ ἐπὶ δεδουλωμένοις [11] παντελῶς τοῖς Γαλάταις, ἀποστεῖλαι, καὶ πρὸς τὰς ἀπ' αὐτοῦ ἐλπίδας ἐπαιρόμενος [12], ὥστε καὶ χρήματά οἱ πολλὰ ψηφίσασθαι, δεινῶς αὐτὸν ἠνία. Ἐπεχείρησε μὲν γὰρ τοὺς ὑπάτους ἀναπεῖσαι, μήτε τὰς ἐπιστολὰς αὐτοῦ εὐθὺς ἀναγιγνώσκειν,

---

1. B : σιτοδοθῶσιν.
2. Conjecture de Leunclavius approuvée par Reimarus et substituée à l'ancienne leçon ἐθελῆσαι par Sturz et par M. Imm. Bekker.
3. Les Ms. confirment l'ancienne leçon τὴν δὲ δὴ ὑπατείαν τῶν πραγμάτων ἔσχε, qui est évidemment altérée. Cinq conjectures ont été proposées : 1° τὴν δὲ δὴ ὑπατείαν αἰτῶν πράγματα ἔσχε, par Xylander et par Turnèbe. 2° τινὰ δὴ ὑποψίαν τῶν πραγμάτων ἔσχε, par Leunclavius. 3° τὴν δὲ δὴ ἐπάχθειαν τῶν πραγμάτων ἔσχε, par Wesseling. 4° διὰ τὴν δὲ δὴ ὑπατείαν πολὺ πλεῖον τῶν πραγμάτων ἔσχε, par Reimarus. 5° πολλὴν δὲ δὴ ἀνίαν ἀπὸ

partition du blé. Il la fit néanmoins sans trop de difficultés, grâce à sa prudence et à la quantité de blé dont il pouvait disposer ; mais la demande du consulat lui causa des embarras et provoqua des plaintes. Il s'affligeait d'être attaqué par Clodius ; mais plus encore d'être méprisé par des hommes que sa haute position et les espérances qu'il lui était permis de concevoir laissaient loin de lui, et de se voir insulté pour des actes qu'il croyait devoir le mettre bien au-dessus de tels hommes dans l'estime publique, alors même qu'il serait simple citoyen. Quelquefois il dédaignait ces insultes ; car, s'il supportait tout d'abord avec peine le mal qu'on disait de lui, il n'en tenait plus compte bientôt après, lorsqu'il avait réfléchi sur son mérite et sur l'infériorité de ses ennemis.

25. L'influence de César agrandie, la résolution du peuple qui, plein d'admiration pour ses exploits, lui envoya une députation composée de sénateurs, comme si la Gaule avait été complétement soumise, et qui plaçait en lui de si grandes espérances, qu'il lui accorda des sommes considérables par un décret : tout cela causait à Pompée un vif chagrin. Il s'efforça de persuader aux consuls de ne pas lire sur-le-champ les lettres de

τούτων τῶν πραγμάτων ἔσχε. Avec M. Imm. Bekker, j'adopte celle de Xylander. Reimarus et Sturz l'ont suivie dans leur traduction ; mais ils conservent l'ancienne leçon. M. Tafel a traduit d'après Wesseling : *Jedoch zogen ihm diese geschäfte viel hass zu*.

4. Omis dans C, G. — 5. Omis dans C, H : ajouté en marge dans G. — 6. G : διέφερεν. — 7. Dans le même : τιμήθεσθαι. — 8. B, F : τοῦτο. — 9. A, B, C, D, G, H : ἐδυσχέραινεν. Sturz ne cite que A. — 10. C : διαλειπών. — 11. Ajouté en marge, dans A. C porte δεδουλομένοις. — 12. Ἐπαιρούμενος, dans le même.

ἀλλὰ καὶ ἐπὶ πλεῖστον, μέχρις ἂν αὐτόματος ἡ δόξα τῶν πραττομένων ἐκνικήσῃ, συγκρύπτειν· καὶ διάδοχόν τινα αὐτῷ καὶ πρὸ τοῦ καθήκοντος καιροῦ πέμψαι. Τοσαύτῃ γὰρ φιλοτιμίᾳ ἐχρῆτο, ὥσθ᾽ ὅσα αὐτὸς τῷ Καίσαρι συνέπραξε καὶ βασκαίνειν καὶ καταλύειν· καὶ ἐκείνῳ γε ἄλλως τε μεγάλως ταινιουμένῳ καὶ τὰ ἑαυτοῦ συσκιάζοντι [1] ἄχθεσθαι· καὶ τῷ δήμῳ ἐγκαλεῖν ὅτι αὐτόν τε ἐν ὀλιγωρίᾳ ἐποιεῖτο καὶ τὸν Καίσαρα ὑπεσπούδαζε [2]. Τά τε γὰρ ἄλλα καὶ ἠγανάκτει, ὁρῶν αὐτοὺς τῶν τε προσποιηθέντων τινὰ ἐπὶ τοσοῦτον μνημονεύοντας ἐφ᾽ ὅσον μηδὲν [3] ἄλλο [4] ἐπιγένοιτο· καὶ πρὸς τὸ ἀεὶ καθιστάμενον, κἂν ἔλαττον τοῦ προτέρου ᾖ, προχειρότατα, τῷ τε τοῦ συνήθους κόρῳ καὶ τῇ τοῦ ξένου ἡδονῇ, φερομένους· καὶ τὸ μὲν προευδοκιμοῦν πᾶν καταλύοντας ὑπὸ τοῦ φθόνου, τὸ δ᾽ ἄρτι [5] προφαινόμενον [6] συνεπαύξοντας ὑπὸ τῶν ἐλπίδων.

26. Δι᾽ οὖν ταῦτα δυσχεραίνων, καὶ μήτε τι διὰ τῶν ὑπάτων διαπράξασθαι δυνηθείς, καὶ τὸν Καίσαρα μείζω τῆς πρὸς ἑαυτὸν πίστεως [7] γιγνόμενον ὁρῶν, οὐκ ἐν ἐλαφρῷ τὸ πρᾶγμα ἐποιήσατο. Καὶ γὰρ ἐνόμιζε δύο τε εἶναι τὰ τὰς [8] φιλίας τινῶν συγχέοντα [9], τό τε δέος καὶ τὸν φθόνον· καὶ ταῦτα ἀπ᾽ ἀντιπάλου [10] καὶ τῆς δόξης καὶ τῆς

---

1. D'après C, D, au lieu de l'ancienne leçon συσκενάζοντι.
2. Ou mieux ὑπερεσπούδαζε, adopté par M. Imm. Bekker, d'après Reiske.
3. C, G : μηδὲ ἕν. — 4. G : ἄλλῳ. — 5. G : εἴ τι. — 6. F : προφενόμενον.

César, de les tenir secrètes le plus longtemps possible, jusqu'à ce que la gloire de ses victoires se fît jour d'elle-même, et de lui envoyer un successeur avant le temps fixé. Il y avait chez lui tant d'ambition, qu'il regardait d'un œil jaloux et cherchait même à rabaisser les succès que César avait obtenus avec son appui : il ne pouvait sans douleur le voir couronné de lauriers qui obscurcissaient sa gloire, et il reprochait au peuple de le négliger et de montrer pour son rival un dévouement absolu. Pompée s'indignait surtout de ce que la multitude attachait à certains avantages récemment acquis tant de prix, que rien ne pouvait être mis sur la même ligne; de ce qu'en toute occurrence, par dégoût pour ce qui lui était connu ou par l'attrait de l'extraordinaire, elle se portait incessamment avec enthousiasme vers les choses nouvelles, alors même qu'elles ne valaient pas les anciennes; enfin, de ce qu'elle renversait par jalousie les réputations établies et prônait, sous l'influence de certaines espérances, celles qui commençaient à jeter de l'éclat.

26. Pompée, mécontent de tout cela, ne pouvant rien obtenir par les consuls et voyant son crédit effacé par la puissance de César, se préoccupa sérieusement de sa position. Il se disait que les amitiés finissent par la crainte et par la jalousie qu'éprouvent inévitablement des hommes rivaux de gloire et de puissance; car tant qu'ils

---

7. A l'ancienne leçon πιστώσεως, maintenue par Reimarus et par Sturz, je substitue, d'après A, F, πίστεως adopté par M. Imm. Bekker.

8. E, H : τῆς. — 9. A, B : συνέχοντα.

10. G : ταῦτ' ἀπ' ἀντιπάλου. Reiske aimerait mieux : ἐπ' ἀντιπάλου — *in potentia et gloria paribus et contrariis sibi momentis nixa.*

ἰσχύος μόνως συμβαίνειν¹· ἕως μὲν γὰρ ἂν ἰσομοιρῶσί τινες αὐτῶν, καὶ ἐκείνας ²ἐρρῶσθαι· ἐπειδὰν ³ δ' ὑπεράρωσί τι οἱ ἕτεροι, ἐνταῦθα τό τε ἐλαττούμενον, φθονῆσαν, μισεῖν τὸν κρείττονα· καὶ τὸ κρατοῦν, καταφρονῆσαν, ἐξυβρίζειν ⁴ ἐς τὸν χείρονα· καὶ οὕτως ἀπ' ἀμφοτέρων, τὸν μὲν τῇ ἐλαττώσει ἀγανακτοῦντα, τὸν δὲ τῇ πλεονεξίᾳ ἐπαιρόμενον, πρός τε διαφορὰς καὶ πρὸς πολέμους, ἐκ τῆς πρὶν φιλίας, ἀφικνεῖσθαι. Τοιούτοις οὖν ⁵ δή τισι λογισμοῖς ὁ Πομπήϊος ἐπὶ τὸν Καίσαρα ὡπλίζετο. Καὶ (ἐδόκει γὰρ οὐκ ἂν ῥᾳδίως μόνος αὐτὸν ⁶ καταλῦσαι) τὸν Κράσσον, ὡς καὶ μετ' αὐτοῦ ποιήσων, ἔτι καὶ μᾶλλον ἀνηρτήσατο.

27. Συμφρονήσαντες οὖν, ἄλλως μὲν οὐδὲν ἂν ἰδιωτεύοντες πράξειν ἤλπισαν· ἂν δ' ὑπατεύσωσι, κἂκ τούτου καὶ αὐτοὶ τὰ πράγματα τῇ ἐκείνου ζηλώσει διαλάβωσι, καὶ ἀντίρροποί οἱ ἔσεσθαι, καὶ ταχὺ αὐτοῦ, ἅτε καὶ δύο ἑνὸς, περιγενήσεσθαι προσεδόκησαν. Καὶ οὕτω πᾶσαν τὴν προσποίησιν [ἀφ' ἧς εἰ ⁷] καί τις τῶν ἑταίρων ⁸ σφῶν ἐπὶ τὴν ἀρχὴν αὐτοὺς προῆγεν, ἀπηρνοῦντο μηκέτι βούλεσθαι ὑπατεῦσαι, ἀποθέμενοι, ἄντικρυς αὐτῆς, καίπερ ἑτέροις τισὶ

---

1. F : συμβαίνει.
2. Avec M. Imm. Bekker, j'adopte ἐκείνας (s. ent. φιλίας), proposé par Reimarus. Sturz conserve l'ancienne leçon ἐκεῖνα, qui ne peut être défendue qu'en rapportant ἐκεῖνα, comme Reiske le conseille, à la gloire et à la puissance : cette interprétation m'a paru moins plausible que la conjecture de Reimarus.
3. G : ἐπειδ' ἄν.
4. Au lieu de l'ancienne leçon μισεῖ — ἐξυβρίζει : l'infinitif présent est nécessaire; puisque ces verbes dépendent de ἐνόμιζε, comme ἀφικνεῖσθαι, un peu plus loin; cf. les notes de Reiske et de Sturz.

en ont tous également, l'amitié se maintient ; mais si quelques-uns en acquièrent davantage, ceux qui en ont moins ressentent d'abord de la jalousie, puis de la haine pour ceux qui en ont plus : ceux-ci, de leur côté, deviennent orgueilleux et traitent les autres avec insolence. Alors, les uns s'indignent de leur infériorité, les autres tirent vanité de leur supériorité, et l'amitié fait place aux dissensions et aux guerres. C'est par de semblables réflexions que Pompée s'apprêtait à combattre contre César, et comme il ne croyait pas pouvoir seul le renverser, il s'unit plus étroitement encore avec Crassus, espérant accomplir sa ruine avec son concours.

27. Ils se liguèrent donc ; mais ils comprirent qu'ils ne pourraient rien faire, s'ils restaient dans la vie privée. Au contraire, s'ils obtenaient le consulat, ils comptaient devenir les rivaux de César dans le gouvernement, balancer son influence, et bientôt même l'emporter sur lui ; puisqu'ils seraient deux contre un. Ainsi, mettant de côté la dissimulation qui leur avait fait dire qu'ils ne consentiraient pas à accepter cette magistrature, si des amis la leur offraient, ils la briguèrent ouvertement ; quoiqu'ils eussent agi auparavant pour la faire donner

---

5. C, G : δ' οὖν. — 6. F : αὐτὸν μόνος. G : μόνως αὐτόν.

7. L'ancienne leçon σφίσι καί τις ne fournit aucun sens ; ce qui a fait supposer qu'il manque ici quelque chose. Mais il faut remarquer que, si les Ms. donnent σφίσι, il n'en est aucun qui porte l'indication d'une lacune. D'où l'on peut conclure qu'il n'en existe pas et que toute la difficulté consistait à remplacer σφίσι par une autre leçon. Celle que propose Reiske ἀφ' ἧς εἰ fournit un sens raisonnable : je l'adopte, comme M. Imm. Bekker ; mais je place ces mots entre crochets.

8. C : ἑτέρων.

πρότερον συναγωνιζόμενοι, μετεποιήσαντο. Ἐπειδή τε ἔξω τῶν χρόνων τῶν ἐν τοῖς νόμοις διειρημένων [1] ἐπήγγειλαν αὐτήν, καὶ δῆλοι ἦσαν ἄλλοι τε, καὶ αὐτοὶ οἱ ὕπατοι (καὶ γάρ τι [2] καὶ ῥώμης ὁ Μαρκελλῖνος εἶχεν) οὐκ ἐπιτρέψοντες σφίσιν ἀποδειχθῆναι, διεπράσσοντο τὰς ἀρχαιρεσίας ἐν τῷ ἐνιαυτῷ ἐκείνῳ μὴ γενέσθαι· ἄλλους τε καὶ τὸν Κάτωνα τὸν Γάϊον ἐνιέντες [3], ἵνα μεσοβασιλέως αἱρεθέντος, καὶ αἰτήσωσι κατὰ τοὺς νόμους τὴν ἀρχὴν καὶ λάβωσι.

28. Καὶ (ἐγίγνετο γὰρ τοῦτο λόγῳ [4] μὲν, ὑπὸ τῶν παρεσκευασμένων ἄλλοτε κατ' ἄλλην πρόφασιν, ἔργῳ δὲ, ὑπ' αὐτῶν ἐκείνων [5]· τοῖς γοῦν ἐναντιουμένοις σφίσι φανερῶς ἤχθοντο·) δεινῶς ἡ γερουσία ἠγανάκτησεν, ὥστε ποτὲ μεταξὺ [6] μαχομένων αὐτῶν ἐξαναστῆναι. Καὶ τότε μὲν οὕτω διελύθησαν· αὖθις δ' [7] ἐπειδὴ τὰ αὐτὰ ἐγίγνετο, τὰς στολὰς, καθάπερ ἐν συμφορᾷ τινι, μετεκδῦναι [8] ἐψηφίσαντο· καίτοι [9] τοῦ Κάτωνος ἔκ τε τοῦ συνεδρίου, ἐπειδήπερ ἀντιλέγων οὐδὲν ἤνυσεν, ἐκπηδήσοντος [10], ὅπως μηδὲν τελεσθείη. Εἰ

---

1. Avec M. Imm. Bekker, je remplace, d'après Reiske, l'ancienne leçon διῃρημένων par διειρημένων, qui est l'expression propre. Cf. la note de Sturz, p. 510-511, tom. 1 de son édition.
2. G, H : καὶ γάρ τοι.
3. Correction due à Rob. Étienne, au lieu de ἐνιόντες, donné par le Ms. Reimarus, Sturz et M. Imm. Bekker l'ont adoptée.
4. F : λόγος.
5. Comme Sturz et M Imm. Bekker, d'après Reiske et Reimarus, au lieu de la leçon vulgaire : ἐγίγνετο γὰρ λόγῳ τοῦτο μὲν, ὑπάτων παρεσκευασμένων ἄλλοτε κατ' ἄλλην πρόφασιν· ἔργῳ δὲ ὑπ' αὐτῶν ἐκείνων. M. Tafel propose de lire ὑπό τινων, au lieu de à ὑπὸ τῶν. Pour le reste, il suit la conjecture de Reiske et de Reimarus.

à d'autres ; mais comme ils la briguèrent en dehors des époques fixées par la loi, comme il était évident que plusieurs citoyens et les consuls eux-mêmes (Marcellinus avait toujours de l'influence) s'opposeraient à leur élection, ils obtinrent, avec le concours de Caton et d'autres amis, que les comices ne seraient point tenus cette année. Ils espéraient pouvoir, par la création d'un *interroi*, demander et accepter légalement le consulat.

28. Tout cela se faisait en apparence, tantôt sous un prétexte, tantôt sous un autre, par quelques hommes disposés à cet effet; mais, en réalité, Pompée et Crassus dirigeaient tout et poursuivaient ouvertement de leur haine ceux qui leur étaient opposés. Le sénat était si indigné, qu'une rixe ayant éclaté entre ces deux hommes, il leva la séance, et la rixe fut ainsi apaisée cette fois; mais la même scène s'étant renouvelée, le sénat décida qu'on changerait de vêtement, comme dans les calamités publiques. Caton, qui avait parlé sans succès contre cette mesure, voulut sortir; afin qu'aucune décision

---

6. D'après A, B, F, j'ajoute, comme M. Imm. Bekker, μεταξὺ qui manque dans la leçon vulgaire.

7. C, F, G : αὖθις δέ.

8. « Τὰς στολὰς μετεχδῦναι dicitur Senatus, in calamitate publica, quum, deposita veste senatoria, equestrem sumebat. Sed contra μετενδῦναι στολὰς, quando perfuncti periculo vestem senatoriam resumebant. » Reimarus, Addend. l. l.

9. C, D, G, H : καί τι.

10. Dans l'ancienne leçon ἐσπηδήσαντος — ἐκείνους — ἐσελθεῖν, le Critique appelé N dans l'édition de Reimarus aimerait mieux ἐκπηδήσοντος. L'enchaînement des idées exige cette correction ; mais alors il faut lire un peu plus loin ἐκεῖνον μὲν — ἐξελθεῖν, comme le conseillent ce même critique et Leunclavius, au lieu de ἐκείνους μὲν—ἐσελθεῖν. C'est ce que j'ai fait. M. Imm. Bekker conserve l'ancienne leçon et met des points après ἐκπηδήσαντος, comme signe d'une lacune. Elle n'est pas indiquée dans les Ms

γάρ τις τῶν βουλευόντων μὴ ἔνδον ἦν [1], οὐδεμία ψῆφος αὐτοῖς ἐδίδοτο. Ἐκεῖνόν τε γὰρ προαπαντήσαντες ἕτεροι δήμαρχοι [2] ἐκώλυσαν ἐξελθεῖν· καὶ οὕτω τοῦτό τε τὸ δόγμα ἐκυρώθη· καὶ ἐχρηματίζετο, ὅπως καὶ ἐς τὴν πανήγυριν τὴν τότε οὖσαν οἱ βουλευταὶ [μὴ [3]] θεωρήσωσιν. Ἐπεὶ δὲ καὶ πρὸς ἐκεῖνο ὁ Κάτων ἀνθίστατο, ἐξεπήδησαν ἀθρόοι, καὶ τὰ ἐσθήματα ἀλλαξάμενοι ἐπανῆλθον, ὡς καὶ διὰ τοῦτ' αὐτὸν καταπλήξοντες. Καὶ ἐπειδὴ μηδ' ὡς ἐμετρίαζε [4], προῆλθον [5] ἐς τὴν ἀγορὰν ἅμα πάντες· καὶ συνδραμόντος ἐπὶ τούτῳ τοῦ πλήθους, ἐς πᾶν κατηφείας αὐτοὺς κατέστησαν, δημηγορῶν [6] μὲν ὁ Μαρκελλῖνος, καὶ τὰ παρόντα σφίσιν ὀδυρόμενος· ἐπιδακρύοντες δὲ οἱ ἄλλοι καὶ ἐπιστένοντες, ὥστε μηδένα μηδὲν ἀντιφθέγξασθαι. Καὶ οἱ μὲν, τοῦτο πράξαντες, ἐς τὸ βουλευτήριον εὐθὺς ἐσῆλθον, γνώμην ἔχοντες ἐς τοὺς ὑπαιτίους τὴν ὀργὴν ἀφεῖναι.

29. Κλώδιος δὲ ἐν τούτῳ μεταπηδήσας αὖθις πρὸς τὸν Πομπήϊον, καὶ τὰ ἐκείνου πάλιν ἀνθελόμενος, ἐλπίδι [7] τοῦ, εἴ τι οἱ τῶν τότε πραττομένων συγκατεργάσαιτο, πάνυ αὐτὸν ἰδιώσεσθαι, παρῆλθέ τε ἐς τὸν ὅμιλον ἐν τῇ καθηκούσῃ στολῇ, μηδὲν αὐτῆς πρὸς τὸ δόγμα μεταλλάξας, καὶ κατά τε τοῦ Μαρκελλίνου [8] καὶ κατὰ τῶν ἄλλων ἐδημηγόρει. Πολλῆς οὖν καὶ ἐπὶ τούτῳ ἀγανακτήσεως

---

1. D'après Leunclavius, approuvé par Penzel, au lieu de l'ancienne leçon τῶν μὴ βουλευόντων ἔνδον ἦν, qui n'est point satisfaisante.
2. J'aimerais mieux : ἕτεροί τε καὶ οἱ δήμαρχοι.
3. Le sens exige cette négation. Comme M. Imm. Bekker, je l'ajoute d'après Fabricius, Reimarus et Sturz ; mais je la place entre crochets.

ne fût prise; car lorsqu'un des sénateurs ne siégeait pas, il n'était point permis de voter. Les autres tribuns allèrent à sa rencontre pour l'empêcher de sortir, et le décret fut rendu. On décida, en outre, que le sénat n'assisterait pas aux jeux publics qui se célébraient alors. Caton ayant combattu aussi cette résolution, les sénateurs en foule quittèrent la salle et y rentrèrent, après avoir changé de vêtement pour l'intimider; mais Caton ne s'étant pas montré plus modéré, ils s'avancèrent tous ensemble dans le Forum. Le peuple, accouru sur leurs pas, fut plongé dans un abattement profond; Marcellinus harangua la multitude et déplora l'état de Rome; tout le monde fondait en larmes et poussait des gémissements, en sorte que personne n'osa le contredire. Le sénat rentra aussitôt en séance, bien résolu de faire tomber sa colère sur les auteurs du désordre.

29. Sur ces entrefaites, Clodius se déclara de nouveau pour Pompée: il embrassa son parti, espérant que, s'il le secondait dans l'exécution de ses projets, Pompée serait sous sa dépendance. Il parut au milieu du peuple avec son vêtement ordinaire, sans tenir compte du décret qui ordonnait de prendre le deuil, parla contre Marcellinus et contre ceux qui avaient agi comme lui.

4. A, B, D, H : ἐμετρίαζεν. Sturz ne cite que A. G porte ἐμετρίαζον.
5. H : προῆλθεν.
6. Cf. Val. Maxime, VI, 2, 6.
7. C, G : ἐλπίδα. — 8. G : Μαρκελλίου.

ὑπὸ τῶν βουλευτῶν γενομένης, τὸ μὲν πλῆθος μεταξὺ λέγων ἐγκατέλιπε· πρὸς δὲ δὴ τὸ συνέδριον ἀΐξας[1], ὀλίγου[2] διεφθάρη. Τῆς γὰρ γερουσίας ἀπαντησάσης αὐτῷ, εἴσω τε ἐσελθεῖν ἐκωλύθη, κἂν τούτῳ ὑπὸ ἱππέων[3] περιστοιχισθεὶς, διεσπάσθη ἄν, εἰ μὴ ἀνακραγόντος αὐτοῦ καὶ τὸν ὅμιλον ἐπιβοησαμένου, προσέδραμον πολλοὶ πῦρ φέροντες, ὡς καὶ μετὰ τοῦ βουλευτηρίου σφᾶς καταπρήσοντες, εἴ τι[4] αὐτὸν ἐξεργάσαιντο. Καὶ ὁ μὲν, παρὰ τοσοῦτον ἐλθὼν ἀπολέσθαι, οὕτως ἐσώθη.

30. Πομπήϊος δὲ, οὐδὲν τούτοις ἐκπλαγεὶς ἔς τε τὸ συνέδριόν ποτε[5] ἐσεπήδησεν, ὑπεναντιούμενος αὐτῷ ψηφιεῖσθαι μέλλοντι[6], καὶ ἐκεῖνό τε κυρωθῆναι ἐκώλυσε, καὶ τοῦ Μαρκελλίνου μετὰ τοῦτο πυθομένου δημοσίᾳ αὐτοῦ, εἰ ὄντως ἐπιθυμεῖ[7] ὑπατεῦσαι, ἐλπίδι τοῦ κατοκνήσειν αὐτὸν σπουδαρχεῖν ὁμολογῆσαι· « τῶν μὲν δικαίων ἀνδρῶν ἕνεκα οὐδὲν τῆς ἀρχῆς δεῖσθαι ἔφη, διὰ δὲ δὴ τοὺς ταραχώδεις, καὶ σφόδρα αὐτῆς ἀντιποιεῖσθαι[8]. » Ὡς οὖν τούτῳ φανερῶς ἐνέκειτο[9], καὶ ὁ Κράσσος[10] ἐρωτηθεὶς καὶ αὐτὸς, τὰ αὐτὰ οὐχ ὡμολόγησε[11] μὲν, οὐ μὴν οὐδ' ἀπηρ-

---

1. D'après Wesseling, je remplace, comme Sturz, l'ancienne leçon ἄρξας par ἀΐξας. M. Imm. Bekker lit ᾄξας.
2. F : ὀλίγον.
3. Reiske conseille ὑπὸ τῶν ἱππέων, qui me paraît préférable.
4. G : ἔτι.
5. Reiske aimerait mieux μόγις ποτὲ — *tandem aliquando*. Un peu plus loin, il voudrait ajouter ἤδη avant ψηφιεῖσθαι.
6. A, B, C, D, E, F, H : μέλλοντος.
7. C : ἐπιθυμεῖς.

HISTOIRE ROMAINE DE DION, L. XXXIX.

Le sénat éclata d'indignation : Clodius abandonna le peuple au milieu de son discours, se rendit en toute hâte au sénat, et peu s'en fallut qu'il n'y trouvât la mort. Les sénateurs se précipitèrent au-devant de lui pour l'empêcher d'entrer : il fut à l'instant entouré par les chevaliers, et il aurait été mis en pièces, s'il n'avait poussé des cris et appelé la multitude à son secours. Elle accourut, armée de torches et menaçant les sénateurs de les livrer aux flammes, eux et leurs palais, si Clodius était en butte à la violence ; et c'est ainsi qu'il fut sauvé, après avoir été à deux doigts de sa perte.

30. Pompée, nullement effrayé de ces événements, s'élança dans le sénat pour s'opposer au décret qu'il allait rendre et empêcha qu'il ne fût rendu. Ensuite, Marcellinus lui ayant demandé publiquement s'il aspirait au consulat, dans l'espoir qu'il n'oserait avouer sa candidature : « Ce n'est pas à cause des bons citoyens « que j'en ai besoin, répondit-il ; mais je dois le bri- « guer avec ardeur à cause des factieux. » Pompée poursuivait donc le consulat sans détour. Crassus, à qui la même question fut adressée, ne fit ni aveu ni

---

8. Plutarque, Crass. XV, met la même réponse dans la bouche de Pompée ; mais il dit qu'il avait été interrogé par Marcellinus et par Domitien. Ailleurs, Pomp. LI, il rapporte que Marcellinus questionna Pompée, que le peuple le pressa de répondre, et il lui attribue cette réponse : εἶπεν ὡς τάχα μὲν δὴ μετέλθοι, τάχα δὲ οὐκ ἂν μετέλθοι.

9. Reiske propose : φανερὸς ἐξέχειτο — *Quum Pompeius per hoc dictum conspicuus jaceret in medio.* L'ancienne leçon doit être maintenue. Au lieu de ἐνέχειτο, G donne ἀνέχειτο.

10. F : ὁ Κράσος. — 11. C : οὐχ ὡμολόγησε.

νήσατο, ἀλλ', ὥσπερ εἰώθει, διὰ μέσου ἐχώρησεν [1], εἰπὼν ὅτι πάνθ' ὅσα τῷ κοινῷ συμφέροι πράξει [2]. κατέδεισαν ὅ τε Μαρκελλῖνος καὶ ἄλλοι πολλοὶ τήν τε παρασκευὴν αὐτῶν καὶ τὴν ἀντίταξιν, καὶ οὐδὲ ἀπήντων ἔτι ἐς τὸ βουλευτήριον. Μὴ συλλεγομένου δὲ τοῦ καθήκοντος ἐκ τῶν νομίμων ἀριθμοῦ πρὸς τὸ ψηφισθῆναί τι περὶ τῶν ἀρχαιρεσιῶν, οὐδὲ χρηματισθῆναί τι ἀρχὴν περὶ αὐτῶν ἠδυνήθη, ἀλλ' ὁ ἐνιαυτὸς οὕτω διέβη [3]. Οὐ μέντοι οὔτε τὴν ἐσθῆτα μετημπίσχοντο [4], οὔτε ἐς τὰς πανηγύρεις ἐφοίτων, οὐκ ἐν τῷ Καπιτωλίῳ τῇ τοῦ Διὸς ἑορτῇ εἱστιάθησαν, οὐκ ἐπὶ τὰς ἀνοχὰς τὰς Λατίνας, δεύτερον τότε ὑπό τινος οὐκ ὀρθῶς πραχθέντος ποιουμένας [5], ἐς τὸ [6] Ἀλβανὸν ἀφίκοντο· ἀλλ' ὥσπερ δεδουλωμένοι, καὶ μήτ' ἀρχὰς ἑλέσθαι, μήτ' ἄλλο τι πολιτικὸν πράξασθαι ἐξουσίαν ἔχοντες, τὸ λοιπὸν τοῦ ἔτους διήγαγον.

31. Καὶ μετὰ τοῦτο ὅ τε Πομπήϊος καὶ ὁ Κράσσος [7] ὕπατοι ἐκ μεσοβασιλείας ἀπεδείχθησαν, οὔτ' ἄλλου τινὸς τῶν προεπηγγελκότων ἀπαντήσαντος [8], καὶ Λουκίου Δομιτίου [9] (ὃς μέχρι τῆς τελευταίας ἡμέρας ἐσπουδάρχησεν) ὁρμήσαντος μὲν πρὸς τὴν ἐκκλησίαν οἴκοθεν ὑπὸ νύκτα,

---

1. G : ἐχώρησαν. — 2. A, F : πράξοι.
3. L'ancienne leçon πρὸς τὸ ψηφισθῆναί τι*** ἀρχὴν περὶ αὐτῶν ἠδυνήθη, ἀλλὰ θέσει αὐτὸς οὕτω διέβη offrait tout à la fois une lacune et une grave altération. La lacune existe dans C, D, E, G, H : elle a été comblée par Gronovius, à l'aide de A. Quant à l'altération, elle était dans les mots ἀλλὰ θέσει αὐτός, leçon confirmée par A, B, E, F, G, H ; mais qui ne présente aucun sens. J'adopte la correction du Critique appelé N dans Reimarus : seulement au lieu de ἀλλὰ ἐνιαυτὸς je lis ἀλλ' ὁ ἐνιαυτός, avec Sturz

réponse négative. Suivant son habitude, il prit un moyen terme et dit qu'il agirait comme l'exigerait l'intérêt de l'État. Marcellinus et beaucoup d'autres, craignant les menées et l'opposition de ces deux hommes, ne vinrent plus au sénat. On ne put réunir le nombre de membres exigé par la loi pour qu'un décret fût rendu sur l'élection des magistrats. Rien ne fut statué à ce sujet, et l'année s'acheva ainsi; mais le sénat ne quitta point le deuil : il n'assista ni aux jeux publics, ni au banquet du Capitole, le jour de la fête de Jupiter, et ne se rendit pas au mont Albain pour les féries latines qu'on célébrait une seconde fois, en ce moment, à cause de quelque irrégularité. Il passa le reste de l'année, comme s'il avait été réduit en servitude, sans avoir le droit de nommer des magistrats, ni de traiter une affaire politique.

31. Pompée et Crassus furent ensuite élus consuls, à la faveur de l'interrègne. Aucun des candidats qui s'étaient mis d'abord sur les rangs ne leur fit obstacle. L. Domitius persista bien jusqu'au dernier jour; mais étant sorti de chez lui, au commencement de la nuit, pour se

---

et M. Imm. Bekker, d'après la remarque de Reiske : « diversa sunt ἐνιαυτὸς διέβη et ὁ ἐνιαυτὸς διέβη. Illud esset : *unus integer annus in eo statu transiit*; hoc : *reliquum praesentis anni effluxit.* »

4. C : μετηπίσχοντο. G : μετηπίσχοντο. — 5. A, B, C, E : ποιούμενα.
6. Omis dans C.
7. F : Κράσος. — 8. G : ἀπαντήσαντας. — 9. F : Δομετίου.

ἐπεὶ δ' ὁ παῖς ὁ τὸν λύχνον οἱ προφέρων ἐσφάγη, δείσαντος καὶ μηκέτι περαιτέρω προχωρήσαντος. Οὔτ' οὖν ἀντιστάντος τινὸς τὴν ἀρχὴν, καὶ προσέτι τοῦ Πουπλίου Κράσσου, ὃς υἱός τε τοῦ Μάρκου ἦν, καὶ τότε τῷ Καίσαρι ὑπεστρατήγει, στρατιώτας ἐπ' αὐτὸ τοῦτο ἐς τὴν Ῥώμην ἀγαγόντος, οὐ χαλεπῶς ᾑρέθησαν.

32. Παραλαβόντες οὕτω τὴν ἡγεμονίαν, τὰς λοιπὰς ἀρχὰς τοῖς ἐπιτηδείως[1] σφίσιν ἔχουσι δοθῆναι ἐποίησαν, τὸν Κάτωνα τὸν Μάρκον κωλύσαντες στρατηγὸν ἀποδειχθῆναι[2]. Ὑπώπτευόν[3] τε γὰρ αὐτὸν οὐκ ἀνέξεσθαι τὰ γιγνόμενα, καὶ οὐκ ἠθέλησαν ἰσχὺν αὐτῷ ἔννομον πρὸς τὰς ἀντιλογίας προσθεῖναι. Καὶ ἡ μὲν τῶν στρατηγῶν κατάστασις (ὁ γὰρ Κάτων οὐδὲν βίαιον[4] πρᾶξαι ἠξίωσεν) εἰρηναία ἐγένετο. Περὶ δὲ τοὺς ἀγορανόμους τοὺς Κουρουλίους σφαγαὶ συνέβησαν[5], ὥστε καὶ τὸν Πομπήϊον πολλοῦ αἵματος ἀναπλησθῆναι. Οὐ μὴν ἀλλ' ἐκείνους μὲν, τούς τε ἄλλους τοὺς ὑπὸ τοῦ δήμου αἱρουμένους, πρὸς τρόπου[6] σφίσιν (αὐτοὶ γὰρ τὰς ἀρχαιρεσίας ἐποίουν) ἀπέδειξαν· τούς τε ἀγορανόμους τοὺς ἑτέρους, καὶ τῶν δημάρχων τοὺς πλείους προσηταιρίσαντο. Δύο δὲ δημοσίᾳ[7], Γάϊός τε Ἀτέϊος[8] Κα-

---

1. A, B, C : ἐπιτηδείοις.
2. Cf. Plutarq. Cat. Min. XLII.
3. C, F, G : ὑπόπτευον. — 4. C : βέβαιον.
5. Cf. Plutarq. Pomp. LIII.
6. A l'ancienne leçon προστρόπους je substitue πρὸς τρόπου, adopté par Sturz, d'après Wesseling : *sibi utiles et addictos*.
7. Leunclavius défend cette leçon, maintenue par Reimarus et par

HISTOIRE ROMAINE DE DION, L. XXXIX. 63

rendre dans la place publique, l'esclave qui l'éclairait fut égorgé, et Domitius effrayé n'alla pas plus loin. Dès lors personne ne s'opposait à leur nomination ; de plus, P. Crassus, fils de Marcus, lieutenant de César, était venu à Rome avec des soldats pour l'assurer. Elle se fit sans peine.

32. Ainsi revêtus de l'autorité suprême, ils firent donner les autres magistratures à leurs créatures et empêchèrent Caton d'être nommé préteur. Ils prévoyaient qu'il s'opposerait à leurs projets, et ils ne voulurent point qu'il eût un pouvoir légitime pour les combattre. L'élection des préteurs fut pacifique, parce que Caton ne voulut jamais recourir à la violence; mais des massacres accompagnèrent celle des édiles curules : Pompée fut même couvert de sang. Néanmoins Crassus et lui (ils tenaient eux-mêmes les comices) désignèrent pour l'édilité curule, et pour toutes les magistratures soumises au vote du peuple, des hommes qui leur étaient dévoués. Ils gagnèrent les autres édiles et la plupart des tribuns du peuple. Deux seulement, Caius Atéius

---

Sturz : elle présente un sens très-raisonnable. M. Tafel l'a suivie : *Zwei aber — erklärten sich öffentlich wider sie.* M. Imm. Bekker adopte δήμαρχοι, proposé par Xylander et par Turnèbe; mais formellement condamné par Leunclavius. Il est peu probable, en effet, que Dion ait dit δύο δὲ δήμαρχοι, alors qu'on lit, à la ligne précédente, καὶ τῶν δημάρχων τοὺς πλείους.

8. Ἄτιος, ici et partout ailleurs dans A, C, F, F, H. Sturz ne cite que A

πίτων, καὶ Πούπλιος Ἀκύλιος [1] Γάλλος, οὐχ ὡμολόγησαν αὐτοῖς.

33. Ὡς οὖν αἱ ἀρχαὶ κατέστησαν, εἴχοντο ὧν ἐφίεντο. Καὶ αὐτοὶ μὲν οὐδένα οὔτε ἐν τῇ βουλῇ οὔτε ἐν τῷ δήμῳ λόγον ὑπὲρ αὐτῶν ἐποιήσαντο, ἀλλὰ καὶ πάνυ ἐπλάττοντο μηδενὸς σφῶν προσδεῖσθαι [2]. Γάϊος δὲ δὴ Τρεβώνιος δημαρχῶν ἔγραψε τῷ μὲν τήν τε Συρίαν καὶ τὰ πλησιόχωρα αὐτῆς, τῷ δὲ τὰς Ἰβηρίας [3] (καὶ γάρ τι καὶ ἔναγχος ἐκεκίνητο) ἄρχειν ἐπὶ πέντε ἔτη δοθῆναι· στρατιώταις τε ὅσοις ἂν ἐθελήσωσι, καὶ τῶν πολιτῶν καὶ τῶν συμμάχων, χρωμένοις, καὶ πόλεμον καὶ εἰρήνην πρὸς οὓς ἂν βουληθῶσι, ποιουμένοις. Χαλεπῶς οὖν ἐπὶ τούτῳ πολλῶν, καὶ μάλιστα τῶν τοῦ Καίσαρος φίλων, ἐχόντων, ὅτι ἤμελλον [4] ἐκεῖνοι, τυχόντες ὧν διωκοῦντο, τὸν Καίσαρα μηκέτ᾽ ἐπὶ πολὺ τὴν ἀρχὴν ἕξοντα καθείρξειν [5], καὶ παρασκευαζομένων διὰ τοῦτο ἀντειπεῖν τινων τοῖς γεγραμμένοις· φοβηθέντες οἱ ὕπατοι μὴ διαμάρτωσιν ὧν ἔπραττον, προσεποιήσαντο αὐτοὺς, ὥστε τὴν ἡγεμονίαν καὶ ἐκείνῳ τρία ἔτη πλείω (ὥςγε τἀληθὲς εὑρίσκεται) μηκῦναι. Οὐ μέντοι καὶ ἐς τὸν δῆμόν τι [6] ὑπὲρ αὐτοῦ πρότερον ἐσήνεγκαν, πρὶν τὰ σφέτερα βεβαιώσασθαι. Οἵ τε γὰρ τοῦ Καίσαρος ἐπιτήδειοι προκαταληφθέντες οὕτως, ἡσύχασαν· καὶ τῶν ἄλλων τὸ

---

1. B, C, D : Ἀκυίλιος.
2. Omis dans F. — 3. Ἴβηρας, dans A, C, D, E. Ici encore Sturz ne cite que A.

Publius Aquilius Gallus se déclarèrent ouvertement contre eux.

33. Après l'élection des magistrats, Pompée et Crassus s'occupèrent de l'exécution de leurs projets : ils n'en parlèrent ni dans le sénat ni devant le peuple, et feignirent de ne rien ambitionner de plus ; mais le tribun du peuple C. Trebonius proposa de donner pour cinq ans à l'un le gouvernement de la Syrie et des contrées limitrophes, à l'autre celui de l'Espagne où des troubles avaient récemment éclaté, de les autoriser à lever autant de soldats qu'ils voudraient parmi les citoyens et parmi les alliés, à faire la guerre et la paix avec tel peuple qu'ils jugeraient convenable. Cette proposition fut mal accueillie en général, et surtout par les amis de César : on était persuadé que Pompée et Crassus, s'ils atteignaient le but qu'ils poursuivaient, empêcheraient César de garder plus longtemps le commandement. Plusieurs se disposèrent donc à la combattre ; mais les consuls, craignant de ne pas arriver à leurs fins, apaisèrent les opposants, en promettant de proroger le commandement à César pour trois années ; car telle est l'exacte vérité. Toutefois, ils ne firent aucune proposition au peuple à ce sujet, avant d'avoir consolidé leur position. Les partisans de César, ainsi gagnés, se tinrent tranquilles : les

---

4. Avec Sturz je préfère cette leçon à l'ancienne ἔμελλον. Cf. sa note, p. 510, tom. 1.

5. A, C, D, F, G : κατείρξειν. — 6. Omis dans B, E.

μὲν πολὺ, δουλωθὲν ὑπὸ τοῦ φόβου, ἡσυχίαν ἤγαγον, ἀγαπῶντες εἰ καὶ ὡς περισωθεῖεν.

34. Ὁ δὲ δὴ Κάτων καὶ ὁ Φαυώνιος [1] ἠναντιοῦντο μὲν πᾶσι τοῖς πρασσομένοις ὑπ' αὐτῶν, συνεργοὺς ἄλλους τέ τινας [2] καὶ τοὺς δύο δημάρχους ἔχοντες· ἅτε δὲ ὀλίγοι πρὸς πολλοὺς ἀγωνιζόμενοι, μάτην ἐπαρρησιάζοντο. Καὶ ὁ μὲν Φαυώνιος [3], μίαν ὥραν μόνην παρὰ τοῦ Τρεβωνίου πρὸς τὴν ἀντιλογίαν [4] λαβὼν, κατέτριψεν [5] αὐτὴν, ὑπὲρ αὐτῆς τῆς τοῦ καιροῦ στενοχωρίας εἰκῆ βοῶν· ὁ δὲ δὴ Κάτων ἔτυχε [6] μὲν ἐν δύο ὥραις δημηγορῆσαι· τραπόμενος δὲ πρὸς κατηγορίαν [7] τῶν τε ἐν χερσὶ καὶ τῆς ὅλης καταστάσεως, ὥσπερ εἰώθει, κατανάλωσε τὸν καιρὸν [8], πρὶν [9] καὶ ὁτιοῦν τῶν [ἐπειγόντων εἰπεῖν] [10]· οὐχ ὅτι οὐκ ἐνεδέχετό τι καὶ περὶ ἐκείνων λεχθῆναι, ἀλλ' ἵν' ἔτι τι δημηγορῆσαι δοκῶν ἔχειν ὑπό τε τοῦ Τρεβωνίου σιγασθῇ, καὶ αὐτῷ καὶ τοῦτ' αὐτὸ ἐγκαλῇ. Ἐπεὶ εὖ γε ἠπίστατο, ὅτι οὐδ' εἰ πάσῃ τῇ ἡμέρᾳ ἐκέχρητο, πεῖσαί τι ὧν ἐβούλετο ψηφίσασθαι σφᾶς ἐδύνατο. Οὐκοῦν οὐδὲ παραχρῆμα σιω-

---

1. B, F : Φαϐώνιος.
2. Sturz dit qu'il substitue cette leçon à l'ancienne τέ τινας ἄλλους, d'après A : elle est aussi dans B, C, D.
3. B, F : Φαϐώνιος.
4. D'après A, C : l'article manque dans l'ancienne leçon.
5. H : κατέτρεψεν. — 6. C : ἔτυχεν.
7. La conjecture de Turnèbe, qui propose de substituer κατηγορίαν à l'ancienne leçon δημηγορίαν, est confirmée par C. Je l'adopte avec Reimarus, Sturz et M. Imm. Bekker.
8. D'après A, B, D, F, G, j'ajoute l'article à l'ancienne leçon καιρόν. Sturz, qui donne aussi τὸν καιρὸν, attribue cette leçon seulement au Ms. A : M. Imm. Bekker l'adopte également.

autres, dominés par la crainte, en firent presque tous autant, trop heureux d'assurer ainsi leur salut.

34. Caton et Favonius, soutenus par leurs amis et par les deux tribuns du peuple, attaquaient tout ce que faisaient Pompée et Crassus ; mais quelle que fût la liberté de leur langage, elle restait impuissante, parce que c'était la lutte de quelques hommes contre plusieurs. Favonius, qui n'avait obtenu de Trebonius qu'une heure pour parler contre sa proposition, l'employa en vaines plaintes sur le peu de temps qu'on lui avait donné. Caton avait obtenu deux heures ; mais il se mit, suivant son habitude, à déclamer contre l'état présent des affaires et contre la situation de la République, et dépensa ainsi le temps qui lui avait été accordé, sans aborder la véritable question. Ce n'est pas qu'il n'eût rien à en dire ; mais il voulait, dans le cas où Trebonius lui ordonnerait de se taire, paraître avoir à parler encore et faire de cet ordre un nouveau grief contre le tribun. Caton savait bien qu'il n'amènerait pas les Romains à décréter ce qu'il désirait, même quand il passerait la journée entière à discourir.

---

9. Omis dans F.

10. L'ancienne leçon πρὶν ὁτιοῦν τῶν ἐωνουμένων est corrompue ou tronquée : les Ms. ne fournissent aucun secours. Diverses conjectures ont été proposées. Leunclavius voudrait lire πρὶν ὁτιοῦν τῶν εἰκότων λέγειν. Oddey πρὶν ὁτιοῦν τῶν ὀνημένων. Reimarus πρὶν ὁτιοῦν τῶν νενοημένων εἰπεῖν. Wagner πρὶν καὶ ὁτιοῦν τῶν νεοχμουμένων, ou bien νομοθετουμένων λέγειν s. ἐλέγχειν. Reiske πρὶν ὁτιοῦν τῶν προκειμένων, ou ζητουμέμων, ou bien σπουδαζομένων εἰπεῖν. J'ai cru devoir les rapporter, parce qu'elles donnent toutes un sens assez plausible. J'adopte néanmoins, d'après M. Imm. Bekker, πρὶν ὁτιοῦν τῶν ἐπειγόντων εἰπεῖν : cette leçon se rapproche beaucoup de l'interprétation de Nic. Leoniceno, qui en avait probablement une analogue sous les yeux, en traduisant : *avanti che dicesse niente di quello ch' era necessario*. Mais je place les mots ἐπειγόντων εἰπεῖν entre crochets.

πήσειν [1] κελευσθεὶς ἐπαύσατο· ἀλλὰ καὶ ἐξωσθεὶς καὶ ἑλκυσθεὶς ἐκ τοῦ συλλόγου, ἐπανῆλθε· καὶ τὸ τελευταῖον καὶ ἐς τὸ οἴκημα ἐσαχθῆναι προσταχθείς, οὐκ ἐμετρίασε [2].

35. Καὶ ἐκείνη μὲν ἡ ἡμέρα οὕτω κατετρίβη, ὥστε μηδ' εἰπεῖν ἀρχὴν μηδὲν τοὺς δημάρχους δυνηθῆναι. Ἐν γάρ τοι ταῖς συνόδοις ταῖς τοῦ δήμου, ἐν αἷς γε καὶ [4] ἐβουλεύοντο, πάσαις, τοῖς ἰδιώταις πρὸ τῶν τὰς ἀρχὰς ἐχόντων ὁ λόγος ἐδίδοτο· τοῦ μηδένα αὐτῶν, ὡς ἔοικε, τῇ τοῦ κρείττονος γνώμῃ προκαταλαμβανόμενον, ὑποστέλλεσθαί τι [5] ὧν φρονοίη, ἀλλ' ἐπὶ πάσης παρρησίας τὰ δοκοῦντα αὐτῷ λέγειν. Φοβηθεὶς οὖν ὁ Γάλλος [6], μή τις αὐτὸν ἐκ τῆς ἀγορᾶς τῇ ὑστεραίᾳ ἐξείρξῃ, ἢ καὶ δεινότερόν τι ἐργάσηται, ἔς τε τὸ συνέδριον ἀφ' ἑσπέρας ἐσῆλθε [7], καὶ ἐν αὐτῷ ἐνυκτέρευσε, τῆς τε ἀσφαλείας ἕνεκα τῆς παρὰ τοῦ χωρίου, καὶ ὅπως ἐκεῖθεν ἅμα ἕῳ [8] πρὸς τὸ πλῆθος ἐξέλθῃ. Καὶ τοῦτον μὲν ὁ Τρεβώνιος μάτην ἐνταῦθα καὶ τὴν νύκτα καὶ τῆς ἡμέρας τὸ πλεῖον ἐνδιατρίψαι ἐποίησε, πάσας τὰς θύρας τοῦ βουλευτηρίου κλείσας· τὸν δὲ Ἀτέϊον [9], τόν τε Κάτωνα, καὶ τὸν Φαυώνιον [10], καὶ τοὺς ἄλλους τοὺς μετ' αὐτῶν ὄντας, ἕτεροι, προκαταλαβόντες τῆς νυκτὸς τὸ τοῦ συλλόγου χωρίον, ἐξεῖργον.

---

1. Mieux σιωπῆσαι, adopté par M. Imm. Bekker, d'après Reimarus.
2. A, F : ἐμετρίασεν.
3. Avec Sturz et M. Imm. Bekker, je supprime ici καὶ, et un peu plus loin πρὸς devant τοῖς ἰδιώταις, comme le conseillent Xylander, Turnèbe, Oddey et le Critique appelé N par Reimarus.
4. Omis dans G. — 5. C : ὑποστέλεσθαί τι. G : ὑποστέλλεταί τι.

Aussi ne s'arrêta-t-il pas sur-le champ, quand on lui ordonna de se taire; mais chassé, traîné même avec violence hors de l'assemblée, il y rentra et ne se montra pas plus traitable, lorsque l'ordre de le conduire en prison eut été donné.

35. Cette journée se passa de telle manière qu'il fut absolument impossible aux tribuns de parler; car dans toutes les assemblées où se débattaient les intérêts publics, les simples citoyens avaient la parole avant les magistrats: par là on voulait éviter sans doute qu'un particulier, prévenu par l'opinion d'un homme puissant, ne renonçât à la sienne, et lui assurer le moyen de l'exposer en toute liberté. Gallus, craignant qu'on ne l'éloignât du Forum le lendemain, ou qu'il ne lui arrivât encore pis, se rendit, le soir, au palais du sénat et y passa la nuit, soit qu'il s'y crût en sûreté, soit afin de pouvoir, dès l'aurore, aller de là dans l'assemblée du peuple. Mais ce fut en vain ; car Trebonius ferma toutes les portes du sénat et força Gallus à y rester toute la nuit et la plus grande partie du jour suivant. D'autres envahirent, pendant la nuit, le lieu où se tenait l'assemblée et en éloignèrent Ateius, Caton, Favonius et

---

6. P. Aquilius Gallus, l'un des deux tribuns : il soutenait Caton et Favonius contre Pompée, Crassus et César. Cf. § XXXII, à la fin.

7. Je remplace l'ancienne leçon ἐπῆλθε par ἐσῆλθε, d'après D, H.

8. Sturz, lit τῇ ἕῳ, cf. sa note, p. 521, t. I de son édition. Avec M. Imm. Bekker, je conserve l'ancienne leçon.

9. B : Αἴτιον, et plus bas Ἄτιον, qui se trouve aussi dans C, D, E, F, G.

10. F, G, H : Φαβώνιον, et Φαβώνιος plus bas.

Καὶ ἐπειδὴ ὁ μὲν Φαυώνιος καὶ ὁ Νίννιος [1] διαλαθόντες πως ἔνδον ἐγένοντο· ὁ δὲ δὴ Κάτων καὶ ὁ Ἀτέϊος, ἐπαναϐάντες τισὶ τῶν περιεστηκύτων, καὶ μετεωρισθέντες ὑπ' αὐτῶν, διοσημείαν, ὡς καὶ διαλύσοντες σφᾶς, ἐψηφίζοντο [2], τούτους μὲν ἑκατέρους οἱ ὑπηρέται τῶν δημάρχων ἐξήλασαν· τοὺς δ' ἄλλους τοὺς σὺν αὐτοῖς ὄντας κατετραυμάτισαν καί τινας καὶ ἀπέκτειναν.

36. Κυρωθέντος δὲ οὕτω τοῦ νόμου, καὶ τοῦ πλήθους ἀπαλλαττομένου ἤδη ἐκ τοῦ συλλόγου, παραλαϐὼν ὁ Ἀτέϊος τὸν Γάλλον αἵματος ἀνάπλεων (ἐκϐιαζόμενος γὰρ ἐκ τοῦ συνεδρίου ἐπλήγη) παρήγαγέ τε ἐς τοὺς ἔτι παρόντας, καὶ ἐπιδείξας αὐτὸν, καὶ ἐπειπὼν ὅσα εἰκὸς ἦν, δεινῶς σφᾶς ἐξετάραξεν [3]. Αἰσθόμενοι οὖν τοῦτο οἱ ὕπατοι [4], ἦλθόν τε διαταχέων (ἔγγυθεν γάρ ποθεν τοῖς πραττομένοις ἐφήδρευον) καὶ καταφοϐήσαντες αὐτοὺς, ἅτε καὶ χεῖρα οὐκ ὀλίγην ἔχοντες, εὐθύς τε ἐκκλησίαν συνήγαγον καὶ τὰ κατὰ τὸν Καίσαρα ἐπεψήφισαν· ἀντειπεῖν μὲν καὶ πρὸς ἐκεῖνα τῶν αὐτῶν πειρασάντων [5] οὐ μέντοι καὶ δυνηθέντων τι πρᾶξαι.

37. Ταῦτά τε οὖν κυρωθῆναι ἐποίησαν, καὶ μετὰ τοῦτο πικρότερα ἐπιτίμια τοῖς δεκάζουσί τινας ἐπέταξαν· ὥσπερ τι [6] αὐτοὶ ἔλαττον, ὅτι οὐ χρήμασιν ἀλλὰ βίᾳ τὴν

---

1. F : Νίνιος.
2. Ou mieux, suivant Reiske, ἐπεφήμιζον.
3. D'après A, C, au lieu d'ἐτάραξεν. Sturz et M. Imm. Bekker adoptent aussi la leçon des Ms.
4. A, G, H : τοῦθ' οἱ ὕπατοι.

leurs amis. Mais Favonius et Ninnius y pénétrèrent secrètement; Caton et Ateius, montés sur les épaules de ceux qui les entouraient, proclamèrent, ainsi élevés au-dessus de la foule, qu'on observait les astres, cherchant par ces paroles à disperser l'assemblée; mais ils furent chassés l'un et l'autre par les appariteurs des tribuns du peuple, qui blessèrent leurs partisans et en tuèrent même plusieurs.

36. La loi fut ainsi rendue, et la multitude s'éloignait de l'assemblée, lorsque Ateius prit Gallus tout couvert de sang (il avait été violemment chassé du sénat et blessé), l'amena devant ceux qui étaient encore réunis, montra ses blessures et produisit une profonde émotion par quelques paroles adaptées à la circonstance. A cette nouvelle, les consuls, postés dans le voisinage pour épier ce qui se passait, accoururent en toute hâte avec une troupe nombreuse et répandirent partout la crainte : ils convoquèrent aussitôt l'assemblée et portèrent le décret concernant César. Ceux qui s'y étaient d'abord opposés voulurent le combattre encore; mais leur résistance fut impuissante.

37. Après l'avoir fait adopter, ils proposèrent des peines plus sévères contre ceux qui se rendaient coupables de corruption, comme s'ils étaient moins ré-

---

5. J'adopte cette leçon avec Sturz et M. Imm. Bekker, d'après C. L'ancienne πειραθέντων est confirmée par A, B, E, F, G.

6. Turnèbe et Xylander proposent de substituer cette leçon à l'ancienne ὥσπερ τοι. Leur conjecture est confirmée par A, B. Je l'adopte avec M. Imm. Bekker. Sturz dit qu'il l'aurait adoptée, si τι se trouvait après ἔλαττον : je l'aimerais mieux aussi.

ἀρχὴν εἰλήφεσαν, ἁμαρτόντες. Ἐπεχείρησαν μὲν γὰρ [1] καὶ τὰ ἀναλώματα τὰ κατὰ τὴν δίαιταν ἐπὶ μακρότατον προηγμένα [2] συστεῖλαι, καίπερ ἐς πᾶν αὐτοὶ καὶ τρυφῆς καὶ ἁβρότητος προκεχωρηκότες· ἐκωλύθησαν δὲ ὑπ' αὐτοῦ τούτου [3], τοῦ [4] διανομοθετῆσαι. Ὁ γὰρ Ὁρτήσιος, φιλανάλωτος [5] ἐν τοῖς μάλιστα ὤν, ἔπεισεν αὐτοὺς, τό τε μέγεθος τῆς πόλεως ἐπεξιὼν καὶ [6] ἐπί τε τῇ οἴκοι πολυτελείᾳ καὶ ἐπὶ τῇ ἐς τοὺς ἄλλους μεγαλοφροσύνῃ ἐπαινῶν, καταβαλεῖν [7] τὴν γνώμην, ἅτε καὶ συναγωνιστῇ [8] τῶν λόγων τῷ βίῳ σφῶν χρώμενος. Τήν τε γὰρ ἐναντίωσιν αἰδεσθέντες, καὶ προσέτι καὶ κατοκνήσαντες, φθόνῳ τινὶ τοὺς ἄλλους, ὧν αὐτοὶ ἐποίουν [9], δοκεῖν ἀπείργειν, ἑκόντες ἀφῆκαν τὴν ἐσήγησιν.

38. Κἂν ταῖς αὐταῖς ἡμέραις Πομπήϊος τὸ θέατρον, ᾧ καὶ νῦν λαμπρυνόμεθα, καθιέρωσε καὶ ἔν τε ἐκείνῳ θέαν καὶ μουσικῆς καὶ ἀγῶνος γυμνικοῦ [10], κἀν τῷ ἱπποδρόμῳ καὶ ἵππων ἅμιλλαν καὶ θηρίων πολλῶν καὶ παντοδαπῶν σφαγὰς

---

1. Suivant Reiske, cette conjonction est superflue, ou bien elle suppose une lacune. Sturz admet qu'il y a ici une lacune, et il conseille de la combler ainsi : τὰ δ' ἄλλα σφίσιν ἐπιτηδεύματα οὐχ ὁμοίως προὐχώρει. Mais aucun changement n'est nécessaire. L'ancienne leçon doit être respectée : γὰρ se lie très-bien avec ce qui précède et avec ce qui suit.

2. L'ancienne leçon τὰ ἀναλώματα τὴν δίαιταν ἐπὶ μακρότατον προσηγμένα a paru justement suspecte aux meilleurs critiques. Xylander et Turnèbe proposent περὶ τὴν δίαιταν, Leunclavius κατὰ τὴν δίαιταν — προηγμένα, Reiske τὰ κατὰ τὴν δίαιταν. A l'aide de ces conjectures, j'adopte, comme M. Imm. Bekker : τὰ ἀναλώματα τὰ κατὰ τὴν δίαιταν ἐπὶ μακρότατον προηγμένα. — 3. Le même : ὑπὸ αὐτοῦ τούτου.

4. M. Imm. Bekker a retranché cet article, d'après Reiske : comme Sturz, j'ai hésité à faire cette suppression.

préhensibles eux-mêmes pour avoir obtenu le consulat non par l'argent, mais par la violence. Ils essayèrent aussi de restreindre les dépenses du luxe, qui avaient pris un très-grand accroissement, quoiqu'ils s'adonnassent eux-mêmes à toutes les jouissances et à la mollesse. Cette circonstance fit rejeter leur proposition : Hortensius, qui aimait la dépense plus que personne, fit le tableau de la grandeur de Rome, loua la magnificence personnelle des consuls, leur libéralité envers tous, et les amena à retirer leur proposition, en invoquant leur exemple à l'appui de ses discours. Les consuls, honteux de cette contradiction entre leurs actes et leur manière de vivre, craignirent de paraître refuser aux autres par jalousie ce qu'ils se permettaient eux-mêmes et se désistèrent volontairement.

38. Pendant ces mêmes jours, Pompée dédia le théâtre dont nous sommes fiers encore aujourd'hui, et y fit donner une représentation musicale et des jeux d'athlètes. Il fit célébrer aussi dans l'hippodrome un combat de chevaux et une grande chasse de bêtes féroces

---

5. Ou bien φιλαναλώτης, donné par M. Imm. Bekker.

6. Leunclavius conseille d'ajouter αὐτοὺς, et M. Imm. Bekker adopte cette addition. Sturz l'approuve ; mais il place ce mot entre crochets. Je maintiens l'ancienne leçon : l'ellipse de αὐτοὺς est d'autant plus facile, que ce mot se trouve dans la ligne précédente.

7. A, C, F, G : καταλαβεῖν. Sturz ne cite que A. — 8. Συναγωνιστὴν, dans les mêmes Ms.

9. Avec M. Imm. Bekker, je substitue ἐποίουν à l'ancienne leçon ἐποιοῦντο. Sturz approuve ce changement ; mais il conserve ἐποιοῦντο qui peut être maintenu.

10. Cf. Cic., Disc. contre Pison, XXVII, et les Scol. d'Asconius, p. 1-2, éd. Orelli. Plutarq., Pomp. LII.

ἐποίησε ¹. Λέοντές τε γὰρ πεντακόσιοι ἐν πέντε ἡμέραις ἀνηλώθησαν ², καὶ ἐλέφαντες ὀκτωκαίδεκα πρὸς ὁπλίτας ἐμαχέσαντο· καὶ αὐτῶν οἱ μὲν παραχρῆμα ἀπέθανον, οἱ δὲ οὐ πολλῷ ὕστερον. Ἠλεήθησαν γάρ τινες ὑπὸ τοῦ δήμου ³, παρὰ τὴν τοῦ Πομπηΐου γνώμην, ἐπειδὴ τραυματισθέντες τῆς μάχης ἐπαύσαντο ⁴, καὶ περιϊόντες, τάς τε προβοσκίδας ἐς τὸν οὐρανὸν ἀνέτεινον ⁵· καὶ ὠλοφύροντο οὕτως ὥστε καὶ λόγον παρασχεῖν ὅτι οὐκ ἄλλως ἐκ συντυχίας αὐτὸ ἐποίησαν, ἀλλὰ τούς τε ὅρκους οἷς πιστεύσαντες ἐκ τῆς Λιβύης ἐπεπεραίωντο ⁶, ἐπιβοώμενοι ⁷, καὶ τὸ δαιμόνιον πρὸς τιμωρίαν σφῶν ἐπικαλούμενοι. Λέγεται γὰρ ὅτι οὐ πρότερον τῶν νεῶν ἐπέβησαν, πρὶν πίστιν παρὰ τῶν ἀγόντων σφᾶς ἔνορκον λαβεῖν ἢ μὴν μηδὲν κακὸν πείσεσθαι. Καὶ τοῦτο μὲν εἴτ' ⁸ ὄντως οὕτως εἴτε καὶ ἄλλως πως ἔχει, οὐκ οἶδα. Ἤδη γάρ τινες καὶ ἐκεῖνο ⁹ εἶπον, ὅτι πρὸς τῷ τῆς φωνῆς τῆς πατριώτιδος ¹⁰ αὐτοὺς ἐπαΐειν ¹¹, καὶ τῶν ἐν τῷ οὐρανῷ ¹² γενομένων ¹³ συνιᾶσιν· ὥστε καὶ ἐν ταῖς νουμηνίαις, πρὶν ἐς ὄψιν τοῖς ἀνθρώποις τὴν σελήνην ἐλθεῖν, πρός τε ὕδωρ φαεινὸν ¹⁴ ἀφικνεῖσθαι ¹⁵, κἀνταῦθα καθαρμόν τινα σφῶν ποιεῖσθαι. Ἤκουσα μὲν δὴ ταῦ-

---

1. A, C, D, G, H : ἐποίησεν — 2. G : ἀναλώθησαν.
3. Cf. Plin. VIII, 7. — 4. G : ἐπαύσατο.
5. Ἀνέτεινων, dans Xiphilin, p. 12, éd. Rob. Étienne ; Paris, 1551.
6. C : ἐπεπεραίοντο.
7. D'après A, B, C, D, F, G, H, au lieu de βοώμενοι. Sturz ne cite que A. M. Imm. Bekker adopte aussi ἐπιβοώμενοι. — 8. C. B. εἴτε.
9. B, F : ἐκεῖνοι.

de toute espèce. Cinq cents lions furent égorgés en cinq jours, et dix-huit éléphants combattirent contre des hommes pesamment armés. Parmi ces éléphants, les uns périrent sur-le-champ, les autres quelque temps après : plusieurs trouvèrent grâce auprès du peuple, contre l'attente de Pompée. Ils s'étaient retirés du combat couverts de blessures et allaient de côté et d'autre, élevant leurs trompes vers le ciel et faisant entendre de tels gémissements, qu'on disait qu'ils ne les poussaient pas au hasard, mais qu'ils invoquaient ainsi le serment qui les avait déterminés à sortir de la Libye, et qu'ils imploraient par leurs plaintes la vengeance des dieux. On rapporte, en effet, qu'ils n'étaient montés sur les vaisseaux qu'après que ceux qui voulaient les emmener eurent juré qu'il ne leur serait fait aucun mal; mais je ne sais si cela est vrai, ou si c'est un conte. On dit encore que les éléphants comprennent la langue du pays où ils sont nés, et qu'ils ont l'intelligence de ce qui se passe dans le ciel ; qu'ainsi, à la nouvelle lune, avant qu'elle se montre à nos yeux, ils se dirigent vers une eau limpide et s'y purifient. Voilà du moins ce que j'ai entendu

10. Cf. Plin. VIII, 1 ; Élien, Hist. des Anim. XIII, 22.
11. B, C, D, H : ἐπαίσειν.
12. Cf. Plin. l. l. 1.
13. D'après A, B, D, E, F, G, et d'après Xiphilin, l. l. Tous mes devanciers conservent l'ancienne leçon γιγνομένων.
14. Xiphilin, l. l. Dans l'ancienne leçon, ἀεινὸν provient de l'omission de la lettre initiale, très-fréquente chez les copistes.
15. C : ἐξικνεῖσθαι. G : ἐφικνεῖσθαι.

τα· ἤκουσα δὲ καὶ ἐκεῖνο ὅτι τὸ θέατρον τοῦτο οὐχ ὁ Πομπήϊος ἐποίησεν, ἀλλὰ καὶ [1] Δημήτριός τις, ἀπελεύθερος αὐτοῦ, ἐκ τῶν χρημάτων ὧν συστρατευόμενός οἱ ἐπεπόριστο[2]. Ὅθενπερ καὶ τὴν ἐπωνυμίαν τοῦ ἔργου δικαιότατα αὐτῷ ἀνέθηκεν· ἵνα μήτε [3] κακῶς ἀκούῃ ὅτι ἐξελεύθερος αὐτοῦ ἠργυρολόγησεν [4], ὥστε καὶ ἐς τηλικοῦτον ἀνάλωμα ἐξικέσθαι.

39. Οὐ μὴν ἀλλ᾽ ἐν μὲν τούτοις οὐ σμικρὰ τῷ δήμῳ ὁ Πομπήϊος ἐχαρίσατο· τοὺς δὲ δὴ καταλόγους μετὰ τοῦ Κράσσου πρὸς τὰ ἐψηφισμένα σφίσι ποιούμενος, πλεῖστον αὐτοὺς ἐλύπησε. Καὶ τότε δὴ οἱ πολλοὶ μετεμέλοντο [5], καὶ τόν τε Κάτωνα καὶ τοὺς ἄλλους ἐπῄνουν· ὥστε καὶ ἐκείνους διά τε τοῦτο, καὶ ὅτι δίκη τις, λόγῳ μὲν, τοῖς ὑποστρατήγοις σφῶν, ἔργῳ δὲ, αὐτοῖς, πρὸς τὰ γιγνόμενα, παρὰ δημάρχων τινῶν [6] ἐπήχθη, βίαιον μὲν μηδὲν τολμῆσαι, τὴν δὲ ἐσθῆτα [7], ὡς ἐπὶ συμφορᾷ, μετὰ τῶν ἐκ τῆς βουλῆς στασιωτῶν, ἀλλάξασθαι. Καὶ ταύτην μὲν εὐθὺς, μεταγνόντες, καὶ μηδὲ προφάσεώς τινος ἐπιλαβόμενοι, μετεσκευάσαντο. Τῶν δὲ δημάρχων τούς τε καταλόγους διαλῦσαι καὶ τὰς στρατείας [8] αὐτῶν ἀναψηφίσαι ἐπιχειρούντων, ὁ μὲν Πομπήϊος οὐκ ἠγανάκτει· τούς τε γὰρ

---

1. Sturz lit ἀλλὰ Κναῖος, d'après Reiske.
2. Cf. Plutarq., Pomp. LX ; Cat. Min. XIII; Josèphe, Antiq. XIV, 4 ; Guerr. Jud. I, 7.
3. F : μήτι. G : μή τήν.
4. Mieux τοσαῦτα ἠργυρολόγησεν, proposé par Leunclavius.

raconter : j'ai ouï dire aussi que ce ne fut point Pompée, mais son affranchi Cn. Démétrius qui construisit ce théâtre, avec l'argent qu'il avait amassé pendant qu'il servait sous ses ordres. Et en effet, Démétrius donna avec raison à ce théâtre le nom de Pompée, pour qu'on ne lui reprochât pas qu'un de ses affranchis avait pu s'enrichir assez pour faire une pareille dépense.

39. Par là Pompée ne se rendit pas peu agréable au peuple ; mais il lui déplut beaucoup en faisant avec Crassus les levées de troupes nécessaires pour l'exécution du décret du sénat. La multitude alors exprima des regrets et prôna Caton et ses amis. Cette disposition des esprits et une plainte déposée par quelques tribuns contre les consuls, quoiqu'elle fût dirigée en apparence contre leurs lieutenants, à l'occasion de tout ce qui s'était fait, empêchèrent les consuls de recourir à la violence ; mais ils prirent le deuil avec les sénateurs de leur parti, comme dans une calamité publique. Bientôt ils changèrent de sentiment et quittèrent le deuil, sans l'ombre d'un prétexte. Les tribuns cherchèrent à s'opposer à la levée des troupes et à faire annuler le décret concernant les expédi-

---

5. B, C : μετεμέλλοντο.
6. Le Critique appelé N par Reimarus aimerait mieux δυῶν. Penzel approuve cette correction. Je maintiens l'ancienne leçon avec Sturz et M. Imm. Bekker.
7. C : αἰσθῆτα. — 8. A, B, D, E, F, G, H : στρατιας. Sturz ne cite que A.

ὑπάρχους παραχρῆμα ἐξεπεπόμφει, καὶ αὐτὸς κατὰ χώραν, ὡς καὶ κωλυόμενος ἐξελθεῖν, ἄλλως διὰ τὴν [1] ἐπιμέλειαν τοῦ σίτου παρεῖναι ὀφείλων, ἡδέως ἔμενεν [2], ἵνα τάς τ᾽ Ἰβηρίας [3] ἅμα δι᾽ ἐκείνων κατάσχῃ, καὶ τὰ ἐν τῇ Ῥώμῃ τῇ τε ἄλλῃ Ἰταλίᾳ δι᾽ ἑαυτοῦ ποιήσηται. Ὁ δὲ δὴ Κράσσος, ἐπειδὴ μηδέτερον αὐτῷ τούτων ὑπῆρχεν, ἐπὶ τὴν ἐκ τῶν ὅπλων ἰσχὺν ἐτράπετο. Οἱ οὖν δήμαρχοι [4], ἰδόντες ὅτι ἡ παρρησία αὐτῶν ἄοπλος οὖσα, ἀσθενὴς πρὸς τὸ κωλῦσαί τι πραχθῆναι, ἄλλως μὲν ἐσιώπων, ἐπεφήμιζον [5] δὲ αὐτῷ πολλὰ καὶ ἄτοπα [6], ὥσπερ οὐ καὶ τῷ δημοσίῳ [7] δι᾽ ἐκείνου καταρώμενοι. Καὶ τοῦτο μὲν, ἐν τῷ Καπιτωλίῳ τὰς εὐχὰς αὐτοῦ τὰς νομιζομένας ἐπὶ τῇ στρατείᾳ [8] ποιουμένου [9], καὶ διοσημείας τινὰς καὶ τέρατα [10] διεθρόουν· τοῦτο δὲ ἐξορμωμένῳ οἱ [11] πολλὰ καὶ δεινὰ ἐπηράσαντο. Ἐπεχείρησε [12] μὲν γὰρ ὁ Ἀτέϊος [13] καὶ ἐς τὸ δεσμωτήριον αὐτὸν ἐμβα-

1. C : ἄλλως ὡς διὰ τήν. Sturz préfère, d'après Reiske, ἄλλως καὶ διὰ τήν. Aucun changement n'est nécessaire : je maintiens, comme M. Imm. Bekker, l'ancienne leçon, très-bonne pour le sens. S'il m'avait paru nécessaire de la modifier, j'aurais adopté la conjecture de Reimarus : ἀλλ᾽ ὡς διὰ τήν.
2. G : ἔμεινεν.
3. L'ancienne leçon τὰ τιβέρια provient de E qui porte τάτιβέρια = τά τ᾽ Ἰβέρια. Reimarus attribue à tort la leçon τὰ στιβερία à A : ce manuscrit donne la même leçon que E. Τάστιβερία = τάς τ᾽ Ἰβερία se trouve dans C, G : elle conduit sans effort a τάς τ᾽ Ἰβερίας, ou plutôt τάς τ᾽ Ἰβηρίας que j'adopte avec M. Imm. Bekker. Elle est presque confirmée par H, qui porte τάστιβηρία = τάς τ᾽ Ἰβηρία. Cette correction m'a paru préférable à la conjecture de Xylander et de Turnèbe τά τ᾽ ἐν Ἰβηρίᾳ, et à celle de Leunclavius τά τ᾽ Ἰβηρικά, adoptée par Reimarus et par Sturz.
4. C. Ateius Capito et Q. Cæcilius Metellus.
5. Vell. Paterc. II, 46 : Crassum, proficiscentem in Syriam, diris om-

tions : Pompée ne s'en plaignit pas. Il avait fait partir ses lieutenants sur-le-champ, et il resta volontiers à Rome, alléguant que sa présence y était nécessaire pour assurer les subsistances. De cette manière il dirigeait les affaires d'Espagne par ses lieutenants, en même temps qu'il tenait sous sa main Rome et l'Italie entière. Crassus, qui ne pouvait recourir à aucun de ces expédients, résolut de chercher sa force dans les armes. Les tribuns du peuple, voyant que la liberté de leurs discours, sans l'appui de la force, ne pouvait l'empêcher d'agir, ne réclamèrent plus contre lui; mais ils l'accablèrent souvent d'imprécations, comme si ces imprécations ne retombaient pas sur la République même. Ainsi, lorsqu'il alla au Capitole adresser, suivant l'usage, des prières aux dieux pour son expédition, les tribuns parlèrent de mauvais auspices, de funestes présages, et quand il se mit en marche, ils firent contre lui des vœux terribles. Ateius essaya même de le mettre

nibus tribuni plebis frustra retinere conati. Et Lucain, III, 126 :

<blockquote>
Crassumque in bella secutæ
Sæva tribunitiæ voverunt prælia diræ.
</blockquote>

6. D : ἄτοποι.

7. La leçon vulgaire οὐκ ἐν τῷ δημοσίῳ est inexplicable. Avec Sturz et M. Imm. Bekker je la remplace par la conjecture de Xylander et de Reiske. Leunclavius propose οὖν τῷ δημοσίῳ, et le Critique appelé N par Reimarus : οὐκ ἂν τῷ δημοσίῳ.

8. A, B, D, D, E, F : στρατίᾳ.

9. Au lieu de l'ancienne leçon, ποιούμενοι. Cette conjecture de Leunclavius me paraît indubitable.

10. Plutarq., Crass. XIX ; Jul. Obsequens, Prodig. libell. CXXIV.

11. Omis dans B. — 12. C : ἐπεχείρισε.

13. C, F, G : Ἄτιος.

λεῖν [1]· ἀντιστάντων δὲ ἑτέρων δημάρχων, μάχη τε αὐτῶν καὶ διατριβὴ ἐγένετο. Κἂν τούτῳ ὁ Κράσσος ἔξω τοῦ πωμηρίου ἐξῆλθε. Καὶ ὁ μὲν, εἴτε ἐκ συντυχίας, εἴτε καὶ ἐκ τῶν ἀρῶν αὐτῶν, οὐκ ἐς μακρὰν ἐσφάλη.

40. Ὁ δὲ δὴ Καῖσαρ ἐν τῇ τοῦ Μαρκελλίνου τῇ τε Φιλίππου ὑπατείᾳ [2] ἐπὶ Οὐενετοὺς ἐστράτευσεν [3]. Οἰκοῦσι δὲ πρὸς τῷ ὠκεανῷ [4]· καὶ στρατιώτας τινὰς Ῥωμαίους πεμφθέντας ἐπὶ σῖτον ἔλαβον· καὶ μετὰ τοῦτο τοὺς πρέσβεις τοὺς ὑπὲρ ἐκείνων ἐλθόντας κατέσχον [5], ὅπως ἀντ' αὐτῶν τοὺς ὁμήρους [6] σφῶν ἀπολάβωσιν [7]. Ὁ οὖν Καῖσαρ τούτους μὲν οὐκ ἀπέδωκε· διαπέμψας δὲ ἄλλους ἄλλῃ, τοὺς μὲν, τὰ τῶν συναφεστηκότων αὐτοῖς πορθεῖν, ἵνα μὴ συμβοηθήσωσιν [8] ἀλλήλοις· τοὺς δὲ, καὶ τὰ τῶν ἐνσπόνδων, μὴ καὶ αὐτοί τι παρακινήσωσι, φρουρεῖν [9], αὐτὸς ἐπὶ τοὺς Οὐενετοὺς ἤλασε· καὶ πλοῖα ἐν τῇ μεσογείᾳ, ἃ ἤκουεν ἐπιτήδεια πρὸς τὴν τοῦ ὠκεανοῦ παλίρροιαν εἶναι, κατασκευάσας, διά τε τοῦ Λίγρου [10] ποταμοῦ κατεκόμισε, καὶ πᾶσαν ὀλίγου τὴν ὡραίαν μάτην ἀνάλωσεν [11]. Αἵ τε γὰρ πόλεις, ἐπ' ἐρυμνῶν χωρίων ἱδρυμέναι, ἀπρόσιτοι ἦσαν [12], καὶ ὁ ὠκεανὸς πάσας, ὡς εἰπεῖν, αὐτὰς περικλύζων, ἄπορον μὲν τῷ πεζῷ, ἄπορον δὲ καὶ τῷ ναυτικῷ τὴν προσβολὴν, καὶ πλημμυρῶν καὶ

---

1. Cf. Plutarq. l. l. XIX
2. L'année précédente, c'est-à-dire, l'an de Rome 698.
3. Pour plus de détails, cf. César, De Bell. Gall. III, 7 et suiv.
4. Le passage ἐν τῇ τοῦ Μαρκελλίνου — πρὸς τῷ ὠκεανῷ manque dans C.
5. G : κατέσχεν. — 6. E : τὰ ὀμήρου, inexplicable distraction du co-

en prison; mais les autres tribuns s'y opposèrent. De là une lutte, qui donna à Crassus le temps de sortir du pomœrium; mais bientôt après il périt fortuitement, ou par l'effet des imprécations.

40. Sous le consulat de Marcellinus et de Philippe, César se mit en campagne contre les Vénètes, qui habitent sur les bords de l'Océan : ils s'étaient emparés de quelques soldats romains, envoyés sur leurs terres pour fourrager. Des députés vinrent les réclamer : les Vénètes les retinrent aussi, dans l'espoir d'obtenir en échange les otages qu'ils avaient donnés; mais César ne les rendit pas. Il envoya même des détachements dans diverses directions, les uns pour ravager les terres des peuples qui avaient soutenu la défection des Vénètes et les empêcher de se secourir mutuellement, les autres pour observer ceux qui étaient en paix avec les Romains, afin de prévenir de nouveaux mouvements; puis il marcha en personne contre les barbares, après avoir fait construire dans l'intérieur des terres des barques qui pussent, d'après ce qu'il avait entendu dire, résister au flux et au reflux de la mer. Il les fit descendre par la Loire; mais l'été presque tout entier s'écoula sans qu'il remportât aucun avantage. Les villes des Vénètes, bâties dans des lieux fortifiés par la nature, étaient inaccessibles : l'Océan, qui les baignait presque toutes et dont les eaux montent et s'abaissent tour à tour, en rendait l'attaque impossible pour les troupes de terre et même pour les vaisseaux, au moment du reflux, ou lorsque les

An de Rome 698.

Cn. Lentulus et Marcius Philippus Consuls.

---

piste. — 7. Le même : ἀπολαύωσιν. — 8. F : συμβοηθήσωσι. — 9. Les mots ἀλλήλοις — παρακινήσωσι manquent dans F. G porte παρακινήσωσιν, φρουρεῖν. — 10. A, B, C, D, F, G, H : Αἴγρου. — 11. H : ἐνάλωσεν. — 12. Cf. Cæsar, l. l. III, 12.

ἀναρρέων, ἔν τε τῇ ἀμπώτιδι [1] καὶ ἐν τῇ ῥαχίᾳ ἐποίει· ὥστε ἐν παντὶ τὸν Καίσαρα γενέσθαι, μέχρις οὗ Δέκιμος [2] Βροῦτος [3] ταχείαις οἱ ναυσὶν ἐκ τῆς ἔνδοθεν [4] θαλάσσης ἦλθεν. Αὐτὸς μὲν γὰρ, ὡς οὐδὲ ἐκείναις τι πράξων, γνώμην εἶχεν· οἱ δὲ βάρβαροι [5], καταφρονήσαντες τῆς τε σμικρότητος καὶ τῆς ἀσθενείας τῶν σκαφῶν, ἡττήθησαν.

41. Ταῦτα μὲν γὰρ πρὸς τὸ κουφότερον, ὑπὲρ [6] τοῦ ταχυναυτεῖν, ἐς τὸν τῆς παρ' ἡμῖν [7] ναυτιλίας τρόπον ἐσκεύαστο· τὰ δὲ δὴ τῶν βαρβάρων, ἅτε ἐν τῇ συνεχείᾳ τῆς τοῦ ὠκεανοῦ παλιρροίας ἐπί τε τοῦ ξηροῦ πολλάκις ἵστασθαι, καὶ πρὸς τὴν ἄνω τε καὶ κάτω αὐτοῦ διαρροὴν ἀντικαρτερεῖν ὀφείλοντα, πλεῖστον [8] σφῶν καὶ τῷ μεγέθει καὶ τῇ παχύτητι [9] προεῖχον. Δι' οὖν ταῦθ' οἱ βάρβαροι, οἷα μήπω πρότερον τοιούτου ναυτικοῦ πεπειραμένοι, πρός [τε] [10] τὴν ὄψιν τῶν νεῶν, καὶ τὸ ἔργον αὐτῶν ἐν οὐδενὶ λόγῳ ἐποιήσαντο, καὶ εὐθὺς ναυλοχούσαις [11] σφίσιν ἐπανήχθησαν, ὡς καὶ δι' ἐλαχίστου τοῖς κοντοῖς αὐτὰς καταποντώσοντες. Ἐφέροντο δὲ ἀνέμῳ καὶ [12] πολλῷ καὶ σφοδρῷ· καὶ γὰρ ἱστία δερμάτινα εἶχον, ὥστε πᾶσαν τὴν τοῦ πνεύματος ἰσχὺν ἀπλήστως εἰσδέχεσθαι [13].

1. Sur cette forme, au lieu d'ἀναπώτιδι, cf. Lobeck, sur Phrynich, p. 340. — 2. A, B : Δεχίμιος. G : Δεβίμιος. — 3. A, B, G : ὁ Βροῦτος. — 4. A : ἔνδοθε. — 5. Le même : οἱ δὲ δὴ βάρβαροι.
6. D'après Reiske, au lieu de la leçon vulgaire ὑπὸ, j'adopte avec M. Imm. Bekker ὑπὲρ, dans le sens de χάριν, ἕνεκα.
7. H : ὑμῖν. — 8. C, G : πλείστων.

flots vont se briser contre le rivage. César fut dans le plus grand embarras jusqu'au jour où Décimus Brutus se rendit de la mer Intérieure auprès de lui avec des vaisseaux légers. Il ne comptait pas sur le succès, même avec le concours de ces vaisseaux : heureusement les barbares ne s'en inquiétèrent nullement, à cause de leur petitesse et de leur mauvaise construction, et ils furent vaincus.

41. Nos vaisseaux étaient légèrement construits et pouvaient voguer avec célérité, comme l'exige notre manière de naviguer; tandis que ceux des barbares, que la continuité de la marée exposait souvent à rester à sec et qui devaient être en état de supporter le flux et le reflux, étaient beaucoup plus grands et beaucoup plus lourds. Aussi les Vénètes, qui n'avaient jamais eu affaire à de pareils vaisseaux, en conçurent, d'après leur apparence, une mauvaise opinion et les attaquèrent pendant qu'ils étaient encore en mouillage, espérant les couler bas sans la moindre peine avec leurs avirons. Ils étaient poussés par un vent abondant et rapide, dont les voiles recueillaient d'autant plus avidement toute la force qu'elles étaient en peau.

9. Comme Sturz et M. Imm. Bekker, d'après A et d'après Vossius, sur Cæs. III, 13, Turnèbe et Fabricius, au lieu de ταχύτητι.

10. Ce τε me paraît suspect. Je le supprimerais, s'il n'était pas dans tous les Ms.

11. Avec Sturz, M. Imm. Bekker et M. Boissonade, sur Nicet. Eugenian. VI, v. 613, au lieu de ναυλοχοῦσαι : *Statimque ipsas naves Romanorum in statione manentes adgressi sunt.*

12. Reiske propose de retrancher cette conjonction.

13. Sturz préfère ἐσδέχεσθαι.

42. Ὁ μὲν [1] οὖν Βροῦτος, τέως μὲν ἐκεῖνο [2] ἐπέσπερχεν, οὐδ' ἀνταναχθῆναι αὐτοῖς, διά τε τὸ πλῆθος καὶ διὰ τὸ μέγεθος τῶν νεῶν, τήν τε ἐκ τοῦ πνεύματος φορὰν, καὶ τὴν ἐπιβουλὴν [3] σφῶν, ἐτόλμησεν. Ἀλλὰ παρεσκευάζετο [4] ὡς καὶ πρὸς τῇ γῇ τὰς προσβολὰς αὐτῶν ἀμυνούμενος, καὶ τὰ σκάφη παντελῶς ἐκλείψων. Ἐπεὶ δ' ὅ τε ἄνεμος ἐξαπιναίως ἔπεσε, καὶ τὸ κῦμα ἐστορέσθη [5], τά τε πλοῖα οὐκέθ' ὁμοίως ὑπὸ τῶν κωπῶν [6] ἐκινεῖτο, ἀλλ' ἅτε [7] καὶ καταβαρῆ ὄντα, κατὰ χώραν τρόπον τινὰ εἱστήκει· τότε δὴ θαρσήσας ἀντανήχθη, καὶ προσπεσὼν αὐτοῖς, πολλὰ σφᾶς καὶ δεινὰ ἀδεῶς καὶ περιπλέων καὶ διαπλέων, καὶ τοτὲ μὲν ἐμβάλλων τινὶ, τοτὲ δὲ ἀνακρουόμενος, ὅπη τε καὶ ἐφ' [8] ὅσον ἤθελεν, εἰργάσατο· πολλαῖς τε πρὸς μίαν [9], καὶ ἑτέρωθι ἴσαις [πρὸς ἴσας], [10] ἔστι δ' ᾗ καὶ ἐλάσσοσι πρὸς πλείονας ἀσφαλῶς προσφερόμενος. Ὅπου μὲν γὰρ κρείττων αὐτῶν [ἦν, ταύτῃ προσηρτᾶτο] σφίσι [11]· καὶ τὰς μὲν κατέδυεν

---

1. Omis dans A, B, G.
2. A, B, E, F, G : ἐκεῖνος qui, suivant Reimarus, peut se défendre par l'ellipse d'ἄνεμος.
3. D'après A, C, Sturz adopte ἐπιβολήν, proposé par Reiske. Avec M. Imm. Bekker je maintiens l'ancienne leçon, suivie par M. Tafel : *Und weil er einen hinterhalt fürchtete.* Wagner donne le même sens : *Und in Besorgniss einer tükischen Absicht von ihnen.*
4. B : παρεσκεύαστο.
5. Au lieu d'ἐκορέθη. La leçon que je donne avec Sturz et M. Imm. Bekker est tirée d'A.
6. Penzel défend l'ancienne leçon ὑπὸ τῶν σκοπῶν qu'il traduit par *a præfectis — a gubernatoribus.* J'adopte avec H. Étienne, Lennclavius, Reimarus, Sturz et M. Imm. Bekker ὑπὸ τῶν κωπῶν, proposé par Rob. Étienne et approuvé par Turnèbe.
7. F : ἀλλά τε. — 8. Omis dans B, F.
9. César est plus précis, l. l. III, 15 : Quum singulas binæ aut terna·

42. Tant qu'il souffla, Brutus n'osa s'avancer contre les Vénètes, autant à cause du nombre et de la grandeur de leurs navires qu'à cause du vent qui les favorisait, ou parce qu'il craignait quelque piége. Il se disposa même à abandonner complétement ses vaisseaux et à se défendre contre leurs attaques sur terre ; mais le vent tomba tout à coup, les flots se calmèrent, les navires des barbares, loin d'être poussés avec la même rapidité par les rames, étaient en quelque sorte rendus immobiles par leur pesanteur. Brutus alors reprit courage et fondit sur les ennemis : tantôt courant autour d'eux ou s'ouvrant un passage à travers leurs lignes, tantôt s'avançant ou reculant, comme il voulait et autant qu'il le jugeait convenable ; combattant ici avec plusieurs vaisseaux contre un seul, là avec autant de vaisseaux qu'en avaient ses adversaires, d'autres fois avec un nombre moindre, il leur faisait beaucoup de mal, sans courir le moindre danger. Avait-il le dessus quelque part, il les pressait sur ce point, brisait et submergeait leurs vaisseaux, ou bien il les es-

---

naves circumsisterent, milites summa vi transcendere in hostium naves contendebant.

10. Dans l'ancienne leçon ἑτέρωθι ἴσαις, Sturz se contente de substituer ἑκατέρωθι à ἑτέρωθι. J'adopte la conjecture de Reiske, approuvée par Penzel et par M. Imm. Bekker ; mais je place πρὸς ἴσας entre crochets.

11. L'ancienne leçon ὅπου μὲν γὰρ κρεῖττον αὐτῶν ἐν τῇ προσήρατο σφίσι est tronquée ; les Ms. ne sont d'aucun secours. Leunclavius propose ὅπου μὲν γὰρ κρείττων αὐτῶν ἦν, ἐκεῖ προσήρατο σφίσι. La conjecture de Reimarus ὅπου μὲν γὰρ κρείττων ἦν, τῇ (ibi, ea parte) προσήρατο σφίσι ne manque pas de vraisemblance ; mais τῇ, comme adverbe, appartient plutôt à la poésie qu'à la prose. Reiske refait ainsi le passage : ὅπου μὲν γὰρ κρείττων αὐτῶν ἐν τῇ συμπλοκῇ ἤλπιζεν ἔσεσθαι, ἐνταῦθα προσηρτᾶτο σφίσι. Sa conjecture donne un sens satisfaisant ; mais elle s'éloigne trop du texte primitif. Je lui emprunte προσηρτᾶτο, j'adopte κρείττων d'après A, C, G, et remplaçant τῇ par ταύτῃ dans la conjecture de Reimarus, j'arrive à cette leçon :

ἀναρρηγνὺς, ἐς δὲ τὰς πολλαχόθεν μετεκβαίνων, ἔς τε χεῖρας τοῖς ἐπιβάταις ᾔει, καὶ πολλοὺς ἐφόνευεν. Εἰ δὲ καὶ καθ' ὁτιοῦν ἐλαττοῖτο, ῥᾷστα ἀνεχώρει· ὥστε ἐπ' αὐτῷ τὴν πλεονεξίαν εἶναι ἀεί [1].

43. Οἱ γὰρ βάρβαροι μήτε τοξείᾳ χρώμενοι, μήτε λίθους [2], ὡς οὐδὲν αὐτῶν δεησόμενοι, προπαρασκευάσαντες, εἰ μέν τις σφίσιν ὁμόσε ἐχώρησε, τρόπον τινὰ ἀπεμάχοντο, τοὺς δ' ὀλίγον σφῶν ἀφεστηκότας οὐκ εἶχον ὅ τι ποιήσωσιν [3]. Αὐτοί τε οὖν ἐτιτρώσκοντο, καὶ ἀπέθνησκον, καὶ οἱ μηδὲ [4] ἀμύνασθαί τινα δυνάμενοι· καὶ τὰ σκάφη τὰ μὲν ἀνερρήγνυτο ἐμβαλλόμενα, τὰ δὲ κατεπίμπρατο [5] ὑφαπτόμενα· ἄλλα ἀναδεόμενα [6], ὥσπερ κενὰ ἀνδρῶν, εἵλκετο [7]. Ὁρῶντες δὲ ταῦτα οἱ λοιποὶ [8] ἐπιβάται, οἱ μὲν ἀπεκτίννυσαν σφᾶς, μὴ καὶ ζῶντες ἁλῶσιν· οἱ δὲ ἐς τὴν θάλασσαν ἐξεπήδων, ὡς καὶ δι' ἐκείνης, ἤτοι [9] τῶν πολεμίων νεῶν ἐπιβησόμενοι, ἢ πάντως γε ὑπὸ τῶν Ῥωμαίων ἀπολούμενοι. Προθυμίᾳ μὲν γὰρ καὶ τόλμῃ οὐδὲν αὐτῶν διέφερον· τῷ δὲ δὴ σταδίῳ τῶν σκαφῶν προδιδό-

ὅπου μὲν γὰρ κρείττων αὐτῶν [ἦν, ταύτῃ προσηρτᾶτο] σφίσι. M. Imm. Bekker maintient l'ancienne et se contente d'indiquer une lacune par des points après ἐν τῇ.

1. A, B, C, F, H : ἀεὶ εἶναι. Sturz ne cite que A. — 2. D, C , E, H : λίθοις.

3. D'après B. L'ancienne leçon ποιήσουσιν provient d'E. Reiske propose ὅ τι καὶ, pour se rapprocher davantage des habitudes du style de Dion ; mais l'addition de cette conjonction n'est pas nécessaire.

4. Mieux, d'après Leunclavius : καί τοι μηδέ. J'ai suivi cette conjecture dans la traduction, comme M. Tafel : *Daher wurden sie verwundet oder getödtet, ohne sich vertheidigen zu können*. Au lieu de ἀμύνασθαί τινα, C porte ἀμύνασθαί τε, qui me paraît préférable.

caladait de plusieurs côtés à la fois, attaquait les hommes qui les montaient et en massacrait une grande partie. Craignait-il d'avoir le dessous, il battait facilement en retraite, et, en définitive, il avait toujours l'avantage.

43. Les Vénètes, qui ne se servaient pas de flèches et qui ne s'étaient point pourvus de pierres, ne croyant pas en avoir besoin, repoussaient jusqu'à un certain point les Romains qui combattaient de près ; mais ils ne pouvaient rien contre ceux qui se tenaient même à une courte distance. Ils étaient blessés ou tués, sans pouvoir se défendre : leurs vaisseaux étaient brisés par le choc des vaisseaux ennemis, ou consumés par les flammes ; quelques-uns même, dépourvus d'équipage, furent attachés à ceux des Romains et traînés à la remorque. A la vue d'un tel désastre, les soldats de la flotte barbare qui avaient survécu se tuèrent pour ne pas être pris vivants, ou s'élancèrent dans la mer, afin d'y trouver la mort sous les coups des vainqueurs en cherchant à escalader leurs vaisseaux, ou de toute autre manière. Ils ne leur cédaient ni en courage ni en audace ; mais trahis par l'immobilité de leurs vaisseaux, ils

5. G : κατεπίμπραντο.

6. D'après Reiske, Reimarus, Penzel, Sturz et M. Imm. Bekker, au lieu de l'ancienne leçon ἀναδυόμενα.

7. A cause de τὰ, je substitue, comme Sturz et M. Imm. Bekker, ἀνερρήγνυτο — κατεπίμπρατο — εἵλκετο à la leçon vulgaire ἀνερρήγνυντο — κατεπίμπραντο — εἵλκοντο.

8. G : ταῦθ' οἱ λοιποί. A, B : οἱ πολλοὶ ταῦτα οἱ λοιποί.

9. D'après A, B, C, D, F, au lieu de εἴ τι. Sturz ne cite que A : il adopte ἤτοι, ainsi que M. Imm. Bekker.

μενοι, δεινῶς ἤσχαλλον[1]. Ὅπως γὰρ δὴ μηδ' αὖθις ποτὲ πνεῦμά τι ταῖς ναυσὶν ἐπιγενόμενον κινήσειεν αὐτὰς, δορυδρέπανα πόρρωθεν σφίσιν οἱ Ῥωμαῖοι ἐπέφερον, καὶ τά τε σχοινία αὐτῶν διέτεμνον[2], καὶ τὰ ἱστία διέσχιζον. Πεζομαχεῖν δὲ τρόπον τινὰ ἐν πλοίοις πρὸς ναυμαχοῦντας ἀναγκαζόμενοι, πάμπολλοι μὲν αὐτοῦ ταύτῃ ἐφθάρησαν· πάντες δὲ οἱ περιλιπεῖς[3] ἑάλωσαν. Καὶ αὐτῶν τοὺς λογιμωτάτους ὁ Καῖσαρ ἀποσφάξας τοὺς ἄλλους ἐπώλησε.

44. Καὶ μετὰ τοῦτο ἐπί τε Μωρίνους καὶ ἐπὶ Μεναπίους ὁμόρους σφίσιν ὄντας ἐστράτευσε, προσκαταπλήξειν[4] τε αὐτοὺς ἐκ τῶν προκατειργασμένων καὶ ῥᾳδίως αἱρήσειν ἐλπίσας[5]. Οὐ μέν τοι καὶ ἐχειρώσατό τινας. Οὔτε γὰρ πόλεις ἔχοντες, ἀλλ' ἐν καλύβαις διαιτώμενοι, καὶ τὰ τιμιώτατα ἐς τὰ λασιώτατα[6] τῶν ὀρῶν ἀνασκευασάμενοι, πολὺ πλείω τοὺς προσμίξαντας σφίσι τῶν Ῥωμαίων ἐκάκωσαν ἢ αὐτοὶ ἔπαθον. Ἐπεχείρησε μὲν γὰρ ὁ Καῖσαρ καὶ ἐς αὐτὰ τὰ ὄρη τὴν ὕλην τέμνων προχωρῆσαι. Ἀπειπὼν δὲ διά τε τὸ μέγεθος αὐτῶν καὶ διὰ τὸ πρὸς χειμῶνα εἶναι, ἀπανέστη.

45. Ἔτι δ' αὐτοῦ ἐν τῇ Οὐενετίᾳ ὄντος, Κύϊντος Τιτούριος Σαβῖνος ὑποστράτηγός τε ἐστάλη ἐπὶ Οὐνέλλους[7] ὧν ἡγεῖτο Οὐιριδουῒξ[8]. Καὶ τὰ μὲν πρῶτα καὶ πάνυ τὸ

---

1. C, E, F, G, H : ἤσχαλον. — 2. C : διέτεμον.
3. Correction de Sturz, adoptée par M. Imm. Bekker, au lieu de l'ancienne leçon περιλειπεῖς.

furent réduits à la dernière extrémité ; car les Romains, dans la crainte que quelque vent ne vînt à s'élever encore et à mettre leur flotte en mouvement, dirigeaient de loin contre eux des perches armées de faux qui coupaient les cordages et déchiraient les voiles. Les Vénètes, forcés de soutenir, pour ainsi dire, un combat de terre sur leurs navires contre les Romains, qui pouvaient en toute liberté faire usage de leurs vaisseaux, périrent pour la plupart : le reste fut pris. César fit mettre à mort ceux qui occupaient le premier rang et vendit les autres.

44. Après cette expédition, il tourna ses armes contre les Morins et les Ménapiens, leurs voisins : il espérait les effrayer par le bruit de ses exploits et les subjuguer sans peine ; mais il n'en dompta pas même une partie. Sans villes, vivant dans des cabanes, ils transportèrent sur des montagnes couvertes de forêts touffues ce qu'ils avaient de plus précieux et firent à leurs agresseurs beaucoup plus de mal qu'ils n'en souffrirent eux-mêmes. César tenta de pénétrer sur ces montagnes en abattant les forêts ; mais, découragé par leur grandeur et par l'approche de l'hiver, il se retira.

45. Pendant qu'il était encore dans la Vénétie, il envoya son lieutenant Q. Titurius Sabinus dans le pays des Unelles, qui avaient pour chef Viridovix.

---

4. Reiske préfère προκαταπλήξειν. H porte πρὸς κατάπληξιν.

5. F : ἐλπίσας αἱρήσειν. — 6. C : λογιώτατα. — 7. A : Οὐενεσίους. B, C, D, E, F et H : Οὐενεβίους. G : Οὐενετίους. — 8. Nom tronqué dans les Ms. : ils portent Ἰδουΐξ.

πλῆθος αὐτῶν κατεπλάγη, ὥστ' ἀγαπᾶν ἐὰν τό γ' ἔρυμα διασώσηται [1]. Ἔπειτα δὲ αἰσθόμενος σφᾶς θρασύτερον μὲν ἀπὸ τούτου διακειμένους, οὐ μὴν καὶ τῷ ἔργῳ δεινοὺς ὄντας, (οἷά που οἱ [2] πολλοὶ τῶν βαρβάρων ἐν ταῖς ἀπειλαῖς πᾶν τὸ φοβερὸν διακενῆς ἐπικομποῦσιν) ἀνεθάρσησε [3]. Καὶ ἐκ μὲν τοῦ προφανοῦς οὐδ' οὕτως ἐτόλμησε σφίσι συνενεχθῆναι (τῷ γὰρ πλήθει πολὺ κατείργετο)· πρὸς δὲ δὴ τὸ τάφρευμα τὸ ἑαυτοῦ [4], μετεώρου τοῦ χωρίου ὄντος, ὑπηγάγετο αὐτοὺς ἀπερισκέπτως προσβαλεῖν. Τῶν γὰρ συμμάχων τινὰ ὁμοφωνοῦντα σφίσιν, ὑπὸ τὴν ἑσπέραν, ὡς αὐτόμολον πέμψας, ἔπεισεν αὐτοὺς ὅτι ὁ [5] Καῖσαρ ἐπταικὼς εἴη· καὶ οὕτω [6] πιστεύσαντες ἀπερισκέπτως ἐκεῖνοι (πάνυ γάρ τοι διακορεῖς καὶ τῆς τροφῆς καὶ τοῦ ποτοῦ ἦσαν) εὐθὺς ἐπὶ τοὺς Ῥωμαίους, μὴ καὶ φθάσωσι σφᾶς φυγόντες, ὥρμησαν, καὶ (ἔδει γὰρ οὐδὲ πυρφόρον [7], τῷ λόγῳ αὐτῶν, σωθῆναι) φρύγανα καὶ ξύλα τὰ μὲν ἀράμενοι, τὰ δὲ ἐφελκόμενοι, ὡς καὶ καταπρήσοντες [8] αὐτοὺς, πρός τε τὸ ὄρθιον προσέβαλον [9], καὶ σπουδῇ προσανέβαινον, μηδενὸς σφίσιν

---

1. L'ancienne leçon, ὡς τὰ πάντοτε ἔρημα διασώσηται, est confirmée par les Ms., à l'exception d'ἔρημα, remplacé par ἔρυμα dans A, C, D, E, F, G. Xylander avait deviné ἔρυμα, et, à l'aide de cette leçon, il était arrivé à ce sens : *ita ut sua castra defendere satis superque putaret.* Sa version a mis Leunclavius sur la trace d'une leçon très-probable : ὥστ' ἀγαπᾶν, ἐὰν τό γ' ἔρυμα διασώσηται. Je l'adopte, comme Sturz et M. Imm. Bekker.

2. Omis dans F. — 3. G : ἀνεθάρησε.

4. Dans la leçon vulgaire πρὸς δὲ δὴ τὸ τάφρευμα τὸ ἑαυτοῦ ᾖ, le mot ᾖ rend le texte inintelligible. Reimarus et Sturz le placent entre crochets. Comme M. Imm. Bekker, je le retranche.

D'abord Sabinus fut tellement effrayé de leur nombre, qu'il s'estima heureux de sauver son camp; mais ensuite il reconnut que ses craintes rendaient les Unelles plus audacieux, et qu'en réalité ils n'étaient pas redoutables; car la plupart des barbares n'ont, pour inspirer de la terreur, que d'arrogantes et vaines menaces. Il reprit courage : cependant il n'osa pas encore en venir ouvertement aux mains avec eux (il était toujours intimidé par leur nombre); mais il les amena à attaquer imprudemment son camp, placé sur une hauteur. A cet effet il envoya, vers le soir, aux Unelles comme transfuge un de ses alliés qui parlait leur langue et qui devait leur persuader que César avait été battu. Les Unelles, hors d'état de réfléchir, parce qu'ils avaient bu et mangé avec excès, le crurent sans peine : ils marchèrent en toute hâte contre les Romains, comme s'ils avaient craint d'être prévenus par leur fuite (il ne fallait pas, disaient-ils, laisser échapper même le prêtre qui porte la torche). Emportant ou traînant des sarments et des fagots pour brûler les Romains, ils gagnèrent la hauteur où était le camp de Sabinus et la gravirent rapidement, sans éprouver aucune

---

5. Suivant Sturz, τέ doit être supprimé dans l'ancienne leçon ὅ τε Καῖσαρ, ou bien il y a ici une lacune. M. Imm. Bekker l'indique par des points : rien ne l'annonce dans les Ms. J'ai retranché τέ.

6. B, C, H : οὕτως.

7. Sur ce proverbe, cf. Photius, Lexic. tom. I, p. 358, éd. Porson : ὅταν πολλοὺς ἀποφῆναι βουλώμεθα τοὺς τελευτήσαντας, λέγομεν ὅτι οὐδὲ πυρφόρος ὑπελείφθη · οἷον, οὐδὲ ὁ τὸ πῦρ οἴσων εἰς τὴν πόλιν, καθάπερ εἰ ἐλέγομεν, οὐδὲ σκηνοφύλαξ ἤ τις τῶν παραπλησίων. Il faut lire aussi Suidas, aux mots οὐδὲ πυρφόρος, et le scoliaste d'Euripide, Phœniss. v. 1387.

8. C : καταπρήσαντες. — 9. Le même : προσέβαλλον.

ἐναντιουμένου [1]. Ὁ γὰρ Σαβῖνος οὐκ ἐκινήθη πρὶν ἐντὸς τῆς ἐπικρατείας αὐτοῦ τοὺς πλείους αὐτῶν γενέσθαι. Τότε δὲ ἐπικατέδραμε σφίσιν ἁπανταχόθεν ἅμα ἀπροσδόκητος· καὶ τοὺς πρώτους ἐκπλήξας, κατήραξε κατὰ τοῦ πρανοῦς ἅπαντας. Κἀνταῦθα αὐτοὺς ἐν τῇ ἀναστροφῇ περί τε ἀλλήλοις καὶ περὶ τοῖς ξύλοις [2] σφαλλομένους [3] κατέκοψεν οὕτως, ὥστε μηδένα [4] αὐτῶν μηδὲ τῶν ἄλλων ἔτ' ἀντᾶραι [5]. Ἄπληστοι [6] γὰρ ἀλογίστως [7] οἱ Γαλάται ἐς πάνθ' ὁμοίως ὄντες, οὔτε τὸ θαρσοῦν σφῶν οὔτε τὸ δεδιὸς μετριάζουσιν, ἀλλ' ἔκ [8] τε τούτου [9] πρὸς δειλίαν ἀνέλπιστον, καὶ ἐξ ἐκείνου πρὸς θάρσος προπετὲς ἐκπίπτουσιν.

46. Ὑπὸ δὲ δὴ τὰς αὐτὰς ἡμέρας καὶ ὁ Κράσσος ὁ Πούπλιος, τοῦ Κράσσου τοῦ Μάρκου παῖς, τὴν Ἀκυϊτανίαν ὀλίγου πᾶσαν κατεστρέψατο. Γαλάται γὰρ καὶ αὐτοὶ ὄντες τῇ τε Κελτικῇ [10] προσοικοῦσι, καὶ παρ' αὐτὸ τὸ Πυρηναῖον ἐς τὸν Ὠκεανὸν καθήκουσιν. Ἐπὶ οὖν [11] τούτους ὁ Κράσσος στρα-

---

1. Cf. César, III, 19.
2. Sturz conserve l'ancienne leçon ξυλίνοις. Avec M. Imm. Bekker, je lis ξύλοις proposé par Reiske et approuvé par Reimarus, dans ses Addenda, tom. II, p. 1697 de son édition.
3. G : σφαλομένους.
4. Ou bien, suivant Reiske : μηδὲ μηδένα.
5. Penzel croit qu'il y a ici une lacune et propose de la combler ainsi : ὡς ἐν μὲν ταὐτῷ, τήν τε τοῦ Καίσαρος ναυμαχίαν ὁ Σαβῖνος, καὶ τὴν τοῦ Σαβίνου ταύτην νίκην ὁ Καῖσαρ κατέμαθε. Μετὰ δὲ ταύτην δὴ τὴν μάχην οἱ Οὐνελλοὶ τά τε σφῶν πάντα καὶ σφᾶς αὐτοὺς τῷ Σαβίνῳ παρέδοσαν.
6. F : ἄπλιστοι.
7. César, III, 19 : Ut ad bella suscipienda Gallorum alacer ac promptus est animus, sic mollis ac minime resistens ad calamitates perferendas mens eorum est.

résistance. Sabinus ne bougea pas, avant que les barbares fussent tous sous sa main; mais alors il fondit inopinément sur eux de tous les points, frappa d'épouvante les premiers qu'il rencontra et les précipita du haut de la montagne. Dans leur déroute, ils s'embarrassaient les uns les autres et dans les débris d'arbres dont ils étaient chargés. Sabinus les battit si rudement, que ni eux ni d'autres n'osèrent plus se mesurer avec les Romains; car les Gaulois sont tous également entraînés par une fougue que rien ne règle, et n'ont de mesure ni dans la crainte ni dans l'audace : ils passent subitement de l'excessive confiance à la crainte et de la crainte à une aveugle confiance.

46. A peu près dans les mêmes jours, Publius Crassus, fils de Marcus Crassus, conquit l'Aquitaine presque tout entière. Les peuples de cette contrée, qui sont aussi Gaulois, habitent sur les confins de la Celtique et s'étendent le long des Pyrénées jusqu'à l'Océan. Crassus se mit en marche contre eux, défit les Apiates dans un

---

8. F, H : ἀλλὰ ἐκ.

9. Au lieu de l'ancienne leçon τοῦ. « Τοῦ, dit Reiske, hic positum est pro τούτου, et respicit ad δεξιός. Mallem tamen τούτου, propterea quod alterum Dioni parum frequentetur. » J'adopte τούτου, comme M. Imm. Bekker. L'explication de Reimarus manque de netteté et de vraisemblance; cf. sa note sur ce passage.

10. Pline, IV, 17 : Gallia, Comata uno nomine appellata, in tria populorum genera dividitur, amnibus maxume distincta. A Scalde ad Sequanam Belgica : ab eo ad Garumnam Celtica, eademque Lugdunensis : inde ad Pyrenæi montis excursum Aquitanica. La leçon Κελτική est irréprochable. Fabricius a donc eu raison de rejeter Κελτιβηρία proposé par Leunclavius.

11. C, G, H : ἐπ' οὖν.

94 ΤΩΝ ΔΙΩΝΟΣ ΙΣΤΟΡΙΩΝ ΡΩΜ. ΒΙΒΛ. ΛΘ.

τεύσας Ἀπιάτας[1] τε μάχῃ ἐκράτησε, καὶ πολιορκίᾳ εἷλεν[2], ὀλίγους μὲν ἐν ὁμολογίᾳ τινὶ ἐξ ἀπάτης[3] ἀποβαλών. Ἰσχυρῶς δὲ σφᾶς καὶ περὶ αὐτοῦ τούτου ἀμυνόμενος, καὶ ἑτέρους τινὰς[4] ἰδὼν ἠθροισμένους τε, καὶ στρατιώτας ἐκ τῆς Ἰβηρίας Σερτωριείους[5] ἔχοντας καὶ μετ' αὐτῶν στρατηγικώτερον ἢ προπετέστερον τῷ πολέμῳ χρωμένους, ὡς καὶ τῇ ἀπορίᾳ τῶν τροφῶν δι' ὀλίγου σφῶν ἐκ τῆς γῆς[6] ἐκχωρησόντων[7]· προσεποιήσατό τε αὐτοὺς δεδιέναι[8], καὶ καταφρονηθεὶς οὐχ ὑπηγάγετο μὲν οὐδ' ὡς ἐς χεῖράς οἱ ἐλθεῖν, ἀδεῶς δ' εἰς ὕστερον[9] ἔχουσι σφίσι προσέβαλεν ἐξαίφνης ἀνέλπιστος.

R.p. 215. Καὶ ταύτῃ μὲν ᾗ[10] προσέμιξεν οὐδὲν εἰργάσατο (ἐπεκδραμόντες γὰρ οἱ βάρβαροι, ἰσχυρῶς ἡμύνοντο[11])· ἐνταῦθα δὲ δὴ τῆς δυνάμεως αὐτοῖς οὔσης, περιέπεμψέ[12] τινας ἐς τὰ ἐπὶ θάτερα τοῦ στρατοπέδου σφῶν· καὶ τοῦτό τε ἔρημον ἀνδρῶν κατέσχον, καὶ τοῖς μαχομένοις δι' αὐτοῦ κατὰ νώτου[13] ἐπεγένοντο[14]. Καὶ οὕτως ἐκεῖνοί τε πάντες ἐφθάρη-

---

1. C : Ἀσπιάτας. Je maintiens l'ancienne leçon avec Reimarus, Sturz et M. Imm. Bekker ; mais la conjecture de Xylander, Σοντιάτας, est confirmée par Jul. Celsus, l. l. p. 61 : Sontiatum fines ingreditur. Celle de Fabricius, Σωτιάτας, approuvée par Fabricius, est tirée de César, l. l. III, 21. Cf. Nicolas de Damas, dans Athénée, VI, p. 249, éd. Casaub. Paris, 1597.
2. Cf. César, III, 21 et suiv.
3. Le désir de conserver l'ancienne leçon ἐξ ἁπάσης a jeté Lambert Bos dans des conjectures dénuées de vraisemblance ; cf. Observ. in Script. Gr., p. 24. Il suffit de lire ἐξ ἀπάτης, proposé par Xylander et approuvé par Turnèbe et Oddey, pour arriver à un sens très-satisfaisant. J'adopte ce changement avec Sturz et M. Imm. Bekker.
4. César, l. l. 23.
5. A, B, C, D, E, F, G portent Σερτωρίους, adopté par Rob. Etienne.

combat, assiégea et prit leur ville. Il ne perdit qu'un petit nombre de soldats que les ennemis firent périr par une ruse, pendant qu'il traitait avec eux. Il tirait une éclatante vengeance de cette perfidie, quand il apprit que d'autres Gaulois s'étaient ligués, avaient fait venir d'Espagne des soldats de Sertorius, et qu'avec leur concours ils faisaient la guerre d'après la tactique militaire, et non plus avec une aveugle impétuosité; persuadés que le manque de vivres forcerait bientôt les Romains à sortir de leur pays. Crassus feignit de les craindre et ne leur inspira que du dédain : il ne put néanmoins les déterminer à combattre ; mais lorsqu'ils en furent venus à ne plus redouter les Romains, il tomba sur eux au moment où ils ne s'y attendaient pas. Il attaqua leur camp; mais les barbares firent une sortie et se défendirent avec vigueur, et il ne remporta sur ce point aucun avantage. Comme ils avaient concentré là toutes leurs forces, Crassus envoya un détachement de ses soldats vers un autre côté de leur camp, qui n'était pas défendu. Ils s'en emparèrent et se frayèrent par là une route sur les derrières des combattants. Les barbares furent tous massacrés; les autres

---

Reimarus, Sturz et M. Imm Bekker lisent Σερτωρείους. D'après Xylander et Turnèbe, je préfère Σερτωριείους, comme j'ai préféré Οὐαλερίειοι à Οὐαλέρειοι, t. II, p. 257-258 de cette édition.

6. Les mots ἐκ τῆς γῆς manquent dans C, D, G.

7. G : ἐκχωρισόντων. — 8. F : δεδειέναι. — 9. D, H : ἐς ὕστερον. — 10. F : οἱ. — 11. Le même : ἠμύναντο. — 12. C : περιέπεμψαν. — 13. C, D, G : νότου.

14. Dans l'ancienne leçon καὶ τοῦτό τε ἔρημον ἀνδρῶν κατέσχον — ἐπεγένετο, Reiske propose οἱ τοῦτό τε, κτλ.; mais avec ce changement, il faudrait lire ἐπεγένοντο, comme l'a fait Sturz, qui conserve καὶ τοῦτό τε : j'adopte la même leçon que lui. M. Imm. Bekker conserve aussi καὶ τοῦτό τε ; mais il substitue κατέσχεν à κατέσχον et maintient ἐπεγένετο.

σαν, καὶ οἱ λοιποὶ [1], πλὴν ὀλίγων, ἀκονιτὶ [2] ὡμολόγησαν. Ταῦτα μὲν ἐν τῷ θέρει ἐπράχθη [3].

47. Χειμαζόντων δὲ τῶν Ῥωμαίων ἐν τῇ φιλίᾳ, Τέγκτηροί τε καὶ Οὐσιπέται, Κελτικὰ γένη, τὸ μέν τι [4] καὶ πρὸς Σουήβων [5] ἐκβιασθέντες, τὸ δὲ καὶ πρὸς τῶν Γαλατῶν ἐπικληθέντες [6], τόν τε Ῥῆνον διέβησαν, καὶ ἐς τὴν τῶν Τριουήρων [7] ἐνέβαλον. Κἀνταῦθα τὸν Καίσαρα εὑρόντες καὶ φοβηθέντες, ἔπεμψαν πρὸς αὐτὸν, σπονδάς τε ποιούμενοι, καὶ χώραν αἰτοῦντες, ἢ σφίσι γε ἐπιτραπῆναί τινα ἀξιοῦντες λαβεῖν. Ὡς δ' οὐδενὸς [8] ἔτυχον, τὸ μὲν πρῶτον ἐθελονταὶ οἴκαδε ἐπανήξειν ὑπέσχοντο, καὶ διακωχὴν ᾐτήσαντο· ἔπειτα δὲ ἱππέας αὐτοῦ ὀλίγους προσιόντας ἰδόντες οἱ ἐν τῇ ἡλικίᾳ σφῶν ὄντες, κατεφρόνησάν τε αὐτῶν καὶ μετέγνωσαν. Κἀκ τούτου ἐπισχόντες τῆς πορείας [9], ἐκείνους τε μὴ προσδεχομένους ἐκάκωσαν, καὶ ἐπαρθέντες ἐπὶ τούτῳ, εἴχοντο τοῦ πολέμου.

48. Καὶ αὐτῶν οἱ πρεσβύτεροι καταγνόντες [10], πρός τε τὸν Καίσαρα καὶ παρὰ τὴν γνώμην σφῶν ἦλθον, καὶ ἐδέοντο αὐτοῦ συγγνῶναι σφίσι, τὴν αἰτίαν ἐς ὀλίγους τρέ-

---

1. César en nomme un grand nombre, III, 27.
2. F : ἀκονητί. Cf. Lobeck sur Phrynich., p. 5.
3. F : ἐπράχθησαν. — 4. G et H : τοί.
5. Οὐήβων, dans tous les Ms. par l'omission de la lettre initiale, très-fréquente chez les copistes.
6. La leçon vulgaire ἐκβιασθέντες δὲ καὶ πρὸς — ἐπικληθέντες, confirmée par les Ms., est défectueuse. Comme Reimarus, Sturz et M. Imm. Bekker, j'adopte la conjecture proposée par Xylander et par Turnèbe.
7. Τριηρῶν, dans les Ms.

peuples, à quelques exceptions près, traitèrent avec les Romains sans combattre. Voilà ce qui se passa cet été.

47. Pendant que les Romains étaient hivernés chez des peuples amis, les Tenchtères et les Usipètes, nations germaines, chassés de leurs foyers par les Suèves, ou appelés par les Gaulois, franchirent le Rhin et firent une invasion sur les terres des Trévères, où ils trouvèrent César. Frappés de crainte, ils lui envoyèrent des députés pour traiter avec lui et pour demander qu'il leur assignât quelque contrée, ou qu'il leur permît d'en conquérir une. N'ayant rien obtenu, ils promirent d'abord de rentrer volontairement dans leur pays et sollicitèrent une trêve; mais ensuite les plus jeunes, ayant remarqué que César ne faisait marcher contre eux qu'un petit nombre de cavaliers, regardèrent les Romains comme peu redoutables et se repentirent de leur promesse. Ils suspendirent leur départ, maltraitèrent ces cavaliers, qui ne s'attendaient pas à une attaque, et fiers de ce succès, ils résolurent de faire la guerre.

48. Les plus âgés les blâmèrent, se rendirent auprès de César, contre leur avis, rejetèrent sur quelques hommes la faute qui avait été commise et le

---

8. G : δὲ οὐδενός.
9. L'ancienne leçon καὶ τούτου ὑποσχόντες τῆς ἀπορίας est corrompue. Xylander propose ἐπισχόντες τῆς πορείας, adopté par Sturz. Oddey aime mieux ἀποσχόντες τῆς πορείας. M. Imm. Bekker lit, comme Sturz : ἐπισχόντες τῆς πορείας. A, B, F portent ἐπισχόντες τῆς ἀπορίας, et C ἐπισχόντες τῆς ἀπορείας d'où il est facile d'arriver à τῆς πορείας que je donne avec Sturz et M. Imm. Bekker. Enfin, au lieu de καὶ τούτου, je lis, d'après Reiske, κἀκ τούτου.
10. Le passage ἐπὶ τούτῳ — καταγνόντες manque dans F.

ποντες. Ὁ δὲ τούτους μὲν, ὡς καὶ ἀπόκρισίν τινα αὐτοῖς οὐκ ἐς [1] μακρὰν δώσων, κατέσχεν· ὁρμήσας δὲ ἐπὶ τοὺς ἄλλους ἐν ταῖς σκηναῖς ὄντας, ἐπέστη τε σφίσι μεσημβριάζουσι, καὶ μηδὲν πολέμιον, ἅτε ἐκείνων παρ' αὐτῷ ὄντων, ὑποτοπουμένοις· καὶ ἐσπηδήσας ἐς αὐτοὺς [2], παμπληθεῖς τῶν πεζῶν οὐδὲ τὰ ὅπλα ἀνελέσθαι φθάσαντας, ἀλλὰ καὶ περὶ ταῖς ἁμάξαις [3] ὑπό τε τῶν γυναικῶν καὶ ὑπὸ τῶν παίδων ἀναμὶξ ὄντων ταραττομένους [4], κατεφόνευσε· τούς τε ἱππέας ἀπόντας τότε, καὶ παραχρῆμα, ὡς ἐπύθοντο τὸ γεγονὸς, πρός τε τὰ οἰκεῖα ἤδη ὁρμήσαντας καὶ πρὸς Συγάμβρους [5] ἀποχωρήσαντας, πέμψας ἐξήτησεν· οὐχ ὅτι καὶ ἐκδοθήσεσθαι σφᾶς προσεδόκησε [6]· (οὐ γάρ που οὕτως οἱ πέραν τοῦ Ῥήνου τοὺς Ῥωμαίους ἐφοβοῦντο, ὥστε καὶ τοιαῦτα αὐτῶν ἀκούειν), ἀλλ' ὅπως ἐπὶ τῇ προφάσει ταύτῃ καὶ ἐκεῖνον διαβαίη. Αὐτός τε γὰρ, ὃ μηδείς πω πρότερον τῶν ὁμοίων ἐπεποιήκει, δεινῶς πρᾶξαι ἐγλίχετο· καὶ τοὺς Κελτοὺς [7] πόῤῥωθεν ἐκ τῆς Γαλατίας ἀνείρξειν, ἅτε καὶ ἐς τὴν οἰκείαν αὐτῶν ἐσβαλὼν [8], προσεδόκησεν. Ὡς οὖν οὔτε οἱ ἱππεῖς ἐξεδίδοντο, καὶ Οὔβιοι [9], ὅμοροί τε τοῖς Συγάμβροις [10] οἰκοῦντες, καὶ διάφοροι αὐτοῖς ὄντες, ἐπεκα-

---

1. G : εἰς. — 2. A, B et F : αὐτάς.
3. Reiske a corrigé très-ingénieusement l'ancienne leçon par une conjecture bien simple : il donne καὶ περὶ ταῖς ἁμάξαις, au lieu de καίπερ ταῖς ἁμάξαις. J'adopte sa correction avec Sturz et M. Imm. Bekker. Elle est préférable à la leçon de Leunclavius καὶ παρὰ ταῖς ἁμάξαις, à celle d'Oddey κἂν ταῖς ἁμάξαις, et à celle de Reimarus καὶ πρὸς ταῖς ἁμάξαις.
4. A, B, F : παραταττομένους. — 5. A, D, F, G, H : Συγγάμβρους. C :

prièrent de pardonner. César les retint, en leur faisant espérer qu'il donnerait bientôt une réponse; mais il marcha contre ceux qui étaient restés dans leurs tentes, les surprit, pendant le repos du milieu du jour et lorsqu'ils ne s'attendaient à aucune hostilité, par cela même que plusieurs de leurs concitoyens étaient en ambassade auprès de lui. Il tomba sur eux tout à coup et massacra un grand nombre de fantassins qui n'avaient pas eu le temps de prendre les armes et qui couraient en désordre auprès de leurs chariots, confondus avec les femmes et les enfants. La cavalerie était alors absente : elle s'était dirigée vers ses foyers, à la nouvelle de ce qui venait de se passer, et déjà elle était arrivée dans le pays des Sicambres. César demanda, par une députation, qu'elle lui fût livrée. Il ne comptait pas l'obtenir : les peuples qui habitent au delà du Rhin ne redoutaient pas encore assez les Romains pour obéir à une pareille injonction; mais il voulait avoir un prétexte pour franchir ce fleuve; car il désirait vivement faire ce qu'aucun général romain n'avait fait avant lui, et il espérait retenir les Germains loin de la Gaule, en faisant une invasion sur leurs terres. La cavalerie ne lui fut donc point livrée : d'un autre côté, les Ubiens, voisins des Sicambres et ennemis de ce

Συγγάβρους. — 6. D, F, G, H : προσεδόκησεν. — 7. G : τοὺς μὲν Κελτούς.

8. A l'ancienne leçon ἐσβαλεῖν, maintenue par Reimarus et Sturz, je substitue, comme M. Imm. Bekker, ἐσβαλὼν, d'après Leunclavius.

9. Correction de Rob. Etienne, approuvée par Xylander et par Leunclavius : je la substitue, avec Sturz et M. Imm. Bekker, à la leçon vulgaire : Ἐούβιοι.

10. A, C, B, E, F, G : Συγγάμβροις.

λέσαντο αὐτὸν, διέβη μὲν τὸν ποταμὸν, γεφυρώσας[1]. Εὑρὼν δὲ τούς τε Συγάμβρους ἐς τὰ ἐρυμνὰ ἀνακεκομισμένους, καὶ τοὺς Σουήβους[2] συστρεφομένους, ὡς καὶ βοηθήσοντας σφίσιν, ἀνεχώρησεν[3] ἐντὸς ἡμερῶν εἴκοσιν[4].

49. Ὁ δὲ δὴ Ῥῆνος ἀναδίδωσι μὲν ἐκ τῶν Ἄλπεων τῶν Κελτικῶν[5] ὀλίγον ἔξω τῆς Ῥαιτίας· προχωρῶν δὲ ἐπὶ δυσμῶν, ἐν ἀριστερᾷ μὲν τήν τε Γαλατίαν καὶ τοὺς ἐποικοῦντας αὐτὴν, ἐν δεξιᾷ δὲ τοὺς Κελτοὺς ἀποτέμνεται· καὶ τελευτῶν ἐς τὸν Ὠκεανὸν ἐμβάλλει. Οὗτος γὰρ ὁ ὅρος, ἀφ᾽ οὗ γε[6] καὶ ἐς τὸ διάφορον τῶν ἐπικλήσεων ἀφίκοντο[7], δεῦρο ἀεὶ νομίζεται. Ἐπεὶ[8] τό γε πάνυ ἀρχαῖον Κελτοὶ ἑκάτεροι οἱ ἐπ᾽ ἀμφότερα τοῦ ποταμοῦ οἰκοῦντες ὠνομάζοντο.

50. Ὁ οὖν Καῖσαρ τόν τε Ῥῆνον πρῶτος τότε[9] Ῥωμαίων διέβη, καὶ ἐς Βρεττανίαν[10] μετὰ ταῦτα, τοῦ τε[11] Πομπηΐου καὶ τοῦ Κράσσου ὑπατευόντων, ἐπεραιώθη. Ἡ δὲ δὴ χώρα αὕτη ἀπέχει[12] μὲν τῆς ἠπείρου τῆς Βελγικῆς[13] κατὰ Μωρίνους σταδίους πεντήκοντα καὶ τετρακοσίους, τὸ συντομώτατον· παρήκει δὲ παρά τε τὴν λοιπὴν[14] Γαλατίαν,

---

1. Cf. César, l. l. IV, 17 ; Plutarq., Cæs. XXII.
2. C, H : Σοήβους. G : Σουбούς. — 3. G : ἀνεχώρισεν. F : ἀνεχώρητο.
4. Cf. Orose, VI, 9.
5. Avec mes devanciers, je substitue Κελτικῶν à la leçon vulgaire Κελτιбήρων, évidemment fautive.
6. A, B, E, F : ἀφ᾽ οὗ τε.
7. Comme Reimarus, Sturz et M. Imm. Bekker, je lis ἀφίκοντο,

HISTOIRE ROMAINE DE DION, L. XXXIX.

peuple, invitèrent César à se rendre auprès d'eux. Il jeta un pont sur le Rhin et traversa ce fleuve; mais, à son arrivée, les Sicambres s'étaient déjà repliés dans leurs forts, et les Suèves se rassemblaient pour les secourir : César se retira avant le vingtième jour.

49. Le Rhin prend sa source dans les Alpes Celtiques, un peu au-dessus de la Rhétie. Il coule vers l'occident, ayant à sa gauche la Gaule et ses habitants, à sa droite les Celtes, et se jette dans l'Océan. Telle est la limite qui sépare ces peuples, depuis qu'ils ont pris des noms différents : dans les temps les plus reculés, les habitants des deux côtés du fleuve portaient le nom de Celtes.

50. César est le premier Romain qui ait traversé le Rhin et pénétré ensuite dans la Bretagne, sous le consulat de Pompée et de Crassus. La plus courte distance de cette contrée à la partie de la Belgique habitée par les Morins est de quatre cent cinquante stades. Elle s'avance dans la mer et s'allonge en faisant face au reste de la Gaule

---

d'après H. Étienne et Leunclavius, au lieu de ἀφίκονται adopté par Rob. Étienne. La leçon que je donne est exigée par l'enchaînement des idées.
8. A, B, E, F, G : ἐπί. — 9. F : τότε πρῶτος. — 10. Le même :
τ
Βρετανίαν. — 11. Omis dans C.
12. D'après C et Xiphilin, l. l. p. 12. A, B, E, F, G portent ἔχει.
13. Fabricius défend la leçon vulgaire Κελτικῆς. Avec Leunclavius, Sturz et M. Imm. Bekker, je préfère Βελγικῆς, qui se déduit facilement de Βελτικῆς, donné par A, F.
14. Les mots λοιπὴν — καὶ παρὰ τὴν, manquent dans H.

καὶ παρὰ τὴν Ἰβηρίαν ὀλίγου πᾶσαν ἐς τὸ πέλαγος [1] ἀνατείνουσα [2]. Καὶ τοῖς μὲν πάνυ πρώτοις [3] καὶ Ἑλλήνων καὶ Ῥωμαίων οὐδ' ὅτι ἐστὶν ἐγιγνώσκετο· τοῖς δὲ ἔπειτα ἐς ἀμφισβήτησιν εἴτε ἤπειρος, εἴτε καὶ νῆσος εἴη, ἀφίκετο· καὶ πολλοῖς ἐφ' ἑκάτερον, εἰδόσι μὲν οὐδὲν, (ἅτε μήτ' αὐτόπταις μήτ' αὐτηκόοις τῶν ἐπιχωρίων γενομένοις) τεκμαιρομένοις δὲ, ὡς ἕκαστοι [4] σχολῆς ἢ καὶ φιλολογίας εἶχον, συγγέγραπται [5]. Προϊόντος δὲ δὴ τοῦ χρόνου, πρότερόν τε ἐπ' Ἀγρικόλου [6] ἀντιστρατήγου, καὶ νῦν ἐπὶ Σεβήρου [7] αὐτοκράτορος, νῆσος οὖσα σαφῶς ἐλήλεγκται.

51. Ἐς ταύτην οὖν τότε ὁ Καῖσαρ, ἐπειδὴ τά τε ἄλλα τὰ τῶν Γαλατῶν ἡσύχαζε, καὶ τοὺς Μωρίνους προσεποιήσατο, ἐπεθύμησε διαβῆναι. Καὶ τὸν μὲν διάπλουν, καθ' ὃ μάλιστα ἐχρῆν, μετὰ τῶν πεζῶν ἐποιήσατο· οὐ μέντοι καὶ ᾗ ἔδει, προσέσχεν. Οἱ γὰρ Βρεττανοὶ τὸν ἐπίπλουν αὐτοῦ προπυθόμενοι, τὰς κατάρσεις ἁπάσας τὰς πρὸς τῆς ἠπείρου [8] οὔσας προκατέλαβον. Ἄκραν οὖν τινα προέχουσαν περιπλεύσας, ἑτέρωσε παρεκομίσθη. Κἀνταῦθα τοὺς προσμίξαντάς οἱ ἐς τὰ τενάγη ἀποβαίνοντι νικήσας, ἔφθη τῆς γῆς κρατήσας πρὶν τὴν πλείω συμβοήθειαν ἐλθεῖν· καὶ μετὰ ταῦτα καὶ ἐκείνους προσβαλόντας ἀπεώσατο. Καὶ ἔπιπτον

---

1. L'ancienne leçon porte ἔς τε τὸ : je retranche τε, d'après Xiphilin, l. l. p. 12, comme Xylander, Turnèbe et M. Imm. Bekker. Reimarus et Sturz maintiennent ἔς τε τὸ πέλαγος ; mais cette leçon ne pourrait être défendue qu'en admettant avec Sturz qu'il manque ici quelque chose.
2. *Auch Dio*, dit M. Tafel, *scheint sich über Britannien noch nicht ganz orientirt zu haben.*
3. Ou bien πάνυ παλαιοῖς, d'après Xiphilin, l. l. et Leunclavius.

et à presque toute l'Espagne. Les anciens Grecs et les anciens Romains n'en connaissaient pas même l'existence : plus tard on mit en doute si c'était un continent ou une île. L'une et l'autre opinion fut soutenue par plusieurs écrivains, qui ne savaient rien de certain, puisqu'ils n'avaient pas visité le pays et n'avaient reçu aucun renseignement des habitants : ils s'appuyaient sur diverses conjectures, suivant leurs loisirs et leurs lumières. Dans la suite des temps, d'abord sous la propréture d'Agricola, et de nos jours sous le règne de Sévère, il a été clairement établi que c'est une île.

51. César, après avoir pacifié le reste de la Gaule et soumis les Morins, eut l'ambition de passer dans la Bretagne. La traversée avec l'infanterie s'opéra comme il pouvait le désirer; mais il n'aborda pas dans l'endroit le plus convenable. Les Bretons, informés qu'il faisait voile vers leur île, occupèrent vis-à-vis du continent tous les points qui offraient un accès facile. César, après avoir tourné un cap très-saillant, se dirigea d'un autre côté. Là il battit les barbares qui l'attaquèrent, au moment où il débarquait près d'un bas-fond, et resta maître du terrain, avant que des renforts vinssent à leur secours. Ces renforts étant arrivés, César repoussa avec succès une nouvelle attaque. Quelques Bretons seulement succombèrent : comme ils com-

4. D, E, H : ἑκάστης. — 5. F : συγέγραπται.
6. Xiphilin, l. l. Ἀγρικολάου : de même dans H. Étienne.
7. A, D : Σευήρου.
8. Je substitue à l'ancienne leçon πρὸ τῆς ἠπείρου celle qui m'est fournie par F. — M. Imm. Bekker l'a devinée.

μὲν οὐ πολλοὶ τῶν βαρβάρων, (ἁρματηλάται τε γὰρ ὄντες [1] καὶ ἱππεῖς, ῥᾳδίως τοὺς Ῥωμαίους, μηδέπω τοῦ ἱππικοῦ αὐτοῖς παρόντος, διέφυγον) ἐκπλαγέντες δὲ πρός τε τὰ ἐκ τῆς ἠπείρου περὶ αὐτῶν ἀγγελλόμενα, καὶ ὅτι περαιωθῆναί τε ὅλως ἐτόλμησαν καὶ ἐπιβῆναι τῆς χώρας ἠδυνήθησαν· πέμπουσι πρὸς τὸν Καίσαρα τῶν Μωρίνων [2] τινὰς φίλων σφίσιν ὄντων, ἐπικηρυκευόμενοι. Καὶ τότε μὲν ὁμήρους αἰτήσαντι αὐτῷ δοῦναι ἠθέλησαν.

52. Πονησάντων δὲ ἐν τούτῳ τῶν Ῥωμαίων ὑπὸ χειμῶνος καὶ τῷ [3] παρόντι ναυτικῷ καὶ τῷ ἀφικνουμένῳ [4]· καὶ μετέγνωσαν, καὶ ἐκ μὲν τοῦ προφανοῦς οὐκ ἐπέθεντο αὐτοῖς (τὸ γὰρ στρατόπεδον ἰσχυρῶς ἐφυλάσσετο)· δεξάμενοι δέ τινας, ὡς καὶ ἐς φιλίαν τὴν χώραν σφῶν πρὸς κομιδὴν τῶν ἐπιτηδείων πεμφθέντας [5], αὐτούς τε [6] πλὴν ὀλίγων ἔφθειραν, (ὁ γὰρ Καῖσαρ διαταχέων τοῖς λοιποῖς [7] ἐπήμυνε) καὶ μετὰ τοῦτο καὶ πρὸς αὐτὸ τὸ ἔρυμα αὐτῶν προσέβαλον. Καὶ ἔπραξαν μὲν οὐδέν, ἀλλὰ καὶ κακῶς ἀπήλλαξαν· οὐ μέντοι καὶ ἐς ὁμολογίαν ἦλθον, πρὶν πολλάκις σφαλῆναι. Καὶ γὰρ ὁ Καῖσαρ ἄλλως μὲν οὐκ εἶχε γνώμην σπείσεσθαι σφίσιν· ἐπεὶ δὲ ὅ τε χειμὼν προσῄει καὶ οὐχ ἱκανὴν τὴν παροῦσαν δύναμιν περιεβέβλητο, ὥστε καὶ ἐν αὐτῷ πολεμῆσαι, ἥ τε κομιζομένη ἔσφαλτο, καὶ οἱ Γαλάται [8]

---

1. G : ὄντες ὡς. — 2. Le même : Μωρίων ν.
3. Omis dans C.
4. Cf. César, IV, 28 et suiv.; Jul. Celsus, l. l. p. 58 et suiv.
5. C'était la septième légion. Cf. César, l. l. 32.

battaient sur des chariots ou à cheval, ils purent facilement échapper aux Romains dont la cavalerie n'était pas encore arrivée; mais, effrayés par les récits qui leur venaient du continent sur leurs exploits, et plus encore de ce qu'ils avaient osé traverser la mer et faire une descente dans leur pays, ils firent demander la paix à César par une députation de Morins avec lesquels ils vivaient en bonne intelligence. Il exigea des otages, qu'ils consentirent alors à lui donner.

52. Sur ces entrefaites, une tempête ayant endommagé les vaisseaux que les Romains avaient déjà et ceux qui allaient arriver, les Bretons changèrent de sentiment. A la vérité, ils n'attaquèrent pas ouvertement les Romains, dont le camp était gardé par des forces redoutables; mais, après avoir bien accueilli des soldats qui étaient venus chercher des vivres chez eux, comme dans un pays ami, ils les massacrèrent, sauf un petit nombre que César put secourir en toute hâte. Ensuite ils se jetèrent sur le camp même; mais, bien loin d'avoir l'avantage, ils furent battus: toutefois ils ne demandèrent à traiter qu'après plusieurs défaites. César n'était pas disposé à leur accorder la paix; mais l'hiver approchait, il n'avait pas auprès de lui des troupes suffisantes pour continuer la guerre pendant la mauvaise saison, et celles qui devaient arriver avaient eu beaucoup à souf-

---

6. L'ancienne leçon τούς τε est inintelligible. Comme Sturz et M. Imm. Bekker, j'adopte la correction de Lennclavius.

7. C, G : λόγοις.

8. Surtout les Morins; cf. César, IV, 37.

πρὸς τὴν ἀπουσίαν αὐτοῦ ἐνεωτέρισαν [1]· καὶ ἄκων αὐτοῖς συνελλάγη, ὁμήρους καὶ τότε πλείους αἰτήσας [2] μὲν, λαϐὼν δὲ ὀλίγους.

53. Καὶ ὁ μὲν ἐς τὴν [3] ἤπειρον ἀναπλεύσας, τὰ ταραχθέντα καθίστατο, μηδὲν ἐκ τῆς Βρεττανίας [4] μήτε ἑαυτῷ μήτε τῇ πόλει προσκτησάμενος, πλὴν τοῦ ἐστρατευκέναι ἐπ' αὐτοὺς [5] δόξαι. Τούτῳ γὰρ [6] καὶ αὐτὸς ἰσχυρῶς ἐσεμνύνετο, καὶ οἱ οἴκοι Ῥωμαῖοι θαυμαστῶς ἐμεγαλύνοντο. Ἐμφανῆ τε γὰρ τὰ πρὶν ἄγνωστα, καὶ ἐπιβατὰ τὰ πρὶν [7] ἀνήκουστα ὁρῶντες σφίσι γεγονότα, τήν τε μέλλουσαν ἐξ αὐτῶν ἐλπίδα, ὡς καὶ παροῦσαν ἔργῳ, ἐλάμβανον, καὶ πάνθ' ὅσα καταπράξειν προσεδέχοντο, ὡς καὶ ἔχοντες ἤδη, ἠγάλλοντο. Καὶ οἱ μὲν διὰ ταῦτα ἱερομηνίας ἐπὶ εἴκοσιν ἡμέρας ἀγαγεῖν ἐψηφίσαντο [8].

54. Ἐν ᾧ δὲ ἐκεῖνα ἐγίγνετο [9], καὶ ἡ Ἰϐηρία ἐκινήθη· διὸ καὶ τῷ Πομπηΐῳ προσετάχθη. Προσαναστάντες γάρ τινες καὶ Οὐακκαίους [10] προστησάμενοι, μάχῃ μὲν ὑπὸ τοῦ Νέπωτος τοῦ Μετέλλου, ἀπαράσκευοι ἔτ' ὄντες, ἡττήθησαν· πολιορκοῦντι δ' αὐτῷ Κλουνίαν, ἐπελθόντες, ἀμείνους ἐγένοντο· καὶ ἐκείνην μὲν περιεποιήσαντο, ἑτέρωθι δὲ ἐσφάλησαν, οὐ μὴν ὥστε καὶ δι' ὀλίγου [11] δουλωθῆναι. Τῷ γὰρ

---

1. G : ἐνεωτέρησαν.
2. Il en demanda un nombre double ; César, l. I. 36.
3. Omis dans G.
4. F : Βρετανίας — 5. G, H : ἐπ' αὐτάς. — 6. F : τοῦτο γάρ. — 7. A, B, C, F : πράσθεν.

frir ; enfin, les Gaulois avaient profité de son absence pour tenter de nouveaux mouvements. Il traita donc à contre-cœur, demanda encore des otages, et même en plus grand nombre; mais il en obtint très-peu.

53. César repassa sur le continent et pacifia les contrées où des troubles avaient éclaté. Il ne remporta de la Bretagne, pour la République et pour lui, que la gloire d'avoir entrepris une expédition dans cette île. Il en était très-fier lui-même, et tout le monde à 'Rome la prônait avec enthousiasme. On se félicitait de connaître un pays inconnu auparavant, d'avoir pénétré dans des contrées dont on n'avait pas entendu parler jusqu'alors : chacun prenait ses espérances pour la réalité, et tout ce qu'on se flattait d'obtenir un jour faisait éclater une joie aussi vive que si on l'eût déjà possédé. Vingt jours de solennelles actions de grâces aux dieux furent décrétés à cette occasion.

54. En ce moment, l'Espagne fut le théâtre de troubles, qui la firent donner pour province à Pompée. Quelques peuples s'étaient révoltés et avaient mis les Vaccéens à leur tête; mais le temps leur avait manqué pour les préparatifs, et ils furent vaincus par Metellus Nepos. Ils l'attaquèrent ensuite, pendant qu'il assiégeait Clunia et le vainquirent. Ils s'emparèrent même de cette ville; mais ils furent battus sur un autre point. Cette défaite n'amena pourtant pas promptement

---

8. César, l. I. 39 : His rebus gestis, ex litteris Cæsaris, dierum XX supplicatio a Senatu decreta est.

9. C : ἐγένετο. — 10. Le même : Οὐακαίους.

11. Le passage δι' ὀλίγου — ὥστε καὶ manque dans F.

πλήθει πολύ [1] τῶν ἐναντίων περιῆσαν· ὥστε καὶ τὸν Νέπωτα ἀγαπᾶν, ἂν τὴν ἡσυχίαν ἀκινδύνως ἄγῃ.

55. Κατὰ δὲ δὴ τὸν αὐτὸν τοῦτον χρόνον καὶ Πτολεμαῖος, καίτοι τῶν Ῥωμαίων τήν τε ἐπικουρίαν ἀπεψηφισμένων, καὶ πρὸς τὰς δωροδοκίας τὰς ὑπ' αὐτοῦ [2] γενομένας δεινῶς ἔτι καὶ τότε διακειμένων, κατήχθη, καὶ τὴν βασιλείαν ἐκομίσατο. Ἔπραξαν δὲ τοῦτο ὅ τε Πομπήϊος καὶ ὁ Γαουΐνιος. Τοσοῦτον γὰρ αἵ τε [3] δυναστεῖαι καὶ αἱ τῶν χρημάτων περιουσίαι, καὶ παρὰ τὰ ψηφίσματα τά τε τοῦ δήμου καὶ τὰ τῆς βουλῆς, ἴσχυσαν, ὥστε ἐπιστείλας μὲν ὁ Πομπήϊος τῷ Γαουϊνίῳ τῆς Συρίας τότε ἄρχοντι, στρατεύσας δὲ ἐκεῖνος, ὁ μὲν τῇ χάριτι, ὁ δὲ τῇ δωροληψίᾳ, καὶ ἄκοντος αὐτὸν τοῦ κοινοῦ κατήγαγον, μηδὲν μήτε ἐκείνου μήτε τῶν τῆς Σιβύλλης χρησμῶν φροντίσαντες. Καὶ ἐκρίθη μὲν ὕστερον ἐπὶ τούτῳ ὁ Γαουΐνιος, οὐχ ἑάλω δέ, διά τε τὸν Πομπήϊον, καὶ διὰ τὰ χρήματα. Οὕτω γάρ που τὰ πράγματα τοῖς τότε Ῥωμαίοις [4] συνεκέχυτο [5] ὥστε ἀπὸ πολλῶν, ὧν ἐδωροδόκησε, σμικρὰ ἄττα [6] τῶν τε ἀρχόντων τινὲς καὶ τῶν δικαστῶν παρ' αὐτοῦ λαβόντες, οὔτε τοῦ προσήκοντός τι προετίμησαν, καὶ προσέτι καὶ τοὺς ἄλλους κακουργεῖν ὑπὲρ χρημάτων [7] ἐξεδίδα-

1. C, E : πολλοί, qui se trouve aussi dans Rob. Étienne. Avec Reimarus, Sturz et M. Imm. Bekker, je lis πολύ, adopté par H. Étienne et par Leunclavius.
2. D'après Sturz et M. Imm. Bekker, au lieu de ἀπ' αὐτοῦ.
3. Omis dans B.
4. Sturz avait deviné que l'ancienne leçon τοῖς τε Ῥωμαίοις doit être remplacée par τοῖς τότε Ῥωμαίοις. M. Imm. Bekker a adopté cette correc-

leur soumission. Ils étaient beaucoup plus nombreux que les Romains, et Metellus s'estima heureux de pouvoir se tenir tranquille sans danger.

55. A cette même époque, Ptolémée fut reconduit en Égypte et recouvra ses États; quoique les Romains eussent décrété qu'on ne lui accorderait pas de secours et qu'ils fussent encore irrités contre la corruption dont il s'était rendu coupable. Tout cela se fit par Pompée et par Gabinius. L'influence des hommes puissants et des richesses était si grande, même contre les décrets du peuple et du sénat, que Pompée écrivit à Gabinius, gouverneur de la Syrie, pour le charger de ramener Ptolémée en Égypte, et que celui-ci, qui s'était déjà mis en campagne, l'y reconduisit, malgré la volonté publique et au mépris des oracles de la Sibylle. Pompée ne voulait que se rendre agréable à Ptolémée; mais Gabinius s'était laissé corrompre. Plus tard, mis en accusation pour ce fait, il ne fut pas condamné, grâce à Pompée et à son or. Il régnait alors à Rome un tel désordre moral, que des magistrats et des juges qui n'avaient reçu de Gabinius qu'une faible partie des sommes qui avaient servi à le corrompre, ne tinrent aucun compte de leurs devoirs pour s'enrichir et apprirent aux

tion. Je l'adopte volontiers moi-même, parce qu'elle est confirmée par F.

5. D'après Oddey, au lieu de συνέχυτο.

6. B : ἄτα. E, F : ἄττα.

7. La leçon vulgaire ὑπὸ χρημάτων — *quia nummis et muneribus eos corruperant* est contraire à l'enchaînement des idées. J'adopte avec M. Imm. Bekker ὑπὲρ χρημάτων — *opum adipiscendarum causa*, proposé par Reiske.

ξαν¹, ὡς καὶ τὴν τιμωρίαν ῥαδίως ἐξωνεῖσθαι δυναμένους. Τότε μὲν οὖν διὰ ταῦτα ἀφείθη· αὖθις δὲ ἐπί τε ἑτέροις τισὶ, καὶ ὅτι πλέον ἢ μυρίας ἐκ τῆς ἀρχῆς μυριάδας ἥρπασε, κριθεὶς ² ἑάλω. Καὶ ἐκείνῳ τε τοῦτο παραδοξότατον συνέβη· τῆς τε γὰρ προτέρας δίκης διὰ τὰ χρήματα ἀπελύθη, καὶ ἐπὶ τούτοις δι᾽ ἐκείνην ³ ὅτι μάλιστα ἐδικάσθη· καὶ τῷ Πομπηΐῳ, ὅτι τὸ μὲν πρότερον, καίτοι πόρρω που ὢν, ἐρρύσατο ⁴ τὸν Γαουΐνιον διὰ τῶν ἑταίρων· τότε δὲ ἔν τε τῷ ⁵ προαστείῳ ὢν, καὶ τρόπον τινὰ καὶ ἐν τῷ δικαστηρίῳ αὐτῷ παρὼν, οὐδὲν ἤνυσεν.

56. Ἔσχε δὲ ⁶ ὧδε· ὁ Γαουΐνιος πολλὰ μὲν [καὶ] ⁷ τὴν Συρίαν ἐκάκωσεν, ὥστε καὶ τῶν ληστικῶν ἃ καὶ τότε ἤκμαζε, πολὺ πλείω σφίσι λυμήνασθαι. Πάντα δὲ δὴ τὰ αὐτόθεν ⁸ λήμματα ἐλάχιστα εἶναι νομίσας, τὸ μὲν πρῶτον ἐνόει ⁹ καὶ παρεσκευάζετο, ὡς καὶ ἐπὶ τοὺς Πάρθους τόν τε πλοῦτον αὐτῶν στρατεύσων. Τοῦ γὰρ Φραάτου ¹⁰ ὑπὸ τῶν παίδων δολοφονηθέντος, Ὀρώδης τήν τε βασιλείαν αὐτοῦ διεδέξατο, καὶ Μιθριδάτην τὸν ἀδελφὸν ἐκ τῆς Μηδίας ¹¹, ἧς ἦρχεν, ἐξέβαλε. Καὶ ὃς καταφυγὼν πρὸς τὸν Γαουΐνιον ἀνέπεισεν αὐτὸν συμπρᾶξαί οἱ τὴν κάθοδον. Ἐπεὶ μέντοι ὁ Πτολεμαῖος μετὰ τῶν τοῦ Πομπηΐου γραμ-

---

1. C : ἐδίδαξαν. — 2. Omis dans le même Ms.
3. Reiske aimerait mieux ἐπὶ ταύτης δι᾽ ἐκεῖνα.
4. G : ἐρύσατο.
5. Avec Sturz et M. Imm. Bekker, j'ajoute, d'après A, cet article qui manque dans la leçon vulgaire.
6. C : ἔσχεν δέ.

autres à mal faire, en leur montrant qu'ils pourraient facilement se soustraire au châtiment avec de l'argent. Voilà ce qui fit absoudre Gabinius en ce moment : dans la suite traduit en justice, sous le coup de diverses accusations, mais surtout pour avoir enlevé de sa province plus de cent millions de drachmes, il fut condamné. Ainsi, chose étrange! l'argent qui avait fait absoudre Gabinius dans un premier jugement, le fit condamner dans un second, en raison même du premier, et Pompée qui, absent à l'époque du premier, l'avait sauvé par l'entremise de ses amis, ne lui fut d'aucun secours dans le second; quoiqu'il se trouvât dans un faubourg de Rome et qu'il fût, pour ainsi dire, à côté de lui dans le tribunal.

56. Les choses se passèrent ainsi : Gabinius fit tant de mal à la Syrie, qu'elle eut beaucoup plus à se plaindre de lui que des pirates, alors fort puissants; mais regardant comme rien le gain qu'il avait fait dans cette province, il médita et prépara une expédition contre les Parthes et contre leurs richesses. Après que Phraate eut péri par le crime de ses enfants, Orode hérita de ses États et chassa Mithridate, son frère, de la Médie qu'il gouvernait. Mithridate se réfugia auprès de Gabinius et lui persuada de l'aider à rentrer dans la Médie ; mais lorsque Ptolémée, arrivé avec les lettres de Pompée,

---

7. Cette conjection paraît superflue à Reiske, qui propose de la retrancher : comme Sturz, je me contente de la placer entre crochets.

8. C, D, G, H : αὐτοθί.

9. A, C, F, G, H, confirment la leçon vulgaire ἐνόσει. Avec Reimarus, Sturz et M. Imm. Bekker, je l'abandonne, parce qu'elle n'offre aucun sens, et je lis ἐνόει. Reiske préfère ἐνενοεῖτο.

10. A, B, C, F, G : Φραάντου. — 11. A, C, D, H : Μηδείας. B, F : Μειδίας.

μάτων ἦλθε, καὶ πολλὰ μὲν αὐτῷ, πολλὰ δὲ καὶ τῷ στρατῷ χρήματα, τὰ μὲν ἤδη παρέξειν, τὰ δ' ἂν καταχθῇ, δώσειν ὑπέσχετο, τά τε τῶν Πάρθων εἴασε[1], καὶ ἐπὶ τὴν Αἴγυπτον ἠπείχθη· καίπερ ἀπαγορεύοντος μὲν τοῦ νόμου, μήτε ἐς[2] τὴν ὑπερορίαν τοὺς ἄρχοντάς τινων ἀποδημεῖν, μήτε πολέμους ἀφ' ἑαυτῶν ἀναιρεῖσθαι· ἀπειρηκότος δὲ καὶ τοῦ δήμου, τῆς τε Σιβύλλης[3], μὴ καταχθῆναι τὸν ἄνδρα· ἀλλ' ὅσῳ γὰρ ἐκωλύετο[4] ταῦτα, τόσῳ πλείονος αὐτὰ ἀπημπόλησε. Καταλιπὼν οὖν ἐν τῇ Συρίᾳ Σισένναν τε τὸν υἱὸν, κομιδῇ νέον ὄντα, καὶ στρατιώτας μετ' αὐτοῦ πάνυ ὀλίγους, τὴν μὲν ἀρχὴν, ἐφ' ἧς ἐτέτακτο[5], τοῖς λῃσταῖς ἔτι μᾶλλον ἐξέδωκεν, αὐτὸς δὲ ἐς τὴν Παλαιστίνην ἐλθὼν, τόν τε Ἀριστόβουλον (διαδρὰς γὰρ ἐκ τῆς Ῥώμης ὑπετάραττέ τι) συνέλαβε, καὶ τῷ Πομπηίῳ ἔπεμψε· καὶ φόρον τοῖς Ἰουδαίοις ἐπέταξε, καὶ μετὰ τοῦτο καὶ ἐς τὴν Αἴγυπτον ἐνέβαλεν[6].

57. Ἦρχε δὲ τότε τῶν Αἰγυπτίων ἡ Βερενίκη[7]· καὶ ἐπιεικὲς μὲν οὐδὲν πρὸς αὐτὸν[8], καίτοι φοβουμένη τοὺς Ῥωμαίους, ἔπραξε. Σέλευκον[9] δέ τινα, ὡς καὶ ἐκ τοῦ βασιλείου γένους τοῦ ποτε ἐν τῇ Συρίᾳ ἀνθήσαντος ὄντα, με-

---

1. G, H : εἴασεν. — 2. G : μήτε εἰς. — 3. F : Σιβύλης. — 4. A, B, C, F : ἐκεκώλυτο. Sturz ne cite que A.
5. D'après C et Leunclavius, au lieu de la leçon vulgaire ἐτέτευκτο que Xylander a traduite par *quod sibi obtigerat*, comme s'il y avait ἐτέτυκτο, ou plutôt ἐτέτυχει.
6. A, B, D : ἐνέβαλε. — 7. A, D, E, F, G, H : Βερονίκη. Sturz ne cite que A.
8. L'ancienne leçon πρὸς τὸν καίτοι a donné lieu à diverses conjectu-

HISTOIRE ROMAINE DE DION, L. XXXIX.

eut promis de donner à Gabinius et à son armée des sommes considérables, d'en compter une partie sur-le-champ, et l'autre dès qu'il serait rentré dans son royaume, Gabinius renonça à ses projets contre les Parthes et se dirigea vers l'Égypte, malgré la loi qui ne permettait pas aux gouverneurs de sortir de leur province et d'entreprendre une guerre, de leur propre autorité, et quoique le peuple et la Sibylle eussent défendu de ramener Ptolémée dans ses États. Plus ces prohibitions étaient formelles, plus Gabinius se fit payer. Il laissa donc en Syrie, avec une poignée de soldats, son fils Sisenna, encore fort jeune, exposa encore davantage à toutes les déprédations des pirates la province qui lui avait été confiée, se rendit en Palestine et s'empara d'Aristobule, qui y excitait des troubles, après s'être échappé de Rome, l'envoya à Pompée, imposa un tribut aux Juifs et entra enfin en Égypte.

57. Là régnait alors Bérénice, qui ne se montra pas bien disposée pour lui, quoiqu'elle craignît les Romains. Elle avait appelé auprès d'elle un certain Séleucus qu'elle donnait pour un rejeton de la famille qui fut jadis florissante

res. Xylander propose d'ajouter πατέρα ou Πτολεμαῖον, mais l'enchaînement des idées s'y oppose. J'aimerais mieux supposer avec Wagner l'omission de καιρὸν que le copiste a pu facilement négliger à cause de καίτοι. Mais l'hypothèse la plus plausible me paraît être celle de Leunclavius, qui conseille de changer τὸν en αὐτὸν, h. e. *Gabinium :* je l'ai suivie avec Sturz. M. Imm. Bekker conserve l'ancienne leçon et se borne à mettre des points après τὸν, pour indiquer une lacune.

9. Strabon, cf. XVII, p. 796, éd. Casaub.

T. IV.

ταπέμψασα¹, ἄνδρα τε ἐπεγράψατο, καὶ κοινωνὸν τῆς τε² βασιλείας καὶ τοῦ πολέμου ἐποιήσατο· Ὡς δὲ ἐκεῖνος ἐν οὐδενὸς μοίρᾳ ὢν ἑωρᾶτο, τοῦτον μὲν ἀπέκτεινεν· Ἀρχέλαον δὲ τὸν τοῦ Ἀρχελάου τοῦ πρὸς τὸν Σύλλαν³ αὐτομολήσαντος, δραστήριόν τε ὄντα, καὶ⁴ ἐν τῇ Συρίᾳ τὴν δίαιταν ἔχοντα, ἐπὶ τοῖς αὐτοῖς ὑπηγάγετο. Ὁ γὰρ⁵ Γαουίνιος ἐδύνατο⁶ μὲν ἀρχόμενον τὸ δεινὸν παῦσαι· (τὸν γὰρ⁷ Ἀρχέλαον προϋποτοπήσας συνέλαβε, καὶ ἔμελλεν ἐκ τούτου μηδὲν ἔτ' ἔργον ἕξειν·) φοβηθεὶς δὲ μὴ καὶ ἐλάττω διὰ τοῦτο παρὰ τοῦ Πτολεμαίου τῶν ὡμολογημένων⁸ οἱ χρημάτων, ὡς οὐδὲν ἀξιόλογον πεποιηκὼς, λάβοι· καὶ ἐλπίσας ἔτι καὶ πλείω πρός τε τὴν δεινότητα καὶ πρὸς τὴν δόξαν τὴν τοῦ Ἀρχελάου χρηματιεῖσθαι, καὶ προσέτι καὶ ἄλλα παρ' αὐτοῦ ἐκείνου συχνὰ λαβών· ἐθελοντὴς αὐτὸν, ὡς καὶ διαδράντα, ἀφῆκε.

58. Καὶ οὕτως μὲν ἐς⁹ τὸ Πηλούσιον ἀφίκετο, μηδενὸς ἐναντιουμένου· προϊὼν δὲ ἐντεῦθεν δίχα διῃρημένῳ τῷ στρατῷ, τοὺς Αἰγυπτίους ἀπαντήσαντάς οἱ τῇ αὐτῇ ἡμέρᾳ ἐνίκησε¹⁰. Καὶ μετὰ τοῦτ' αὖθις ἔν τε τῷ ποταμῷ ναυσὶ κἀν τῇ γῇ ἐκράτησεν¹¹. Οἱ γὰρ Ἀλεξανδρεῖς θρασύνασθαι

---

1. G : πέμψασα. — 2. Omis dans C. — 3. F : Σύλαν. — 4. Omis dans C.
5. Ou mieux γοῦν, d'après Leunclavius.
6. Avec Sturz et M. Imm. Bekker, je préfère d'après les Ms. B, F, cette forme à ἠδύνατο. Cf. la note de Sturz, tom. I, page 555 de son édition.
7. Omis dans F.
8. C : ὁμολογημένων.

en Syrie, l'avait épousé et associé au trône et à cette guerre. Mais elle ne tarda pas à reconnaître qu'il n'avait aucune capacité, le fit périr et attira auprès d'elle, aux mêmes conditions, Archélaüs, dont le père avait embrassé le parti de Sylla, homme entreprenant et qui vivait en Syrie. Gabinius pouvait étouffer le mal dans sa racine ; car il avait fait arrêter Archélaüs, dont il se défiait depuis longtemps et qui ne devait plus lui inspirer aucune crainte ; mais il appréhendait de paraître n'avoir rien fait d'important et de recevoir de Ptolémée moins d'argent qu'il n'avait été convenu. Il espérait, en outre, se faire donner davantage, en raison du mérite et de la réputation d'Archélaüs. Enfin il reçut d'Archélaüs lui-même des sommes considérables et lui rendit volontairement la liberté, tout en répandant le bruit qu'il s'était échappé.

58. Gabinius arriva sans obstacle jusqu'à Péluse ; de là il pénétra plus avant, partagea son armée en deux et vainquit, le même jour, les Égyptiens qui étaient venus à sa rencontre. Ensuite il remporta deux nouvelles victoires, l'une dans le Nil avec ses vaisseaux, l'autre sur terre. Les

---

9. Fabricius propose de remplacer l'ancienne leçon οὗτος ὡς μὲν par οὕτως μὲν, et Reimarus par οὕτως ἐς μέν. Comme M. Imm. Bekker, je donne la préférence à la conjecture de Reimarus, mais en plaçant ἐς après μέν.

10. « Scilicet, dit Reiske, utroque exercitu. Geminam igitur victoriam eodem die obtinuit. »

11. Après ce verbe, les mots μετὰ τοῦτ' αὖθις sont répétés dans F.

μὲν πρὸς πάντα ἱκανώτατοι καὶ ἐκλαλῆσαι πᾶν ὅ τι ποτ᾽ ἂν ἐπέλθῃ σφίσι, προπετέστατοι πεφύκασι, πρὸς δὲ δὴ πόλεμον τά τε δεινὰ αὐτοῦ φλαυρότατοί εἰσι· καίπερ ἐν ταῖς στάσεσι πλείσταις δὴ καὶ μεγίσταις παρ᾽ αὐτοῖς γιγνομέναις, διὰ φόνων τε ἀεὶ χωροῦντες, καὶ τὸ ζῆν παρ᾽ οὐδὲν πρὸς τὴν αὐτίκα φιλονεικίαν [1] τιθέμενοι, ἀλλὰ καὶ ὥσπερ τι τῶν ἀρίστων ἀναγκαιότατον [2] τὸν ἐν αὐταῖς ὄλεθρον διώκοντες. Νικήσας οὖν αὐτοὺς ὁ Γαουΐνιος, καὶ ἄλλους τε πολλοὺς καὶ τὸν Ἀρχέλαον φονεύσας, ἐγκρατής τε τῆς Αἰγύπτου πάσης παραχρῆμα ἐγένετο, καὶ τῷ Πτολεμαίῳ αὐτὴν παρέδωκε. Καὶ ὁ μὲν τήν [3] τε θυγατέρα, καὶ τῶν ἄλλων τοὺς πρώτους καὶ πλουσιωτάτους, ἅτε καὶ χρημάτων πολλῶν δεόμενος, ἀπέκτεινε.

59. Γαουΐνιος δὲ ἐκεῖνον μὲν οὕτω κατήγαγεν [4]· οὐ μέντοι καὶ οἴκαδε περὶ τῶν πραχθέντων ἐπέστειλεν, ἵνα μὴ καὶ αὐτάγγελος [5] σφίσιν ὧν παρηνομήκει, γένηται. Ἀλλ᾽ (οὐ γὰρ οἷόν τε ἦν τηλικοῦτον [6] πρᾶγμα κρυφθῆναι) εὐθύς τε αὐτὸ [7] ὁ δῆμος ἐπύθετο· καὶ ἐπειδὴ καὶ οἱ Σύροι πολλὰ τοῦ Γαουϊνίου (ἄλλως τε καὶ ἐν τῇ ἀπουσίᾳ αὐτοῦ δεινῶς

---

1. Reiske voudrait τὰς αὐτίκα φιλονεικίας, à cause de αὐταῖς. Mais aucun changement n'est nécessaire : αὐταῖς, comme le dit Sturz, se rapporte à στάσεσι.

2. Xylander indique ici une lacune qui n'est point marquée dans les Ms. Ce passage est très-bien expliqué par Sturz: *tanquam aliquid quod inter optima sit maxime exoptandum*, h. e. tanquam rem omnium maxime et præ cæteris rebus omnibus, quæ quidem optimæ putantur, insigniter exoptandam. » Il est donc superflu de recourir à des conjectures comme l'a fait Reiske qui propose 1° τῶν πρὸς ἀριστείαν ἀναγκαιότατον, 2° τῶν ἀρίστων τε καὶ ἀναγκαιοτάτων. Penzel préfère la pre-

habitants d'Alexandrie sont très-portés à tout oser et à dire tout ce qui leur passe par l'esprit; mais ils n'ont rien de ce qu'il faut pour faire la guerre et pour triompher des dangers. Cependant, au milieu des séditions, et elles sont fréquentes et terribles chez eux, ils ne reculent pas devant l'effusion du sang, et dans le feu des dissensions, comptant la vie pour rien, ils aspirent à périr dans la lutte, comme si une semblable mort était le bien le plus désirable. Après les avoir vaincus, après en avoir massacré un grand nombre et Archélaüs lui-même, Gabinius fut sur-le-champ maître de l'Égypte et la rendit à Ptolémée : celui-ci, pressé par le besoin d'argent, fit mettre à mort sa fille et les citoyens les plus distingués par leur rang et les plus riches.

59. C'est ainsi que Gabinius ramena Ptolémée en Égypte. Il n'écrivit point à Rome à ce sujet, ne voulant pas annoncer lui-même les illégalités dont il s'était rendu coupable. Mais un événement de cette importance ne pouvait rester caché : le peuple en eut aussitôt connaissance. Les Syriens, que les pirates avaient fort maltraités, pendant l'absence de Gabinius, se plaignirent

---

mière : *rerum ad consequendam viri fortis laudem maxime necessariarum.*

3. Omis dans G. — 4. C, D, H : κατήγαγε.

5. Cette leçon, proposée par Xylander et approuvée par Oddey et par Reimarus, n'est pas douteuse. Elle est d'ailleurs confirmée, à l'exception d'ω pour ο, par C qui porte αὐταγγέλως. E, H donnent la leçon vulgaire : αὐτὰ γέλως.

6. C, D, H : τηλικοῦτο, adopté par M. Imm. Bekker.

7. L'ancienne leçon αὐτὸς, confirmée par les Ms., peut se défendre. « Αὐτὸς, dit Sturz, potest explicari *solus, ipse,* absque Gabinii indicio : αὐτὸ tamen mallem. » Je préfère αὐτὸ avec M. Imm. Bekker.

ὑπὸ τῶν λῃστῶν κακωθέντες) κατεβόησαν, οἵ τε τελῶναι, μὴ δυνηθέντες τὰ τέλη δι' αὐτοὺς εἰσπρᾶξαι, συχνὰ ἐπωφείλησαν [1]· ὠργίζοντο καὶ γνώμας τε ἐποιοῦντο, καὶ ἑτοίμως εἶχον καταψηφίσασθαι αὐτοῦ [2]. Καὶ γὰρ ὁ Κικέρων τά τε ἄλλα ἰσχυρῶς ἐνῆγε, καὶ συνεβούλευε σφίσι τὰ Σιβύλλεια ἔπη αὖθις ἀναγνῶναι· προσδοκῶν ἐγγεγράφθαι τινὰ ἐν αὐτοῖς τιμωρίαν, ὅταν παραβαθῇ [3].

60. Ὁ οὖν Πομπήϊος ὅ τε Κράσσος ὑπάτευόν τε [4] ἔτι· καὶ ὁ μὲν ἑαυτῷ βοηθῶν, ὁ δὲ τήν τε ἐκείνου χάριν, καὶ ἅμα καὶ χρήματα παρὰ τοῦ Γαουϊνίου πεμφθέντα οἱ λαβὼν, ἔκ τε τοῦ προφανοῦς ὑπὲρ αὐτοῦ διεδικαίουν, καὶ ἄλλα τε καὶ φυγάδα τὸν Κικέρωνα ἀποκαλοῦντες, οὐδὲν ἐπεψήφισαν. Ὡς μέντοι ἐκεῖνοί τε ἐκ τῆς ἀρχῆς ἀπηλλάγησαν, καὶ αὐτοὺς [5] ὅ τε Δομίτιος ὁ Λούκιος καὶ Ἄππιος [6] Κλαύδιος διεδέξαντο [7], γνῶμαι αὖθις πολλαὶ ἐλέχθησαν, καὶ κατὰ τοῦ Γαουϊνίου αἱ πλείους ἐγένοντο. Ὅ τε γὰρ Δομίτιος ἐχθρὸς τῷ Πομπηΐῳ, διά τε τὸ σπουδαρχῆσαι καὶ διὰ τὸ παρὰ γνώμην αὐτοῦ ἀποδειχθῆναι, ὢν, καὶ ὁ Κλαύδιος, καίπερ προσήκων οἱ, ὅμως [8] τοῖς τε πολλοῖς χαρίσασθαί τι ὑπὸ δημαγωγίας θελήσας [9], καὶ παρὰ τοῦ Γαουϊνίου δωροδοκήσειν, ἄν γέ τι συνταράξῃ, προσδοκή-

---

1. Reimarus substitue, d'après Leunclavius, ἐπώφλησαν à l'ancienne leçon ἐπωφέλησαν. Comme Sturz et M. Imm. Bekker, j'adopte ἐπωφείλησαν, donné par A, F.
2. Le passage καὶ γνώμας — αὐτοῦ manque dans F.
3. Dans l'ancienne leçon ὅτι παρεβάθη, il suffit de substituer, comme Leunclavius le conseille, ὅτε à ὅτι, pour avoir une leçon irréprochable : c'est ce qu'ont fait Reimarus et Sturz. Avec M. Imm. Bekker j'adopte

vivement de lui, et les publicains, que ces mêmes pirates avaient empêchés de lever les impôts, devaient un arriéré considérable. Les Romains, irrités contre Gabinius, le mirent en cause et se montraient disposés à le condamner. Cicéron les y poussait avec ardeur : il leur conseillait surtout de relire les oracles sibyllins, espérant qu'on y trouverait quelque peine contre ceux qui les avaient violés.

60. Pompée et Crassus étaient encore consuls ; ils défendirent ouvertement Gabinius, le premier dans son intérêt, le second pour être agréable à son collègue et parce qu'il avait reçu l'argent que Gabinius lui avait envoyé : ils reprochèrent hautement à Cicéron d'avoir été banni, et ne rendirent aucune décision. Mais lorsque leur consulat fut arrivé à son terme et qu'ils eurent été remplacés par Lucius Domitius et par Appius Claudius, on discuta de nouveau cette affaire, et presque toutes les opinions furent contraires à Gabinius. Domitius était l'ennemi de Pompée, qui avait été son compétiteur pour le consulat et l'avait obtenu malgré lui. Claudius était parent de Pompée ; mais il voulait plaire à la multitude, et il espérait obtenir de l'argent de Gabinius, en excitant des troubles. Ils réunirent tous leurs efforts contre Gabinius, qui était d'ailleurs en butte à un grief

ὅταν παραϐαθῇ, leçon plus correcte et qui fournit un sens excellent. Quant à παρεϐάνθη, dans C, E, F, G, c'est une faute née de la confusion d'α avec αν.

4. C : ὑπατεύοντες.
5. D'après C, au lieu de αὐτός. Xylauder avait deviné cette leçon.
6. E, F : Ἄπιος.
7. G : διεξεδέξαντο. — 8. A, B, E : ὅπως. — 9. A, B, C : ἐθέλησας.

σας, πᾶν αὐτῷ ἔπραξαν [1]. Καὶ αὐτὸν καὶ ἐκεῖνο [2] δεινῶς ἐπίεσεν [3], ὅτι προπεμφθέντα τινὰ ὑπὸ τοῦ Κράσσου ὑποστράτηγον ἐπὶ τῇ τῆς ἀρχῆς αὐτοῦ διαδοχῇ, οὐκ ἐδέξατο, ἀλλ' ὥσπερ ἀθάνατον τὴν ἡγεμονίαν εἰληφὼς, κατεῖχεν αὐτήν. Ἔδοξεν οὖν σφίσι τὰ τῆς Σιβύλλης ἔπη ἀναγνωσθῆναι· καίπερ [4] ἀντειπόντος [5] τοῦ Πομπηΐου.

61. Κἀν τούτῳ ὁ Τίβερις, εἴτ' οὖν ὄμβρων ἄνω που ὑπὲρ τὴν πόλιν ἐξαισίων γενομένων, εἴτε καὶ σφοδροῦ πνεύματος ἐκ τῆς θαλάσσης τὴν ἐκροὴν αὐτοῦ ἀνακόψαντος, εἴτε καὶ μᾶλλον (ὡς ὑπωπτεύετο) ἐκ παρασκευῆς δαιμονίου τινός [6], τοσοῦτον ἐξαπιναίως ἐρρύη, ὥστ' ἐν πᾶσι [7] μὲν τοῖς πεδίοις τοῖς ἐν τῷ ἄστει οὖσι πελαγίσαι [8], πολλὰ δὲ καὶ τῶν μετεωροτέρων καταλαβεῖν. Αἵ τε οὖν οἰκίαι [9] (ἐκ πλίνθων γὰρ συνῳκοδομημέναι [10] ἦσαν) διάβροχοί τε ἐγένοντο, καὶ κατερράγησαν, καὶ τὰ ὑποζύγια πάντα ὑποβρύχια ἐφθάρη. Τῶν τε ἀνθρώπων ὅσοι μὴ ἔφθησαν πρὸς τὰ πάνυ ὑψηλὰ ἀναφυγόντες, οἱ μὲν ἐν [11] ταῖς τέγαις, οἱ δὲ καὶ ἐν ὁδοῖς ἐγκαταληφθέντες [12] ἐξώλοντο. Καὶ γὰρ

---

1. Reimarus repousse la conjecture συνέπραξε, proposée par le Critique qu'il appelle N, au lieu de la leçon vulgaire ἔπραξε. « Nihil mutandum, nisi, dit-il, ἔπραξε malis in ἔπραξαν converti. » Sturz donne ἔπραξαν d'après A : cette leçon se trouve aussi dans B, C, E, F, G. Je l'adopte, comme M. Imm. Bekker.

2. C, G, H : ἐκεῖνος.

3. Par le simple déplacement d'une lettre, Leunclavius a tiré une excellente leçon de l'ancienne ἔπεισεν. J'adopte son ingénieuse correction, comme tous mes devanciers.

4. Dans la leçon vulgaire διὸ καίπερ, confirmée par A, E, F, H, Reimarus suppose avec vraisemblance que sous διὸ se cachent un ou

très-grave, pour n'avoir point reçu le lieutenant que Crassus lui avait envoyé comme successeur, et pour avoir gardé le commandement, comme s'il lui avait été donné pour toujours. Le sénat décréta donc, malgré Pompée, que les oracles de la Sibylle seraient lus de nouveau.

61. En ce moment, soit que des pluies extraordinaires fussent tombées au delà de Rome, du côté du nord, soit que le vent, soufflant avec violence du côté de la mer, eût intercepté le cours du Tibre, soit plutôt par la volonté des dieux, ainsi qu'on le supposa, ce fleuve grossit tout à coup à un tel point, qu'il submergea les bas quartiers de la ville et envahit même quelques-uns des points les plus élevés. Les maisons, qui étaient en briques, firent eau de toutes parts et s'écroulèrent; les bêtes de somme furent toutes englouties, et ceux des habitants, qui ne s'étaient pas retirés à temps sur les hauteurs, furent surpris par l'inondation et périrent, ceux-ci dans leurs demeures, ceux-

---

plusieurs mots, par exemple : δημοσίᾳ. — διὰ τῶν ἱερέων.
5. A, G : ἀνειπόντος. — 6. Omis dans C. — 7. F, G : ὥστε ἐν πᾶσι.
8. Xiphilin, l. l. p. 13 : αἰφνίδιον ἐπελάγισε.
9. Le mot οἰκίαι manque dans A, B, E, F, G, H ; mais ces Ms. portent αἴ τε οὖν. Je substitue, comme Sturz et M. Imm. Bekker, αἴ τε οὖν οἰκίαι à l'ancienne leçon αἴ τε οἰκίαι. Xiphilin, l. l. : καὶ οἰκίας πολλὰς κατέβαλε καὶ ἀνθρώπους διώλεσε.
10. C : συνῳκοδομούμεναι. G : συνῳκοδομούμεναι.
11. D'après Leunclavius j'ajoute, comme mes devanciers, ἐν devant τέγαις, ou plutôt στέγαις.
12. Je substitue cette leçon à l'ancienne ἐγκαταλειφθέντες, d'après A, B, C, D, F, G, H.

αἱ λοιπαὶ οἰκίαι, ἅτε ἐπὶ πολλὰς ἡμέρας τοῦ δεινοῦ συμβάντος, σαθραί τε ἐγένοντο, καὶ πολλοῖς [1] τοῖς μὲν εὐθὺς, τοῖς δὲ καὶ [2] μετὰ τοῦτ' ἐλυμήναντο. Οἱ οὖν Ῥωμαῖοι ἐπί τ' ἐκείνοις τοῖς παθήμασι λυπούμενοι, καὶ ἕτερα χαλεπώτερα (ὡς καὶ διὰ τὴν τοῦ Πτολεμαίου κάθοδον ὀργὴν σφίσι τοῦ δαιμονίου πεποιημένου) προσδεχόμενοι, ἠπείγοντο καὶ ἀπόντα τὸν Γαουΐνιον (ὡς καὶ ἧττόν τι, ἂν [3] φθάσωσιν αὐτὸν ἀπολέσαντες, κακωθησόμενοι) θανατῶσαι. Καὶ οὕτω γε ἐντόνως ἔσχον, ὥστε, καίτοι μηδενὸς τοιούτου ἐν τοῖς Σιβυλλείοις χρησμοῖς εὑρεθέντος, ὅμως τὴν γερουσίαν, πικρότατα καὶ τραχύτατα τούς τε ἄρχοντας καὶ τὸν δῆμον αὐτῷ χρήσασθαι [4], προβουλεῦσαι.

62. Ἐν ᾧ δὲ ταῦτ' ἐγίγνετο [5], χρήματα ὑπὸ τοῦ Γαουϊνίου προπεμφθέντα, οὐχ ὅπως ἀπόντα, ἀλλ' οὐδὲ ἐπανελθόντα [6] δεινόν τι [7] παθεῖν αὐτὸν ἐπί γε ἐκείνοις ἐποίησε [8]. Καὶ οὕτω καὶ αὐτὸς αἰσχρῶς καὶ κακῶς ὑπὸ τοῦ συνειδότος διετέθη, ὥστε καὶ χρόνιος ἐς τὴν Ἰταλίαν ἀφικέσθαι, καὶ νυκτὸς [9] ἐς τὴν πόλιν ἐσκομισθῆναι, ἔξω τε τῆς οἰκίας [10]

---

1. Dans l'ancienne leçon πολλοὶ τοῖς μὲν, Leunclavius remplace πολλοὶ par πολλαὶ, s.-entend. οἰκίαι. Reiske propose πολλὰ πολλοῖς — *multis modis domus aqua maceratæ et ruptæ multis hominibus incommodabant et noxias conscisceband*. Avec Sturz et M. Imm. Bekker, je me contente de substituer πολλοῖς à πολλοί.
2. Omis dans B, F. — 3. Omis dans C.
4. Reiske aime mieux χρῆσθαι, adopté par Sturz.
5. C : ἐγένετο.
6. Leunclavius soutient l'ancienne leçon οὐδὲ ἐπελθόντα que Xylander propose de remplacer par ἀλλὰ οὐδὲ ἐπελθόντα, et Oddey par ἀλλ' οὐδὲ καὶ ἐπελθόντα. A cause de οὐχ ὅπως qui précède et qui est presque toujours

là dans les rues; et comme le fléau dura plusieurs jours, les maisons, qui restaient encore, furent minées et causèrent de graves accidents, les unes sur-le-champ, les autres peu de temps après. Les Romains, affligés de tous ces maux, en attendaient de plus grands encore : convaincus que le retour de Ptolémée en Égypte avait allumé le courroux des Dieux, ils condamnèrent à la peine capitale Gabinius absent; comme s'ils avaient dû obtenir un allégement à leurs souffrances, en se hâtant de le faire mourir. Cette affaire fut conduite avec tant de vigueur que, sans avoir rien trouvé à ce sujet dans les livres sibyllins, le sénat invita les magistrats et le peuple à lui infliger la peine la plus dure et la plus rigoureuse.

62. Les richesses que Gabinius avait expédiées d'avance arrivèrent sur ces entrefaites et furent cause qu'il n'eut rien à souffrir à cette occasion, ni pendant son absence, ni à son retour. Mais il était si honteux de ses méfaits et si tourmenté par sa conscience, qu'il différa longtemps de revenir en Italie, rentra nuitamment dans Rome

---

suivi de ἀλλὰ, j'insère cette conjonction. De plus, je substitue, d'après Reiske, ἐπανελθόντα à ἐπελθόντα. C'est la leçon adoptée par Sturz et par M. Imm. Bekker. — 7. C : οἱ.

8. L'ancienne leçon ποιῆσαι se trouve dans A, B, C, F, G, H. Xylander et Leunclavius la remplacent par ἐποίησαν. Avec Sturz et M. Imm. Bekker, je préfère ἐποίησε, à cause de χρήματα.

9. Cic. ad Quint. Frat. III, 2 : Quum Gabinius, quacumque veniebat, triumphum se postulare dixisset, subitoque bonus imperator noctu urbem, hostium plane, invasisset, in senatum se non committebat.

10. A, B, C, D, E, F confirment la leçon vulgaire Ἰταλίας, née vraisemblablement de Ἰταλίαν, qui se trouve à la ligne précédente. Reiske propose ἐπαυλίας, rejeté avec raison par Reimarus. J'aimerais mieux αὐλίας, proposé par Toup. Emend. in Suid., tom. I, p. 35 ; mais la leçon la plus

συχναῖς πάνυ ἡμέραις μὴ τολμῆσαι φανῆναι. Τὰ μὲν οὖν ἐγκλήματα πολλὰ ἦν, καὶ κατηγόρους οὐκ ὀλίγους εἶχε. Πρῶτον δ' οὖν περὶ τῆς τοῦ Πτολεμαίου καθόδου, ἅτε καὶ μεγίστου [1], ἐδικάσθη. Καὶ ὅγε δῆμος σύμπας, ὡς εἰπεῖν, πρός τε τὸ δικαστήριον συνερρύη, καὶ διασπάσασθαι πολλάκις αὐτὸν ἠθέλησεν· ἄλλως τε καὶ ὅτι οὔθ' ὁ Πομπήϊος παρῆν, καὶ ὁ Κικέρων δεινότατα αὐτοῦ κατηγόρησεν. Οὕτω δὲ αὐτῶν διακειμένων, ἀφείθη. Αὐτός τε γὰρ, ἅτε ἐπὶ τηλικούτοις κρινόμενος, παμπληθῆ χρήματα ἀνάλωσε, καὶ οἱ τοῦ Πομπηΐου τοῦ τε Καίσαρος ἑταῖροι προθυμότατα αὐτῷ συνήραντο [2]· λέγοντες ἄλλον τέ τινα καιρὸν καὶ ἄλλον βασιλέα πρὸς τῆς Σιβύλλης εἰρῆσθαι· καὶ τὸ μέγιστον, ὅτι μηδεμία τῶν πραχθέντων τιμωρία ἐν τοῖς ἔπεσιν αὐτῆς ἐνεγέγραπτο [3].

63. Ὁ δ' οὖν δῆμος ὀλίγου μὲν καὶ τοὺς δικαστὰς ἀπέκτεινε· διαφυγόντων δὲ αὐτῶν, ἐπετήρει τὰ λοιπὰ αὐτοῦ ἐγκλήματα, καὶ ἐποίησεν ἐπ' ἐκείνοις γοῦν αὐτὸν ἁλῶναι [4]. Οἱ γὰρ [5] λαχόντες περὶ αὐτῶν κρῖναι, τό τε πλῆθος ἅμα φοβηθέντες καὶ μηδὲν μέγα παρὰ τοῦ Γαουϊνίου εὑράμενοι [6], (ὁ γὰρ ἐπί τε βραχυτέροις εὐθυνόμενος, καὶ προσδοκῶν καὶ τότε κρατήσειν, οὐ πολλὰ ἐδαπάνησε) κατεψηφίσαντο αὐτοῦ, καίτοι τοῦ τε Πομπηΐου [7] πλησίον ὄντος

---

probable est celle que j'adopte d'après Leunclavius, comme Reimarus, Sturz et M. Imm. Bekker.

1. Ou mieux τοῦ μεγίστου, conseillé par Sturz.
2. D, E, G : συνείραντο.
3. C : ἐγέγραπτο.

et n'osa, pendant bien des jours, paraître hors de sa maison. Plusieurs griefs existaient contre lui, et ses accusateurs étaient nombreux. Le premier qui le fit traduire en justice, et c'était le plus grave, fut le retour de Ptolémée. Le peuple presque tout entier accourut au tribunal et voulut maintes fois mettre Gabinius en pièces; surtout, parce que Pompée était absent et que Cicéron l'attaquait avec toute la force de son éloquence. Cependant, malgré cette irritation des esprits, il fut absous, grâce aux sommes considérables qu'il avait distribuées en raison des accusations dirigées contre lui, et à l'appui fervent des amis de Pompée et de César : ils disaient que la Sibylle avait désigné un autre temps, un autre roi, et ils insistaient principalement sur ce que ses livres ne portaient aucune peine contre les actes de Gabinius.

63. Peu s'en fallut que le peuple ne massacrât les juges : ils prirent la fuite. Le peuple alors s'occupa des autres griefs et le fit condamner du moins pour ceux-ci. Les juges, désignés par le sort pour ce nouveau jugement, redoutant la multitude ou ayant reçu peu d'argent de Gabinius qui, poursuivi pour des faits sans importance et comptant sur un acquittement, même en ce moment, n'avait pas beaucoup dépensé, le condamnèrent, quoique Pompée ne fût pas loin et quoiqu'il eût Cicéron pour défenseur. Pompée, parti

---

4. C : ἀλωθῆναι.

5. Leunclavius : οἵ γοῦν.

6. Sturz préfère εὑρόμενοι. Je maintiens l'ancienne leçon, comme Reimarus et M. Imm. Bekker.

7. D'après A, G, H, au lieu de l'ancienne leçon τοῦ Πομπηίου.

καὶ τοῦ Κικέρωνος σναγορεύοντος αὐτῷ [1]. Ὁ γὰρ Πομπήϊος κατὰ τὴν τοῦ σίτου πρόνοιαν, ἐπειδὴ [2] πολὺς ὑπὸ τοῦ ποταμοῦ διέφθαρτο, ἐκδημήσας ὥρμησε μὲν, ὡς καὶ ἐς τὸ πρότερον δικαστήριον ἀπαντήσων (ἐν γὰρ τῇ Ἰταλίᾳ ἦν)· ὑστερήσας δὲ αὐτοῦ, οὐκ ἀπεχώρησεν ἐκ τοῦ προαστείου, πρὶν καὶ ἐκεῖνο τελεσθῆναι. Καὶ μέντοι καὶ τοῦ δήμου ἔξω τοῦ πωμηρίου (τὴν γὰρ [3] ἀρχὴν ἤδη τὴν τοῦ ἀνθυπάτου ἔχων οὐκ ἠδυνήθη ἐς τὴν πόλιν ἐσελθεῖν) ἀθροισθέντος, πολλὰ ὑπὲρ τοῦ Γαουϊνίου ἐδημηγόρησε· καὶ γράμματά τέ τινα παρὰ τοῦ Καίσαρος πρὸς ἑαυτὸν ὑπὲρ αὐτοῦ πεμφθέντα ἀνέγνω, καὶ τοὺς δικαστὰς ἱκέτευσε· τόν τε Κικέρωνα οὐχ ὅπως κατηγορῆσαι ἔτι αὐτοῦ [4] ἐκώλυσεν [5], ἀλλὰ καὶ ὑπερδικῆσαι ἔπεισεν [6]· ὥστε καὶ ἐκ τούτου τὸ τοῦ αὐτομόλου ἔγκλημα καὶ ὄνομα ἐπὶ πλεῖόν οἱ αὐξηθῆναι. Οὐ μέντοι καὶ ὠφέλησέ τι τὸν Γαουΐνιον, ἀλλὰ τότε μὲν ἔφυγεν ἁλοὺς, ὥσπερ εἶπον [7], ὕστερον δ' ὑπὸ τοῦ Καίσαρος κατήχθη.

64. Ἐν δὲ τῷ αὐτῷ τούτῳ χρόνῳ καὶ ἡ τοῦ Πομπηΐου γυνὴ [8], θυγάτριόν τι τεκοῦσα, ἀπέθανε [9]. Καὶ αὐτὴν, εἴτε διαπραξαμένων τῶν τε ἐκείνου καὶ τῶν τοῦ Καίσαρος φίλων, ἢ καὶ ἄλλως πως χαρίσασθαί τινες αὐτοῖς

---

1. Quintilien, XI, 1, et Valère-Max., IV, 2, 3, affirment que Cicéron défendit Gabinius. Plus tard Calénus en fit un reproche; cf. Dion Cassius, XLVI, 8. Je remplace, d'après Xylander, l'ancienne leçon ἀγορεύοντος par συναγορεύοντος, comme Sturz et M. Imm. Bekker.
2. E : ἐπεὶ δέ. — 3. Omis dans F. — 4. B, D, F, G, H : ἔτ' αὐτοῦ.
5. H : ἐκώλυσε.

de Rome pour se procurer du blé, parce qu'une grande partie des provisions avait été détruite par le débordement du Tibre, avait pu y revenir promptement, pour assister au premier jugement, puisqu'il était en Italie. Toutefois il n'y était arrivé qu'après que ce jugement eut été rendu; mais il ne quitta point les faubourgs, avant que le second fût prononcé. Le peuple s'étant rassemblé hors du pomérium, attendu que Pompée, revêtu de la puissance proconsulaire, ne pouvait entrer dans Rome, il lui parla longuement pour Gabinius, lut plusieurs lettres que César lui avait écrites en sa faveur et adressa des prières aux juges. Il empêcha Cicéron de l'accuser et le détermina même à le défendre; ce qui attira à cet orateur de plus vifs reproches d'inconstance et lui fit donner le surnom de transfuge. Mais rien de tout cela ne servit à Gabinius : il fut alors condamné au bannissement, comme je l'ai dit. Plus tard, César le rappela à Rome.

64. A la même époque, la femme de Pompée mourut, après avoir donné le jour à une fille. A peine son éloge eut-il été prononcé dans le Forum, que plusieurs citoyens, à l'instigation des amis de Pompée et de César,

---

6. L'ancienne leçon porte καὶ ἔπεισεν. D'après Reimarus, j'ai supprimé καὶ, avec Sturz et M. Imm. Bekker.

7. Cf. § 55 de ce livre.

8. Julie, fille de César. Lucain, I, 119 :

>   Morte tua discussa fides, bellumque movere
>   Permissum est ducibus.

9. B, F : ἀπέθανεν.

ἐθελήσαντες, συνήρπασαν, ἐπειδὴ [1] τάχιστα τῶν ἐν τῇ ἀγορᾷ ἐπαίνων ἔτυχε, καὶ ἐν τῷ ἀρείῳ πεδίῳ [2] ἔθαψαν· καίτοι τοῦ Δομιτίου ἀνθισταμένου [3], καὶ λέγοντος ἄλλα τε, καὶ ὅτι οὐχ ὁσίως ἐν τῷ [4] ἱερῷ τόπῳ ἄνευ τινὸς ψηφίσματος θάπτοιτο.

65. Κἀν τούτῳ καὶ ὁ Πομπτῖνος [5] ὁ Γάϊος τὰ ἐπινίκια τὰ τῶν Γαλατῶν ἔπεμψεν. Ἐς γὰρ ἐκεῖνο τοῦ χρόνου, μηδενός οἱ διδόντος αὐτά, ἔξω τοῦ πωμηρίου [6] διέμεινε. Καὶ τότε δ᾽ ἂν αὐτῶν ἥμαρτεν, εἰ μὴ ὁ Γάλβας ὁ Σερούϊος συστρατευσάμενος αὐτῷ, κρύφα καὶ ὑπὸ τὴν ἕω στρατηγῶν τὴν ψῆφόν τισι (καίπερ οὐκ ἐξὸν ἐκ τῶν νόμων, πρὶν πρώτην ὥραν γενέσθαι, ἐν τῷ δήμῳ τι χρηματισθῆναι) ἔδωκε. Καὶ διὰ τοῦτο τῶν δημάρχων τινὲς, ἀπολειφθέντες τῆς ἐκκλησίας, ἐν γοῦν τῇ πομπῇ πράγματα αὐτῷ παρέσχον, ὥστε καὶ σφαγὰς συμβῆναι [7].

---

1. Leunclavius voudrait lire καὶ ἐπειδὴ τάχιστα et effacer καὶ devant τῷ ἱερῷ. Oddey se montre favorable à ce changement ; mais l'ancienne leçon est irréprochable et doit être maintenue : « Συνήρπασαν καὶ ἔθαψαν, dit Sturz, cohærent, et ἐπειδὴ cum suo verbo tempus notat, quando eripuerint cadaver. »
2. Epitome de Tite-Live, CVI : Julia, Cæsaris filia, Pompeii uxor, decessit, honosque ei a populo habitus est ut in Campo Martio sepeliretur. Cf. Plutarq., Pomp. LIII.
3. Cf. Plutarq., Cæs. XXXIII.
4. Reiske regarde cet article comme superflu : il manque dans C. Je le

HISTOIRE ROMAINE DE DION, L. XXXIX.

ou bien pour leur être agréables, enlevèrent les restes de Julie et les ensevelirent au champ de Mars, malgré Domitius qui soutenait qu'il n'était pas permis, sans un décret, de les déposer dans un lieu sacré.

65. A la même époque aussi, Caïus Pomptinus reçut les honneurs du triomphe pour sa victoire sur les Gaulois. Il était resté jusqu'alors hors du pomérium; parce qu'on ne les lui avait pas accordés, et il ne les aurait pas encore obtenus, si Servius Galba, qui avait pris part à cette expédition et qui était préteur, n'avait fait voter secrètement quelques citoyens, à la pointe du jour; quoique la loi défendît de traiter aucune affaire publique, avant la première heure. Aussi plusieurs tribuns, qui n'avaient pas assisté à l'assemblée du peuple, cherchèrent-ils à lui susciter des embarras pendant la célébration de ce triomphe : des meurtres furent même commis.

---

maintiens, d'après un passage analogue de Dion, XLVIII, 53 : τὰ ὀστᾶ αὐτοῦ, ὡς οὐχ ὁσίως ἐν τῷ ἱερῷ κείμενα, ἀνείλετο.

5. Πομπήϊος est une faute dans G, ainsi que Πομπῖνος dans Rob. Étienne. Ici, comme liv. XXXVII, 47, tom. III, p. 250 et suiv. de cette édition, je lis Πομπτῖνος. Peut-être vaudrait-il mieux adopter Πομπτίνιος, d'après les meilleures éditions de Cicéron, où il est appelé *Pomptinius*. Cf. Lettr. à Attic. IV, 16, Lettr. à Quint. III, 4, et Oudendorp. Frontin, Strateg. II, 4, 7, p. 219.

6. G : τοῦ μηρίου.

7. Après ces mots, les Ms. portent ἐν μὲν δὲ τῇ Ῥώμῃ ταῦτα, τότε ἑπτακόσια ἔτη ἀγούσῃ, ἐγένετο, et ce passage est répété en tête du livre XL.

ΤΩΝ

ΔΙΩΝΟΣ

ΙΣΤΟΡΙΩΝ ΡΩΜΑΙΚΩΝ

ΤΟ ΤΕΣΣΑΡΑΚΟΣΤΟΝ ΒΙΒΛΙΟΝ [1].

Τάδε ἔνεστιν ἐν τῷ τεσσαρακοστῷ τῶν Δίωνος Ῥωμαϊκῶν [2].

Ὡς Καῖσαρ τὸ δεύτερον ἐς Βρεττανίαν διέπλευσεν.

Ὡς Καῖσαρ, ὑποστρέψας ἀπὸ Βρεττανίας, τοῖς Γαλάταις αὖθις ἐπολέμησεν.

Ὡς Κράσσος Πάρθοις πολεμεῖν ἤρξατο.

Περὶ Πάρθων.

Ὡς Κράσσος ἡττηθεὶς ὑπ' αὐτῶν ἀπώλετο.

Ὡς Καῖσαρ τὴν Γαλατίαν, τὴν ὑπὲρ τὰς Ἄλπεις, πᾶσαν κατεστρέψατο.

Ὡς Μίλων, Κλώδιον ἀποκτείνας, κατεδικάσθη.

Ὡς Καῖσαρ καὶ Πομπήϊος στασιάζειν ἤρξαντο.

1. J'ai collationné pour ce livre les mêmes manuscrits que pour le trente-neuvième.
2. Cf. tom. III, p. 124, not. 2.

HISTOIRE ROMAINE
DE DION.

LIVRE QUARANTIÈME.

Matières contenues dans le quarantième livre de l'Histoire romaine de Dion.

Comment César passa une seconde fois en Bretagne, § 1-3.

Comment César, à son retour de la Bretagne, fit de nouveau la guerre aux Gaulois, § 4-11.

Comment Crassus commença la guerre contre les Parthes, § 12-13.

Des Parthes, § 14-15.

Comment périt Crassus, après avoir été vaincu par les Parthes, § 16-30.

Comment César fit la conquête de toute la Gaule Transalpine, § 31-43.

Comment Milon fut condamné, après avoir tué Clodius, § 44-57.

Comment la discorde commença entre César et Pompée, § 58-66.

ΤΩΝ ΔΙΩΝΟΣ ΙΣΤΟΡΙΩΝ ΡΩΜ. ΒΙΒΛ. Μ.

Χρόνου πλῆθος, τὰ λοιπὰ τῆς Δομιτίου καὶ Ἀππίου Κλαυδίου ὑπατείας· καὶ ἄλλα ἔτη Δ', ἐν οἷς ἄρχοντες οἱ ἀριθμούμενοι οἵδε ἐγένοντο·

Γν. Δομίτιος Μ. υἱ. Καλουῖνος [1] καὶ Μ. Οὐαλέριος Μεσσαλᾶς.

Γν. Πομπήϊος Γν. υἱ. τὸ γ'[2] καὶ Καικίλιος Μέτελλος Σκιπίων, Νασικοῦ υἱ.

Σερούιος Σουλπίκιος Κ. υἱ. Ῥοῦφος[3] καὶ Μ. Κλαύδιος Μ. υἱ. Μάρκελλος[4].

Λ. Αἰμίλιος[5] Μ. υἱ. Παῦλος[6] καὶ Γ. Κλαύδιος Μάρκελλος.

---

1. Ἐν μὲν δὴ τῇ Ῥώμῃ ταῦτα, τότε ἑπτακόσια ἔτη ἀγούσῃ, ἐγένετο. Ἐν δὲ δὴ τῇ Γαλατίᾳ ὁ Καῖσαρ ἐπὶ τῶν αὐτῶν ἐκείνων, τοῦ Δομιτίου τοῦ [7] Λουκίου καὶ τοῦ Κλαυδίου τοῦ Ἀππίου ὑπάτων, τά τε ἄλλα, καὶ ναῦς, ἐν μέσῳ τῶν τε σφετέρων τῶν ταχειῶν, καὶ τῶν αὐτόθεν τῶν φορτίδων, ὅπως ὡς μάλιστα καὶ κουφίζωσι[8], καὶ

---

1. Καλουΐνιος dans A, C, G, et dans Rob. Étienne.
2. A : Γν. υἱ. Μάγνος τὸ γ' ὕπ.
3. A : Ῥοῦφος ὕπ.
4. C : Μάρχελος.
5. A : Δαιμιλίου. Le copiste a confondu Λ avec Δ : il a réuni le prénom avec le nom et mis le génitif au lieu du nominatif.
6. A : Παῦλος σπ', au lieu de Παῦλος ὕπ.
7. L'ancienne leçon αὐτοῦ est confirmée par A, B, D, F, G : suivant Xylander, ce mot a été ajouté par Dion, pour distinguer L. Domitius de Cn. Domitius, qui fut consul l'année suivante. Leunclavius, Reimarus et Sturz

Temps compris dans ce livre : la fin du consulat de Domitius et d'Appius Claudius ; plus quatre années. Les consuls furent :

Cn. Domitius Calvinus, fils de M., et Marcus Valérius Messala.

Cn. Pompée III, fils de Cn., et Cæcilius Métellus Scipion, fils de Nasica.

Serv. Sulpicius Rufus, fils de Q., et M. Claudius Marcellus, fils de M.

L. Æmilius Paulus, fils de M., et C. Claudius Marcellus.

---

1. Tels sont les événements qui se passèrent à Rome, l'an 700 de sa fondation. Dans la Gaule, pendant que L. Domitius et Cl. Appius étaient encore consuls, César, outre les autres préparatifs de guerre, fit construire des navires qui tenaient le milieu entre les vaisseaux légers des Romains et les vaisseaux de transport des indigènes : ils pouvaient donc voguer avec

---

adoptent néanmoins τοῦ Δομιτίου αὖ τοῦ Λουκίου, proposé par Rob. Étienne. J'ai mieux aimé lire, avec M. Imm. Bekker, τοῦ Δομιτίου τοῦ Λουκίου, pour rendre ce membre de phrase parfaitement symétrique avec le suivant : τοῦ Κλαυδίου τοῦ Ἀππίου que je substitue d'après A, C, F, G, à la leçon vulgaire, τοῦ Κλαυδίου Ἀππίου.

8. C, D, G, H : κουφίζουσι. Reiske fait observer avec raison que l'emploi de κουφίζειν dans le sens intransitif *levem esse,* au lieu du sens actif *levem facere,* est rare, surtout chez les prosateurs. Dion en fournit pourtant un exemple, L, 33. Cf. Euripide, Hélène, v. 1554-1555, dans la collection Didot.

πρὸς τὸ κῦμα ἀντέχωσιν, ἐπί τε τοῦ [1] ξηροῦ ἱστάμεναι μὴ λυμαίνωνται, παρεσκευάσατο. Καὶ ἐπειδὴ πλώϊμα ἐγένετο [2], ἐς τὴν Βρεττανίαν αὖθις ἐπεραιώθη, πρόφασιν μὲν, ὅτι μὴ πάντας [3] τοὺς ὁμήρους, οὓς ὑπέσχοντό οἱ, ἐπεπόμφεσαν [4], (νομίζοντες αὐτὸν, ὅτι διακενῆς τότε ἀνεχώρησε, μηκέτ' αὖθις σφῶν πειράσειν) ποιησάμενος· ἔργῳ δὲ, δεινῶς τῆς νήσου ἐφιέμενος· ὥστε εἰ μὴ καὶ τοῦτο ἦν, πάντως ἂν ἄλλην τινὰ σκῆψιν εὑρεῖν. Κατῆρέ τε οὖν ἔνθα καὶ πρότερον μηδενὸς, ὑπό τε τοῦ πλήθους τῶν νεῶν, καὶ ὑπὸ τοῦ πολλαχόσε ἅμα αὐτὰς [5] κατασχεῖν, τολμήσαντος ἀντιστῆναι· καὶ τὸν ναύσταθμον [6] εὐθὺς ἐκρατύνατο.

2. Οἱ οὖν βάρβαροι τὸν μὲν πρόσπλουν αὐτοῦ οὐκ ἠδυνήθησαν διὰ ταῦτα κωλῦσαι· δείσαντες δὲ μᾶλλον ἢ πρότερον, ἅτε καὶ στρατῷ πλείονι αὐτοῦ ἐλθόντος, ἐς τὸ λασιώτατον καὶ ἐς τὸ λοχμωδέστατον τῶν ἐγγὺς χωρίων πάντα τὰ τιμιώτατα συνεφόρησαν· καὶ αὐτὰ ἐν ἀσφαλεῖ ποιησάμενοι, (τά τε γὰρ πέριξ ξύλα ἔκοψαν, καὶ ἕτερα ἐπ' αὐτοῖς στοιχηδὸν ἐπισυνένησαν, ὥστε ἐν χαρακώματι τρόπον τινὰ εἶναι) ἔπειτα τοὺς προνομεύοντας τῶν Ῥωμαίων ἐλύπουν. Καὶ δὴ καὶ μάχῃ τινὶ ἐν τῷ ψιλῷ ἡττη-

---

1. Sturz remplace l'ancienne leçon ἐπί τε ξηροῦ par ἐπί τε τοῦ ξηροῦ, d'après A : elle se trouve aussi dans G. Je l'adopte comme M. Imm. Bekker.

2. A, D, F : ἐγένοντο. G : ἐ̆γενοντο.

3. Cæs. de Bell. Gall. IV, 38 : Duæ omnino civitates ex Britannia obsides miserunt : reliquæ neglexerunt.

la plus grande célérité, soutenir le choc des vagues et rester à sec sans dommage. Aussitôt que la saison permit de mettre à la mer, il repassa en Bretagne, alléguant que les Bretons, qui s'imaginaient qu'il ne les attaquerait pas de nouveau, parce qu'il n'avait pas réussi dans sa première entreprise, ne lui avaient pas envoyé tous les otages qu'ils lui avaient promis ; mais, en réalité, il désirait ardemment de s'emparer de cette île, et s'il n'avait pas eu ce prétexte, il en aurait trouvé un autre. Il aborda au même endroit que la première fois : personne n'osa lui résister, soit à cause du grand nombre de ses vaisseaux, soit parce qu'il avait touché terre sur plusieurs points à la fois, et il fortifia sans retard la station où était sa flotte.

2. Les barbares ne purent donc, pour cette raison, l'empêcher d'aborder. En proie à de plus grandes craintes qu'à l'époque de son premier débarquement, parce qu'il avait des forces plus considérables, ils transportèrent près de là, dans un lieu couvert de bois et de broussailles, les objets les plus précieux qu'ils possédaient. Après les avoir mis en sûreté (ils avaient fait de ce lieu une espèce de retranchement, en abattant tout autour les arbres dont ils formèrent un monceau et sur lesquels ils entassèrent plusieurs couches d'autres matières), ils inquiétèrent les fourrageurs romains. Ils furent battus dans un combat en campagne découverte; mais ils attirèrent

---

4. Avec A, B, F, je substitue, comme M. Imm. Bekker, cette leçon à l'ancienne οὓς ὑπέσχοντο, ἐπεπόμφεισαν.

5. D'après B. Reimarus, Sturz et M. Imm. Bekker donnent cette leçon à la place de l'ancienne αὐτοῖς, qui se trouve dans C, G, H. Xylander propose αὐτούς.

6. Ou mieux τὸ ναυσταθμὸν, proposé par Reiske et adopté par M. Imm. Bekker.

θέντες, ὑπήγαγον σφᾶς ἐκεῖσε κατὰ τὴν δίωξιν, καὶ συχνοὺς ἀνταπέκτειναν. Καὶ μετὰ τοῦτο χειμῶνος αὖθις τὰς ναῦς αὐτῶν λυμηναμένου, συμμάχους τε προσμετεπέμψαντο, καὶ ἐπ' αὐτὸ τὸ νεώριον σφῶν ὥρμησαν, Κασουελλανὸν [1], τὸν [2] τὰ πρῶτα τῶν [3] ἐν τῇ νήσῳ δυναστῶν φερόμενον προστησάμενοι. Καὶ αὐτοῖς ἀπαντήσαντες οἱ Ῥωμαῖοι, τὸ μὲν πρῶτον ἐταράχθησαν τῇ τῶν ἁρμάτων σφῶν [4] προσμίξει· ἔπειτα δὲ διϊστάμενοι, καὶ ἐκεῖνά τε παρεξιέντες, καὶ τοὺς παραθέοντας ἐς τὰ πλάγια [5] βάλλοντες, ἀνίσωσαν [6] τὴν μάχην.

3. Καὶ τότε μὲν κατὰ χώραν ἀμφότεροι ἔμειναν· αὖθις δὲ οἱ βάρβαροι, τοῦ μὲν πεζοῦ κρείττους γενόμενοι, ὑπὸ δὲ τῆς ἵππου κακωθέντες [7], πρός τε τὸν Ταμέσαν ἀνεχώρησαν, καὶ τὸν πόρον αὐτοῦ σταυροῖς, τοῖς μὲν ἐμφανέσι, τοῖς δὲ καὶ ὑφύδροις, διαλαβόντες [8], ηὐλίσαντο. Ἐπειδή τε [9] ἐκείνους τε [10] ὁ Καῖσαρ τό τε σταύρωμα προσβολῇ [11] βιαίᾳ ἐκλιπεῖν ἠνάγκασε, καὶ μετὰ τοῦτο καὶ ἐκ τοῦ ἐρύ-

---

1. Cette leçon est confirmée par A, D, E, F, G, H : ils portent Καὶ σουελλανὸν, mais j'ai déjà signalé la confusion de α avec αι et diverses fautes nées d'une mauvaise division des mots. Ce nom est très-altéré dans B, C. Le premier donne καὶ Σουελλιὸν, et le second καὶ Σουελαντὸν = Κασουέλαντόν. Dans la traduction, j'adopte Cassivellanus, d'après César, l. l. V, 11.
2. D'après A, B, F, G, H, j'ajoute cet article, comme M. Imm. Bekker.
3. Omis dans les Ms.
4. Ce pronom manque dans la leçon vulgaire : je l'ajoute d'après B, C, avec Sturz et M. Imm. Bekker.
5. Comme Sturz et M. Imm. Bekker, j'adopte, d'après Reiske, ἐς τὰ πλάγια — *in latera* — *ex transverso*. Nic. Leoniceno avait probablement cette leçon sous les yeux en traduisant : *et percotendo da lati*. Wagner et

jusque dans l'endroit qu'ils avaient fortifié les Romains qui les poursuivaient, et, à leur tour, ils en tuèrent un grand nombre. Une nouvelle tempête ayant ensuite assailli notre flotte, ils firent un appel à leurs alliés et se dirigèrent, sous la conduite de Cassivellanus, le plus puissant roi de l'île, vers le lieu où elle stationnait. Les Romains allèrent à leur rencontre et furent d'abord mis en désordre par le choc des chariots ; mais bientôt ils ouvrirent leurs lignes pour laisser à ces chariots un libre passage, frappèrent en flanc l'ennemi qui passait devant eux et rendirent la victoire incertaine.

3. Chaque armée garda alors la place qu'elle avait occupée : dans un autre combat, les barbares eurent l'avantage sur l'infanterie ; mais ils furent battus par la cavalerie et se retirèrent vers la Tamise, en interceptèrent le passage par des pieux, les uns visibles, les autres cachés sous les eaux, et s'arrêtèrent là. César, par une attaque vigoureuse, les força d'abandonner cette palissade, les assiégea ensuite jusque dans leurs redoutes et les en chassa ; tandis que le reste de

---

M. Tafel adoptent le même sens : *Schossen in die feindlichen Flanken — Beschossen sie von der Seite*. Reimarus conserve l'ancienne leçon : ἐς τὰ πλαίσια — *in agmen quadratum oblongum*. Elle manque de vraisemblance.

6. A l'ancienne leçon ἀνέσωσαν, je substitue ἀνίσωσαν — *æquum fecerunt Martem*, proposé par Reiske et adopté par M. Imm. Bekker.

7. Cf. Cæsar, l. l. V. 15.

8. Le même, l. l. 18.

9. Reiske voudrait ἐπειδὴ δέ. Je l'aimerais mieux à cause de τε, qui vient après le mot suivant ; mais rien n'exige ce changement : τε correspond à καὶ placé après ἠνάγκασε.

10. Omis dans C.

11. Le même : προβολῇ.

ματος προσεδρεία [1] ἐξήλασε, καὶ τοὺς προσβάλλοντας σφῶν τῷ ναυστάθμῳ [2] ἕτεροι ἀπεώσαντο· καὶ [3] κατέδεισαν [4], καὶ κατελύσαντο, ὁμήρους τε δόντες, καὶ φόρον ἐτήσιον ταξάμενοι [5].

4. Καὶ οὕτως ὁ Καῖσαρ ἀπῆρε παντάπασιν ἐκ τῆς νήσου, καὶ οὐδὲν ἐγκατέλιπε στράτευμα ἐν αὐτῇ. Ἐκεῖνό τε γὰρ κινδυνεύσειν ἐν ἀλλοτρίᾳ πῃ χειμάζον, καὶ αὐτὸς οὐκ ἂν ἐν καλῷ ἐπὶ πλεῖον ἀπὸ τῆς Γαλατίας ἀποδημῆσαι νομίζων, ἠγάπησε [6] τοῖς παροῦσι [7]· μὴ [8] καὶ μειζόνων ὀριγνώμενος [9], καὶ περὶ ἐκείνοις σφαλῇ. Καὶ ἔδοξε καὶ τοῦτο ὀρθῶς πεποιηκέναι, ὥσπερ που καὶ τῷ ἔργῳ διεδείχθη· ἐπεὶ γὰρ ἐς τὴν Ἰταλίαν [10] ὥρμησεν, ὡς καὶ ἐκεῖ παραχειμάσων, οἱ Γαλάται, καίτοι φρουροὺς ὡς ἕκαστοι πολλοὺς ἔχοντες, ὅμως ἐνεόχμωσαν, καί τινες αὐτῶν καὶ φανερῶς ἐπανέστησαν. Ὅ περ εἰ ἐν τῇ Βρεττανίᾳ καταμείναντος αὐτοῦ παρὰ τὸν χειμῶνα ἐγεγόνει, πάντα ἂν τὰ τῇδε ἐτετάρακτο.

5. Ἦρξαν δὲ τοῦ πολέμου τούτου Ἐβουρωνοὶ, ἡγουμένου σφίσιν Ἀμβιόριγος [11]· καὶ ἔλεγον μὲν, τῇ παρουσίᾳ

---

1. Ou mieux προσεδρίᾳ, suivant Sturz. Cf. tom. I, p. 573 de son édition.
2. Cf. Cæsar, l. l. 22.
3. Omis dans A, C. Reiske substitue τότε δὲ à καὶ, mais sans nécessité. Cf. Sturz, l. l.
4. G, C : κατέδυσαν. Le passage καὶ κατέδεισαν — κατελύσαντο manque dans A, B, F.
5. Cf. Cæsar, l. l. 22.
6. C : ἠγάπησέ τε. — 7. H : τοῖς παροῦσιν. — 8. Omis dans A, B, C, G. — 9. F, G : ὀρεγόμενος.

son armée repoussait ceux qui attaquaient ses vaisseaux. Les Bretons, frappés de terreur, obtinrent la paix en donnant des otages et en se soumettant à un tribut annuel.

4. Après cette expédition, César s'éloigna de la Bretagne et n'y laissa point de troupes, persuadé qu'elles ne pourraient sans danger passer la mauvaise saison sur une terre étrangère et qu'il ne serait pas prudent d'être lui-même plus longtemps absent de la Gaule. Il se contenta des avantages qu'il avait obtenus et craignit de les perdre par le désir d'en obtenir de plus grands. L'événement prouva qu'il avait agi sagement : à peine se fut-il mis en marche vers l'Italie pour y passer l'hiver, que les Gaulois, malgré les nombreuses garnisons établies dans chaque peuplade, excitèrent de nouveaux troubles : quelques-uns même se révoltèrent ouvertement. S'il était resté en Bretagne et si ces troubles avaient éclaté pendant l'hiver, ils auraient agité la Gaule entière.

5. Le signal de cette guerre fut donné par les Éburons, sous la conduite d'Ambiorix. Ils mettaient en avant

10. Je substitue cette leçon à l'ancienne εἰς Ἰταλίαν, non-seulement d'après A, cité par Sturz, mais encore d'après C, D.— M. Imm. Bekker la donne aussi. Quant à la conjecture de Leunclavius, ἐς Γαλατίαν, elle a été réfutée par Fabricius ; cf. ses notes.

11. L'ancienne leçon Ἐβούρων οἱ ἡγούμενοι σφίσιν Ἀμβριόριγος, évidemment altérée, est confirmée par les Ms. à l'exception de D qui porte Ἀμβιόριγος : je substitue à Ἀμβριόριγος, d'après César, l. l. 26 : Initium repentini tumultus ac defectionis ortum ab Ambiorige et Cativulco. J'adopterai partout cette orthographe.

La version de Nic. Leoniceno, *Et i principali in questa guerra furno i captivi di Heburi,* semble indiquer que son manuscrit portait Ἐβούρων οἱ αἰχμάλωτοι, leçon que Reimarus a raison de ne pas trouver satisfaisante. Comme lui, je préfère, avec Sturz et M. Imm. Bekker, la correction proposée par Leunclavius : Ἐβουρωνοὶ, ἡγουμένου σφίσιν.

τῶν Ῥωμαίων ὧν ὅ τε Σαβῖνος[1] καὶ ὁ Λούκιος [2] Κόττας ὑποστράτηγοι ἦρχον, ἀχθόμενοι κεκινῆσθαι[3]· τὸ δ' ἀληθὲς, ἐκείνων τε κατεφρόνησαν, ὡς οὐχ ἱκανῶν[4] ἀμῦναι σφᾶς ἐσομένων, καὶ τὸν Καίσαρα οὐκ ἤλπισαν διαταχέων σφίσιν ἐπιστρατεύσειν. Ἐπῆλθόν τε οὖν αὐτοῖς μὴ προσδεχομένοις, ὡς καὶ αὐτοβοεὶ[5] τὸ στρατόπεδον αἱρήσοντες· καὶ ἐπειδὴ διήμαρτον αὐτοῦ, πρὸς ἀπάτην ἐτράποντο. Τῶν γὰρ χωρίων τὰ ἐπιτηδειότατα ὁ Ἀμβιόριξ προλοχίσας, ἦλθεν ἐξ ἐπικηρυκείας πρὸς τοὺς Ῥωμαίους, ὡς οὐχ ἑκὼν δὴ πολεμήσας. Καὶ αὐτὸς μὲν μεταγινώσκειν ἔφη, τοὺς δ' ἄλλους φυλάττεσθαι σφίσι παρήνεσεν. Οὔτε γὰρ αὐτῷ πειθαρχεῖν αὐτούς, καὶ ἐκείνοις[6] μέλλειν τῆς νυκτὸς ἐπιθήσεσθαι. Κἀκ τούτου καὶ γνώμην αὐτοῖς ἔδωκε, τὴν μὲν Ἐβουρωνίαν, (ὡς καὶ κινδυνεύσουσιν[7] ἂν καταμείνωσι,) καταλιπεῖν, πρὸς δὲ συστρατιώτας[8] τινὰς πέλας που χειμάζοντας ὡς τάχιστα μεταστῆναι.

R.p. 229. 6. Ἀκούσαντες δὲ ταῦτα οἱ Ῥωμαῖοι ἐπείσθησαν, (ἄλλως τε καὶ ὅτι εὐηργέτητο πολλὰ ὑπὸ τοῦ Καίσαρος[9], καὶ χάριν αὐτῷ τὰ ὑπεναντία[10] διδόναι ἐδόκει) συσκευα-

---

1. On ne peut tirer un sens de l'ancienne leçon τῶν Ῥωμαίων ὅτε Σαβῖνος qu'en la modifiant, d'après la conjecture de Leunclavius : τῶν Ῥωμαίων ὧν ὅ τε Σαβῖνος. C'est ce que j'ai fait, comme Sturz et M. Imm. Bekker.
2. M. Imm. Bekker lit καὶ Λούκιος Κόττας, sans article, comme B, D.
3. C : κεκινεῖσθαι. — 4. C, G, H : ἱκανόν. — 5. Αὐτοβοὶ, dans les Ms.
6. Ἐκείνους, dans A, E, G, et dans les deux Étienne : cette faute a été corrigée par Xylander et par Leunclavius.
7. A, C, F, G : κινδυνεύσωσιν.

le mécontentement que leur causait la présence des Romains, commandés par les lieutenants Sabinus et L. Cotta; mais, en réalité, ils les méprisaient, ne les croyant pas capables de se défendre, et ils ne supposaient pas que César marcherait contre eux sur-le-champ. Ils attaquèrent donc les Romains à l'improviste, dans l'espoir d'emporter leur camp d'emblée; mais ils échouèrent et eurent recours à la ruse. Ambiorix dressa des embûches dans les endroits qui lui parurent les plus favorables; puis il se rendit auprès des Romains, après avoir demandé un entretien par un héraut, et déclara qu'il leur avait fait la guerre malgré-lui; ajoutant qu'il s'en repentait et qu'il les invitait à se tenir en garde contre les Éburons, qui ne respectaient pas ses ordres et qui devaient les attaquer la nuit suivante. Il les engagea donc à quitter l'Éburonie, où ils ne pouvaient séjourner sans danger, et à se retirer le plus tôt possible auprès de leurs compagnons d'armes, qui hivernaient non loin de là.

6. Les Romains suivirent ce conseil, persuadés qu'Ambiorix, qui avait été comblé de bienfaits par César, voulait lui témoigner ainsi sa reconnaissance. Ils

---

8. D'après A, B, F, je remplace l'ancienne leçon στρατιώτας par συστρατιώτας qu'adopte aussi M. Imm. Bekker.

9. Cf. Cæsar, l. 1. 27.

10. Pour plus de clarté, on peut sous-entendre, avec Reiske, τῶν ὑπουργημένων — *in se collatorum olim beneficiorum*. Le même critique suppose qu'il manque ici quelque chose, par exemple ἐκφήνας, δηλῶν — *significans ea quæ Romanis essent obfutura*, et refait ainsi le passage : τὰ τῶν ἐναντίων διαβούλια δηλῶν. Cette conjecture est peu vraisemblable.

σάμενοί τε σπουδῇ εὐθὺς ἀφ' ἑσπέρας [1] ἀφώρμησαν, καὶ ἐμπεσόντες ἐς τὰ λελοχισμένα, δεινῶς ἐσφάλησαν. Ὅ τε γὰρ Κόττας παραχρῆμα μετὰ πολλῶν ἀπώλετο [2], καὶ τὸν Σαβῖνον ὁ Ἀμβιόριξ μετεπέμψατο μὲν ὡς καὶ σώσων· (οὔτε γὰρ τοῖς γιγνομένοις παρῆν, καὶ πιστὸς αὐτῷ καὶ τότε ἔτ' ἐδόκει εἶναι·) συλλαβὼν δὲ δὴ [3], καὶ ἀποδύσας καὶ τὰ ὅπλα καὶ τὴν ἐσθῆτα, κατηκόντισεν, ἐπιλέγων ἄλλα τε καὶ ὅτι, « Τοιοίδε μέντοι ὄντες πῶς τηλικούτων ἡμῶν ὄντων ἄρχειν ἐθέλετε; » Οὗτοι μὲν δὴ ταῦτα ἔπαθον [4]· οἱ δὲ λοιποὶ διέπεσον μὲν ἐς τὸ τάφρευμα, ὅθεν ἀπανεστήκεσαν. Ἐπεὶ δὲ οἵ τε βάρβαροι καὶ ἐκεῖ προσέμιξαν, καὶ οὔτ' ἀμύνασθαι αὐτοὺς, οὔτε διαφυγεῖν ἠδυνήθησαν, ἀλλήλους ἀπέκτειναν [5].

7. Γενομένου δὲ τούτου, ἄλλοι τέ τινες τῶν πλησιοχώρων ἀπέστησαν, καὶ Νερούϊοι, καίτοι Κυΐντου Κικέρωνος παρ' αὐτοῖς χειμάζοντος, (ἀδελφὸς δὲ τοῦ Κικέρωνος τοῦ [6] Μάρκου ἦν, ὑποστρατηγῶν τῷ Καίσαρι) καὶ αὐτοὺς ὁ Ἀμβιόριξ προσλαβὼν, συνέβαλε τῷ Κικέρωνι· καὶ ἀγχώμαλα ἀγωνισάμενος, καί τινας καὶ ζῶντας ἑλὼν, ἀπατῆσαι μέν πη [7] καὶ αὐτὸν ἐκεῖνον ἐπεχείρησε· μὴ δυνηθεὶς δὲ, ἔς τε πολιορκίαν αὐτὸν [8] κατέστησε [9], καὶ διαταχέων

1. Je suis l'ancienne version *statim sub vesperum*, maintenue par Sturz et adoptée par les traducteurs italiens et allemands. Cf. Thucyd. III, 112. Reimarus propose de la remplacer par *prima luce*. Cæsar, l. l. XXXI, et Jul. Celsus, l. l. p. 90, justifient pleinement sa conjecture. Peut-être y a-t-il ici une faute de copiste. Il serait facile de mettre Dion d'accord avec César, en lisant ἀφ' ἡμέρας, au lieu de ἀφ' ἑσπέρας qui a pu facilement lui être substitué.

firent en toute hâte leurs préparatifs de départ et se mirent en route au commencement de la nuit ; mais ils tombèrent dans les piéges tendus par Ambiorix et essuyèrent de grandes pertes. Cotta et un grand nombre de soldats restèrent sur la place : quant à Sabinus, Ambiorix l'invita à se rendre auprès de lui, comme s'il eût voulu le sauver. Il n'avait pas été présent au moment du désastre des Romains, et Sabinus le croyait encore digne de sa confiance ; mais le chef gaulois le fit arrêter, le dépouilla de ses armes et de ses vêtements et le perça de traits, en lui adressant ces insolentes paroles : « Comment « des hommes de votre espèce ont-ils la prétention de « commander à des hommes tels que nous ! » Voilà ce qui leur arriva : ceux qui échappèrent à la mort se frayèrent un passage jusqu'au camp d'où ils étaient sortis ; mais ils y furent attaqués par les barbares et ne pouvant ni se défendre ni fuir, ils se tuèrent les uns les autres.

7. Après cet événement, divers peuples voisins se révoltèrent, entre autres, les Nerviens ; quoique Q. Cicéron, frère de Marcus et lieutenant de César, eût ses quartiers d'hiver au milieu d'eux. Ambiorix les incorpora dans son armée, tomba sur Cicéron, combattit avec un égal avantage et fit quelques prisonniers. Il chercha aussi à le tromper ; mais ayant échoué, il le cerna

---

2. Cf. Cæsar, l. l., et Jul. Celsus, l. l.
3. Omis dans C. — 4. A, C, D, G, H : ταῦτ' ἔπαθον.
5. Cf. Cæsar, l. l. 23, 38 et suiv.
6. Omis dans C. — 7. Le même et G : ποῦ.
8. Ce mot manque dans A, cité par Sturz, et dans B, C ; il a été ajouté en marge dans G.
9. C : κατέστησεν.

ὑπό τε τῆς πολυχειρίας, καὶ ὑπὸ τῆς ἐμπειρίας ἣν ἐκ τῆς συστρατείας ἣν μετὰ τῶν Ῥωμαίων ἐπεποίητο, ἐκέκτητο, καί τινα καὶ παρὰ τῶν αἰχμαλώτων ἂν [1] ἑκάστων μαθὼν, καὶ ἀπεσταύρωσε καὶ ἀπετάφρευσεν. Ἐγίγνοντο μὲν γὰρ καὶ μάχαι, οἷα [2] ἐν τῷ τοιούτῳ εἰκὸς ἦν, συχναί· καὶ ἀπώλλυντο [3] πολὺ πλείους τῶν βαρβάρων, ἅτε καὶ πλείους ὄντες· οὐ μὴν ἀλλὰ αὐτοὶ [4] μὲν ὑπὸ τῆς περιουσίας [5] τοῦ στρατοῦ, οὐδὲ ἐν [6] αἰσθήσει τοῦ φθειρομένου σφῶν ἦσαν. Οἱ δὲ δὴ Ῥωμαῖοι, μήτε ἄλλως πολλοὶ ὄντες, καὶ ἐλάττους ἀεὶ γιγνόμενοι, ῥᾳδίως περιεστοιχίσθησαν [7].

8. Κινδυνευόντων οὖν αὐτῶν ἁλῶναι· (οὔτε γὰρ τὰ τραύματα θεραπεύειν ἀπορίᾳ τῶν ἐπιτηδείων ἐδύναντο, οὔτε τὴν τροφὴν ἀφθόνως, ἅτε ἐν ἀδοκήτῳ πολιορκίᾳ, εἶχον· οὐδ' ἐπήμυνέ τις αὐτοῖς, καίτοι πολλῶν οὐκ ἄπωθεν χειμαζόντων. Οἱ γὰρ βάρβαροι, τὰς ὁδοὺς ἀκριβῶς φυλάσσοντες, πάντας τοὺς ἐκπεμπομένους σφῶν συνελάμβανον, κἂν τοῖς ὀφθαλμοῖς αὐτῶν ἐφόνευον.) Νερούϊος (δέ [8]) τις εὐνοϊκῶς σφίσιν ἐξ εὐεργεσίας ἔχων, καὶ τότε σὺν τῷ Κικέρωνι πολιορκούμενος, δοῦλόν τινα ἑαυτοῦ διάγγελον [9] αὐτῷ παρέσχεν. Ἔκ τε γὰρ τῆς σκευῆς καὶ ἐκ τῆς φωνῆς τῆς ἐπιχωρίας ἠδυνήθη λαθεῖν συγγενόμενος

1: Je changerais volontiers cet ἂν en αὖ, comme le conseille Sturz. On peut même le supprimer.

2. D, G. H : οἷαι. — 3. C, D, H : ἀπώλυντο.

4. B : ἀλλὰ καὶ αὐτοί.

5. A l'ancienne leçon περὶ τῆς περιουσίας, Leunclavius substitue παρὰ τῆς π. Oddey, ἀπὸ τῆς π., et Reiske, τῇ περιουσίᾳ. Avec M. Imm. Bekker, j'adopte ὑπὸ τῆς περιουσίας, d'après Rob. Étienne et Xylander. Sturz trouve

et, grâce à la multitude de bras dont il disposait, à l'expérience qu'il avait acquise en faisant la guerre avec les Romains, aux renseignements qu'il s'était procurés en questionnant individuellement les prisonniers, il l'enferma bientôt dans un cercle de palissades et de retranchements. Plusieurs combats furent livrés, comme cela devait arriver dans une lutte de ce genre. Les barbares y perdirent beaucoup plus de monde que les Romains, parce qu'ils étaient plus nombreux ; mais leur nombre même rendait ces pertes insensibles, tandis que les Romains, qui n'avaient jamais été très-nombreux et qui le devenaient moins de jour en jour, furent cernés sans peine.

8. Ils couraient risque de tomber au pouvoir des ennemis ; car ils n'avaient rien de ce qui était nécessaire pour guérir leurs blessures, et ils manquaient de vivres, parce qu'ils avaient été bloqués à l'improviste. Enfin aucun des leurs ne leur venait en aide, quoique les quartiers d'hiver d'une grande partie de notre armée fussent peu éloignés : les barbares, qui gardaient les routes avec soin, arrêtaient et massacraient sous les yeux des Romains tous ceux qu'on envoyait pour les secourir. Un Nervien, qui nous était dévoué par reconnaissance et qui se trouvait cerné alors avec Cicéron, lui offrit pour émissaire un de ses esclaves. Habillé en Gaulois, parlant la langue de ce

---

cette leçon préférable aux autres conjectures ; mais il conserve l'ancienne.

6. C, H : οὐδὲν ἐν.

7. Cf. M. Boissonade, Aristænet. Epist. p. 348 et suiv.

8. Cette particule manque dans A, B, C, D. Reiske propose de la retrancher. Je me contente, comme Leunclavius, de la placer entre crochets. Cf. Sturz, tom. I, p. 678-679.

9. Correction de Rob. Étienne, au lieu de ἄγγελον.

τοῖς πολεμίοις, ὡς καὶ ἐξ αὐτῶν ὤν, καὶ μετὰ τοῦτο ἀποχωρήσας.

9. Μαθὼν οὖν ὁ Καῖσαρ τὸ γιγνόμενον, (οὐδέπω δὲ ἐς τὴν Ἰταλίαν ἀπεληλύθει, ἀλλ' ἔτ' ἐν ὁδῷ ἦν) ἀνέστρεψε[1], καὶ τοὺς ἐν τοῖς χειμαδίοις δι' ὧν διῄει, στρατιώτας παραλαμβάνων, ἠπείγετο[2]· κἀν τούτῳ φοβηθεὶς, μὴ καὶ φθάσῃ ὁ Κικέρων, ἀπογνώσει τῆς βοηθείας, δεινόν τι παθὼν ἢ καὶ συνθέμενος, προὔπεμψεν[3] ἱππέα. Τῷ μὲν γὰρ οἰκέτῃ τοῦ Νερουΐου, καίτοι πεῖραν ἔργῳ τῆς εὐνοίας αὐτοῦ λαβὼν, οὐκ ἐπίστευσε, μὴ καὶ τοὺς πατριώτας ἐλεήσας, μέγα τι κακὸν σφᾶς ἐξεργάσηται· ἐκ δὲ δὴ τῶν συμμάχων ἱππέα[4], τήν τε διάλεκτον αὐτῶν εἰδότα, καὶ τῇ στολῇ τῇ ἐκείνων σκευασθέντα, ἔπεμψε. Καὶ ὅπως γε μηδ' αὐτός τι μήτ' οὖν ἐθελοντὴς μήτ' ἄκων[5] ἐξείπῃ, οὔτε τι αὐτῷ ἐξελάλησε, καὶ τῷ Κικέρωνι πάνθ' ὅσα ἠβουλήθη, ἑλληνιστὶ ἐπέστειλεν· ἵνα ἂν καὶ τὰ γράμματα ἁλῷ, ἀλλ' ἀσύνετά γε καὶ τότε τοῖς βαρβάροις ὄντα, μηδὲν σφᾶς ἐκδιδάξῃ. Εἰώθει δὲ καὶ ἄλλως, ὁπότε τι δι' ἀπορρήτων τινὶ ἐπέστελλε, τὸ τέταρτον ἀεὶ στοιχεῖον ἀντὶ τοῦ καθήκοντος[6] ἀντεγγράφειν, ὅπως ἂν ἄγνωστα[7] τοῖς πολλοῖς ᾖ τὰ γραφόμενα. Ὁ δ' οὖν ἱππεὺς ἦλθε μὲν πρὸς τὸ τῶν

1. D, G : ἀνέστρεψεν. — 2. C : ἐπήγετο.
3. A, F : προέπεμψεν.
4. Cæsar, l. l. 48 : Cuidam ex equitibus gallis magnis præmiis persuadet, ut ad Ciceronem epistolam deferat.
5. D, G : μήτε ἄκων.
6. Suétone, Cæs. LVI : Si qua occultius perferenda erant, per notas scripsit, id est, sic structo litterarum ordine ut nullum verbum effici

peuple, cet esclave put, sans être reconnu, se glisser au milieu des ennemis, comme un des leurs, et s'éloigner ensuite.

9. A la nouvelle de ce qui venait de se passer, César, qui était en route et n'avait pas encore atteint l'Italie, rebroussa chemin à marches forcées et prit tous les soldats qu'il trouva dans les quartiers d'hiver placés sur son passage; mais de peur que Cicéron, désespérant de recevoir des secours, ne traitât ou ne succombât avant son arrivée, il lui envoya un cavalier. Malgré les preuves de dévouement données par l'esclave du Nervien, César ne se fiait pas à lui : il craignait que, par sympathie pour les siens, cet esclave ne causât quelque grand malheur aux Romains. Il envoya donc un cavalier pris parmi les alliés, sachant la langue des Gaulois, vêtu comme eux, et, pour qu'il ne pût rien révéler ni volontairement ni contre son gré, il ne lui fit aucune confidence verbale et écrivit en grec tout ce qu'il voulait faire savoir à Cicéron. De cette manière, sa lettre, vînt-elle à tomber entre les mains des barbares qui ne savaient pas encore le grec, ne leur apprendrait rien. Il avait d'ailleurs l'habitude, quand il communiquait un secret par écrit, de remplacer toujours la lettre qu'il aurait dû mettre la première par celle qui, dans l'ordre alphabétique, vient la quatrième après elle, afin que ce qu'il écrivait ne pût être compris par le

---

posset : quæ si quis investigare et persequi vellet, quartam elementorum litteram, id est *d* pro *a* et perinde reliquas commutet. Cf. Aul. Gell. XVII, 9.

7. D'après A, G, je substitue, comme Sturz et M. Imm. Bekker, ἂν ἄγνωστα à l'ancienne leçon ἀνάγνωστα. Cf. la note de Sturz, tom. I, p. 530-531 de son édition.

Ῥωμαίων στρατόπεδον· μὴ δυνηθεὶς δὲ ἐγγύθεν [1] αὐτῷ προσμῖξαι, συνέδησε τὰ γράμματα ἀκοντίῳ, καὶ ὥσας αὐτὸ ἐς τοὺς πολεμίους [2], πρὸς πύργον ἐξεπίτηδες [3] προσέπηξε [4]. Καὶ ὁ μὲν Κικέρων οὕτω τὴν πρόσοδον τοῦ Καίσαρος μαθὼν, ἀνεθάρσησε, καὶ προθυμότερον διεκαρτέρησεν [5].

10. Οἱ δὲ δὴ βάρβαροι ἐπὶ πολὺ μὲν τὴν ἐπικουρίαν αὐτοῦ ἠγνόησαν, (νυκτοπορῶν γὰρ, ἔπειτα τὰς ἡμέρας ἐν ἀφανεστάτοις χωρίοις ηὐλίζετο, ὅπως ἀπροσδοκήτοις ὅτι μάλιστα αὐτοῖς προσμίξῃ· ὀψὲ δέ ποτε ἐκ τῆς τῶν πολιορκουμένων περιχαρείας ὑποτοπήσαντες αὐτὴν, προσκόπους ἔπεμψαν· καὶ μαθόντες παρ' αὐτῶν πλησιάζοντα ἤδη τὸν Καίσαρα, ὥρμησαν ἐπ' αὐτὸν, ὡς καὶ ἀνελπίστῳ οἱ προσπεσούμενοι. Προμαθὼν [6] οὖν τοῦτ' ἐκεῖνος, τήν τε νύκτα κατὰ χώραν ἔμεινε [7], καὶ ὑπὸ τὴν ἕω χωρίον [8] τι ἐρυμνὸν προκαταλαβὼν, ἐνταῦθα ὡς ἐν βραχυτάτῳ ἐστρατοπεδεύσατο· τοῦ καὶ [9] μετ' ὀλίγων εἶναι δοκεῖν, καὶ ἐκ τῆς πορείας πεπονῆσθαι, τήν τε ἔφοδον σφῶν δεδιέναι [10], κἀκ τούτου καὶ ἐς αὐτὸ τὸ μετέωρον αὐτοὺς ἀπαγαγέσθαι [11]. Καὶ ἔσχεν οὕτω [12]· καταφρονήσαντες γὰρ αὐτοῦ διὰ

---

1. F : δ' ἐγγύθεν.
2. Fabricius propose ὥσας αὐτὸ ὡς ἐς τοὺς πολεμίους, ou bien ὡς ὥσας αὐτὸ ἐς τοὺς πολεμίους, adopté par Sturz. Comme M. Imm. Bekker, je conserve l'ancienne leçon ; mais je traduis d'après Fabricius.
3. Suivant César, l. l. 48, ce ne fut pas à dessein, mais fortuitement. Le javelot, ainsi enfoncé dans les flancs de la tour, ne fut aperçu qu'au bout de trois jours par un soldat.

premier venu. Ce cavalier se dirigea vers le camp des Romains, et n'ayant pu en approcher, il attacha la lettre à un javelot qu'il lança, comme s'il eût visé les ennemis, mais avec l'intention de l'enfoncer dans les flancs d'une tour. Cicéron, ainsi informé de la prochaine arrivée de César, reprit courage et tint ferme avec plus d'ardeur.

10. Les barbares ignorèrent longtemps que César venait à son secours ; car, afin de tomber sur eux inopinément, il ne marchait que la nuit et passait le jour dans des lieux où aucun regard ne pouvait le découvrir. Enfin la joie des assiégés éveilla leurs soupçons : ils envoyèrent de divers côtés des éclaireurs qui leur apprirent que César approchait, et ils allèrent aussitôt à sa rencontre, dans l'espoir de le surprendre. Averti à temps, il ne bougea pas de la nuit; mais à la pointe du jour, il s'empara d'une hauteur fortifiée par la nature et y établit son camp, en le resserrant dans l'espace le plus étroit, pour faire croire qu'il avait peu de soldats, qu'il était fatigué de la route et qu'il craignait d'être attaqué par les barbares : il espérait les attirer ainsi sur cette hauteur, et c'est ce qui arriva. Ils le regardèrent comme

4. C, G : ἔπηξε. — 5. C : διεκαρτέρησε.
6. Cf. Cæsar, l. l. 49.
7. G : ἀνέμεινε. — 8. F : χωρίων. — 9. Omis dans H.
10. A et F : δεδιέναι.
11. Ou mieux ὑπαγαγέσθαι, proposé par Reimarus, approuvé par Reiske et adopté par M. Imm. Bekker.
12. A, B, C, D, H : οὕτως.

ταῦτα, πρός τε τὸ ὄρθιον προσέβαλον¹, καὶ μεγάλως ἔπταισαν², ὥστε μηκέτ' ἀντιπολεμῆσαι.

11. Οὕτω μὲν οὖν τότε καὶ ἐκεῖνος³ καὶ οἱ ἄλλοι πάντες ἐχειρώθησαν· οὐ μέντοι καὶ δι' εὐνοίας τοῖς Ῥωμαίοις ἦσαν. Οἱ οὖν⁴ Τριούηροι⁵ φοβηθέντες, ἐπειδήπερ τοὺς⁶ παρ' ἑκάστοις [πρώτους] ὁ Καῖσαρ μεταπέμπων⁷ ἐκόλαζε, μὴ καὶ αὐτοὶ δίκην δῶσιν, ἐξεπολεμώθησαν αὖθις αὐτοῖς, Ἰνδουτιομάρου⁸ σφᾶς ἀναπείσαντος. Καὶ συναποστήσαντες καὶ ἄλλους τινὰς τῶν τὰ αὐτὰ δεδιότων, ἐπεστράτευσαν ἐπὶ τὸν Λαβιῆνον⁹ τὸν Τίτον ἐν Ῥημοῖς ὄντα· καὶ ἐπεξελθόντων σφίσι¹⁰ παρὰ δόξαν τῶν Ῥωμαίων, ἐφθάρησαν. Ταῦτα μὲν ἐν τῇ Γαλατίᾳ ἐγένετο· καὶ ἐν αὐτῇ καὶ ὁ Καῖσαρ ἐχείμασεν, ὡς καὶ ἀκριβῶς σφᾶς καταστήσασθαι δυνησόμενος.

12. Ὁ δὲ δὴ Κράσσος, ἐπιθυμήσας τι καὶ αὐτὸς δόξης τε ἅμα καὶ κέρδους ἐχόμενον πρᾶξαι, ἔπειτ' ἐπειδὴ¹¹ μηδὲν ἐν τῇ Συρίᾳ τοιοῦτόν τι¹² εἶδεν ὄν, (αὐτοί τε¹³ γὰρ ἡσύχαζον, καὶ οἱ πρόσθεν προσπολεμήσαντες¹⁴

---

1. C : προσέβαλλον.
2. Cæsar, l. l. 51 : Cæsar, omnibus portis eruptione facta equitatuque emisso, celeriter hostes dat in fugam, sic ut omnino pugnandi causa resisteret nemo ; magnumque ex his numerum occidit atque omnes armis exuit.
3. C'est-à-dire, Ambiorix. Xylander propose ἐκεῖνοι. — *Nervii*, conjecture rejetée par Leunclavius ; mais approuvée par Reiske et adoptée par M. Imm. Bekker.
4. C : οἱ γοῦν. Cf. Cæsar, l. l. 53. — 5. A, H : Τρηουήριοι. C, D : Τριουήριοι.
6. A l'ancienne leçon ἐπειδὴ πρὸς τοὺς, M. Imm. Bekker substitue τοὺς παρ' ἑκάστοις ὁ Καῖσαρ d'après Reimarus, approuvé par Rciske. Sturz con-

un adversaire peu redoutable, par suite des dispositions qu'il avait prises, et s'élancèrent sur son camp; mais ils furent si maltraités qu'ils ne se mesurèrent plus avec lui.

11. Ambiorix et tous ceux qui s'étaient réunis à lui furent ainsi subjugués; mais ils restèrent aussi mal disposés qu'auparavant envers les Romains. Comme César mandait auprès de lui les chefs de chaque peuplade et les châtiait, les Trévires, craignant d'être punis, prirent de nouveau les armes à l'instigation d'Indutiomare. Ils entraînèrent dans leur défection d'autres peuples dominés par la même crainte et se mirent en marche contre Titus Labiénus, qui était dans le pays des Rémois; mais les Romains tombèrent sur eux à l'improviste et les taillèrent en pièces. Voilà ce qui se passa dans la Gaule : César y séjourna pendant l'hiver, afin de pouvoir mieux y rétablir l'ordre.

12. Crassus, de son côté, soupirait après quelque entreprise qui pût lui procurer gloire et profit; mais il ne voyait dans la Syrie rien qui ouvrît un champ favorable à son ambition. Les habitants de cette contrée étaient tranquilles, et les peuples qui leur avaient fait la

---

serve la leçon vulgaire. D'après Cæsar, V, 54 : *Principibus cujusque civitatis ad se evocatis,* j'adopte une seconde conjecture du célèbre éditeur de Hambourg : τοὺς παρ' ἑκάστοις πρώτους, mais en plaçant πρώτους entre crochets.

7. D, G, H : μεταπέμψων.

8. A : Ἰνδυστιμάρου. D : Ἰνδουτιμάρου. C, E, G, H : Ἰνδυστιμάρους.

9. Cf. Cæsar, l. l. 53. Florus, III, 10, s'est trompé en nommant Dolabella, au lieu de Labiénus.

10. F : φ́ίσιν. — 11. C, D, H : ἔπειτα ἐπειδή. — 12. A, C, D, F, H : τοιοῦτό τι. — 13. G : γε.

14. H : πολεμήσαντες.

σφίσιν, οὐδὲν ὑπὸ δυναστείας παρεκίνουν,) ἐπὶ τοὺς Πάρθους ἐπεστράτευσε, μήτε ἔγκλημά τι αὐτοῖς ἐπιφέρων, μήτε τοῦ πολέμου οἱ ἐψηφισμένου. Αὐτούς τε γὰρ παμπλουσίους ἤκουεν ὄντας, καὶ τὸν Ὀρώδην εὐάλωτον, ἅτε καὶ νεοκατάστατον, εἶναι προσεδόκησε. Τόν τε οὖν Εὐφράτην ἐπεραιώθη, καὶ προῆλθεν ἐπὶ πολὺ τῆς Μεσοποταμίας, φέρων τε αὐτὴν καὶ πορθῶν. Τῆς γὰρ διαβάσεως αὐτοῦ ἀδοκήτου τοῖς βαρβάροις γενομένης, οὐδεμία ἀκριβὴς φυλακὴ αὐτῆς καθειστήκει· ὥστε Ταλύμενος Εἰλακῆς[1], ὁ τότε τῆς χώρας ἐκείνης σατραπεύων, ἡττήθη τε περὶ Ἰχνίας[2], τεῖχός τι οὕτω καλούμενον, ἱππεῦσιν ὀλίγοις μαχεσάμενος, καὶ τρωθεὶς ἀπεχώρησεν, αὐτάγγελος τῷ βασιλεῖ τῆς ἐπιστρατείας αὐτοῦ γενησόμενος.

13. Ταχὺ δὲ καὶ ὁ Κράσσος τά τε φρούρια καὶ τὰς πόλεις τὰς Ἑλληνίδας μάλιστα, τάς τε ἄλλας καὶ τὸ Νικηφόριον ὠνομασμένον, προσεποιήσατο. Τῶν γὰρ Μακεδόνων καὶ τῶν ἄλλων τῶν συστρατευσάντων σφίσιν[3] Ἑλλήνων ἄποικοι πολλοί[4], βίᾳ ἀχθόμενοι, καὶ ἐς τοὺς Ῥωμαίους, ὡς καὶ φιλέλληνας, πολλὰ ἐλπίζοντες, οὐκ ἀκουσίως μεθίσταντο. Πλήν γε ὅτι οἱ τοῦ Ζηνοδοτίου οἰκήτορες μετέπεμψαν μέν τινας[5] αὐτῶν, ὡς καὶ μεταστησόμενοι·

---

1. Ou mieux Σιλλάκης, d'après Plutarque, Crass. XXI. Cf. Orose, VI, 13.
2. F : Ἰχνείας. Plutarque, l. l. XXV, et Etienne de Byzance l'appellent Ἴχναι.
3. Η : σφίσι. — 4. Mieux : ἄποικοι οἱ πολλοί.
5. L'ancienne leçon, πλήν τε οἵ τε Ζηνοδοτίου οἰκήτορες μετέπεμψάν τινας, a donné lieu à plusieurs conjectures. Leunclavius propose : πλὴν οἱ

guerre auparavant ne remuaient plus, parce qu'ils redoutaient sa puissance. Il se mit donc en campagne contre les Parthes, sans avoir rien à leur reprocher et sans être autorisé par un décret à leur faire la guerre; mais il entendait dire qu'ils étaient très-riches et il comptait vaincre facilement Orode, élevé depuis peu sur le trône. Il franchit l'Euphrate et pénétra bien avant dans la Mésopotamie, marquant ses pas par la dévastation et le pillage : comme son invasion n'avait pas été prévue, les barbares n'avaient pris aucune mesure pour se défendre. Talyménus Ilacès, alors satrape de ce pays, combattit avec une poignée de cavaliers auprès d'Ichniæ (c'était le nom d'un fort). Vaincu et blessé, il s'éloigna et porta lui-même au roi des Parthes la nouvelle de l'expédition de Crassus.

13. Celui-ci fut bientôt maître des forts et des villes; surtout des villes grecques parmi lesquelles on comptait Nicéphorium. La plupart de ses habitants, colons des Macédoniens et des Grecs qui avaient fait la guerre avec eux, détestaient la domination des Parthes et embrassèrent sans répugnance le parti des Romains, qu'ils regardaient comme amis des Grecs. Les habitants de Zénodotium furent les seuls qui, après avoir appelé dans leurs murs quelques soldats romains, comme s'ils avaient

---

τοῦ Ζηνοδοτίου, Reimarus : πλὴν ὅτι οἵ τε τοῦ Ζηνοδοτίου, Reiske : πλήν γε ὅτι οἱ μὲν τοῦ Ζηνοδοτίου que j'adopte avec Sturz, en transportant μὲν après μετέπεμψαν. « Πλήν γε et quæ sequuntur, dit ce critique, adjecta sunt præcedentibus, ut ostendatur non omnes Græcos facile ad Romanos transiisse. » M. Imm. Bekker lit : πλήν τε ὅτι οἱ Ζηνοδοτίου οἰκήτορες μετέπεμψάν τινας.

ἐπειδὴ δὲ ἔνδον ἐγένοντο, ἀπέλαβόν τε αὐτοὺς καὶ διέφθειραν· καὶ διὰ τοῦτο καὶ ἀνέστησαν [1]. Οὐδὲν ἄλλο [2] δεινὸν οὔτε ἔπραξε τότε Κράσσος, οὔτε ἔπαθε. Πάντως δὲ κἂν τὰ λοιπὰ [3] χωρία τὰ [4] ἐντὸς τοῦ Τίγριδος ὄντα ἐκεχείρωτο, εἰ τῇ τε ἑαυτοῦ [5] ὁρμῇ καὶ τῇ τῶν βαρβάρων ἐκπλήξει πρὸς πάντα ὁμοίως ἐκέχρητο, καὶ προσέτι καὶ κατὰ χώραν χειμάσας, ἐν φρουρᾷ αὐτὰ ἀκριβεῖ [6] ἐπεποίητο· νῦν δὲ, ἑλὼν ὅσα ἐξ ἐπιδρομῆς ἠδυνήθη λαβεῖν, οὔτε τι τῶν λοιπῶν οὔτ' αὐτῶν ἐκείνων ἐφρόντισεν, ἀλλὰ τῇ τε ἐν τῇ Μεσοποταμίᾳ διατριβῇ ἀχθεσθεὶς, καὶ τῆς ἐν τῇ Συρίᾳ ῥᾳστώνης ἐπιθυμήσας, παρέσχε τε τοῖς Πάρθοις καιρὸν παρασκευάσασθαι, καὶ τοὺς ἐγκαταλειφθέντας ἐν τῇ χώρᾳ στρατιώτας κακῶσαι. Αὕτη μὲν ἡ ἀρχὴ τοῖς Ῥωμαίοις τοῦ πρὸς αὐτοὺς πολέμου ἐγένετο.

14. Οἰκοῦσι δὲ ὑπὲρ τοῦ Τίγριδος [7], τὸ μὲν πολὺ, τείχη καὶ φρούρια, ἤδη δὲ καὶ πόλεις, ἄλλας τε καὶ Κτησιφῶντα, ἐν ᾗ καὶ βασίλεια [8] ἔχουσι. Τὸ γὰρ γένος σφῶν ἦν μέν που καὶ παρὰ τοῖς πάλαι βαρβάροις, καὶ τόγε ὄνομα τοῦτο [9] καὶ ὑπὸ τὴν Περσικὴν βασιλείαν εἶχον· ἀλλὰ τότε μὲν αὐτοί τε ἐν μέρει χώρας βραχεῖ ᾤκουν, καὶ

---

1. Les critiques ont tourmenté ce passage, qui n'exige aucun changement, d'après la remarque de Sturz : « Locus omnino sanus : ἀνέστησαν, passive, *eversi sunt.* » Cf. Thucydide, I, 8.
2. Ou mieux : οὐδὲν δὴ ἄλλο, suivant le même éditeur.
3. Comme Sturz et M. Imm. Bekker, au lieu de l'ancienne leçon καὶ τὰ λοιπά.
4. Omis dans C, G.
5. D'après B, C, G. — M. Imm. Bekker substitue aussi cette leçon à l'ancienne αὐτοῦ.

voulu se soumettre, les firent prisonniers et les massacrèrent, aussitôt qu'ils y furent entrés. Leur trahison causa la destruction de cette ville : ce fut le seul acte d'inhumanité que Crassus eut alors à faire et à souffrir. Il aurait pu s'emparer des autres forteresses situées en deçà du Tigre, s'il eût déployé la même ardeur et profité de la consternation des barbares, pour établir dans ce pays ses quartiers d'hiver et des garnisons suffisantes. Mais, après avoir pris les places qu'il put enlever au pas de course, il n'eut aucun souci ni de ces places ni des autres. Dégoûté de son séjour en Mésopotamie et impatient de se livrer au repos en Syrie, il donna aux Parthes le temps de se préparer à la guerre et de faire beaucoup de mal aux soldats qu'il avait laissés dans leur pays. Tel fut le début de la guerre des Romains contre les Parthes.

14. Ce peuple habite au delà du Tigre, presque partout dans des citadelles et dans des forts : il a aussi quelques villes parmi lesquelles on cite Ctésiphon, résidence du roi. Leur origine remonte, parmi les barbares, aux époques les plus reculées : ils portaient le nom de Parthes, même au temps de la monarchie des Perses; mais alors ils n'occupaient qu'une petite contrée, et leur domina-

---

6. C : ἀκριβῆ.
7. D'après A, B. — M. Imm. Bekker adopte aussi cette leçon, au lieu de l'ancienne ὑπὲρ Τίγριδος, maintenue par Sturz.
8. La leçon vulgaire βασιλέα est fautive. J'adopte, avec M. Imm. Bekker, la conjecture de Leunclavius, approuvée par Oddey.
9. Omis dans C.

δυναστείαν ὑπερόριον οὐκ ἐκέκτηντο. Ἐπεὶ δὲ [1] ἥ τε τῶν Περσῶν ἀρχὴ κατελύθη, καὶ τὰ τῶν Μακεδόνων ἤκμασεν, οἵ τε τοῦ Ἀλεξάνδρου διάδοχοι στασιάσαντες, ἄλλοι ἄλλα ἀπετέμοντο [2], καὶ βασιλείας ἰδίας [3] κατεσκευάσαντο· ἔς τε τὸ μέσον τότε πρῶτον ὑπ' Ἀρσάκου τινὸς ἀφίκοντο· (ὅθενπερ καὶ οἱ ἔπειτα βασιλεύσαντες αὐτῶν, Ἀρσακίδαι ἐπωνομάσθησαν.) Καὶ εὐτυχήσαντες, τήν τε πλησιόχωρον ἐκτήσαντο πᾶσαν καὶ τὴν Μεσοποταμίαν σατραπείαις [4] κατέσχον. Τελευτῶντες δὲ, ἐπὶ τοσοῦτο [5] καὶ τῆς δόξης καὶ τῆς δυνάμεως ἐχώρησαν, ὥστε καὶ τοῖς Ῥωμαίοις τότε ἀντιπολεμῆσαι, καὶ δεῦρο ἀεὶ ἀντίπαλοι νομίζεσθαι. Εἰσὶ μὲν γὰρ καὶ ἄλλως ἰσχυροὶ τὰ πολέμια, μεῖζον δ' ὅμως ὄνομα (καίτοι μήτε τῶν Ῥωμαίων τι παρῃρημένοι, καὶ προσέτι καὶ τῆς ἑαυτῶν ἔστιν [6] ἃ προέμενοι) ἔχουσιν, ὅτι μηδέπω δεδούλωνται, ἀλλὰ καὶ νῦν ἔτι [7] τοὺς πολέμους τοὺς πρὸς ἡμᾶς, ὁσάκις ἂν συνενεχθῶσι, διαφέρουσι [8].

15. Περὶ μὲν οὖν τοῦ τε γένους καὶ τῆς χώρας, τῆς τε ἰδιότητος τῶν ἐπιτηδευμάτων αὐτῶν, πολλοῖς τε εἴρηται, καὶ ἐγὼ οὐκ ἐν γνώμῃ ποιοῦμαι συγγράψαι. Τῇ δὲ

---

1. D'après Xiphilin, l. l. p. 14. L'ancienne leçon ἐπειδὴ est confirmée par E, F : δὲ manque dans B. D porte δή.
2. Reimarus propose de remplacer l'ancienne leçon ἄλλοις ἄλλοι par ἄλλοις ἄλλα. Reiske approuve cette conjecture. J'ai mieux aimé lire, comme M. Imm. Bekker, ἄλλοι ἄλλα. Les Ms. ne donnent rien de satisfaisant : A, B, C portent ἄλλοις ἄλλῃ. E, H : ἄλλοι ἄλλοι. Xiphilin résume ainsi les faits : στασιάσαντες πρὸς ἀλλήλους, ἀπανθεῖν ἤρξαντο καὶ μαραίνεσθαι.
3. Omis dans C.
4. D'après Xiphilin, l. l. et d'après A, B, F, G, H, qui portent σατραπίαις. M. Imm. Bekker donne la leçon que j'adopte : elle est confirmée par

tion ne s'étendait pas au delà. Après la destruction de cette monarchie et l'agrandissement de la puissance macédonienne, à l'époque où les successeurs d'Alexandre, livrés à la discorde, se partagèrent son empire, pour avoir chacun un royaume particulier, un certain Arsace fut le premier qui mit les Parthes en lumière : c'est de lui que les rois, ses successeurs, ont reçu le nom d'Arsacides. Favorisés par la fortune, ils conquirent les pays voisins et firent de la Mésopotamie une satrapie. Enfin, ils parvinrent à une telle renommée et à une telle puissance, qu'ils purent dès lors se mesurer avec les Romains et qu'ils ont toujours paru jusqu'à présent capables de leur tenir tête. Ils sont, il est vrai, très-redoutables à la guerre; cependant leur réputation s'est élevée au-dessus de leur bravoure; parce que, s'ils n'ont rien enlevé aux Romains et s'ils ont même perdu quelques-unes de leurs possessions, du moins ils n'ont jamais été asservis. Aujourd'hui encore, lorsqu'ils ont à combattre contre nous, ils soutiennent la lutte avec honneur.

15. Plusieurs écrivains ont fait connaître leur origine, leur pays, leurs coutumes, leurs mœurs : je n'ai donc pas l'intention de m'en occuper. Quant à leurs

---

Nic. Leoniceno : *Occuparono la Mesopotamia con Satrapi*. Sturz conserve l'ancienne τὴν Μεσοποταμίαν Σατραπείαν κατέσχον. — *Mesopotamiam etiam præfecturam sui juris fecerunt*.

5. A, B, F, H : τοσοῦτον.

6. D'après B : ἔστιν manque dans C, E, G.

7. Reiske propose de remplacer l'ancienne leçon νῦν ἐπὶ par νῦν ἔτι que j'adopte avec Sturz et M. Imm. Bekker. Reimarus approuve ce changement dans ses *Addenda*, après avoir maintenu l'ancienne leçon dans son texte. Wagner et M. Tafel traduisent *Noch jetzt*, d'après la conjecture de Reiske.

8. A, B, D, F, G, H : διαφέρουσιν.

δὴ ὁπλίσει, καὶ τῇ τῶν πολέμων διαχειρίσει (τούτων γὰρ ὁ ἐξετασμὸς τῷδε τῷ λόγῳ, ὅτι καὶ ἐς χρείαν αὐτῶν ἀφικνεῖται, προσήκει) τοιᾷδε χρῶνται. Ἀσπίδι μὲν οὐδὲν νομίζουσιν [1]· ἱπποτοξόται δὲ καὶ κοντοφόροι [2], τὰ πολλὰ κατάφρακτοι, στρατεύονται· πεζοί τε, ὀλίγοι μὲν, καὶ οἱ ἀσθενέστεροι [3], τοξόται δ' οὖν καὶ ἐκεῖνοι πάντες [4] εἰσίν· ἔκ τε γὰρ παίδων ἀσκοῦνται, καὶ ὁ [5] οὐρανὸς ἥ τε χώρα αὐτοῖς συναίρεται πρὸς ἀμφότερα. Αὕτη τε γὰρ πεδιὰς ὡς πλήθει οὖσα, ῥᾴστη τε ἵππους τρέφειν ἐστὶ, καὶ ἐπιτηδειοτάτη καθιππεύεσθαι [6]. Ἀγέλας γοῦν ὅλας καὶ ἐν τοῖς πολέμοις, ὥστ' ἄλλοτε ἄλλοις ἵπποις χρῆσθαι, καὶ πόῤῥωθέν τε ἐξαπιναίως ἐπελαύνειν, καὶ μακράν ποι ἐξ αἰφνιδίου ἀποχωρεῖν, ἐπάγονται. Καὶ ὁ οὐρανὸς ὁ ὑπὲρ αὐτῶν, ξηρότατός τε ὢν, καὶ ἰκμάδα οὐδὲ ἐλαχίστην ἔχων, ἐντονωτάτας [7] σφίσι τὰς τοξείας, πλὴν τοῦ πάνυ χειμῶνος, παρέχεται. Καὶ διὰ τοῦτο τὴν ὥραν ἐκείνην οὐδαμῇ στρατεύονται. Τῷ δὲ δὴ λοιπῷ ἔτει δυσμαχώτατοι ἔν τε τῇ σφετέρᾳ καὶ ἐν τῇ ὁμοιοτρόπῳ εἰσί. Τόν τε γὰρ ἥλιον φλογωδέστατον ὄντα ἀνέχονται τῇ συνηθείᾳ, καὶ τῆς ὀλιγότητος τῆς τε δυσχερείας τοῦ [8] πότου πολλὰ ἀλεξιφάρμακα ἀνευρήκασιν· ὥστε καὶ ἐκ τούτου μὴ χαλεπῶς τοὺς

1. C, D, G, H : νομίζουσι.
2. La leçon vulgaire ἀκοντόφοροι se trouve dans A, G. Celle que j'adopte avec Reimarus, Sturz et M. Imm. Bekker, est tirée du Ms. de Peiresc et confirmée par Nic. Leoniceno : *Et portano haste in mano.*
3. Reiske propose sans motif : οἱ πεζοὶ δὲ, ὀλίγοι μὲν καὶ ἀσθενέστατοι.
4. Omis dans C. — 5. Omis dans F. — 6. Καθ' ἱππεύεσθαι, dans le même Ms.

armes et à leur manière de faire la guerre, ces détails
doivent trouver ici une place, puisqu'ils forment une
partie essentielle de leur histoire. Voici ce que j'ai à en
dire : ils ne font pas usage du bouclier, ils combattent
à cheval avec l'arc et la lance, et sont cuirassés le plus
souvent. Il y a chez eux peu de fantassins, et on ne les
prend que parmi les hommes les plus faibles; mais eux
aussi sont tous armés d'arcs. Dès l'âge le plus tendre,
les Parthes sont habitués à manier l'arc et le cheval : ce
double exercice est secondé par le climat et par le pays.
Et en effet, leur pays, qui forme presque tout entier une
plaine, est très-favorable à la nourriture des chevaux
et aux courses de cavalerie. Aussi, lorsqu'ils partent
pour la guerre, ils emmènent avec eux tous leurs chevaux, afin de pouvoir changer de monture, fondre sur
l'ennemi à l'improviste et d'une grande distance, ou s'enfuir au loin tout à coup. Leur ciel, très-sec et dégagé de
toute espèce d'humidité, donne un grand ressort à leurs
arcs, si ce n'est au cœur de l'hiver. Aussi ne se mettent-ils
jamais en campagne dans cette saison. Pendant le reste
de l'année, ils sont très-difficiles à vaincre dans leur
pays et dans les contrées qui ont le même climat. Chez
eux le soleil est brûlant; mais l'habitude leur a appris
à le supporter. Ils ont aussi trouvé, contre la rareté
de l'eau et la difficulté de s'en procurer, des expédients, fort utiles pour repousser les ennemis qui

7. D'après Xiphilin, l. l., au lieu de la leçon vulgaire ἐντονώτατα, confirmée par A, E.

8. J'ajoute cet article d'après A, cité par Sturz, et d'après B, F. — M. Imm. Bekker l'ajoute aussi. Reiske, sans le secours des Ms., en avait proposé l'addition.

ἐς τὴν χώραν αὐτῶν ἐσβάλλοντας [1] ἀμύνεσθαι. Ἔξω γὰρ ἐκείνης [2] ὑπὲρ τὸν Εὐφράτην, μάχαις μέν τισι καὶ καταδρομαῖς αἰφνιδίοις ἤδη ποτὲ ἴσχυσάν τι· πολεμῆσαι δέ τισιν ἀπαυστὶ καὶ διαρκῶς οὐ δύνανται, καὶ ἐς ἀλλοτριωτάτην σφίσι καὶ τῆς γῆς καὶ τοῦ οὐρανοῦ κατάστασιν ἀπαρτῶντες, καὶ μήτε σίτου μήτε μισθοφορᾶς παρασκευὴν ποιούμενοι [3]. Τοιαῦτα μὲν τὰ τῶν Πάρθων ἐστίν.

16. Ἐσβαλόντος [4] δὲ ἐς τὴν Μεσοποταμίαν τοῦ Κράσσου, ὥσπερ εἴρηται [5], ὁ Ὀρώδης ἔπεμψε μὲν καὶ πρὸς ἐκεῖνον ἐς τὴν Συρίαν πρέσβεις [6], τῆς τε ἐσβολῆς αἰτιώμενος, καὶ τὰς αἰτίας τοῦ πολέμου πυνθανόμενος· ἔπεμψε δὲ πρὸς τὰ ἑαλωκότα [7], τά τε μεθεστηκότα, Σουρήναν σὺν στρατῷ. Αὐτὸς γὰρ τῇ Ἀρμενίᾳ τῇ τοῦ Τιγράνου ποτὲ γενομένῃ διενοεῖτο ἐπιστρατεῦσαι, ὅπως ὁ Ἀρταβάζης ὁ τοῦ Τιγράνου παῖς, ὁ τότε αὐτῆς βασιλεύων, μηδεμίαν τοῖς Ῥωμαίοις, ἅτε καὶ περὶ τῇ οἰκείᾳ δεδιὼς [8],

---

1. B : ἐμβάλλοντας. — 2. Peut-être : τῆς ὑπέρ.
3. L'ancienne leçon, πολεμῆσαι δέ τισιν ἀπαυτίκα διαρκῶς οὐ δύνανται, καὶ ἐς ἀλλοτριωτάτην σφίσι καὶ τῆς γῆς καὶ τοῦ οὐρανοῦ κατάστασιν ἀπαρτῶνται, καὶ μήτε σίτου μήτε μισθοφόρου σκεύη ποιούμενοι, ne fournit pas un sens satisfaisant. Sturz lit ἀπαυστὶ καὶ διαρκῶς — *indesinenter et continue*, proposé par Reiske et que j'adopte; mais cette correction ne lui paraît pas suffisante.

Les Ms. se bornent à deux variantes, μισθοφόρα donné par A, B, et μισθοφοραῖς donné par G. La leçon μισθοφόρα plaisait assez à Sturz, parce qu'alors, dit-il, le passage μήτε σίτου μήτε μισθοφόρα pourrait s'expliquer, comme s'il y avait μήτε σιτοφόρα μήτε μισθοφόρα : j'aime mieux, d'après Reimarus dans ses *Addenda*, μήτε σίτου μήτε μισθοφορᾶς. Avec le même critique et M. Imm. Bekker, je remplace σκεύη par παρασκευήν : quant à ἀπαρτῶνται, je le crois altéré : je lui substitue ἀπαρτῶντες, donné par M. Imm. Bekker et très-bon pour le sens. Je lis donc : πολεμῆσαι δέ τισιν ἀπαυστὶ καὶ διαρκῶς οὐ

envahissent leur pays. Il leur est arrivé quelquefois
d'avoir l'avantage en combattant hors de leur territoire
et au delà de l'Euphrate, ou en y faisant des incursions
subites ; mais ils ne sauraient soutenir avec la même vigueur une guerre de longue haleine, quand ils se trouvent dans un pays différent du leur et sous un autre ciel,
où ils ne peuvent avoir ni solde ni provisions assurées.
Telles sont les mœurs et les habitudes des Parthes.

16. Crassus ayant pénétré dans la Mésopotamie,
comme je l'ai dit, Orode lui envoya une députation en
Syrie, pour se plaindre de cette invasion, et pour demander quelle était la cause de cette guerre. Il fit marcher en même temps le Suréna avec un corps d'armée
contre les villes tombées au pouvoir des Romains, ou
qui avaient fait défection, et se disposa à porter lui-
même la guerre dans l'Arménie qui avait appartenu jadis
à Tigrane ; afin qu'Artabaze, fils de ce prince, qui régnait
alors dans ce pays, inquiet pour ses propres États,

δύνανται, καὶ ἐς ἀλλοτριωτάτην σφίσι καὶ τῆς γῆς καὶ τοῦ οὐρανοῦ κατάστασιν ἀπαρτῶντες, καὶ μήτε σίτου μήτε μισθοφορᾶς (ou μισθοῦ, d'après Reimarus et M. Imm. Bekker) ποιούμενοι, et j'adopte le même sens que M. Tafel : *Aber einen anhaltenden Krieg mit gleichem Nachdruck ununterbrochen fortzuführen vermögen sie nicht, wenn sie sich in eine von ihrem Lande und Himmel so ganz verschiedene Lage versetzt sehen, wohin sie weder Mundvorrath noch Sold in gehörigem Masse beizubringen verstehen.*

4. A, F : ἐσβάλλοντος.
5. Cf. § 12 de ce livre.
6. Cf. Plutarque, Crass. XVIII ; Florus, III. 11 ; Orose, VI, 13.
7. D'après A, B, au lieu de l'ancienne leçon ἔπεμψε πρός τε ἑαλωκότα. Sturz et M. Imm. Bekker donnent la leçon que j'adopte et qui avait été proposée par Leunclavius, sans le secours des Ms.
8. E, F, H : δεδειώς.

βοήθειαν πέμψη. Ὁ οὖν Κράσσος ἐκείνῳ τε ἐν Σελευκείᾳ [1] (ἔστι δὲ πόλις ἐν τῇ Μεσοποταμίᾳ, πλεῖστον τὸ Ἑλληνικὸν καὶ νῦν ἔχουσα) τὰς αἰτίας τοῦ πολέμου ἐρεῖν ἔφη [2]. Καὶ αὐτῷ τῶν Πάρθων τις [3] ἐς τὴν χεῖρα τὴν ἀριστερὰν τοῖς τῆς ἑτέρας δακτύλοις κρούσας, εἶπεν ὅτι, " Θᾶσσον ἐντεῦθεν τρίχες ἀναφύσουσιν ἢ σὺ ἐν Σελευκείᾳ γενήσῃ. "

17. Καὶ ἐπειδὴ ὁ χειμὼν [4], ἐν ᾧ Γναῖός τε Καλουῖνος [5] καὶ Οὐαλέριος Μεσσαλᾶς ὑπάτευσαν, πολλὰ μὲν καὶ ἐν αὐτῇ τῇ Ῥώμῃ τέρατα τότε ἐγένετο. Καὶ γὰρ βύαι καὶ λύκοι [6] ὤφθησαν, οἵ τε κύνες περιφοιτῶντες ἐσκύζοντο [7]. Καὶ ἀγάλματα, τὰ [8] μὲν ἵδρωσε, τὰ δὲ ἐκεραυνώθη. Τάς τε ἀρχὰς τὸ μέν τι [9], φιλονεικίᾳ [10], τὸ δὲ δὴ πλεῖστον [11], ὑπό τε τῶν ὀρνίθων καὶ ὑπὸ διοσημειῶν, μόλις ποτὲ τῷ ἑβδόμῳ μηνὶ [12] ἀπέδειξαν· ἀλλ᾽ ἐκεῖνα μὲν οὐδὲν σαφὲς διεδήλου ἐς ὅ τι τελευτήσει. Τά τε γὰρ ἐν τῷ ἄστει ἐταράττετο, καὶ οἱ Γαλάται ἐκινήθησαν αὖθις· πρός τε τοὺς Πάρθους, οὐδ᾽ εἰδότες πῶς [13], συνερρώγεσαν. Τῷ δὲ δὴ Κράσσῳ, τὸν Εὐφράτην κατὰ τὸ Ζεῦγμα (οὕτω γὰρ ἀπὸ τῆς τοῦ Ἀλεξάνδρου στρατείας τὸ χωρίον ἐκεῖνο, ὅτι ταύτῃ

1. Avec Sturz et M. Imm. Bekker, au lieu de Σελευκίᾳ.
2. Florus, l. 1 : Regiis inhians ille thesauris, nihil ne imaginario quidem jure, sed Seleuciæ se responsurum esse respondit. Cf. Plutarque, l. l.
3. Vagisès, le chef de l'ambassade ; Plutarque, l. l.
4. Sous-entend. ἦν, ou ἐνέστη proposé par Reiske.
5. A : Καλουΐνιος.
6. Dans G : καὶ γὰρ κύνες καὶ λύκοι.
7. L'ancienne leçon ἠχίζοντο, et l'explication qu'en donne Leunclavius, *damna inferebant*, paraissent justement suspectes à Fabricius. Les Ms. n'étant d'aucun secours, j'adopte la conjecture de Reiske, ἐσκύζοντο — *vultum dejiciebant, triste supercilium et minax monstrabant, et proni ad iram erant.* Sturz et M. Imm. Bekker conservent ἠχίζοντο.
8. Omis dans C, G.

ne fournît aucun secours aux Romains. Crassus répondit qu'il ferait connaître à Orode la cause de la guerre à Séleucie, ville de Mésopotamie dont la plupart des habitants sont Grecs encore aujourd'hui. A ces mots, un Parthe s'écria, en frappant de sa main droite dans la paume de sa main gauche : « Des poils pousseront là, avant que tu sois à Séleucie. »

17. L'hiver, pendant lequel Cn. Calvinus et Val. Messala prirent possession du consulat, fut marqué à Rome par de nombreux prodiges. On y vit des hiboux et des loups; des chiens aux regards menaçants errèrent dans les rues; des statues se couvrirent de sueur ou furent frappées de la foudre. Tantôt à cause des factions rivales, mais le plus souvent par suite du vol des oiseaux et des signes célestes, les magistrats purent à peine être enfin élus dans le septième mois de l'année. On ne voyait pas clairement ce qu'annonçaient ces présages; car des troubles régnaient dans la ville, de nouveaux mouvements agitaient la Gaule, et on était engagé dans une guerre avec les Parthes, sans savoir comment. Mais il n'en fut pas de même de ceux qui éclatèrent au moment où Crassus passa l'Euphrate à Zeugma (c'est le nom qu'on donne, depuis l'expédition d'Alexandre, à l'en-

An de Rome 701.

Cn. Calvinus et Val. Messala, Consuls.

---

9. C, D, G : τὸ μέν τοι, adopté par Rob. Étienne et justement rejeté par Reimarus.

10. Ainsi que l'a très-bien vu Reiske, dans la leçon vulgaire φιλονεικίαι l'ι final tient la place de l'iota souscrit. J'adopte donc φιλονεικίᾳ, leçon excellente, qui dispense de recourir à la conjecture de Xylander, φιλονεικίαις, et à celle de Reimarus, ὑπὸ φιλονεικίας.

11. D'après A, G, au lieu de la leçon vulgaire τὸ δὲ πλεῖστον.

12. Suivant Appien, Guer. civ. II, 19, la République fut privée de magistrats pendant *huit* mois.

13. Reiske préfère πω. — *Nondum scientes se cum Parthis bello collisos esse.* M. Imm. Bekker a adopté cette leçon.

ἐπεραιώθη, κέκληται) διαβαίνοντι, καὶ προφανῆ καὶ εὐ-
σύμβολα συνηνέχθη.

18. Ὁ γὰρ ἀετὸς ὠνομασμένος, (ἔστι δὲ νεὼς [1] μικρὸς, καὶ ἐν αὐτῷ ἀετὸς χρυσοῦς ἐνίδρυται· καθίσταταί τε ἐν πᾶσι τοῖς ἐκ τοῦ καταλόγου στρατοπέδοις, καὶ οὐδαμόσε ἐκ τῶν χειμαδίων, πλὴν εἴ ποι σύμπας ὁ στρατὸς ἐξίοι, κινεῖται· καὶ αὐτὸν εἷς ἀνὴρ ἐπὶ [2] δόρατος μακροῦ [3], ἐς ὀξὺ τὸν στύρακα [4] ἀπηγμένου, ὥστε καὶ ἐς τὸ δάπεδον καταπήγνυσθαι, φέρει.) Τούτων οὖν τῶν ἀετῶν εἷς οὐκ ἠθέλησε τὸν Εὐφράτην αὐτῷ [5] τότε συνδιαβῆναι, ἀλλὰ ἐν τῇ γῇ ἐνέσχετο, ὥσπερ ἐμπεφυκώς· πρὶν δὴ [6] πολλοὶ περιστάντες βίᾳ αὐτὸν ἀνέσπασαν. Καὶ ὁ μὲν καὶ ἄκων ἐπηκολούθησε· σημεῖον δέ τι τῶν μεγάλων τῶν [7] τοῖς ἱστίοις ἐοικότων, καὶ φοινικᾶ γράμματα ἐπ' αὐτῶν [8] πρὸς δήλωσιν τοῦ τε στρατοῦ καὶ τοῦ στρατηγοῦ σφῶν τοῦ αὐτοκράτορος ἐχόντων, ἐς τὸν ποταμὸν ἀπὸ τῆς γεφύρας περιτραπὲν ἐνέπεσε [9]. Καὶ τοῦτο μὲν ὑπὸ πνεύματος ὄντος σφοδροῦ ἐγένετο· ὁ δὲ δὴ Κράσσος καὶ τἄλλα τὰ ἰσομήκη οἱ συντεμὼν, ὅπως βραχύτερα καὶ ἐκ τούτου καὶ βεβαιότερα φέρειν [10] εἴη, προσεπηύξησε τὰ τέρατα. Καὶ γὰρ

---

1. Xiphilin, l. l. p. 13 : ναΐσκος.
2. Le passage στρατὸς — ἐπὶ manque dans C, D, H, et dans le Ms. de Munich n° 2. Il a été ajouté en marge dans G.
3. D'après Xiphilin, l. l. L'ancienne leçon μικροῦ est confirmée par A, C, D, E, F, et par Nic. Leoniceno : *Uno huomo lo porta sopra di una hasta piccola*. Μικροῦ se trouve aussi dans le Ms. de Munich n° 2.
4. F : ἐς ὀξύτατον στύρακα.
5. Τούτῳ, dans le Ms. de Munich n° 2.

droit où il traversa ce fleuve) : ils furent faciles à comprendre et à expliquer.

18. On appelle *Aigle* un petit temple où est placée une aigle d'or. Toutes les légions levées régulièrement en ont un : on ne le transfère hors des quartiers d'hiver que lorsque toute l'armée en est sortie. Un seul homme le porte sur une longue pique qui se termine en pointe, pour qu'on puisse l'enfoncer dans la terre. Une de ces aigles ne voulut point passer alors l'Euphrate avec Crassus, et resta attachée au sol, comme si elle y était née. Il fallut que plusieurs soldats, rangés en cercle autour d'elle, l'en arrachassent de force, et elle ne les suivit que contre son gré. De plus, un de ces grands drapeaux qui ressemblent à des voiles, et sur lesquels le nom du corps d'armée et celui du général sont inscrits en lettres rouges, fut renversé du haut du pont dans le fleuve par un vent très-violent. Crassus ordonna de couper tous les drapeaux de cette grandeur, afin qu'ils fussent plus courts, et par cela même plus commodes à porter; mais il ne fit qu'accroître le nombre des prodiges. Les sol-

6. D : πρὶν δέ.

7. D'après A et le Ms. de Munich n° 2, j'ajoute à la leçon vulgaire cet article exigé par la syntaxe : Sturz et M. Imm. Bekker le donnent aussi.

8. L'ancienne leçon ἐπ' αὐτῆς est fautive. Reiske propose de la remplacer par ἐπ' αὐτοῖς — *in semet*. D'après C, je lis ἐπ' αὐτῶν, conseillé par Sturz sans le secours des Mss.

9. A, D : ἐνέπεσεν. B, C, F, G, H . ἀνέπεσεν.

10. « βέβαιον φέρειν, dit Reiske, est *quod gestatu tutum, certum, firmum est,* et obhæret, neque cadit, aut nutat. »

ὁμίχλη ἐν αὐτῇ τῇ τοῦ ποταμοῦ διαβάσει τοσαύτη τοῖς στρατιώταις περιεχύθη [1], ὥστε περί τε ἀλλήλοις αὐτοὺς σφαλῆναι, καὶ μηδὲν τῆς πολεμίας, πρὶν ἐπιβῆναι αὐτῆς, ἰδεῖν. Καὶ τὰ διαβατήρια τά τε ἀποβατήρια [2] σφίσι δυσχερέστατα ἐγένετο. Κἂν τούτῳ ἄνεμός τε πολὺς ἐπέπεσε, καὶ κεραυνοὶ κατέσκηψαν· ἥ τε γέφυρα, πρὶν πάντας αὐτοὺς διελθεῖν, διελύθη, καὶ (ἦν γὰρ τὰ γιγνόμενα οἷά τε [3] πάντα τινὰ καὶ τῶν πάνυ ἀγνωμόνων τε καὶ ἀσυνέτων ἐκδιδάξαι, ὅτι κακῶς ἀπαλλάξουσι καὶ οὐκ ἀνακομισθήσονται) φόβος καὶ κατήφεια ἐν τῷ στρατοπέδῳ ἐγένετο δεινή.

19. Ὁ οὖν Κράσσος, παραμυθούμενος αὐτοὺς, εἶπεν ὅτι, « Μὴ καταπλήττεσθε, ἄνδρες στρατιῶται, εἰ ἡ γέφυρα διέφθαρται· μηδὲ οἴεσθε ἐκ τούτου χαλεπόν τι ἐπισημαίνεσθαι [4]. Ἐγὼ γὰρ ὑμῖν αὐτὸς ἐπομνὺς λέγω, ὅτι δι' Ἀρμενίας τὴν ἐπάνοδον ποιήσασθαι ἔγνωκα. » Ἐκ μὲν δὴ

---

1. Cf. Jul. Obsequens, De Prodig. CXXIV, ed. Oudendorp.
2. Reimarus, Sturz et M. Imm. Bekker conservent l'ancienne leçon καὶ τὰ διαβατήρια, τά τε ἀπόβαθρα σφίσι δυσχερέστατα ἐγένετο. — *Itaque et transitus Euphratis et descensus de ponte summa cum difficultate factus est.* Mais, dans ses *Addenda*, le célèbre éditeur de Hambourg propose de remplacer ἀπόβαθρα par ἀποβατήρια. — *Et sacrificia pro transitu et descensu infausta illis fuerunt.* Wagner et M. Tafel ont suivi cette interprétation.

D'après cette conjecture, je préfère τὰ ἀποβατήρια à τὰ ἀπόβαθρα; mais j'ai hésité à donner à τὰ ἀποβατήρια le sens de *sacrificia pro descensu*, attendu que ces sacrifices ne se célébraient que lorsque le passage d'un fleuve était accompli; cf. Sturz, tom. I, p. 594-595. Mon hésitation a été plus grande encore, à cause de δυσχερέστατα, qui ne serait pas le mot convenable pour signifier *infausta* : il faudrait ἀπαισιώτατα.

De même qu'on peut employer τὸ διαβατήριον comme synonyme de ἡ διά-

dats, au moment où ils traversaient le fleuve, furent enveloppés d'un brouillard si épais qu'ils se heurtaient les uns contre les autres : ils ne purent même voir le sol ennemi qu'après y avoir mis le pied, et ils eurent beaucoup de peine pour franchir le fleuve et descendre à terre. Au même instant, un très-grand vent se mit à souffler, la foudre éclata, et le pont se rompit avant qu'ils l'eussent traversé tous. Ces présages étaient très-significatifs, même pour les hommes les plus dépourvus de sagacité et d'intelligence : ils prévoyaient qu'un malheur allait leur arriver, et qu'ils ne rentreraient pas dans leurs foyers. La crainte et une consternation profonde régnaient dans l'armée.

19. « Soldats, leur dit Crassus pour les consoler, ne « vous effrayez pas de ce que le pont est rompu, et ne « croyez pas que ce soit un signe funeste. Je vous le « jure : c'est par l'Arménie que j'ai résolu de vous ramener en Italie. » Il les avait ranimés par ces paroles,

---

βασις, cf. Schneider, Griechisch-Deutsches Wörterbuch, tom. 1, p. 324, de même je regarde τὸ ἀποβατήριον comme synonyme de ἡ ἀπόβασις. J'adopte donc τὰ ἀποβατήρια, mais je traduis : *transitus Euphratis et descensus in terram summa cum difficultate factus est*. Avec cette interprétation δυσχερέστατα est le mot juste.

3. Ici encore la leçon vulgaire, ἦν τὰ γιγνόμενα οἱ πάντα τινὰ — ἐκδιδάξαι est fautive. Oddey, approuvé par Reimarus, l'a corrigée d'une manière indubitable. J'adopte sa leçon οἷά τε κτλ. Elle est confirmée par la version de Nic. Leoniceno : *Essendo questi segni tali, pe' quali ciascuno ignorante harebbe potuto comprendere*. Sturz et M. Imm. Bekker lisent : οἷα πάντα τινά. Wagner et M. Tafel ont traduit d'après la correction d'Oddey.

4. D : ὑποσημαίνεσθαι.

οὖν τούτου ἐθάρσυνε. Νῦν δὲ προσεπειπών τινα, ἔφη, μέγα ἀναβοήσας· « Θαρσεῖτε· οὐδεὶς γὰρ ἡμῶν ἐντεῦθεν ἐπανήξει [1]. » Ἀκούσαντες γὰρ τοῦθ' οἱ στρατιῶται, οἰωνόν τε σφίσιν οὐδενὸς τῶν ἄλλων ἥττω γεγονέναι ἐνόμισαν, καὶ ἐς ἀθυμίαν πλείω κατέπεσον· ὥστε μηδὲν ἔτι μηδὲ τῶν λοιπῶν αὐτοῦ παραινέσεων φροντίσαι δι' ὧν τόν τε βάρβαρον ἐφαύλιζε, καὶ τὰ τῶν Ῥωμαίων ἐνεκωμίαζε, χρήματά τε [2] αὐτοῖς ἐδίδου, καὶ γέρα ἐπηγγέλλετο. Ἀλλὰ καὶ ὣς εἵποντο, καὶ οὔτε ἀντεῖπέν [3] οἱ οὐδεὶς, οὔτε ἀντέπραξε [4]· τάχα μὲν καὶ ὑπὸ τοῦ νόμου, ἤδη δὲ καὶ [5] ἐκπεπληγμένοι, καὶ μήτε τι βουλεῦσαι μήτε πρᾶξαι σωτήριον δυνάμενοι. Πάντα γοῦν καὶ τὰ ἄλλα, καθάπερ ὑπὸ δαιμονίου τινὸς κατακεκριμένοι, καὶ ταῖς γνώμαις καὶ τοῖς σώμασιν ἐσφάλλοντο [6].

20. Μέγιστον δὲ ὅμως αὐτοὺς ὁ Αὔγαρος ὁ Ὀρροηνὸς [7] ἐλυμήνατο. Ἔνσπονδος γὰρ τοῖς Ῥωμαίοις ἐπὶ τοῦ Πομπηίου γενόμενος [8], ἀνθείλετο τὰ τοῦ βαρβάρου. Καὶ τοῦτο μὲν καὶ ὁ Ἀλχαυδόνιος [9] ὁ Ἀράβιος ἐποίησε· πρὸς γὰρ τὸ ἰσχυρὸν ἀεὶ [10] μεθίστατο· ἀλλ' ἐκεῖνος μὲν ἐκ τοῦ προφανοῦς ἀπέστη, καὶ κατὰ τοῦτο οὐ δυσφύλακτος ἦν·

---

1. Reiske croit qu'il y a une lacune après ce verbe, et propose de la combler en ajoutant παντελῶς κατέπληξεν. M. Imm. Bekker se contente de mettre quelques points. Je conserve l'ancienne leçon, qui est confirmée par les Mss. et par Nic. Leoniceno. L'allocution de Crassus à ses soldats est ainsi résumée par Xiphilin, l. l. p. 13 : Παραμυθούμενος αὐτοὺς ὁ Κράσσος « Θαρσεῖτε, εἶπεν, ὦ ἄνδρες· ἐγὼ γὰρ ὑμῖν αὐτὸς ὑπομνὺς λέγω ὅτι οὐδεὶς ὑμῶν ἐντεῦθεν ἐπανήξει· διὰ γὰρ Ἀρμενίας τὴν ἐπάνοδον ποιήσασθαι

lorsqu'il ajouta en élevant la voix : « Ayez confiance, « aucun de nous ne reviendra d'ici dans son pays. » Les soldats prirent ces paroles pour un présage non moins clair que les autres, et tombèrent dans un découragement plus grand encore. Ils ne tinrent plus compte ni de ce qu'il leur disait pour rabaisser les barbares et pour exalter les Romains, ni de l'argent qu'il distribuait, ni des récompenses qu'il promettait. Ils le suivirent pourtant : pas un ne lui résista par des paroles ou par des actes. Peut-être était-ce respect pour la loi : peut-être aussi leur abattement les rendait-il déjà incapables de prendre une résolution salutaire ou de l'exécuter. Dans tout ce qu'ils faisaient, ils paraissaient abattus au moral et au physique, comme si un dieu les eût condamnés à périr.

20. Mais ce fut l'Osroène Augarus qui leur causa le plus de mal : après avoir fait alliance avec les Romains pendant la guerre de Pompée, il embrassa le parti des Parthes. Son exemple fut suivi par l'Arabe Alchaudonius, toujours prêt à passer du côté du plus fort ; mais du moins celui-ci fit ouvertement défection, et il ne fut pas difficile de se tenir en garde contre lui. Augarus, au contraire,

ἔγνωκα. » Πρὸς οὖν τὸ « Οὐδεὶς ὑμῶν ἐντεῦθεν ἐπανήξει, » ἐς ἀθυμίαν πλείω κατέπεσον.

2. G : χρήματα δέ. — 3. Omis dans C. — 4. A, D, F, G : οὔτ' ἀντέπραξε.
5. Omis dans G. — 6. Le même : ἐσφάλοντο.
7. D'après A, B, C, F, G, H et Étienne de Byzance, au mot Βάτναι, au lieu de la leçon vulgaire Ὀσροηνός. — 8. Cf. Liv. XXXVI, 28 et suiv.
9. G : Ὁ Ἀλγαυδόνιος. Cf. tom. II, p. 228 de cette édition.
10. G : αἰεί.

ὁ δ' Αὔγαρος ἐφρόνει μὲν τὰ τοῦ Πάρθου [1], ἐπλάττετο δὲ τῷ Κράσσῳ φιλικῶς ἔχειν· καὶ χρήματά τε ἀφειδῶς αὐτῷ ἀνήλισκε [2], καὶ τά τε βουλεύματα αὐτοῦ πάντα καὶ ἐμάνθανε καὶ ἐκείνῳ διήγγελλε· καὶ προσέτι εἰ μέν τι χρηστὸν σφῶν ἦν, ἀπέτρεπεν αὐτόν· εἰ δ' ἀσύμφορον, ἐπέσπερχε. Καὶ δὴ καὶ τοιόνδε τι τελευτῶν ἔπραξε. Τοῦ γὰρ Κράσσου πρὸς Σελεύκειαν ὁρμῆσαι διανοουμένου, ὥστε ἐκεῖσέ τε ἀσφαλῶς παρά τε τὸν Εὐφράτην καὶ δι' αὐτοῦ τῷ τε στρατῷ καὶ τοῖς ἐπιτηδείοις κομισθῆναι, καὶ μετ' αὐτῶν [3] (προσποιήσεσθαι γὰρ σφᾶς, ἅτε καὶ Ἕλληνας, ῥᾳδίως ἤλπιζεν) ἐπὶ Κτησιφῶντα μὴ χαλεπῶς περαιωθῆναι· τούτου μὲν, ὡς καὶ χρονίου ἐσομένου, ἀμελῆσαι αὐτὸν ἐποίησε [4], τῷ δὲ δὴ Σουρήνᾳ, ὡς καὶ ἐγγὺς καὶ [5] μετ' ὀλίγων ὄντι, συμμῖξαι ἔπεισε.

21. Καὶ μετὰ τοῦτο παρασκευάσας τὸν μὲν, ὅπως ἀπόληται, τὸν δ', ὅπως κρατήσῃ [6], (συνεχῶς γὰρ προφάσει κατασκοπῆς τῷ Σουρήνᾳ συνεγίγνετο [7]) ἐξήγαγε τοὺς Ῥωμαίους ἀφροντιστοῦντας ὡς ἐπὶ νίκην ἕτοιμον, καὶ αὐτοῖς ἐν αὐτῷ τῷ ἔργῳ συνεπέθετο. Ἐπράχθη δὲ ὧδε· οἱ Πάρθοι τὸ πλεῖον τοῦ στρατοῦ σφῶν ἀποκρύψαντες, (ἡ γὰρ χώρα [8] ἀνώμαλός τέ πῃ ἦν καὶ δένδρα εἶχεν)

---

1. D'après A, F, je substitue, comme Sturz et M. Imm. Bekker, cette leçon à l'ancienne ἐφρόνει μετὰ τοῦ Πάρθου. Reimarus avait deviné cette correction.
2. C : ἀνήλισκεν αὐτῷ. D, G, H : ἀνήλισκε αὐτῷ.
3. D'après A, B, au lieu de la leçon vulgaire μετ' αὐτήν. Reimarus rejette μετ' αὐτῶν, leçon excellente que j'adopte avec Sturz et M. Imm.

tout dévoué aux Parthes, se donnait pour l'ami de Crassus, dépensait pour lui des sommes considérables, et parvint à se faire mettre dans la confidence de ses projets qu'il communiquait au chef des barbares. Crassus prenait-il une sage résolution? Augarus l'en détournait. En adoptait-il une funeste? il le poussait à l'exécution. Voici ce qu'il fit enfin : Crassus se préparait à marcher vers Séleucie. Il comptait y arriver en toute sûreté avec son armée et avec des provisions, en longeant l'Euphrate et par ce fleuve même; puis, de là, se rendre sans peine à Ctésiphon avec le concours des Séleuciens, qu'il espérait gagner parce qu'ils étaient Grecs. Augarus lui fit abandonner ce plan, alléguant qu'il lui faudrait beaucoup de temps pour l'exécuter, et l'engagea à en venir aux mains avec le Suréna, qui n'était pas loin et avait peu de soldats.

21. Après avoir pris ses mesures pour assurer la perte de Crassus et le succès du Suréna avec lequel il s'abouchait fréquemment, sous prétexte d'épier ce qui se passait, Augarus entraîna hors de leur camp les Romains, qui marchèrent au combat sans inquiétude et comme à une victoire certaine; mais il tomba sur eux avec leurs ennemis, au milieu de la bataille. Les choses se passèrent ainsi : les Parthes s'avancèrent contre les Romains, après avoir caché la plus grande partie de leurs troupes, ce qui fut facile dans un pays boisé et

---

Bekker : αὐτῶν doit s'entendre des habitants de Séleucie : « μετ' αὐτῶν, dit Sturz, est *iis comitantibus et adjuvantibus.* »

4. B, F : ἔπεισε. — 5. Omis dans G. — 6. A, H : κρατήσει. — 7. C, F : συνεγένετο.

8. Reiske propose de remplacer l'ancienne leçon ᾗ τε χώρα par ἡ γὰρ τῇδε χώρα, correction adoptée par Sturz. Je lis, comme M. Imm. Bekker, ἡ γὰρ χώρα.

ἀπήντησαν τοῖς Ῥωμαίοις. Ἰδὼν οὖν αὐτοὺς ὁ Κράσσος, οὐκ ἐκεῖνος, ἀλλ' ὁ νεώτερος [1], (πρὸς γὰρ τὸν πατέρα ἐκ τῆς Γαλατίας παρῆν) καὶ καταφρονήσας σφῶν ὡς καὶ μόνων, ἀντεξήγαγε τῷ ἱππικῷ, καὶ τραπομένους ἐξεπίτηδες αὐτοὺς ἐπιδιώκων, ὡς καὶ κρατῶν, ἀπήχθη πολὺ ἀπὸ τῆς φάλαγγος [2]· κἀνταῦθα περιστοιχισθεὶς κατεκόπη.

22. Γενομένου δὲ τούτου, οἱ πεζοὶ τῶν Ῥωμαίων οὐκ ἀπετράποντο [3] μὲν, ἀλλὰ καὶ προθύμως τοῖς Πάρθοις, ὡς καὶ τιμωρήσοντες αὐτῷ, συνέμιξαν· οὐ μέντοι καὶ ἄξιον σφῶν οὐδὲν, ἔκ τε τοῦ πλήθους καὶ ἐκ τοῦ τρόπου τῆς μάχης αὐτῶν, ἄλλως τε καὶ ὑπὸ τοῦ Αὐγάρου ἐπιβουλευθέντες, ἐποίησαν. Εἴτε γὰρ συνασπίσαι ἔγνωσαν, ὡς καὶ τῇ πυκνότητι τῆς τάξεως σφῶν τὰ τοξεύματα αὐτῶν ἐκφευξόμενοι, προσπίπτοντες σφίσιν οἱ κοντοφόροι ῥύμῃ τοὺς μὲν κατέβαλλον, τοὺς δὲ πάντως γοῦν ἐσκεδάννυσαν· εἴτε καὶ διασταῖεν, ὅπως τοῦτό γε ἐκκλίνοιεν [4], ἐτοξεύοντο. Κἂν τούτῳ πολλοὶ μὲν καὶ ἐξ αὐτῆς τῆς προσελάσεως τῶν κοντοφόρων ἐκπληττόμενοι ἔθνησκον, πολλοὶ δὲ καὶ ὑπὸ τῶν ἱππέων ἐγκαταλαμβανόμενοι ἐφθείροντο· ἄλλοι τοῖς κοντοῖς ἀνετρέποντο [5], ἢ καὶ ἀναπειρόμενοι ἐφέροντο. Τά τε βέλη καὶ πυκνὰ, καὶ πανταχόθεν ἅμα αὐτοῖς ἐμπίπτοντα, συχνοὺς μὲν καιρίᾳ [6] πληγῇ κατέβαλλε [7], συχνοὺς

1. C'était le fils de M. Crassus.
2. Comme M. Imm. Bekker, d'après Xylander et Turnèbe, au lieu de ὑπήχθη ὑπὸ τῆς φάλαγγος.
3. C, D : ἐπετράποντο, qui est la leçon vulgaire.
4. A, C, D, E, F, G : ἐκκλίνειεν.

où le terrain offrait des inégalités. A peine Crassus, non pas celui dont j'ai déjà parlé, mais son fils qui avait quitté la Gaule pour se rendre auprès de lui, les eut-il aperçus qu'il les attaqua avec sa cavalerie : il les regardait comme peu redoutables, croyant n'avoir affaire qu'à ceux qu'il voyait. Les Parthes prirent à dessein la fuite : Crassus les poursuivit, comme s'il avait été vainqueur, et se laissa emporter loin de son infanterie; mais il fut cerné par les barbares qui le tuèrent.

22. Les fantassins romains, loin de fuir, se battirent avec ardeur pour venger sa mort; mais ils ne firent rien qui fût digne d'eux, soit à cause du nombre des ennemis, soit à cause de leur manière de combattre, et surtout parce qu'Augarus semait les piéges sous leurs pas. Voulaient-ils former la tortue, pour échapper aux flèches des barbares, en se pressant les uns contre les autres? les hallebardiers parthes fondaient sur eux avec impétuosité, les renversaient, ou tout au moins les dispersaient. Marchaient-ils séparés les uns des autres, pour éviter un choc? ils étaient atteints par les flèches des Parthes. Ainsi plusieurs périssaient, frappés d'épouvante par la brusque attaque des hallebardiers; plusieurs étaient enveloppés et massacrés par la cavalerie; d'autres étaient renversés à coup de lances, ou percés d'outre en outre et traînés sur le sol. Les flèches, volant comme un essaim et tombant de tous les côtés à la fois, en blessaient mor-

---

5. A, B, D, E : ἀνετράποντο, adopté par Rob. Etienne.
6. D'après Xylander et Reimarus, au lieu de l'ancienne leçon κεραίᾳ, qui se trouve dans A, B, C, E.
7. A, B : ἀπέβαλλε. C, D, E, G, H : ἀπέβαλε.

δὲ ἀπομάχους εἰργάζετο· πᾶσι δ' ἀσχολίαν ἐνεποίει, ἔς τε τοὺς [1] ὀφθαλμοὺς σφῶν ἐσπετόμενα, καὶ πρὸς τὰς χεῖρας, τό τε ἄλλο σῶμα πᾶν, καὶ διὰ τῶν ὅπλων χωροῦντα· τήν τε προφυλακὴν αὐτῶν ἀφῃρεῖτο, καὶ γυμνοὺς [2] σφᾶς πρὸς τὸ ἀεὶ τιτρῶσκον [3] μένειν ἠνάγκαζεν· ὥστε ἐν ᾧ τις τόξευμα ἐφυλάττετο, ἢ καὶ ἐμπαγὲν ᾑρεῖτο, πλείω τραύματα ἄλλα ἐπ' ἄλλοις [4] ἐλάμβανε. Κἀκ τούτου ἄπορον μὲν σφίσι κινηθῆναι, ἄπορον δὲ καὶ ἀτρεμίζειν ἦν. Οὔτε γὰρ ἀσφάλειαν οὐδ' ἕτερον αὐτοῖς εἶχε, καὶ τὸν ὄλεθρον ἀμφότερα ἐπέφερε· τὸ μὲν, ὅτι οὐκ ἠδύναντο, τὸ δὲ, ὅτι ῥᾷον ἐτιτρώσκοντο.

23. Καὶ ταῦτα μὲν, ὡς ἔτι πρὸς μόνους τοὺς ἐμφανεῖς πολεμίους [5] ἐμάχοντο, ἔπασχον· ὁ γὰρ Αὔγαρος οὐκ εὐθὺς αὐτοῖς ἐπεχείρησεν. Ἐπεὶ δὲ καὶ ἐκεῖνος ἐπέθετο, ἐνταῦθα οἱ Ὀρροηνοὶ [6], αὐτοί τε ὄπισθεν ἐς τὰ γυμνὰ ἐπεστραμμένους σφᾶς ἔπαιον [7], καὶ τοῖς ἄλλοις ῥᾷον φονεύειν παρεῖχον. Τὴν γὰρ τάξιν, ὅπως ἀντιπρόσωποι αὐτοῖς γένωνται, ἐξελίξαντες, ὄπισθεν σφῶν τοὺς Πάρθους ἐποιήσαντο.

1. F : ἔς τε γὰρ τούς.
2. Γυμνούς τε, dans l'ancienne leçon, maintenue par Reimarus et par Sturz. Avec M. Imm. Bekker, je supprime τε, dont rien ne justifie la présence, et qui n'est probablement qu'une répétition.
3. Comme Sturz et M. Imm. Bekker, d'après Toup, Emend. ad Longin. ed. Weisk, p. 487, au lieu de la leçon vulgaire τιτρωσκόμενον. La leçon πρὸς τὸ ἀεὶ τιτρῶσκον est confirmée par Dion, § 23 de ce livre. Nic. Leoniceno, *Gli faceremo essere discoperti alle ferite, le quali sempre sopravenivano*, est favorable à cette correction : Wagner et M. Tafel l'ont suivie.
4. A la leçon vulgaire ἄλλα ἐν πολλοῖς je substitue, avec Sturz et M. Imm. Bekker, la conjecture suggérée à Oddey par la version de Xylander, *aliis super alia vulneribus sauciabatur*.

tellement un grand nombre, ou les mettaient hors de combat ; enfin, elles les frappaient aux yeux, ou se faisaient jour à travers leurs armes jusqu'aux mains et dans toutes les parties du corps, et ne leur laissaient point le temps de respirer. Rien ne pouvait les mettre à l'abri, et ils restaient exposés sans défense à de continuelles blessures. Ils en recevaient coup sur coup de nouvelles, pendant qu'ils cherchaient à éviter un trait, ou à arracher celui qui les avait frappés. Ils ne savaient pas même s'ils devaient se mouvoir ou se tenir immobiles ; car le mouvement ne les mettait pas plus en sûreté que l'immobilité, et l'immobilité entraînait leur perte aussi bien que le mouvement. D'ailleurs l'ennemi ne leur permettait pas de remuer, et l'immobilité les exposait à être blessés plus facilement.

23. Voilà ce que les Romains eurent à souffrir, en combattant contre les ennemis qui se montraient ouvertement ; car Augarus ne les attaqua pas sur-le-champ. Mais lorsqu'il tomba aussi sur eux, les Osroènes, placés derrière les Romains qui leur tournaient le dos, les frappèrent là où leurs membres découverts donnaient prise, et rendirent leur destruction plus facile pour les Parthes. Forcés de faire une évolution pour se trouver face à face avec les

---

5 A, C, E, F, G portent ὡς ἐπὶ πρὸς μόνους τοὺς ἐμφανεῖς πολέμους, qui est la leçon vulgaire. Comme Reimarus et Sturz, je substitue ἔτι à ἐπὶ d'après Xylander, et πολεμίους à πολέμους, d'après Leunclavius. M. Imm. Bekker, qui adopte ces deux corrections, remplace en outre ὡς par ἕως : ce changement n'est pas nécessaire ; cf. Sturz, tom. I, p. 601 de son édition.

6. D'après A, B, C, D, E, F, G, H, au lieu de Ὀσροηνοί. Cf. p. 169, n. 7.

7. L'ancienne leçon ἐς τὰ ἀπεστραμμένους αὐτοὺς ἔπαιον était inintelligible. Leunclavius proposa ἐς τὰ ἀπεστραμμένα αὐτοὺς ἔπαιον. — *Osroeni a tergo partes eorum aversas cædebant.* Mais, grâce au Ms. A, Gronove a donné une leçon que j'adopte avec Reimarus et qui fournit un sens très-plausible. Sturz et M. Imm. Bekker l'adoptent aussi ; mais en

Αὖθίς τε δὺν πρὸς αὐτοὺς μετεστράφησαν, καὶ πάλιν αὖθις πρὸς ἐκείνους, εἶτα πρὸς τούτους. Κἀκ τοῦ τοιούτου [1] μᾶλλον ἐπιταραχθέντες, ἅτε καὶ συνεχῶς δεῦρο κἀκεῖσε μεθιστάμενοι, καὶ πρὸς τὸ ἀεὶ τιτρῶσκον ἀποβλέπειν ἀναγκαζόμενοι, τοῖς τε ξίφεσι τοῖς σφετέροις περιέπιπτον, καὶ πολλοὶ καὶ ὑπ' ἀλλήλων ἀπώλοντο. Τέλος δὲ ἐς στενὸν οὕτω κατεκλείσθησαν, ἀναγκαζόμενοι [2], τῶν πολεμίων ἀεὶ σφίσι πανταχόθεν ἅμα προσπιπτόντων, ταῖς τῶν παραστατῶν ἀσπίσι τὰς γυμνώσεις σφῶν προστέλλειν [3], ὥστε μηδὲ κινηθῆναι ἔτι δυνηθῆναι. Οὐ μὴν οὐδὲ τὴν στάσιν βεβαίαν ὑπὸ τοῦ πλήθους τῶν νεκρῶν εἶχον, ἀλλὰ καὶ περὶ ἐκείνοις ἀνετρέποντο. Τό τε καῦμα καὶ τὸ δίψος, (μεσοῦντός τε γὰρ τοῦ θέρους καὶ ἐν μεσημβρίᾳ ταῦτ' ἐγίγνετο [4]) καὶ ὁ κονιορτὸς (ὅπως γὰρ ὅτι πλεῖστος αἴροιτο, πάντες [5] σφᾶς οἱ βάρβαροι περιΐππευον) δεινῶς τοὺς λοιποὺς συνῄρει, καὶ συχνοὶ καὶ ὑπὸ τούτων ἄτρωτοι ἔπεσον.

24. Κἂν πασσυδὶ ἀπώλοντο, εἰ μὴ οἵ τε κοντοὶ τῶν βαρβάρων, οἱ μὲν ἀπεστράφησαν, οἱ δὲ ἐκλάσθησαν, καὶ αἱ νευραὶ τῇ συνεχείᾳ τῆς [6] βολῆς ἐρράγησαν· τά τε βέλη ἐξετοξεύθη, καὶ τὰ ξίφη πάντα ἀπημβλύνθη· τό τε μέ-

remplaçant ἐπεστραμμένους par ἀπεστραμμένους que j'aurais préféré, s'il se trouvait dans les Mss.

1. C, H : κἀκ τούτου τοιούτου.
2. Après ce mot, le copiste a répété dans F le passage τοῖς τε ξίφεσι — ἀπώλοντο : puis il ajoute τέλος δὲ τῶν πολεμίων ἀεὶ σφίσι πανταχόθεν.
3. Rob. Etienne, approuvé par Xylander, aimerait mieux περιστέλλειν, mais προστέλλειν est parfaitement juste et confirmé par un passage analogue de Thucydide, V, 71; cf. Sturz, tom. I, p. 602.

Osroènes, les Romains eurent les Parthes derrière eux : ensuite se tournant de nouveau vers les Parthes, puis tantôt vers les uns et tantôt vers les autres; obligés, au milieu de ces revirements continuels qui augmentaient le désordre, de porter leurs regards surtout du côté d'où partaient les traits qui les frappaient incessamment, ils se heurtaient contre les épées de leurs compagnons, et plusieurs se tuaient les uns les autres. A la fin, ils furent resserrés dans un espace si étroit qu'ils n'eurent que les boucliers de leurs voisins pour protéger contre les ennemis qui les harcelaient sans relâche, de tous les côtés à la fois, leurs membres sans défense, et ne purent plus bouger. Il ne leur était pas même possible de se tenir fermes sur leurs pieds, à cause des morts qui jonchaient la terre, et ils tombaient au milieu des cadavres. La chaleur et la soif (on était au cœur de l'été, et le combat fut livré en plein midi), jointes aux épais tourbillons de poussière que les barbares faisaient voler à dessein en courant tous à cheval autour des Romains, incommodèrent tellement le reste de nos soldats que plusieurs moururent ainsi, sans avoir été blessés.

24. Ils auraient péri jusqu'au dernier, si les lances des Parthes n'avaient pas été courbées ou brisées, si les cordes de leurs arcs n'avaient pas été rompues par les flèches lancées sans interruption, si leurs traits n'avaient

---

4. D : τοῦτ' ἐγίγνετο.

5. L'ancienne leçon πάντα σφᾶς provient de ce que le ς final de πάντας a été négligé par le copiste devant un mot commençant par σ. On peut donc rétablir πάντας, donné par E, conseillé par Reimarus et adopté par Sturz. Toutefois je préfère πάντες, d'après A, F : il est très-bon pour le sens. M. Imm. Bekker l'adopte aussi.

6. Omis dans D, H.

γιστον, οἱ ἄνδρες αὐτοὶ φονεύοντες ἐξέκαμον. Οὕτω γὰρ δὴ (καὶ ἐπειδὴ) καὶ νὺξ ἐγίγνετο [1], καὶ πόρρω ποι [2] ἀφιππεῦσαι [3] αὐτοὺς ἐχρῆν, ἀπεχώρησαν. Οὐδέποτε γὰρ πλησίοι οὐδὲ τοῖς ἀσθενεστάτοις στρατοπεδεύονται, διὰ τὸ μηδεμιᾷ ταφρείᾳ χρῆσθαι καὶ διὰ τὸ, ἄν τις ἐπέλθῃ σφίσιν ἐν τῷ σκότῳ [4], ἀδύνατοι μὲν τῇ ἵππῳ, ἀδύνατοι δὲ καὶ τῇ τοξείᾳ ἰσχυρίσασθαι εἶναι. Οὐ [5] μέντοι καὶ ζῶντά τινα τῶν Ῥωμαίων τόθ' εἷλον. Ἑστῶτάς τε γὰρ αὐτοὺς ἐν τοῖς ὅπλοις ὁρῶντες, καὶ μήτε τινὰ ἐκεῖνα ἀπορρίπτοῦντα μήτ' αὖ [6] φεύγοντα αἰσθανόμενοι [7], ἰσχύειν τε ἔτι σφᾶς ἐνόμισαν, καὶ ἐφοβήθησαν αὐτῶν ἐπιλαβέσθαι.

25. Οὕτως ὅ τε Κράσσος [8], καὶ ἄλλοι ὅσοιγε [9] ἠδυνήθησαν, ἐς τὰς Κάρρας ὥρμησαν, βεβαίους σφίσιν ὑπὸ τῶν καταμεινάντων ἔνδον Ῥωμαίων τηρηθείσας. Πολλοὶ γὰρ [10] δὴ τῶν τετρωμένων, μήτε βαδίσαι οἷοί τε ὄντες, μήτ' ὀχημάτων εὐποροῦντες, ἢ καὶ ποδηγέτας ἔχοντες (ἀγαπητῶς γὰρ οἱ λοιποὶ ἑαυτοὺς ἀνέφερον) κατὰ χώραν ἔμειναν. Καὶ ἐκείνων τε οἱ μὲν ἀπέθανον ἐκ τῶν τραυμάτων, ἢ καὶ

---

1. L'ancienne leçon οὕτω γὰρ δὴ καὶ νὺξ ἐγίγνετο a donné lieu à de nombreuses conjectures. Reimarus propose οὕτω γὰρ δὴ (καὶ γὰρ νὺξ), ou bien οὕτω γὰρ δὴ, ὡς νὺξ ἐγένετο, ou bien encore, ὡς καὶ νὺξ ἐγένετο; Sturz, οὕτω γὰρ δὴ, ὅτι καὶ νὺξ ἐγίγνετο. M. Imm. Bekker regarde δὴ comme la dernière syllabe de ἐπειδὴ et lit : οὕτω γὰρ, ἐπειδὴ καὶ νὺξ ἐγίγνετο. Pour ne pas sacrifier δὴ, que l'enchaînement des idées rend nécessaire, je lis : οὕτω γὰρ δὴ καὶ ἐπειδὴ, en plaçant καὶ ἐπειδὴ entre crochets.
2. D'après A, B, C, F, G, au lieu de la leçon vulgaire ποῦ. — 3. F : ἀφ' ἱππεῦσαι.
4. A, C, F confirment l'ancienne leçon σκόπῳ, qui est fautive : avec Reimarus, Sturz et M. Imm. Bekker, j'adopte σκότῳ, d'après Xylander.
5. Le passage δὲ καὶ — εἶναι. Οὐ, manque dans F.

pas été épuisés, et toutes leurs épées émoussées ; mais surtout s'ils n'avaient pas été eux-mêmes fatigués de carnage. La nuit d'ailleurs arriva, et les Parthes, qui ne campent jamais près de leurs ennemis même les plus faibles, abandonnèrent le combat ; parce qu'ils avaient une longue route à parcourir. Comme ils ne font usage d'aucun retranchement, ils ne pourraient se défendre avec leurs chevaux ni avec leurs flèches, s'ils étaient attaqués au milieu des ténèbres. Cependant pas un des soldats romains ne fut alors pris vivant : les Parthes, voyant qu'ils restaient fermes à leur poste, les armes à la main, qu'aucun ne les mettait bas et ne prenait la fuite, crurent qu'ils conservaient encore des forces et n'osèrent les attaquer.

25. Après cette défaite, Crassus et tous ceux qui étaient en état de le suivre se retirèrent à Carrhes, où ils trouvèrent une retraite sûre, grâce aux Romains qui y étaient restés ; mais un grand nombre de blessés qui ne pouvaient marcher et qui n'avaient aucun moyen de transport, ni personne pour les conduire (chacun se trouvait heureux de se sauver lui-même), ne quittèrent point le champ de bataille. Plusieurs périrent des suites de leurs

---

6. La leçon μήτ' αὐτὸν, substituée par Xylander à l'ancienne μήτ' αὖ τὸν, et maintenue par Reimarus et par M. Imm. Bekker, se trouve dans A, B, D, F, G. Je n'ai pas cru devoir conserver αὖ τὸν, parce qu'il n'y a point de substantif auquel τὸν puisse se rapporter. Je n'ai pas adopté non plus αὐτὸν, leçon encore moins satisfaisante. J'ai mieux aimé, d'après Reiske, supprimer ce malencontreux τὸν, et lire, comme Sturz : μήτ' αὖ φεύγοντα (s. ent. τινά).

7. C : αἰσθόμενοι. — 8. F : Κράσος. — 9. C, G, H : ὅσοιτε.

10. « Particula γὰρ, dit Reiske, respicit ad superius, ὅσοιγε ἠδυνήθησαν — *qui quidem potuerant ad Carrhas pervenire*. Multi enim non potuerant.

ἑαυτοὺς καταχρησάμενοι· οἱ δὲ ἑάλων τῇ ἑτέρᾳ [1]. καὶ τῶν ἑαλωκότων [2] συχνοὶ μὲν ἐν τῇ ὁδῷ, προλιπόντων σφᾶς τῶν σωμάτων [3], συχνοὶ δὲ καὶ μετὰ τοῦτ' ἐφθάρησαν· θεραπείας παραχρῆμα ἀκριβοῦς μὴ δυνηθέντες τυχεῖν. Ὁ γὰρ Κράσσος ἀθυμήσας, οὐδὲ ἐν τῇ πόλει ἀσφαλῶς ἔθ' ὑπομεῖναι δυνήσεσθαι ἐνόμισεν, ἀλλὰ δρασμὸν εὐθὺς ἐβουλεύσατο. Καὶ ἐπειδὴ οὐχ οἷόν τε ἦν αὐτῷ μεθ' ἡμέραν ἐξιόντι μὴ οὐ καταφώρῳ [4] γενέσθαι, ἐπεχείρησε μὲν νυκτὸς ἀποδρᾶναι· προδοθεὶς δὲ ὑπὸ τῆς σελήνης πανσελήνου οὔσης, οὐκ ἔλαθε [5]. Προσέμειναν τε οὖν [6] μέχρι τῶν ἀσελήνων νυκτῶν, καὶ οὕτως [7] ἄραντες δὴ [8], οἷα ἐν σκότῳ, καὶ ἐν ἀλλοτρίᾳ καὶ προσέτι καὶ πολεμίᾳ γῇ, φόβῳ τε ἰσχυρῷ [9], ἐσκεδάσθησαν. Καὶ αὐτῶν οἱ μὲν ἁλόντες, ἡμέρας γενομένης ἀπώλοντο· οἱ δὲ ἐς τὴν Συρίαν μετὰ Κασσίου Λογγίνου τοῦ ταμίου [10] διεσώθησαν. Ἄλλοι τῶν ὀρῶν μετ' αὐτοῦ τοῦ Κράσσου λαβόμενοι, παρεσκευάζοντο ὡς καὶ δι' ἐκείνων ἐς τὴν Ἀρμενίαν φευξούμενοι [11].

---

1. Xylander traduit *reliqui postridie capti sunt*, en sous-entendant ἡμέρᾳ. Cette interprétation est approuvée par Turnèbe, qui propose τῇ ὑστεραίᾳ, au lieu de τῇ ἑτέρᾳ. Reimarus rejette la version de Xylander et la conjecture de Turnèbe : il s'appuie sur Lambert Bos et sur divers passages pour établir qu'ici τῇ ἑτέρᾳ, avec l'ellipse de χειρὶ, signifie *nullo negotio*. Tout en reconnaissant la justesse de ses observations, je pense avec Sturz que l'interprétation de Xylander convient mieux au passage de Dion, et je l'ai suivie. Telle est aussi l'opinion de M. Imm. Bekker, qui va jusqu'à remplacer τῇ ἑτέρᾳ par la conjecture de Turnèbe. L'interprétation de Xylander est confirmée par Nic. Leoniceno : *Ma alcuni furono presi nel seguente giorno*. Wagner et M. Tafel ont traduit d'après Reimarus.

2. Reiske voudrait τῶν οὐχ ἑαλωκότων — « Ii qui capti non fuerant; sed cum Crasso Carrhas abierant. »

blessures ou se tuèrent. Les autres furent pris le lendemain : parmi ces derniers, beaucoup succombèrent en chemin par l'épuisement des forces ; beaucoup d'autres moururent bientôt après, parce qu'ils n'avaient pas reçu à temps les soins convenables. Crassus, découragé et ne se croyant plus en sûreté à Carrhes, songea à fuir incontinent ; et, comme il ne pouvait sortir de la ville pendant le jour sans être pris sur le fait, il chercha à s'échapper, la nuit ; mais la lune, qui était dans son plein, le trahit, et il ne put cacher sa fuite. Les Romains attendirent donc qu'il ne fît plus clair de lune pour se mettre en route ; mais marchant au milieu des ténèbres dans un pays étranger, même ennemi, et livrés à de vives craintes, ils se dispersèrent. Les uns furent pris et tués, lorsque le jour parut ; plusieurs parvinrent sains et saufs en Syrie avec le questeur Cassius Longinus ; d'autres, sous la conduite de Crassus lui-même, gagnèrent les montagnes : leur intention était d'en suivre la chaîne, pour arriver ainsi en Arménie.

3. Comme Sturz et M. Imm. Bekker, d'après Turnèbe, au lieu de la leçon vulgaire παρέλιπον σφᾶς τῶν σωμάτων, qui ne peut se construire.

4. Καταφόρῳ est une faute dans A, E, F, G, et dans Rob. Étienne.

5. A, D, G, H : ἔλαθεν. — 6. Omis dans C, ajouté en marge dans G.

7. C, H : οὕτω.

8. Comme M. Imm. Bekker, d'après Reimarus dans ses *Addenda*, au lieu de la leçon vulgaire δὲ que Reiske voudrait supprimer.

9. A : ἰσχυρῶς.

10. Dans E, ποταμίου est une distraction du copiste. A cette leçon, reproduite par Rob. Étienne, je substitue, d'après Xylander, ταμίου adopté par mes devanciers et très-bon pour le sens.

11. C : φευξόμενοι.

26. Γνοὺς δὲ τοῦτο ὁ Σουρήνας, καὶ φοβηθεὶς μὴ μεταστάντες ποι αὖθις σφίσι προσπολεμῶσι, προσβαλεῖν μὲν πρὸς τὰ μετέωρα ἄφιππα ὄντα οὐκ ἠθέλησεν· (ὁπλῖταί τε γὰρ ὄντες καὶ ἐξ ὑπερδεξίων μαχόμενοι, καί τι καὶ ἀπονοίας ὑπ' ἀπογνώσεως ἔχοντες [1], οὐ ῥᾴδιοι προσμῖξαι οἱ ἐγένοντο·) πέμπει δὲ πρὸς αὐτοὺς, ἐς [2] σπονδὰς δῆθεν σφᾶς προκαλούμενος, ἐφ' ᾧ τὴν ἐντὸς τοῦ Εὐφράτου πᾶσαν ἐκλείπωσι. Καὶ αὐτῷ ὁ Κράσσος, οὐδὲν ἐνδοιάσας, ἐπίστευσεν. Ἔν τε γὰρ ἀκμῇ τοῦ δέους ὢν, καὶ ὑπ' ἐκπλήξεως τῆς τε ἰδίας ἅμα καὶ τῆς [3] δημοσίας συμφορᾶς τεθολωμένος, καὶ προσέτι καὶ τοὺς στρατιώτας, τήν τε ὁδὸν, ὡς πολλὴν καὶ τραχεῖαν, ὀκνοῦντας, καὶ τὸν Ὀρώδην φοβουμένους ὁρῶν, οὐδὲν τῶν δεόντων προϊδέσθαι ἠδυνήθη. Ἑτοίμου οὖν αὐτοῦ πρὸς τὰς σπονδὰς γενομένου, ὁ Σουρήνας οὐκ ἠθέλησε δι' ἑτέρων σπείσασθαι, ἀλλ' ὅπως αὐτὸν μετ' ὀλίγων ἀπολαβὼν συλλάβῃ, αὐτῷ ἐκείνῳ ἔφη βούλεσθαι ἐς λόγους ἐλθεῖν. Κἀκ τούτου δόξαν σφίσιν [4] ἐν τῷ μεταιχμίῳ [5] μετ' ἴσων ἀνδρῶν ἑκατέρωθεν συμβαλεῖν ἀλλήλοις, ὅ τε Κράσσος ἐς τὸ ὁμαλὸν ὑποκατέβη, καὶ ὁ Σουρήνας ἵππον αὐτῷ δῶρον, ἵνα δὴ θᾶσσον πρὸς αὐτὸν ἀφίκηται, ἔπεμψε [6].

27. Καὶ οὕτω διαμέλλοντα τὸν Κράσσον, καὶ βουλευό-

---

1. Reimarus, après avoir blâmé Xylander qui propose de substituer δὴ à δι', dans l'ancienne leçon καί τι καὶ δι' ἀπονοίας — ἔχοντες, conseille, dans ses *Addenda* de supprimer δι : c'est ce que je fais avec M. Imm. Bekker. Reiske se montre trop hardi en refaisant ainsi ce passage : κᾆτα καὶ δι' ἀπονοίας ὑπ' ἀπογνώσεως ἐλθόντες.

26. A cette nouvelle, le Suréna craignit qu'ils ne fissent encore la guerre aux Parthes, s'ils parvenaient à s'échapper ; mais il ne voulut pas les attaquer sur des hauteurs inaccessibles pour la cavalerie. D'ailleurs les romains étaient des fantassins pesamment armés ; ils auraient l'avantage de combattre d'un lieu élevé, et le désespoir pouvait leur inspirer une sorte de fureur qui rendrait la lutte difficile. Il leur fit donc demander la paix par une ambassade, à condition que tout le pays en deçà de l'Euphrate serait évacué. Crassus ne conçut aucun soupçon, et crut à sa sincérité : en proie à mille craintes, abattu par son malheur et par celui de la République, voyant que ses soldats reculaient devant une marche longue, pénible, et qu'ils avaient peur d'Orode, il fut hors d'état de prendre les mesures que réclamaient les circonstances, et se montra disposé à traiter. Le Suréna ne voulut pas négocier par des intermédiaires : il exprima le désir de conférer avec lui, dans l'espoir que Crassus viendrait avec une faible escorte et qu'il pourrait le faire prisonnier. L'espace laissé entre les deux armées fut choisi pour l'entrevue, et l'on convint que les deux chefs s'y rendraient avec le même nombre d'hommes. Crassus descendit dans la plaine, et pour qu'il arrivât plus promptement auprès de lui, le Suréna lui envoya un cheval dont il lui fit présent.

27. Pendant que Crassus hésitait et délibérait sur

2. Omis dans C.
3. D'après D, F, j'ajoute, comme Sturz et M. Imm. Bekker, cet article qui manque dans l'ancienne leçon.
4. G : σφίσι.
5. D'après B et Turnèbe : A porte μεταίχμῳ, qui est la leçon vulgaire.
6. C, D, G, H : ἔπεμψεν.

μενον ὅ τι ποιήσῃ, συναρπάσαντες οἱ βάρβαροι βίᾳ ἐπὶ τὸν ἵππον ἀνέβαλον ¹. Κἀν τούτῳ ἀντιλαμβανομένων ² αὐτοῦ τῶν Ῥωμαίων, ἐς τὰς χεῖρας ³ σφίσιν ἦλθον· καὶ τέως μὲν ἰσοπαλεῖς ἐγίγνοντο, ἔπειτα δὲ προσβοηθησάντων τινῶν αὐτοῖς, ἐπεκράτησαν ⁴· οἱ γὰρ βάρβαροι ἔν τε τῷ πεδίῳ ὄντες καὶ προπαρεσκευασάμενοι, ἔφθησαν τοὺς ἄνω Ῥωμαίους, ἀμύναντες σφίσι ⁵· καὶ οἵ τε ἄλλοι ἔπεσον, καὶ ὁ Κράσσος· εἴτ' οὖν ὑπὸ τῶν σφετέρων τινὸς, ὅπως μὴ ζωγρηθῇ, εἴτε καὶ ὑπὸ τῶν πολεμίων, ἐπειδὴ κακῶς ἐτέτρωτο, ἐσφάγη ⁶. Καὶ ἐκείνῳ μὲν τοῦτο τὸ τέλος ἐγένετο· καὶ αὐτοῦ χρυσὸν ἐς τὸ στόμα οἱ Πάρθοι (ὥς γέ τινες λέγουσιν) ἐνέτηξαν, ἐπισκώπτοντες ⁷. Οὕτω γὰρ δὴ περὶ τὰ χρήματα, καίτοι πολυχρήματος ὤν, ἐσπουδάκει, ὥστε καὶ οἰκτείρειν ὡς πένητας ⁸ τοὺς μὴ δυναμένους στρατόπεδον ⁹ ἐκ καταλόγου ¹⁰ οἴκοθεν τρέφειν ¹¹. Τῶν δὲ δὴ

1. D'après Xylander, comme Reimarus, Sturz et M. Imm. Bekker. A, C, H, confirment l'ancienne leçon ἀνέλαβον.
2. B : ἀναλαμβανομένων. — 3. A : ἐς τε τὰς χεῖρας. — 4. H : ἐκράτησαν.
5. Leunclavius traduit : *Romanos de sublimi suis auxilio venientes.* Reimarus et Sturz ont adopté cette version, en maintenant ἀμύναντες : elle exigerait ἀμύναντας. De plus, *de sublimi* demanderait ἄνωθεν, au lieu de ἄνω. Wagner donne le même sens. Les mots ἀμύναντες σφίσι ne se trouvaient probablement pas dans le ms. de Nic. Leoniceno, puisqu'il se contente de dire : *Perchè i barbari prevennono i Romani, i quali erano sopra il monte.* M. Tafel ne les rend pas non plus.

J'ai cru pouvoir maintenir la leçon ἀμύναντες σφίσι, en rapportant σφίσι aux Parthes qui combattaient contre les soldats de Crassus, et ἀμύναντες aux barbares venus à leur secours, comme renfort, et désignés un peu plus haut par les mots προσβοηθησάντων τινῶν. Je propose donc ce sens :
« Enfin elle se déclara pour les barbares, soutenus par des renforts qui, se
« trouvant dans la plaine et tout préparés pour ce coup de main, devan-
« cèrent les Romains placés sur la hauteur. »

ce qu'il devait faire, les barbares se saisirent de lui, et le placèrent de force sur ce cheval. Ses soldats voulurent le reprendre, et une lutte s'engagea : la victoire resta quelque temps incertaine. Enfin elle se déclara pour les barbares, soutenus par des renforts qui, se trouvant dans la plaine et tout préparés pour ce coup de main, devancèrent les Romains placés sur la hauteur. Là périrent une partie de notre armée et Crassus lui-même, soit qu'un des siens lui ait donné la mort pour qu'il ne fut pas pris vivant, soit qu'il ait été tué par les Parthes, après avoir reçu de graves blessures. Telle fut la fin de Crassus : les Parthes, du moins à ce qu'on rapporte, versèrent dans sa bouche de l'or fondu, en l'insultant par des sarcasmes; car, malgré ses immenses richesses, il avait une telle soif d'en amasser de nouvelles qu'il plaignait et regardait comme pauvres ceux qui ne pouvaient, avec leurs revenus, nourrir

6. Plutarque n'est pas plus affirmatif; Crass. XXXI : Τὸν δὲ Κράσσον Πομαξάθρης Πάρθος ἀπέκτεινεν. Οἱ δ' οὔ φασιν, ἀλλ' ἕτερον μὲν εἶναι τὸν ἀποκτείναντα· τοῦτον δὲ κειμένου τὴν κεφαλὴν ἀποκόψαι καὶ τὴν δεξιάν. Εἰκάζεται δὲ ταῦτα μᾶλλον ἢ γιγνώσκεται.

7. Florus, III, 11, rapporte le même fait. Plutarque n'en parle pas ; mais il raconte, l. l. XXXII, les outrages prodigués aux restes de Crassus.

8. A, B, C, G, confirment l'ancienne leçon ὡς πένητας οἰκτείρειν. Sturz adopte ὡς καὶ οἰκτείρειν ὡς πένητας, d'après Xiphilin, l. l. 14. M. Imm. Bekker, d'après Leunclavius, remplace le premier ὡς par ὥστε que je préfère aussi, pour éviter la répétition de ὡς.

9. Cf. Cic. Offic. I, 8 ; Parad. VI ; Pline, XXXIII, 10 : M. Crassus negabat locupletem esse, nisi qui reditu annuo *legionem* tueri posset. « Στρατόπεδον, dit Reimarus, interdum notat *exercitum*; sed sæpius *legionem*, præcipue si additur, ut apud Dionem hoc loco, ἐκ καταλόγου. » J'ai donc rendu στρατόπεδον par *légion* et non par *armée*, comme l'ont fait Nic. Leoniceno, Wagner et M. Tafel.

10. D'après Xiphilin, l. l. Ἐκ manque dans D, G, H.

11. Je conserve l'ancienne leçon d'après Xiphilin, l. l. et Plutarque, l. l. Reimarus, Sturz et M. Imm. Bekker préfèrent θρέψειν.

στρατιωτῶν τὸ μὲν πλεῖον διὰ τῶν ὀρῶν ἐς τὴν φιλίαν ἀπέφυγε, τὸ δέ τι καὶ ἐς τοὺς πολεμίους ἑάλω [1].

28. Οἱ δὲ δὴ Πάρθοι τότε μὲν οὐ περαιτέρω τοῦ Εὐφράτου προεχώρησαν, ἀλλὰ τὴν ἐντὸς αὐτοῦ [2] πᾶσαν ἀνεκτήσαντο· μετὰ δὲ τοῦτο καὶ ἐς τὴν Συρίαν, οὐ μέντοι καὶ ἐν πλήθει τινὶ, ὡς μήτε στρατηγὸν μήτε στρατιώτας ἔχουσαν, ἐνέβαλον· ἀφ' οὗπερ Κάσσιος [3] ῥᾳδίως αὐτοὺς, ἅτε μὴ πολλοὺς ὄντας, ἀπεώσατο. Οὗτος γὰρ, ἐν μὲν ταῖς Κάρραις, τῶν τε στρατιωτῶν τὴν αὐτοκράτορα αὐτῷ [4] ἡγεμονίαν, μίσει τοῦ Κράσσου, διδόντων, καὶ προσέτι καὶ αὐτοῦ ἐκείνου [5] ἐθελοντὶ, διὰ τὸ τῆς συμφορᾶς μέγεθος, ἐπιτρέποντος, οὐκ ἐδέξατο· τότε δὲ καὶ ἀνάγκῃ τῆς Συρίας ἔν τε τῷ παρόντι, καὶ μετὰ ταῦτα προέστη.

Οἱ γὰρ βάρβαροι οὐκ ἀπέσχοντο αὐτῆς, ἀλλὰ χειρὶ αὖθις μείζονι, Πακόρου μὲν ὀνόματι, τοῦ υἱέος [6] τοῦ Ὀρώδου, ἔργῳ δὲ (παῖς γὰρ ἔτι ἐκεῖνος ἦν) Ὠσάκου ἡγουμένου σφίσιν, ἐστράτευσαν [7]· καὶ μέχρι τῆς Ἀντιοχείας ἦλθον, πᾶσαν τὴν ἐν ποσὶ χειρούμενοι [8]. Καὶ ἐλπίδα εἶχον καὶ τὰ λοιπὰ καταστρέψασθαι [9], μήτε τῶν Ῥωμαίων ἀξιομάχῳ

---

1. Dion fournit un autre exemple de cette construction, p. 266, tom. II de cette édition : ἁλοὺς ἐς καταποντιστάς. Il sera bon pourtant de consulter la note de Sturz, tom. V, p. 261-262.
2. Ce mot manque dans la leçon vulgaire : je l'ajoute d'après C, avec Reimarus, Sturz et M. Imm. Bekker.
3. Κράσσος, dans A cité par Sturz, et dans B, C, E, G. Cette leçon était aussi dans H; mais elle y a été remplacée par Κάσσιος, que j'adopte avec Reimarus, Sturz et M. Imm. Bekker, d'après Xiphilin, l. l.
4. A cause de la perpétuelle confusion des désinences των et τῳ, je

une légion. La plupart de nos soldats parvinrent, à travers les montagnes, dans un pays ami; mais une partie tomba au pouvoir des barbares.

28. Les Parthes ne s'avancèrent pas alors au delà de l'Euphrate, et se bornèrent à reprendre tout le pays situé en deçà de ce fleuve. Plus tard ils envahirent la Syrie, mais avec des forces peu considérables, s'attendant à n'y trouver ni général ni armée; mais, à cause de leur petit nombre, ils furent facilement repoussés par Cassius, à qui l'armée romaine, aigrie contre Crassus, avait offert le commandement dans la ville de Carrhes, et Crassus lui-même, accablé par ses revers, le lui aurait cédé volontiers. Cassius ne l'avait pas accepté; mais, dans la position où se trouvaient alors les Romains, la nécessité le força de prendre en main le gouvernement de la Syrie pour le présent et même pour l'avenir; car les barbares, loin de la respecter, l'envahirent de nouveau avec une armée plus nombreuse, conduits en apparence par Pacorus, fils d'Orode, encore enfant; mais leur véritable chef était Osacès. Ils pénétrèrent jusqu'à Antioche, subjuguant tout sur leur passage et pleins d'espoir de conquérir la Syrie entière : les Romains n'avaient point des forces suffisantes pour les arrêter,

---

n'hésite pas à remplacer, comme M. Imm. Bekker, l'ancienne leçon αὐτῶν par αὐτῷ, conjecture d'Oddey.

5. Au lieu de παρ' αὐτοῦ ἐκείνου. Sturz approuve cette leçon et M. Imm. Bekker l'adopte.

6. G : υἱέως. — 7. Cf. Cicéron, Lettr. à Attic. V, 20, et Orose, VI, 13.

8. Xiphilin, l. l. : Πάρθοι δὲ μέχρι τῆς Ἀντιοχείας αὐτῆς ἐλάσαντες, καὶ τὰ ἐν ποσὶ πάντα χειρούμενοι, ὑπὸ Κασσίου Λογγίνου ἀνεκόπησάν τε καὶ ὀπίσω ἐχώρησαν.

9. Turnèbe préférerait καταστρέψεσθαι. L'aoriste peut être maintenu.

τινὶ δυνάμει[1] παρόντων, καὶ τῶν δήμων τῇ τ' ἐκείνων δεσποτείᾳ ἀχθομένων, καὶ πρὸς αὐτοὺς, ἅτε καὶ γείτονας καὶ συνήθεις σφίσιν ὄντας, ἀποκλινόντων.

29. Ἁμαρτόντες δὲ τῆς Ἀντιοχείας (ὅ τε γὰρ Κάσσιος[2] ἰσχυρῶς αὐτοὺς ἀπεκρούσατο, καὶ ἐκεῖνοι ἀδύνατοι πολιορκῆσαί τι ἦσαν) ἐπ' Ἀντιγονίαν ἐτράποντο. Καὶ ἐπειδὴ τό τε προάστειον αὐτῆς σύμφυτον ἦν, καὶ οὐκ ἐθάρσησαν, οὐδ' ἠδυνήθησαν[3], ἐς αὐτὸ ἐσελάσαι[4], ἐνενόησαν μὲν τά τε δένδρα κόψαι, καὶ τὸ χωρίον πᾶν ψιλῶσαι, ὅπως καὶ θαρσούντως καὶ ἀσφαλῶς τῇ πόλει προσμίξωσι· μὴ δυνηθέντες δὲ (ὅ τε γὰρ πόνος πολὺς ἐγίγνετο[5], καὶ ὁ χρόνος ἄλλως ἀναλοῦτο, ὅ τε Κάσσιος τοὺς ἀποσκεδαννυμένους σφῶν ἐλύπει) ἀπανέστησαν, ὡς καὶ ἐπ' ἄλλο τι ἐπιστρατεύσοντες[6]. Κἂν τούτῳ ὁ Κάσσιος ἔς τε τὴν ὁδὸν, δι' ἧς ἀποπορεύεσθαι ἔμελλον, ἐλόχισε· κἀνταῦθα ἐπιφανεὶς σφίσι μετ' ὀλίγων, ἔς τε δίωξιν αὐτοὺς ὑπηγάγετο, καὶ περιστοιχισάμενος, ἄλλους τε καὶ τὸν Ὠσάκην ἀπέκτεινε. Τελευτήσαντος δ' ἐκείνου[7], πᾶσαν τὴν Συρίαν ὁ Πάκορος ἐξέλιπε, καὶ οὐδ' αὖθίς ποτε ἐς αὐτὴν ἐσέβαλεν.

30. Ἅμα δὲ οὗτος ἀνακεχωρήκει, καὶ ὁ Βίβουλος ἄρξων τῆς Συρίας ἀφίκετο· καίπερ ἐψηφισμένου, μηδένα μήτε στρατηγὸν, μήθ' ὕπατον, μήτε εὐθὺς, μήτε πρὸ πέμπτου

---

1. Omis dans D.
2. Κράσσος dans A, B, G. La même leçon est dans C ; mais Κάσσιος a été ajouté en marge.
3. Turnèbe propose de substituer ἀλλὰ καὶ οὐκ ἐδυνήθησαν à la leçon vulgaire ἀλλ' οὐκ ἐδυνήθησαν. A, B donnent la bonne leçon οὐδ' ἐδυνήθησαν,

et les indigènes, ennemis de la domination étrangère, penchaient pour un peuple qui était leur voisin et avait les mêmes mœurs.

29. Repoussés avec vigueur par Cassius et incapables de bien conduire un siége, les Parthes échouèrent devant Antioche, et se dirigèrent du côté d'Antigonie. Mais ils n'osèrent ni ne purent pénétrer dans les faubourgs qui étaient plantés d'arbres : ils résolurent d'abattre ces arbres et de mettre la ville complétement à nu, afin de l'attaquer sans crainte et sans danger; mais ils ne purent y parvenir. Cette opération était très-pénible; elle faisait perdre beaucoup de temps, et Cassius maltraitait ceux qui se séparaient de leurs compagnons d'armes. Les Parthes s'éloignèrent donc d'Antigonie pour tenter ailleurs quelque entreprise. Cassius dressa aussitôt des piéges dans la route qu'ils devaient prendre : il ne se montra d'abord devant eux qu'avec une poignée de soldats, et les détermina ainsi à le poursuivre; mais ensuite il les enveloppa avec toutes ses forces, et en fit un grand carnage. Osacès fut au nombre des morts : alors Pacorus évacua la Syrie, et il ne l'envahit jamais plus.

30. Il venait de s'éloigner, lorsque Bibulus y arriva en qualité de gouverneur, malgré le décret qui défendait à un préteur ou à un consul de se rendre immé-

---

ainsi que F, qui porte οὐδὲ ἐδυνήθησαν. Seulement, avec Sturz et M. Imm. Bekker, je préfère ἠδυνήθησαν, forme beaucoup plus usitée dans Dion.
4. C : ἐλάσαι. — 5. Le même : ἐγένετο. — 6. A : ἐπιστρατεύοντες. H : στρατεύοντες. — 7. G : δὲ ἐκείνου.

ἔτους, ἐς τὰς ἔξω ἡγεμονίας [1] ἐξιέναι· ἵνα μὴ διὰ τοῦτο σπουδαρχοῦντες στασιάζωσι. Καὶ αὐτὸς μὲν ἐν ἡσυχία τὸ ὑπήκοον διήγαγε, τοὺς δὲ δὴ Πάρθους ἐπ' ἀλλήλους ἔτρεψεν [2]. Ὀρνοδαπάντη γάρ τινα σατράπην, ἀχθόμενον τῷ Ὀρώδη, προσποιησάμενος, ἀνέπεισε δι' ἀγγέλων [3] τόν τε Πάκορον βασιλέα στήσασθαι, καὶ ἐπ' ἐκεῖνον μετ' αὐτοῦ στρατεῦσαι. Ὁ μὲν οὖν πόλεμος οὗτος, ὅ τε τῶν [4] Ῥωμαίων καὶ ὁ τῶν Πάρθων, τῷ [5] τετάρτῳ ἔτει ἀφ' οὗ ἤρξατο [6], ἐπί τε Μάρκου Μαρκέλλου [7] καὶ ἐπὶ Σουλπικίου Ῥούφου ὑπάτων, ἐπαύσατο.

31. Ἐν δὲ τῷ αὐτῷ ἐκείνῳ χρόνῳ, καὶ ὁ Καῖσαρ τὰ ἐν τῇ Γαλατίᾳ, ταραχθέντα αὖθις, μάχαις κατέλαβε, πολλὰ πάνυ, τὰ μὲν αὐτὸς, τὰ δὲ καὶ διὰ τῶν ὑποστρατήγων πράξας· ὧν ἐγὼ τὰ ἀξιολογώτατα διηγήσομαι μόνα. Ὁ γὰρ Ἀμβιόριξ τοὺς Τριουήρους [8], χαλεπῶς ἔτι καὶ τότε [9] τῷ τοῦ Ἰνδουτιομάρου θανάτῳ [10] ἔχοντας, παραλαβὼν, τά τε αὐτόθεν ἐπὶ πλεῖον συνέστησε, καὶ παρὰ τῶν Κελτῶν μισθοφορικὸν μετεπέμψατο. Βουληθεὶς οὖν ὁ Λαβιῆνος, πρὶν ἐκείνους ἐπελθεῖν, συμμῖξαι σφίσι, προενέβαλεν ἐς τὴν τῶν Τριουήρων [11] χώραν. Καὶ ἐπειδὴ μὴ ἠμύνοντο [12], τὴν ἐπικουρίαν ἀναμένοντες, ἀλλὰ ποταμόν τινα διὰ μέσου

---

1. E : ἡγεμονείας. — 2. C, D, G : ἔτρεψε. — 3. C, H : δι' ἄλλων. A la leçon vulgaire διαγγέλων, je substitue δι' ἀγγέλων, avec Paulmier de Grentemesnil, Exercit. in Auct. Gr. p. 247.

4. D'après B, G, j'ajoute cet article, qui manque dans l'ancienne leçon conservée par mes devanciers.

5. Omis dans A.

diatement, et même avant cinq ans, dans les provinces extérieures. Ce décret avait pour but d'empêcher ceux qui briguaient les charges de causer des troubles. Bibulus maintint la tranquillité dans le pays soumis aux Romains, et parvint à exciter les Parthes les uns contre les autres. Il mit dans ses intérêts un satrape nommé Ornodapante, ennemi d'Orode, et lui persuada par ses agents de déférer la royauté à Pacorus, et de s'unir à lui pour marcher contre Orode. Ainsi finit, sous le consulat de Marcus Marcellus et de Sulpicius Rufus, la guerre entre les Romains et les Parthes : elle avait duré quatre ans.

31. Pendant cette guerre, César soumit par la force des armes les contrées de la Gaule que de nouveaux troubles avaient agitées : cette campagne fut marquée par ses exploits et par ceux de ses lieutenants. Je ne rappellerai que les plus mémorables. Ambiorix, ayant gagné les Trévires encore indignés de la mort d'Indutiomare, en enrôla un grand nombre dans son armée, et prit, en outre, des Germains à sa solde. Labiénus résolut de les attaquer avant l'arrivée des Germains, et se jeta sur leurs terres. Les Trévires ne se défendirent point, parce qu'ils attendaient des secours de la Germanie : ils se tinrent tranquilles derrière le fleuve qui les

An de Rome 700.

L. Domitius et Ap. Claudius Consuls.

---

6. Avec Reimarus, je préfère cette leçon à l'ancienne, ἤρξαντο.
7. D'après G : les autres mss. portent Μαρκελλίνου.
8. A, B, C, D, E, F, H : Τριούρους.
9. B, E, F : ἐπεὶ καὶ τότε.
10. F : θανάτου.
11. A, B, C, D, E, F, G, H : Τριούρων. — 12. G : ἠμύναντο.

ποιησάμενοι ἡσύχαζον, συνεκάλεσε τοὺς στρατιώτας, καὶ ἐδημηγόρησε [1] τοιάδε, ἀφ' ὧν τούς τε σφετέρους καταπλήξειν καὶ ἐκείνους [θαρσυνεῖν [2]] ἔμελλε. Χρῆναί τε σφᾶς ἔλεγε, πρὶν τοὺς Κελτοὺς αὐτοῖς ἐπαμῦναι, πρός τε τὸν Καίσαρα καὶ ἐς τὸ ἀσφαλὲς ἀποχωρῆσαι· ἐσήμηνέ τε [3] εὐθὺς συσκευάσασθαι, καὶ ἐξανέστη οὐ πολλῷ ὕστερον, προσδοκήσας ἔσεσθαι τοῦτο, ὃ καὶ ἐγένετο. Οἱ γὰρ βάρβαροι ἀκούσαντες ταῦτα, (ἦν γὰρ αὐτοῖς ἐπιμελὲς, καὶ δι' αὐτό γε τοῦτο καὶ φανερῶς ἐλέχθη) δεδιέναι [4] τε αὐτὸν ὄντως [5] καὶ φυγὴν ὡς ἀληθῶς ποιεῖσθαι ἐπίστευσαν. Καὶ τὸν ποταμὸν σπουδῇ διαβάντες, θυμῷ ἐπ' αὐτοὺς ἐχώρουν, ὡς τάχους ἕκαστος εἶχε. Καὶ οὕτως ὁ Λαβιῆνος ὑπέστη τε σφᾶς ἐσκεδασμένους [6], καὶ τοὺς πρώτους ἐκπλήξας, ῥᾳδίως καὶ τοὺς λοιποὺς δι' αὐτῶν ἐκείνων ἐτρέψατο. Κἀκ τούτου φευγόντων τε [7] σφῶν τεταραγμένως [8], καὶ ἀλλήλοις ἐμπιπτόντων, καὶ πρὸς τὸν ποταμὸν ὠθουμένων, πολλοὺς ἀπέκτεινε.

32. Διαφυγόντων τε καὶ ὡς συχνῶν, ὁ Καῖσαρ τῶν μὲν ἄλλων οὐδένα λόγον ἐποιεῖτο, τὸν δὲ Ἀμβιόριγα, διαδιδράσκοντα ἄλλοτε ἄλλῃ, καὶ πολλὰ κακουργοῦντα, καὶ

1. F : δημηγόρησε, par l'omission de l'augment.
2. L'ancienne leçon est altérée, et les mss. ne sont d'aucun secours. Comme Sturz, j'ajoute et je place entre crochets θαρσυνεῖν proposé par Reimarus. M. Imm. Bekker met des points après ἐκείνους, pour indiquer une lacune.
3. Reimarus et Sturz conservent l'ancienne leçon σημῆναί τε, qui se trouve dans les mss. J'adopte ἐσήμηνέ τε, d'après M. Imm. Bekker : cette leçon, bien préférable pour le sens, est confirmée par Nic. Leoniceno : *E gli comandò che incontinente si mettessino in ordine.*

séparait des Romains. Labiénus assembla ses soldats et leur parla, comme s'il eût voulu abattre leur courage et inspirer de la confiance à l'ennemi : il leur dit qu'ils devaient, avant l'arrivée des Germains, se retirer auprès de César et dans un lieu sûr, et leur ordonna sur-le-champ de se tenir prêts à partir. Il décampa, en effet, bientôt après, et ce qu'il avait prévu arriva : les barbares, qui avaient entendu ses paroles (ils l'épiaient avec le plus grand soin, et c'est pour cela que Labiénus avait parlé à haute voix), crurent qu'il éprouvait une crainte véritable et qu'il fuyait réellement. Ils passèrent le fleuve en toute hâte, et marchèrent, pleins d'ardeur et avec la plus grande célérité, contre les Romains. Labiénus fondit sur les ennemis qui étaient dispersés, frappa d'épouvante les premiers qu'il rencontra, et, par la terreur qu'il leur inspira, mit aisément les autres en fuite. Ils s'éloignèrent en désordre, s'embarrassant les uns les autres. Labiénus les repoussa jusqu'aux bords du fleuve, et en massacra un grand nombre.

32. Plusieurs parvinrent pourtant à s'échapper. César ne s'en inquiéta pas; mais il se donna beaucoup de peine pour découvrir et pour atteindre Ambiorix, qui fuyait tantôt d'un côté, tantôt d'un autre, et

---

4. D'après Reiske, approuvé par Reimarus dans ses *Addenda*. Sturz et M. Imm. Bekker substituent aussi cette leçon à l'ancienne διϊέναι.

5. H : οὕτως

6. Cf. Cæsar, l. l. VI, 8.

7. Omis dans C.

8. D'après A, B, F, H, au lieu de l'ancienne leçon τεταρχμένων, maintenue par Reimarus. Sturz et M. Imm. Bekker adoptent τεταραγμένως, que Nic. Leoniceno avait probablement sous les yeux, en traduisant : *Fuggendo costoro senza ordine*.

ζητῶν καὶ διώκων, πράγματα ἔσχε. Καὶ ἐκεῖνον μὲν οὐδένα τρόπον λαβεῖν ἠδυνήθη· ἐπὶ δὲ δὴ τοὺς Κελτοὺς, ὡς καὶ τοῖς Τριουήροις [1] βοηθῆσαι ἐθελήσαντας, ἐστράτευσε· καὶ ἔπραξε μὲν οὐδὲ τότε οὐδὲν, ἀλλὰ καὶ διαταχέων φόβῳ τῶν Σουήβων [2] ἐπανεχώρησεν. Ἔδοξε δ' οὖν καὶ αὖθις τὸν Ῥῆνον διαβεβηκέναι, καὶ τῆς τε γεφύρας μόνα τὰ προσεχῆ τοῖς βαρβάροις ἔλυσε [4], καὶ φρούριον ἐπ' αὐτῆς ὡς καὶ ἀεὶ διαβασείων, ᾠκοδόμησε. Καὶ μετὰ τοῦτο ὀργῇ τὴν τοῦ Ἀμβιόριγος διάφευξιν φέρων, τὴν πατρίδα αὐτοῦ, καίτοι μηδὲν νεωτερίσασαν, διαρπάσειν [5] τοῖς βουλομένοις ἐπέτρεψε [6], προεπαγγείλας σφίσιν αὐτὸ τοῦθ', ὅπως ὅτι πλεῖστοι συνέλθωσιν, ὅθενπερ πολλοὶ μὲν Γαλάται, πολλοὶ δὲ καὶ Σύγαμβροι [7] πρὸς τὰς ἁρπαγὰς ἦλθον [8]. Οὐ μέντοι καὶ ἀπέχρησε [9] τοῖς Συγάμβροις τὰ ἐκείνων λῄσασθαι, ἀλλὰ καὶ αὐτοῖς τοῖς Ῥωμαίοις ἐπέθεντο. Τηρήσαντες γὰρ σφᾶς πρὸς σίτου κομιδὴν ἀπιόντας, ἐπεχείρησαν τῷ στρατοπέδῳ αὐτῶν· κἂν τούτῳ προσβοηθησάντων [10] σφῶν, ἐπείπερ ᾔσθοντο, συχνοὺς ἐφόνευσαν. Καὶ οἱ μὲν, φοβηθέντες διὰ τοῦτο τὸν Καίσαρα, οἴκαδε σπουδῇ ἀνεχώρησαν [11]· ἐκεῖνος δὲ τούτων μὲν οὐδενὸς διά τε τὸν χειμῶνα καὶ διὰ τὸ τὰ

---

1. De même, dans F. Τρηουηροῖς dans A, D, G; Τριούροις dans C.
2. C, D, F, G : Σουέβων.
3. Ἔδοξεν οὖν αὖθις dans l'ancienne leçon : comme M. Imm. Bekker, j'adopte ἔδοξε δ' οὖν, d'après Reiske, et καὶ αὖθις, d'après B, F.
4. Cf. Cæsar, l. l. VI, 29 et Jul. Celsus, l. l. p. 104.
5. Cette leçon peut être conservée : je préférerais pourtant διαρπάζειν, proposé par Reiske et adopté par Sturz et par M. Imm. Bekker.
6. Cæsar, l. l. 34 : Omnes evocat spe prædæ ad diripiendos Eburones.

faisait beaucoup de mal aux Romains. N'ayant pu y parvenir, malgré tous ses efforts, il tourna ses armes contre les Germains, pour les punir d'avoir voulu secourir les Trévires. Il ne remporta alors aucun avantage, et revint promptement sur ses pas par crainte des Suèves; mais il eut du moins la gloire d'avoir passé le Rhin une seconde fois. Il ne coupa que la partie du pont qui touchait au rivage du côté des barbares, et y construisit un fort, pour montrer qu'il avait l'intention de le traverser fréquemment. Ensuite, irrité de ce qu'Ambiorix lui avait échappé, il abandonna son pays à quiconque voudrait le piller, quoiqu'il n'y eût pas éclaté de nouveaux mouvements, et il annonça hautement cette résolution, afin que le nombre des pillards fût très-considérable. Aussi Gaulois et Sicambres se jetèrent-ils en foule sur cette proie; mais les Sicambres ne s'en contentèrent pas. Ils attaquèrent les Romains, épièrent le moment où ceux-ci avaient fait une sortie pour fourrager et envahirent leur camp. Les Romains étant accourus pour le défendre, aussitôt qu'ils eurent vent de cette agression, les barbares en firent un grand carnage : puis, craignant la colère de César, ils rentrèrent en toute hâte dans leur pays. L'approche de l'hiver et les troubles qui agitaient Rome ne lui

---

7. E porte Σύγγαμβροι : A, B, F, Σύγαβροι. La même écriture est reproduite plus bas.

8. G : ἦλθεν.

9. Substitué par Rob. Étienne, Reimarus, Sturz et M. Imm. Bekker à la leçon vulgaire ἀπεχώρησε, qui se trouve dans A, C, H.

10. D'après Rob. Étienne, au lieu de προσβοησάντων, mot tronqué.

11. Cæsar, l. l. VI, 41.

ἐν τῇ Ῥώμῃ στασιάζεσθαι, οὐδεμίαν τιμωρίαν ἐποιήσατο [1]. Τοὺς δὲ δὴ στρατιώτας πρὸς τὰ χειμάδια διαπέμψας [2], αὐτός τε ἐς [3] τὴν Ἰταλίαν, πρόφασιν μὲν, τῆς ἐκεῖ Γαλατίας ἕνεκα, τὸ δ' ἀληθές, ὅπως ἐγγύθεν τοῖς ἐν τῇ πόλει δρωμένοις ἐφεδρεύῃ, ἀπῆλθεν [4].

33. Κἂν τούτῳ οἱ Γαλάται αὖθις ἐνεόχμωσαν. Ἀρουερνοὶ γὰρ [5], ἡγουμένου σφῶν Οὐερκιγγετόριγος [6], ἀπέστησαν, καὶ τούς τε [7] Ῥωμαίους, ὅσους ἔν τε ταῖς πόλεσιν, ἔν τε τῇ χώρᾳ σφῶν εὗρον, πάντας ἀπέκτειναν· καὶ ἐπὶ τὴν συμμαχίδα αὐτῶν χωρήσαντες, τοὺς μὲν συναποστῆναι σφίσιν [8] ἐθελήσαντας, περιεῖπον, τοὺς δὲ λοιποὺς ἐκακούργουν. Μαθὼν οὖν ταῦθ' ὁ Καῖσαρ ἀνεκομίσθη [9], καὶ καταλαβὼν αὐτοὺς ἐς Οὐιτούριγας [10] ἐμβεβληκότας [11], ἐκείνοις μὲν (οὐ γάρ πω πάντες οἱ στρατιῶται αὐτοῦ παρῆσαν) οὐκ ἐπήμυνεν· ἐς δὲ δὴ τὴν Ἀρουερνίδα ἀντεμβαλὼν [12], ἐπανήγαγεν οἴκαδε τοὺς πολεμίους· καὶ (οὐ γὰρ ἐδόκει πω [13] ἀξιόμαχος αὐτοῖς εἶναι [14]) προαπεχώρησεν [15].

34. Αὖθις οὖν ἐκεῖνοι πρός τε τοὺς Οὐιτούριγας ἐπανῆλθον, καὶ πόλιν αὐτῶν Ἀυαρικὸν [16] ἑλόντες, ἐπὶ πλεῖστον

---

1. Les manuscrits ne sont d'aucun secours pour restaurer l'ancienne leçon, ἐκείνοις δὲ τούτων μὲν οὐδὲν — οὐδεμίαν τιμωρίαν ἐποιήσατο, maintenue par Reimarus et par Sturz. J'adopte, comme M. Imm. Bekker, la conjecture de Reiske.
2. D'après A, B, au lieu de la leçon vulgaire πέμψας. M. Imm. Bekker adopte aussi διαπέμψας.
3. Omis dans C. — 4. Le même : ἀπῆλθε.
5. Cf. Caesar, VII, 4.
6. A, C, D, E : Οὐερνιγγετόριγος. H : Οὐερκιντετόριγος.
7. Comme Reiske et M. Imm. Bekker, au lieu de γε.

permirent pas de se venger. Il envoya ses soldats dans les quartiers d'hiver et se rendit en Italie, sous prétexte de veiller sur la Gaule cisalpine, mais, en réalité, pour observer de près ce qui se passait à Rome.

33. Sur ces entrefaites, de nouveaux troubles éclatèrent chez les Gaulois. Les Arvernes se révoltèrent sous la conduite de Vercingétorix, et massacrèrent tous les Romains qu'ils trouvèrent dans les villes et dans les campagnes. Ils pénétrèrent ensuite chez les alliés des Romains, montrèrent des dispositions amicales pour ceux qui s'associèrent à leur défection et maltraitèrent les autres. A cette nouvelle, César revint dans la Gaule où il apprit que les Arvernes avaient envahi les terres des Bituriges : n'ayant pu les secourir, parce que toute son armée n'était pas encore auprès de lui, il se jeta sur le pays des Arvernes et les força de rentrer dans leurs foyers; mais, ne croyant pas avoir assez de forces pour les combattre, il s'éloigna avant leur retour.

34. Alors les Arvernes firent une nouvelle incursion chez les Bituriges, s'emparèrent de la ville d'Avaricum et

An de Rome 701.

Cn. Calvinus et M. Messala consuls.

---

8. C : σφίσι.
9. D'après Reiske et Reimarus dans ses *Addenda*, au lieu de ἐκομίσθη.
10. Ἰουρτούριγας, dans A, B, C, D, F, G, H, et Ἰουτούριγας dans E, sont fautifs.
11. B, C, F, H : ἐσβεβληκότας.
12. Cf. Cæsar, l. l. VII, 8.
13. Ce mot manque dans C. — 14. Omis dans le même ms.
15. G. προαπεχώρισεν. C : παρεχώρησεν.
16. Ce nom est altéré dans tous les manuscrits. A, B, C, D, F, H portent Εὐακόν. G : Ἀακόν.

ἐν αὐτῇ ἀντέσχον. Ὕστερον δὲ ὑπὸ τῶν Ῥωμαίων πολιορκούμενοι (τό τε γὰρ τεῖχος δυσπρόσιτον ἦν, τῇ μὲν, ἑλῶν δυσδιαβάτων, τῇ δὲ, ποταμοῦ ῥοώδους αὐτὸ περιέχοντος) καὶ αὐτοὶ παμπληθεῖς ὄντες, τάς τε προσβολὰς σφῶν ῥᾳδίως ἀπεκρούοντο [1], καὶ ἐπεξιόντες, πολλὰ αὐτοὺς ἐλύπουν. Καὶ τέλος τά τε πέριξ πάντα, οὐχ ὅπως ἀγροὺς ἢ κώμας, ἀλλὰ καὶ πόλεις ἀφ' ὧν ὠφέλειάν τινα ἔσεσθαι σφίσι προσεδόκων, κατέφλεξαν· εἴ τέ τι παρὰ τῶν πόρρωθεν συμμάχων ἐκομίζετο αὐτοῖς, διήρπαζον [2]· ὥστε πολιορκεῖν τὴν πόλιν τοὺς Ῥωμαίους δοκοῦντας, τὰ [3] τῶν πολιορκουμένων πάσχειν· πρὶν δὴ ὑετός τε λάβρος καὶ πνεῦμα μέγα [4] προσβάλλουσί πη αὐτοῖς ἐπιγενόμενον [5], (ὅ τε γὰρ χειμὼν ἐνειστήκει) πρώτους μὲν ἐκείνους ἀπήλασε, καὶ ἐς τὰς σκηνὰς ἐπανήγαγεν, ἔπειτα δὲ καὶ τοὺς βαρβάρους εἰς τὰς οἰκίας [6] κατέκλεισεν [7]. Ἀπελθόντων γὰρ αὐτῶν ἀπὸ τῶν ἐπάλξεων, οἱ Ῥωμαῖοι προσέβαλον ἐξαίφνης αὖθις αὐταῖς, ἐρήμοις ἀνδρῶν οὔσαις· καὶ πύργον τινὰ παραχρῆμα, πρὶν καὶ αἰσθέσθαι τοὺς πολεμίους τῆς παρουσίας σφῶν, ἑλόντες, ἔπειτα καὶ τὰ λοιπὰ οὐ χαλεπῶς ἐχειρώσαντο· καὶ τήν τε πόλιν πᾶσαν διήρπασαν, καὶ τοὺς ἀνθρώπους πάντας, ὀργῇ τῆς τε [8] προσεδρείας καὶ τῆς ταλαιπωρίας, ἔσφαξαν.

35. Πράξας δὲ ταῦτα ὁ Καῖσαρ ἐπὶ τὴν χώραν αὐτῶν

---

1. Cf. Cæsar, l. l. VII, 22-24.
2. A, B, C, F, G, H : ἥρπαζον. — 3. Omis dans F. — 4. Omis dans C

s'y soutinrent longtemps. Plus tard ils furent assiégés par les Romains; mais cette place, entourée d'un côté par des marais difficiles à traverser, et de l'autre par un fleuve rapide, était presque inaccessible. Les barbares, d'ailleurs très-nombreux, repoussèrent sans peine les assaillants et leur causèrent souvent de grandes pertes par des excursions. Enfin ils incendièrent tous les lieux d'alentour, non-seulement les campagnes et les bourgs, mais encore les villes qui leur semblaient pouvoir être de quelque secours aux Romains. Si leurs alliés des pays éloignés leur envoyaient des vivres, les Arvernes s'en emparaient, et les Romains, qui paraissaient être les assiégeants, avaient à souffrir les maux qui d'ordinaire pèsent sur les assiégés. Au moment où ils pressaient vivement la ville, survint une pluie abondante, accompagnée d'un vent violent (on était presque en hiver) et qui les ramena sous leurs tentes, en même temps qu'elle contraignit les Gaulois à rentrer dans leurs maisons. Aussitôt qu'ils se furent éloignés, les Romains attaquèrent de nouveau à l'improviste les remparts, pendant qu'ils étaient dépourvus de défenseurs, prirent d'assaut une tour, avant que l'ennemi se doutât de leur présence, s'emparèrent sans peine du reste de la ville, la pillèrent tout entière et passèrent les habitants au fil de l'épée, pour se venger de la longueur du siége et des maux qu'ils avaient endurés.

35. Après cet exploit, César dirigea son armée vers

---

5. C, D, G, H : γινόμενον. — 6. A, F : ἐς τὰς οἰκίας, adopté par Sturz et par M. Imm. Bekker.

7. C, D, G : κατέκλεισε — 8. Omis dans C.

ἐπεστράτευσε [1]. Καὶ ἐπειδὴ πολεμούμενοι τὰς γεφύρας οἱ λοιποὶ Ἀρουερνοὶ προεκεκρατήκεσαν [2], δι' ὧν διαβῆναι αὐτὸν ἐχρῆν, ἀπορήσας ὅπως περαιωθῇ, ἐπιπαρῆλθεν ἐπὶ πολὺ παρὰ τὴν ὄχθην [3], εἴ πως ἐπιτηδείου τινὸς χωρίου, ὥστε πεζῇ δι' αὐτοῦ τοῦ ὕδατος [4] διελθεῖν, λάβοιτο. Κἀκ τούτου ἔν τε ὑλώδει [5] τινὶ καὶ [ἐν [6]] συσκίῳ τόπῳ γενόμενος, τὰ μὲν σκευοφόρα καὶ τοῦ στρατοῦ τὸ πλεῖον προέπεμψε, μακρὰν [7] ἐκτεταμένῃ τάξει κελεύσας αὐτοὺς προϊέναι, ὥστε καὶ πάντας σφᾶς ἐνταῦθα εἶναι δοκεῖν· αὐτὸς δὲ μετὰ τῶν ἐρρωμενεστάτων ὑπέμεινε, καὶ ξύλα τε ἔτεμε, καὶ σχεδίας ἐποίησε, καὶ ἐπ' αὐτῶν διέβη τὸ ῥεῦμα· τῶν βαρβάρων πρός τε τοὺς ἐν τῷ πρόσθεν πορευομένους τὸν νοῦν ἐχόντων, καὶ τὸν Καίσαρα μετ' αὐτῶν εἶναι λογιζομένων. Καὶ μετὰ τοῦτο τούς τε προεληλυθότας νυκτὸς ἀνεκαλέσατο, καὶ διαβιβάσας αὐτοὺς ὁμοίως, τῆς μὲν χώρας ἐκράτησε, τῶν δ' ἀνθρώπων [8] ἐς Γεργοουΐαν [9] συγκαταφυγόντων, καὶ ἐκεῖσε πάντα τὰ τιμιώτατα σφίσι συγκομισάντων, πλεῖστον πόνον μάτην αὐτοῖς προσεδρεύων ἔσχε.

36. Τό τε γὰρ φρούριον ἐπί τε λόφου καρτεροῦ ἦν,

---

1. Cf. Cæsar, VH, 34.
2. G : προσκεκρατήκεσαν.
3. C, D, H : παρὰ τὰς ὄχθας.
4. Reiske aimerait mieux διὰ τοῦ ὕδατος.
5. C : ἐν τῷ ὑλώδει.
6. Reimarus, dans ses *Addenda*, et Reiske conseillent de supprimer cette préposition, qui leur paraît superflue, à cause de ἐν qui précède τε ὑλώδει. Je la place entre crochets : M. Imm. Bekker l'a conservée.

le pays des Arvernes ; mais comme les habitants avaient occupé d'avance, dans la prévision de cette guerre, tous les ponts par lesquels il pouvait effectuer son passage, ne sachant plus comment l'accomplir, il côtoya longtemps le fleuve dans l'espoir de trouver un gué qui lui permettrait de le traverser à pied. Arrivé dans un endroit boisé et couvert d'un épais ombrage, il fit d'abord partir la plus grande partie de son armée avec les bagages, et lui ordonna de déployer ses rangs le plus qu'elle pourrait, afin que les ennemis crussent qu'elle était toute réunie. Quant à lui, il s'arrêta là avec les soldats les plus robustes, fit couper du bois et construire des radeaux sur lesquels il passa le fleuve ; tandis que les ennemis portaient toute leur attention sur la partie de l'armée romaine qui avait pris les devants, et dans laquelle ils croyaient que César se trouvait aussi. Puis il la rappela auprès de lui pendant la nuit, lui fit traverser le fleuve, comme il l'avait traversé lui-même, et resta maître du pays. Mais les barbares se réfugièrent avec tout ce qu'ils avaient de plus précieux dans Gergovie dont le siége coûta en pure perte les plus grandes fatigues à César.

36. La citadelle, placée sur une éminence fortifiée par

7. L'ancienne leçon μακρᾷ ἐκτεταμένη provient de ce que le copiste a pris pour un ι le ν de μακράν. La correction de Reimarus, qui propose μακράν, au lieu de μακρᾷ, est donc certaine : je l'ai adoptée, comme Sturz et M. Imm. Bekker.

8. G : τῶν δὲ ἀνθρώπων.

9. Comme M. Imm. Bekker, je remplace l'ancienne leçon Γοργοθυΐαν par Γεργοουΐαν, d'après Leunclavius. Sur les variantes de ce nom, cf. Sturz, t. V, p. 265.

καὶ τείχεσιν ἰσχυρῶς [1] ἐκεκράτυντο [2]· καὶ οἱ βάρβαροι πέριξ αὐτὸ, πάντα τὰ μετέωρα κατειληφότες, περιεφρούρουν· ὥστε καὶ μένειν αὐτοῖς κατὰ χώραν ἀσφαλῶς ὑπάρχειν, καὶ ἐπικαταθέουσι πλεονεκτεῖν τὰ πλείω. Ἔν τε γὰρ πεδίῳ ὁ Καῖσαρ ηὐλίζετο· οὐ γὰρ εὐπόρησεν ἐχυροῦ χωρίου. Καὶ αὐτὸς μὲν οὔ τι προεγίγνωσκεν· οἱ δὲ δὴ βάρβαροι, ὡς καὶ ὑπερδεξίων ὄντες, τό τε στρατόπεδον αὐτοῦ κατεθεῶντο [3], καὶ ταῖς καταδρομαῖς ἐπικαίροις ἐχρῶντο· εἴ τέ πῃ περαιτέρω τοῦ καιροῦ προχωρήσαντες ἀνεκόπτοντο [4], δι' ὀλίγου αὖθις ἐντὸς τῆς ἐπικρατείας σφῶν ἐγίγνοντο. Οἱ γὰρ Ῥωμαῖοι οὐδένα τρόπον, ἐφ' ὅσον οἵ τε λίθοι καὶ τὰ ἀκόντια ἐξικνεῖτο, πελάσαι τοῖς χωρίοις ἐδύναντο. Ὁ οὖν Καῖσαρ, ἐπειδὴ ὅ τε χρόνος ἄλλως [5] ἀναλοῦτο, καὶ πολλάκις καὶ πρὸς αὐτὸ τὸ ὄρθιον, ἐφ' οὗ τὸ πόλισμα ἦν, προσβαλὼν, μέρους μέν τινος ἐκράτησεν αὐτοῦ [6], ὥστε καὶ ἐντειχίσασθαί τι, ῥᾴω [7] τε ἐκεῖθεν τὴν ἐπὶ τἆλλα ἔφοδον ποιεῖσθαι· τὸ δ' ὅλον ἀπεκρούετο, καὶ τῶν γε στρατιωτῶν συχνοὺς ἀπέβαλλε [8], καὶ ἐκείνους ἀλήπτους ἑώρα ὄντας·

1. Ou bien ἰσχυροῖς, suivant Reiske. Sa conjecture est confirmée par Nic. Leoniceno : *Era munita di mura grossi*.
2. C : ἐπεκράτητο. H : ἐπεκράτηντο.
3. L'ancienne leçon αὐτὸς μὲν οὔτε προσεγίγνωσκεν· οἱ δὲ δὴ βάρβαροι, ὡς καὶ ὑπερδεξιῶν ὄντες, τό τε στρατόπεδον αὐτοῦ κατεθέοντο, est altérée. Il serait trop long et sans utilité de transcrire les diverses corrections qui ont été proposées : pour arriver à un sens plausible, il suffit de remplacer, avec M. Imm. Bekker, οὔτε προσεγίγνωσκεν par οὔ τι προεγίγνωσκεν, et de lire d'après B, C, D, G, H, κατεθεῶντο, deviné par Leunclavius. Ces deux corrections sont confirmées par la version de Nic. Leoniceno : *Et esso non conosceva nulla de' fatti de' nimici. Ma i Barbari come quegli i quali erano più alti, potevano vedere il campo di Cesare*.

la nature, était entourée de solides remparts. Les barbares avaient occupé avec des forces redoutables toutes les hauteurs voisines et pouvaient y rester sans danger, ou descendre dans la plaine avec la certitude d'avoir presque toujours l'avantage. En effet, César, n'ayant pu s'établir sur une hauteur, avait son camp en rase campagne, et il ne lui était pas possible de connaître d'avance les projets des ennemis. Ceux-ci, au contraire, des hauteurs où ils étaient postés, avaient vue dans son camp et choisissaient le moment favorable pour faire des excursions. S'il leur arrivait de trop s'avancer, ils réprimaient aussitôt leur élan et rentraient dans leur retraite; tandis que les Romains ne pouvaient s'approcher du lieu occupé par les barbares qu'au delà de la portée des pierres et des traits. César voyait le temps s'écouler sans profit : après avoir attaqué plusieurs fois la colline sur laquelle la citadelle était bâtie, il en avait pris et fortifié une partie, ce qui lui permit d'attaquer plus facilement le reste; mais, en définitive, il fut repoussé, perdit beaucoup de monde, et reconnut que la place était imprenable. Des troubles ayant éclaté, en ce moment,

4. Reimarus défend la leçon vulgaire ἀνέκοπτον, qu'il rend par *impetum inhiberent* : cette interprétation est conforme à l'enchaînement des idées, mais elle suppose l'ellipse de τὴν ὁρμήν. J'aime mieux lire ἀνεκόπτοντο proposé par Reiske, approuvé par Sturz et adopté par M. Imm. Bekker.

5. D : ἄλλος, faute de copiste, reproduite par Rob. Etienne.

6. Cf. Cæsar, l. l. VII, 46 et suiv.

7. C : Ῥάως.

8. B, C, D, E, G : ἀπέβαλε. Suétone, Cæs. XXV : In Gallia, ad Gergoviam legione fusa.

τά τε τῶν Αἰδούων ἐν τούτῳ ἐκινήθη, καὶ προσέτι καὶ πρὸς τούτους ἀπελθόντος αὐτοῦ, κακῶς οἱ καταλειφθέντες [1] ἀπήλλαξαν· ἀπέστη [2].

37. Οἱ γὰρ Αἰδοῦοι κατ' ἀρχὰς [3] μὲν ταῖς τε ὁμολογίαις ἐνέμειναν, καὶ ἐπικουρίας αὐτῷ ἔπεμπον. Ἔπειτα δὲ καὶ ἄκοντες ἐπολέμησαν, ἀπατησάντων σφᾶς ἄλλων τε καὶ Λιταουΐκου. Ἐπειδὴ γὰρ οὐκ ἔπειθεν αὐτοὺς ἄλλως τοῦτο ποιῆσαι, διεπράξατο προσταχθῆναί οἱ, πρὸς τὸν Καίσαρα ἀπαγαγεῖν τινας ἐπὶ συμμαχίᾳ δῆθεν αὐτοῦ· καὶ ὥρμησε μὲν ὡς καὶ τοῦτο ποιήσων, προπέμψας δὲ ἱππέας, καὶ κελεύσας τισὶν αὐτῶν ἐπανελθοῦσιν εἰπεῖν, ὅτι οἵ τε συμπεμφθέντες [4] σφίσι, καὶ οἱ ἄλλοι οἱ παρὰ τοῖς Ῥωμαίοις σφῶν ὄντες, συνειλημμένοι τε ὑπ' αὐτῶν εἰσὶ, καὶ ἀπολώλασι, προσπαρώξυνε τοὺς στρατιώτας, δημηγορήσας [5] ἀκόλουθα τοῖς ἀγγέλοις. Καὶ οὕτως αὐτοί τε ἐπανέστησαν, καὶ τοὺς ἄλλους συμμετέστησαν. Καὶ τότε μὲν (ὁ γὰρ Καῖσαρ, ὡς τάχιστα τοῦτ' [6] ᾔσθετο, τούς τε Αἰδούους οὓς εἶχε καὶ ἐδόκει πεφονευκέναι, ἔπεμψεν αὐτοῖς, ὥστε φανεροὺς πᾶσι ζῶντας [7] γενέσθαι, καὶ τῷ ἱππικῷ ἐφέσπετο [8]) μετενόησαν [9], καὶ συνηλλάγησαν.

1. C, D, E, G, H : καταληφθέντες. Avec mes devanciers, j'adopte la leçon proposée par Rob. Etienne.
2. M. Imm. Bekker remplace la leçon vulgaire ἀνέστη par ἀπανέστη : j'ai mieux aimé adopter la correction de Fabricius, qui n'exige que le changement du ν en π.
3. D, G : καταρχάς.
4. L'ancienne leçon ὅτι συμπεμφθέντες n'est point satisfaisante. Sturz donne ὅτι οἱ συμπεμφθέντες. Avec M. Imm. Bekker, je préfère la conjecture de Reiske.

dans le pays des Éduens, il s'y rendit; mais, après son départ, les soldats qu'il avait laissés à Gergovie eurent beaucoup à souffrir, et César se décida à lever le siége.

37. Dans le principe, les Éduens avaient respecté les traités et fourni des secours à César ; mais ensuite, trompés par plusieurs et surtout par Litavicus, ils lui firent la guerre malgré eux. Celui-ci, n'ayant pu les entraîner autrement à une défection, parvint à se faire charger de conduire à César les secours que les Éduens lui envoyaient. Il se mit incontinent en marche, comme pour s'acquitter de cette mission ; mais il fit prendre les devants aux cavaliers, et ordonna à quelques-uns de revenir immédiatement dans leurs foyers, et d'annoncer que ceux qui étaient partis avec eux et les Éduens qui se trouvaient déjà auprès de César avaient été attaqués et massacrés par les Romains. Puis, par un discours assorti au bruit qu'il faisait répandre, il irrita si vivement les soldats qu'ils se révoltèrent et entraînèrent les autres à suivre leur exemple. Instruit sur-le-champ de ce qui se passait, César renvoya dans leur pays les Éduens qui étaient auprès de lui et qu'on disait avoir été tués ; afin que tout le monde vît qu'ils étaient en vie. Bientôt après il vint lui-même avec la cavalerie : les Éduens se repentirent et se réconcilièrent avec lui.

---

5. Le passage συνειλημμένοι — δημηγορήσας manque dans C, D, G.
6. Omis dans C.
7. C, G : πᾶσιν ζῶντας.
8. D'après A, B, F. — Sturz et M. Imm. Bekker substituent cette leçon à l'ancienne ἐφέπετο, qui ne peut être conservée. Il faut, suivant Sturz, ἐφείπετο ou ἐφέσπετο
9. Cf. Cæsar, l. l. VII, 43.

38. Αὖθις δὲ τῶν Ῥωμαίων πρός τε [τῇ Γεργοουίᾳ τῇ] τοῦ Καίσαρος ἀπουσίᾳ πταισάντων [1], καὶ μετὰ τοῦτο παντάπασιν ἀπ' αὐτῆς ἀποχωρησάντων, ἐφοβήθησαν οἱ τήν τε ἐπανάστασιν πράξαντες καὶ νεωτέρων ἀεὶ πραγμάτων ἐφιέμενοι, [καὶ οὐ] σχολάζοντες ἐνεόχμωσαν [2]. Μαθόντες δὲ τοῦθ' οἱ στρατεύοντες αὐτῶν τῷ Καίσαρι, ᾐτήσαντο ἐπιτραπῆναι σφίσιν οἴκαδε ἀπελθεῖν, ὑποσχόμενοι πάντα καταστήσειν. Καὶ οὕτως ἀφεθέντες, πρός τε Νοουϊοδουνὸν [3], ἔνθα τά τε χρήματα καὶ τὸν σῖτον, ὁμήρους [4] τε πολλοὺς οἱ Ῥωμαῖοι κατέθεντο [5], ἦλθον, καὶ τούς τε φρουροὺς αὐτῶν, συναιρομένων σφίσι τῶν ἐπιχωρίων, μὴ προσδεχομένους ἔφθειραν, καὶ ἐν κράτει πάντων αὐτῶν ἐγένοντο. Καὶ ἐκείνην τε τὴν πόλιν, ἐπίκαιρον οὖσαν, κατέπρησαν, ὅπως μὴ [6] οἱ Ῥωμαῖοι ὁρμητήριον αὐτὴν τοῦ πολέμου ποιήσωνται· καὶ τὰ λοιπὰ τῶν Αἰδούων προσαπέστησαν. Ὁ οὖν Καῖσαρ ἐπεχείρησε μὲν παραχρῆμα ἐπ' αὐτοὺς στρατεῦσαι· μὴ [7] δυνηθεὶς δὲ, διὰ τὸν ποταμὸν [8]

---

1. Dans l'ancienne leçon πρός τε τοῦ Καίσαρος ἀπουσίᾳ πταισάντων, il manque quelque chose, comme le prouvent les mots ἀπ' αὐτῆς ἀποχωρησάντων Avec M. Imm. Bekker, j'adopte la conjecture de Leunclavius ; mais je place entre crochets les mots τῇ Γεργοουίᾳ, ajoutés à la leçon vulgaire. Sturz donne, d'après A, πρός τε τῇ τοῦ Καίσαρος ἀπουσίᾳ.
2. L'ancienne leçon καὶ νεωτέρων ἀεὶ πραγμάτων ἐφιεμένοις σχολάζοντες, ποιήσωνται, ne fournit aucun sens. Leunclavius remplace ποιήσωνται par μὴ χολασθήσωνται : Veriti ii, qui defectionis auctores fuerant *et qui novarum rerum cupidis operam dederant*, ne pœnas admissorum penderent. Reiske propose καὶ νεωτέρων ἀεὶ πραγμάτων, ἐφιέμενοι, μὴ σχολάζοντες τιμωρίαν ποιήσωνται. La leçon ἐφιέμενοι est confirmée par A. — M. Imm. Bekker adopte ἐφιέμενοι, μὴ σχολάζοντες, mais il indique une lacune avant ποιήσωνται : elle n'existe pas dans les mss. Comme lui, je lis ἐφιέμενοι,

38. Après un nouvel échec sous les murs de Gergovie, pendant l'absence de César, les Romains abandonnèrent complétement cette ville. Les auteurs de la défection, qui s'étaient toujours montrés avides de nouveautés, craignirent d'être punis, et, bien loin de se tenir tranquilles, ils excitèrent encore des troubles. A cette nouvelle, les Éduens, qui servaient sous les drapeaux de César, demandèrent à rentrer dans leur pays et promirent d'y rétablir l'ordre. César ayant consenti, ils se rendirent à Noviodunum, où les Romains avaient déposé les deniers publics, leurs provisions et un grand nombre d'otages, surprirent la garnison, la massacrèrent avec le concours des indigènes, et s'emparèrent de tout ce qu'ils y trouvèrent ; et comme la ville était un poste très-avantageux, ils la livrèrent aux flammes, pour que les Romains n'en fissent pas un point d'attaque et de refuge pendant cette guerre. En même temps ils poussèrent à la révolte le reste de la nation. César voulut marcher sur-le-champ contre les Éduens ; mais, arrêté par la

---

mais je supprime les mots ποιήσωνται καὶ, qui ont été probablement transportés ici de la ligne 15, et, au lieu de σχολάζοντες, je lis καὶ οὐ σχολάζοντες, en mettant καὶ et οὐ entre crochets M. Tafel traduit, d'après une seconde conjecture de Reiske : μὴ κακὰ ἐπὶ τῶν τολμηθέντων πείσωνται.

3. A, B, C, E, F : Νοουΐδοουνόν. G : Νοδοουνόν.

4. A, D : ὁμόρους.

5. A : κατέθειντο. D : κατέθυντο. Cæsar, l. l. VII, 45 : Oppidum Æduorum ad ripas Ligeris opportuno loco positum : huc Cæsar omnes obsides Galliæ, frumentum, pecuniam publicam, suorum atque exercitus impedimentorum magnam partem contulerat.

6. H : ὅπως καί. — 7. Omis dans D, H.

8. Dion n'est d'accord ni avec Cæsar, l. l. VII, 56, ni avec Jul. Celsus, l. l. : salvum, licet usque ad humeros madefactum, traduxit exercitum.

τὸν Λίγρον[1], ἐπὶ Λίγγονας[2] ἐτράπετο. Καὶ ὁ μὲν οὐδὲ ἐκεῖνα κατώρθωσεν. Ὁ δὲ δὴ Λαβιῆνος τὴν νῆσον τὴν ἐν τῷ Σηκουανῷ ποταμῷ οὖσαν, τούς τε προκινδυνεύσαντας τῇ ἠπείρῳ κρατήσας[3], καὶ τὴν διάβασιν πολλαχῇ ἅμα κατά τε τὸν ῥοῦν καὶ ἀνάπαλιν, ὅπως μὴ καθ' ἓν περαιούμενος κωλυθῇ, ποιησάμενος, κατέσχε.

39. Πρὶν δὲ τοῦτο γενέσθαι, καταφρονήσας ὁ Οὐερκιγγετόριξ τοῦ Καίσαρος, ἐξ ὧν ἐπταίκει, ἐπ' Ἀλλόβριγας ἐστράτευσε[4]. Κἂν τούτῳ ὁρμήσαντα αὐτὸν, ὡς καὶ βοηθήσοντα σφίσιν, ἀπέλαβεν ἐν Σηκουανοῖς γενόμενον, καὶ ἐνεκυκλώσατο. Οὐ μέντοι κακόν τι εἰργάσατο, ἀλλὰ καὶ πᾶν τοὐναντίον[5], τούς τε Ῥωμαίους ἠνάγκασεν ἀγαθοὺς εἶναι, ἀπογνώσει τῆς σωτηρίας, καὶ αὐτὸς ὑπό τε τοῦ πλήθους καὶ ὑπὸ τοῦ θράσους ἔπταισε· καί τι καὶ ὑπὸ τῶν Κελτῶν[6] τῶν τοῖς Ῥωμαίοις συμμαχούντων ἐσφάλη. Ταῖς τε γὰρ ὁρμαῖς καὶ ἀπλήστοις σώμασι[7] τὴν τόλμαν προσεπισχυρίσαντες, διέρρηξαν τὴν περίσχεσιν. Εὑρὼν δὲ δὴ τὸ εὕρημα τοῦτο ὁ Καῖσαρ, οὐκ ἀνῆκεν· ἀλλ' ἐς Ἀλείαν[8] τοὺς διαφυγόντας αὐτῶν κατακλείσας, ἐπολιόρκει.

40. Κἂν τούτῳ ὁ Οὐερκιγγετόριξ τὸ μὲν πρῶτον τοὺς

---

1. Αἴγρον, dans les manuscrits par la confusion du Λ avec Α. Cf. Bast. Diss. palæogr. p. 428, 663, 704, 722, etc.

2. Les mots ἐπὶ Λίγγονας manquent dans la leçon vulgaire. Reimarus les a ajoutés d'après B, C; mais il faut remarquer que C porte Λίγγυνας : la même faute est dans G.

3. Cæsar, l. l. 57-58.

4. Cæsar, l. l. 64, et Jul. Cels. l. l.

5. Cæsar, l. l. 66 et Jul. Cels. l. l.

Loire, il se dirigea du côté des Lingons, et ne fut pas plus heureux. Quant à Labiénus, il s'empara de l'île située dans la Seine, après avoir défait les barbares qui combattaient sur la terre ferme pour arrêter sa marche, et traversé le fleuve en aval et en amont, dans plusieurs endroits à la fois, afin qu'ils ne pussent pas s'opposer à son passage, comme cela serait arrivé s'il l'avait franchi sur un seul point.

39. Avant cet événement, Vercingétorix, à qui César ne paraissait plus redoutable à cause de ses revers, se mit en campagne contre les Allobroges. Il surprit dans le pays des Séquanais le général romain qui allait leur porter du secours, et l'enveloppa; mais il ne lui fit aucun mal : bien au contraire, il força les Romains à déployer toute leur bravoure, en les faisant douter de leur salut et reçut un échec par l'aveugle confiance que le nombre de ses soldats lui avait inspirée. Les Germains, qui combattaient avec eux, contribuèrent aussi à sa défaite : dans l'impétuosité de l'attaque, leur audace était soutenue par leurs vastes corps, et ils rompirent les rangs de l'ennemi qui les cernait. Ce succès imprévu ne ralentit point l'ardeur de César : il contraignit les barbares fugitifs à se renfermer dans Alésia, qu'il assiégea.

40. Avant l'achèvement des travaux de siége, Ver-

---

6. Cæsar, l. l. 67.

7. D'après Oddey, au lieu de l'ancienne leçon ὁρμαῖς, ἀπλήστοις σώμασι. Reiske va trop loin, en proposant ἄπληστοι ὄντες καὶ τοῖς σώμασι.

8. L'ancienne leçon ἐς Σαλεσίαν, confirmée par E, G, H, provient de ce que le copiste a répété le ς final de la préposition au commencement du mot suivant. La véritable se trouve dans A, qui porte ἐσαλεσίαν = ἐς Ἀλεσίαν.

ἱππέας, πρὶν παντελῶς ἀποτειχισθῆναι, ἐξέπεμψε, τῆς τε τροφῆς τῶν ἵππων ἕνεκα, (οὐ γὰρ ἦν), καὶ ὅπως ἐς τὰς πατρίδας ἕκαστοι σφῶν κομισθέντες, τά τε ἐπιτήδεια καὶ ἐπικουρίαν αὐτῷ ἀγάγωσιν. Ἐπεὶ δ' οὗτοί τε ἐχρόνιζον, καὶ τὰ σιτία σφᾶς ἐπιλείπειν ἤρξατο, τούς τε παῖδας καὶ τὰς γυναῖκας, καὶ τῶν ἄλλων [1] τοὺς ἀχρειοτάτους ἐξέβαλεν [2], ἐλπίσας μάτην ὅτι ἢ καὶ [3] ἐκεῖνοι πρὸς τῶν Ῥωμαίων τῆς λείας ἕνεκα σωθήσονται, ἢ οἵ γε λοιποὶ ταῖς τροφαῖς αὐτῶν ἐπὶ πλεῖον χρησάμενοι περιγενήσονται [4]. Ὁ γὰρ Καῖσαρ ἄλλως μὲν οὐδ' αὐτὸς τῶν ἐπιτηδείων, ὥστε καὶ ἑτέρους τρέφειν, εὐπόρει· τοῖς γοῦν πολεμίοις ἰσχυροτέραν τὴν σιτοδείαν, ἐπανελθόντων αὐτῶν, ἐλπίδι τοῦ πάντως σφᾶς καταδεχθήσεσθαι, ποιήσειν νομίσας, πάντας αὐτοὺς [5] ἀπεώσατο. Καὶ οἱ μὲν οὕτως ἐν τῷ μέσῳ τῆς πόλεως καὶ τοῦ στρατοπέδου, μηδ' ἑτέρων σφᾶς δεχομένων, οἰκτρότατα ἀπώλοντο. Ἡ δὲ ἐπικουρία [6] τῶν τε ἱππέων καὶ τῶν ἄλλων τῶν ὑπ' αὐτῶν ἀχθέντων, ἐπῆλθε μὲν οὐκ ἐς μακρὰν [7] τοῖς βαρβάροις, ἱππομαχίᾳ δὲ δὴ [8] ... τῶν Ῥω-

1. D'après Rob. Étienne et Xylander, avec Reimarus, Sturz et M. Imm. Bekker, je substitue καὶ τῶν ἄλλων à la leçon vulgaire τῶν ἄλλων.
2. Ἐξέβαλον, dans A, cité par Sturz, et dans B, D, E, F, G. Sur le fait historique, cf. Cæsar, l. l. 78 et Jul. Cels. l. l.
3. C, D, H : ὅτι εἰ καί.
4. Reimarus substitue περιγενήσωνται à l'ancienne leçon περιγενήσονται. Le subjonctif lui paraît nécessaire à cause de σωθήσωνται qui se trouve dans la leçon vulgaire; mais, suivant Sturz, il fallait conserver περιγενήσονται et remplacer σωθήσωνται par σωθήσονται, rien n'exigeant le subjonctif. C'est ce que je fais avec M. Imm. Bekker. La leçon σωθήσονται — περιγενήσονται est d'ailleurs confirmée par A, B, C, F, G, H.
5. C : πάντα αὐτούς.

cingétorix ordonna d'abord à la cavalerie de s'éloigner, parce qu'il n'avait pas de quoi nourrir les chevaux, et afin que chacun, rentrant dans son pays, en emmenât des provisions et des secours pour Alésia. Des retards étant survenus et les vivres commençant à manquer, Vercingétorix fit sortir de la ville les enfants, les femmes et tous ceux qui étaient inutiles pour la défendre. Il espérait que cette multitude serait épargnée par les Romains, qui voudraient la faire prisonnière, ou bien que les subsistances qu'elle aurait consommées serviraient à nourrir les autres plus longtemps ; mais il fut trompé dans son attente. César n'avait pas assez de vivres pour en donner à des étrangers : il pensait d'ailleurs que toute cette foule, repoussée dans ses foyers (il ne doutait pas qu'elle n'y fût reçue), rendrait la disette plus terrible, et il lui ferma son camp. Placée entre la ville et les Romains, et ne trouvant de refuge d'aucun côté, elle périt misérablement. La cavalerie et les auxiliaires qu'elle avait recrutés arrivèrent bientôt après ; mais ils furent battus dans un combat de cavalerie avec l'aide

---

6. Cæsar, l. l. VII. 76-80.

7. F : εἰς μακράν.

8. Le passage ἱππομαχία δὲ δὴ..... τῶν Ῥωμαίων τῇ βοηθείᾳ est tronqué : il y a évidemment une lacune ici, quoiqu'elle ne soit pas indiquée dans les Mss. Plusieurs tentatives ont été faites pour la combler. Leunclavius propose : ἱππομαχία δὲ ἡττήθη, τῶν Γερμανῶν τῇ βοηθείᾳ. Reiske : ἱππομαχία δὲ δὴ ἐγένετο, τῶν Ῥωμαίων τῇ βοηθείᾳ ἀπαντώντων. Καὶ οὗτοι μὲν χαλεπῶς (ou αἰσχρῶς) τε καὶ τότε ἀπήλλαττον, καὶ μετὰ τοῦτο. J'ai traduit d'après la conjecture de Leunclavius. Peut-être suffirait-il d'ajouter après δὴ le verbe ὠθήθη, proposé par le critique appelé N dans Reimarus, ou bien ἀπεκρούσθη, proposé par Oddey. Ces conjectures sont en partie justifiées par Nic. Leoniceno : *Ma furon prohibiti dalle genti da cavallo de' Romani.*

ΤΩΝ ΔΙΩΝΟΣ ΙΣΤΟΡΙΩΝ ΡΩΜ. ΒΙΒΛ. Μ.

μαίων τῇ βοηθείᾳ. Καὶ μετὰ τοῦτο πειράσαντες νυκτὸς [1] διὰ τῶν περιτειχισμάτων [2] ἐς τὴν πόλιν ἐσελθεῖν, ἰσχυρῶς ἐπόνησαν [3]. Τάφρους τε γὰρ οἱ Ῥωμαῖοι κρυπτὰς ἐν τοῖς ἱππασίμοις ἐπεποιήκεσαν, καὶ σκόλοπας ἐς αὐτὰς ἐμπεπήχεσαν [4], πάντα ἐπιπολῆς τῷ ἄλλῳ τῷ πέριξ χωρίῳ [5] ὁμοιώσαντες, ὥστε καὶ τοὺς ἄνδρας καὶ τοὺς ἵππους ὅτι μάλιστα ἐς αὐτὰ ἀπερισκέπτως [6] ἐμπεσόντας σφαλῆναι. Οὐ μέντοι καὶ ἐνέδοσαν, πρὶν ἐκ παρατάξεως αὖθις [7] πρὸς αὐτοῖς τοῖς τειχίσμασιν, αὐτοί τε ἅμα καὶ οἱ ἐκ τῆς πόλεως ἐπεξελθόντες, πταῖσαι.

41. Ὁ δ' οὖν Οὐερκιγγετόριξ ἠδυνήθη μὲν ἐκφυγεῖν· (οὔτε γὰρ ἑάλω καὶ ἄτρωτος ἦν·) ἐλπίσας δ' ὅτι [8] ἐν φιλίᾳ ποτὲ τῷ Καίσαρι ἐγεγόνει, συγγνώμης παρ' αὐτοῦ τεύξεσθαι, ἦλθε πρὸς αὐτὸν μὴ ἐπικηρυκευσάμενος· καὶ καθημένῳ οἱ ἐπὶ βήματος ἐξαίφνης ὤφθη [9], ὥστε καὶ ταραχθῆναί τινας· ἄλλως τε γὰρ [10] περιμήκης ἦν, καὶ ἐν τοῖς ὅπλοις δεινῶς ἐνέπρεπεν. Ἡσυχίας δ' οὖν γενομένης,

1. Cf. Cæsar, l. l. 81.
2. D'après B, au lieu de la leçon vulgaire ἐπιτειχισμάτων.
3. Xylander : ἔπταισαν.
4. Avec Sturz et M. Imm. Bekker, je rétablis l'ancienne leçon, qui est confirmée par A et que Reimarus avait abandonnée pour ἐμπεπήγεσαν.
5. Comme M. Imm. Bekker, je substitue la conjecture de Reiske à l'ancienne leçon τῶν ἄλλων τῷ πέριξ χωρίῳ, conservée par Reimarus et par Sturz. Nic. Leoniceno passe sur la difficulté : *Havendo fatto tutto il terreno di sopra simile.*
6. A, C, D, F, G : ἀπερισκέπτως ἐς αὐτά.
7. La leçon ἀρθεὶς, fournie par A, B, C, E, F, G, H, n'est pas meilleure que l'ancienne ὀρθέντες. Reiske propose de substituer à celle-ci κριθέντες

des Germains. Ils tentèrent ensuite de pénétrer, pendant la nuit, dans la ville à travers les retranchements des assiégeants ; mais ils eurent beaucoup à souffrir; car les Romains avaient creusé, partout où la cavalerie pouvait avoir accès, des fossés souterrains qu'ils remplirent jusqu'à la surface du sol de pieux aigus, et au-dessus desquels la terre était aussi unie que dans tout le voisinage. Hommes et chevaux tombèrent dans ces fossés, sans sans voir le danger, et y périrent. Cependant les Gaulois ne cédèrent qu'après avoir eu encore le dessous dans une bataille rangée, sous les fortifications mêmes d'Alésia, eux et ceux qui étaient sortis de la ville.

41. Après cette défaite, Vercingétorix, qui n'avait été ni pris ni blessé, pouvait fuir; mais, espérant que l'amitié qui l'avait uni autrefois à César lui ferait obtenir grâce, il se rendit auprès de lui, sans avoir fait demander la paix par un héraut, et parut soudainement en sa présence, au moment où il siégeait dans son tribunal. Son apparition inspira quelque effroi; car il était d'une haute stature, et il avait un aspect fort imposant sous les armes. Il se fit un profond silence : le chef gaulois

---

ou διακριθέντες. Rien de tout cela n'est satisfaisant : nul doute que ἀρθέντες et ἀρθείς ne soient des mots corrompus. M. Imm. Bekker me paraît avoir entrevu la vérité en les remplaçant par αὖθις. J'adopte sa conjecture, qui se rapproche de la version de Nic. Leoniceno : *Non si rimisero però insina tanto che loro et quegli della città, i quali usciron fuora, havendo combattuto appresso le fortezze intesse, furon rotti.*

8. A, B, C, E, F : δὲ ὅτι.

9. Cf. Cæsar, l. l. 89; Florus, III, 10.

10. Je substitue cette leçon à l'ancienne ἄλλως γὰρ, d'après A cité par Sturz, et d'après D, H. Robert Etienne et M. Imm. Bekker donnent aussi ἄλλως τε γὰρ.

εἶπε μὲν οὐδὲν, πεσὼν δὲ ἐς γόνυ, τώ τε χεῖρε πιέσας [1] ἐδέετο [2]. Ταῦτα τοῖς μὲν ἄλλοις οἶκτον, τῇ τῆς τε προτέρας αὐτοῦ τύχης ἀναμνήσει [3], καὶ τῷ τῆς παρούσης ὄψεως περιπαθεῖ, ἐνέβαλεν· ὁ δὲ δὴ Καῖσαρ αὐτό τε αὐτῷ τοῦτο δι' ὃ μάλιστα σωθήσεσθαι προσεδόκησεν [4], ἐπεκάλεσε. Τῆς γὰρ φιλίας τὴν ἀντίταξιν ἀντιθεὶς [5], χαλεπωτέραν τὴν ἀδικίαν αὐτοῦ ἀπέφηνε. Καὶ διὰ τοῦτο οὔτε ἐν τῷ παραχρῆμα αὐτὸν ἠλέησεν, ἀλλ' εὐθὺς ἐν δεσμοῖς ἔδησε, καὶ ἐς τὰ ἐπινίκια μετὰ τοῦτο πέμψας ἀπέκτεινε.

42. Τοῦτο μὲν οὖν ὕστερον ἐγένετο. Τότε δὲ τοὺς μὲν [6] ὁμολογίᾳ τῶν λοιπῶν προσέθετο, τοὺς δὲ [7] καὶ μάχῃ [8] κρατήσας ἐδουλώσατο. Οἵ τε γὰρ Βελγικοὶ [9] οἱ πλησιόχωροι [10], Κόμμιόν [11] τινα Ἀτρέβαν [12] προστησάμενοι σφῶν, ἐπὶ πλεῖστον ἀντέσχον, καὶ δύο τε ἱππομαχίαις ἀγχώμαλά τε ἠγωνίσαντο, καὶ τρίτῃ πεζομαχίᾳ ἰσοπάλῳ τὸ πρῶτον συνενεχθέντες, ἔπειτα ὑπὸ τοῦ ἱππικοῦ [13] κατὰ

---

1. L'ancienne leçon ποιήσας, évidemment fautive, se trouve dans A, B, D, F, G, H. Avec Reimarus, Sturz et M. Imm. Bekker, je lis, d'après C, πιέσας très-bon pour le sens. La conjecture de Paulmier de Grentemesnil, qui propose προτείνας, Exercit. p. 248, est confirmée par Nic. Leoniceno : *Et elevando le mani*.

2. Sur cette forme, cf. Lobeck, ad Phrynich. p. 220.

3. La leçon τῇ τῆς τε que je substitue, comme Reimarus et Sturz, à l'ancienne τῆς τε — ἀναμνήσει, se trouve dans A, B, F.

4. C : προσδοκήσας.

5. Je conserve l'ancienne leçon ainsi traduite par Reimarus dans ses *Addenda* : *cum amicitia* (sua) *bellum* (Vercingetorigis) *contendens*. « Cave, ajoute le célèbre éditeur, τῆς φιλίας in dativum censeas mutandum; nam cum gignendi casu verbum ἀντιτίθημι frequenter usurpat Thucydides. » Cette remarque n'a pas empêché Reiske de remplacer τῆς φιλίας par τῇ φιλίᾳ : « *Pristinæ amicitiæ* quam Vercingetorix pro se allegare ut titulum

tomba aux genoux de César, et le supplia en lui pressant les mains, sans proférer une parole. Cette scène excita la pitié des assistants, par le souvenir de l'ancienne fortune de Vercingétorix, comparée à son malheur présent. César, au contraire, lui fit un crime des souvenirs sur lesquels il avait compté pour son salut. Il mit sa lutte récente en opposition avec l'amitié qu'il rappelait, et par là fit ressortir plus vivement l'odieux de sa conduite. Ainsi, loin d'être touché de son infortune en ce moment, il le jeta sur-le-champ dans les fers et le fit mettre plus tard à mort, après en avoir orné son triomphe.

42. Mais cela se passa plus tard : à l'époque qui nous occupe, César traita avec plusieurs peuples de la Gaule et en soumit d'autres par les armes. Les Belges, qui habitaient la contrée voisine, prirent pour chef l'Atrébate Commius, et opposèrent une longue résistance. Deux fois ils soutinrent avec un égal avantage des combats de cavalerie : une troisième fois, ils disputèrent la victoire dans un combat d'infanterie; mais, la cavalerie les ayant pris à dos inopi-

sibi faventem poterat, *opponens Cæsar ut titulum gravantem, recentem* ἀντίταξιν, *adversationem, oppositionem.* Notabilis vox ἀντίταξις eo sensu, pro ἀντίταξις ἑαυτοῦ, sapit latinismum, et rarius ita poni puto. » Avec Sturz, j'adopte la leçon de Reimarus.

6. Les Bituriges, Hirtius, VIII, 3 ; les Carnutes, l. l. 5, 31, 38 ; les Aquitains, l. l. 46.

7. Les Trévires, l. l. 25.

8. F : τῇ μάχῃ.

9. Avec Sturz et M. Imm. Bekker, au lieu de la leçon vulgaire Κελτικοί. A, B, F portent Βελτικοί, au lieu de Βελγικοί, par la confusion de γ avec τ.

10. A, B, C, D, G : πλησιοχώριοι. — 11. G : Κόμιον. H : Κομίκιον.

12. Ἄτρεμαν ici, et Ἄτρεμας un peu plus loin, § 43, dans C, E, F, G, H, par la confusion de μ avec β.

13. Cf. Hirtius, l. l. 19.

νώτου σφίσιν ἀνελπίστως προσπεσόντος ἐτράπησαν. Κἀκ τούτου τό τε στρατόπεδον τῆς νυκτὸς οἱ περιλιπεῖς ἐξέλιπον· καὶ διελθόντες ὕλην τινὰ, ἐκείνην τε ἐνέπρησαν, καὶ τὰς ἁμάξας μόνας ὑπελείποντο· ὅπως τῶν πολεμίων διά τε ταύτας καὶ διὰ τὸ πῦρ χρονισάντων, φθάσωσιν [1] ἐς [2] τὸ ἀσφαλὲς ἀποχωρήσαντες. Οὐ μέντοι καὶ ἐπιτυχεῖς τῆς ἐλπίδος ἐγένοντο. Οἱ γὰρ Ῥωμαῖοι [3], ὡς τάχιστα τῆς φυγῆς αὐτῶν ᾔσθοντο, ἐπεδίωξαν σφᾶς, καὶ ἐντυχόντες τῷ πυρὶ, τὰ μὲν κατέσβεσαν, τὰ δὲ καὶ διέκοψαν [4]. Καί τινες καὶ διὰ μέσης τῆς φλογὸς δραμόντες κατέλαβον αὐτοὺς ἀπροσδόκητοι, καὶ παμπληθεῖς [5] ἐφόνευσαν.

43. Ἐκ δὲ τούτου τῶν μὲν ἄλλων τινὲς ὡμολόγησαν· ὁ δὲ Ἀτρέβας διαφυγὼν, οὐδ᾽ ὣς ἡσύχασεν, ἀλλὰ καὶ τὸν Λαβιῆνον ἐπεχείρησεν [6] ἐνεδρεῦσαί ποτε. Ἡττηθεὶς δὲ τῇ μάχῃ [7], ἀνεπείσθη μὲν ἐς λόγους αὐτῷ ἐλθεῖν· πρὶν δὲ ἢ ὁτιοῦν συμβῆναι, τρωθεὶς ὑπό τινος τῶν Ῥωμαίων, ἀπιστίᾳ τοῦ μὴ ἂν ἀκριβῶς εἰρηνῆσαι [8], διέφυγε, καὶ χαλεπὸς [9] αὖθις αὐτοῖς ἐγένετο [10]· μέχρις οὗ ἀπογνοὺς τὰ πράγματα, τοῖς μὲν ἄλλοις τοῖς συνοῦσιν [11] οἱ ἀκέραιον τὴν ἄδειαν ἐπὶ πᾶσι τοῖς σφετέροις ἔπραξεν· αὐτὸς δὲ ἑαυτῷ, τὸ μηδέ-

---

1. C, D, G, H : φθάσωσι. — 2. Omis dans C, D, G.
3. Je remplace l'ancienne leçon καὶ γὰρ οἱ Ῥωμαῖοι par οἱ γὰρ Ῥωμαῖοι, d'après A, cité par Sturz, et d'après B, F.
4. Reiske aimerait mieux : τὸ μὲν κατέσβεσαν, τὴν δὲ καὶ διέκοψαν.
5. G : πληθεῖς. — 6. D et G : ἐπεχείρισεν.
7. Au lieu de la leçon vulgaire δὲ μάχῃ, d'après A cité par Sturz, et de plus d'après G, H.

nément, ils furent mis en fuite. Le reste de leur armée abandonna son camp pendant la nuit, traversa une forêt qu'elle livra aux flammes et dans laquelle elle ne laissa que ses chariots, espérant que les ennemis seraient arrêtés par l'incendie et par les chariots, et qu'il lui serait possible, pendant ce temps, de prendre les devants et de se retirer dans un lieu sûr; mais elle fut trompée dans son attente. A peine les Romains furent-ils informés qu'elle avait pris la fuite qu'ils se mirent à la poursuivre. Arrivés sur le théâtre de l'incendie, ils l'éteignirent et abattirent les arbres : quelques-uns s'élancèrent même à travers les flammes, tombèrent à l'improviste sur les barbares et en massacrèrent un grand nombre.

43. Après cette défaite, plusieurs traitèrent avec César. Commius prit la fuite; mais, loin de se tenir tranquille, il chercha encore à tendre des piéges à Labiénus. Vaincu dans une bataille, il se laissa persuader d'entrer en négociation ; mais, blessé par un Romain avant qu'aucune convention fût arrêtée, parce que la paix ne semblait pas pouvoir être durable avec lui, il s'échappa et ne cessa d'inquiéter nos soldats qu'au moment où, désespérant enfin de la fortune, il obtint une complète sécurité pour ses compagnons d'armes, et, suivant quelques-uns, la certitude pour lui-même

---

8. C : εἰρηνεῦσαι.

9. **Reimarus** rejette avec raison la leçon χαλεπῶς, qu'il attribue seulement à Rob. Étienne : elle est dans H.

10. Cf. Hirtius, l. I. 47.

11. D'après B, avec Reimarus, Sturz et M. Imm. Bekker, au lieu de la leçon vulgaire συντοῦσιν, qui peut pourtant se défendre, ainsi que le remarque Leunclavius.

ποτε, ὥς γέ τινες, ἐς ὄψιν μηδενὸς Ῥωμαίου ἐλθεῖν [1]. Ἐκεῖνοί τε οὖν οὕτω κατελύσαντο· καὶ οἱ λοιποὶ μετὰ τοῦτο, οἱ μὲν, ἑκούσιοι, οἱ δὲ, καὶ καταπολεμηθέντες, ἐχειρώθησαν. Καὶ αὐτοὺς ὁ Καῖσαρ καὶ [2] φρουραῖς καὶ δικαιώσεσι, χρημάτων τε ἐσπράξεσι [3], καὶ φόρων ἐπιτάξεσι, τοὺς μὲν ἐταπείνωσε, τοὺς δὲ ἡμέρωσε. Ταῦτα μὲν οὕτως ἐπί τε Λουκίου Παύλου καὶ ἐπὶ Γαΐου Μαρκέλλου ὑπάτων ἐτελευτήθη.

44. Ὁ δὲ δὴ Καῖσαρ τῶν μὲν Γαλατῶν ἕνεκα, καὶ τοῦ χρόνου τοῦ πρὸς τὴν ἡγεμονίαν αὐτῷ δοθέντος, ἔκ τε τῆς Γαλατίας ἀπαλλαγῆναι [4], καὶ ἐς τὴν Ῥώμην ἐπανακομισθῆναι ὤφειλεν [5]. Ἐκεῖνός τε γὰρ ἐπ' ἐξόδῳ ἦν [6], καὶ ὁ πόλεμος ἐπέπαυτο· καὶ οὐδεμίαν ἔτ' εὐπρεπῆ σκῆψιν πρὸς τὸ μὴ οὐ τά τε στρατόπεδα ἀφεῖναι, καὶ ἰδιωτεῦσαι, εἶχεν. Ἐπεὶ δὲ τά τε ἐν τῷ ἄστει ἐστασιάζετο, καὶ ὁ Κράσσος ἐτεθνήκει, ὅ τε Πομπήϊος ἔν τε δυνάμει αὖθις, ἅτε τρίτον ὑπατευκὼς, καὶ τὴν ἐν τῇ Ἰβηρίᾳ ἀρχὴν ἐπὶ πέντε ἄλλα ἔτη δοθῆναί οἱ διαπεπραγμένος, ἐγένετο, καὶ αὐτῷ οὐκέτ' οἰκεῖος, (ἄλλως τε καὶ τοῦ παιδίου, ὅπερ που καὶ μόνον ἐν τῇ φιλίᾳ αὐτοὺς κατεῖχε, τετελευτηκότος [7]·) ἐφοβήθη μὴ,

---

1. Reiske propose à tort d'insérer ἐπέταξεν après ἐλθεῖν : cet infinitif dépend d'ἔπραξεν. J'adopte le sens de Nic. Leoniceno : *Fece che gli altri i quali erano stati seco havessino piena libertà sopra le sue cose, ma che lui non fusse tenuto mai a venire in conspetto di alcuno Romano.* D'après cette version, les mots ὥς γέ τινες n'étaient probablement pas dans le manuscrit du traducteur : peut-être doivent-ils être regardés comme une interpolation. Cf. Hirtius, l. l. 23 et 48.
2. Omis dans C.
3. A : εἰσπράξεσι.
4. C : ἀπαλλαχθῆναι.

de ne paraître jamais en présence d'un Romain. C'est ainsi que la paix fut accordée à ce peuple : les autres Gaulois se soumirent volontairement, ou furent subjugués par les armes. César dompta les uns, et rendit les autres plus traitables en imposant des garnisons, en infligeant des châtiments, en exigeant des sommes considérables et des tributs annuels. Tels sont les événements qui arrivèrent sous le consulat de Lucius Paulus et de Caïus Marcellus.

44. La soumission des Gaulois et le terme assigné à son commandement faisaient à César un devoir de quitter la Gaule et de revenir à Rome. Ses pouvoirs allaient expirer et la guerre était finie : il n'avait donc aucun prétexte plausible pour ne pas licencier son armée et pour ne pas rentrer dans la vie privée. Mais les dissensions agitaient Rome ; Crassus était mort, et Pompée, redevenu puissant (il avait obtenu trois fois le consulat, et s'était fait proroger pour cinq ans le gouvernement de l'Espagne), n'était plus bien disposé pour lui, surtout depuis la mort de l'enfant qui avait été le seul lien de leur amitié. César craignit de tomber dans les mains de

---

5. Cf. Hirtius, l. l. 51-55.

6. Dans l'ancienne leçon εἰκός τε, Leunclavius propose de remplacer εἰκὸς par ἐκεῖνος, s. ent. χρόνος. J'adopte cette conjecture avec Sturz et M. Imm. Bekker. Malgré le jeu de mots de Leunclavius, « εἰκός defendit plane ἀπεικότως Xylander, » εἰκός τε peut à la rigueur se défendre : seulement à l'interprétation, sic conveniebat, *quum tempus* exisset, je substituerais : sic conveniebat, *quum tempus* jam exiret. On pourrait aussi remplacer εἰκὸς par ἔτος, d'après Rob. Étienne. Ἦν manque dans C, D, E, F, G.

7. Le passage καὶ αὐτῷ — τετελευτηκότος a donné lieu à plusieurs conjectures. Xylander propose de remplacer l'ancienne leçon οἰκείως par οἰκεῖος avec l'ellipse de ἐγένετο. La leçon οἰκεῖος plaît à Oddey ; mais Rei-

τῶν στρατιωτῶν ψιλωθεὶς, ἐπί τε ἐκείνῳ καὶ ἐπὶ τοῖς ἄλλοις ἐχθροῖς γένηται· καὶ οὐ διῆκεν αὐτούς.

45. Ἐν γὰρ δὴ [1] τοῖς αὐτοῖς τούτοις ἔτεσιν ἄλλα τε ἐν τῇ πόλει στασιώδη πολλὰ, κἀν ταῖς ἀρχαιρεσίαις μάλιστα, ἐγένετο· ὥστε μόλις ἑβδόμῳ μηνὶ τόν τε Καλουῖνον καὶ τὸν Μεσσαλᾶν [2] ὑπάτους ἀποδειχθῆναι· καὶ οὐδ' ἂν τότε ᾑρέθησαν, εἰ μὴ Κύϊντός τε Πομπήϊος ὁ Ῥοῦφος ἐς τὸ δεσμωτήριον ὑπὸ τῆς βουλῆς, καίτοι τοῦ τε [3] Σύλλου θυγατριδοῦς ὢν, καὶ δημαρχῶν, ἐνεβλήθη, καὶ τοῦτο καὶ τοῖς ἄλλοις κακουργῆσαί τι ἐθελήσασιν ἐψηφίσθη, τῷ τε Πομπηΐῳ ἡ πρὸς αὐτοὺς βοήθεια ἐνεχειρίσθη. Ἔστι μὲν γὰρ ὅτε καὶ οἱ ὄρνιθες τὰς ἀρχαιρεσίας ἐπέσχον, οὐ βουλόμενοι τοῖς μεσοβασιλεῦσι γενέσθαι· μάλιστα δὲ οἱ δήμαρχοι, τὰ πράγματα τὰ ἐν τῇ πόλει διέποντες, ὥστε καὶ τὰς πανηγύρεις καὶ ἀντὶ τῶν στρατηγῶν ποιεῖν, ἐκώλυον τὰς λοιπὰς ἀρχὰς [4] αἱρεθῆναι. Καὶ διὰ τοῦτο καὶ ὁ Ῥοῦφος ἐς τὸ οἴκημα ἐσέπεσε [5]. Καὶ οὗτος μὲν τὸν Φαουώνιον ἀγορανομοῦντα ἐς αὐτὸ ὕστερον, ἀπό τινος οὐ μεγάλης αἰτίας (ἵνα δὴ κοινω-

---

marus la rejette : il conseille de maintenir οἰκείως, et d'ajouter προσεφέρετο après τετελευτηκότος. Sturz adopte ces deux leçons. Reiske approuve οἰκείως; mais au lieu de προσεφέρετο, il voudrait ajouter διέκειτο après τετελευτηκότος. Quant à M. Imm. Bekker, il lit aussi οἰκείως, mais il met des points après τετελευτηκότος, comme signe d'une lacune. Avec Xylander, j'adopte οἰκεῖος (s. ent. ἐγένετο) et je n'ajoute rien après τετελευτηκότος. Nic. Leoniceno avait probablement sous les yeux la leçon que je donne, puisqu'il traduit : *Et già non gli era troppo amico, essendo specialmente morto uno figliuolo a colui il quale gli reteniva in amicitia.*

Les manuscrits sont très-fautifs : au lieu de αὐτοὺς, qui est la véritable leçon, A, B, C, F, G, H donnent αὐτοῦ adopté par Rob. Étienne. C porte

Pompée et de ses ennemis s'il se séparait de ses soldats, et il ne les congédia pas.

45. A cette même époque, des troubles éclataient sans cesse à Rome, principalement dans les comices; et ce fut à grand' peine que Calvinus et Messala purent enfin être élus consuls dans le septième mois de l'année. Ils ne l'auraient pas même été alors, si Q. Pompéius Rufus n'eût été mis en prison par l'ordre du sénat, quoiqu'il fût petit-fils de Sylla et tribun du peuple. La même peine fut décrétée contre quiconque ourdirait des trames criminelles, et Pompée fut chargé de défendre l'État contre leurs attaques. Il arriva bien quelquefois que les interrois suspendaient les comices, parce que les auspices ne leur paraissaient pas favorables; mais c'étaient surtout les tribuns qui, se mêlant de toutes les affaires, au point de se substituer aux préteurs mêmes pour la célébration des jeux, empêchaient l'élection des autres magistrats. Ce fut là ce qui fit mettre Rufus en prison : plus tard ce même Rufus, sous un motif sans importance et seulement pour que son déshonneur fût partagé, fit conduire dans la même prison l'édile Favonius.

πεδίου, pour παιδίου et κατείχετο τελευτηκότος au lieu de κατεῖχε τετελευτηκότος.

1. Omis dans le Ms. de Munich n° 2.
2. E, G : Μεσαλάν.
3. Omis dans H et dans le Ms. de Munich n° 2.
4. A l'ancienne leçon τὰς ἀρχὰς, maintenue par Reimarus et par Sturz, j'ajoute λοιπὰς d'après A, B, C, F, G, H, et d'après Nic. Leoniceno : *Et vietavano che gli altri magistrati non fussero eletti.* M. Imm. Bekker lit aussi τὰς λοιπὰς ἀρχάς.
5. Ἐσέπεμπε, dans H et dans le Ms. de Munich n° 2 : de là ἐσέπεπε, leçon fautive dans D, H.

νὸν τῆς ἀτιμίας λάβῃ) κατέθετο. Πάντες δὲ οἱ δήμαρχοι ἄλλας τε σκήψεις ἐμποδίους ἐσέφερον, καὶ χιλιάρχους ἀντὶ τῶν ὑπάτων (ὅπως πλείους ἄρχοντες, ὥσπερ ποτὲ, ἀποδεικνύωνται[1]) καθιστάναι ἐσηγοῦντο. Ἐπειδή τε οὐδεὶς αὐτῶν[2] ἐπείσθη, δικτάτορα γοῦν τὸν Πομπήϊον λεχθῆναι δεῖν ἔφασκον· καὶ ἐπὶ πλεῖστον ἐπὶ τῇ προφάσει ταύτῃ διέτριψαν. Ἐκεῖνός τε γὰρ ἀπεδήμει, καὶ ἐκ τῶν παρόντων οὔτε ψηφίσασθαί τις αὐτὸ (πρὸς γὰρ τὴν τοῦ Σύλλου ὠμότητα ἐμίσουν πάντες τὸ πολίτευμα), οὔτ' αὖ μὴ ἑλέσθαι, διὰ τὸν τοῦ Πομπηΐου φόβον, ὑπέμεινε.

46. Τέλος δὲ, ὀψέ ποτε αὐτὸς ἐλθὼν, τὴν μὲν δικτατορίαν[4] διδομένην οἱ δῆθεν οὐκ ἐδέξατο, τοὺς δὲ ὑπάτους ἀποδειχθῆναι[5] παρεσκεύασεν. Οὐ μέντοι οὐδ' ἐκεῖνοι[6] διαδόχους σφίσι, διὰ τὸν ἐκ τῶν σφαγέων τάραχον, κατέστησαν· καίπερ καὶ τὴν βουλευτικὴν ἐσθῆτα καταθέμενοι, κἂν τῇ ἱππάδι τὴν γερουσίαν, ὥσπερ ἐπὶ μεγάλῳ τινὶ πένθει, συνάγοντες[7]. Δόγμα τε ἐποιήσαντο[8], μηδένα μήτε στρατηγήσαντα, μήθ' ὑπατεύσαντα, τὰς ἔξω ἡγεμονίας, πρὶν ἂν πέντε ἔτη διέλθῃ, λαμβάνειν· εἴ πως, ὑπὸ τοῦ μὴ παραυτίκα ἐν δυνάμει τινὶ αὐτοὺς γίγνεσθαι, παύσαιντο σπουδαρχοῦντες. Οὔτε γὰρ ἐμετρίαζον, οὔθ' ὑγιὲς οὐδὲν ἐποίουν· ἀλλ' ἐπ' ἀλλήλους παρώρμηντο[9], πολλὰ

---

1. F : ἀποδεικνύονται.
2. Reiske aimerait mieux, avec raison, αὐτοῖς ou ὑπ' αὐτῶν.
3. B. F : Σύλου.
4. D'après les Mss., au lieu de la leçon vulgaire δικτατωρίαν.
5. Omis dans B, F. — 6. A, F, G : Οὐδὲ ἐκεῖνοι.

Tous les tribuns du peuple mettaient en avant divers prétextes pour empêcher l'élection des consuls et proposaient de les remplacer par des tribuns militaires, afin que le gouvernement de la République fût confié, comme autrefois, à un plus grand nombre de magistrats. Leurs vues n'ayant été accueillies par personne, ils disaient qu'il fallait nommer Pompée dictateur, et ils retardèrent ainsi les élections pendant très-longtemps. Pompée était absent, et personne, à Rome, n'osait lui déférer la dictature, à cause de la haine que les cruautés de Sylla inspiraient pour cette magistrature, ni la lui refuser, à cause des craintes que donnait sa puissance.

46. Enfin Pompée, tardivement de retour, n'accepta pas la dictature qui lui était offerte, et prit des mesures pour l'élection des consuls ; mais les troubles excités par les auteurs des meurtres qui ensanglantaient Rome, furent cause que les consuls ne se donnèrent point des successeurs. Ils quittèrent la robe sénatoriale, convoquèrent le sénat avec le costume de chevalier, comme dans les grands deuils publics, et firent rendre un décret d'après lequel nul, après avoir rempli les fonctions de préteur ou de consul, ne pourrait être nommé, avant cinq ans, au gouvernement d'une province extérieure. Ils espéraient que, les nominations ne conférant pas un pouvoir immédiat, les magistratures ne seraient plus briguées, comme elles l'étaient, sans mesure et sans règle ; car les candidatures étaient deve-

---

7. Ou mieux συναγαγόντες, proposé par Reiske.
8. Δόγματα ἐποιήσαντο, dans A, C, D, E, F, H, et dans le Ms. de Munich n° 2.
9. Correction de Xylander, au lieu de l'ancienne leçon πανώρμηντο, confirmée par A, C, H, et par le Ms. de Munich, n° 2.

μὲν δαπανώμενοι, πολλῷ δ' ἔτι ¹ πλείω μαχόμενοι, ὥστε καὶ τὸν ὕπατόν ποτε τὸν Καλουῖνον τρωθῆναι. Οὔκουν οὔθ' ὕπατος, οὔτε στρατηγὸς, οὔτε πολίαρχός τις σφᾶς διεδέξατο, ἀλλ' ἄναρκτοι ² κατὰ τοῦτο παντελῶς οἱ Ῥωμαῖοι τὰ πρῶτα τοῦ ἔτους ἐγένοντο.

47. Κἀκ τούτου οὔτε τι ἄλλο χρηστὸν συνέβη, καὶ ἡ ἀγορὰ ἡ διὰ τῶν ἐννέα ἀεὶ ἡμερῶν ἀγομένη, ἐν αὐτῇ τῇ ³ τοῦ Ἰανουαρίου νουμηνίᾳ ἤχθη ⁴. Καὶ τοῦτό τε αὐτοὺς ⁵, ὡς οὐκ ἀπὸ ταυτομάτου συμβὰν, ἀλλ' ἐν τέρατος λόγῳ ⁶ γενόμενον ⁷, ἐθορύβει· καὶ ὅτι βύας ⁸ ἐν τῇ πόλει καὶ ὤφθη καὶ συνελήφθη ⁹, ἄγαλμά τέ τι ἐπὶ ¹⁰ τρεῖς ἡμέρας ἴδρωσε, καὶ λαμπὰς ἐκ τῶν νοτίων πρὸς ἀνατολὰς διέδραμε· καὶ πολλοὶ μὲν κεραυνοὶ, πολλοὶ ¹¹ δὲ καὶ βῶλοι, λίθοι τε καὶ ὄστρακα, καὶ αἷμα, διὰ τοῦ ἀέρος ἠνέχθη. Δοκεῖ δὲ ἔμοιγε καὶ ἐκεῖνο τὸ τῷ προτέρῳ ἔτει, ἐπ' ἐξόδῳ αὐτοῦ, περί τε τὸν Σάραπιν καὶ περὶ τὴν Ἶσιν ψηφισθὲν, τέρας οὐδενὸς ἧττον γενέσθαι. Τοὺς γὰρ ναοὺς αὐτῶν ¹², οὓς ἰδίᾳ τινὲς ἐπεποίηντο, καθελεῖν τῇ βουλῇ ἔδοξεν. Οὐ

---

1. A, C, D : δὲ ἔτι. — 2. A, F : ἀλλὰ ἄναρκτοι.
3. Omis dans le Ms. de Munich n° 2, qui porte un peu plus loin νουμενίου, au lieu de νουμηνία.
4. Ce qui était regardé comme un mauvais présage. Macrobe, Saturn. I, 13 : Quoties incipiente anno dies cœpit qui adjectus est nundinis, omnis ille annus infaustis casibus luctuosus fuit, maximeque Lepidiano tumultu opinio ita firmata est.
5. Αὐτοῖς, dans A, C, G, H et dans le Ms. de Munich n° 2. Cette leçon pourrait à la rigueur se défendre en rapportant αὐτοῖς à συμβὰν, mais l'ancienne est préférable.
6. Ἔργῳ dans le Ms. de Munich n° 2.

nues des luttes où l'on faisait assaut de largesses : plus souvent encore c'étaient de véritables combats, à tel point que le consul Calvinus fut même blessé un jour. Les consuls ne furent donc remplacés ni par des consuls, ni par des préteurs, ni par un préfet de la ville, et Rome n'eut pas de magistrats pendant la première partie de l'année.

47. Dans cette situation, rien ne se faisait suivant l'ordre accoutumé, et le marché, qui doit avoir lieu tous les neuf jours, se tint le premier jour de janvier; ce qui ne fut pas regardé comme un accident fortuit, mais comme un prodige qui remplit les esprits de terreur. Un hibou vu et pris dans la ville, une statue qui se couvrit de sueur pendant trois jours, un météore enflammé qui s'élança du midi à l'orient, la foudre qui tomba plusieurs fois, une fréquente pluie de mottes de terre, de pierres, de tessons et de sang, causèrent aussi un grand effroi. Le décret rendu à la fin de l'année précédente, au sujet de Sérapis et d'Isis, ne fut pas sans doute un présage moins significatif que tous les autres. Le sénat avait ordonné la destruction des temples qui leur avaient été consacrés par des particuliers; car pendant

---

7. Omis dans C.

8. C : κυνάς.

9. D'après A, C, D, F, G, H, j'ajoute, comme Sturz, les mots καὶ συνελήφθη, qui manquent dans l'ancienne leçon. M. Imm. Bekker les a insérés aussi dans son texte.

10. C : τί τέ τι ἐπί.

11. Ou mieux πολλαὶ, d'après Phrynichus, Eclog. p. 54 ; mais l'ancienne leçon peut être maintenue. Cf. Lobeck, l. l. p. 54-55.

12. Comme Sturz et M. Imm. Bekker, je remplace la leçon vulgaire αὐτοῦ par αὐτῶν, conjecture de Leunclavius.

γὰρ δὴ τοὺς θεοὺς τούτους ἐπὶ πολὺ ἐνόμισαν [1], καὶ ὅτε γε καὶ ἐξενίκησεν [2], ὥστε καὶ δημοσίᾳ αὐτοὺς [3] σέβεσθαι, ἔξω τοῦ πωμηρίου σφᾶς ἱδρύσαντο.

48. Τοιαύτης οὖν τότε τῆς ἐν τῷ ἄστει καταστάσεως οὔσης, καὶ μηδενὸς τοῖς πράγμασιν ἐπιτεταγμένου, σφαγαὶ καθ' ἑκάστην ἡμέραν, ὡς εἰπεῖν, ἐγίγνοντο· τάς τε ἀρχαιρεσίας, καίτοι σπεύδοντες ἐπὶ τὰς ἀρχάς, καὶ δεκασμοῖς καὶ φόνοις δι' αὐτὰς χρώμενοι, οὐκ ἐπετέλουν. Ὁ γοῦν Μίλων ὑπατείαν αἰτῶν [4], τὸν Κλώδιον ἐν τῇ Ἀππίᾳ ὁδῷ συντυχόντα οἱ, τὸ μὲν πρῶτον ἁπλῶς πως ἔτρωσεν· ἔπειτα δὲ φοβηθεὶς μὴ ἐπεξέλθῃ [5] τῷ γεγονότι, κατέσφαξεν· ἐλπίσας, ἐπειδὴ πάντας τοὺς οἰκέτας τοὺς τοῦτο ποιήσαντας εὐθὺς ἠλευθέρωσε [6], ῥᾷον τοῦ φόνου, τελευτήσαντος αὐτοῦ, ἢ τοῦ τραύματος, εἰ περιγίγνοιτο, ἀφεθήσεσθαι. Ἀκούσαντες οὖν τοῦθ' οἱ ἐν τῇ πόλει πρὸς ἑσπέραν, δεινῶς ἐταράχθησαν. Ταῖς τε γὰρ στάσεσιν ἀφορμὴ πολέμου καὶ κακῶν ἐγίγνετο, καὶ οἱ διὰ μέσου, εἰ καὶ ἐμίσουν τὸν Κλώδιον, ὅμως διά τε τὸ ἀνθρώπινον καὶ ὅτι καὶ τοῦ Μίλωνος στερηθῆναι ἐπὶ τῇ προφάσει ταύτῃ ἤθελον, ἠγανάκτουν.

49. Παραλαβόντες δὲ αὐτοὺς οὕτως [7] ἔχοντας ὅ τε

---

1. J'adopte l'interprétation de Reiske : *Longum enim tempus effluxit, quo numina illa pro numinibus neque habuerunt, neque coli voluerunt.*

2. L'ancienne leçon ὅτι γε καὶ ἐξενίκησεν présente un sens forcé. Reiske l'a corrigée ingénieusement, en substituant ὅτε à ὅτι. J'adopte sa conjecture avec M. Imm. Bekker. Wagner l'a suivie : *Und wenn auch die œffentliche Verehrung derselben einmal durchgesetzt ward.* Au lieu de ἐξενίκησεν, C, H portent ἐξεκίνησεν.

longtemps Sérapis et Isis ne furent pas reconnus comme
dieux, et, lorsque leur culte public eut été autorisé, leurs
temples durent être placés hors du pomérium.

48. Tandis que Rome était dans cet état et que personne n'avait en main le gouvernement de la République,
chaque jour, pour ainsi dire, était marqué par des meurtres, et les comices ne pouvaient élire des magistrats
malgré l'ardeur des candidats, qui n'épargnaient ni les
largesses ni les assassinats, pour obtenir les charges publiques. Milon, qui briguait le consulat, ayant rencontré
Clodius sur la voie Appienne, le blessa d'abord légèrement et le tua ensuite, dans la crainte qu'il ne cherchât à
se venger. Il espérait, en affranchissant sur-le-champ
tous les esclaves associés à son crime, être plus facilement absous de ce meurtre, quand Clodius ne serait
plus, que de sa blessure, s'il survivait. La nouvelle de
cet événement, répandue vers le soir, excita dans la
ville un tumulte effroyable, et fut pour les factions un
signal de guerres et de forfaits. Les citoyens neutres,
malgré leur haine pour Clodius, éclatèrent eux-mêmes
d'indignation par un sentiment d'humanité, et parce
qu'ils voulaient saisir cette occasion pour se débarrasser aussi de Milon.

49. Rufus et Titus Munatius Plancus, tribuns du

---

3. Reiske aimerait mieux αὐτοὺς δημοσίᾳ.

4. C : ὑπατείαν καὶ, et en marge, ὑπατεύων.

5. Avec Sturz et M. Imm. Bekker, d'après Xylander, au lieu de la leçon vulgaire ἐξέλθῃ, maintenue par Rob. Etienne et par Reimarus, qui pourtant approuve la conjecture de Xylander.

6. Comme M. Imm. Bekker, je préfère, d'après Leunclavius, cette leçon à l'ancienne ἐλευθερῶσαι, qui peut pourtant se défendre. Cf. la note de Sturz, t. I, p. 638.

7. G : οὕτω

Ῥοῦφος καὶ Τῖτος Μουνάτιος Πλάγκος, προσπαρώξυναν [1]. Δημαρχοῦντες γὰρ ἔς τε τὴν ἀγορὰν ὑπὸ τὴν ἕω τὸν νεκρὸν [2] ἐσεκόμισαν [3], καὶ ἐπὶ τὸ βῆμα ἐπέθεσαν [4], πᾶσί τε ἐπεδείκνυσαν· καὶ ἐπέλεγον οἷα εἰκὸς ἦν, ὀδυρόμενοι· ὥστε τὸν ὅμιλον, καὶ ἐξ ὧν ἑώρων καὶ ἐξ ὧν ἤκουον, συνταραχθῆναι, καὶ μήτε [5] τοῦ θείου ἔτι φροντίσαι, ἀλλὰ πάντα μὲν τὰ περὶ τὰς ταφὰς νόμιμα συγχέαι, πᾶσαν δὲ ὀλίγου τὴν πόλιν καταπρῆσαι. Τὸ γὰρ σῶμα τοῦ Κλωδίου ἀράμενοι, ἔς τε τὸ βουλευτήριον ἐσήνεγκαν καὶ εὐθέτησαν· καὶ μετὰ τοῦτο πυρὰν ἐκ τῶν βάθρων νήσαντες, ἔκαυσαν καὶ [6] ἐκεῖνο καὶ τὸ συνέδριον [7]. Οὕτω τε οὐχ ὁρμῇ τινι (οἷά που τοὺς ὄχλους ἐξαπιναία καταλαμβάνει), ἀλλ' ἐκ [8] προαιρέσεως αὐτὸ ἔπραξαν· ὥστε καὶ τὴν ἐννάτην τὸ περίδειπνον ἐν αὐτῇ τῇ ἀγορᾷ, τυφομένου ἔτι τοῦ βουλευτηρίου, ποιῆσαι, καὶ προσέτι καὶ τὴν οἰκίαν τὴν τοῦ Μίλωνος καταφλέξαι ἐπιχειρῆσαι. Ἐκείνη μὲν οὖν, πολλῶν αὐτῇ ἀμυνάντων, οὐκ ἐκαύθη· ὁ δὲ δὴ Μίλων, τέως μὲν περίφοβος ἐπὶ τῷ φόνῳ ὤν, ἐκρύπτετο, οὐχ ὑπὸ ἰδιωτῶν [9] μόνον, ἀλλὰ καὶ ἱππέων, βουλευτῶν τέ τινων φρουρούμενος· ἐπεὶ δὲ τοῦτό τε [10] ἐγένετο, καὶ τὴν ὀργὴν τῆς γε-

---

1. H : προυπαρώξυναν.
2. D'après Reiske j'ajoute, comme Sturz et M. Imm. Bekker, l'article τὸν, qui manque dans l'ancienne leçon et dans les manuscrits. A, D, E, F, G, portent νεκρὸν ὑπὸ τὴν ἕω.
3. G : ἐκόμισαν.
4. Les mots καὶ ἐπὶ τὸ βῆμα ἐπέθεσαν sont omis dans C.
5. Suivant Reiske, il manque ici quelque chose. Il propose μήτε τοῦ ἀνθρωπίνου μήτε τοῦ θείου, conjecture suivie par Penzel. Mais aucune addi-

peuple, profitèrent de cette irritation des esprits pour les aigrir encore davantage. Dès l'aurore, ils portèrent dans le Forum le cadavre de Clodius, le placèrent sur la tribune aux harangues et le montrèrent à la multitude, en faisant entendre des paroles et des lamentations assorties à la circonstance. Le peuple, troublé de ce qu'il voyait et de ce qu'il entendait, ne fut plus arrêté par la religion : il foula aux pieds la sainteté des funérailles, et peu s'en fallut qu'il ne mît le feu à toute la ville. Il enleva les restes de Clodius, les transféra dans le palais du sénat, leur rendit de grands honneurs, éleva ensuite un bûcher avec les siéges des sénateurs, et livra aux flammes le cadavre et le palais. Tout cela se fit, non avec l'emportement qui d'ordinaire entraîne la multitude, mais avec réflexion. Neuf jours après, lorsque la fumée sortait encore des décombres, le peuple célébra un banquet funèbre dans le forum, et voulut même brûler la maison de Milon; mais elle fut sauvée par un grand nombre de citoyens accourus pour la défendre. Milon, en proie à la crainte, depuis le meurtre de Clodius, s'était tenu caché jusqu'alors. Autour de lui veillaient de simples citoyens, des chevaliers et quelques sénateurs; mais, après

---

tion n'est nécessaire : très-souvent, suivant la remarque de Reimarus, μήτε a le même sens que μηδὲ — *ne quidem*. S'il fallait modifier le texte, il suffirait donc de changer μήτε en μηδὲ, comme Reiske le conseille.

6. Omis dans C, H.

7. Asconius, in Mil. p. 34, éd. Orelli : Populus, duce Sex. Clodio scriba, corpus P. Clodii in curiam intulit, cremavitque subselliis et tribunalibus et mensis et codicibus librariorum : quo igne et ipsa quoque curia flagravit, et item Porcia basilica, quæ erat ei juncta, ambusta est.

8. D, F, G : ἀλλὰ ἐκ. — 9. C : ὑπὸ τῶν ἰδιωτῶν.

10. C, G, H : τοῦτό γε.

ρουσίας ἐς τὸ τῶν ἀντιστασιωτῶν μίασμα περιχωρήσειν ἤλπισεν· (εὐθὺς γοῦν τῆς δείλης ἐς τὸ παλάτιον δι' αὐτὸ τοῦτο συλλεγέντες, τόν τε μεσοβασιλέα προχειρισθῆναι [1], καὶ τῆς φυλακῆς τῆς πόλεως καὶ ἐκεῖνον καὶ τοὺς δημάρχους καὶ προσέτι καὶ τὸν Πομπήϊον ἐπιμεληθῆναι [2], ὥστε μηδὲν ἀπ' αὐτῆς ἀποτριβῆναι, ἐψηφίσαντο·) προῄει τε ἐς μέσον [3] καὶ τῆς ἀρχῆς ὁμοίως, ἢ καὶ μᾶλλον, ἀντεποιεῖτο.

50. Μάχαι τε οὖν ἐκ τούτου πολλαὶ καὶ σφαγαὶ αὖθις ἐγίγνοντο· ὥστε τὴν βουλὴν τά τε προειρημένα ἐπικυρῶσαι, καὶ τὸν Πομπήϊον μεταπέμψασθαι, καταλόγους τε αὐτῷ καινοὺς [4] ποιήσασθαι ἐπιτρέψαι· καὶ τὰ ἐσθήματα ἀλλάξασθαι. Ἐλθόντος τε αὐτοῦ οὐ πολλῷ ὕστερον, ἔξω τε τοῦ πωμηρίου πρὸς τῷ θεάτρῳ αὐτοῦ [5] σὺν φρουρᾷ ἠθροίσθησαν [6]· καὶ τὰ τοῦ Κλωδίου ὀστᾶ ἀνελέσθαι ἔγνωσαν, τό τε βουλευτήριον τῷ Φαύστῳ τῷ τοῦ Σύλλου υἱεῖ ἀνοικοδομῆσαι προσέταξαν. Ἦν μὲν γὰρ [7] τὸ Ὁστίλιον [8]· μετεσκεύαστο δὲ ὑπὸ τοῦ Σύλλου. Διὸ τοῦτό τε περὶ αὐτοῦ ἔδοξε [9], καὶ ὅπως ἐξοικοδομηθὲν τὸ ἐκείνου ὄνομα ἀπολάβῃ [10]. Μετεώρου δὲ τῆς πόλεως οὔσης ἐπὶ τοῖς ἄρ-

1. Ascon. l. l. p. 35 : Itaque primo factum erat SCtum, ut interrex et tribuni plebis et Cn. Pompeius, qui pro consule ad Urbem erat, viderent ne quid detrimenti Respublica caperet : delectus autem Pompeius tota Italia haberet.
2. Le passage ἐπιμεληθῆναι — καὶ τὸν Πομπήϊον manque dans F.
3. Ou mieux ἐς τὸ μέσον, d'après Sturz. Cf. tom. I, p. 6,0.
4. Omis dans C.
5. M. Imm. Bekker substitue, d'après Sturz, αὐτοῦ à l'ancienne leçon αὐτῷ. J'adopte d'autant plus volontiers cette correction qu'elle est confirmée par H.

de semblables excès, il espéra que la vengeance du sénat tomberait sur le parti contraire ; et, en effet, le sénat se réunit sur le mont Palatin, le soir même, pour délibérer à ce sujet, nomma un interroi et chargea par un décret Milon, les tribuns du peuple et Pompée lui-même de veiller à ce que la République n'essuyât aucun dommage. Milon alors parut en public, et demanda le consulat avec autant ou même avec plus d'ardeur que jamais.

50. De là, de nouveaux combats et de nouveaux massacres. Le sénat confirma le décret dont je viens de parler : il manda Pompée à Rome, l'autorisa à faire de nouvelles levées, et prit le deuil. Celui-ci étant arrivé bientôt après, le sénat s'assembla avec une garde, hors du pomérium, non loin du théâtre qui porte le nom de Pompée, ordonna de recueillir les ossements de Clodius, et chargea Faustus, fils de Sylla, de rebâtir son palais. C'était la curie Hostilia ; mais, comme elle avait été reconstruite par Sylla, le sénat chargea son fils de la relever de ses ruines, et voulut aussi qu'après sa restauration elle portât le nom de Sylla. Rome, en suspens,

---

6. D'après Sturz et M. Imm. Bekker, au lieu de la leçon vulgaire ἤθροισαν, difficile à défendre. Cf. Sturz, l. l.
7. Omis dans le Ms. de Munich, n° 2.
8. Au lieu de Ὁστίλιον, d'après Reimarus et Sturz, l. l.
9. L'ancienne leçon διὰ τοῦτό τε περὶ αὐτοὺς ἔδοξε est altérée et ne fournit aucun sens. Sturz propose διὰ τοῦτο δὲ οὕτω περὶ αὐτοῦ ἔδοξε, conjecture fort plausible ; mais à laquelle je préfère celle de M. Imm. Bekker : διὸ τοῦτό τε περὶ αὐτοῦ ἔδοξε. Elle s'écarte moins du texte primitif, et elle est confirmée par Nic. Leoniceno : *Et per questa cagione a loro piacque questo et acciò che.*
10. D'après Sturz, au lieu de l'ancienne leçon ἀποβάλῃ. C porte ἀποβάλλῃ, et G : ἀποβάλει.

ξουσι σφῶν, καὶ διαθροούντων, τῶν μὲν, ὡς δικτάτορα τὸν Πομπήϊον, τῶν δὲ, ὡς ὕπατον τὸν Καίσαρα αἱρεθῆναι· (οὕτω γάρ που ἐκ προαιρέσεως ἐπὶ τοῖς κατειργασμένοις αὐτὸν ἐτίμων, ὥστε καὶ ἑξήκονθ' ἡμέρας θῦσαι ἐπ' αὐτοῖς ψηφίσασθαι·) φοβηθέντες ἑκάτερον οἵ τε ἄλλοι βουλευταὶ καὶ Βίβουλος, ὅσπερ που τὴν γνώμην πρῶτος ἐρωτηθεὶς ποιήσεσθαι ἔμελλε, προκατέλαβον τὴν τοῦ πλήθους ὁρμὴν, τῷ Πομπηΐῳ τὴν ὑπατείαν, ὥστε μὴ δικτάτορα αὐτὸν λεχθῆναι, καὶ μόνῳ γε[1], ἵνα μὴ ὁ Καῖσαρ αὐτῷ συνάρξῃ, δόντες. Ξένον μὲν δὴ τοῦτο καὶ ἐπὶ μηδενὸς ἄλλου γενόμενον ἔπραξαν, καὶ ὀρθῶς αὐτὸ πεποιηκέναι ἔδοξαν. Ἐπειδὴ γὰρ ἧττον τοῦ Καίσαρος τῷ ὁμίλῳ προσέκειτο, ἀπορρήξειν τε αὐτὸν ἀπ' ἐκείνου[2] παντάπασι[3] καὶ σφετεριεῖσθαι ἤλπισαν. Καὶ ἔσχεν οὕτω[4]· τῷ τε γὰρ καινῷ καὶ τῷ παραδόξῳ τῆς τιμῆς ἐπαρθεὶς, οὐκέτι οὐδὲν[5] ἐς τὴν τῶν πολλῶν χάριν ἐβούλευσεν[6], ἀλλ' ἀκριβῶς πάντα τὰ τῇ βουλῇ ἀρέσκοντα ἔπραξεν.

51. Οὐ μέντοι καὶ μόνος ἄρξαι ἠθέλησε[7]· τὴν γὰρ εὔκλειαν ἐν τῷ δεδόχθαι τοῦτ' ἔχων, τὸν φθόνον τὸν ἐπ' αὐτῇ ἐξέκλινε. Καὶ φοβηθεὶς μή ποτε κενῆς τῆς χώρας οὔσης, ὁ Καῖσαρ ἔκ τε τῶν δυνάμεων καὶ ἐκ τῆς τοῦ πλή-

---

1. Asconius, l l. p. 37 : Quum crebresceret rumor Cn. Pompeium creari dictatorem oportere, neque aliter mala civitatis sedari posse, visum est Optimatibus tutius esse eum consulem sine collega creari. Et quum tractata ea res esset in senatu, facto in M. Bibuli sententiam senatusconsulto,

attendait la nomination des magistrats : les uns demandaient à grands cris que Pompée fût élu dictateur; les autres qu'on nommât consul César, si haut placé dans l'estime de ses concitoyens qu'ils avaient ordonné des sacrifices publics, pendant soixante jours, en l'honneur de ses victoires. Craignant également l'une ou l'autre de ces nominations, le sénat et surtout Bibulus, qui devait donner le premier son avis, prévinrent les résolutions irréfléchies de la multitude en déférant le consulat à Pompée, pour qu'il ne fût pas proclamé dictateur, et en le déférant à lui seul; afin qu'il n'eût point César pour collègue. C'était une mesure extraordinaire, qui n'avait encore été adoptée pour personne, et pourtant elle parut sage. Comme Pompée recherchait moins que César la faveur du peuple, le sénat se flatta de l'en détacher complétement et de le mettre dans ses intérêts. C'est ce qui arriva : fier de cet honneur nouveau et tout à fait insolite, Pompée ne proposa plus aucune mesure en vue de plaire à la multitude, et fit scrupuleusement tout ce qui pouvait être agréable au sénat.

51. Du reste, il ne voulut pas être seul consul : satisfait de la distinction dont il avait été l'objet, il évita l'envie qu'elle aurait pu lui attirer. D'un autre côté, craignant, si une place restait vacante dans le consulat,

---

Pompeius ab interrege Sulpitio V. Kal. Mart. mense intercalario consul creatus est, statimque consulatum iniit.

2. Le même : ἐπ' ἐκείνου. — 3. C : παντάπασιν. — 4. Οὕτως, dans A, C, D, F, G.

5. C : Οὐκέτ' οὐδέν. — 6. Le même : ἐβούλευσε. — 7. A, F : ἠθέλησεν.

θους σπουδῆς συνάρχων αὐτῷ δοθῇ, ἐκείνῳ [1] μὲν, ἵνα μὴ [2] καὶ παντελῶς παρημελῆσθαι νομισθῇ [3] κἀκ τούτου τινὰ ὀργὴν δικαίαν ποιήσηται, παρεσκεύασε διὰ τῶν δημάρχων ἐπιτραπῆναι καὶ ἀπόντι τὴν ἀρχὴν, ὅταν ἐκ τῶν νόμων καθήκῃ, αἰτῆσαι. Αὐτὸς δὲ Κυΐντον Σκιπίωνα πενθερόν τέ οἱ ὄντα, καὶ δεκασμοῦ αἰτίαν ἔχοντα, προσείλετο. Οὗτος γὰρ γόνῳ μὲν υἱὸς τοῦ Νασικοῦ ὢν, ἐκ δὲ δὴ κλήρου διαδοχῆς, ἐς τὸ τοῦ Μετέλλου τοῦ Εὐσεβοῦς γένος ποιηθεὶς, καὶ διὰ τοῦτο καὶ τὴν ἐπίκλησιν [4] αὐτοῦ φέρων, τήν τε θυγατέρα τῷ Πομπηΐῳ ἐξέδωκε, καὶ παρ' αὐτοῦ τήν τε ὑπατείαν καὶ τὸ μὴ κατηγορηθῆναι ἀντέλαβε.

52. Πάνυ γὰρ πολλοὶ ἐπὶ τῷ ἐγκλήματι τούτῳ εὐθύνθησαν, καὶ μάλισθ' ὅτι τὰ δικαστήρια ἀκριβέστερον ἐκ τῶν τοῦ Πομπηΐου νόμων συνήγετο. Πάντας τε [5] γὰρ τοὺς ἄνδρας, ἐξ ὧν τοὺς δικάσοντας ἀποκληροῦσθαι ἐδόκει, αὐτὸς ἐπελέγετο· καὶ τὸν τῶν [6] συναγορευόντων [7] ἑκατέρῳ τῷ μέρει ἀριθμὸν ὥρισεν, ὥστε μὴ ὑπὸ τοῦ πλήθους αὐτῶν τοὺς δικαστὰς θορυβουμένους ἐκταράττεσθαι. Χρόνον τε τῷ μὲν διώκοντι δύο ὥρας, τῷ δὲ φεύγοντι τρεῖς

---

1. Oddey défend l'ancienne leçon ἐκεῖνο, qui peut être maintenue: Reimarus et Sturz l'ont conservée. Je préfère néanmoins ἐκείνῳ, proposé par Xylander, adopté par M. Imm. Bekker et confirmé par Nic. Leoniceno : *Trattò per mezzo de tribuni che fusse concesso a colui — dimandare il consulato essendo assente.*
2. Omis dans H.
3. M. Imm. Bekker donne νομίσῃ. Je maintiens l'ancienne leçon, d'après les Ms. et Nic. Leoniceno : *Et questo fece acciò che non paresse che colui*, etc.

qu'elle ne fût donnée à César par l'armée et par le peuple qui lui étaient dévoués ; ne voulant pas d'ailleurs que César parût être négligé et conçût ainsi de justes ressentiments, il obtint par les tribuns qu'il fut permis à César, même absent, de demander le consulat, dès qu'il le pourrait légalement. En attendant, il se donna pour collègue Q. Scipion, son beau-père, quoiqu'il fût accusé de corruption. Ce Scipion était fils de Nasica : introduit par une disposition testamentaire dans la famille de Metellus le Pieux, dont il prit le surnom, il donna sa fille à Pompée, qui le fit nommer consul et l'affranchit de l'accusation portée contre lui.

52. Les accusations de brigue étaient alors fort nombreuses, parce que les lois de Pompée avaient donné aux tribunaux une organisation plus régulière. Il désigna lui-même tous les citoyens parmi lesquels les juges devaient être choisis par le sort ; il détermina d'une manière fixe combien d'avocats chaque partie devait avoir, afin que les juges ne fussent plus étourdis et troublés par leur grand nombre ; il accorda pour les plaidoiries deux heures

---

4. « Adoptati, dit Reimarus, Adoptantium nomen, prænomen ac cognomen adsciscebant, nomineque suo et prænomine omisso, solum jungebant cognomen quo antea usi fuerant : sic P. Cornelius Scipio, a Q. Cæcilio Metello adoptatus, deinceps vocabatur Q. Cæcilius Metellus Scipio. »

5. G : γε. — 6. Omis dans C.

7. Ou mieux συναγορευσόντων, d'après Reiske : M. Imm. Bekker adopte cette leçon.

δίδοσθαι ἐκέλευσε. Καὶ, ὃ δὴ μάλιστα πλείστοις ἐλυμαίνετο, τό [1] τινας ἐπαινέτας ὑπὸ τῶν κρινομένων δίδοσθαι, (πάμπολλοι γὰρ ὑπὸ τῶν ἀξιοπίστων ἐπαινούμενοι ἐξηρπάζοντο) ἐπηνώρθωσε [2], νομοθετήσας μηδένα ἔτι τοπαράπαν ἐξεῖναι ἐν τοῖς τοιούτοις γίγνεσθαι [3]. Καὶ ταῦτα μὲν ἄλλα τε τινὰ κατὰ πάντων ὁμοίως τῶν δικαστηρίων ἐτάχθη. Τοῖς δὲ δὴ τὰς ἀρχὰς [4] δεκάζουσι καὶ τοὺς προεαλωκότας ἐπὶ τοιούτῳ [5] τινὶ κατηγόρους ἐπέστησεν, ἆθλον σφίσιν οὐκ ἐλάχιστον [6] προθείς. Εἰ γάρ τις ἤτοι δύο τῶν ὁμοίων τῶν τε ἐλαττόνων, ἢ καὶ ἕνα τῶν μειζόνων τῆς [7] καθ' ἑαυτὸν αἰτίας, εἷλεν, ἄδειαν εὑρίσκετο.

53. Ἄλλοι τε οὖν ἐκ τούτου πολλοὶ καὶ ἑάλωσαν, καὶ Πλαύτιος Ὑψαῖος [8], ἀνταιτήσας τῷ τε Μίλωνι καὶ τῷ Σκιπίωνι τὴν ὑπατείαν. Τῶν γὰρ δὴ τριῶν δωρηφορησάντων [9], μόνος ἐκεῖνος κατεδικάσθη. Ὅ τε γὰρ Σκιπίων ἐγράφη μὲν καὶ ὑπὸ δυοῖν γε, οὐκ ἐκρίθη δὲ, διὰ τὸν Πομπήϊον. Καὶ ὁ Μίλων ἐπὶ μὲν τούτῳ [10] οὐκ ἐσήχθη·

---

1. Avec Reiske et M. Imm. Bekker, j'ajoute cet article. Reimarus, qui a conservé l'ancienne leçon, approuve l'addition de τό.

2. D'après A, E, F, H et le Ms. de Munich n° 2, je rétablis, comme Sturz et M. Imm. Bekker, l'ancienne leçon que Reimarus a remplacée par ἐπανώρθωσε. Cf. Lobeck, ad Phrynich., p. 154.

3. Cette leçon peut se défendre par l'ellipse d'ἐπαινέτην. Reiske aimerait mieux μηδενὶ — ἐξεῖναι ἐπαινέτην τοῖς τοιούτοις γίγνεσθαι. S'il fallait modifier le texte, je me bornerais, avec M. Imm. Bekker, à remplacer ἐξεῖναι par ἐπαινέτην. Dans aucun cas, je n'adopterais la conjecture du critique appelé N par Reimarus : ἱκέτην γίγνεσθαι. Elle a été approuvée par Penzel.

4. Je lirais volontiers avec Reiske : τοῖς δὲ δὴ διὰ τὰς ἀρχὰς; — consequendorum magistratuum gratia.

5 D'après Oddey, je substitue cette leçon à l'ancienne τούτῳ, que Reiske

à l'accusateur et trois heures à l'accusé. Un des abus les plus funestes, c'était la faculté laissée aux accusés d'être assistés par des orateurs qui faisaient leur éloge : souvent des accusés, loués par des hommes très-considérés, échappaient à la justice. Pompée le réforma en ordonnant qu'à l'avenir il ne serait plus permis de faire l'éloge d'un accusé. Ces dispositions et plusieurs autres furent appliquées à tous les tribunaux indistinctement : quant au crime de brigue, il établit comme accusateurs, en leur offrant une récompense capitale, ceux qui avaient été déjà condamnés pour ce crime. Ainsi, quiconque faisait connaître deux hommes coupables d'une faute égale à la sienne ou d'une faute moindre, ou même un seul homme coupable d'une faute plus grave, obtenait la rémission de sa peine.

53. Plusieurs citoyens furent donc poursuivis pour brigue ; entre autres, Plautius Hypsæus, compétiteur de Milon et de Scipion pour le consulat. Ils avaient été accusés de brigue tous les trois; mais il fut seul condamné. Scipion, traduit en justice par deux accusateurs, ne fut

---

voulait remplacer par τούτων. Sturz et M. Imm. Bekker adoptent aussi la conjecture d'Oddey, confirmée par Nic. Leoniceno : *Quegli quali erano stati avanti congiunti di simile delitto.*

6. G : οὐκ ἐλάχιστα.

7. Comme Reiske et M. Imm. Bekker, au lieu de la leçon vulgaire ἢ τῆς. Sturz blâme cette suppression d'ἢ.

8. Cf. Valère Max. IX, 5; Appien, Guer. Civ. II, 24 ; Plutarq. Pomp. LV.

9. Ou bien δωροφορησάντων, d'après A et M. Imm. Bekker. Sur ces deux formes et sur les formes analogues δαφνοφορεῖν δαφνηφορεῖν, ψηφοφορεῖν — ψηφηφορεῖν, cf. la note de Rob. Étienne.

10. Avec Sturz et M. Imm. Bekker, je substitue cette leçon à l'ancienne ἐπὶ μὲν τούτου.

τὸ γὰρ τοῦ φόνου ἔγκλημα μεῖζον εἶχεν· ὑπαχθεὶς δὲ ἐπ' ἐκείνῳ ἑάλω, μηδὲν δυνηθεὶς βίαιον δρᾶσαι. Ὁ γὰρ Πομπήϊος τήν τε ἄλλην πόλιν διὰ φυλακῆς ἐποιήσατο, καὶ ἐς τὸ δικαστήριον σὺν ὁπλίταις ἐσῆλθε. Θορυβησάντων τε ἐπὶ τούτῳ τινῶν, προσέταξε τοῖς στρατιώταις ἐκδιῶξαι αὐτοὺς ἐκ τῆς ἀγορᾶς, πλαγίοις καὶ πλατέσι τοῖς ξίφεσι παίοντας [1]. Ἐπειδή τε οὐχ ὑπεῖκον, ἀλλὰ καὶ, καθάπερ ἐν παιδιᾷ τινι πλαγιαζόμενοι [2] ὕβριζον, καὶ ἐτρώθησάν τινες αὐτῶν καὶ ἀπέθανον.

54. Τά τε οὖν δικαστήρια ἡσύχως ἐκ τούτων συνήγετο· καὶ ἐδικαιώθησαν ἐπί τε ἑτέροις τισὶ πολλοί, καὶ ἐπὶ τῷ τοῦ Κλωδίου φόνῳ ἄλλοι τε καὶ ὁ Μίλων [3], καίτοι τὸν Κικέρωνα συναγωνιστὴν ἔχων. Ὁ γὰρ ῥήτωρ ἐκεῖνος, τόν τε Πομπήϊον καὶ τοὺς στρατιώτας ἐν τῷ δικαστηρίῳ παρὰ τὸ καθεστηκὸς ἰδὼν, ἐξεπλάγη καὶ κατέδεισεν [4]· ὥστε τῶν μὲν παρεσκευασμένων μηδὲν εἰπεῖν, βραχὺ δέ τι καὶ τεθνηκὸς [5] χαλεπῶς φθεγξάμενος, ἀγαπητῶς μεταστῆναι. Τοῦτον γὰρ τὸν λόγον τὸν νῦν φερόμενον, ὡς καὶ ὑπὲρ τοῦ Μίλωνος τότε λεχθέντα, χρόνῳ ποθ' ὕστερον καὶ κατὰ σχολὴν ἀναθαρσήσας ἔγραψε. Καὶ δὴ καὶ τοιόνδε τι [6] περὶ

---

1. Πέοντας dans D et G. Après ce mot, on lit dans G : ἐπειδία (pour ἐπειδὴ παιδιᾷ) τινὶ πλησιαζόμενοι, avec omission de τε οὐχ ὑπεῖκον, ἀλλὰ καὶ, καθάπερ ἐν.

2. Reiske voudrait remplacer cette leçon par πλαταγιζόμενοι — *illo instrumento percussi, quod Græci* πλαταγὴν *appellant*. Mais cette conjecture n'est point fondée. Sturz démontre péremptoirement que πλαγιαζόμενοι doit être maintenu dans le sens de πλαγίοις τοῖς ξίφεσι παιόμενοι, ou de παιόμενοι seul. Cette leçon et cette explication sont confirmées

pas jugé, grâce à Pompée, et Milon n'eut pas à se défendre contre cette accusation, parce qu'il était sous le poids d'une autre plus grave. Mis en jugement pour le meurtre de Clodius, il fut condamné, parce qu'il n'avait pu s'appuyer sur la violence. Pompée avait placé des gardes dans toute la ville et s'était rendu au tribunal avec une escorte armée. Des perturbateurs ayant excité du tumulte dans le forum à cette occasion, Pompée ordonna aux soldats de les chasser en les frappant obliquement du plat de leurs larges épées ; mais, loin de céder, ils lançaient des sarcasmes, comme s'ils n'avaient pas été frappés sérieusement : quelques-uns furent blessés et même tués.

54. Les juges purent donc siéger paisiblement, et plusieurs citoyens furent condamnés pour divers crimes. Milon et d'autres le furent pour le meurtre de Clodius, quoiqu'il eût Cicéron pour défenseur. A la vue de Pompée et des soldats qui occupaient le tribunal contre l'usage, cet orateur se troubla et fut saisi de crainte, au point de ne pouvoir prononcer un mot du discours qu'il avait préparé. A peine fit-il entendre quelques paroles sans vie et se hâta de finir. Quant à la harangue que nous avons aujourd'hui et qui passe pour avoir été prononcée alors pour Milon, Cicéron la composa plus tard et à loisir, quand il eut recueilli ses esprits. On rapporte

---

par Nic. Leoniceno : *Come che fusseno stati percossi in uno certo giuoco.*

3. E, F : ὁμίλων = ὁ Μίλων. De même, plus loin.

4. Cf. Asconius, l. l.

5. Sur cet emploi de τεθνηκὸς, cf. M. Boissonade, Aristænet. Epist. p. 550 et suiv.

6. G : τοῖόν τέ τι.

αὐτοῦ παραδέδοται· ὁ Μίλων τῷ λόγῳ πεμφθέντι οἱ ὑπ᾽ αὐτοῦ ἐντυχὼν (ἐπεφυγάδευτο γὰρ) ἀντεπέστειλε [1], λέγων ὅτι ἐν τύχῃ αὐτῷ ἐγένετο τὸ μὴ ταῦθ᾽ οὕτω καὶ ἐν τῷ δικαστηρίῳ λεχθῆναι. Οὐ γὰρ ἂν τοιαύτας ἐν τῇ Μασσαλίᾳ (ἐν ᾗ κατὰ τὴν φυγὴν [2] ἦν) τρίγλας ἐσθίειν, εἴπερ τι τοιοῦτον ἀπελελόγητο. Τοῦτο δὲ ἔγραψεν οὐχ ὅτι τοῖς παροῦσιν ἠρέσκετο (πολλὰ γὰρ ἐπὶ τῇ καθόδῳ ἐπετόλμησεν)· ἀλλ᾽ ἐς τὸν Κικέρωνα ἀποσκώπτων, ὅτι μηδὲν χρηστὸν ἐν τῷ τῆς ἀπολογίας καιρῷ εἰπών, ἔπειτα ἀκάρπους λόγους καὶ ἐμελέτα καὶ ἔπεμπεν [3] αὐτῷ, ὥσπερ τι ὠφελῆσαι τότε αὐτὸν δυναμένους.

55. Ὅ τε οὖν Μίλων οὕτως ἑάλω, καὶ ὁ Ροῦφος ὅ τε Πλάγκος, ἐπειδὴ πρῶτον ἐκ τῆς ἀρχῆς ἐξῆλθον, ἄλλοι τε σὺν αὐτοῖς συχνοὶ [4], διὰ τὴν τοῦ βουλευτηρίου ἔμπρησιν· καίτοι τῷ Πλάγκῳ καὶ τοῦ Πομπηΐου συσπουδάσαντος [5], ὥστε καὶ βιβλίον [6], ἔπαινόν τε ἅμα αὐτοῦ καὶ ἱκετείαν ἔχον, ἐς τὸ δικαστήριον ἔπεμψεν. Ὁ γὰρ Κάτων ὁ Μάρκος (δικάζειν δὲ ἔμελλεν) οὐκ ἔφη τὸν ἐπαινέτην ἐπὶ τῇ τῶν ἑαυτοῦ νόμων καταλύσει προσίεσθαι. Καὶ ὁ μὲν οὐκ ἔτι τὴν ψῆφον ἔδωκεν· ὁ γὰρ Πλάγκος, ὡς [7] καὶ τὴν καθαι-

---

1. D'après Reimarus, dans ses *Addenda*, je substitue, comme Sturz et M. Imm. Bekker, cette leçon à l'ancienne ἀνταπέστειλε.
2. Au lieu de la leçon vulgaire κατὰ φυγὴν ἦν, j'ajoute l'article τὴν, d'après A, B, C, D, H.
3. Comme M. Imm. Bekker, je substitue à l'ancienne leçon εἶπεν, peu satisfaisante pour le sens, ἔπεμπεν, et à δυνάμενος le pluriel δυναμένους (s. ent. λόγους). Ces corrections proposées par Leunclavius sont confirmées par Nic. Leoniceno : *Di poi haveva pensato quella oratione senza*

même que Milon, ayant lu ce discours qui lui avait été envoyé par Cicéron lorsqu'il était en exil, lui répondit : « Heureusement pour moi, cette harangue n'a pas été « prononcée devant mes juges ; car je ne mangerais pas « de si beaux rougets à Marseille (c'est là qu'il s'était « retiré), si vous m'aviez défendu avec tant d'éloquence. » Il s'exprimait ainsi, non qu'il fût content de sa position, puisqu'il fit souvent d'audacieuses tentatives pour rentrer dans sa patrie ; mais il se moquait de Cicéron qui, n'ayant pas su trouver une parole efficace pour le défendre dans le moment critique, composait avec soin des discours sans objet et les lui envoyait, comme s'ils pouvaient lui être alors de quelque utilité.

55. Milon fut donc condamné. Rufus et Plancus le furent, à la fin de leur magistrature, et beaucoup d'autres avec eux, pour l'incendie du palais du sénat. En vain Pompée poussa-t-il le dévouement pour Plancus jusqu'à adresser aux juges un mémoire qui contenait son éloge et une supplique en sa faveur : Marcus Caton, qui devait connaître de cette affaire, déclara qu'il n'écouterait pas un panégyriste violant ses propres lois ; mais il ne put voter. Plancus, sachant qu'il

---

alcun frutto, et gli la havea mandata come che althora gli potesse giovare in qualche cosa.

4. Omis dans D, H.

5. B : σπουδάσαντος.

6. Cf. Plutarque, Pomp. LV, et Cat. Min. XLVIII.

7. D'après A, B, F, je remplace, comme Sturz et M. Imm. Bekker, l'ancienne leçon ὥστε par ὡς. Ce changement est confirmé par Nic. Leoniceno : *Come quello il quale doveva dare contro di lui.*

ρήσουσαν[1] αὐτὸν οἴσοντα, ἐξέκρινεν· (ἐξῆν γὰρ, ἐκ τῶν Πομπηΐου νόμων, πέντε ἑκατέρῳ τῶν διαδικούντων, ἐκ τῶν δικάσειν σφίσι μελλόντων, ἀπολέγειν[2]·) οἱ μέντοι ἄλλοι δικασταὶ κατεψηφίσαντο αὐτοῦ. Οὔτε γὰρ ἄλλως ὀρθῶς ἔχειν ἔδοξε σφίσι, τοῦ Ῥούφου κατεγνωκόσιν, ἐκεῖνον ἐπὶ τοῖς αὐτοῖς κρινόμενον ἀφεῖναι· καὶ ἐπειδὴ τὸν Πομπήϊον συναιρόμενον οἱ[3] εἶδον, ἀντεσπούδασαν αὐτῷ· μὴ καὶ δοῦλοί τινες ἄντικρυς αὐτοῦ μᾶλλον ἢ δικασταὶ νομισθῶσιν εἶναι. Καίπερ καὶ τότε ὁ Κικέρων οὐδὲν βέλτιον τοῦ Πλάγκου κατηγόρησεν, ἢ ὑπὲρ τοῦ Μίλωνος ἀπελογήσατο. Ἥ τε γὰρ τοῦ δικαστηρίου ὄψις ἡ αὐτὴ ἦν, καὶ ὁ Πομπήϊος ἐν ἑκατέρῳ τἀναντία οἱ καὶ ἐβουλεύετο καὶ ἔπραττεν[4]· ὅθεν οὐχ ἥκιστα αὖθις αὐτῷ προσέκρουσε.

56. Ταῦτά τε οὖν ἅμα διῴκει, καὶ τὸν περὶ τῶν ἀρχαιρεσιῶν νόμον, τὸν κελεύοντα τοὺς ἀρχήν τινα ἐπαγγέλλοντας, ἐς τὴν ἐκκλησίαν πάντως ἀπαντᾶν, ὥστε μηδένα ἀπόντα αἱρεῖσθαι, παρημελημένον πως ἀνενεώσατο· τό τε δόγμα τὸ[5] μικρὸν ἔμπροσθεν γενόμενον, ὥστε τοὺς ἄρξαντας ἐν τῇ πόλει, μὴ πρότερον ἐς τὰς ἔξω ἡγεμονίας[6], πρὶν πέντε ἔτη παρελθεῖν, κληροῦσθαι, ἐπεκύρωσεν[7]. Οὐδ' ᾐσχύνθη μὲν τότε τοιαῦτα γράψας, ὕστερον δὲ οὐ πολλῷ αὐτός τε τὴν Ἰβηρίαν ἐς πέντε ἄλλα ἔτη λαβὼν[8], καὶ τῷ

1. Καθαίρουσαν dans C, D, H.
2. Cf. Ascon. Argum. in Milonian. p. 40-41.
3. Omis dans C.
4. C, D, H : ἔπραττε.

se prononcerait contre lui, le récusa ; car, d'après les lois de Pompée, l'accusateur et l'accusé avaient la faculté de récuser chacun cinq des juges qui devaient statuer sur leur sort. Les autres le condamnèrent : après le jugement qu'ils avaient rendu contre Rufus, il ne leur parut pas juste d'absoudre Plancus, accusé du même crime ; et par cela même qu'ils voyaient Pompée agir dans son intérêt, ils luttèrent contre son influence, pour ne pas être regardés comme ses esclaves plutôt que comme des juges. Du reste, Cicéron ne se montra pas alors plus habile pour accuser Plancus qu'il ne l'avait été pour défendre Milon. L'aspect du tribunal était le même : dans les deux causes, la volonté et les actes de Pompée lui étaient opposés, et par là il provoqua de nouveau son mécontentement au plus haut degré.

56. Pompée, en même temps qu'il réorganisa les tribunaux, fit revivre, au sujet des élections, la loi qui obligeait expressément les candidats à se montrer en personne dans les comices, et qui prescrivait de n'élire aucun absent : elle était presque tombée en désuétude. Il confirma aussi le sénatus-consulte rendu peu de temps auparavant, et d'après lequel ceux qui avaient rempli une magistrature dans Rome ne pouvaient, avant cinq ans, être appelés au gouvernement des provinces. Mais, après avoir sanctionné ces décrets, il ne rougit pas d'accepter presque aussitôt le gouvernement de l'Espagne pour cinq ans, et

---

5. C : τί. — 6. E : ἡγεμονείας.
7. C, D : ἐπεκύρωσε.
8. Cf. Plutarque, Pomp. LV.

Καίσαρι καὶ ἀπόντι (οἱ γὰρ φίλοι αὐτοῦ δεινῶς ἠγανάκτουν) αἰτῆσαι τὴν ὑπατείαν, ὥσπερ ἐψήφιστο [1], δούς [2]. Προσέγραψε [3] μὲν γὰρ τῷ νόμῳ τὸ μόνοις αὐτὸ [4] ἐξεῖναι ποιεῖν, οἷς ἂν ὀνομαστί τε καὶ ἄντικρυς ἐπιτραπῇ. Διέφερε δ' οὐδὲν τοῦτο τοῦ μηδ' ἀρχὴν κεκωλῦσθαι [5]· πάντως γὰρ οἵ τι δυνάμενοι [6] καὶ ἐκεῖνο ψηφισθῆναι σφίσι διαπράξασθαι ἔμελλον. Ὁ μὲν οὖν Πομπήϊος τοιαῦτα ἐπολιτεύετο [7].

57. Ὁ δὲ δὴ Σκιπίων οὔτε ἐνομοθέτησέ τι, καὶ τὰ πρὸς τοῦ Κλωδίου περὶ τῶν τιμητῶν [8] γραφέντα κατέλυσε. Καὶ ἔδοξε μὲν τὴν ἐκείνων χάριν τοῦτο πεποιηκέναι [9], ἐπειδὴ τὴν ἐξουσίαν αὐτοῖς, ἣν καὶ πρὶν εἶχον, ἀπέδωκε· περιέστη δὲ ἐς τοὐναντίον. Ὑπὸ γὰρ τοῦ πολλοὺς [10] ἔν τε τῇ ἱππάδι καὶ ἐν τῷ βουλευτικῷ φλαύρους [11] ἄνδρας εἶναι, τέως μὲν μηδένα μήτε κατηγορηθέντα μήθ' ἁλόντα διαγράψαι σφίσιν ἐξῆν, οὐδεμίαν τῶν οὐκ ἀπαλειφομένων αἰτίαν εἶχον. Ἀπολαβόντες [12] δὲ τὴν ἀρχαίαν ἰσχὺν, (ὑφ' ἧς αὐτοῖς καὶ καθ' ἑαυτοὺς τὸν ἑκάστου βίον ἐξετάζουσι τοῦτο ποιεῖν ἐδέδοτο) οὔτε πολλοῖς προσκρούειν ὑπέμενον, οὔτ'

---

1. Cf. § 51 de ce livre.
2. Suétone, Cæs. XXVIII, est plus précis que Dion : Acciderat ut Pompeius legem de jure magistratuum ferens, eo capite quo a petitione honorum absentes submovebat, ne Cæsarem quidem exciperet per oblivionem, ac mox, lege jam in æs incisa et in ærarium condita, corrigeret errorem.
3. A, B, H : προέγραψε. — 4. G : αὐτοῖς. — 5. D'après C, avec M. Imm. Bekker, au lieu de κεκωλύσθαι.
6. Cette leçon, substituée par Xylander à l'ancienne ὅτι δυνάμενοι, qui

de permettre à César, qui était absent et dont les amis étaient mécontents de la loi électorale, de demander le consulat, conformément au sénatus-consulte, où il avait inséré un article d'après lequel les absents ne pourraient se mettre sur les rangs que lorsqu'ils y seraient nominativement et formellement autorisés. C'était annuler toute prohibition ; car ceux qui avaient quelque crédit ne pouvaient manquer d'obtenir cette autorisation. Tels furent les actes de Pompée pendant son administration.

57. Quant à Scipion, il ne proposa aucune loi, et abrogea celle qui avait été faite par Clodius, au sujet des censeurs. On crut qu'il avait voulu leur plaire en leur restituant leur ancien pouvoir ; mais l'événement prouva le contraire. Il y avait dans l'ordre équestre et dans l'ordre sénatorial un grand nombre d'hommes méprisables ; mais, tant qu'il n'était pas permis aux censeurs d'effacer le nom d'un membre sans qu'il eût été accusé et condamné, on ne pouvait les rendre responsables de ce que de tels hommes n'étaient pas éliminés. Lorsqu'ils eurent recouvré leur ancien pouvoir, qui leur permettait de faire eux-mêmes une enquête sur la vie de chaque citoyen et de les noter d'infamie, ils n'eurent pas le courage de s'attirer de nombreuses inimitiés, et

---

se trouve dans A, F, G, H, est confirmée par Nic. Leoniceno : *Perchè per ogni modo quegli i quali potevano qualche cosa dovevano.*

7. D'après A, D, F, G, H et M. Imm. Bekker. L'ancienne leçon ἐπεπολίτευτο est maintenue par Reimarus et par Sturz.

8. Cf. Dion. XXXVIII, § 13.

9. F : τοῦτό τε πεποιηκέναι.

10. Correction de Sturz, adoptée par M. Imm. Bekker, au lieu de la leçon vulgaire τοὺς πολλούς.

11. D'après Xylander, au lieu de φλαῦρα, qui ne donnait aucun sens.

12. B, F : ἀπολαυόντες, par la perpétuelle confusion d'υ avec β.

αὖ ἐν μέμψει τινὶ, ὡς μὴ διαγράφοντες τοὺς οὐκ ἐπιτηδείους, γίγνεσθαι ἤθελον, καὶ διὰ τοῦτο οὐδὲ ἐφίετο ἔτι τῆς ἀρχῆς τῶν ἐμφρόνων οὐδὲ εἷς. Περὶ μὲν δὴ τοὺς τιμητὰς ταῦτ᾽ ἐψηφίσθη.

58. Ὁ δὲ δὴ Κάτων ἄλλως μὲν οὐδεμιᾶς[1] ἀρχῆς ἐδεῖτο· ἰδὼν δὲ τόν τε Καίσαρα καὶ τὸν Πομπήϊον ὑπὲρ τὴν κατάστασιν τῆς πολιτείας αὐξανομένους, καὶ ὑποτοπήσας ἤτοι καὶ ἀμφοτέρους σφᾶς τὰ πράγματα ἕξειν, ἢ καὶ, διενεχθέντας ἀλλήλοις, στάσιν τε μεγίστην ποιήσειν, καὶ τὸν κρατήσαντα αὐτῶν μοναρχήσειν· ἠθέλησε μὲν σφᾶς, πρὶν ἀνταγωνιστὰς γενέσθαι, καταλῦσαι, καὶ τὴν ὑπατείαν ἐπ᾽ αὐτοὺς ᾔτησεν[2], ἐπειδήπερ ἰδιωτεύων οὐδὲν ἰσχύσειν ἔμελλεν. Ὑποπτευθεὶς δὲ ὑπὸ τῶν τὰ ἐκείνων πραττόντων τοιοῦτόν τι δράσειν[3], οὐκ ἀπεδείχθη· ἀλλ᾽ ὅ τε Μάρκελλος ὁ Μάρκος, καὶ ὁ Ῥοῦφος ὁ Σουλπίκιος, ὁ μὲν, διὰ τὴν τῶν νόμων ἐμπειρίαν, ὁ δὲ, διὰ τὴν τῶν λόγων δύναμιν, ᾑρέθησαν[4]· ἄλλως τε καὶ ὅτι αὐτοὶ μὲν, εἰ καὶ μὴ[5] χρήμασιν, ἢ βιαίῳ τινὶ ἔργῳ, ἀλλὰ τῇ τε θεραπείᾳ καὶ τῇ παρακλήσει πολλῇ πρὸς πάντας ἐχρήσαντο. Ὁ δὲ δὴ Κάτων οὐδένα αὐτῶν ἐθεράπευσε. Καὶ ὁ μὲν οὐκέτ᾽ αὖθις τῆς ἀρχῆς ἀντεποιήσατο, λέγων ἀγαθοῦ ἀνδρὸς εἶναι ἔργον[6], μήτ᾽ ἀποδιδράσκειν τὴν προστασίαν τῶν κοινῶν,

---

1. F : οὐδὲ μιᾶς.
2. Plutarque, Cat. Min XLIX.
3. Reiske aimerait mieux δρασείειν — *cupere facere* ou *perpetrare*. Cette conjecture sourit à Sturz ; mais aucun changement n'est nécessaire.

ne voulurent pas non plus s'exposer au reproche de
ne point faire disparaître de l'album des noms indignes
d'y figurer : il arriva par là qu'aucun homme sensé ne
demanda plus la censure. Voilà ce qui fut décrété au
sujet des censeurs.

58. Caton n'ambitionnait aucune charge; mais il voyait
la puissance de César et de Pompée grandir au point
d'être incompatible avec la constitution de la République. Il prévoyait qu'ils s'empareraient ensemble du gouvernement, ou qu'ils se diviseraient et causeraient de
violentes séditions, ou bien que celui qui aurait le
dessus serait seul maître du souverain pouvoir. Il
voulut donc les renverser avant qu'ils fussent ennemis, et demanda le consulat pour les combattre,
parce qu'il n'aurait aucune force s'il restait dans la vie
privée. Mais ses vues furent devinées par les amis de
Pompée et de César, et il ne fut pas élu. On nomma
M. Marcellus, parce qu'il avait une grande connaissance des lois, et Sulpicius Rufus à cause de
son éloquence, mais surtout parce qu'ils n'avaient
eu recours ni aux largesses, ni à la violence, et s'étaient concilié les esprits par leurs soins empressés et
par leurs vives instances auprès de tous. Caton, au
contraire, n'avait fait la cour à personne, et il ne sollicita plus le consulat, disant qu'un bon citoyen ne doit
point fuir le gouvernement de l'État quand on réclame

An de Rome 703. M. Marcellus et Sulp. Rufus consuls.

4. Avec M. Imm. Bekker j'adopte, d'après Xylander, ἠρέθησαν, leçon approuvée par Sturz, qui maintient pourtant l'ancienne διῃρέθησαν.

5. Ajouté par Gronove, d'après A.

6. Ἔργον εἶναι, dans A, D, F, G.

ἄν γέ τινες χρῆσθαι αὐτῷ ἐθελήσωσι, μήθ' ὑπὲρ τὸ προσῆκον αὐτῆς ἐφίεσθαι.

59. Μάρκελλος δὲ πάντ' εὐθὺς ἐπὶ τῇ[1] τοῦ Καίσαρος καταλύσει (τῆς γὰρ τοῦ Πομπηΐου μερίδος ἦν) ἔπραττε· καὶ ἄλλα τε ἐπ' αὐτῷ πολλὰ, καὶ ὥστε καὶ[2] διάδοχόν οἱ ἤδη πρὸ[3] τοῦ καθήκοντος χρόνου πεμφθῆναι, ἐσηγήσατο[4]. Καὶ αὐτῷ ὅ τε Σουλπίκιος[5] καὶ τῶν δημάρχων τινὲς ἀντέπραξαν· οὗτοι μὲν, τῇ πρὸς τὸν Καίσαρα χάριτι· ἐκεῖνος δ' αὐτοῖς ἐκοινώσατο, καὶ ὅτι τοῖς πολλοῖς οὐκ ἤρεσκε τό τινα[6] μεταξὺ ἄρχοντα μηδὲν ἠδικηκότα παυθῆναι. Μαθὼν οὖν ταῦθ' ὁ Πομπήϊος (ἀπῆρε μὲν γὰρ ἐκ τοῦ ἄστεος[7] ὡς καὶ ἐς τὴν Ἰβηρίαν στρατεύσων, οὐ μὴν οὐδὲ τότε ἐκ τῆς Ἰταλίας ἐξεχώρησεν, ἀλλὰ τοῖς ὑποστρατήγοις πάντα τὰ ἐκεῖ προστάξας, αὐτὸς τῇ πόλει ἐφήδρευε) τὸ μὲν δὴ τὸν Καίσαρα τῆς ἡγεμονίας παραλυθῆναι, οὐδὲ ἑαυτῷ ἀρέσκειν ἐπλάττετο· ἔπραττε δ' ὅπως, ὅταν[8] τὸν δεδομένον οἱ χρόνον διάρξῃ[9], (τοῦτο δὲ οὐκ ἐς μακρὰν, ἀλλ' εὐθὺς ἐν[10] τῷ ὑστέρῳ ἔτει γενήσεσθαι ἔμελλε) τά τε ὅπλα καταθῆται, καὶ ἰδιωτεύσων οἴκαδε ἐπανέλθῃ. Καὶ διὰ τοῦτο Γαϊόν τε Μάρκελλον, [Μάρκου]

---

1. Omis dans G.
2. Omis dans H. — 3. Ἤδη καὶ πρὸ, dans A, H.
4. Cf. Suétone, Cæs. XXVIII.
5. Cf. Suétone, l. l. XXIX.
6. Conjecture de Reiske, confirmée par G et substituée par Sturz et par M. Imm. Bekker à l'ancienne leçon οὐκ ἠρέσκετο, τινὰ κ.τ.λ.

ses services, ni le rechercher au delà d'une juste mesure.

59. Marcellus, qui était du parti de Pompée, chercha à l'instant même tous les moyens d'abattre César. Il fit diverses propositions contre lui, et demanda qu'on lui donnât un successeur avant le temps fixé par les lois : il fut combattu par Sulpicius et par plusieurs tribuns du peuple. Ceux-ci voulaient plaire à César : Sulpicius était poussé tout à la fois par le même mobile et par l'éloignement que montrait la multitude pour déposer avant le temps un magistrat qui n'avait point commis de faute. Informé de ce qui se passait, Pompée, qui était parti de Rome comme pour se rendre en Espagne avec son armée, mais qui n'était pas sorti de l'Italie et avait chargé ses lieutenants des affaires d'Espagne, pour observer de près ce qui se passait à Rome, fit semblant de ne pas approuver lui-même que César fût privé du commandement; mais, en réalité, il prenait ses mesures pour qu'il déposât les armes et rentrât dans la vie privée lorsqu'il serait parvenu au terme de son commandement, et cette époque n'était pas éloignée; puisque ce commandement devait finir l'année suivante. Dans cette vue, il fit nommer consul Caïus Marcellus, cousin

---

7. G : ἄστεως.

8. F : ὅτ' ἄν.

9. L'ancienne leçon τὸν δεδομένον οἱ χρόνον διαπράξῃ paraît justement suspecte à Reiske, qui propose de remplacer διαπράξῃ par διάρξῃ. Sturz est favorable à ce changement : je l'adopte avec M. Imm. Bekker.

10. Omis dans F, H.

ἀνεψιὸν [1], ἢ καὶ ἀδελφὸν (λέγεται γὰρ ἑκάτερον) ὑπατεῦσαι, ἐπειδὴ τῷ Καίσαρι, καίπερ ἐξ ἐπιγαμίας προσήκων,
ἐχθρὸς ἦν, καὶ τὸν Κουρίωνα τὸν Γάϊον, δι' ἔχθρας καὶ
αὐτὸν ἐκ παλαιοῦ οἱ ὄντα, δημαρχῆσαι ἐποίησεν.

60. Ὁ οὖν Καῖσαρ, μήτ' ἄλλως ὑπομένων ἔκ τε τηλι-
καύτης καὶ ἐκ χρονίου ἡγεμονίας ἰδιωτεῦσαι, καὶ φοβηθεὶς
μὴ καὶ ἐπὶ τοῖς ἐχθροῖς γένηται, παρεσκευάζετο ὡς καὶ
ἀκόντων αὐτῶν ἐν τῇ ἀρχῇ ἐμμενῶν· καὶ στρατιώτας
προσκατελέγετο, καὶ χρήματα ἤθροιζεν, ὅπλα τε ἐποίει,
καὶ καθ' ἡδονὴν πᾶσιν ἡγεῖτο. Κἀν τούτῳ καὶ τὰ οἴκοι
τρόπον τινὰ, τοῦ μὴ πάντῃ βίᾳ, ἀλλὰ καὶ πειθοῖ πράττειν [2] δοκεῖν, προδιοικήσασθαι ἐθελήσας, ἔγνω συναλλα-
γῆναι [3] τῷ Κουρίωνι. Τοῦ τε γὰρ τῶν Κουριώνων γένους
ἦν, καὶ τὴν γνώμην ὀξὺς, εἰπεῖν τε δεινὸς [4], τῷ τε πλήθει πιθανώτατος, καὶ χρημάτων ἐς τὰ [5] πάντα ἁπλῶς,
ἐξ ὧν ἢ αὐτός τι πλεονεκτήσειν, ἢ καὶ ἑτέρῳ διαπράξειν
ἤλπιζεν, ἀφειδέστατος. Καὶ αὐτὸν μὲν πολλὰ ἐπελπίσας [6],
πάντων δὲ τῶν ὀφειλημάτων, συχνῶν διὰ τὸ πολλὰ δα-
πανᾶσθαι, ὄντων, ἀπαλλάξας, ἀνηρτήσατο. Πρὸς γὰρ τὴν
παροῦσαν ὧν ἔπραττε σπουδὴν οὔτε ἀργυρίου [7], ἅτε καὶ

1. Pour plus de clarté, je lis, d'après Leunclavius, Γάϊόν τε Μάρκελλον Μάρκου ἀνεψιὸν, au lieu de Γάϊόν τε Μάρκελλον ἀνεψιὸν, mais je place Μάρκου entre crochets.
2. Ou mieux, suivant Reiske : τοῦ μὴ πᾶν τῇ βίᾳ, ἀλλὰ καὶ πειθοῖ τι πράττειν. M. Imm. Bekker substitue πάντα à πάντη dans l'ancienne leçon; mais il adopte πειθοῖ τι.
3. Je n'hésite pas à remplacer la leçon vulgaire συλλεγῆναι par συναλ-λαγῆναι, d'après Reimarus. Penzel, Sturz et M. Imm. Bekker adoptent

ou même frère de Marcus (car on dit l'un et l'autre) et ennemi de César, quoiqu'il fût devenu son allié par sa femme, et il porta au tribunat Caïus Curion, qui depuis longtemps aussi était ennemi de César.

60. César ne pouvait se résigner à quitter pour la vie privée un pouvoir si grand et qu'il avait exercé longtemps : il craignait d'ailleurs d'être à la merci de ses ennemis. Il se disposa donc à garder le commandement malgré eux, leva des soldats, amassa des fonds, prépara des armes et rendit son autorité agréable à tous. De plus, voulant paraître, même à Rome, s'appuyer jusqu'à un certain point sur la persuasion et non pas sur la violence seule, il résolut de se réconcilier avec Curion, qui était de la famille des Curion, homme d'un esprit pénétrant, d'une rare éloquence, très-influent sur la multitude, prodigue d'argent, lorsque, par ses largesses, il comptait obtenir quelque avantage pour lui-même, ou être utile à un autre. César le gagna par de séduisantes espérances et en payant toutes ses dettes, devenues très-considérables par ses excessives dépenses ; car César ne regardait pas à l'argent pour réussir dans le moment, persuadé que le succès lui procurerait

<small>An de Rome 704. C. Marcellus et L. Paulus, consuls.</small>

---

cette correction. Elle est confirmée par Nic. Leoniceno : *Si deliberò di fare benivolo Curione*.

4. Le passage τοῦ τε γὰρ — δεινὸς manque dans F. — 5. Om's dans F, G, H.

6. F : ἐλπίσας. M. Imm. Bekker, Anecd. Gr. I, p. 140, 10, rapporte ce passage.

7. L'ancienne leçon porte οὔτε γὰρ ἀργυρίου. La conjonction γὰρ se trouve aussi dans les Ms. Je l'ai supprimée avec Reiske et M. Imm. Bekker, d'après Xylander et Leunclavius.

ἐξ αὐτῶν ἐκείνων ἀργυρολογῶν, ἐφείδετο, καὶ προσυπισχνεῖτό τισι παμπληθῆ, ὧν οὐδὲ πολλοστὸν μέρος δώσειν ἔμελλε ¹. Καὶ οὐ μόνον γε ² τοὺς ἐλευθέρους, ἀλλὰ καὶ τοὺς δούλους, τούς τι καὶ ὁπωσοῦν παρὰ τοῖς δεσπόταις σφῶν δυναμένους, ἐθεράπευε ³· καὶ συχνοὶ αὐτῷ καὶ ἐκ τούτου καὶ τῶν ἱππέων καὶ τῶν βουλευτῶν ὑπῆρξαν.

61. Ὁ δ' οὖν Κουρίων ἐφρόνησε μὲν τὰ τοῦ Καίσαρος, οὐ μέντοι καὶ παραχρῆμα φανερῶς αὐτὰ πράττειν ἤρξατο. Πρόφασίν τε γὰρ εὐπρεπῆ, τοῦ μὴ καὶ ἑκὼν, ἀλλ' ἀναγκασθεὶς ⁴ δὴ μεθεστηκέναι δόξαι, ἐζήτει· καὶ ἐνόμισεν ⁵, ὅσῳ ἂν ⁶ ἐπὶ πλεῖον τοῖς ἐχθροῖς αὐτοῦ, ὡς καὶ φίλος σφῶν, συγγένηται, καὶ πλείω καὶ μείζω τῶν ἀποῤῥήτων αὐτῶν μαθήσεσθαι. Δι' οὖν ταῦτα ἐπὶ μακρότατόν τε ἐπεκρύψατο· καὶ ὅπως μηδένα τρόπον ὑποπτευθῇ μεταβεβλῆσθαί τε, καὶ οὐκ ἀνὰ πρώτους καὶ πάντα τὰ ἐναντία τῷ Καίσαρι καὶ τότε ἔτι καὶ φρονεῖν καὶ λέγειν ⁷, καὶ ἐδημηγόρει κατ' αὐτοῦ, ἀφ' οὗ γε καὶ δημαρχεῖν ἤρξατο, καὶ ἐσηγεῖτο πολλὰ καὶ ἄτοπα. Καί τινα καὶ ἐπὶ τῇ βουλῇ, τοῖς τε δυνατωτάτοις σφῶν, οἵπερ που καὶ τὰ τοῦ Πομ-

---
1. C : ἔμελλεν. — 2. A, F et H : τε.
3. Cf. Suétone, Cæs. XXVII. Au lieu d'ἐθεράπευε, on lit ἐθεράπευσε dans A, B, C, E, G, H.
4. D, F, G : ἀλλὰ ἀναγκασθείς. — 5. C : ἐνόμισε.
6. Sturz maintient l'ancienne leçon ὡς ἄν qu'il traduit par *quum — ubi — postquam*, interprétation forcée. J'ai mieux aimé adopter, avec M. Imm. Bekker, la conjecture de Reiske, confirmée par Nic. Leoniceno : *Et voleva quanto più dimorasse con nimici di Cesare, tanto più intendere i secreti loro*. Le traducteur italien ne rend pas les mots ὡς καὶ φίλος σφῶν, qui n'étaient probablement pas dans son Ms.

le moyen de s'enrichir : souvent même il promettait de fortes sommes, sans avoir l'intention d'en donner la plus petite partie, et cherchait à se concilier non-seulement les hommes libres, mais encore les esclaves qui avaient quelque ascendant sur leurs maîtres. C'est ainsi qu'il gagna un grand nombre de chevaliers et de sénateurs.

61. Curion embrassa sa cause ; mais ce ne fut pas ouvertement tout d'abord. Il attendit un prétexte plausible pour paraître prendre ce parti par nécessité, et non de son gré : il pensait d'ailleurs que plus il resterait, comme ami, au milieu des ennemis de César, mieux il connaîtrait leurs secrets les plus importants. Il dissimula donc fort longtemps, et, pour qu'on ne le soupçonnât pas d'avoir changé et de ne plus être à la tête de ceux dont les sentiments et les discours étaient alors encore opposés à César, il parla contre lui, dès le commencement de son tribunat, et fit les propositions les plus étranges. Il en présenta aussi quelques autres contre le sénat et contre ses membres les plus influents et les plus dévoués à Pompée. Il ne désirait pas qu'elles fus-

---

7. Cette leçon est à la rigueur admissible. On peut l'expliquer comme Sturz : *non solum animum mutasse, sed nec inter primos* (in primis) *et omnia contraria Cæsari tunc quoque et sentire et dicere, adeo conciones contra eum habebat.* Mais peut-être manque-t-il ici quelque chose, comme le croyait Xylander. Il est du moins certain que Nic. Leoniceno avait une autre leçon dans son manuscrit, en traduisant : *Et acciò che non se generasse sospitione alcuna, fingea di sentire et dire ogni cosa contra di Cesare.*

πηίου¹ μάλιστα ἔπραττον², ἔγραφεν³. Οὐχ ὅτι καὶ ἤθελεν⁴, ἢ καὶ ἤλπιζέ τι αὐτῶν γνώσεσθαι, ἀλλ' ἵνα μὴ προσδεχομένων, μήτε κατὰ τοῦ Καίσαρός τι ψηφισθείη, (πολλὰ γὰρ ἐπ' αὐτῷ ὑπὸ πολλῶν ἐγράφετο) καὶ αὐτὸς ἐπὶ τῇ προφάσει ταύτῃ μεταστα<i>ί</i>η.

62. Συχνὸν οὖν ἐκ τούτου χρόνον ἄλλοτε ἄλλαις⁵ σκήψεσιν, ὥστε μηδὲν αὐτῶν τοπαράπαν κυρωθῆναι, κατατρίψας, ἀγανακτεῖν τε προσεποιεῖτο, καὶ ἠξίου μῆνα ἄλλον πρὸς τὰς αὐτῶν⁶ δὴ νομοθεσίας ἐπεμβληθῆναι. Τοῦτο δὲ ἐγίγνετο μὲν ὁσάκις γε καὶ καθῆκον ἦν, οὐ μέντοι κατ' ἐκεῖνο⁷ συνέβαινεν, ὥσπερ που καὶ αὐτὸς, ἅτε ποντίφεξ ὢν, ἠπίστατο. Ὅμως δ' οὖν⁸ δεῖν τε αὐτὸ γενέσθαι ἔλεγε, καὶ τοὺς συνιερέας ὅσον ἀπὸ βοῆς⁹ ἐξεβιάζετο· καὶ τέλος, μὴ δυνηθεὶς αὐτοὺς πεῖσαι συγκαταθέσθαι οἱ, (ὥσπερ οὐδὲ ἐβούλετο) οὐδ' ἄλλο¹⁰ τι διὰ τοῦτο ψηφισθῆναι ἐπέτρεψεν· ἀλλὰ καὶ ἐκ τοῦ φανεροῦ ἤδη τὰ τοῦ Καίσαρος διαδικαιῶν, ἐπειδὴ¹¹ μηδὲν κατ' αὐτοῦ δῆθεν¹² ἠδυνήθη ποιῆ-

---

1 Avec Sturz et M. Imm. Bekker, j'adopte cette leçon d'après Xylander, au lieu de l'ancienne καὶ κατὰ τοῦ Πομπηίου, évidemment fautive.
2. A, B, F, G : μάλιστ' ἔπραττον. — 3. C : ἔγραφε. — 4. Le même : ἤθελε. G : ἤθελε καὶ.
5. Le passage πολλὰ γὰρ — ἄλλαις est tronqué et altéré dans C, qui porte : πολλὰ τοῦ χρόνου ἄλλοτε ἄλλαις.
6. Xylander propose d'effacer la préposition dans l'ancienne leçon τὰς ἀπ' αὐτῶν. Je l'ai supprimée avec Sturz et d'après Nic. Leoniceno : *Et dimandava che fusse interposto un altro mese per fare le determinationi di queste cose.*
7. L'ancienne leçon καὶ ἐκεῖνο est fautive. Reiske propose καὶ ἐκείνῳ εἰ, h. e. *Curioni*. A cause de la perpétuelle confusion de καὶ avec κατ', j'ai mieux aimé, comme Sturz et M. Imm. Bekker, adopter la conjecture

sent adoptées, et il ne l'espérait pas : son but était seulement qu'après leur rejet aucune autre ne put être acceptée contre César (il en était fait un grand nombre), et il comptait profiter de cette occasion pour passer de son côté.

62. Il laissa donc beaucoup de temps s'écouler, tantôt pour un motif, tantôt pour un autre, sans qu'aucune fût accueillie : il feignit d'en être indigné, et demanda qu'un mois fût intercalé pour l'adoption de ses propositions. Cette intercalation était permise, lorsque les circonstances l'exigeaient; mais ce n'était pas alors le cas, et Curion le savait bien en sa qualité de pontife. Il répétait néanmoins qu'elle était nécessaire et il pressait, du moins en apparence, les pontifes, ses collègues, de l'adopter. Enfin, n'ayant pu les amener à son avis (il ne le désirait pas), il ne laissa prendre aucune autre résolution, et, embrassant dès lors sans détour la cause de César, après l'avoir longtemps

de Xylander : κατ' ἐκεῖνο. Elle est confirmée par Nic. Leoniceno : *Nientedimeno non accadea allhora.*

8. Au lieu de l'ancienne leçon ὅμως δ' οὐδὲν δεῖν que Xylander voulait remplacer par ὅμως δ' οὐδενὸς ἧττον δεῖν, et Leunclavius, par ὅμως δὲ δεῖν. Avec Sturz, je préfère la conjecture de Reiske.

9. « Significat proprie, dit Reiske, *quantum quidem in voce sua clamoreque situm erat*..... Hinc apparet qui fiat ut ὅσον ἀπὸ βοῆς significet *specie tenus; solummodo*. Sic usurpatur apud Xenoph. Hist. Gr. II, 4, 21 ; Thucyd. VIII, 9. Addi potest locus Xiphilini hanc locutionem illustrans, p. 732, C: οὐκ ἀπὸ τῆς γλώττης μόνον, ἀλλὰ καὶ ἀπὸ ψυχῆς. Quod in hoc loco est ἀπὸ γλώττης, id alibi est ἀπὸ βοῆς. »

10. C et G : οὐδὲ ἄλλο. — 11. Omis dans H.

12. D'après A, B, D, G, H. Sturz adopte cette leçon. Reiske l'avait proposée sans le secours des Mss.

σαι, πᾶν ὅ τί ποτε ἐνεδέχετο οὐ δεχθῆναι προΐσχετο·
καὶ μάλισθ᾽ ὅτι πάντας τοὺς τὰ ὅπλα ἔχοντας, ταῦτά τε
καταθέσθαι¹, καὶ τὰ στρατόπεδα διαλῦσαι χρὴ, ἢ μηδ᾽
ἐκεῖνον ψιλώσαντες αὐτῶν ² ταῖς δυνάμεσι ταῖς τῶν ἀντιστασιωτῶν ἐκδοῦναι. Ἔλεγε δὲ τοῦτο, οὐχ ὅτι καὶ τὸν
Καίσαρα ποιῆσαι αὐτὸ ἤθελεν, ἀλλ᾽ ὅτι τὸν Πομπήϊον εὖ
ἠπίστατο μὴ πειθαρχήσοντα αὐτῷ. Καὶ ἐκ τούτου καὶ
ἐκείνῳ πρόφασις εὔλογος τοῦ μὴ διιέναι τοὺς στρατιώτας
ἐδίδοτο.

63. Ὁ οὖν Πομπήϊος, ἐπεὶ μηδὲν ἄλλως πράττων ἤνυτε³,
πρός τε τὸ τραχὺ ἀπαρακαλύπτως ὥρμησε, καὶ ἐκ τοῦ
προφανοῦς πάντα καὶ ἔλεγε καὶ ἐποίει κατὰ τοῦ Καίσαρος·
οὐ μέντοι καὶ κατέπραξέ τι. Ἄλλοι τε γὰρ ἐκείνῳ πολλοὶ,
καὶ Λούκιος Παῦλος ὁ τοῦ Μαρκέλλου συνάρχων, ὅ τε
Πίσων ὁ Λούκιος, πενθερὸς αὐτοῦ, τιμητὴς ὢν, συνηγω-
νίζοντο. Καὶ γὰρ⁴ τιμηταὶ τὸν χρόνον τοῦτον ὅ τε Κλαύδιος ὁ Ἄππιος⁵, καὶ ὁ Πίσων, καίτοι μὴ βουληθεὶς, ἐγένοντο. Καὶ οὗτος μὲν διὰ τὴν συγγένειαν ὑπῆρχε τῷ Καί-
σαρι· ὁ δὲ δὴ Κλαύδιος ἠναντιοῦτο μὲν αὐτῷ, (τὰ γὰρ
τοῦ Πομπηίου ᾑρεῖτο) οὐκ ἐλάχιστα δὲ καὶ ἄκων ὠφέλησε.
Πλείστους γὰρ καὶ τῶν ἱππέων καὶ τῶν βουλευτῶν διέ-

1. Cf. Plutarque, Pomp. LVIII; Cæs. XXX; Appien, Guer. Civ. II, 27 et suiv.
2. Comme Reimarus, Sturz et M. Imm. Bekker, j'adopte αὐτῶν, conjecture de Leunclavius, au lieu de la leçon vulgaire αὐτὸν, qui est confirmée par A, C, H. Reiske aimerait mieux ψιλώσαντα ἑαυτόν. Sturz est favorable à cette correction; mais alors je remplacerais volontiers ἐκδοῦναι par ἐκδοθῆναι, qui se trouve dans C.

combattue en vain, il soutint avec énergie des propositions qui ne pouvaient jamais être adoptées. Il demanda surtout que tous ceux qui avaient les armes à la main les déposassent et que les armées fussent licenciées, ou qu'on ne livrât point César à des adversaires puissants, après l'avoir privé de ses troupes. Il faisait cette proposition, non qu'il souhaitât que César licenciât son armée; mais parce qu'il savait bien que Pompée ne se soumettrait pas à une semblable prescription; et dès lors César aurait un motif plausible pour ne pas congédier ses soldats.

63. Pompée, ne pouvant rien obtenir par d'autres voies, eut ouvertement recours à la violence, et se montra sans détour l'adversaire de César, par ses discours comme par ses actions; mais il ne réussit pas davantage. César avait de nombreux soutiens, entre autres Lucius Paulus, alors consul avec Marcellus, et le censeur L. Pison, son beau-père. Les censeurs, à cette époque, étaient Appius Claudius et Pison, qui avait été nommé malgré lui. Il favorisait César à cause de sa parenté; mais Appius lui était opposé, et penchait pour Pompée. Il fut cependant très-utile à César, sans

---

3. L'ancienne leçon ἤνυται est fautive : je la remplace par ἤνυτε, d'après B, D. Reiske avait proposé cette correction sans le secours des Mss. Sturz et M. Imm. Bekker l'ont adoptée. A cause de l'aoriste ὥρμησε, le copiste a écrit ἤνυσε, dans C, F.
4. Avec Sturz et M. Imm. Bekker, je substitue, d'après Reimarus, cette leçon à l'ancienne καί τοι, qui ne convient pas ici.
5. A : Κλαύδιος Ἄππιος.

γραψεν, ἐκβιασάμενος τὸν συνάρχοντα· κἀκ τούτου πάντας αὐτοὺς τὰ τοῦ Καίσαρος φρονεῖν ἐποίησεν. Ὁ γὰρ Πίσων οὔτ' ἄλλως πράγματ' ἔχειν [1] ἐθέλων, καὶ πρὸς τὴν τοῦ γαμβροῦ φιλίαν [2] πολλοὺς θεραπεύων, αὐτὸς μὲν οὐδὲν τοιοῦτον ἐποίησεν, ἐκείνῳ δὲ οὐκ ἀντέπραξε [3], πάντας μὲν τοὺς ἐκ τῶν ἀπελευθέρων, συχνοὺς δὲ [4] καὶ τῶν πάνυ γενναίων, ἄλλους τε καὶ τὸν Κρίσπον τὸν Σαλούστιον [5], τὸν τὴν ἱστορίαν συγγράψαντα [6], ἀπελάσαντι ἐκ τοῦ συνεδρίου. Τὸν μέντοι Κουρίωνα, μελλήσαντα καὶ αὐτὸν ἀπαλειφθήσεσθαι, ἐξῃτήσατο μετὰ τοῦ Παύλου, οὗπερ συγγενὴς ἦν.

64. Καὶ ὃς οὐ διήλλαξε [7] μὲν αὐτὸν διὰ τοῦτο· τὴν μέντοι γνώμην ἣν περὶ αὐτοῦ εἶχεν ἐδημοσίευσεν ἐν τῷ βουλευτηρίῳ [8]· ὥστε ἐκεῖνον ἀγανακτήσαντα τὴν ἐσθῆτα αὐτοῦ [9] περιρρῆξαι. Παραλαβὼν οὖν τοῦτον ὁ Μάρκελλος, καὶ νομίσας ἐπί τε τῷ Κουρίωνι καὶ δι' αὐτὸν καὶ ἐπὶ τῷ Καίσαρι δεινόν τι τὴν γερουσίαν ψηφιεῖσθαι, γνώμας περὶ αὐτοῦ προέθηκεν [10]. Ὁ οὖν Κουρίων τὸ μὲν πρῶτον ἠναν-

---

1. D'après Reiske et M. Imm. Bekker, au lieu de la leçon vulgaire πρᾶγμα ἔχειν.
2. Omis dans H. — 3. A, B, D : ἀντέπραξεν.
4. Les mots οὐκ ἀντέπραξε — συχνοὺς δὲ manquent dans F.
5. Il s'était rendu coupable d'adultère avec Fausta, épouse de Milon et fille de Sylla. Cf. Aul. Gel. XVII, 18; Disc. du Pseudo — Cic. Cont. Sallust. V-VI; Acron, sur Horace, Sat. I, 2, v. 47 et suiv.; Servius, Æneid. VI, 612.
6. A, G, H : γράψαντα.
7. Casaubon, Not. sur Suéton. Claud. VI, propose διήλειψε. Avec Reima-

le vouloir, en faisant disparaître de l'album, malgré son collègue, les noms de beaucoup de chevaliers et de sénateurs qui, pour cette raison, embrassèrent le parti de César. Pison, qui craignait de s'attirer des embarras et ménageait un grand nombre de citoyens à cause de leur amitié pour son gendre, n'en effaça aucun ; mais il n'empêcha point son collègue d'éliminer du sénat tous les affranchis et plusieurs nobles des plus illustres ; entre autres, l'historien Crisp. Salluste. Curion devait en être expulsé aussi ; mais Pison le sauva de ce déshonneur, en intercédant pour lui avec Paulus, son parent.

64. Grâce à leur intervention, Appius n'effaça point de l'album le nom de Curion ; mais il exprima en plein sénat l'opinion qu'il avait sur son compte. Curion en fut tellement indigné qu'il déchira ses vêtements. Marcellus s'assura de sa personne, espérant que le sénat prendrait une résolution sévère envers lui et, à son occasion, envers César : il proposa donc de délibérer sur sa conduite. Curion s'y opposa d'abord,

---

rus, j'aimerais mieux ἀπήλειψε (cf. son Index, au mot ἀπαλείφω), ou bien avec Sturz, ἀπήλασε. Mais l'ancienne leçon peut être maintenue.

8. B, G, H : δικαστηρίῳ.

9. Suivant Reiske, Curion déchira les vêtements d'Appius, et non pas les siens ; ce qui fit espérer à Marcellus que le sénat prendrait une résolution violente contre Curion et contre César. Penzel approuve cette conjecture et propose en conséquence de remplacer l'ancienne leçon αὑτοῦ par αὐτοῦ, qui se trouve dans C et qui est confirmée par Nic. Leoniceno : *In tanto che costui, havendolo per male, gli stracciò la veste*.

10. H : προσέθηκεν. C : συνέθηκεν.

τιοῦτο, μηδεμίαν περὶ αὐτοῦ γνώμην δοθῆναι· γνοὺς δὲ τὸ πολὺ τῶν βουλευτῶν τῶν τότε παρόντων, τοὺς μὲν καὶ φρονοῦντας ὄντως τὰ τοῦ Καίσαρος, τοὺς δὲ πάνυ αὐτὸν δεδιότας [1], ἐπέτρεψε σφίσι διαγνῶναι· τοσοῦτον ὑπειπών, ὅτι, « Σύνοιδα μὲν ἐμαυτῷ τά τε ἄριστα καὶ τὰ συμφερώτατα [2] τῇ πατρίδι πράττοντι, ὑμῖν μέντοι καὶ τὸ σῶμα καὶ τὴν ψυχὴν παραδίδωμι χρήσασθαι ὅ τι βούλεσθε. » Κατηγορήσας οὖν αὐτοῦ ὁ Μάρκελλος, ὡς καὶ πάντως ἁλωσομένου, ἔπειτ᾽ ἐπειδὴ πρὸς τῶν πλειόνων ἀφείθη, δεινόν τι [3] ἐποιήσατο, καὶ ἐκπηδήσας ἐκ τοῦ συνεδρίου, πρὸς τὸν Πομπήιον ἐν τῷ προαστείῳ ὄντα ἦλθε· καὶ τήν τε φυλακὴν αὐτῷ τῆς πόλεως, καὶ δύο στρατόπεδα πολιτικὰ αὐτὸς καθ᾽ ἑαυτόν, μηδενὸς ἐψηφισμένου, ἔδωκεν. Οἱ δὲ δὴ στρατιῶται οὗτοι ὧδέ τε καὶ ἐπὶ τούτῳ συνειλεγμένοι καὶ παρόντες τότε ἦσαν [4].

65. Ὁ Πομπήιος πρότερον μέν, ἕως ἔτι τὸν Καίσαρα διὰ φιλίας εἶχε, στράτευμα ἓν τῶν ἐκ τοῦ καταλόγου

---

1. A, C, D, F, G : δεδειότας.
2. J'adopte cette leçon avec A, B, F, H. M. Imm. Bekker la substitue aussi à l'ancienne συμφέροντα.
3. D'après Reimarus, je remplace l'ancienne leçon δεινόν τε par δεινόν τι — *rem indignam admisit*. Ce changement s'accorde avec la version de Nic. Leoniceno : *Fece una cosa molto grave*. Wagner donne le même sens.
4. D'après l'ancienne leçon ἐπί τῳ συνειλεγμένοι, Xylander traduit : *incerti cujusdam negotii causa collecti*. Leunclavius rejette cette leçon et cette interprétation : il propose ἐπὶ τῷδε — *hujus rei causa*, adopté par M Imm. Bekker. Sturz préfère, d'après Reiske, ἐπὶ τούτῳ, qui donne le même sens et que j'adopte.
A, G, H portent ἐπὶ τῷ συνειλεγμένοι, C et D ἐπὶ τὸ συνειλεγμένον. Ces

puis, ayant reconnu que, parmi les sénateurs alors présents, les uns étaient dévoués à César et que les autres le craignaient, il leur permit de délibérer sur sa personne, et se contenta de prononcer ces paroles : « Ma « conscience me dit que je soutiens le parti le plus « sage et le plus utile à la patrie. Ainsi, je vous livre « mon corps et mon âme : disposez-en comme vous l'en- « tendrez. » Marcellus avait formulé son accusation de telle manière que la condamnation de Curion lui paraissait certaine ; mais, la majorité l'ayant absous, le consul se laissa emporter à un acte des plus extraordinaires : il s'élança hors du sénat, se rendit auprès de Pompée, qui était dans un faubourg de Rome, et, de son autorité privée, sans aucun décret du sénat, il lui confia la garde de la ville et deux légions de citoyens. Les soldats, qui avaient été rassemblés à cette fin, étaient déjà auprès de Pompée.

65. Et en effet Pompée, encore ami de César, lui avait donné antérieurement une des légions levées

---

leçons sont fautives; mais elles semblent indiquer que les copistes avaient sous les yeux une leçon d'après laquelle τὸ συνειλεγμένον jouait le rôle d'un substantif. Cette conjecture est autorisée par Nic. Leoniceno : *Et questi soldati erano allhora presenti, oltra gli altri raccolti*. Il n'a pu tirer *oltra gli altri raccolti* que d'un manuscrit portant ἐπὶ τῷ συνειλεγμένῳ : aux troupes déjà réunies autour de Pompée et désignées un peu plus loin § 65, par les mots τῶν ἐκ τοῦ καταλόγου αὐτῷ στρατευομένων, se joignirent les deux légions données par Bibulus, et ces deux légions étaient déjà auprès de lui. Pour arriver à ce sens, il suffit de changer συνειλεγμένον en συνειλεγμένῳ, changement d'autant plus permis que les désinences ον et ῳ sont fréquemment confondues. Je propose donc comme variante : οἱ δὲ δὴ στρατιῶται οὗτοι — ὧδέ τε καὶ ἐπὶ τῷ συνειλεγμένῳ (s. ent. στρατῷ) παρόντες τότε ἦσαν — *Milites isti hac ratione, etiam præter eos qui, hujus negotii causa jam collecti fuerant, tunc aderant.*

αὐτῷ [1] στρατευομένων δέδωκεν [2]· οὔτε γὰρ οὗτος πόλεμόν τινα διεχείριζε, καὶ ἐκείνῳ χρεία στρατιωτῶν ἐγένετο. Ἐπεὶ δὲ διηνέχθησαν, ἐθελήσας τοῦτό τε ἀπολαβεῖν παρ' αὐτοῦ καὶ ἔτι καὶ ἄλλο αὐτὸν προσαφελέσθαι, ἐλογοποίησεν ὡς τοῦ Βιβούλου στρατιωτῶν πρὸς τοὺς Πάρθους δεομένου. Καὶ ἵνα γε [3] μὴ καινοὶ δή τινες κατάλογοι γένωνται, (τό τε γὰρ πρᾶγμα κατεπείγειν, καὶ περιουσίαν σφίσι στρατοπέδων εἶναι ἔλεγε) ψηφισθῆναι ἐποίησεν· ὥστε ἑκάτερον σφῶν, ἑαυτόν τε καὶ τὸν Καίσαρα, δεῖν αὐτῷ πέμψαι. Κἀκ τούτου τῶν μὲν συστρατευομένων οἱ οὐδένα ἀπέστειλε· τὸ δὲ δὴ στράτευμα ἐκεῖνο, ὅπερ τῷ Καίσαρι ἐδεδώκει, ἐκέλευσε τοῖς ἐπὶ τοῦτο ταχθεῖσιν αἰτῆσαι. Καὶ οὕτω τῷ μὲν λόγῳ, ἀμφότεροι, τὸ δ' ἀληθὲς [4], ὁ Καῖσαρ μόνος τὰ δύο ἔπεμψεν [5]. Ἤδει μὲν γὰρ τὸ γιγνόμενον, ἐπειθάρχησε [6] δὲ, μὴ βουληθεὶς αἰτίαν ὡς καὶ ἀνηκουστηκὼς [7] λαβεῖν· ἄλλως τε καὶ μέλλων ἐπὶ τῇ προφάσει ταύτῃ πολλῷ πλείους στρατιώτας ἀντικαταλέξειν.

66. Ταῦτα οὖν τὰ στρατόπεδα παρεσκευάσθη μὲν, ὡς καὶ ἐπὶ τοὺς Πάρθους πεμφθησόμενα. Ἐπεὶ δ' οὐδὲν αὐτῶν ἐδέησεν, (οὐδὲ γὰρ χρεία σφῶν ἦν) ὁ Μάρκελλος, πρότερον

---

1. L'ancienne leçon αὐτῶν, confirmée par B, C, G, H est vicieuse. Xylander avait proposé, sans le secours des Ms, αὐτῷ qui se trouve dans A : je l'adopte avec Reimarus, Sturz et M. Imm. Bekker. Au lieu de στρατευομένων, Reiske aimerait mieux στρατευομένῳ — *Cæsari* ad expeditionem Gallicam *abeunti*. Rien n'exige ce changement.

pour lui-même; attendu qu'il n'avait pas de guerre à soutenir et que César manquait de soldats. Mais, lorsque la discorde eut éclaté entre eux, Pompée, voulant reprendre cette légion et en enlever une autre à César, allégua que Bibulus avait besoin de soldats pour combattre contre les Parthes, et, afin qu'il ne se fît point des levées nouvelles, à cause de l'urgence et parce que les Romains avaient, disait il, des légions en abondance, il fit décréter que César et lui seraient tenus d'envoyer chacun une légion à Bibulus. Pompée n'envoya aucune des légions qu'il avait avec lui, et donna l'ordre aux hommes chargés de cette affaire de redemander celle qu'il avait cédée à César. De cette manière, ils en fournirent en apparence une chacun; mais, en réalité, César seul en donna deux. Il ne fut pas dupe de ce manége; mais il se résigna pour ne pas être accusé de désobéissance, et surtout parce qu'il avait ainsi un prétexte pour lever plus de soldats qu'il n'en perdait.

66. Ces deux légions semblaient donc destinées à marcher contre les Parthes; mais comme Bibulus n'en réclamait pas l'envoi, parce qu'il n'en avait nullement besoin, Marcellus, qui avait déjà craint qu'elles

---

2. C et D : δέδωκε. — 3. Omis dans F.
4. Cf. Cæsar, De Bell. Civ. I, 2. Hirt. De Bell. Gall. VIII, 54 et Jul. Cels. 1. 1.
5. C et D : ἔπεμψε.
6. B et F : ἐπιθάρχησε. — 7. F : ἀνηκουστικός.

μὲν φοβηθεὶς μὴ τῷ Καίσαρι ἀποδοθῇ, ἐν τῇ Ἰταλίᾳ δεῖν εἶναι ἔλεγε [1]· τότε δὲ τῷ Πομπηΐῳ, ὥσπερ εἶπον, ἐνεχείρισε [2], καὶ (ἦν γὰρ ἐπ' ἐξόδῳ τοῦ ἔτους τὰ γιγνόμενα, καὶ ἔμελλεν οὐκ ἐπὶ πολὺ, ἅτε μήτε τῇ βουλῇ μήτε τῷ δήμῳ δόξαντα, ἰσχύσειν) ἐπήγετο [3] πρὸς τὸν Πομπήϊον Κορνήλιόν τε Λεντοῦλον καὶ Γάϊον Κλαύδιον, τοὺς τῷ ὑστέρῳ ἔτει ὑπατεύσειν μέλλοντας· καὶ ἐποίησε καὶ ἐκείνους τὰ αὐτὰ προστάξαι. Ἐπειδὴ γὰρ καὶ γράμματα τοῖς ἀποδεδειγμένοις ἐς [4] τὰς ἀρχὰς ἐκτιθέναι [5], καὶ ἄλλα τινὰ τῶν τῇ ἡγεμονίᾳ [6] σφῶν προσηκόντων, καὶ πρὶν ἐνίστασθαι αὐτὴν, πράττειν ἔτι καὶ τότε ἐξῆν, καὶ τούτου κύριοι ἐνόμιζον εἶναι, καὶ ὅ γε [7] Πομπήϊος, καίπερ ἐς πάντα τἆλλα ἀκριβὴς ὢν, ὅμως οὐδὲν διὰ τὴν στρατιωτῶν [8] χρείαν ἐπολυπραγμόνησεν, οὔτε ἀφ' ὧν, οὔθ' ὅπως αὐτοὺς λαμβάνει [9], ἀλλὰ καὶ πάνυ ἄσμενος αὐτοὺς [10] ἐδέξατο. Οὐ μέντοι καὶ ἐπράχθη τι οἷον ἄν τις ἐπὶ τηλικούτῳ τολμήματι γεγενῆσθαι [11] προσεδόκησεν· ἀλλὰ τὴν ἔχθραν μόνον τὴν πρὸς τὸν Καίσαρα ἐνδειξάμενοι, αὐτοὶ μὲν οὐδὲν ἄλλο ἰσχυρὸν παρεσκευάσαντο, ἐκείνῳ δὲ καὶ ἐκ τούτου πρόφα-

---

1. A et F : ἔλεγεν.
2. G : ἐνεχείρισεν. B et F : ἐνεχείρησε.
3. Leunclavius remplace l'ancienne leçon ἐπείγετο par εἰσῆγέ τε. Comme Sturz et M. Imm. Bekker, je préfère, d'après Reiske, ἐπήγετο — *secum adducebat*.
4. G : εἰς.
5. D'après C, comme Reimarus, Sturz et M. Imm. Bekker. — 6. E : ἡγεμονείᾳ.

ne fussent rendues à César, soutint qu'elles devaient rester en Italie, et les mit, ainsi que je viens de le dire, à la disposition de Pompée. Comme tout cela se passait à la fin de l'année et ne devait pas durer longtemps, puisque rien n'avait été sanctionné par le sénat ni par le peuple, Marcellus emmena avec lui auprès de Pompée Cornélius Lentulus et Caïus Claudius, désignés consuls pour l'année suivante, et fit confirmer par eux les mesures qu'il avait prises. A cette époque, les magistrats désignés avaient encore le droit de proposer des édits et de faire des actes afférents à leur charge, avant d'en avoir pris possession. Lentulus et Claudius crurent donc pouvoir accéder au désir de Marcellus, et Pompée, cet homme en tout si rigide, pressé par la nécessité d'avoir des soldats, les accepta avec empressement, sans s'inquiéter de quelle main il les recevait, ni par quel moyen ils lui venaient. Ce fait d'une audace inouïe n'eut pourtant pas les conséquences qu'on aurait pu prévoir. Contents d'avoir manifesté leur haine contre César, les consuls ne firent aucun acte de violence, et lui fourni-

---

7. Reiske substitue dans l'ancienne leçon γε à τε. J'adopte ce changement avec Sturz et M. Imm. Bekker.

8. Ou mieux, suivant Leunclavius, τὴν τῶν στρατιωτῶν.

9. Le critique, appelé N par Reimarus, préférerait λαμβάνῃ. Reimarus propose λαμβάνοι. L'ancienne leçon doit être maintenue : « ὅπως, hoc loco, non significat *ut,* sed *quomodo,* » dit Sturz.

10. A, B, E, H : σφᾶς.

11. Reiske, approuvé par Sturz, préfère γενήσεσθαι. — Ἂν se rapporte à προσεδόκησεν.

σιν εὔλογον, ἐς τὸ [1] τὰ στρατόπεδα τὰ συνόντα οἱ κατασχεῖν, παρέσχον. Ὁ γὰρ Κουρίων ἐπί τε τούτοις πολλὴν ἐν τῷ πλήθει κατηγορίαν κατά τε τῶν ὑπάτων καὶ κατὰ τοῦ Πομπηίου ἐποιήσατο· καὶ ἐπειδὴ διῆρξε, πρὸς τὸν Καίσαρα εὐθὺς ἀφωρμήθη [2].

1. D'après Reimarus, au lieu de ἐς τὰ στρατόπεδα. Sturz et M. Imm. Bekker ajoutent aussi cet article.

rent un prétexte plausible pour garder les soldats qu'il avait auprès de lui. Curion accusa vivement les consuls et Pompée devant le peuple, à cette occasion ; puis, parvenu au terme de sa charge, il se rendit incontinent auprès de César.

2. Après ce mot, on lit dans A : τάδε ἔνεστιν ἐν τῷ ΜΑʹ τῶν Δίωνος Ῥωμαϊκῶν. Puis vient l'argument grec du Quarante-unième livre.

ΤΩΝ
ΔΙΩΝΟΣ
ΙΣΤΟΡΙΩΝ ΡΩΜΑΙΚΩΝ
ΤΟ ΤΕΣΣΑΡΑΚΟΣΤΟΝ ΠΡΩΤΟΝ ΒΙΒΛΙΟΝ [1].

Τάδε ἔνεστιν ἐν τῷ τεσσαρακοστῷ πρώτῳ τῶν Δίωνος Ῥωμαϊκῶν [2].

Ὡς Καῖσαρ ἐς τὴν Ἰταλίαν ἦλθε, καὶ Πομπήϊος, ἐκλιπὼν αὐτὴν, ἐς Μακεδονίαν διέπλευσεν.

Ὡς Καῖσαρ Ἰβηρίαν παρεστήσατο.

Ὡς Καῖσαρ ἐς Μακεδονίαν ἐπὶ Πομπήϊον διέπλευσεν.

Ὡς Καῖσαρ καὶ Πομπήϊος περὶ Δυρράχιον ἐπολέμησαν.

Ὡς Καῖσαρ Πομπήϊον περὶ Φάρσαλον ἐνίκησεν.

Χρόνου πλῆθος, ἔτη Β΄, ἐν οἷς ἄρχοντες οἱ ἀριθμούμενοι οἵδε ἐγένοντο·

Λ. Κορνήλιος Π. υἱ. Λεντοῦλος [3] καὶ Κ. Κλ. Μ. υἱ. Μάρκελλος.

Γ. Ἰούλιος [4] Γ. υἱ. Καῖσαρ, τὸ Β΄, καὶ Π. Σερουΐλιος Π. υἱ. Ἰσαυρικός.

---

1. J'ai consulté pour ce livre les mêmes manuscrits que pour le quarantième.
2 Cf. t. III, p. 124, not. 2.

HISTOIRE ROMAINE
DE DION.

LIVRE QUARANTE-UNIÈME.

Matières contenues dans le quarante-unième livre de l'Histoire romaine de Dion.

Comment César vint en Italie et comment Pompée, après l'avoir quittée, fit voile vers la Macédoine, § 1-17.

Comment César fit la conquête de l'Espagne, § 18-37.

Comment César navigua vers la Macédoine pour faire la guerre à Pompée, § 38-46.

Combat entre César et Pompée, auprès de Dyrrachium, § 47-51.

César vainqueur de Pompée à Pharsale, § 52-63.

Temps compris dans ce livre : deux ans. Les consuls furent :

L. Cornelius Lentulus, fils de P. et C. Claudius Marcellus, fils de M.

C. J. César II, fils de C., et P. Servilius Isauricus, fils de P.

---

3. Après ce mot, A porte Γ. KAM = Γ. KA. M.
4. A et G : Γ. ούλιος, par la perpétuelle omission de la lettre initiale.

1. Τότε μὲν δὴ ταῦτ' ἔπραξε· μετὰ δὲ τοῦτο γράμματα παρὰ τοῦ Καίσαρος [1] πρὸς τὴν βουλὴν λαβών, ἦλθέ τε ἐς τὴν Ῥώμην ἐν αὐτῇ τῇ νουμηνίᾳ ἐν ᾗ ὅ τε Λέντουλος ὁ Κορνήλιος καὶ ὁ Κλαύδιος ὁ Γάϊος τὴν ἀρχὴν ἐνεστήσαντο [2]· καὶ οὐ πρότερον τοῖς ὑπάτοις αὐτὰ ἀπέδωκε, πρὶν ἐς τὸ συνέδριον σφᾶς ἀφικέσθαι· μὴ καὶ ἔξω που λαβόντες αὐτὰ ἀποκρύψωνται. Ἐπὶ πολὺ μὲν γὰρ καὶ ὣς ἀνέσχον [3], οὐκ ἐθελήσαντες [4] αὐτὰ [5] ἀναλέξασθαι· τέλος δὲ ὑπό τε Κυΐντου Κασσίου [6] Λογγίνου καὶ ὑπὸ Μάρκου Ἀντωνίου δημαρχούντων ἠναγκάσθησαν αὐτὰ δημοσιεῦσαι. Ἀντώνιος μὲν οὖν [7] ἐν τούτῳ τότε τὸν Καίσαρα εὐεργετήσας, ἀντιλήψεσθαί τε πολλά, καὶ ἐπὶ μεγάλων καὶ αὐτὸς αἰωρηθήσεσθαι [8] ἔμελλεν. Ἐν δὲ τῇ ἐπιστολῇ τά τε ἄλλα [9], ὅσα ποτὲ καλῶς τὸ κοινὸν ὁ Καῖσαρ ἐπεποιήκει, ἐνεγέγραπτο, καὶ ἀπολογισμὸς ὑπὲρ ὧν ᾐτιάζετο. Καταλύσειν τε τὰ στρατόπεδα, καὶ τῆς ἀρχῆς ἐκστήσεσθαι ὑπισχνεῖτο [10], ἂν καὶ ὁ Πομπήϊος τὰ αὐτά οἱ ποιήσῃ. Ἐκείνου γὰρ τὰ ὅπλα ἔχοντος, οὐδὲ ἑαυτὸν δίκαιον εἶναι ἀναγκασθῆναι αὐτὰ ἀφεῖναι ἔλεγεν, ἵνα μὴ καὶ τοῖς ἐχθροῖς ἐκδοθῇ.

2. Διαψηφίσεως δὲ ἐπὶ τούτοις οὐ κατ' ἄνδρα (μὴ καὶ δι' αἰδῶ ἢ καὶ φόβον τινὰ παρὰ τὰ δοκοῦντα σφίσιν

---

1. Cf. Cæs. De Bell. civ. I, 1.
2. F : ἐνεστήσατο. — 3. H : ἀνέσχεν.
4. C et H : ἐθέλοντες.
5. Sturz croit avec raison que σφᾶς, dans la leçon vulgaire, provient de la répétition de ce pronom, qui se trouve un peu plus haut. Il le rem-

1. Voilà ce que fit alors Curion : ensuite, ayant reçu des lettres de César pour le sénat, il se rendit à Rome le jour même des calendes, où Corn. Lentulus et C. Claudius prenaient possession du consulat ; mais, craignant qu'ils ne les fissent disparaître s'ils les avaient hors du sénat, il ne les leur remit que lorsqu'ils y furent entrés. Malgré ces précautions, les consuls, qui ne voulaient pas les lire, hésitèrent longtemps encore et n'en donnèrent enfin connaissance qu'après y avoir été contraints par les tribuns Q. Cassius Longinus et Marc Antoine. Celui-ci, en retour des services qu'il rendit alors à César, devait un jour obtenir de lui les plus grands avantages et monter aux premières dignités. Dans ces lettres, César exposait tout ce qu'il avait fait pour la République, et se défendait contre les accusations auxquelles il était en butte. Il promettait de licencier son armée et de se démettre du commandement, à condition que Pompée en ferait autant, et il ajoutait que si Pompée restait sous les armes, il ne serait pas juste de le forcer à mettre bas les siennes, puisque ce serait le livrer à ses ennemis.

2. Le vote sur cette question se fit en passant de tel ou tel côté du sénat, et non par tête : on aurait craint

---

place par αὐτὰ que j'adopte. Reimarus et M. Imm. Bekker conservent σφᾶς.
6. C : τοῦ Κασσίου.
7. Omis dans B. — 8. Le passage πολλὰ — αἰωρηθήσεσθαι manque dans G. — 9. Omis dans H.
10. B : ὑπισχεῖτο, faute du copiste.

ἀποφήνωνται), ἀλλ' [ἐν τῇ]¹ ἐπὶ τάδε καὶ ἐπ' ἐκεῖνα τοῦ βουλευτηρίου μεταστάσει γενομένης, τὸν μὲν Πομπήϊον οὐδεὶς ἀπαλλαγῆναι ² ἐκ τῶν ὅπλων ³ ἐψηφίσατο (ἐν γὰρ τῷ προαστείῳ τὰς δυνάμεις εἶχε)· τὸν δὲ δὴ Καίσαρα πάντες, πλὴν Μάρκου τέ τινος Κοιλίου ⁴, καὶ τοῦ Κουρίωνος τοῦ τὰ γράμματα αὐτοῦ κομίσαντος. Περὶ γὰρ τῶν δημάρχων οὐδὲν λέγω, ὅτι μηδὲ ἐν ἀνάγκῃ τινὶ μεταστῆναι ἐποιήσαντο ⁵, ἅτε καὶ ἐξουσίαν ἔχοντες, εἴτε ἐβούλοντό τινα γνώμην συμβαλέσθαι ⁶, εἴτε καὶ μή. Ἔδοξε μὲν οὖν ταῦτα· οὐ μὴν καὶ κυρωθῆναί τι αὐτῶν, οὔτε ἐν ἐκείνῃ τῇ ἡμέρᾳ, οὔτε ἐν ⁷ τῇ ὑστεραίᾳ, ὅ τε Ἀντώνιος καὶ ὁ Λογγῖνος ἐπέτρεψαν.

3. Ἀγανακτησάντων δὲ ἐπὶ τούτῳ τῶν ἄλλων, καὶ ψηφισαμένων τὴν ἐσθῆτα ἀλλάξασθαι ⁸, κῦρος μὲν οὐδὲ τοῦθ' ὑπὸ τῶν αὐτῶν ἔλαβεν· ἡ μέντοι γνώμη συνεγράφη, καὶ τὸ ἔργον τὸ ἀπ' αὐτῆς ἐγένετο. Πάντες γὰρ παραχρῆμα ἐξελθόντες ἐκ τοῦ συνεδρίου καὶ τὴν στολὴν μεταβαλόντες, ἐσῆλθον αὖθις, καὶ περὶ τιμωρίας αὐτῶν ἐβουλεύοντο. Ἰδόντες δὲ τοῦτ' ἐκεῖνοι, τὰ μὲν πρῶτα ἀντέπραττον, ἔπειτα δὲ φοβηθέντες, ἄλλως τε καὶ ἐπειδὴ ὁ Λεντοῦλος ὑπεξελθεῖν σφίσι, πρὶν ⁹ τὰς ψήφους διενεχθῆ-

---

1. Avec A, B et F, j'ajoute ἐν τῇ, mais entre crochets. Reimarus, Sturz et M. Imm. Bekker maintiennent l'ancienne leçon, ἀλλ' ἐπί.
2. G : ἀπαλαγῆναι. — 3. Les mots ἐκ τῶν ὅπλων manquent dans B.
4. L'ancienne leçon Καικιλίου, dont G a fait Καὶ κιλίου, est fautive. Cf. Pighius, Ann. Rom., t. III, p. 445, éd. Schott. Avec Fabricius et Sturz, je lis Κοιλίου, d'après Orose, VI, 15 : Ad Cæsarem profecti sunt,

que la honte ou la crainte n'empêchassent de voter sincèrement. Personne n'opina pour que Pompée, qui était dans les faubourgs avec ses troupes, mît bas les armes; mais tous, excepté un certain M. Cœlius et Curion, qui avait apporté les lettres de César, votèrent pour que celui-ci les déposât. Je ne dis rien des tribuns, qui, ayant le droit d'approuver ou de désapprouver un décret, comme il leur convenait, ne crurent pas qu'il fût nécessaire pour eux de passer d'un côté ou d'un autre. Telle fut la résolution du sénat; mais Antoine et Longinus ne permirent pas de la ratifier, ce jour-là ni le lendemain.

3. Tandis que les sénateurs s'en indignaient et décrétaient le deuil public, les mêmes tribuns s'opposèrent aussi à ce décret : il fut néanmoins sanctionné et mis à exécution. Les sénateurs sortirent tous sur-le-champ du lieu où ils étaient assemblés, y rentrèrent, après avoir changé de vêtement, et délibérèrent sur la peine qui devait être infligée à Longinus et à Antoine. A la vue de ce qui se passait, les deux tribuns résistèrent d'abord; mais ensuite saisis de crainte, surtout lorsque Lentulus les eut engagés à

Curione simul et Cœlio comitantibus. Ici et plus loin, H porte Κεκιλίου.
5. Oddey propose de remplacer ἐποιήσαντο par ἐγένοντο, — *quod nulla necessitate discessionis tenerentur*. Ce sens est excellent; mais il se tire très-bien de l'ancienne leçon; cf. les exemples cités par Reimarus. Je conserve donc ἐποιήσαντο. Seulement, d'après M. Imm. Bekker, je substitue μηδὲ ἐν à μήτε ἐν, qui est altéré.
6. F : συμβάλλεσθαι. — 7. Omis dans H.
8. G : ἀλάξασθαι. — 9. C : περὶ τάς.

ναι, παρήνεσεν, εἶπόν τε πολλὰ καὶ ἐμαρτύραντο. Κἀκ τούτου μετὰ τοῦ Κουρίωνος καὶ μετὰ τοῦ Κοιλίου ἀπῆραν πρὸς τὸν Καίσαρα, βραχὺ φροντίσαντες ὅτι ἐκ τοῦ βουλευτικοῦ διεγράφησαν. Τότε μὲν οὖν τοῦτ᾽ ἐγνώσθη· καὶ τοῖς ὑπάτοις ταῖς τε ἄλλαις ἀρχαῖς ἡ φυλακὴ τῆς πόλεως (ὥσπερ που εἰώθει γίγνεσθαι) ἐπετράπη [1]. Ὕστερον δὲ ἔξω τοῦ πωμηρίου πρὸς αὐτὸν τὸν Πομπήϊον ἐλθόντες, ταραχήν τε εἶναι ἔγνωσαν· καὶ ἐκείνῳ μὲν καὶ τὰ χρήματα καὶ τοὺς [2] στρατιώτας ἔδωκαν. Τὸν δὲ δὴ Καίσαρα τήν τε ἀρχὴν τοῖς διαδόχοις παραδοῦναι, καὶ τὰ στρατεύματα ἐντὸς ῥητῆς ἡμέρας ἀφεῖναι, ἢ πολέμιον, ὡς καὶ τἀναντία τῇ πατρίδι ποιοῦντα, εἶναι ἐψηφίσαντο.

4. Πυθόμενος οὖν ταῦτ᾽ ἐκεῖνος [3] ἔς τε Ἀρίμινον ἦλθεν [4], ἔξω τῆς ἑαυτοῦ ἀρχῆς τότε πρῶτον προχωρήσας· καὶ συναγαγὼν τοὺς στρατιώτας ἐκέλευσε τόν τε Κουρίωνα, καὶ τοὺς ἄλλους τοὺς μετ᾽ αὐτοῦ ἐλθόντας, σφίσι τὰ πραχθέντα διηγήσασθαι. Γενομένου δὲ τούτου, προσπαρώξυνεν αὐτοὺς, ἐπειπὼν ὅσα ὁ καιρὸς ἀπῄτει. Καὶ μετὰ τοῦτο ἄρας, ἐπ᾽ αὐτὴν ἄντικρυς τὴν Ῥώμην ἤλασε [5], πάσας τὰς ἐν ποσὶ πόλεις ἀμαχὶ [6] προστιθέμενος, τῶν φρουρῶν, τῶν μὲν ἐκλιπόντων αὐτὰς ἀσθενείᾳ, τῶν δὲ τὰ

---

1. Cæsar, de Bell. civ., I, 5 : Decurritur ad illud extremum atque ultimum SCtum, quo, nisi pene in ipso Urbis incendio atque desperatione omnium salutis, latorum audacia nunquam discessum est : Dent operam, Consules, Prætores, Tribuni plebis, quique Consulares sunt ad Urbem, *ne quid Respublica detrimenti capiat.*

s'éloigner avant que les voix fussent recueillies, ils se rendirent auprès de César avec Curion et Cœlius, après de longs discours et une protestation, sans s'inquiéter de ce que leurs noms avaient été effacés sur l'album sénatorial. Après avoir pris ces résolutions, le sénat chargea, suivant l'usage, les consuls et les autres magistrats de veiller à la sûreté de Rome. Ensuite il se transporta auprès de Pompée, hors du pomérium, déclara qu'il y avait *tumulte*, et lui confia de l'argent et des troupes. Il décréta, en outre, que César remettrait le commandement à ses successeurs et licencierait son armée avant le jour qui lui serait assigné, ou qu'on le regarderait comme un ennemi public et comme traître à la patrie.

4. A cette nouvelle, César mit, alors pour la première fois, le pied hors de son gouvernement et s'avança jusqu'à Ariminum. Il assembla les soldats, et ordonna à Curion et à ceux qui étaient venus avec lui de leur raconter ce qui s'était passé. Après ce récit, il les aigrit encore davantage lui-même par un discours adapté à la circonstance. Puis il leva le camp, marcha directement vers Rome, et s'empara, sans coup férir, de toutes les villes situées sur son passage : parmi les garnisons chargées de leur défense, les unes, trop faibles pour résister, les abandonnèrent ; les autres embrassèrent son parti. Instruit de ces événements et tenu au cou-

---

2. J'ajoute cet article, d'après Sturz : « τοὺς addidi, auctore Reiskio : intelliguntur enim omnes exercitus, præter antea datas duas legiones urbicas. » M. Imm. Bekker conserve l'ancienne leçon : καὶ στρατιώτας.

3. C. τοῦτ' ἐκεῖνος. — 4. Le même : ἦλθε. — 5. G : ἤλασεν.

6. Comme Sturz, d'après C et G, au lieu d'ἀμαχεί.

ἐκείνου ἀνθαιρουμένων. Αἰσθόμενος δὲ τοῦτο ὁ Πομπήϊος, καὶ ἅμα καὶ τὴν [1] διάνοιαν αὐτοῦ πᾶσαν παρὰ τοῦ Λαβιήνου μαθὼν, ἔδεισεν. Οὗτος γὰρ, ἐγκαταλιπὼν τὸν Καίσαρα, ἐξηυτομόλησε καὶ πάντα οἱ τὰ ἀπόρρητα αὐτοῦ ἐξήγγειλε. Θαυμάσειε μὲν οὖν ἄν τις ὅτι ἐς τὰ πρῶτα ὑπὸ τοῦ Καίσαρος ἀεί ποτε τιμηθεὶς, ὥστε καὶ πάντων τῶν ὑπὲρ τὰς Ἄλπεις στρατοπέδων, ὁπότε ἐκεῖνος ἐν τῇ Ἰταλίᾳ εἴη, ἄρχειν, ἐποίησε τοῦτο [2]. Αἴτιον δὲ, ὅτι αὐτός τε καὶ πλοῦτον καὶ δόξαν περιβαλόμενος [3], ὀγκηρότερον τῆς ἡγεμονίας διάγειν [4] ἤρξατο· καὶ ὁ Καῖσαρ παρισούμενόν οἱ αὐτὸν ἰδὼν, οὐκέθ' ὁμοίως ἠγάπα. Τήν τε οὖν μεταβολὴν μὴ φέρων καὶ φοβηθεὶς ἅμα μὴ πάθῃ τι, μετέστη.

5. Ὁ οὖν Πομπήϊος, ἔκ τε τῶν περὶ τοῦ Καίσαρος αὐτῷ λεχθέντων, καὶ ὅτι ἰσχὺν ἀξιόμαχον οὔπω παρεσκεύαστο [5], καὶ τοὺς ἐν τῇ πόλει, τούς τε ἄλλους, καὶ αὐτοὺς μάλιστα τοὺς στασιώτας [6] τόν τε πόλεμον ὀκνοῦν-

---

1. Omis dans le Ms. de Munich, n° 2.
2. L'ancienne leçon ὥστε — ἄρχειν ἐποίησε τοῦτον est inintelligible. Reiske propose d'ajouter après τοῦτον les mots ἐγκατέλιπεν αὐτὸν, ou bien ὅμως ἀπέδρασεν. J'aime mieux adopter, comme Sturz et M. Imm. Bekker, la conjecture de Wagner, qui, par le simple changement de τοῦτον en τοῦτο, est arrivé à une leçon très-plausible. La version de Nic. Leoniceno, *et uno potebbe prendere maraviglia di costui il quale*, est favorable à une conjecture de Reiske, d'après laquelle il faudrait ajouter αὐτοῦ τοῦτο après τίς.
3. Περιβαλλόμενος, dans A, B, C, G, H.
4. F : ἄγειν.
5. L'ancienne leçon ἰσχὺν ἀξιόμαχον αὐτῷ παρεσκεύαστο est confirmée

rant de tous les projets de César par Labiénus, Pompée
éprouva des craintes. Labiénus, qui avait abandonné
César, livra ses secrets à Pompée auprès duquel il s'était
retiré. On s'étonnera sans doute de la défection d'un
homme jadis comblé d'honneurs par César et qui avait
été chargé du commandement de son armée au-delà des
Alpes, toutes les fois qu'il était lui-même en Italie. Voici
quelle en fut la cause : Labiénus, opulent et couvert de
gloire, commençait à vivre avec plus de faste que n'en
comportait son rang. César, qui le voyait s'égaler à lui,
ne lui témoigna plus la même affection. Labiénus ne
put se faire à ce changement : il craignit une disgrâce,
et se sépara de lui.

5. D'après ce qu'il avait appris au sujet de César, Pompée,
qui n'avait pas encore rassemblé des forces suffisantes,
et qui voyait d'ailleurs qu'à Rome, surtout parmi
ses partisans, on redoutait la guerre par le souvenir des

par les Mss : seulement au lieu de αὐτῷ, A et C portent αὐτῷ, adopté par
Rob. Étienne. « Hæc de Cæsare intellecta, dit Reimarus, sensum per se
commodum gignunt ; sed cum sequentibus, quæ de Pompeio loquuntur,
minus congruunt. Quare judicent eruditi, an levi discrimine litterarum
forte de Pompeio scripserit Dio, ἰσχὺν ἀξιόμαχον οὔπω παρεσκεύαστο. »
Avec Sturz et M. Imm. Bekker, j'adopte οὔπω. Wagner a suivi cette
leçon : *Noch nicht im Stande, eine hinlängliche Armee ihm entgegen
zu stellen.*

6. C : στρατιώτας. L'ancienne leçon doit être maintenue. Nic. Leoniceno
l'avait sous les yeux, en traduisant : *Et perchè conoscea i cittadini
di Roma, et specialmente i partigiani, tenere la guerra per la memoria
laquale havevano de' fatti di Mario et di Silla.*

τας, μνήμη τῶν τε τοῦ Μαρίου καὶ τῶν τοῦ Σύλλου [1] ἔργων, καὶ ἀπαλλαγῆναι ἀσφαλῶς αὐτοῦ βουλομένους εἶδε, μετεβάλλετο [2]· καὶ πρέσβεις πρὸς τὸν Καίσαρα, Λούκιόν τε Καίσαρα συγγενῆ αὐτῷ ὄντα, καὶ Λούκιον Ῥώσκιον στρατηγοῦντα, αὐτεπαγγέλτους ἀπέστειλεν [3] εἴ πως, τὴν ὁρμὴν αὐτοῦ ἐκφυγὼν, ἔπειτ' ἐπὶ μετρίοις τισὶ συμβαίη. Ἀποκριναμένου [4] δὲ ἐκείνου τά τε ἄλλα, ἅπερ ἐπεστάλκει, καὶ ὅτι αὐτὸς τῷ Πομπηΐῳ διαλεχθῆναι ἐθέλει [5], τοῦτο μὲν οὐχ ἡδέως οἱ πολλοὶ ἤκουσαν, δείσαντες μὴ καὶ κατὰ σφῶν [6] τι συνθῶνται· ἐπεὶ μέντοι οἱ πρέσβεις ἄλλα τε πολλὰ ἐπαινοῦντες τὸν Καίσαρα ἔλεγον, καὶ τέλος οὔτε τι κακὸν ὑπ' αὐτοῦ πείσεσθαί τινα, καὶ τὰ στρατεύματα αὐτίκα ἀφεθήσεσθαι προσυπισχνοῦντο [7]· ἥσθησαν, καὶ πρός τε ἐκεῖνον τοὺς αὐτοὺς αὖθις [8] πρέσβεις ἔπεμψαν, καὶ ἠξίουν, ἐπιβοῶντες ἀεὶ καὶ πανταχοῦ καὶ [9] ἀμφοτέρους ἅμα αὐτοὺς τὰ ὅπλα καταθέσθαι.

6. Φοβηθεὶς οὖν διὰ ταῦθ' ὁ Πομπήϊος (καὶ γὰρ εὖ ἠπίστατο, ὅτι πολὺ τοῦ Καίσαρος, ἄν γε ἐπὶ τῷ δήμῳ γένωνται, ἐλαττωθήσεται), αὐτός τε ἐς Καμπανίαν, πρὶν τοὺς πρέσβεις ἐπανελθεῖν, ὡς καὶ ῥᾷον ἐκεῖ πολεμήσων,

---

1. B et F : Σύλου. — 2. C, G, H : μετεβάλετο.
3. Cf. Caesar, De Bell. civ., I, 8. — 4. H : ἀποκρινομένου.
5. Ἐθέλοι, dans A, B, C, F, G, H.
6. G et H : κατ' αὐτῶν.
7. B : προϋπισχνοῦντο.
8. J'adopte τοὺς αὐτοὺς αὖθις πρέσβεις, d'après A, mentionné par Sturz, et d'après C, F, G et H. Suivant cet éditeur, αὖθις n'est probablement qu'une glose. J'incline, au contraire, à le regarder comme donnant plus de force

cruautés de Marius et de Sylla, et qu'on désirait en être dispensé, si on le pouvait sans danger, changea de résolution. Il députa vers César L. César, son parent, et le préteur L. Roscius, qui s'étaient offerts pour cette mission. Son but était d'échapper à la première impétuosité de César, et de traiter ensuite avec lui à des conditions modérées. César répéta de vive voix ce qu'il avait écrit dans ses lettres, et ajouta qu'il serait bien aise de s'aboucher avec Pompée. Cette réponse fut mal accueillie par la plupart des partisans de Pompée, qui craignirent que César et Pompée ne fissent quelque pacte contraire à leurs intérêts ; mais les ambassadeurs, après un long éloge de César, assurèrent que personne n'aurait rien à souffrir de sa part, et promirent qu'il congédierait ses troupes sur-le-champ. Alors on se livra à la joie et on lui envoya les mêmes députés, en les conjurant hautement, sans cesse et partout d'obtenir que César et Pompée missent bas les armes simultanément.

6. Tout cela remplit Pompée de crainte : il savait bien que, si le peuple était pris pour juge, César l'emporterait. Il se dirigea donc vers la Campanie, avant le retour des ambassadeurs, dans l'espoir d'y faire plus facilement la guerre. Il ordonna à tout le

---

à la pensée : αὖθις manque dans l'ancienne leçon. M. Imm. Bekker lit aussi τοὺς αὐτοὺς αὖθις.

9. Le critique, appelé N par Reimarus, propose de supprimer cette conjonction. Je la conserve, comme tous mes devanciers, d'après Reiske : « Καὶ ante ἀμφότεροι, πᾶς, δύο atque alios numeros redundat, aut idem valet atque σύν. Ut καὶ πᾶς idem est atque σύμπας, καὶ δύο idem atque σύνδυο, ita etiam καὶ ἀμφότεροι idem atque συναμφότεροι. Recte itaque hic loci καὶ servatur. »

προαπῆρε, καὶ τὴν βουλὴν ἅπασαν μετὰ τῶν τὰς ἀρχὰς ἐχόντων ἀκολουθῆσαί οἱ ἐκέλευσεν· ἄδειάν τε σφίσι δόγματι[1] τῆς ἐκδημίας δοὺς, καὶ προειπὼν ὅτι τὸν ὑπομείναντα ἔν τε τῷ ἴσῳ καὶ ἐν τῷ ὁμοίῳ τοῖς τὰ ἐναντία[2] σφίσι πράττουσιν ἕξοι. Πρὸς δ' ἔτι[3] καὶ τὰ χρήματα τὰ δημόσια, τά τε ἀναθήματα, τὰ ἐν τῇ πόλει πάντα, ἀναιρεθῆναι, προσέταξεν αὐτοῖς ψηφίσασθαι· ἐλπίζων παμπληθεῖς ἀπ' αὐτῶν στρατιώτας ἀθροίσειν. Τοσαύτην γὰρ εὔνοιαν αὐτοῦ πᾶσαι, ὡς εἰπεῖν, αἱ ἐν τῇ Ἰταλίᾳ πόλεις εἶχον, ὥστε ἐπειδὴ ἤκουσαν αὐτὸν ὀλίγον[4] ἔμπροσθεν ἐπικινδύνως νοσοῦντα, σωτήρια αὐτοῦ δημοσίᾳ θύσειν εὔξασθαι. Καὶ ὅτι μὲν μέγα καὶ λαμπρὸν τοῦτ' αὐτῷ ἔδοσαν, οὐδ' ἂν εἷς ἀντιλέξειεν. Οὐ γάρ ἐστιν ὅτῳ[5] ποτὲ ἄλλῳ, ἔξω τῶν μετὰ ταῦτα τὸ πᾶν κράτος λαβόντων, τοιοῦτόν τι ἐψηφίσθη. Οὐ μὴν καὶ ἀκριβῆ πίστιν τοῦ μὴ οὐκ ἐγκαταλείψειν αὐτὸν, πρὸς τὸν ἐκ τοῦ κρείττονος φόβον, εἶχον[6]. Ἐγνώσθη μὲν δὴ ταῦτα περί τε τῶν χρημάτων καὶ περὶ τῶν ἀναθημάτων, οὐκ ἐκινήθη δὲ οὐδὲ ἕτερα. Πυθόμενοι γὰρ ἐν τούτῳ τόν τε Καίσαρα μητέ τι εἰρηναῖον τοῖς πρέσβεσιν[7] ἀποκεκρίσθαι, καὶ προσεγκαλεῖν

---

1. Oddey défend l'ancienne leçon δόγμα τι par l'ellipse de κατά. Avec Sturz et M. Imm. Bekker, j'aime mieux adopter δόγματι, proposé par Reimarus.
2. Le passage δόγματι — τὰ ἐναντία manque dans H. — 3. C : πρὸς δέ τι.
4. D'après A, C, E, G, au lieu de la leçon vulgaire ὀλίγου.
5. Ὅτι, dans A, B, C, E, F, G, H.
6. Oddey préférerait εἶχεν, adopté par M. Imm. Bekker. L'ancienne leçon peut être maintenue : « Intellige passive, dit Reimarus, αἱ πόλεις

sénat et à ceux qui étaient revêtus de quelque charge publique de le suivre, après avoir fait décréter qu'ils pourraient impunément quitter Rome et déclaré qu'il regarderait comme ses ennemis tous ceux qui y resteraient. Il fit décréter aussi qu'il emporterait le trésor public et toutes les offrandes déposées dans les temples, espérant s'en servir pour lever des troupes considérables. Toutes les villes d'Italie lui étaient si dévouées que, peu de temps auparavant, à la nouvelle qu'il était dangereusement malade, elles ordonnèrent des sacrifices publics pour sa conservation. Ce fut un éclatant témoignage en sa faveur, personne n'oserait le nier; car on n'en accorda de semblable qu'à ceux qui furent investis plus tard du pouvoir suprême. Toutefois ce n'était pas une preuve certaine qu'elles ne l'abandonneraient point par la crainte d'un homme plus puissant. Malgré ces décrets sur le trésor public et sur les offrandes sacrées, il n'y fut porté aucune atteinte; car, le bruit ayant couru sur ces entrefaites que César n'avait fait entendre aux ambassadeurs aucune parole de paix, qu'il leur avait même reproché d'avoir répandu des faus-

πίστιν εἶχον. » Cette interprétation est confirmée par Nic. Leoniceno : *Nientedimeno non havevano pero certa fide di non abandonnarlo per la paura dell' altro il quale era più potente.*

7. D'après A, B, F, H, je substitue, comme Sturz, qui ne cite que A, et comme M. Imm. Bekker, cette leçon à l'ancienne μηκέτι εἰρηναῖον ἐν τοῖς πρέσβεσιν, déjà corrigée par Leunclavius et par Reimarus. Le premier propose : μηδέ τι εἰρηναῖον τοῖς πρέσβεσιν. Le second : μηκέτι εἰρηναῖόν τι τοῖς πρέσβεσιν.

σφίσιν, ὡς καὶ καταψευσαμένοις τινὰ αὐτοῦ· καὶ τοὺς στρατιώτας πολλούς τε καὶ θρασεῖς εἶναι, καὶ πᾶν ὁτιοῦν (οἷά που φιλεῖ [1] περὶ τῶν τοιούτων ἐπὶ τὸ φοβερώτερον ἀγγέλλεσθαι) [2] κακουργήσειν [3]. ἐφοβήθησαν, καὶ σπουδῇ τὴν ἔξοδον, πρὶν ἄψασθαί τινος αὐτῶν, ἐποιήσαντο.

7. Κἀκ τούτου, καὶ ἐς τὰ [4] ἄλλα ὁμοίως πάντα, θορυβώδης σφῶν καὶ ταραχώδης ἡ ἀνάστασις ἐγένετο. Οἵ τε γὰρ ἐξιόντες (ἦσαν δὲ πάντες ὡς εἰπεῖν οἱ πρῶτοι καὶ τῆς βουλῆς καὶ τῆς ἱππάδος, καὶ προσέτι καὶ τοῦ ὁμίλου) [5] λόγῳ μὲν, ἐπὶ πολέμῳ ἀφωρμῶντο [6], ἔργῳ δὲ, τὰ τῶν ἑαλωκότων ἔπασχον. Τήν τε γὰρ πατρίδα καὶ τὰς ἐν αὐτῇ διατριβὰς ἐκλιπεῖν, καὶ τὰ ἀλλότρια τείχη οἰκειότερα τῶν σφετέρων νομίζειν ἀναγκαζόμενοι, δεινῶς ἐλυποῦντο. Οἵ τε γὰρ πανοικησίᾳ ἀνιστάμενοι, τὰ ἱερὰ καὶ τοὺς οἴκους [7] τό τε ἔδαφος τὸ πατρῷον, ὡς καὶ τῶν ἀντιστασιωτῶν εὐθὺς ἐσόμενα, ἀπέλειπον [8]. Καὶ αὐτοὶ οὕτω τὴν γνώμην [9], ἄν γε καὶ περισωθῶσιν, εἶχον, ὡς κἂν τῇ Μακεδονίᾳ [10] τῇ τε Θρᾴκῃ κατοικήσοντες· τὴν γὰρ τοῦ

---

1. A, C : φιλεῖν. — 2. G : ἀγέλεσθαι.
3. Dans la leçon vulgaire καὶ κακουργήσειν, la conjonction καὶ a paru inutile à Leunclavius, qui l'a mise entre crochets. Je la supprime avec M. Imm. Bekker, d'après A. Suivant Reimarus, elle peut être conservée, et Sturz l'a maintenue; mais alors il faut admettre, comme Xylander et Reiske, qu'il y a ici une lacune.
4. C : εἰς τά.
5. Reiske fait observer avec raison que pour conserver l'ancienne leçon τὸ τοῦ ὁμίλου, il faut sous-entendre κοινὸν, ou un mot analogue. Il m'a paru plus simple de retrancher l'article τὸ, comme l'a fait M. Imm. Bekker. Cette suppression est confirmée par Nic. Leoniceno : *I principali*

setés sur son compte, que ses soldats étaient nombreux, pleins d'audace et prêts à ne reculer devant aucune violence, comme il arrive dans ces conjonctures où les rumeurs alarmantes vont toujours grossissant, les partisans de Pompée, frappés de terreur, quittèrent Rome en toute hâte, sans avoir touché à rien.

7. Leur départ fut en tout marqué par le désordre et par le trouble. La foule qui sortait de Rome (elle se composait des membres les plus éminents du sénat, de l'ordre des chevaliers et même de la fleur des plébéiens), semblait partir pour la guerre ; mais, en réalité, elle subissait le sort ordinaire des captifs. Contraints d'abandonner leur patrie et de n'y plus séjourner, de préférer une ville étrangère à celle qui les avait vus naître, ils étaient en proie à la plus vive douleur. Ceux qui s'éloignaient avec toute leur famille savaient que les temples, leurs pénates et le sol natal allaient tomber aussitôt au pouvoir de leurs ennemis; et comme ils n'ignoraient pas les dispositions de Pompée, ils s'attendaient, s'ils échappaient aux dangers de la guerre, à avoir pour demeure la Macédoine et la Thrace. Ceux qui laissaient à Rome leurs femmes,

---

del senato et del ordine de cavallieri et oltra di questo del popolo.

6. G : ἀφωρμοῦντο, faute du copiste.

7. Les mots πανοικησία — τοὺς οἴκους manquent dans G.

8. A, B, C, F, H : ἀπέλιπον.

9. D'après B, H, comme Sturz et M. Imm. Bekker, au lieu de la leçon vulgaire τῇ γνώμῃ, à laquelle Reimarus préfère τῆς γνώμης. Le passage ἐσόμενα — γνώμην est omis dans G.

10. M. Imm. Bekker conserve l'ancienne leçon ὡς καὶ τῇ. La préposition étant nécessaire, Xylander propose ὡς ἐν τῇ. Pour rester plus près du texte primitif, et à cause de la perpétuelle confusion de καὶ avec κἄν, je préfère, avec Sturz, ὡς κἂν τῇ proposé par Reimarus.

Πομπηΐου διάνοιαν οὐκ ἠγνόουν. Καὶ οἱ κατὰ χώραν τούς τε παῖδας καὶ τὰς γυναῖκας, τά τε ἄλλα τὰ τιμιώτατα καταλιπόντες, ἔχειν μέν τινα ἐλπίδα τῆς πατρίδος ἐδόκουν, πολὺ δὲ δὴ τῶν ἑτέρων, ἅτε [1] καὶ ἀπὸ τῶν φιλτάτων ἀπαρτώμενοι, διττῇ τε τῇ τύχῃ καὶ ἐναντιωτάτῃ παραβαλλόμενοι, χαλεπωτέρως ἀπήλλασσον. Τὰ γὰρ οἰκειότατα τῷ πολεμιωτάτῳ σφῶν ἐκδόντες, ἔμελλον ἐθελοκακοῦντες μὲν αὐτοὶ κινδυνεύσειν, προθυμούμενοι δὲ, ἐκείνων στερηθήσεσθαι· καὶ προσέτι φίλον μὲν μηδ' ἕτερον [2], ἐχθροὺς δὲ ἀμφοτέρους ἕξειν· Καίσαρα μὲν, ὅτι μὴ καὶ αὐτοὶ κατέμειναν· Πομπήϊον δὲ [3], ὅτι μὴ καὶ ἐκεῖνα συνεπηγάγοντο· ὥστε καὶ ἐς ἀμφίβολον καὶ ταῖς γνώμαις καὶ ταῖς εὐχαῖς ταῖς τε ἐλπίσι καθιστάμενοι, τοῖς τε σώμασιν ἅμα ἀπὸ τῶν οἰκειοτάτων σφίσιν ἀπεσπῶντο, καὶ τὰς ψυχὰς δίχα διῃροῦντο.

8. Ταῦτα μὲν οὖν οἱ ἐξορμώμενοι ἔπασχον. Οἱ δ' ὑπολειπόμενοι [4], διαφόροις μὲν, ἀντιπάλοις δέ τισι [5] καὶ αὐτοὶ παθήμασι συνεφέροντο. Οἵ τε γὰρ ἀπὸ τῶν προσηκόντων σφίσιν ἀποζευγνύμενοι [6], οἷα τῶν τε προστατῶν στερισκόμενοι [7] καὶ ἐπαμῦναι αὐτοῖς [8] ἥκιστα δυνάμενοι, τῷ τε πολέμῳ [9] ἐκδιδόμενοι, καὶ ἐν τῇ ἐξουσίᾳ τοῦ τῆς

---

1. Omis dans B. — 2. Les mots φίλον μὲν μηδ' ἕτερον manquent dans G.
3. Reiske aimerait mieux τε.
4. H : ὑπολιπόμενοι. — 5. G : δὲ τισίν.
6. B, C : ὑποζευγνύμενοι.
7. Passage altéré dans H, qui porte πρὸς τὰ τῶν περισκόμενοι.

leurs enfants et ce qu'ils avaient de plus précieux, semblaient conserver quelque espérance d'y revenir; mais, au fond, leur départ était beaucoup plus douloureux que celui des autres : arrachés à ce que les hommes ont de plus cher au monde, ils étaient exposés aux jeux les plus contraires de la fortune. Et en effet, ayant laissé à la merci de leurs plus implacables ennemis les êtres qu'ils affectionnaient le plus, ils devaient, s'ils disputaient à dessein la victoire avec peu d'ardeur, courir eux-mêmes des dangers, ou les perdre à tout jamais, s'ils combattaient avec vaillance, et n'avoir pour amis ni Pompée ni César; ou plutôt les avoir l'un et l'autre pour ennemis : César, parce qu'ils n'étaient point restés à Rome; Pompée, parce qu'ils n'avaient pas emmené toute leur famille avec eux. Ainsi, leurs sentiments, leurs vœux, leurs espérances flottant au hasard, ils étaient physiquement séparés de ceux qu'ils aimaient le plus, et livrés moralement à mille anxiétés.

8. Tel était l'état de ceux qui quittaient Rome : ceux qui y restaient éprouvaient des angoisses différentes, mais aussi vives. Séparés des leurs, privés de défenseurs et incapables de se défendre eux-mêmes, exposés à toutes les horreurs de la guerre, destinés à tomber entre les mains de celui qui serait maître de la ville,

---

8. D'après Xylander, avec Reimarus, Sturz et M. Imm. Bekker, au lieu de la leçon vulgaire αὐτοῖς.

9. Reimarus, dans ses *Addenda*, propose de substituer à cette leçon πολεμίῳ adopté par Sturz et par M. Imm. Bekker. J'ai suivi Nic. Leoniceno qui traduit, d'après l'ancienne : *Lasciati nel mezzo della guerra*.

πόλεως κρατήσοντος ἐσόμενοι, αὐτοί τε ὑπὸ τοῦ φόβου καὶ τῶν ὕβρεων καὶ τῶν σφαγῶν, ὡς καὶ γιγνομένων ἤδη, ἐταλαιπώρουν [1]· καὶ περὶ ἐκείνων οἵ τε ὀργὴν σφίσιν ὅτι ἐγκατελείφθησαν ἔχοντες τὰ αὐτὰ ἐπηρῶντο [2]· καὶ οἱ συγγνώμην τῆς ἀνάγκης ποιούμενοι, τὰ αὐτὰ ἐδεδίεσαν [3]. Καὶ τὸ λοιπὸν πλῆθος σύμπαν, εἰ καὶ τὰ μάλιστα μηδεμία αὐτοῖς συγγένεια πρὸς τοὺς ἀφορμωμένους ἦν, ὅμως ἐλυποῦντο μὲν [4] καὶ ἐπ' ἐκείνοις, οἱ μὲν γείτονας, οἱ δὲ ἑταίρους [5] πολύ τε ἀπὸ σφῶν ἀφήξειν, καὶ πολλὰ καὶ ἄτοπα καὶ δράσειν καὶ πείσεσθαι ἐλπίζοντες. Πολλῷ δὲ δὴ [6] μάλιστα ἑαυτοὺς ὠλοφύροντο [7]· τάς τε γὰρ ἀρχὰς καὶ τὴν βουλὴν τούς τε ἄλλους τούς τι δυναμένους πάντας (οὐ γάρ που εἴγε τις αὐτῶν ὑπολειφθήσεται ᾔδεσαν) τῆς τε πατρίδος ἅμα καὶ σφῶν ἐξισταμένους ὁρῶντες, καὶ μήτ' ἂν ἐκείνους, εἰ μὴ πάνυ πολλὰ καὶ δεινὰ αὐτῇ ἀπήρτητο [8], φυγεῖν ποτε ἐθελῆσαι λογιζόμενοι, καὶ αὐτοὶ ἔρημοι μὲν ἀρχόντων, ἔρημοι δὲ συμμάχων γιγνόμενοι, πρός τε τὰ ἄλλα πάντα παισί τέ τισιν ὀρφανοῖς καὶ γυναιξὶ χήραις [9] ἐῴκεσαν, καὶ τὰς ὀργὰς τάς τε ἐπιθυμίας τῶν ἐπιόντων ἐννοήσαντες παρὰ τῆς τῶν προτέρων παθημάτων μνήμης, οἱ μὲν αὐτοὶ πειραθέντες, οἱ δὲ καὶ ἐκείνων

---

1. G : ἐταλαιπόρουν, faute du copiste.
2. Substitué par Xylander à la leçon vulgaire ἐπειρῶντο. Sa conjecture est confirmée par Nic. Leoniceno : *Et pregavano questi medesimi mali contra quegli i quali*. Je l'ai adoptée comme Reimarus, Sturz et M. Imm. Bekker.
3. A, C, E, F, G : ἐδεδείεσαν. — 4. Omis dans C.

ils redoutaient les outrages et les meurtres, comme s'ils se commettaient déjà. Ceux qui faisaient à leurs proches un crime de les avoir abandonnés leur souhaitaient tous les maux qu'ils craignaient pour eux-mêmes, et ceux qui les excusaient par la nécessité tremblaient qu'ils n'eussent à les souffrir. Les autres citoyens, quoiqu'ils ne tinssent par aucun lien à ceux qui partaient, compatissaient à leur sort, et s'affligeaient de ce qu'une grande distance allait les séparer de leurs voisins ou de leurs amis, pressentant qu'ils auraient d'indignes traitements à exercer ou à souffrir; mais c'était surtout leur propre sort qu'ils déploraient. Voyant les magistrats, le sénat et tous ceux qui avaient de l'influence s'éloigner d'eux et de leur patrie (ils ne savaient pas si un seul resterait), et réfléchissant que des hommes si considérables ne sortiraient point de Rome si elle n'était pas menacée de maux nombreux et terribles; enfin, privés de leurs magistrats et de leurs frères d'armes, ils ressemblaient à des orphelins et à des veuves. Déjà préoccupés des ressentiments et de la cupidité de ceux qui rentreraient vainqueurs dans leur patrie, se rappelant les excès commis dans le passé, les uns pour avoir été victimes des fureurs

---

5. G : ἑτέρους.

6. D'après A, B, F, G, H, et d'après M. Imm. Bekker, j'ajoute δὴ, qui manque dans la leçon vulgaire.

7. Dans B, F : ὀλοφύροντο. L'augment a été négligé par le copiste.

8. D'après A, B, F, G, H, je substitue, comme Sturz et M. Imm Bekker, ἀπήρτητο à la leçon vulgaire ἐπήρτηντο.

9. F : χήρας, faute du copiste.

ἀκούοντες ὅσα καὶ οἷα ὅ τε Μάριος καὶ ὁ Σύλλας ἐξειργάσαντο[1], μέτριον οὐδὲν οὐδὲ ἐς τὸν Καίσαρα ὑπώπτευον· ἀλλὰ καὶ πολὺ πλείω καὶ δεινότερα, ἅτε καὶ βαρβαρικοῦ τὸ πλεῖστον τοῦ στρατοῦ αὐτοῦ ὄντος, πείσεσθαι προσεδόκων.

9. Οὕτως οὖν δὴ πάντων αὐτῶν διακειμένων, καὶ μηδενός, ἔξω τῶν προσφιλῶν πῃ τῷ Καίσαρι δοκούντων εἶναι, ἐν ἐλαφρῷ τὸ πρᾶγμα ποιουμένου[2], καὶ ἐκείνων δὲ πρὸς τὰς μεταβολὰς τῶν τρόπων (ἃς οἱ πλείους πρὸς τὰ παρόντα σφῶν[3] λαμβάνουσιν) οὐ φερεγγύῳ πίστει θαρσούντων· οὔτ' ἐπινοῆσαι ῥᾴδιον, ὅση μὲν ταραχὴ, ὅσον δὲ καὶ πένθος ἐν τῇ τῶν τε ὑπάτων, καὶ τῶν ἄλλων τῶν συνεξορμωμένων σφίσιν, ἐξόδῳ ἐγένετο. Τήν τε γὰρ νύκτα πᾶσαν ἀναγκαζόμενοι[4] καὶ περιφοιτῶντες ἐθορύβουν· καὶ ἐπὶ τὴν

1. L'ancienne leçon : καὶ τὰς ὀργὰς τάς τε ἐπιθυμίας τῶν ἐπιόντων, καὶ πρῶτοι τῆς τῶν προτέρων παθημάτων μνήμης, οἱ μὲν αὐτοὶ πειραθέντες, οἱ δὲ καὶ ἐκείνων ἀκούοντες ὅσα καὶ οἷα ὅ τε Μάριος καὶ ὁ Σύλλας ἐξειργάσαντο, est altérée. Diverses corrections ont été tentées. Leunclavius propose καὶ τὰς ὀργὰς τάς τε ἐπιθυμίας τῶν ἐπιόντων καθορῶντες τῆς τῶν προτέρων παθημάτων μνήμης, conjecture insuffisante et justement repoussée par Reimarus. Celle de Oddey : καὶ τὰς ὀργὰς τάς τε ἐπιθυμίας τῶν ἐπιόντων ἐννοήσαντες· καὶ ὑπὸ τῆς τῶν προτέρων παθημάτων μνήμης, est plus satisfaisante, et j'en ai fait mon profit. Elle m'a paru plus nette et plus précise que celle de Reimarus : καὶ τὰς ὀργὰς τάς τε ἐπιθυμίας τῶν ἐπιόντων καὶ παρά τε τῆς τῶν προτέρων παθημάτων μνήμῃ κτλ. Quant à celle de Reiske : καὶ τὰς ὀργὰς τάς τε ἐπιθυμίας τῶν ἐπιόντων καὶ πρῶτοι ὑπομενεῖν προσδοκῶντες ἀπὸ (ou ἐκ) τῆς τῶν προτέρων παθημάτων μνήμης — ἐξειργάσαντο, τεκμαιρόμενοι· οὐχ ὅτι (ou bien ὅπως) μέτριον οὐδέν, elle est ingénieuse, mais elle s'écarte trop du texte primitif.

A l'aide de la conjecture d'Oddey, auquel j'emprunte ἐννοήσαντες, et de celle de Reimarus, auquel j'emprunte παρά pour substituer cette préposition à καὶ πρῶτοι, mots évidemment corrompus, je lis : καὶ τὰς ὀργὰς τά;

HISTOIRE ROMAINE DE DION, L. XLI.

de Marius et de Sylla, les autres, pour les avoir entendu raconter par ceux qui les avaient souffertes, ils n'espéraient aucune modération de la part de César. Ils s'attendaient même à souffrir des maux plus nombreux et plus terribles, parce que la plus grande partie de son armée était composée de barbares.

9. Ils étaient tous livrés à de semblables inquiétudes, et tout le monde regardait la situation comme grave, excepté les amis de César, qui pourtant n'étaient pas eux-mêmes dans une complète sécurité, à cause des changements que les circonstances amènent d'ordinaire dans le caractère des hommes. On ne saurait s'imaginer facilement quel trouble et quelle douleur accompagnèrent le départ des consuls et des citoyens qui sortirent de Rome avec eux. Pendant toute la nuit, poussés par la dure nécessité qui pesait sur eux, ils coururent çà et là en désordre. Aux

---

τε ἐπιθυμίας τῶν ἐπιόντων ἐννοήσαντες παρὰ τῆς τῶν προτέρων παθημάτων μνήμης οἱ μὲν αὐτοὶ πειραθέντες, οἱ δὲ καὶ ἐκείνων ἀκούοντες ὅσα καὶ οἷα ὅ τε Μάριος καὶ ὁ Σύλλας ἐξειργάσαντο, μέτριον οὐδὲν κτλ. Cette leçon concorde avec Nic. Leoniceno : *Et reputando la ira et la cupidità di coloro i quali sopravenivano per la memoria de' primi mali i quali alcuni di loro havevano sostenuti, alcuni gli havevano uditi da gli altri quanti et quali fussero stati fatti da Mario et da Sylla.*

Les manuscrits ne sont d'aucun secours. M. Imm. Bekker reproduit l'ancienne leçon, mais en indiquant par des points une lacune après καὶ πρῶτοι. Dans une note il propose de la combler par l'addition de ὑπομενοῦντες ἀπὸ κτλ.

2. L'ancienne leçon ποιουμένων, confirmée par les Mss, est une faute des copistes. J'adopte, avec Reimarus et Sturz, ποιουμένου qui se rapporte à μηδενὸς, changement proposé par Leunclavius et exigé par l'enchaînement des idées. Cette correction est confirmée par Nic. Leoniceno : *Et non essendo alcuno il quale ne havesse poco pensiero.*

3. Ou mieux σφίσι, d'après Reiske.

4. Leunclavius propose ἀλαλαζόμενοι. Oddey, ἀσπαζόμενοι. Reiske, ἐναγ-

290   ΤΩΝ ΔΙΩΝΟΣ ΙΣΤΟΡΙΩΝ ΡΩΜ. ΒΙΒΛ. ΜΑ.

ἕω[1] πολὺς μὲν οἶκτος (καὶ γὰρ πρὸς τοῖς ἱεροῖς ἑκασταχόθι περιϊόντες[2] εὐχὰς ἐποιοῦντο) πάντας αὐτοὺς[3] ἐλάμβανε· τούς τε γὰρ θεοὺς ἀνεκάλουν, καὶ τὰ δάπεδα κατεφίλουν· ὁσάκις τε ἐξ οἵων[4] περιεγένοντο ἀνηριθμοῦντο, καὶ ὅτι τὴν πατρίδα (ὃ μὴ πώποτε ἐτετόλμητο[5] σφίσιν) ἐξέλειπον[6], ὠδύροντο[7]· πολὺς δὲ καὶ περὶ τὰς πύλας θρῆνος ἦν. Οἱ μὲν γὰρ ἀλλήλους τε ἅμα καὶ ἐκείνην, ὡς καὶ τελευταῖον ὁρῶντες, ἠσπάζοντο· οἱ δὲ ἑαυτούς τε ἐθρήνουν, καὶ τοῖς ἐξιοῦσι συνηύχοντο[8]· καὶ οἵγε πλείους ὡς καὶ προδιδόμενοι κατηρῶντο[9]. Πάντες γὰρ καὶ οἱ[10] ὑπομένοντες παμπαιδὶ καὶ παγγυναικὶ[11] παρῆσαν. Καὶ μετὰ τοῦτο οἱ μὲν ἐξωρμῶντο, οἱ δὲ προέπεμπον σφᾶς· ἄλλοι τε ἐνεχρόνιζον[12], καὶ πρὸς τῶν γνωρίμων κατείχοντο· καί τινες περιβάλλοντες ἀλλήλους ἐπὶ πλεῖστον συνηρτῶντο. Ἀκολουθοῦντές τε τοῖς ἐξορμωμένοις οἱ ὑπομένοντες ἐπὶ μακρότατον, ἐπεβοῶντό τε[13] ἅμα αὐτοὺς καὶ κατῴκτιζον· ἄγειν τε σφᾶς ἢ καὶ ἐκείνους οἴκοι μένειν ἀξιοῦντες, ἐπεθείαζον. Κἂν τούτῳ ὀλολυγὴ ἐφ᾽ ἑκάστῳ αὐτῶν πολλὴ

καζόμενοι — συναναγκαζόμενοι — ἐναγκαλιζόμενοι. Aucun changement ne m'a semblé nécessaire : « Posses, dit Reimarus, ἀναγκάζεσθαι de coacta festinatione hominum quos instans periculum urget, exponere. » Il est d'accord avec Nic. Leoniceno : *Essendo sforzati et andando d'intorno tutta la notte.*

1. Reimarus, dans ses *Addenda*, préfère ὑπὸ τὴν ἕω que j'adopterais, si cette leçon se trouvait dans les Mss.
2. Le même : περιόντες. — 3. H : πάντας αὐτοῦ.
4. H : οἴκων.
5. « Id est, dit Reiske, ἐτέτλητο αὐτοῖς, ὑπέμειναν — *quam calamitatem antea nunquam toleraverant*. Τολμᾶν haud raro i em est atque

premiers rayons du jour, pressés autour des temples, ils faisaient entendre des vœux, invoquaient les dieux, baisaient la terre, énuméraient les périls auxquels ils avaient tant de fois échappé, et se lamentaient de quitter leur patrie; cruelle extrémité que jusqu'alors aucun d'eux n'avait eu à subir, et la commisération publique éclatait en leur faveur. De longs gémissements retentirent aussi aux portes de la ville. Ceux-ci s'embrassaient les uns les autres et embrassaient ces portes, comme s'ils se voyaient et s'ils les voyaient pour la dernière fois; ceux-là pleuraient sur eux-mêmes, et faisaient des vœux pour ceux qui s'éloignaient. La plupart se croyaient trahis et proféraient des imprécations; car tous les citoyens, même ceux qui devaient rester à Rome, étaient là avec leurs femmes et leurs enfants. Puis, les uns sortirent de la ville, les autres les escortèrent : quelques-uns temporisèrent, retenus par leurs amis; quelques autres se tinrent longtemps enlacés dans de mutuels embrassements. Ceux qui ne quittaient pas Rome suivirent jusqu'à une grande distance ceux qui partaient en les accompagnant de cris, expression de leur douleur : ils

---

ὑπομένειν — ἀνατλῆναι. Exemplis scatet Euripides. » Εὐτόλμητο est une faute du copiste dans C.

6. Ἐξέλιπον dans A, B, F, H. — C donne ἐξέλυπον, par la confusion d'ι avec υ.

7. H : ὠδύνοντο.

8. Le passage οἱ δὲ — συνηύχοντο manque dans H.

9. Pour plus de clarté, Reiske propose τοῖς ὑπολειπομένοις κατηρῶντο.

10. Omis dans B. — 11. F : πανγυναικί.

12. A la leçon vulgaire ἐχρόνιζον, je substitue, d'après F, G, H, ἐνεχρόνιζον, adopté par M. Imm. Bekker.

13. Rob. Étienne préfère ἐπεβόων τότε, justement rejeté par Sturz.

καὶ παρὰ τῶν ἄλλων, καὶ δάκρυα ἄπλετα ἐγίγνετο. Τὴν μὲν γὰρ τοῦ κρείττονος ἐλπίδα ἥκιστα, ἅτε ἐν τοῖς τοιούτοις ὄντες, τὰ δὲ δὴ πάθη πρότερον μὲν οἱ καταλειπόμενοι, ἔπειτα δὲ καὶ οἱ ἀφορμώμενοι, προσεδέχοντο. Εἰκάσειε δ' ἄν τις [1], αὐτοὺς ἰδὼν, δύο τε δήμους καὶ δύο πόλεις ἐκ μιᾶς γίγνεσθαι· καὶ τὴν μὲν ἀνίστασθαί τε καὶ φεύγειν, τὴν δὲ ἐγκαταλείπεσθαί τε καὶ ἁλίσκεσθαι. Πομπήϊος μὲν οὖν οὕτω τὸ ἄστυ ἐξέλιπε [2], συχνοὺς τῶν βουλευτῶν ἐπαγόμενος [3]. Ὑπελείφθησαν γάρ τινες, οἱ μὲν, τὰ τοῦ Καίσαρος φρονοῦντες, οἱ δὲ, καὶ ἐκ μέσου ἀμφοῖν ἱστάμενοι. Καὶ καταλόγους τε ἐκ τῶν πόλεων σπουδῇ ἐποιεῖτο [4] καὶ χρήματα ἐξέλεγε, φρουράς τε ὡς ἑκασταχόσε [5] ἔπεμπε.

10. Καῖσαρ δὲ, ἐπειδὴ ταῦτα ἔμαθε, πρὸς μὲν τὴν Ῥώμην οὐκ ἠπείχθη (ἆθλόν τε γὰρ αὐτὴν ᾔδει [6] τοῖς κρατήσουσι [7] προκειμένην, καὶ οὐκ ἐπ' ἐκείνην ὡς καὶ πολεμίαν οἱ [8] οὖσαν, ἀλλ' ἐπὶ τοὺς ἀντιστασιώτας [9], ὑπὲρ αὐτῆς δῆθεν, ἐπιστρατεύειν ἔλεγε)· γράμματα δὲ ἐς πᾶσαν τὴν Ἰταλίαν πέμψας, δι' ὧν τόν τε Πομπήϊον ἐς δίκην τινὰ προεκαλεῖτο, καὶ τοῖς ἄλλοις θαρσεῖν παρήνει, κατὰ

1. L'ancienne leçon εἴκασε δ' ἄν τις n'est pas satisfaisante: je la remplace par la correction de Sturz.
2. Dans A, B, F, G: ἐξέλιπεν.
3. Lucain, II, v. 565 :

.... Hinc consul uterque,
Hinc acies statura ducum..........

les conjuraient, au nom des dieux, de les emmener avec eux, ou de ne pas abandonner leurs foyers. Chaque séparation provoquait des cris de douleur et faisait couler des larmes abondantes. Sous le coup du malheur présent, ceux qui restaient à Rome et ceux qui s'éloignaient n'espéraient pas un meilleur avenir, et s'attendaient même à de nouveaux malheurs. A ce spectacle, on eût dit deux nations et deux villes formées d'une seule nation et d'une seule ville ; l'une partant pour l'exil, l'autre délaissée et tombée au pouvoir des ennemis. C'est ainsi que Pompée quitta Rome, suivi d'un grand nombre de sénateurs : quelques-uns y restèrent, parce qu'ils étaient dévoués à César ou n'avaient embrassé aucun parti. Il se hâta de lever des troupes dans les villes, d'exiger de l'argent et d'envoyer des garnisons sur tous les points.

10. A cette nouvelle, César ne se dirigea pas vers Rome (il savait que cette ville serait le prix du vainqueur, et répétait qu'il n'avait point pris les armes contre elle, comme contre une cité ennemie, mais pour la défendre contre les factieux). Il répandit dans toute l'Italie des lettres par lesquelles il conjurait Pompée de soumettre leurs démêlés à un tribunal, et engageait par

---

4. Cf. Plutarque, Cæs., XXXIII-XXXIV.
5. Ce mot est très-altéré dans G, qui porte ἑκαστοχότε.
6. B : ἤδη.
7. G : κρατοῦσι. — 8. Omis dans B.
9. A l'ancienne leçon στασιώτας je substitue, d'après A et F, ἀντιστασιώτας adopté par M. Imm. Bekker.

χώραν τε ¹ αὐτοῖς μένειν ἐκέλευε ², καὶ ὑπισχνεῖτο πολλὰ αὐτοῖς· καὶ ἐπὶ Κορφίνιον, ἐπειδὴ οἱ ὑπὸ Λουκίου Δομιτίου κατεχόμενον οὐ προσεχώρει, ὥρμησε. Καί τινας ἀπαντήσαντας μάχῃ κρατήσας, ἐς πολιορκίαν ³ τοὺς λοιποὺς κατέκλεισεν. Ὁ οὖν Πομπήϊος, ἐπειδὴ οὗτοί τε ἐπολιορκοῦντο, καὶ τῶν ἄλλων πολλοὶ πρὸς τὸν Καίσαρα ἀπέκλινον, τῆς μὲν Ἰταλίας οὐδεμίαν ἔτ' ἐλπίδα ἔσχεν, ἐς δὴ τὴν Μακεδονίαν τήν τε Ἑλλάδα καὶ τὴν Ἀσίαν περαιωθῆναι ἔγνω. Τῇ τε γὰρ μνήμῃ ὧν ἐκεῖ ἐπεπράχει καὶ τῇ τῶν δήμων τῇ τε τῶν βασιλέων φιλίᾳ ⁴ πολὺ ἐθάρσει. Ἦν μὲν γὰρ καὶ ἡ Ἰβηρία αὐτῷ πᾶσα οἰκεία· οὐκ ἐδύνατο δὲ ἐς αὐτὴν ἀσφαλῶς, ἅτε καὶ τοῦ Καίσαρος τὰς Γαλατίας ἔχοντος, κομισθῆναι. Πρὸς δ' ἔτι καὶ ἐλογίζετο, ὅτι ἂν ἀποπλεύσῃ, οὔτε ἐπιδιώξει τις αὐτόν, διά τε τὴν τῶν πλοίων ἀπορίαν καὶ διὰ τὸν χειμῶνα (ἤδη γὰρ ἐκ μετοπώρου ἦν)· κἂν τούτῳ κατὰ σχολὴν πολλὰ μὲν ἐκ τοῦ ὑπηκόου, πολλὰ δὲ καὶ ἐκ τοῦ συμμαχικοῦ καὶ χρήματα καὶ στρατεύματα ἀθροίσει.

11. Αὐτός τε οὖν ἐπὶ τούτοις ἐς τὸ Βρεντέσιον ἀφωρμήθη, καὶ τὸν Δομίτιον, ἐκλιπόντα τὸ ⁵ Κορφίνιον, ἀκολουθεῖν οἱ ἐκέλευσε· καὶ ὅς, εἰ καὶ τὰ μάλιστα ἰσχύν τέ τινα εἶχε καὶ ἐπ' αὐτῇ ἐπήλπιζε (καὶ γὰρ τοὺς στρατιώτας τά τε ἄλλα ἐτεθεραπεύκει καὶ χώρας ὑποσχέσει ὑπῆκτο· τῶν τε γὰρ Συλλείων ἐγεγόνει, καὶ πολλὴν ἐκ

---

1. G ; δὲ. — 2 A, B, E, F, G, H : ἐκέλευσε.

de belles promesses tous les citoyens à avoir confiance et à se tenir tranquilles ; et comme Corfinium, occupé par Lucius Domitius, n'avait pas embrassé sa cause, il s'y rendit en personne, battit ceux qui vinrent à sa rencontre et cerna la ville. Corfinium étant ainsi assiégé et un grand nombre de villes penchant pour César, Pompée ne conserva plus aucune espérance sur l'Italie, et résolut de passer en Macédoine, en Grèce et en Asie. Il comptait beaucoup sur le souvenir de ses exploits dans ces contrées et sur l'amitié des peuples et des rois. Toute l'Espagne aussi lui était dévouée ; mais il ne pouvait s'y rendre sans danger, parce que les Gaules étaient sous la main de César. Il calculait d'ailleurs que, s'il mettait à la voile, personne ne le poursuivrait, à cause du manque de vaisseaux et à cause de l'hiver (on était déjà à la fin de l'automne), et qu'il pourrait lever à loisir beaucoup d'argent et beaucoup d'hommes chez les peuples soumis à la domination romaine et chez les alliés.

11. Guidé par ces considérations, il gagna Brindes, et ordonna à Domitius de quitter Corfinium pour le suivre. Domitius avait des forces qui lui inspiraient de la confiance : il s'était toujours appliqué à gagner l'affection des soldats, et se les était attachés, en leur promettant des terres ; car il avait acquis jadis de vastes possessions en soutenant le parti

της δυναστείας εκείνης εκέκτητο)· όμως επειθάρχησε [1].
Καὶ ὁ μὲν παρεσκευάζετο, ὅπως δι' ἀσφαλείας τινὸς
ἐκχωρήσῃ [2]. Μαθόντες οὖν τοῦθ' οἱ συνόντες οἱ καὶ κατοκνήσαντες τὴν ἄφοδον [3], ὡς καὶ φυγὴν οὖσαν, προσέθεντο
τῷ Καίσαρι. Καὶ οἱ μὲν συνεστρατεύοντο αὐτῷ· Δομίτιος [4]
δὲ καὶ οἱ ἄλλοι βουλευταὶ ἠτιάθησαν μὲν ὑπ' αὐτοῦ ἐπὶ
τῇ ἀντιτάξει· ἀπελύθησαν δὲ [5], καὶ πρὸς τὸν Πομπήϊον
ἀπῆλθον.

12. Ὁ δ' οὖν Καῖσαρ σπουδὴν μὲν εἶχε συμμίξαι τε
αὐτῷ, πρὶν ἐκπλεῦσαι, κἂν τῇ Ἰταλίᾳ διαπολεμῆσαι, καταλαβεῖν τε αὐτὸν ἐν τῷ Βρεντεσίῳ ἔτ' ὄντα (ἐπειδὴ
γὰρ τὰ πλοῖα οὐκ ἐξήρκεσε σφίσι, προέπεμψεν ἄλλους τε
καὶ τοὺς ὑπάτους, μὴ καὶ νεοχμώσωσί τι, κατὰ χώραν
ὑπομείναντες)· ἰδὼν δὲ τὸ δυσάλωτον τοῦ χωρίου, προε-
καλέσατο [6] αὐτὸν ἐς συνθήκας, ὡς καὶ τὴν εἰρήνην τήν
τε φιλίαν ἀποληψόμενον. Ἀποκριναμένου [7] τε [8] αὐτοῦ οὐδὲν ἄλλο, ἢ ὅτι τοῖς ὑπάτοις ἃ λέγει κοινώσεται, ἐπειδὴ
ἐδέδοκτο σφίσι μηδένα τῶν πολιτῶν τῶν ἐν τοῖς ὅπλοις
ὄντων ἐς λόγους δέχεσθαι, προσέβαλε τῇ πόλει. Καὶ αὐτὸν ὁ Πομπήϊος ἡμέρας μέν τινας ἠμύνατο, μέχρις οὗ

1. A, B, C, E, G : ἐπιθάρχησε.
2. C, G : ἐκχωρήσει.
3. Dans l'ancienne leçon κατοκνήσαντες ἐς τὴν ἄφοδον, Reimarus regarde la préposition comme inutile. Sturz est du même avis; mais il ne l'a pas retranchée. Je la supprime, comme M. Imm. Bekker.
4. G : Δομέτιος.

de Sylla. Cependant il obéit à Pompée, et chercha le moyen de sortir de Corfinium sans danger; mais ceux qui étaient avec lui, instruits de son projet et craignant que ce départ ne fût regardé comme une fuite, se déclarèrent pour César et servirent sous ses drapeaux. Quant à Domitius et aux autres sénateurs, César leur reprocha vivement d'avoir pris parti contre lui; mais il les laissa libres, et ils se retirèrent auprès de Pompée.

12. César désirait ardemment d'en venir aux mains avec Pompée avant qu'il mît à la voile, de terminer la guerre en Italie, et d'écraser son rival pendant qu'il était encore à Brindes ; car, comme ses vaisseaux ne suffisaient pas pour transporter toute son armée, Pompée avait fait prendre les devants aux consuls et à d'autres, afin qu'ils ne pussent rien tenter à la faveur d'un plus long séjour en Italie. César, voyant que cette place était difficile à prendre, invita Pompée à traiter, et lui offrit la paix et son amitié ; mais, celui-ci s'étant borné à répondre qu'il communiquerait sa proposition aux consuls, qui avaient décrété qu'on n'entrerait point en négociation avec un citoyen armé, César attaqua Brindes. Pompée soutint la lutte contre lui pendant quel-

---

5. Cf. Cæsar, De Bell. Civ., 1, 23. Sueton. Cæs., XXXIV.

6 Avec Sturz et M. Imm. Bekker, au lieu de la leçon vulgaire προσεκαλέσατο.

7. D'après A, B, je remplace l'ancienne leçon ἀποκρινομένου par ἀποκριναμένου, adopté aussi par M. Imm. Bekker.

8. Ou mieux δὲ, proposé par Reiske.

τὰ πλοῖα ἐπανῆλθε. Διοικοδομήσας δὲ ἐν τούτῳ καὶ ἀποφράξας τὰς ἐς τὸν λιμένα ὁδοὺς, μὴ καὶ ἐπίθηταί τις αὐτῷ ἐκπλέοντι [1], ἔπειτα νυκτὸς ἐξανήχθη. Καὶ ὁ μὲν ἀσφαλῶς ἐς τὴν Μακεδονίαν ἐπεραιώθη· τὸ δὲ δὴ Βρεντέσιον, δύο τε [2] ἐν αὐτῷ πλοῖα μεστὰ ἀνδρῶν, ἑάλω.

13. Πομπήϊος μὲν οὖν τήν τε πατρίδα καὶ τὴν ἄλλην Ἰταλίαν οὕτως ἐξέλιπε, πάντα τὰ ἐναντιώτατα τοῖς πρόσθεν, ὅτε ἐς αὐτὴν ἐκ τῆς Ἀσίας κατέπλευσε, καὶ ἑλόμενος καὶ πράξας· ἀφ᾽ ὦνπερ καὶ τὴν τύχην καὶ τὴν δόξαν ἀντίπαλον ἐκτήσατο. Τά τε γὰρ στρατόπεδα πρότερον εὐθὺς ἐν τῷ Βρεντεσίῳ [3], ἵνα μή τι τοὺς πολίτας λυπήσῃ, ἀφεὶς, ἕτερα δι᾽ αὐτοῦ τότε ἐκ τῆς Ἰταλίας ἐπ᾽ αὐτοὺς ἐξήγαγε· καὶ τοὺς πλούτους τῶν βαρβάρων ἐς τὴν Ῥώμην ἀγαγὼν, πάνθ᾽ ὅσα ἠδυνήθη τότε ἐξ αὐτῆς ἑτέρωσε ἐκόμισε [4]· καὶ τῶν μὲν οἴκοι πάντων ἀπέγνω, τοῖς δ᾽ ἀλλοτρίοις [5] καὶ τοῖς γε ὑφ᾽ ἑαυτοῦ ποτε δουλωθεῖσι, συμμάχοις κατὰ τῆς πατρίδος χρήσασθαι ἐνόει· καὶ ἐν αὐτοῖς πολὺ πλείω ἐλπίδα καὶ τῆς σωτηρίας καὶ τῆς δυναστείας, ἢ ἐν τοῖς εὐεργετηθεῖσιν [6], ἐποιεῖτο. Καὶ διὰ ταῦτα ἀντὶ μὲν τῆς λαμπρότητος ἣν ἐκ τῶν πολέμων ἐκείνων [7]

---

1. L'ancienne leçon διοικοδομήσας δὲ ἐν τούτῳ ἐκπλέοντι est tronquée et ne fournit aucun sens. Leunclavius l'a ainsi refondue : Διοικονομήσας δὲ ἐν τούτῳ τὸν ἔκπλουν — *Interea compositis ad discessum rebus*, conjecture ingénieuse, mais que Reimarus dut abandonner pour la restitution tirée de A par Gronove et confirmée par B. Je l'adopte avec Sturz et M. Imm. Bekker.
2. Cf. Cæs., De Bell. Gall., I, 28. Au lieu de τε, G porte δέ.
3. B : Βρεντησίῳ.

ques jours, jusqu'au retour de la flotte, et profita de ce temps pour garnir de retranchements et de palissades les issues qui conduisaient au port, afin qu'on ne pût l'attaquer lorsqu'il en sortirait. Puis il mit à la voile pendant la nuit, et parvint sain et sauf en Macédoine. Brindes et deux vaisseaux chargés de soldats tombèrent au pouvoir de César.

13. C'est ainsi que Pompée quitta Rome et l'Italie. Ses résolutions et sa manière d'agir furent alors le contraire de ce qu'elles avaient été à son retour d'Asie : aussi sa fortune et l'opinion qu'il donna de lui furent-elles également tout l'opposé. A son retour d'Asie, il avait congédié immédiatement son armée en arrivant à Brindes, pour qu'elle n'inspirât aucune inquiétude à ses concitoyens : alors, au contraire, il emmenait hors de l'Italie, par cette même ville, une armée destinée à combattre contre sa patrie. A son retour d'Asie, il avait apporté à Rome les trésors des barbares : maintenant il enlevait de Rome tout ce qu'il pouvait, et, n'ayant aucun secours à attendre de sa patrie, il prenait pour alliés contre elle les étrangers qu'il avait asservis autrefois, et, pour assurer son salut et sa puissance, il s'appuyait plus sur eux que sur ceux dont il avait bien mérité. Ainsi, revenu en Italie tout couvert de la gloire qu'il avait con-

---

4. L'ancienne leçon ἑτέρως ἐκόμισε se trouve dans A, B, E, F, H. Comme Reimarus, Sturz et M. Imm. Bekker, j'adopte la correction proposée par Rob. Étienne et confirmée par Nic. Leoniceno : *Hora lui portò fuora di essa tutto quello che potè*.

5. C : τοῖς δὲ ἀλλοτρίοις.

6. D'après Imm. Bekker, au lieu de la leçon vulgaire ἢ τοῖς εὐεργετη-θεῖσιν.

7. Le passage ἐποιεῖτο — ἐκείνων manque dans F.

κτησάμενος ἀφίκετο, ταπεινότητα πρὸς τὸν παρὰ τοῦ Καίσαρος φόβον ἀντιλαβὼν, ἀπῆρεν· ἀντὶ δὲ τῆς εὐκλείας, ἣν ἐκ τοῦ τὴν πατρίδα αὐξῆσαι ἔσχε [1], δυσκλεέστατος ἐπὶ τῇ τότε ἐκλείψει αὐτῆς ἐγένετο.

14. Καὶ εὐθύς γε[2] καταίρων ἐς τὸ Δυρράχιον[3], ἔμαθεν ὅτι οὐ καλῶς [ἂν][4] ἀπαλλάξειε. Στρατιώτας τε γὰρ κεραυνοὶ[5] ἐν αὐτῷ τῷ πρόσπλῳ ἔφθειραν, καὶ τὰ σημεῖα τὰ στρατιωτικὰ ἀράχναι[6] κατέσχον· ἐκβάντος τε ἐκ τῆς νεὼς αὐτοῦ, ὄφεις τὸν στίβον ἐπισπόμενοι[7] συνέχεον. Ἐκείνῳ μὲν δὴ ταῦτα τὰ τέρατα ἐγένετο· συνεβεβήκει δὲ καὶ πάσῃ τῇ πόλει τούτῳ τε τῷ ἔτει καὶ ὀλίγον[8] ἔμπροσθεν ἕτερα. Ὄντως γάρ που ἀμφοτέρωθεν ἐν ταῖς στάσεσι[9] τὸ κοινὸν βλάπτεται· καὶ διὰ τοῦτο λύκοι τε καὶ βύαι πολλοὶ ἐν αὐτῷ τῷ ἄστει ὤφθησαν, καὶ σεισμοὶ συνεχεῖς μετὰ μυκηθμῶν ἐγένοντο· πῦρ τε ἀπὸ δυσμῶν πρὸς ἀνατολὰς διῇξε, καὶ[10] ἕτερον ἄλλα τε[11] καὶ τὸν τοῦ Κυϊρίνου ναὸν κατέφλεξεν· ὅ τε ἥλιος σύμπας ἐξέλιπε· καὶ κεραυνοὶ σκῆπτρόν τε Διὸς καὶ ἀσπίδα κράνος τε Ἄρεως[12], ἐν τῷ Καπιτωλίῳ ἀνακείμενα, καὶ προσέτι καὶ τὰς στήλας τὰς τοὺς νόμους ἐχούσας, ἐλυμήναντο. Ζῶά

---

1. A, C, F, G : ἔσχεν. — 2. Omis dans H. — 3. Omis dans G.
4. J'ajoute, mais entre crochets, cette particule, pour conserver l'ancienne leçon. Sturz aimerait mieux, d'après Reiske, remplacer ἀπαλλάξειε par ἀπαλλάξῃ qu'adopte M. Imm. Bekker. Au lieu d'ἀπαλλάξειε, A, B, C, F, G, portent ἀπαλλάξειεν.
5. Cf. Jul. Osequens, De Prodig., CXXV ; Val. Max., 1, 6, 12. Lucain, I, 530.
6. C : καὶ ἀράχναι.

quise dans tant de guerres, il en partait accusé de s'être laissé abattre par la crainte de César, et l'éclat que lui avait attiré l'agrandissement de sa patrie était remplacé alors par la honte d'un lâche abandon.

14. Dès son arrivée à Dyrrachium, il apprit que cette guerre n'aurait pas une heureuse issue pour lui. Pendant le trajet même, la foudre tua plusieurs de ses soldats, des araignées couvrirent les étendards militaires, et, quand il fut débarqué, des serpents se traînèrent sur ses pas et en effacèrent la trace. Tels sont les prodiges qui apparurent à Pompée en personne : d'autres se montrèrent à la ville entière, cette année et peu de temps auparavant; car, dans les dissensions civiles, l'État est blessé de toutes parts. Ainsi, des loups et des hiboux parurent souvent dans Rome; la terre éprouva de fréquentes secousses accompagnées de mugissements; des flammes s'élancèrent du couchant au levant; d'autres dévorèrent plusieurs temples, notamment celui de Quirinus ; il y eut une éclipse totale de soleil ; la foudre endommagea le sceptre de Jupiter, le bouclier et le casque de Mars placés au Capitole, et les colonnes sur lesquelles les lois étaient gravées; beaucoup d'animaux engendrèrent des monstres; quelques

---

7. D'après A, B, G, je remplace l'ancienne leçon ἐπισπώμενοι par ἐπισπόμενοι.

8. D'après A, B, C, F, G, au lieu de la leçon vulgaire ὀλίγου, j'adopte ὀλίγον, avec Sturz et M. Imm. Bekker.

9. G : στάσεσιν. — 10. Omis dans C, G.

11. Sans aucun doute ἕτερον se rapporte à πῦρ sous-entendu, ainsi que Sturz le fait observer. Il est donc superflu de recourir à la conjecture de Reiske : ἕτερ' ἄττα, au lieu de ἕτερον ἄλλα τε. — 12. C, G : Ἄρεος.

τε πολλὰ ἔξω τῆς ἑαυτῶν φύσεως ἐγέννησε τινά· καὶ λόγιά τινα ὡς καὶ τῆς Σιβύλλης[1] ὄντα ᾔδετο· κάτοχοί τέ[2] τινες γιγνόμενοι, συχνὰ ἐθείαζον. Καὶ πολίαρχος οὐδεὶς ἐς τὰς ἀνοχὰς, ὥσπερ εἴθιστο, ᾑρέθη, ἀλλ' οἱ στρατηγοὶ πάντα τὰ ἐπιβάλλοντα αὐτῷ (ὥσγέ τισι δοκεῖ) διῴκησαν. Ἕτεροι γὰρ ἐν τῷ ὑστέρῳ ἔτει φασὶν αὐτοὺς τοῦτο ποιῆσαι. Καὶ ἐκεῖνο μὲν καὶ αὖθις ἐγένετο· τούτῳ δὲ[3] καὶ ὁ Περπέννας[4], ὁ[5] μετὰ τοῦ[6] Φιλίππου ποτὲ τιμητεύσας, ἀπέθανεν[7], ὡς ἔφην, τελευταῖος πάντων τῶν ἐν τῇ τιμητείᾳ αὐτοῦ βουλευσάντων[8]. Καὶ ἐδόκει καὶ τοῦτό τι νεοχμώσειν[9]. Ἐταράττοντο μὲν οὖν ἐπὶ τοῖς τέρασιν, ὥσπερ εἰκὸς ἦν· οἰόμενοι δὲ δὴ καὶ ἐλπίζοντες ἑκάτεροι ἐς τοὺς ἀντιστασιώτας σφῶν πάντα αὐτὰ ἀποσκήψειν, οὐδὲν ἐξεθύσαντο[10].

15. Ὁ οὖν Καῖσαρ ἐς μὲν τὴν Μακεδονίαν οὐδὲ[11] ἐπείρασε τότε πλεῦσαι (πλοίων τε γὰρ ἠπόρει ἅμα, καὶ περὶ τῇ Ἰταλίᾳ[12] ἐδεδίει[13] μὴ αὐτὴν ἐκ τῆς Ἰβηρίας οἱ τοῦ Πομπηΐου ὑποστράτηγοι ἐπελθόντες κατάσχωσι)· τὸ δὲ δὴ Βρεντέσιον διὰ φυλακῆς, τοῦ μή τινα τῶν ἀπηρκότων ἀναπλεῦσαι, ποιησάμενος, πρός τε τὴν Ῥώμην ἦλθε[14],

1. C : Συβίλλης.
2. Omis dans F. — 3. A, C, F, G, H : τοῦτο δέ.
4. C : Πέρπενας. Ce nom est très-altéré dans G, qui porte Πέρπερας.
5. G : οἱ, faute du copiste.
6. Avec C, G, H et M. Imm. Bekker, j'ajoute cet article, qui ne se trouve pas dans l'ancienne leçon.
7. G : ἀπέθανε. — 8. F : βασιλευσάντων.

oracles furent publiés comme venant de la Sibylle, et plusieurs hommes, saisis de l'esprit divin, prophétisèrent. Aucun préfet de Rome ne fut créé à l'occasion des féries latines, comme il aurait dû l'être d'après l'usage. Plusieurs pensent que les préteurs furent chargés de toutes les fonctions dévolues à ce magistrat : d'autres rapportent que ce fut l'année suivante; sans doute cela arriva deux fois de suite; mais, cette année, mourut Perpenna, qui avait été, je l'ai déjà dit, censeur avec Philippe : il fut le dernier de ceux qui obtinrent la dignité sénatoriale pendant qu'il était censeur, ce qui parut aussi annoncer quelque événement extraordinaire. Tout le monde fut effrayé de ces prodiges, et cela devait être; mais chaque parti pensait et espérait que les malheurs prédits tomberaient sur le parti contraire, et l'on n'offrit aucun sacrifice expiatoire.

15. César ne tenta pas même de faire alors voile vers la Macédoine, parce qu'il manquait de vaisseaux et n'était pas sans inquiétude pour l'Italie : il craignait que les lieutenants de Pompée ne revinssent d'Espagne pour s'en emparer. Il mit donc une garnison à Brindes, afin qu'aucun de ceux qui s'étaient embarqués avec Pompée ne

---

9. D'après A, B, comme Sturz et M. Imm. Bekker, au lieu de la leçon vulgaire : τοῦτο νεοχμώσειν.

10. G : ἐξεθήσαντο. — 11. A : οὐδέν.

12. L'ancienne leçon περὶ τὴν Ἰταλίαν a paru suspecte à Reiske, qui propose περὶ τῆς Ἰταλίας. Avec Sturz et M. Imm. Bekker, je préfère περὶ τῇ Ἰταλίᾳ.

13. A, F : ἐδεδείει. — 14. G : ἦλθεν.

καὶ τῆς γερουσίας οἱ ἔξω τοῦ πωμηρίου ὑπό τε τοῦ Ἀντωνίου καὶ ὑπὸ τοῦ Λογγίνου παρασκευασθείσης (ἐκπεσόντες γὰρ ἐξ αὐτῆς, τότε αὐτὴν ἤθροισαν), ἐδημηγόρησε πολλὰ καὶ ἐπιεικῆ [1], ὅπως πρός τε τὸ παρὸν εὔνοιαν αὐτοῦ [2], καὶ πρὸς τὸ μέλλον ἐλπίδα χρηστὴν λάβωσιν. Ἐπειδὴ γὰρ τοῖς τε γιγνομένοις ἀχθομένους, καὶ ἐς τὸ στρατιωτικὸν πλῆθος ὑποπτεύοντας αὐτοὺς ἑώρα, παραμυθήσασθαι καὶ τιθασσεῦσαι σφᾶς τρόπον τινὰ ἠθέλησεν, ἵνα τά γε ἐκείνων, ἕως ἂν διαπολεμήσῃ, ἐν ἡσυχίᾳ μείνῃ. Καὶ διὰ τοῦτ' οὔτ' ᾐτιάσατό τινα, οὔτ' ἠπείλησέ [3] τινι οὐδέν, ἀλλὰ καὶ καταδρομὴν κατὰ τῶν πολεμεῖν πολίταις ἐθελόντων οὐκ ἄνευ ἀρῶν ἐποιήσατο. Καὶ τὸ τελευταῖον πρέσβεις ὑπέρ τε τῆς εἰρήνης καὶ περὶ τῆς ὁμονοίας σφῶν παραχρῆμα πρός τε τοὺς ὑπάτους καὶ πρὸς τὸν Πομπήϊον πεμφθῆναι ἐσηγήσατο.

16. Τὰ δ' αὐτὰ ταῦτα καὶ πρὸς τὸν δῆμον, καὶ αὐτὸν ἔξω τοῦ πωμηρίου συνελθόντα, εἰπὼν, σῖτόν τε ἐκ τῶν νήσων μετεπέμψατο [4], καὶ πέντε καὶ ἑβδομήκοντα δραχμὰς ἑκάστῳ δώσειν ὑπέσχετο [5]. Καὶ ὁ μὲν τούτοις αὐτοὺς δελεάσειν ἤλπιζεν· οἱ δ' ἄνθρωποι λογιζόμενοι, ὅτι οὔτε φρονοῦσιν οὔτε πράττουσι τὰ αὐτὰ οἵ τε ἐφιέμενοί τινων, καὶ οἱ τυχόντες· ἀλλ' ἐν μὲν ταῖς ἀρχαῖς τῶν ἔργων, πάντα τὰ ἥδιστα προβάλλουσι τοῖς ἀντιπρᾶξαί τι δυναμένοις,

---

1. Cf. Cæs., De Bell. Civ., I, 32.
2. Comme Sturz et M. Imm. Bekker, je substitue, d'après B, C, cette leçon à l'ancienne εὔνοιαν αὐτῷ.

pût y rentrer, et se rendit à Rome. Il parut devant le sénat assemblé hors du Pomérium par Antoine et par Longinus qui, chassés de ce corps, l'avaient convoqué dans cette circonstance, et, par un discours long et plein d'humanité, il chercha à gagner la bienveillance des sénateurs pour le présent et à les remplir de bonnes espérances pour l'avenir. Sentant qu'ils supportaient avec peine ce qui se faisait, et qu'ils voyaient de mauvais œil le grand nombre de ses soldats, il crut devoir les calmer et les apprivoiser, pour ainsi dire, afin qu'ils se tinssent tranquilles jusqu'à ce qu'il eût terminé la guerre. Il n'accusa, il ne menaça donc personne ; mais il fit entendre des reproches et des imprécations contre ceux qui désiraient la guerre civile. Enfin il proposa d'envoyer sans délai une députation aux consuls et à Pompée, pour demander la paix et la concorde.

16. Après avoir parlé dans le même sens au peuple accouru aussi hors du Pomérium, il fit venir du blé des îles et promit soixante-quinze drachmes à chaque citoyen, espérant les amorcer ainsi. Mais la multitude se disait qu'il y a une grande différence entre les sentiments et les actions des hommes, quand ils désirent une chose et quand ils l'ont obtenue : au début d'une entreprise, ils font les plus séduisantes promesses à ceux

---

3. C : ἀπείλησε. L'augment a été négligé par le copiste.
4. Curion fut chargé de ce soin. Cf. Lucain, III, 59 et suiv.
5. Cf. Sueton. Cæs., XXXVIII.

ἐπειδὰν[1] δὲ κατορθώσωσιν ὅσα βούλονται, οὔτε τινὸς αὐτῶν μνημονεύουσι, καὶ ἐπ' αὐτοὺς ἐκείνους ταῖς δυνάμεσιν ἃς παρ' αὐτῶν ἔλαβον, χρῶνται· μεμνημένοι δὲ καὶ τὸν Μάριον τόν τε Σύλλαν, ὡς πολλὰ καὶ φιλάνθρωπα πολλάκις σφίσιν εἰπόντες, οἷα ἀνθ' οἵων ἔδρασαν· καὶ προσέτι καὶ τὴν τοῦ Καίσαρος χρείαν αἰσθόμενοι, τά τε ὅπλα αὐτοῦ πολλὰ καὶ πανταχοῦ τῆς πόλεως ὁρῶντες ὄντα· οὔτε πιστεύειν τοῖς λεγομένοις, οὔτε θαρρεῖν ἐδύναντο, ἀλλ' ἔναυλον τὸν ἐκ τοῦ πρὶν φόβον ἔχοντες, καὶ ἐκεῖνον ὑπετόπουν· καὶ μάλισθ' ὅτι οἱ πρέσβεις, οἱ τὰς καταλλαγὰς δῆθεν πρυτανεύσοντες[2], ᾑρέθησαν μὲν, οὐκ ἐξῆλθον δέ[3]· ἀλλ' ὅτι[4] καὶ ἐμνήσθη ποτὲ περὶ αὐτῶν ὁ Πίσων ὁ πενθερὸς αὐτοῦ, αἰτίαν ἔσχε[5].

17. Τοσούτου τε ἐδέησαν τὰ χρήματα, ἃ ὑπέσχετο σφίσι, τότε γε[6] λαβεῖν, ὥστε καὶ τἄλλα οἱ πάνθ' ὅσα ἐν τῷ δημοσίῳ ἦν, πρὸς τὴν τῶν στρατιωτῶν, οὓς ἐφοβοῦντο, τροφὴν ἔδοσαν. Καὶ ἐπὶ πᾶσι τούτοις[7], ὡς καὶ ἀγαθοῖς οὖσι, τὴν ἐσθῆτα τὴν εἰρηνικὴν μετημπίσχοντο· οὐδέπω γὰρ αὐτὴν μετειλήφεσαν. Ἀντεῖπε μὲν οὖν πρὸς τὴν περὶ τῶν χρημάτων ἐσήγησιν Λεύκιός τις[8] Μέτελλος δήμαρχος· καὶ ἐπειδὴ μηδὲν ἐπέρανε, πρὸς

---

1. G : ἐπειδ' ἄν.
2. Avec M. Imm. Bekker, je substitue, d'après Reiske, πρυτανεύσοντες à la leçon vulgaire πρυτανεύοντες. Celle que j'adopte est confirmée par Nic. Leoniceno : *Et specialmente perchè gli ambasciadori i quali dovevano esser mediatori della pace.*

qui pourraient leur être opposés ; mais ils les oublient toutes, quand ils ont atteint le but de leurs désirs, et tournent leurs forces contre ceux qui ont contribué à leur puissance. Elle se souvenait aussi de Marius et de Sylla, qui, après avoir tenu souvent le langage le plus humain, commirent des cruautés inouïes. Enfin elle sentait bien ce qu'exigeait la position de César, et, voyant ses soldats répandus en foule dans tous les quartiers de Rome, elle ne pouvait se fier à ses paroles ni se croire en sûreté. Toujours sous l'empire de son ancienne terreur, elle le regardait comme suspect, surtout parce que les députés chargés de négocier la paix avaient été désignés, mais n'étaient point partis, et parce que César avait témoigné un vif mécontentement à Pison, son beau-père, pour en avoir reparlé un jour.

17. César ne donna pas alors au peuple les sommes qu'il lui avait promises : bien loin de là, il exigea pour l'entretien de l'armée qui inspirait tant de craintes tout l'argent déposé dans le trésor public. De plus, comme si la République avait été dans une situation prospère, on prit le vêtement réservé pour le temps de paix ; ce qui ne s'était pas encore fait. Un tribun du peuple, Lucius Métellus, combattit la proposition concernant les fonds.

---

3. Cf. Cæs. De Bell. Civ., I, 33.
4. D'après A, C, E, F, H, je remplace l'ancienne leçon ἀλλ' ὅτε par ἀλλ' ὅτι, adopté par M. Imm. Bekker et confirmé par Nic. Leoniceno.
5. C : ἔσχεν. — 6. Omis dans C, H. — 7. A : ἐπὶ πᾶσιν τούτοις.
8. Τε, dans le Ms. de Munich n° 2.

τε τοὺς θησαυροὺς ἦλθε, καὶ τὰς θύρας αὐτῶν ἐν τηρήσει ἐποιήσατο. Σμικρὸν δὲ δὴ καὶ τῆς φυλακῆς αὐτοῦ, ὥσπερ που καὶ τῆς παρρησίας, οἱ στρατιῶται φροντίσαντες, τήν τε βαλανάγραν διέκοψαν (τὴν γὰρ κλεῖν οἱ ὕπατοι εἶχον, ὥσπερ οὐκ ἐξόν τισι πελέκεσιν ἀντ' αὐτῆς χρήσασθαι) καὶ πάντα τὰ χρήματα ἐξεφόρησαν. Καὶ μέντοι καὶ τὰ ἄλλα τὸν αὐτὸν τρόπον, ὥς μοι πολλαχόθι εἴρηται, ὀνόματι μὲν ἰσονομίας (καὶ γὰρ διὰ τοῦ Ἀντωνίου τὰ πλείω αὐτῶν ἐσεφέρετο) ἔργῳ δὲ δυναστείας, καὶ ἐψηφίζετο καὶ ἐπράττετο. Τούς τε γὰρ ἀντιστασιάζοντας σφίσι, πολεμίους ἑκάτεροι τῆς πατρίδος ὀνομάζοντες, καὶ ἑαυτοὺς ὑπὲρ τῶν κοινῶν πολεμεῖν λέγοντες [1], τά τε ἴδια μόνα ηὖξον, κἀκεῖνα ὁμοίως ἀμφότεροι ἔφθειρον.

18. Ὁ δ' οὖν Καῖσαρ ταῦτά τε οὕτως ἐποίησε, καὶ τὴν Σαρδὼ τήν τε Σικελίαν ἀμαχὶ [2] κατέσχεν, ἐκχωρησάντων [3] τῶν τότε ἐν αὐταῖς ἀρχόντων· τόν τε Ἀριστόβουλον οἴκαδε ἐς τὴν Παλαιστίνην, ὅπως τῷ Πομπηΐῳ τι ἀντιπράξῃ, ἔστειλε· καὶ τοῖς παισὶ τῶν ὑπὸ τοῦ Σύλλου [4] ἐπικηρυχθέντων ἀρχὰς αἰτεῖν ἐφῆκε, τά τε ἄλλα πάντα, καὶ τὰ ἐν τῇ πόλει καὶ τὰ ἐν τῇ λοιπῇ Ἰταλίᾳ, πρὸς τὸ ἐπιτηδειότατον ἑαυτῷ ὡς ἐκ τῶν παρόντων [5] κατέστησε. Καὶ ἐκεῖνα μὲν τῷ Ἀντωνίῳ ἐπέτρεψεν· αὐτὸς

---

1. Les mots καὶ ἑαυτοὺς — λέγοντες manquent dans G.
2. G : ἀμαχεί. — 3. Le même : ἐνχωρησάντων.
4. F : Σύλου.

Ayant échoué, il se rendit au trésor public et en garda les portes ; mais les soldats ne s'inquiétèrent pas plus de sa présence qu'ils ne s'étaient inquiétés de la liberté de ses discours. Ils brisèrent la serrure (les consuls avaient emporté la clef, comme si, dans les mains de certains hommes, elle ne pouvait pas être remplacée par la hache) et enlevèrent tout l'argent. Le même esprit dicta tous les décrets et tous les actes, ainsi que je l'ai dit plusieurs fois : en apparence ils avaient pour but l'égalité (car c'était Antoine qui les proposait presque tous); mais, en réalité, ils fondaient le despotisme. César et Pompée donnaient l'un et l'autre à leurs adversaires le nom d'ennemis de la patrie, et répétaient qu'ils faisaient la guerre dans l'intérêt général, tandis qu'ils ne travaillaient que pour accroître leur puissance, et ruinaient tous les deux également la République.

18. Voilà ce que fit César : il s'empara, en outre, sans coup férir, de la Sardaigne et de la Sicile, que leurs gouverneurs avaient abandonnées, et renvoya Aristobule dans la Palestine, sa patrie, pour qu'il tentât d'y agir contre Pompée. Il permit aux enfants des citoyens proscrits par Sylla de briguer les charges publiques, et organisa tout à Rome et en Italie, comme il convenait le mieux à ses intérêts, dans l'état présent des affaires. Il confia Rome et l'Italie à Antoine, et se dirigea en personne vers l'Espagne, qui appuyait

---

5. D'après A, B, F, Reimarus avait proposé, dans ses *Addenda*, de substituer cette leçon, qui se trouve également dans G, H, à l'ancienne ἑαυτῷ ἐκ τῶν παρόντων. Sturz et M. Imm. Bekker adoptent aussi ὡς ἐκ τ. π.

π.p 276. δὲ ἐς τὴν Ἰβηρίαν [1] τά τε τοῦ Πομπηίου ἰσχυρῶς αἱρουμένην, καὶ ἐς δέος αὐτὸν, μὴ καὶ τὰς Γαλατίας προσαποστήσῃ, καθιστᾶσαν [2], ὥρμησε. Κἂν τούτῳ ἄλλοι τε βουλευταὶ καὶ ὁ Κικέρων, μηδὲ ἐς ὄψιν τῷ Καίσαρι ἐλθὼν, πρὸς τὸν Πομπήϊον, ὥσγε τά τε δικαιότερα πράττοντα, καὶ τῷ πολέμῳ κρατήσοντα, ἀπεχώρησεν. Οἵ τε γὰρ ὕπατοι, πρὶν ἐκπλεῖν, καὶ ἐκεῖνος, ἅτε ἀντὶ ὑπάτου ἄρχων, πάντας αὐτοὺς ἐκέλευσαν [3] ἐς Θεσσαλονίκην [4] ἀκολουθῆσαι, ὡς τοῦ μὲν ἄστεος [5] πρὸς πολεμίων τινῶν ἐχομένου, αὐτοὶ δὲ, ἥ τε γερουσία [6] ὄντες, καὶ τὸ τῆς πολιτείας πρόσχημα, ὅπου ποτ' ἂν ὦσιν, ἔξοντες· καὶ σφίσι διὰ ταῦτα τῶν τε βουλευτῶν καὶ τῶν ἱππέων οἱ πλείους, οἱ μὲν εὐθὺς τότε, οἱ δὲ καὶ ὕστερον, καὶ αἱ πόλεις πᾶσαι, ὅσαι μὴ ὑπὸ τῶν τοῦ Καίσαρος ὅπλων κατείργοντο, προσεχώρησαν.

19. Οἱ μέντοι Μασσαλιῶται, μόνοι τῶν ἐν τῇ Γαλατίᾳ οἰκούντων, οὔτε συνήραντο τῷ Καίσαρι, οὔτε ἐς τὴν πόλιν ἐσεδέξαντο· ἀλλὰ καὶ ἀπόκρισιν αὐτῷ ἀξιομνημόνευτον ἔδοσαν. Τῷ τε γὰρ δήμῳ τῶν Ῥωμαίων συμμαχεῖν, καὶ ἐκείνοις ἐπιτηδείως ἀμφοτέροις ἔχειν [7], καὶ μήτε πολυπραγμονεῖν τι, μήθ' ἱκανοὶ διακρῖναι, πότερος

---

1. L'ancienne leçon Ἰταλίαν, confirmée par les Mss, est fautive. Comme mes devanciers, j'adopte Ἰβηρίαν, proposé par Xylander. Cf. Cæsar, De Bell. Civ., I, 30.
2. Autre correction de Xylander, également substituée par mes devanciers à l'ancienne leçon καθιστάντας, donnée par A, F, H. Les mots μὴ καὶ τὰς Γαλατίας manquent dans G.

Pompée avec ardeur et lui faisait craindre que la Gaule ne fût entraînée par son exemple. Sur ces entrefaites, plusieurs sénateurs et Cicéron, sans avoir même paru devant César, se déclarèrent pour Pompée, qui leur semblait défendre le parti le plus juste et devoir sortir vainqueur de cette lutte. Les consuls, avant de s'embarquer, et Pompée lui-même, en sa qualité de proconsul, leur avaient ordonné de les suivre à Thessalonique, disant que Rome était au pouvoir des ennemis, et qu'ils représenteraient la République partout où ils se trouveraient, puisqu'ils formaient le sénat. Ces considérations rallièrent autour d'eux la plupart des sénateurs et des chevaliers, les uns sur-le-champ, les autres plus tard : il en fut de même de toutes les villes qui n'étaient pas opprimées par les armes de César.

19. Seuls de tous les peuples de la Gaule, les habitants de Marseille ne se déclarèrent pas pour lui et ne lui ouvrirent point leurs portes. Dans une réponse digne d'être transmise à la postérité, ils déclarèrent qu'ils étaient les alliés du peuple romain, et aussi bien disposés pour César que pour Pompée ; qu'ils ne s'inquiétaient pas de savoir quel était celui qui défendait une mauvaise

---

3. G : ἐκέλευσεν. — 4. Le même : ἐς Θεσσαλονικήν.
5. A, B, E, F, G : ἄστεως.
6. Ou mieux : ἄτε γερουσία, suivant Oddey. La particule τε est omise dans G, H.
7. Les mots καὶ ἐκείνοις ἐπιτηδείως ἀμφοτέροις ἔχειν manquent dans C, G, H.

αὐτῶν ἀδικεῖ, εἶναι ἔφασαν· ὥστε εἰ μέν τις ὡς φίλος ἐθέλοι πρὸς σφᾶς ἐλθεῖν, καὶ ἀμφοτέρους αὐτοὺς ἄνευ τῶν ὅπλων δέξεσθαι [1] ἔλεγον· ἐπὶ πολέμῳ δὲ, οὐδέτερον. Καταστάντες τε [2] ἐς πολιορκίαν, αὐτόν τε ἐκεῖνον ἀπεκρούσαντο, καὶ τῷ Τρεβωνίῳ τῷ τε Βρούτῳ τῷ Δεκίμῳ [3] μετὰ τοῦτο [4] προσεδρεύσασι σφίσιν [5] ἐπὶ πλεῖστον ἀντέσχον. Ὁ γὰρ Καῖσαρ χρόνον μέν τινα, ὡς καὶ ῥᾳδίως αὐτοὺς αἱρήσων, προσεκαρτέρησε (καὶ γὰρ αὐτῷ δεινὸν ἐδόκει εἶναι, ὅτι καὶ τῆς Ῥώμης ἀμαχὶ [6] κρατήσας, ὑπὸ Μασσαλιωτῶν [7] οὐκ ἐδέχετο [8])· ἔπειτα ἐπειδὴ [9] ἀντῆρκουν, ἐκείνους μὲν ἑτέροις προσέταξεν, αὐτὸς δὲ ἐς τὴν Ἰβηρίαν ἠπείχθη [10].

20. Ἐπεπόμφει μὲν γὰρ ἐς αὐτὴν Γάϊον Φάβιον [11]. δείσας δὲ μὴ καθ' ἑαυτὸν ἀγωνισάμενος πταίσῃ, καὶ αὐτὸς ἐστράτευσεν. Εἶχον δὲ τότε τὰ πράγματα τὰ περὶ τὸν Ἴβηρα [12] ὅ τε Ἀφράνιος καὶ ὁ Πετρήϊος [13]. Καὶ φυλακὴν μὲν καὶ τῆς ὑπερβολῆς τῶν ὀρῶν ἐπεποίηντο, τὸ δ' ὅλον

---

1. H : δέξασθαι.
2. Xylander propose καταστάθεντες, sans nécessité. Ainsi que Reimarus l'a remarqué, καταστάντες a souvent la signification passive. Le célèbre éditeur propose d'ajouter une particule après ce participe, δὲ par exemple. Reiske aimerait mieux καὶ καταστάντες, ou καταστάντες οὖν. Avec M. Imm. Bekker, je lis καταστάντες τε.
3. Δεκίῳ est une faute de copiste dans les Mss.
4. Les mots μετὰ τοῦτο sont omis dans E, G, H.
5. C : σφίσι.
6. G : ἀμαχεί.
7. C : Μασαλιωτῶν.
8. Sturz insiste avec raison sur l'emploi de ce verbe dans le sens passif.

HISTOIRE ROMAINE DE DION, L. XLI.   313

cause, n'étant pas capables de le reconnaître; que, s'ils voulaient l'un ou l'autre venir en ami dans leur ville, ils le recevraient sans armes; mais qu'ils la fermeraient à l'un et à l'autre, s'ils se présentaient pour faire la guerre. Assiégés par César, ils le repoussèrent, et résistèrent longtemps à Trébonius et à Décimus Brutus, qui les cernèrent ensuite; car César avait assiégé lui-même, pendant un certain temps, Marseille dont il croyait s'emparer sans peine (il regardait comme une honte de n'y avoir pas été reçu, lui qui s'était rendu maître de Rome sans coup férir); mais, les habitants ayant tenu bon, il confia ce siége à d'autres, et marcha en toute hâte vers l'Espagne.

20. Il y avait envoyé C. Fabius; mais, craignant qu'il ne reçût quelque échec s'il soutenait seul la lutte, César s'y rendit en personne. L'Espagne était gouvernée alors par Afranius et Pétréius, qui avaient chargé un corps de troupes de défendre le passage des montagnes, et

---

9. Reiske préférerait ἔπειτα δ' ἐπειδή. Reimarus approuve cette conjecture dans ses *Addenda*.

10. D'après B. Cette leçon me paraît préférable à l'ancienne ἐπείχθη, qui est confirmée par E, H.

11. Cf. Cæs. De Bell. Civ., I, 37.

12. Leunclavius propose τοὺς Ἴβηρας. Ici, τὸν Ἴβηρα rappelle ce vers de la *Henriade* :

Confondit et Mayenne, et la Ligue, et l'Ibère.

13. D'après A, B, C, je substitue, comme M. Imm. Bekker, cette leçon à l'ancienne Πετρέϊος, maintenue par Reimarus et par Sturz.

ἐς Εἰλέρδαν [1] τὰς δυνάμεις ἀθροίσαντες, ἐνταῦθα τοὺς ἐπιόντας ὑπέμενον [2]. Καὶ τῷ μὲν Φαβίῳ τήν τε ἐπὶ τοῦ Πυρηναίου φρουρὰν [ἐκποδὼν] ποιησαμένῳ [3], καὶ τὸν ποταμὸν τὸν Σίκοριν [4] διαβαίνοντι [5] προσπεσόντες ἐξαίφνης, πολλοὺς ἀπέκτειναν ἀπολειφθέντας [6]. Ἡ γὰρ γέφυρα πρὶν διελθεῖν αὐτοὺς καταρραγεῖσα [7], πλεῖστον σφίσι συνήρατο. Τῷ δὲ δὴ Καίσαρι ἐπελθόντι τε οὐ πολλῷ ὕστερον [8], καὶ τὸν ποταμὸν καθ' ἑτέραν [9] γέφυραν διαβάντι, προκαλουμένῳ τε αὐτοὺς ἐς μάχην [10], οὐκ ἐτόλμησαν ἐπὶ πολλὰς [11] ἡμέρας συμβαλεῖν, ἀλλ' ἀντιστρατοπεδευσάμενοι [12] αὐτῷ ἡσύχαζον. Θαρσήσας οὖν ἐκ τούτου, καταλαβεῖν τὸ χωρίον τὸ μεταξὺ [13] τοῦ τε ταφρεύματος σφῶν καὶ τῆς πόλεως, καρτερὸν ὄν, ἐπεχείρησεν, ὡς καὶ τῶν τειχῶν αὐτοὺς ἀποκλείσων. Αἰσθόμενοι δὲ τοῦτο οἱ περὶ τὸν Ἀφφάνιον [14] προκατέσχον αὐτό, καὶ τούς τε προσβάλλοντας [15] σφίσιν ἀπεώσαντο, καὶ φεύγουσιν αὐτοῖς ἐπισπόμενοι [16], τοὺς ἀντεπεξελθόντας ἐκ τοῦ ἐρύματος ὑπέστησαν· ἐνδόν-

---

1. Ce mot est altéré dans les Mss : A, B, F, portent Λέρδαν. D'après G qui donne Ἰλένδρα, et d'après C et H qui donnnent Ἰλένδαν, je lirais volontiers Ἰλέρδαν, confirmé par O, C, p. 319, not. 6. — 2. C, H, ὑπέμεινε.
3. L'ancienne leçon φρουρὰν ποιησαμένῳ est confirmée par les Mss et par Nic. Leoniceno : *Fabio, il quale teneva il presidio nel monte Pirreneo.* Cependant elle a laissé des scrupules à Xylander, qui propose ἀπωσαμένῳ ou τρεψαμένῳ, au lieu de ποιησαμένῳ, et à Reiske, qui voudrait lire φρουρὰν ἐκποδὼν ποιησαμένῳ, d'après César, l. l. : *Fabius præsidium ex saltu dejecit.* J'adopte la conjecture de Reiske, mais en plaçant ἐκποδὼν entre crochets.

Reimarus et Sturz conservent la leçon vulgaire; mais ils traduisent, d'après la conjecture de Xylander : *Iidem Fabium, qui, dejecto Pyrenæi saltus præsidio.*

rassemblé le gros de leur armée à Ilerda, où ils attendaient les ennemis de pied ferme. Ils tombèrent à l'improviste sur Fabius, qui, après avoir forcé les troupes préposées à la garde des Pyrénées, traversait le Sicoris, et massacrèrent un grand nombre de ses soldats abandonnés par leurs compagnons; car le pont s'était rompu avant qu'ils l'eussent franchi. Cet accident servit puissamment Afranius et Pétréius. César arriva bientôt après : il passa le fleuve sur un autre pont, et les provoqua au combat. Pendant plusieurs jours, ils n'osèrent pas en venir aux mains avec lui, placèrent leur camp en face du sien et se tinrent tranquilles. Cette attitude lui inspira une telle confiance qu'il tenta de s'emparer d'une position très-forte, qui se trouvait entre leurs retranchements et Ilerda, espérant les empêcher de rentrer dans la ville. Afranius, qui avait deviné ses vues, occupa d'avance cette position, repoussa ceux qui l'attaquaient et les mit en fuite. Pendant qu'il les poursuivait, il eut à soutenir le choc de ceux qui sortirent de leur camp pour fondre sur lui; puis, cédant

---

4. Les mots τὸν Σίκοριν manquent dans C, G, H.
5. C, G : διαβαίνοντες.
6. Ἀποληφθέντας dans A, B, E, G.
7. G : καταρραγεῖσαι.
8. Cf. Cæs., De Bell. Civ., 1, 41.
9. A, F : καθ' ἑκατέραν. — 10. F : εἰς μάχην. — 11. A, B, C, F, G : ἐπὶ πανὺ πολλάς.
12. C, F, G : ἀλλὰ ἀντιστρατοπεδευσάμενοι.
13. F, G : τοῦ μεταξύ.
14. Cf. Cæs. l. l. 43 sqq.
15. Προβάλλοντας dans B et dans Leunclavius. L'ancienne leçon doit être maintenue.
16. D'après A', B, E, F et M. Imm. Bekker, au lieu d'ἐπισπώμενοι.

τες τε ἐξεπίτηδες, ὑπήγαγον σφᾶς [1] ἐς χωρία ἑαυτοῖς ἐπιτήδεια, κἀνταῦθα πολλῷ πλείους ἐφόνευσαν [2]. Κἀκ τούτων ἐπιθαρσήσαντες, τοῖς τε προνομεύουσιν αὐτῶν ἐπετίθεντο, καὶ τοὺς ἀποσκεδαννυμένους ἐλύπουν. Καί ποτε διαβάντων τινῶν ἐς τὰ ἐπέκεινα τοῦ ποταμοῦ, κἂν τούτῳ χειμῶνός τε πολλοῦ γενομένου, καὶ τῆς γεφύρας ᾗ [3] ἐκέχρηντο, διαφθαρείσης, ἐπιδιέβησαν κατὰ τὴν ἑτέραν γέφυραν [4] τὴν πρὸς τῇ πόλει οὖσαν· καὶ πάντας αὐτοὺς ἀνάλωσαν, μηδενὸς σφίσιν ἐπαμῦναι δυνηθέντος [5].

21. Ὁ οὖν Καῖσαρ, ὡς ταῦτ' ἐγίγνετο, καὶ οὔτε τῶν συμμάχων τις ἐπεκούρει οἱ (ἐκδεχόμενοι γὰρ αὐτοὺς οἱ ἐναντίοι, ὡς ἑκάστους αἴσθοιντο προσιόντας ἀπήλαυνον [6]) τά τ' ἐπιτήδεια, ἅτε ἔν τε [7] ἀλλοτρίᾳ ὢν καὶ πταίων, χαλεπῶς ἐπορίζετο, ἐν παντὶ ἐγένετο. Πυνθανόμενοι δὲ ταῦθ' οἱ ἐν οἴκῳ Ῥωμαῖοι, ἐκείνου τε, ὡς οὐκέτι πλείω χρόνον περιοίσοντος [8], ἀπέγνωσαν, καὶ πρὸς τὸν Πομπήιον ἀπέ-

---

1. Ou mieux, d'après Reiske, ὑπεγάγοντο σφᾶς, adopté par M. Imm. Bekker.
2. Cf. Cæs., l. l. 45 sqq.
3. H : ἧς : le copiste a confondu avec ς l'ι final devenu plus tard l'ι souscrit.
4 Les mots ᾗ ἐκέχρηντο — γέφυραν manquent dans G.
5. Cf. Cæs., l. l. 49-51.
6. L'ancienne leçon ἐκδεχόμενοι γὰρ αὐτοὺς οἱ ἐναντίοι ὡς ἑκάστους αἴσθοιντο προσιόντας est tronquée. Toutefois aucune lacune n'est indiquée dans les Mss, si ce n'est dans H. On peut ajouter un verbe après προσιόντας, par exemple, ἔφθειρον, proposé par Xylander, ou bien, d'après Reiske, ἀπεκρούοντο — ἀνέκοπτον — ἀπήλαυνον — ἀπέκλειον. Je choisis ἀπήλαυνον, qui donne un sens très-plausible. L'insertion d'un verbe à la fin de cette

à dessein, il les attira dans un lieu qui lui était favorable et en tua un plus grand nombre que précédemment. Enhardi par ce succès, il tomba sur les fourrageurs de l'armée ennemie, et fit beaucoup de mal à ceux qui étaient dispersés dans la campagne. Quelques soldats de César avaient traversé le fleuve, et le pont sur lequel ils l'avaient passé avait été détruit par un violent orage. Afranius franchit le fleuve sur un autre pont voisin de la ville, et, comme personne ne pouvait les secourir, il les massacra tous.

21. Ces événements réduisaient César aux dernières extrémités : il ne recevait aucun secours de ses alliés ; car l'ennemi les observait, et interceptait leur marche aussitôt qu'ils se rapprochaient de lui, et il manquait de vivres, par suite de ses revers sur une terre étrangère. Lorsque sa situation fut connue à Rome, les uns, désespérant de sa fortune et pensant qu'il ne se soutiendrait pas longtemps, penchèrent du côté de Pompée ; d'autres, appartenant aux

phrase est justifiée par Nic. Leoniceno : *Perchè i nemici, subito che sentissero alcuno venire in suo soccorso, lo intraprehendiano.*
On pourrait encore, avec Leunclavius, remplacer ἐκδεχόμενοι γὰρ αὐτοὺς par ἐξεδέχοντο γὰρ αὐτούς. M. Imm. Bekker conserve l'ancienne leçon, et se borne à indiquer par des points une lacune après προσιόντας.

7. Avec M. Imm. Bekker, à l'ancienne leçon τὰ ἐπιτήδειά τε, ἕν τε, je substitue τά τ' ἐπιτήδεια, ἅτε ἕν τε, conjecture de Reiske, approuvée par Sturz, qui conserve pourtant la leçon vulgaire.

8. Cette leçon est irréprochable. Xylander propose ὑπεροίσοντος. Nic. Leoniceno est favorable à cette conjecture : *Come di quello il quale mai più non sarebbe vincitore.* Si ὑπεροίσοντος était adopté, il faudrait traduire par *non diutius superiorem fore*, au lieu de *superstitem futurum,* version de Xylander.

κλιναν ¹· καί τινες καὶ τότε πρὸς αὐτὸν ἄλλοι τε καὶ βουλευταὶ ἀπῆραν. Καὶ εἴγε μὴ οἱ Μασσαλιῶται ² ἐν τούτῳ ναυμαχίᾳ πρὸς τοῦ Βρούτου τῷ τε μεγέθει τῶν νεῶν αὐτοῦ καὶ τῇ ῥώμῃ τῶν ἐπιβατῶν, καίπερ καὶ τῷ Δομιτίῳ συμμάχῳ ³ χρώμενοι, καὶ τῇ ἐμπειρίᾳ τῶν ναυτικῶν προέχοντες, ἡττήθησαν, κἀκ τούτου ⁴ παντελῶς ἀπεκλείσθησαν· οὐδὲν ἂν ἐκώλυσε πάντα τὰ πράγματα αὐτοῦ φθαρῆναι. Νῦν δὲ ἐπὶ τὸ μεῖζον ἐκ παρασκευῆς τοῖς Ἴβηρσιν ἀγγελθέντα ταῦτα, οὕτως ἠλλοίωσέ τινας αὐτῶν, ὥστε καὶ τὰ τοῦ Καίσαρος φρονῆσαι. Καὶ αὐτοὺς παραλαβὼν, τῆς τε τροφῆς ηὐπόρησε καὶ γεφύρας κατεσκεύασε, τούς τε ἐναντίους ἐλύπει, καί ποτε συχνοὺς αὐτῶν αἰφνίδιον ἐν τῇ χώρᾳ πλανωμένους ἀπολαβὼν ⁵ ἀπώλεσεν.

22. Ὁ οὖν Ἀφράνιος, ἀθυμήσας ἐπὶ τούτοις, καὶ τὰ ἐν Εἰλέρδᾳ ⁶ οὔτε ἀσφαλῆ οὔτε ἐπιτήδεια πρὸς χρόνιον διατριβὴν ἰδὼν ⁷ ὄντα ⁸, ἀναχωρῆσαι πρός τε τὸν Ἴβηρα καὶ πρὸς τὰς ἐκεῖ πόλεις ἔγνω· καὶ νυκτὸς, ὡς λήσων ἢ φθάσων τοὺς ἐναντίους, ἄρας, ἐπορεύετο. Καὶ οὐκ ἔλαθε ⁹ μὲν ἀνιστάμενος, οὐ μέντοι καὶ εὐθὺς ἐπεδιώχθη. Ὁ γὰρ Καῖσαρ οὐχ ἡγήσατο ἀσφαλὲς εἶναι, ἐν ¹⁰ σκότῳ πολεμίοις ἐμπείροις τῆς χώρας μετὰ ἀπείρων ἐπακολουθῆσαι. Ὡς

---

1. A, C, G : ἀπέκλινον. — 2. C : Μασαλιῶται.
3. G : συμμάχων, par la confusion du ν avec l'ι final, devenu plus tard l'ι souscrit.
4. D'après A, B, C, F, je substitue, comme M. Imm. Bekker, cette leçon à l'ancienne κἂν τούτῳ, maintenue par Sturz, qui est pourtant favorable à κἀκ τούτου.

diverses classes de citoyens et même au sénat, se rendirent aussi auprès de lui. Si les Marseillais, secourus par Domitius, et d'ailleurs plus habiles marins que les Romains, n'avaient pas été vaincus en ce moment dans un combat naval par Brutus, qui dut cet avantage à la grandeur de ses vaisseaux et à la force de ses soldats; s'ils n'avaient pas été renfermés dans leurs murs, à la suite de cette défaite, rien n'aurait arrêté la ruine de César. La nouvelle de cette victoire, exagérée à dessein, opéra un tel changement parmi les Espagnols que plusieurs se déclarèrent pour lui. A peine eurent-ils embrassé sa cause qu'il trouva des vivres en abondance, construisit des ponts, tomba inopinément sur ses adversaires dispersés dans la campagne, et en fit un grand carnage.

22. Afranius, abattu par ces revers, et voyant qu'il ne trouvait pas à Ilerda les ressources nécessaires pour y séjourner longtemps, résolut de se retirer sur les bords de l'Èbre et vers les villes voisines. Il leva le camp et se mit en marche pendant la nuit, dans l'espérance de cacher son départ ou de prévenir l'ennemi. César ne l'ignora point; mais il ne se mit pas immédiatement à sa poursuite : il ne lui parut point prudent de courir pendant les ténèbres, avec des soldats qui ne connaissaient pas le pays, après un ennemi qui le connaissait. Aussi, dès que le

5. La lacune qui existe dans les anciennes éditions, depuis παραλαϐὼν jusqu'à ἀπολαϐὼν, a été comblée par Gronove, à l'aide de A.
6. B et C portent Ἰλέρδᾳ. Dans A, F et G : τὰ Ἰλέρδα, faute de copiste.
7. Omis dans C. — 8. F : εἶναι. — 9. G : ἔλαθεν.
10. D'après Sturz, j'ajoute la préposition ἐν, qui manque dans la leçon vulgaire.

μέντοι καὶ ¹ ἡ ἡμέρα διέλαμψεν ², ἠπείχθη ³. Καὶ αὐτοὺς ἐν μέσῃ ⁴ τῇ ὁδῷ καταλαβὼν, πανταχόθεν ἐξαπίνης πόρρωθεν περιεστοιχίσατο. Τῷ τε γὰρ πλήθει πολὺ περιῆν, καὶ τὸ χωρίον κοῖλον ὂν συμμαχοῦν ⁵ ἔσχεν. Ὁμόσε γὰρ οὐκ ἠθέλησε σφίσι χωρῆσαι ⁶, τὸ μέν τι ⁷ φοβηθεὶς μὴ καὶ ἐς ἀπόνοιαν καταστάντες ἐξεργάσωνταί τι δεινόν· τὸ δὲ, καὶ ἄλλως ἀκονιτὶ ⁸ σφᾶς παραστήσασθαι ⁹ ἐλπίσας. Ὃ καὶ ἐγένετο· ὡς γὰρ ¹⁰ πολλαχῇ πειράσαντες ¹¹, οὐδαμῇ διαπεσεῖν ἠδυνήθησαν, καὶ ἔκ τε τούτου καὶ ἐκ τῆς ἀγρυπνίας τῆς τε πορείας ἐκεκμήκεσαν, καὶ προσέτι οὔτε τροφὴν εἶχον ¹² (αὐθημερὸν γὰρ τὸν σταθμὸν διατελέσειν προσδοκήσαντες, οὐδὲν ἐπηνέγκαντο) ¹³, οὔθ' ὕδατος ¹⁴ εὐπόρουν (τὰ γὰρ χωρία ἐκεῖνα δεινῶς ἐστιν ἄνυδρα), παρέδοσαν σφᾶς, ἐφ' ᾧ μήτε τι δεινὸν πάθωσι, μήτε ¹⁵ ἐπὶ τὸν Πομπήϊον ἀναγκασθῶσίν οἱ συστρατεῦσαι.

23. Καὶ αὐτοῖς ἀκριβῶς ἑκάτερον ὁ Καῖσαρ ἐφύλαξεν. Οὔτε γὰρ ἀπέκτεινε τοπαράπαν τῶν ἐν τούτῳ τῷ πολέμῳ ἁλόντων οὐδένα (καίτοι ἐκείνων ποτὲ ἐν ἀνοχῇ τινι ἀφυ-

---

1. Omis dans A, H. Sturz approuve l'absence de cette conjonction; toutefois il conserve la leçon vulgaire. Je la maintiens, comme lui et comme M. Imm. Bekker.
2. Cf. Cæs., De Bell. Civ., I, 66 sqq.
3. Comme plus haut, au lieu d'ἐπείχθη. La leçon que j'adopte avec Reimarus, Sturz et M. Imm. Bekker, est confirmée par H.
4. D'après A, B, au lieu de la leçon vulgaire αὐτοὺς μὲν ἐν μέσῃ. Sturz approuve la suppression de μὲν, qu'il laisse pourtant dans son texte. M. Imm. Bekker l'a retranché.
5. F : συμμαχόν. — 6. Cf. Cæs., l. l. 72.
7. Τὸ μέντοι, adopté par Rob. Étienne, est tirée d'E. Avec H. Étienne,

jour parut, il fit diligence, rejoignit les Pompéiens au milieu de leur marche et disposa de loin son armée, de manière à les envelopper soudain de toutes parts. Il fut secondé par ses troupes, qui étaient beaucoup plus nombreuses que celles d'Afranius, et par le lieu même, qui formait un creux; mais il ne voulut pas en venir aux mains. Il craignit que, poussés au désespoir, ils ne se portassent à quelque résolution extrême : il comptait d'ailleurs les réduire sans coup férir, et c'est ce qui arriva. Les Pompéiens tentèrent sur plusieurs points de se faire jour à travers leurs rangs, mais en vain. Découragés par l'inutilité de leurs efforts, épuisés par les veilles et par les fatigues de la route, dépourvus de vivres (ils n'en avaient pas emporté, s'imaginant que ce jour leur suffirait pour arriver au terme de leur marche), manquant d'eau, car l'eau est extrêmement rare dans ce pays, ils capitulèrent, à condition qu'il ne leur serait point fait de mal et qu'ils ne seraient pas forcés de combattre avec César contre Pompée.

23. César tint fidèlement parole sur ces deux points. Il ne fit mettre à mort aucun de ceux qui avaient été pris pendant cette guerre (et cependant les soldats d'A-

---

Leunclavius, Reimarus, Sturz et M. Imm. Bekker, je préfère τὸ μέν τι, à cause de τὸ δὲ, qui se lit un peu plus loin. Cette leçon est confirmée par Nic. Leoniceno : *parte perche temea, parte perche sperava*.

8. A, B, E, F, G : ἀκονητί. — 9. G : παρασθήσασθαι.

10. Le même : ὡς καὶ γάρ. — 11. Rob. Étienne : πειράσοντες, d'après E. 12. Cf. Cæs. l. l. 78.

13. G : ἠπηνέγκαντο. — 14. Le même : ὕδατι, construction très-rare.

15. La leçon vulgaire μήποτε ἐπὶ se trouve dans E, G, H. D'après Xylander, H. Étienne et Leunclavius, j'adopte avec Reimarus, Sturz et M. Imm. Bekker, μήτε ἐπὶ, confirmé par Nic. Leoniceno : *Con questa conditione che sostenisseno alcun male et che non fusseno constretti andare alla guerra*.

λάκτως τινὰς τῶν ἑαυτοῦ ἔχοντας φθειράντων), οὔτε τῷ Πομπηΐῳ ἀντιπολεμῆσαι ἐξεβιάσατο· ἀλλὰ τοὺς μὲν λογιμωτάτους ἠφίει, τοῖς δ' ἄλλοις ἐθελονταῖς [1] συμμάχοις διά τε τὰ κέρδη καὶ διὰ τὰς τιμὰς ἐχρῆτο· καὶ οὐκ ἐλάχιστά γε ἐκ τούτων οὔτε ἐς τὴν δόξαν οὔτε ἐς τὰ πράγματα ἀπώνατο. Τάς τε γὰρ [2] πόλεις τὰς ἐν τῇ Ἰβηρίᾳ πάσας, καὶ τοὺς στρατιώτας τοὺς ἐκεῖ πάντας (ἦσαν δὲ ἄλλοι τε ἐν τῇ Βαιτικῇ [3], καὶ μετὰ Μάρκου Τερεντίου Οὐάρρωνος [4] ὑποστρατήγου συχνοί) προσεποιήσατο.

24. Παραλαμβάνων τε οὖν [5] ἅμα αὐτοὺς καὶ καθιστάμενος, διέδραμε μέχρι Γαδείρων. Καὶ ἐλύπησε μὲν οὐδένα οὐδέν, πλὴν χρημάτων ἐκλογῆς (πάντη γὰρ [6] παμπληθῆ εἰσέπραξεν)· ἐτίμησέ τε καὶ ἰδίᾳ καὶ κοινῇ πολλούς· καὶ τοῖς γε Γαδειρεῦσι [7] πολιτείαν ἅπασιν ἔδωκεν, ἣν καὶ ὁ δῆμος σφίσιν ὕστερον ἐπεκύρωσε [8]. Τοῦτο δὲ ἐποίησεν, ἀμειβόμενος σφᾶς τῆς τοῦ ὀνείρου ὄψεως δι' ἧς ἐνταῦθα, ὅτε ἐταμίευσε, συγγεγονέναι τῇ μητρὶ ἔδοξε· καὶ ἀπ' αὐτοῦ [9] καὶ τὴν ἐλπίδα τῆς μοναρχίας, ὥσπερ εἶπον, ἔλαβε [10]. Πράξας δὲ ταῦτα, τὸ μὲν ἔθνος ἐκεῖνο τῷ Λογγίνῳ τῷ Κασσίῳ προσέταξεν, ἐπειδὴ συνήθης αὐτοῖς ἦν ἐκ τῆς

---

1. Le même : τοῖς δ' ἄλλοις ἀλλ' ἐθελονταῖς.
2. D'après A, B, E, F, à l'ancienne leçon τάς γε γὰρ je substitue τάς τε γὰρ, comme Sturz et M. Imm. Bekker.
3. G : Βατικῇ.
4. E : Οὐάρωνος. A, C, F, G : Ἄρωνος. Cf. Caes., l. 1. 38, et lib. II, 17 sqq.

franius avaient profité d'une trêve pour tuer quelques-
uns des siens qui ne se tenaient point sur leurs gardes)
et n'en força aucun à faire la guerre contre Pompée : il
rendit même la liberté à ceux qui occupaient le premier
rang parmi eux et attira les autres sous ses drapeaux
par l'appât du gain et des honneurs. Cette conduite ne
contribua pas peu à sa gloire et à ses succès. Elle lui
concilia toutes les villes d'Espagne et tous les soldats
qui s'y trouvaient : outre ceux qui étaient dans la Béti-
que, Marcus Térentius Varron, lieutenant de Pompée,
en avait un grand nombre sous ses ordres.

24. César les admit dans son armée et prit toutes
les mesures convenables ; puis il s'avança jusqu'à Cadix,
sans inquiéter personne : seulement il leva partout de
fortes contributions d'argent. Il accorda des honneurs
à plusieurs personnes, en son nom et au nom de l'É-
tat, et donna à tous les habitants de Cadix le titre
de citoyens romains, qui fut plus tard confirmé par le
peuple. Il leur accorda ce privilége, en souvenir du
songe qu'il avait eu dans cette ville, quand il était
questeur, et pendant lequel il crut avoir commerce
avec sa mère; car c'est d'après ce songe qu'il conçut,
comme je l'ai dit, l'espérance d'être seul maître de l'empire. Il confia ensuite le gouvernement de l'Espagne à

---

5. Omis dans B.
6. Sturz et M. Imm. Bekker remplacent, d'après Reimarus, l'ancienne
leçon πάντα γάρ par ταῦτα γάρ. D'après la version de Xylander, *undiqua-
que*, j'adopte πάντη γάρ, qui se rapproche beaucoup de la leçon primitive.
7. F, C : Γαδειρεῦσιν. — 8. F : ἐπεκύρωσεν. H : ἀπεκύρωσε.
9. A, B, C, E, H : ἐπ' αὐτοῦ. — 10. A, B, C, G : ἔλαβεν.

ταμιείας¹ ἦν² ὑπὸ τῷ Πομπηΐῳ ἐτεταμιεύκει³· αὐτὸς δὲ μέχρι Ταῤῥακώνης πλοίοις ἐκομίσθη. Ἐντεῦθεν δὲ διὰ τοῦ Πυρηναίου⁴ προχωρῶν, τρόπαιον μὲν οὐδὲν ἐπ' αὐτοῦ ἔστησεν, ὅτι μήτε τὸν Πομπήϊον καλῶς ἀκούσαντα ἐπὶ τούτῳ ᾔσθετο· βωμὸν δὲ δὴ ἐκ λίθων⁵ ξεστῶν συνῳκοδομημένον⁶ μέγαν οὐ πόῤῥω τῶν ἐκείνου τροπαίων ἱδρύσατο.

25. Ἐν ᾧ δὲ ταῦτ' ἐγίγνετο, οἱ Μασσαλιῶται, νεῶν σφίσι παρὰ τοῦ Πομπηΐου αὖθις πεμφθεισῶν⁷, ἀνεκινδύνευσαν. Καὶ ἡττήθησαν μὲν καὶ τότε· διεκαρτέρουν δὲ (καίτοι τὴν⁸ Ἰβηρίαν ἤδη τὸν Καίσαρα ἔχοντα πυνθανόμενοι) καὶ τάς τε προσβολὰς ἰσχυρῶς ἀπεκρούοντο· καὶ διακωχήν τινα, ὡς καὶ τῷ Καίσαρι, ἐπειδὰν⁹ ἔλθῃ, προσχωρήσοντες¹⁰, ποιησάμενοι¹¹, τόν τε Δομίτιον¹² ὑπεξέπεμψαν, καὶ τοὺς στρατιώτας ἐπιθεμένους σφίσιν ἐν ταῖς σπονδαῖς νυκτός, οὕτω διέθεσαν¹³, ὥστε μηδὲν ἔτι τολμῆσαι¹⁴. Τῷ μέντοι Καίσαρι αὐτῷ ἐλθόντι¹⁵ ὡμολόγησαν· καὶ ὃς ἐκείνων τότε μὲν τά τε ὅπλα¹⁶ καὶ τὰς ναῦς,

1. A, B, F : ταμείας. Les autres Mss. portent ταμιείας, qui est la bonne leçon.
2. Dans l'ancienne leçon αὐτοῖς ἐκ τῆς ταμιείας ἦν, le verbe ἦν a été omis. Je l'ajoute d'après Reimarus et Sturz. M. Imm. Bekker l'ajoute aussi, mais après ἐταμιεύκει, tandis que Reimarus et Sturz le placent après ἐκ τῆς ταμιείας. Pour éviter la rencontre des deux ἦν ἦν, j'insère le premier après συνήθης αὐτοῖς.
3. G, H : ἐταμιεύκει. F : ἐτεταμεύθη.κει — 4. E : Πυῤῥηναίου.
5. Comme Sturz et M. Imm. Bekker, d'après Reimarus dans ses *Addenda*, au lieu de la leçon vulgaire λίθων, sans préposition.
6. G : συνῳκοδομημένων.

Cassius Longinus, qui s'était fait aux mœurs des habitants à l'époque où il avait été questeur de Pompée, et se rendit par mer à Tarragone. De là, continuant sa route à travers les Pyrénées, il n'éleva aucun trophée ; parce qu'il savait qu'on avait blâmé Pompée d'en avoir érigé, et se contenta de construire un grand autel en pierres polies, non loin des trophées de ce général.

25. Sur ces entrefaites, les Marseillais reçurent encore quelques vaisseaux de Pompée et tentèrent une seconde fois la fortune des combats. Ils essuyèrent une nouvelle défaite ; mais ils tinrent ferme, quoiqu'ils eussent appris que l'Espagne était déjà au pouvoir de César, et repoussèrent vigoureusement toutes les attaques. Ayant obtenu une trêve par la promesse de se soumettre à César dès son arrivée, ils firent sortir secrètement de la ville Domitius et traitèrent les soldats romains qui les avaient attaqués pendant la nuit, à la faveur de la suspension d'armes, de telle manière que ceux-ci n'osèrent plus rien entreprendre ; mais ils capitulèrent aussitôt que César fut arrivé. Il leur prit, en ce moment, leurs armes,

---

7. Cf. Cæs. De Bell. Civ., II, 3 sqq.
8. A, C, H : καί τοι καὶ τήν.
9. G : ἐπειδ' ἄν. — 10. Le même : προχωρήσοντες.
11. A, B : ποιησόμενοι.
12. G : μίτιον, par l'omission si fréquente de la syllabe initiale.
13. Cf. Cæs. l. l 22.
14. Dion n'est pas d'accord avec César. Cf. les Éclaircissements à la fin du volume.
15. D'après Reiske et Reimarus, dans ses *Addenda*, je remplace, comme Sturz et M. Imm. Bekker, l'ancienne leçon ἐθελοντὶ par ἐλθόντι, qui concorde mieux avec ἐπειδὰν ἔλθῃ.
16. G : τὰ ὅπλα.

τά τε χρήματα ἀφείλετο [1]· ὕστερον δὲ καὶ τὰ λοιπὰ πάντα, πλὴν τοῦ τῆς ἐλευθερίας ὀνόματος [2], ἀνθ' ὧν ἡ Φώκαια [3] μητρόπολις σφῶν ἐλευθέρα ὑπὸ τοῦ Πομπηίου ἀφείθη.

26. Καὶ στρατιωτῶν τινων ἐν Πλακεντίᾳ στασιασάντων [4] καὶ μηκέτ' ἀκολουθῆσαί οἱ ἐθελόντων, πρόφασιν μὲν, ὡς τεταλαιπωρημένων, τὸ δ' ἀληθὲς, ὅτι μήτε τὴν χώραν διαρπάζειν, μήτε τἄλλα [5] ὅσα ἐπεθύμουν, ποιεῖν αὐτοῖς ἐπέτρεπε (καὶ γὰρ ἤλπιζον οὐδενὸς ὁτουοῦν οὐ τεύξεσθαι παρ' αὐτοῦ, ἅτε [6] καὶ ἐν χρείᾳ τοσαύτῃ σφῶν ὄντος)· οὐχ ὑπεῖξεν, ἀλλὰ συγκαλέσας, καὶ ἐκείνους, καὶ τοὺς ἄλλους, τῆς τε παρ' αὐτῶν ἀσφαλείας ἕνεκα, καὶ ἵνα τῶν τε λεγομένων ἀκούσαντες, καὶ τοὺς κολαζομένους ἰδόντες, μηδὲν ἔξω τῶν καθηκόντων ἐθελήσωσι [7] πρᾶξαι, ἔλεξε τάδε.

27. "Ἐγὼ, ὦ ἄνδρες στρατιῶται, βούλομαι μὲν φιλεῖσθαι ὑφ' ὑμῶν, οὐ μέντοι καὶ συνεξαμαρτάνειν ἂν ὑμῖν διὰ τοῦθ' ἑλοίμην [8]. Ἀγαπῶ τε γὰρ ὑμᾶς [9], καὶ ἐθέλοιμ' ἂν, ὡς πατὴρ παῖδας, καὶ σώζεσθαι καὶ εὐθηνεῖν [10] καὶ εὐδοξεῖν. Μὴ γάρ τοι νομίσητε φιλοῦντος ἔργον

---

1. Cf. Cæs. De Bell. Civ., II, 22.
2. Florus, IV, 2 : Mox dedentibus sese ablata omnia præter, quam potiorem omnibus habebant, libertatem. — 3. A, F, G : Φωκέα.
4. La neuvième légion ; cf. Sueton. Cæs., 69.
5. F : μήτ' ἄλλα.
6. Après ce mot, G ajoute ἀλλὰ καὶ ἐν χρείᾳ τοσαύτῃ σφῶν ὄντος οὐχ ὑφεῖξαι.

leurs vaisseaux et leur argent : plus tard il leur enleva tout le reste, excepté le nom de la liberté qu'il leur laissa ; parce que Pompée avait respecté la liberté de Phocée, leur mère-patrie.

26. Quelques soldats de César se révoltèrent à Plaisance et refusèrent de le suivre, sous prétexte qu'ils étaient brisés par les fatigues ; mais, en réalité, parce qu'il ne leur permettait pas de piller ni 'de satisfaire tous leurs désirs. Ils se flattaient qu'il n'y avait rien qu'ils ne pussent obtenir de lui, parce qu'il avait le plus grand besoin de leurs services; mais César ne céda pas. Il rassembla les mutins et réunit en même temps autour de lui le reste de ses soldats, pour qu'ils veillassent à sa sûreté et afin de les maintenir dans le devoir par les reproches qu'ils entendraient adresser aux rebelles et par les punitions qui seraient infligées en leur présence.

27. « Soldats, leur dit-il, je tiens à être aimé de vous;
« mais je ne saurais partager vos fautes pour avoir
« votre affection. Je vous chéris et je souhaite, comme
« un père pour ses enfants, que vous échappiez à tous
« les dangers et que vous arriviez à la prospérité et à la
« gloire. Mais n'allez pas croire que celui qui aime doive

---

7. A, C, F, H : ἐθελήσουσι. G : ἐθελήσουσιν.

8. G : ἑλόμην. — 9. G : ἡμᾶς. Les mots τε γὰρ ὑμᾶς ont été omis dans C.

10. Reiske propose de remplacer l'ancienne leçon εὐθύνειν par εὐθυμεῖν — *hilares esse*, ou par εὐθηνεῖν — *florere, vigere*. Avec Sturz et M. Imm. Bekker, j'adopte εὐθηνεῖν, confirmé par Nic. Leoniceno : *Et vorrei che voi fosti salvi et prosperi*.

εἶναι, τὸ συγχωρεῖν τισιν ἃ μὴ προσήκει πράττειν, ἐξ ὧν καὶ κινδύνους καὶ ἀδοξίας ἀνάγκη πᾶσα αὐτοῖς συμβαίνειν· ἀλλὰ τό τε τὰ ἀμείνω αὐτοὺς διδάσκειν, καὶ τὸ [1] τῶν χειρόνων ἀπείργειν, καὶ νουθετοῦντα καὶ σωφρονίζοντα [2]. Γνώσεσθε [3] δὲ ὅτι τἀληθῆ λέγω, ἂν μήτε πρὸς τὸ αὐτίκα [4] ἡδὺ τὸ συμφέρον κρίνητε μᾶλλον ἢ πρὸς τὸ ἀεὶ ὠφέλιμον· μήτε τὸ τὰς ἐπιθυμίας ἐκπιμπλάναι γενναῖον μᾶλλον ἢ τὸ κρατεῖν αὐτῶν, νομίσητε εἶναι. Αἰσχρὸν μὲν γὰρ, παραχρῆμά τι ἡσθέντας, ὕστερον μεταγνῶναι· δεινὸν δὲ, τὸ τῶν πολεμίων κρατοῦντας ἡδονῶν τινων [5] ἡττᾶσθαι.

28. « Πρὸς οὖν τί ταῦτα λέγω; ὅτι τὰ ἐπιτήδεια ἀφθόνως [6] ἔχοντες (λέξω γὰρ [7] μετὰ παρρησίας, μηδὲν ὑποστειλάμενος· τήν τε γὰρ μισθοφορὰν ἐντελῆ καὶ κατὰ καιρὸν λαμβάνετε, καὶ τῆς τροφῆς ἀεὶ καὶ πανταχοῦ πολλῆς ἐμπίπλασθε), καὶ μήτε πόνον τινὰ ἄδοξον, μήτε κίνδυνον ἀνωφελῆ ὑπομένοντες, καὶ προσέτι τῆς μὲν ἀνδραγαθίας πολλὰ καὶ μεγάλα γέρα καρπούμενοι, τῶν δ' ἁμαρτημάτων οὐδὲ σμικρὸν [8] ἐπιτιμώμενοι, οὐκ ἀξιοῦτε τούτοις ἀρκεῖσθαι. Λέγω δὲ ταῦτα οὐ πρὸς πάντας ὑμᾶς (οὐδὲ γὰρ τοιοῦτοι ἐστέ), ἀλλὰ πρὸς ἐκείνους μόνους, οἵτινες τῇ ἑαυτῶν πλεονεξίᾳ καὶ τοὺς ἄλλους διαβάλλουσιν. Ὑμεῖς μὲν γὰρ οἱ πολλοὶ καὶ πάνυ ἀκριβῶς καὶ καλῶς

---

1. Omis dans G, H, et dans le grammairien anonyme publié par M. Imm. Bekker. *Anecd. Gr.*, I, p. 124, 23 : Ἀπείργω, γενικῇ. Δίωνος τεσσαρακοστῷ πρώτῳ βιβλίῳ· « τὰ ἀμείνω διδάσκειν καὶ τῶν χειρόνων ἀπείργειν. »
2. C, H : σωφρονοῦντα. G : σοφρωνοῦντα. — 3. C : γνώσεσθαι.
4. H : πρὸς τὸ ἢ αὐτίκα.

« permettre à ceux qu'il aime de commettre des fautes
« qui appellent inévitablement sur eux les dangers et la
« honte. Il doit, au contraire, les former au bien et les dé-
« tourner du mal par ses conseils et par les châtiments.
« Vous reconnaîtrez la vérité de mes paroles, si vous ne
« regardez pas comme utile ce qui profite dans le mo-
« ment plutôt que ce qui procure des avantages per-
« manents; si vous ne mettez pas votre honneur à satis-
« faire vos passions plutôt qu'à les maîtriser; car il est
« honteux de rechercher des plaisirs que suit le remords,
« et déshonorant d'être subjugué par la volupté, après
« avoir vaincu les ennemis sur le champ de bataille.

28. « Pourquoi vous tiens-je ce langage? parce
« qu'ayant abondamment tout ce qui est nécessaire (je
« veux vous parler avec une entière franchise et sans
« rien dissimuler), recevant votre solde intégralement
« et à jour fixe, trouvant des provisions abondantes
« toujours et partout, ne supportant ni fatigue sans
« gloire ni danger sans profit, toujours libéralement ré-
« compensés de votre valeur et à peine légèrement re-
« pris pour vos fautes; rien de tout cela ne peut vous
« contenter. Ces reproches ne s'adressent pas à vous tous
« (vous n'êtes pas tous les mêmes) : ils ne tombent que
« sur ceux dont la cupidité déshonore les autres; car la
« plupart d'entre vous exécutent mes ordres avec la
« plus louable docilité et se montrent fidèles aux mœurs

---

5. Omis dans G et dans la Biblioth. Coislin, p. 496, où ce passage est cité. — 6. G : ἀφθόνων. — 7. F : δέ.

8. Oddey préfère σμικροῦ, approuvé par Reiske, qui avait proposé d'abord σμικρὸν ἢ οὐδέν. Je me borne, d'après Sturz, à lire οὐδὲ σμικρὸν, au lieu de σμικρὸν οὐδέ.

τοῖς τε παραγγέλμασι τοῖς ἐμοῖς πείθεσθε [1], καὶ τοῖς ἔθεσι [2] τοῖς πατρῴοις ἐμμένετε. Καὶ διὰ τοῦτο καὶ χώραν τοσαύτην καὶ πλοῦτον καὶ δόξαν ἐκτήσασθε [3]. Ὀλίγοι δὲ δή τινες [4] πολλὴν αἰσχύνην καὶ ἀδοξίαν ἅπασιν ἡμῖν προστρίβονται. Καίτοι ἔγωγε πρότερον σαφῶς ἐπιστάμενος τοιούτους αὐτοὺς ὄντας (οὐδὲν γάρ μοι [5] τῶν ὑμετέρων [6] ἀμελές ἐστιν), οὐ προσεποιούμην εἰδέναι, νομίζων σφᾶς ἀμείνους [7], ἐκ τοῦ λαθεῖν ἂν δοκεῖν [8] ἁμαρτόντας τινὰ [9], γενήσεσθαι, τοῦ μὴ πλεονάσαντάς ποτε καὶ ἐφ' οἷς συνεγνώσθησαν κολασθῆναι· ἐπεὶ μέντοι αὐτοί τε ὡς καὶ [10] ἐξὸν σφίσι πάνθ' ὅσα βούλονται πράττειν (ὅτι μὴ κατὰ πρώτας εὐθὺς ἐδικαιώθησαν) ὑπερθρασύνονται, καὶ τοὺς ἄλλους τοὺς μηδὲν πλημμελοῦντας [11] προσστασιάζειν [12] ἐπιχειροῦσιν· ἀναγκαῖόν ἐστί μοι θεραπείαν τέ τινα καὶ ἐπιστροφὴν αὐτῶν ποιήσασθαι.

29. « Οὔτε γὰρ ἄλλο τι σύστημα ἀνθρώπων συμμεῖναι καὶ σωθῆναι δύναται, ἂν μὴ τὸ κακουργοῦν [13] σωφρονίζηται. Τὸ γάρ τοι νοσῆσαν ἂν μὴ τὴν προσήκουσαν ἴασιν λάβῃ, συγκάμνειν [14] καὶ τὸ λοιπὸν πᾶσιν ὥσπερ ἐν τοῖς

---

1. F : πείθεσθαι.
2. Avec Sturz et M. Imm. Bekker, je substitue ἔθεσι à la leçon vulgaire ἤθεσι.
3. Très-corrompu dans F, qui porte κεκθήσασθε.
4. D'après A et H : M. Imm. Bekker substitue aussi cette leçon à l'ancienne δέ τινες.
5. Omis dans C. — 6. G : ἡμετέρων.
7. C, G, H : ἀμείνους σφᾶς.

« de nos ancêtres ; et c'est par là que vous avez acquis
« tant de terres, tant de richesses et tant de gloire. Mais
« il y a dans vos rangs un petit nombre d'hommes qui
« attirent sur nous tous la honte et l'infamie. Je savais
« déjà ce qu'ils sont ; car rien de ce qui vous intéresse ne
« m'échappe ; mais je faisais semblant de l'ignorer dans
« l'espoir qu'ils se corrigeraient, s'ils croyaient que je
« ne connaissais pas leurs torts, et qu'ils craindraient, en
« commettant de nouvelles fautes, d'être punis même de
« celles qui leur avaient été pardonnées. Mais puisque
« leur audace n'a point de bornes, comme s'ils avaient
« le droit de tout oser, parce qu'ils n'ont pas été châtiés
« sur-le-champ ; puisqu'ils cherchent à pousser à la
« révolte ceux qui sont irréprochables, je suis forcé
« d'appliquer un remède au mal et de sévir contre les
« coupables.

29. « Aucune association ne peut se former ni se main-
« tenir parmi les hommes, si les méchants ne sont pas
« contenus. Alors, comme il arrive dans le corps, la
« partie malade corrompt tout le reste, si elle n'est pas

---

8. Au lieu de la leçon vulgaire ἂν δοκῇ, A, F, G portent ἂν δοκεῖ, d'où Sturz a tiré ἄν' δοκεῖν, exigé par le sens et que j'adopte, comme lui et comme M. Imm. Bekker.

9. C : ἁμαρτόντας τι.

10. Avec Sturz et M. Imm. Bekker, d'après Reiske, au lieu de τε καὶ ὡς.

11. C : μὴ πλημμελοῦντας. — 12. G : προστασιάζειν.

13. C : τοὺς κακουργοῦντας.

14. A, G, H : συγκαμνεῖ. La leçon que je donne, avec Reimarus, Sturz et M. Imm. Bekker, est exigée par ποιεῖ.

σώμασι, ποιεῖ· ἐν δὲ δὴ ταῖς στρατιαῖς οὐχ[1] ἥκιστα· διότι αὐτοί τε[2] ἰσχὺν ἔχοντες, τολμηρότεροι γίγνονται, καὶ τοὺς ἀγαθοὺς προσδιαφθείρουσιν, ἀθυμοτέρους[3] ποιοῦντες, ὡς οὐδὲν ὄφελος ἐκ τοῦ δικαιοπραγεῖν ἕξοντας. Παρ' οἷς γὰρ ἂν τὸ θρασυνόμενον πλεονεκτῇ, παρὰ τούτοις ἀνάγκη τὸ ἐπιεικὲς ἐλαττοῦσθαι· καὶ ἐν οἷς ἂν ἀδικία[4] ἀτιμώρητος ᾖ, καὶ τὸ σωφρονοῦν ἀγέραστον γίγνεται. Τί μὲν γὰρ ἂν ὑμεῖς ἀγαθὸν[5] ποιεῖν ἐθελήσετε[6], εἰ μηδὲν οὗτοι κακὸν εὕρωσι[7]· πῶς δ' ἂν εἰκότως τιμᾶσθαι[8] φήσετε, ἂν μὴ τὴν δικαίαν οὗτοι τιμωρίαν ὑπόσχωσιν[9]; ἢ ἀγνοεῖτε τοῦθ', ὅτι ἂν τὸ μὲν τῶν φόβων τῆς δίκης ἐλευθερωθῇ[10], τὸ δὲ τῆς ἐλπίδος τῶν ἄθλων στερηθῇ, ἀγαθὸν μὲν οὐδὲν, κακὰ δὲ μυρία ἀπεργάζεται; ὥστ' εἴπερ[11] ἀρετὴν ὄντως ἀσκεῖτε, μισήσατε μὲν τούτους ὡς πολεμίους. Οὐ γάρ πω φύσει τινὶ τὸ φίλιον ἀπὸ τοῦ ἐχθροῦ διακέκριται, ἀλλὰ τοῖς τε τρόποις καὶ ταῖς πράξεσι[12] διορίζεται· ὧν ἀγαθῶν μὲν ὄντων, πᾶν καὶ τὸ ἀλλότριον οἰκειοῦται· πονηρῶν δὲ, πᾶν καὶ τὸ συγγενὲς ἀλλοτριοῦται.

30. " Ἀπολογήσασθε δὲ ὑπὲρ ὑμῶν αὐτῶν. Ἀνάγκη γὰρ

1. Omis dans A, C, G, H. — 2. C : τε αὐτοί. — 3. G : ἀθυμωτέρους.
4. Comme M. Imm. Bekker, je substitue, d'après Sturz, cette leçon à l'ancienne : ἐν οἷς ἀδικία. J'aimerais pourtant mieux : ἐν οἷς ἂν ἡ ἀδικία.
5. G : ἀγαθῶν. — 6. F : φήσεται.
7. A, B, G : δρῶσιν. — 8. C : τιμᾶσθε.
9. G : ὑπόσχωσι. L'ancienne leçon : τί μὲν ..... ἀγαθὸν ποιεῖν φήσετε, εἰ μηδὲν οὗτοι κακὸν δρῶσι· πῶς δ' ἂν εἰκότως τιμᾶσθαι ἐθελήσητε, ἂν — ὑπόσχωσιν, a donné lieu à diverses conjectures. Xylander a traduit comme

« guérie. Il en est de même dans les armées : les rebel-
« les, sentant qu'ils ont quelque force, deviennent plus
« audacieux. Ils communiquent leur mauvais esprit
« aux bons et paralysent leur zèle, en faisant croire
« qu'ils ne recueilleront aucun fruit de leur fidélité au
« devoir. Et en effet, là où l'audace l'emporte, la rai-
« son a forcément le dessous; là où l'injustice est impu-
« nie, la vertu reste sans récompense. Comment serez-
« vous portés à bien faire, si les méchants ne sont
« pas punis? Comment croirez-vous avoir obtenu les
« distinctions auxquelles vous avez droit, s'ils ne subis-
« sent pas une punition méritée? Ignorez-vous que si les
« hommes sont affranchis de la crainte du châtiment et
« privés de l'espérance des récompenses, il ne se fait
« rien de bien et que le mal alors surgit de toutes parts?
« Si donc vous êtes réellement attachés à la vertu, détes-
« tez les rebelles comme des ennemis. Ce n'est point la
« nature, ce sont les mœurs et les actions qui établis-
« sent une ligne de démarcation entre l'ami et l'ennemi :
« sont-elles bonnes, elles attirent l'affection même de
« ceux qui nous sont étrangers ; sont-elles mauvaises,
« elles aliènent même nos parents.

30. « Plaidez vous-mêmes votre cause ; car leurs fautes

---

s'il y avait εὕρωσι : *malum inveniant.* Leunclavius rejette εὕρωσι, tandis
que Reiske l'approuve, mais en substituant θελήσετε à φήσετε. Sturz est
favorable aux deux changements proposés par Reiske et conseille de lire :
τί μὲν γὰρ ἂν ὑμεῖς ἀγαθὸν ποιεῖν ἐθελήσετε, εἰ μηδὲν κακὸν εὕρωσι· πῶς δ'
ἂν εἰκότως τιμᾶσθαι φήσετε, ἂν μὴ — ὑπόσχωσιν. M. Imm. Bekker se borne
à remplacer φήσετε par φήσαιτε et ἐθελήσετε par ἐθελήσαιτε. J'ai adopté la
leçon proposée par Sturz.

10. G, H : ἐλευθερωθῆναι. — 11. C, G : ὥστε εἴπερ.
12. C : τάξεσι.

καὶ ἡμᾶς δι' αὐτοὺς πάντας κακῶς ἀκούειν, καὶ εἰ μηδὲν ἀδικῶμεν. Πᾶς γάρ τις πυνθανόμενος [1] τό τε πλῆθος ἡμῶν καὶ τὴν ὁρμὴν [2], ἐς πάντας ἡμᾶς καὶ τὰ τοῖς ὀλίγοις πλημμελούμενα ἀναφέρει. Καὶ οὕτω τῶν πλεονεξιῶν οὐ συμμετέχοντες αὐτοῖς, τῶν ἐγκλημάτων τὸ [3] ἴσον φερόμεθα. Τίς ἂν οὐκ ἀγανακτήσειεν, ἀκούων ὄνομα μὲν ἡμᾶς Ῥωμαίων ἔχοντας, ἔργα δὲ Κελτῶν δρῶντας; τίς δὲ ὁρῶν οὐκ ἂν ὀδύραιτο [4] τὴν Ἰταλίαν ὁμοίως τῇ Βρεττανίᾳ πορθουμένην; πῶς δ' οὐ δεινὸν, τὰ μὲν τῶν Γαλατῶν τῶν καταπολεμηθέντων μηκέθ' ἡμᾶς [5] λυπεῖν, τὰ δὲ ἐντὸς τῶν Ἄλπεων, ὥς τινας Ἠπειρώτας, ἢ Καρχηδονίους [6], ἢ Κίμβρους πορθεῖν; πῶς δ' οὐκ [7] αἰσχρὸν, σεμνύνεσθαι μὲν ἡμᾶς [8], καὶ λέγειν, ὅτι ἡμεῖς πρῶτοι Ῥωμαίων καὶ τὸν Ῥῆνον διέβημεν [9], καὶ τὸν Ὠκεανὸν ἐπλεύσαμεν, τὴν δὲ οἰκείαν, ἀπαθῆ κακῶν ἀπὸ τῶν πολεμίων οὖσαν, διαρπάσαι; καὶ ἀντὶ μὲν ἐπαίνου μέμψιν, ἀντὶ δὲ τιμῆς ἀτιμίαν, ἀντὶ δὲ κερδῶν ζημίας, ἀντὶ δὲ ἄθλων τιμωρίας λαβεῖν;

31. « Μὴ γάρ τοι νομίσητε μήθ', ὅτι στρατεύεσθε, κρείττους παρὰ τοῦτο τῶν οἴκοι πολιτῶν εἶναι. Ῥωμαῖοι γάρ ἐστε ἀμφότεροι· καὶ ὁμοίως ὑμῖν καὶ ἐκεῖνοι καὶ

---

1. L'ancienne leçon ἀπολογίσασθε (B, G, H portent ἀπολογίσασθαι) δὲ ὑπὲρ ὑμῶν αὐτῶν· ἀνάγκη γάρ τις πυνθανόμενος, présentait une lacune qui a été comblée par Gronove, à l'aide de A. Comme Reimarus, Sturz et M. Imm. Bekker, je donne ce passage d'après la restitution de Gronove : elle est confirmée par B.
2. « *Est impetus ad rapinas agendas*, πλεονεξία, » dit Reisk.
3. Omis dans C.

« nous compromettent tous, quoique nous n'ayons
« rien à nous reprocher. Quiconque entend parler de
« notre grand nombre et de notre avidité, fait tomber
« sur nous tous les torts de quelques-uns ; et c'est ainsi
« que, sans prendre part à leurs excès, nous sommes en
« butte aux mêmes accusations. Qui pourrait ne pas s'in-
« digner que des hommes qui portent le nom de Ro-
« mains agissent comme des Celtes? Qui pourrait
« ne pas s'affliger, en voyant l'Italie dévastée comme
« la Bretagne? N'est-ce pas une indignité que nous
« ne fassions aucun mal aux Gaulois subjugués par
« la guerre, et que nous ravagions, comme le fe-
« raient des Épirotes, des Carthaginois ou des Cim-
« bres, les contrées situées en deçà des Alpes? N'est-
« il pas honteux que nous répétions avec orgueil que
« les premiers d'entre les Romains nous avons traversé
« le Rhin et navigué sur l'océan, et que nous pillions
« notre pays natal laissé intact par les ennemis ; em-
« portant ainsi le blâme au lieu des éloges, la honte
« au lieu des honneurs, les pertes au lieu du profit, les
« châtiments au lieu des récompenses? »

31. « Et ne vous croyez pas supérieurs à ceux de vos
« concitoyens qui sont dans leurs foyers, parce que
« vous êtes sous les drapeaux : les uns et les autres

---

4. C, G, H : τίς γὰρ ὁρῶν οὐκ ἂν ὀδύρετο (dans A, ὠδύρετο). Je conserve ὀδύραιτο, mais, d'après ces Mss, je lis τίς δὲ ὁρῶν οὐκ ἂν ὀδύραιτο, préférable pour l'arrangement des mots à la leçon vulgaire : τίς δ' οὐκ ἂν ὁρῶν ὀδύραιτο.

5. G, H : ὑμᾶς. — 6. C, G : Καρχιδονίους. — 7. C, G : δὲ οὐκ.

8. Leunclavius aimerait mieux ὑμᾶς.

9. Très-altéré dans G, qui porte δίεμεν.

ἐστρατεύσαντο, καὶ στρατεύσονται, μήθ' ὅτι ὅπλα ἔχετε, ἐξεῖναι ὑμῖν [1] κακουργεῖν. Οἵ τε [2] γὰρ νόμοι κυριώτεροι ὑμῶν εἰσί [3]· καὶ πάντως ποτὲ καὶ ταῦτα [4] καταθήσεσθε. Μὴ μέντοι μηδὲ τῷ πλήθει θαρσεῖτε. Πολὺ γὰρ πλείους ὑμῶν οἱ ἀδικούμενοι, ἄν γε καὶ συστραφῶσιν, εἰσί. Συστραφήσονται δὲ, ἐὰν τοιαῦτα ποιῆτε [5]. Μηδ' ὅτι τοὺς βαρβάρους ἐνικήσατε, καὶ τούτων καταφρονεῖτε, ὧν οὐδὲν κατὰ [6] γένος, οὔτε κατὰ παιδείαν, οὐκ ἐκ τῆς τροφῆς, οὐκ ἐκ τῶν ἐπιτηδευμάτων, διαφέρετε· ἀλλ' ὥσπερ που καὶ προσῆκον καὶ συμφέρον ἐστὶν ὑμῖν, μήτε βιάζεσθέ τινα αὐτῶν, μήτ' ἀδικεῖτε [7]· ἀλλὰ τὰ μὲν ἐπιτήδεια παρ' ἑκουσίων σφῶν λαμβάνετε [8], καὶ τὰ γέρα παρ' ἑκόντων [9] προσδέχεσθε.

32. "Πρὸς γὰρ δὴ τοῖς εἰρημένοις, τοῖς τε ἄλλοις, ὅσα ἄν τις μηκύνων περὶ τῶν τοιούτων διεξέλθοι, καὶ ἐκεῖνο δεῖ ὑμᾶς προσλογίζεσθαι [10], ὅτι νῦν ἡμεῖς ἐνταῦθ' ἥκομεν, ἵνα τῇ τε πατρίδι ἀδικουμένῃ βοηθήσωμεν, καὶ τοὺς κακουργοῦντας αὐτὴν ἀμυνώμεθα. Ἐπεὶ εἴγε ἐν μηδενὶ δεινῷ ἦν, οὔτ' ἂν ἐς τὴν Ἰταλίαν μετὰ τῶν ὅπλων ἤλθομεν (οὐ γὰρ ἔξεστιν [11]), οὔτ' ἂν τά τε τῶν Κελτῶν

---

1. Le passage καὶ ἐκεῖνοι — ἐξεῖναι ὑμῖν manquait dans l'ancienne leçon. Comme Reimarus, Sturz et M. Imm. Bekker, je le donne d'après B et Gronove, qui a comblé cette lacune à l'aide d'A.
2. C, G : εἴ τε.
3. C, G : εἰσίν. — 4. Mieux : καὶ [ὑμεῖς] ταῦτα.
5. A, B, G : πονεῖτε.
6. Ou bien, suivant Reiske : οὐδὲν οὐ κατά.
7. A : ἀδικῆτε.

HISTOIRE ROMAINE DE DION, L. XLI. f. 337

« vous êtes Romains. Comme vous, ils ont fait la guerre
« et ils la feront. Ne croyez pas avoir le droit de faire du
« mal aux autres, parce que vous avez des armes ; car les
« lois sont plus puissantes que vous, et vous aussi, à coup
« sûr, vous mettrez bas les armes un jour. Ne vous fiez pas
« non plus à votre grand nombre : ceux qui souffrent de
« vos excès seraient plus nombreux que vous, s'ils se
« coalisaient; et ils se coaliseront, si vous ne changez
« pas de conduite. Si vous avez vaincu les barbares, ce
« n'est pas une raison pour mépriser des hommes sur
« lesquels vous n'avez l'avantage ni par la naissance, ni
« par les lumières, ni par l'éducation, ni par vos goûts.
« Ah! plutôt, le devoir et votre intérêt vous le com-
« mandent, n'employez la violence contre personne,
« ne maltraitez personne : ne demandez qu'à la bonne
« volonté d'autrui ce qui vous est nécessaire et n'am-
« bitionnez d'autres récompenses que celles qui vous
« sont offertes spontanément.

32. « Outre ce que je viens de dire et ce qu'on pour-
« rait ajouter, si l'on voulait s'étendre sur ce sujet,
« vous devez considérer que nous sommes venus ici
« pour secourir la patrie attaquée et pour la venger
« contre ceux qui lui font du mal. Si elle n'était pas en
« danger, nous ne serions pas entrés en Italie, les armes à
« la main (car les lois le défendent); nous n'aurions pas

---

8. Le passage ἀλλὰ — λαμβάνετε est omis dans C, G, H.

9. C : παρ' ἐκείνων, mais la véritable leçon παρ' ἐχόντων a été rétablie en marge. Reiske propose sans nécessité d'ajouter διδόντων avant προσδέ-χεσθε. — 10. A : προλογίζεσθαι.

11. A la leçon vulgaire οὐ γὰρ ἔτ' ἐστίν, je substitue, comme M. Imm. Bekker, οὐ γὰρ ἔξεστιν, proposé par Xylander, et que Reimarus préfère à ὅπερ οὐκ ἔξεστιν, conjecture de Leunclavius. Tout en approuvant celle de Xylander, Reiske défend l'ancienne leçon : « Possunt tamen vulgata verba

καὶ τὰ τῶν Βρεττανῶν [1] ἀτέλεστα κατελίπομεν, δυνηθέντες ἂν καὶ ἐκεῖνα προσκατεργάσασθαι [2]. Οὐκοῦν πῶς μὲν οὐκ ἄτοπον, ἐπὶ τῇ τῶν ἀδικούντων τιμωρίᾳ παρόντας ἡμᾶς, μηδὲν ἧττον πλεονεκτοῦντας ἐκείνων [3] φανῆναι; πῶς δ' οὐ σχέτλιον, πρὸς ἐπικουρίαν τῆς πατρίδος ἀφιγμένους, συμμάχων αὐτὴν ἑτέρων ἀναγκάσαι καθ' ἡμῶν δεηθῆναι; καίτοι ἔγωγε τοσοῦτον περιεῖναι τοῖς δικαιώμασι τοῦ Πομπηΐου νομίζω, ὥστε καὶ ἐς δίκην πολλάκις [4] αὐτὸν προκαλέσασθαι· καὶ ἐπειδή γε μὴ ἠθέλησεν εἰρηνικῶς ὑπὸ τοῦ συνειδότος διακριθῆναι, πάντα μὲν τὸν δῆμον, πάντας δὲ τοὺς συμμάχους ἐλπίσαι διὰ τοῦτο προσθήσεσθαι· ἀλλὰ νῦν, ἄν γε καὶ τοιαῦτα ποιῶμεν, οὔτ' αὐτὸς ἐπιτήδειόν τι ἔξω προΐσχεσθαι, οὔτ' ἐκείνοις [5] ἀνεπιεικὲς [6] ἐγκαλέσαι. Δεῖ δὲ δὴ καὶ τοῦ δικαίου πᾶσαν ἡμᾶς πρόνοιαν [7] ποιεῖσθαι· μετὰ μὲν γὰρ τούτου καὶ ἡ παρὰ τῶν ὅπλων ἰσχὺς εὔελπίς ἐστιν· ἄνευ δ' ἐκείνου [8] βέβαιον οὐδὲν, κἂν παραυτίκα τις κατορθώσῃ τι, ἔχει.

33. « Καὶ ὅτι ταῦθ' οὕτω πέφυκε, καὶ ὑμῶν [9] οἱ πλείους ἐπίστανται. Πάντα [10] γοῦν [11] τὰ προσήκοντα ἀπαράκλητοι [12]

---

commode exponi, sive eum quem tenent locum obtineant, sive, quod aptius puto, paulo ante post ἦν inserantur : ἔτ' ἐστὶν respicit ad præcedens ἦν. Ita sententia foret hæc : *Nisi enim magno in periculo versata fuisset patria (nunc enim in tuto est), non venissemus in Italiam.* » La conjecture de Xylander m'a paru la plus plausible. Les mots οὐ γὰρ ἔτι ἐστιν n'ont pas été traduits par Nic. Leoniceno : probablement ils ne se trouvaient pas dans son Ms.

1. G : Βρετανῶν.
2. C : προσκατεργάσεσθαι. — 3. Omis dans A. On lit : ἐκείνων πλεονεκτοῦντας dans G. — 4. Omis dans C.

« laissé inachevée notre expédition contre les Celtes et
« contre les Bretons, alors que nous aurions pu la mener
« à bonne fin. N'est-il pas absurde que nous, qui sommes
« venus pour punir les méfaits des autres, nous ne nous
« montrions pas moins d'ardeur qu'eux pour nous em-
« parer du bien d'autrui? N'est-il pas déplorable que nous,
« qui sommes accourus pour secourir la patrie, nous la
« forcions à chercher d'autres défenseurs contre nous?
« Ma cause me paraît plus juste que celle de Pompée, et
« je l'ai souvent invité à la soumettre à des juges : sa
« conscience a reculé devant une solution pacifique;
« mais mon bon droit me conciliera, je l'espère, tout le
« peuple romain et tous ses alliés. Mais si nous imitons
« nos adversaires, je n'aurai plus rien à alléguer en notre
« faveur, ni aucun reproche à leur adresser. Or, nous de-
« vons tenir le plus grand compte de la justice : appuyée
« sur elle, la puissance des armes peut tout espérer; sans
« elle, au contraire, rien n'est solide, alors même qu'on
« a tout d'abord obtenu quelques succès.

33. « La nature a voulu qu'il en soit ainsi : la plupart
« d'entre vous le savent, et c'est pour cela que vous

---

5. B, C, G : οὔτε ἐκείνοις.

6. Reiske propose de remplacer l'ancienne leçon ἂν ἐπιεικὲς par ἀνεπιεικές τι, et Sturz n'hésite pas à déclarer que, si l'addition de τὶ n'est pas nécessaire, le changement de ἂν ἐπιεικὲς en ἀνεπιεικὲς lui paraît indispensable. Je l'adopte, comme M. Imm. Bekker.

7. Omis dans F. — 8. F, G : δὲ ἐκείνου.

9. G : ἡμῶν.

10. D'après A, B, C, G, H, je remplace l'ancienne leçon πάντες par πάντα qu'adopte aussi M. Imm. Bekker.

11. G, H : νῦν. — 12. A, B, F : ἀπαράβλητοι.

πράττετε. Ὅθεν που καὶ ἐγὼ συνεκάλεσα ὑμᾶς, ἵνα καὶ μάρτυρας καὶ ἐπόπτας τῶν τε λεγομένων καὶ πραττομένων ποιήσωμαι [1]. Ἀλλ' ὑμεῖς οὐ τοιοῦτοι ἐστὲ [2], καὶ διὰ ταῦτα καὶ ἐπαινεῖσθε [3]. Ὀλίγοι δὲ δή τινες ὁρᾶτε ὅπως, πρὸς τῷ πολλὰ κεκακουργηκέναι, καὶ μηδεμίαν αὐτῶν δίκην δεδωκέναι [4], καὶ προσεπαπειλοῦσιν ἡμῖν. Οὐ μέντοι καὶ ἐγὼ οὔτ' ἄλλως καλὸν εἶναι νομίζω, ἄρχοντά τινα τῶν ἀρχομένων ἡττᾶσθαι, οὔτ' ἂν σωτήριόν τι γενέσθαι ποτὲ, εἰ τὸ ταχθὲν ὑπηρετεῖν τινι, κρατεῖν αὐτοῦ ἐπιχειρήσειε [5]. Σκέψασθε δὲ, ποῖος μὲν κόσμος οἰκίας γένοιτο, ἂν οἱ [6] ἐν τῇ ἡλικίᾳ ὄντες τῶν πρεσβυτέρων καταφρονήσωσι [7]· ποῖος δὲ διδασκαλείων [8], ἂν οἱ φοιτῶντες τῶν παιδευτῶν ἀμελήσωσι [9]· τίς ὑγίεια νοσοῦσιν, ἂν μὴ πάντα τοῖς ἰατροῖς οἱ κάμνοντες πειθαρχῶσι [10]· τίς δὲ ἀσφάλεια ναυτιλλομένοις, ἂν οἱ ναῦται τῶν κυβερνητῶν ἀνηκουστῶσι· φύσει τε γὰρ ἀναγκαῖά τινα καὶ σωτήρια, τὸ μὲν ἄρχειν ἐν τοῖς ἀνθρώποις, τὸ δὲ [11] ἄρχεσθαι τέτακται. Καὶ ἀδύνατόν ἐστιν ἄνευ αὐτῶν καὶ ὁτιοῦν καὶ ἐφ' ὁποσονοῦν διαγενέσθαι. Προσήκει τε τῷ

---

1. C : ποιήσομαι. — 2. Le même : τοιοῦτοί τε ἐστε.
3. F, G : ἐπαινεῖσθαι.
4. D'après A, B, C, G, H, je remplace la leçon vulgaire πρὸς τῷ πολλάκις κεκακουργηκέναι καὶ μηδεμίαν δίκην δεδωκέναι par πρὸς τῷ πολλὰ κεκακουργηκέναι καὶ μηδεμίαν αὐτῶν δίκην δεδωκέναι. M. Imm. Bekker adopte ce changement, qui est confirmé par Nic. Leoniceno : *Vedete come alcuni pochi oltra che hanno fatto molti mali et non hanno sostenuta punitione.*
5. A, B, F, G : ἐπιχειρήσειεν. C : ἐπιχειρίσειε.

« remplissez tous vos devoirs, sans contrainte. C'est
« pour cela aussi que je vous ai réunis : j'ai voulu vous
« mettre à même d'entendre ce que je dis et de voir ce
« que je fais. Vous n'avez rien de commun avec les
« rebelles, et je vous en félicite; mais vous voyez com-
« ment un petit nombre d'hommes, peu contents de
« n'avoir pas été punis, quoique souvent coupables,
« osent nous menacer. Je ne saurais approuver que
« l'homme revêtu de l'autorité soit dominé par ceux
« qui sont placés sous ses ordres, ni croire qu'il soit
« possible de faire le bien si ceux qui doivent obéir
« veulent commander. Demandez-vous quel serait l'état
« d'une maison où les jeunes gens mépriseraient les
« vieillards; l'état des écoles, si les disciples ne res-
« pectaient pas les maîtres ; comment des malades
« pourraient recouvrer la santé, s'ils n'obéissaient
« pas aux médecins ; quelle sécurité pourraient avoir
« ceux qui naviguent, si les matelots n'écoutaient
« pas les pilotes. La nature a établi deux lois néces-
« saires au salut des hommes : les uns doivent com-
« mander, les autres obéir. Sans ces lois, il n'est rien
« qui puisse durer même un instant. Le devoir de celui
« qui gouverne est donc de trouver ce qu'il faut et

6. Omis dans F. — 7. G : καταφρονήσωσιν.

8. Τῶν διδασκαλείων dans la leçon vulgaire. Je retranche τῶν d'après A, comme M. Imm. Bekker. Sturz, qui approuve la suppression de cet article, le laisse pourtant dans le texte.

9. C : ἀμελλήσωσι.

10. A, B, F : πιθαρχῶσι.

11. D'après A, B, C, F, H, à l'ancienne leçon τῷ μὲν — τῷ δὲ, je substitue τὸ μὲν — τὸ δὲ, adoptés par M. Imm. Bekker. Sturz cite la leçon que je donne, mais comme une conjecture de Reiske.

μὲν ἐπιστατοῦντί τινος, ἐκφροντίζειν τε τὰ δέοντα καὶ ἐπιτάττειν· τῷ δὲ ὑποτεταγμένῳ, πειθαρχεῖν [1] τε ἀπροφασίστως, καὶ ἐκπονεῖν τὸ κελευόμενον. Ἐξ οὗ καὶ μάλιστα τό τε ἔμφρον τοῦ ἄφρονος, καὶ τὸ ἐπιστῆμον τοῦ ἀνεπιστήμονος ἐν παντὶ προτετίμηται.

34. « Οὕτω δὴ οὖν [2] τούτων ἐχόντων, οὐκ ἄν ποτε οὔτε συγχωρήσαιμί τι τούτοις τοῖς θορυβήσασιν, ἀναγκασθείς, οὔτ' ἂν ἐπιτρέψαιμι, βιασθείς. Ἢ τί μὲν ἀπό τε τοῦ Αἰνείου καὶ ἀπὸ τοῦ Ἰούλου γέγονα; τί δὲ ἐστρατήγησα; τί ὑπάτευσα; ἐπὶ τί δὲ ὑμᾶς, τοὺς μὲν οἴκοθεν ἐξήγαγον, τοὺς δ' [3] ὕστερον προσκατέλεξα [4]; ἐπὶ τί [5] τοσοῦτον ἤδη χρόνον [6] τὴν ἐξουσίαν τὴν ἀνθύπατον ἔχω λαβὼν [7], ἄν γε δουλεύσω τινὶ ὑμῶν, καὶ νικηθῶ τινος ὑμῶν ἐνταῦθα ἐν τῇ Ἰταλίᾳ, πρὸς τὴν Ῥώμην, δι' οὗ [8] καὶ Γαλάτας ἐχειρώσασθε, καὶ Βρεττανῶν [9] ἐκρατήσατε; τί δείσας, καὶ τί φοβηθείς; μή μέ τις ὑμῶν ἀποκτείνῃ [10]; ἀλλ' εἰ μὲν πάντες ταῦτ' ἐφρονεῖτε, ἑκὼν ἂν ἀποθανεῖν εἱλόμην, ἢ τό τε ἀξίωμα τῆς ἡγεμονίας [11] καταλῦσαι, καὶ τὸ φρόνημα τὸ τῇ προστατείᾳ προσῆκον ἀπολέσαι. Πολὺ γάρ που πλείω πόλει κινδυνεύεται [12], τοῦ ἕνα ἄνδρα ἀδίκως ἀποθανεῖν, ἂν ἐθι-

---

1. A, B, F : πιθαρχεῖν. — 2. Omis dans F, H. — 3. G : τοὺς δέ.
4. H : προκατέλεξα.
5. Omis dans F.
6. C'est-à-dire, depuis l'an de Rome 696.
7. Ἔχω λαβών = ἔλαβον. Cf. Wesseling et Schweighäuser, sur Hérodote, I, 37.
8. L'ancienne leçon δι' ὧν se trouve dans tous les Mss. Avec Sturz et M. Imm. Bekker, j'adopte δι' οὗ, proposé par N et par Oddey. Reiske ai-

« de le prescrire; le devoir de celui qui obéit est de
« se soumettre sans vaine excuse et d'exécuter ce qui
« lui est ordonné. C'est là surtout ce qui fait toujours
« mettre la sagesse au-dessus de l'imprudence et les lu-
« mières au-dessus de l'ignorance.

34. « Puisqu'il en est ainsi, jamais la contrainte ne me
« fera rien accorder à des soldats révoltés ; jamais la vio-
« lence ne me fera fléchir. A quoi bon être issu d'Énée
« et d'Iule? A quoi bon avoir géré la préture et le con-
« sulat? A quoi bon avoir emmené loin de vos foyers plu-
« sieurs d'entre vous et avoir enrôlé plus tard les autres
« par de nouvelles levées? A quoi bon être investi déjà
« depuis si longtemps de la puissance proconsulaire, si
« je dois être esclave de quelqu'un d'entre vous; si je
« cède ici, en Italie, non loin de Rome; moi qui vous ai
« conduits à la conquête de la Gaule et à la victoire con-
« tre les Bretons? Quelle crainte, quelle appréhension
« pourrait m'y réduire? Serait-ce la peur d'être tué par
« quelqu'un d'entre vous? Mais si vous avez tous résolu
« ma perte, j'aime mieux mourir que de détruire la ma-
« jesté du commandement et d'abjurer les sentiments
« que demande la dignité dont je suis revêtu. La mort
« d'un homme tué injustement a des conséquences moins

---

merait mieux δι' ἦν, conjecture confirmée par Nic. Leoniceno : *appresso Roma, per la quale voi havete soggiogati i Galli.*

9. G : Βρετανῶν. — 10. Le même : ἀποκτείνει. — 11. E : ἡγεμονείας.

12. La leçon πόλει que je substitue d'après A, B, F, G, H, à l'ancienne πολύ, est adoptée par M. Imm. Bekker. Reiske l'avait proposée sans le secours des Mss. Elle est confirmée par Nic. Leoniceno : *Perche sarebbe molto maggiore pericolo alla città se soldati prendessino una consuetudine di volere commandare a suoi capitani.* Reimarus défend la leçon

σθῶσιν οἱ στρατιῶται τοῖς τε στρατηγοῖς σφῶν προστάττειν τινά, καὶ τὰ δίκαια τὰ τῶν νόμων ἐν ταῖς χερσὶ ποιεῖσθαι.

35. " Ἀλλὰ τοῦτο μὲν οὐδὲ ἐπηπείληκέ τις αὐτῶν (καὶ γὰρ ἂν καὶ παραχρῆμα εὖ οἶδ' ὅτι πρὸς ὑμῶν τῶν ἄλλων ἀπέσφακτο)· τὴν δὲ δὴ στρατείαν [1] ὡς κεκμηκότες ἐξίστανται, καὶ τὰ ὅπλα ὡς καὶ πεπονημένοι [2] κατατίθενται· καὶ πάντως, ἄν γε μὴ παρ' ἑκόντος μου τούτου τύχωσι, καὶ τὴν τάξιν ἐκλείψουσι [3], καὶ πρὸς τὸν Πομπήϊον μεταστήσονται· ἅπερ που καὶ [4] παραδηλοῦσί τινες. Καὶ τίς μὲν οὐκ ἂν ἐθελήσειε [5] τοιούτων ἀνθρώπων στερηθῆναι; τίς δ' οὐκ ἂν εὔξαιτο τοιούτους ἐκείνῳ στρατιώτας ὑπάρξαι, οἵτινες μήτε τοῖς διδομένοις ἀρκοῦνται, μήτε τοῖς προσταττομένοις πείθονται· ἀλλ' ἐν ἡλικίᾳ γῆρας, καὶ ἐν ἰσχύϊ ἀσθένειαν προβαλλόμενοι, δεσπόζειν τε τῶν ἀρχόντων, καὶ τυραννεῖν τῶν ἡγουμένων [6] σφῶν [7] ἀξιοῦσιν [8]; ἐγὼ γὰρ μυριάκις ἂν καὶ πρὸς τὸν Πομπήϊον ὁπωσδήποτε καταλλαγῆναι, καὶ ἄλλο ὁτιοῦν παθεῖν ἑλοίμην, ἤ τι ἀνάξιον τοῦ τε πατρίου φρονήματος καὶ τῆς ἐμαυτοῦ [9] προαιρέσεως πρᾶξαι. Ἢ [10] ἀγνοεῖτε ὅτι οὔτε δυναστείας οὔτε πλεονεξίας ἐπιθυμῶ; οὐδέ μοι πρόκειται

---

vulgaire par des considérations tirées des habitudes du style de Dion ; mais elles ne m'ont point paru décisives. Sturz aimerait mieux τῇ πόλει, au lieu de πόλει, d'après les passages de Démosthène, cités par H. Étienne, Thes. Gr. Ling., tom. IV, p. 1564, éd. Didot. J'ai cédé à l'autorité des Mss, de Nic. Leoniceno et de M. Imm. Bekker.

1. A, C, F, G, H : στρατιάν. — 2. H : πεποιημένοι.

« dangereuses pour un État que l'habitude contractée
« par les soldats de commander à leurs chefs et de
« prendre en main l'autorité des lois.

35. « Parmi les rebelles aucun ne m'a menacé de la
« mort : à l'instant même vous l'auriez tous égorgé,
« je le sais; mais ils refusent de continuer la guerre,
« sous prétexte qu'ils sont épuisés de fatigue, et ils
« mettent bas les armes, sous prétexte qu'ils n'ont
« plus la force de les porter. Si je ne les congédie
« pas volontairement, ils déserteront leur poste pour
« passer sous les drapeaux de Pompée : quelques-uns
« du moins laissent voir cette intention. Mais qui ne
« voudrait pas être délivré de tels hommes? Qui ne
« souhaiterait pas à Pompée des soldats mécontents
« de ce qu'on leur donne, indociles aux ordres
« qu'ils reçoivent, se disant vieux à la force de l'âge,
« faibles quand ils sont pleins de vigueur, se croyant
« faits pour commander à leurs chefs et leur imposer
« le joug? Quant à moi, j'aimerais mieux mille fois me
« réconcilier avec Pompée, n'importe à quelles condi-
« tions, et me soumettre à tout, plutôt que de rien
« faire qui soit indigne de mes principes et de la gran-
« deur d'âme de mes ancêtres. Ignorez-vous que je
« n'aspire ni à la domination ni à l'opulence, que je ne
« poursuis pas un but à tout prix; fallût-il même re-

---

3. A, B, F, G : ἐκλείψωσι. — 4. Omis dans A, G, H. — 5. F : ἐθελήσειεν.
6. H : ἡγεμόνων.
7. Ἀφ' ὧν dans le Grammairien publié par M. Imm. Bekker, *Anecd. Gr.*
I, p. 134, 5.
8. C, G : ἀξιοῦσι. — 9. H : ἑαυτοῦ.
10. Cette particule manque dans la leçon vulgaire. Comme Sturz et
M. Imm. Bekker, je l'ajoute d'après Oddey et Reimarus.

πάντως τι καὶ ἐκ παντὸς τρόπου καταπρᾶξαι, ὥστε τι[1] ἐπὶ τούτῳ καὶ ψεύσασθαι, καὶ θωπεῦσαι, καὶ κολακεῦσαί τινας; παύσασθε μὲν δὴ διὰ ταῦτα τῆς στρατείας[2], ὦ, τί ἂν ὑμᾶς ὀνομάσαιμι; οὐ μέντοι ὡς καὶ αὐτοὶ καὶ βούλεσθε καὶ φατέ, ἀλλ' ὡς τῷ κοινῷ καὶ ἐμοὶ συμφέρει. » Ταῦτα εἰπὼν[3], ἐπεκλήρωσεν[4] αὐτοὺς ἐπὶ θανάτῳ· καὶ τοὺς μὲν θρασυτάτους (οὗτοι γὰρ ἐκ παρασκευῆς ἔλαχον) ἐδίωξε[5], τοὺς δ' ἄλλους, ὡς οὐδὲν σφῶν δεόμενος, διῆκε· καὶ ἐκεῖνοι μὲν, μετανοήσαντες ἐφ' οἷς ἔπραξαν, ἀναστρατεύεσθαι ἔμελλον.

36. Ἐν ὁδῷ δὲ ἔτ' ὄντος αὐτοῦ, Μάρκος Αἰμίλιος Λέπιδος, οὗτος ὁ καὶ ἐν τῇ τριαρχίᾳ[6] ὕστερον γενόμενος, τῷ τε δήμῳ συνεβούλευσε στρατηγῶν, δικτάτορα τὸν Καίσαρα προχειρίσασθαι[7]· καὶ εὐθὺς εἶπεν αὐτὸν παρὰ τὰ πάτρια. Καὶ ὃς[8] ὑπέστη μὲν τὴν ἀρχὴν, ἐπειδὴ πρῶτον ἐς τὴν πόλιν[9] εἰσῆλθεν· οὐ μέντοι καὶ φοβερὸν οὐδὲν[10] ἐν αὐτῇ ἔπραξεν, ἀλλὰ τοῖς τε ἐκπεπτωκόσι κάθοδον πᾶσι, πλὴν τοῦ Μίλωνος, ἔδωκε, καὶ τὰς ἐς νέωτα[11] ἀρχὰς ἀπέδειξεν, (ἐς γὰρ τὸ παρὸν τότε οὐδένα ἀντὶ τῶν ἀπόντων ἀνθείλοντο· καίτοι[12] μηδενὸς ἀγορανόμου ἐπιδημοῦντος, οἱ δή-

---

1. Omis dans C. — 2. A, B, F : στρατιᾶς. — 3. A, G : ταῦτ' εἰπών.
4. A, B, F, H : ἐκλήρωσεν.
5. Ou mieux ἐδικαίωσε, proposé par Reimarus dans ses *Addenda*, et adopté par M. Imm. Bekker. Au lieu d'ἐδίωξε, A, B, C, F, portent ἐδίωξεν.
6. D'après Xiphilin, comme Reimarus, Sturz et M. Imm. Bekker, au lieu de la leçon vulgaire τριηραρχίᾳ.
7. Cæs., De Bell. Civ., II, 21 : Massiliæ Cæsar legem de dictatore latam, seseque dictatorem dictum a M. Lepido prætore agnoscit.

« courir au mensonge, aux caresses, à la flatterie pour
« l'atteindre? Abandonnez donc mes drapeaux, vous que
« je ne sais comment appeler : ce ne sera pourtant pas
« comme vous le voulez et comme vous l'annoncez ; mais
« comme il est utile pour la République et pour moi. »
Après ce discours, César tira au sort le nom de ceux qui
devaient être punis de mort et il infligea cette peine aux
plus mutins ; car il avait tout arrangé pour qu'ils fussent
désignés par le sort. Quant aux autres, il les congédia
sous prétexte qu'il n'avait pas besoin d'eux ; mais ils
témoignèrent du repentir et servirent plus tard sous ses
ordres.

36. Pendant qu'il était encore en marche, M. Émilius
Lépidus, celui qui fut triumvir dans la suite (il était alors
préteur), conseilla au peuple d'élire César dictateur et il
le nomma aussitôt lui-même, au mépris de la coutume des
ancêtres. César entra en possession de la dictature, dès son
arrivée à Rome ; mais il ne prit aucune mesure violente.
Bien loin de là, il permit à tous les exilés de rentrer, excepté à Milon, et nomma des magistrats pour l'année suivante : ceux qui s'étaient éloignés n'avaient pas été remplacés pendant l'année courante, et comme il n'était resté

8. Les mots καὶ ὅς manquent dans le Ms. de Munich n° 2.
9. L'ancienne leçon porte πρῶτον μὲν ἐς τὴν πόλιν. D'après A, H et le Ms. de Munich n° 2, je supprime μέν, comme Sturz et M. Imm. Bekker.
10. Omis dans C.
11. Avec Reimarus, Sturz et M. Imm. Bekker, je substitue, d'après Leunclavius, cette leçon à l'ancienne τὰ ἐς νέωτα.
12. Comme Reiske, j'aimerais mieux καί.

μαρχοι πάντα τὰ ἐπιβάλλοντα αὐτοῖς διήγαγον) ἱερέας τε ἀντὶ τῶν ἀπολωλότων ἀντικατέστησεν, οὐ πάντα τὰ κατ' αὐτοὺς ἐν τῷ τοιούτῳ νενομισμένα τηρήσας· καὶ τοῖς Γαλάταις, τοῖς ἐντὸς τῶν Ἄλπεων ὑπὲρ τὸν Ἠριδανὸν οἰκοῦσι, τὴν πολιτείαν, ἅτε καὶ ἄρξας αὐτῶν, ἀπέδωκε. Ποιήσας δὲ ταῦτα, καὶ τὸ ὄνομα τῆς δικτατορίας ἀπεῖπε. Τὴν γὰρ δὴ δύναμιν [1] τό τε ἔργον αὐτῆς καὶ πάνυ ἀεὶ διὰ χειρὸς ἔσχε. Τῇ τε γὰρ παρὰ τῶν ὅπλων ἰσχύϊ ἐχρῆτο, καὶ προσέτι καὶ ἐξουσίαν ἔννομον δή τινα παρὰ τῆς ἐκεῖ βουλῆς προσέλαβε. Πάντα γὰρ μετὰ ἀδείας ὅσα ἂν βουληθῇ, πράττειν οἱ ἐπετράπη.

37. Τυχὼν δὲ τούτου, μέγα εὐθὺς καὶ ἀναγκαῖον πρᾶγμα διώρθωσεν [2]. Ἐπειδὴ γὰρ οἵ τε δεδανεικότες τισὶ πικροτάτας τὰς εἰσπράξεις, ἅτε καὶ πολλῶν χρημάτων διά τε τὰς στάσεις καὶ διὰ τοὺς πολέμους προσδεόμενοι, ἐποιοῦντο, καὶ τῶν ὀφειλόντων συχνοὶ, οὐδὲ ἐθέλοντες, ἀποδοῦναί τι ὑπὸ τῶν αὐτῶν [3] ἐδύναντο (οὔτε γὰρ ἀποδόσθαι τι, οὔτε ἐπιδανείσασθαι [4] ῥᾴδιον αὐτοῖς ἐγίγνετο)· κἀκ τούτου πολλὰ μὲν ἄπιστα, πολλὰ δὲ καὶ δολερὰ πρὸς ἀλλήλους ἔπραττον· καὶ δέος ἦν, μὴ καὶ ἐς ἀνήκεστόν τι κακὸν προχωρήσωσιν. Ἐμετριάσθη μὲν καὶ

---

1. D'après A, B, C, H, Sturz et M. Imm. Bekker, au lieu de l'ancienne τὴν γὰρ δύναμιν. — 2. C : διώρθωσε.
3. Xylander n'a pas rendu les mots ὑπὸ τῶν αὐτῶν. Leunclavius traduit par *per ipsos creditores impediti*. J'ai suivi l'interprétation de Reimarus : ὑπὸ τῶν αὐτῶν — nempe στάσεων καὶ πολέμων. Elle est d'accord

aucun édile à Rome, les tribuns du peuple avaient été chargés des fonctions de l'édilité. Il remplaça les pontifes qui étaient morts, mais sans observer toutes les règles établies. Enfin il donna le droit de cité aux Gaulois de la Cisalpine transpadane, parce qu'ils avaient été sous son commandement. Ensuite il renonça au titre de dictateur; mais il en conserva réellement toute l'autorité : outre qu'il avait en main la force des armes, les membres du sénat qui n'avaient pas quitté Rome lui conférèrent une sorte de pouvoir légitime, en lui permettant de faire impunément tout ce qu'il voudrait.

37. Aussitôt qu'il en fut revêtu, il mena à bon terme une grande réforme, devenue nécessaire. Les créanciers, qui, à cause des séditions et des guerres, avaient besoin de sommes considérables, usaient contre les débiteurs des mesures les plus rigoureuses. Ceux-ci, par suite des mêmes circonstances, étaient pour la plupart hors d'état de payer, quand même ils l'auraient voulu; car ils ne pouvaient ni vendre, ni emprunter facilement. De là, de part et d'autre, mille fraudes et expédients de mauvaise foi, et il était à craindre que le mal ne devînt incurable. Plusieurs tribuns du peuple avaient

---

avec la version de Nic. (Leoniceno : *non potevano rendere niente per quelle cose medesime*. La conjecture de N, ἀπὸ τῶν αὐτῶν, est confirmée par H. Elle aboutit au même sens que l'explication de Reimarus.

4. D'après tous les Mss, et non pas seulement d'après A, B, cités par Sturz, je remplace l'ancienne leçon δανείσασθαι par ἐπιδανείσασθαι qu'adopte aussi M. Imm. Bekker.

πρὸ τούτου πρὸς δημάρχων τινῶν τὰ κατὰ τοὺς τόκους· ἐπεὶ δ' οὐδ' ὡς [1] ἀπεδίδοντο, ἀλλ' οἱ μὲν τῶν ἐνεχύρων ἐξίσταντο, οἱ δὲ καὶ τὸ ἀρχαῖον ἐν ἀργυρίῳ [2] ἀπῄτουν· ἀμφοτέροις τότε ὁ Καῖσαρ ὡς οἷόν τε ἦν ἐπεκούρησε [3]. Τά τε γὰρ ἐνέχυρα πρὸς τὴν ἀξίαν ἐναποτιμηθῆναι ἐκέλευσε, καὶ δικαστὰς αὐτῆς [4] τοῖς ἀμφισβητοῦσί τι ἀποκληροῦσθαι προσέταξεν.

38. Ἐπειδή τε συχνοὶ πολλά τε χρήματα ἔχειν [5], καὶ πάντα αὐτὰ ἀποκρύπτειν ἐλέγοντο, ἀπηγόρευσε, μηδένα πλεῖον πεντακισχιλίων καὶ μυρίων δραχμῶν ἐν ἀργυρίῳ ἢ καὶ χρυσίῳ κεκτῆσθαι· οὐχ ὡς καὶ αὐτὸς [6] τὸν νόμον τοῦτον τιθείς, ἀλλ' ὡς καὶ πρότερόν ποτε ἐσενεχθέντα ἀνανεούμενος· εἴτ' οὖν ἵνα τοῖς τε δανεισταῖς οἱ ὀφείλοντές τι ἐκτίνωσι, καὶ τοῖς δεομένοις οἱ ἄλλοι δανείζωσιν· εἴτε καὶ ὅπως οἵ τε [7] εὐποροῦντες ἔκδηλοι γένωνται, καὶ χρήματα μηδεὶς αὐτῶν [8] ἀθρόα ἔχῃ, μὴ καὶ ἀπόντος τι νεωτερισθῇ. Ἐπαρθέντος δὲ ἐπὶ τούτῳ τοῦ πλήθους, καὶ ἀξιοῦντος καὶ τοῖς οἰκέταις μήνυτρα ἐπ' αὐτῷ κατὰ τῶν δεσποτῶν προτεθῆναι [9], οὔτε προσέγραψεν αὐτὸ [10] τῷ

---

1. F : ἐπεὶ δὲ οὐδ' ὥς. G : ἐπεὶ οὐδ' ὥς.
2. G : ἐναργυρίων.
3. F : ἐπεχούρησεν.
4. Leunclavius aimerait mieux αὐτοῖς. Je maintiens αὐτῆς, qui se rapporte évidemment à ἀξίας. Cf. la note de Reimarus.
5. D'après Reiske, comme Sturz et M. Imm. Bekker, au lieu de la leçon vulgaire : πολλὰ χρήματά τε ἔχειν. C omet τε.
6. Le passage ἐν ἀργυρίῳ — αὐτὸς manque dans G.

déjà cherché, il est vrai, à fixer les intérêts à un taux modéré; mais les dettes ne s'éteignaient point, malgré cela. D'une part, les débiteurs abandonnaient les biens hypothéqués, et, de l'autre, les créanciers exigeaient leur capital en argent. César améliora alors la position des uns et des autres, autant qu'il était possible : il ordonna que les biens hypothéqués seraient estimés à leur juste valeur et que des arbitres prononceraient sur cette estimation, si elle donnait lieu à quelque contestation.

38. Comme on disait que plusieurs citoyens, possesseurs de sommes considérables, les cachaient, César défendit d'avoir plus de quinze mille drachmes en argent, ou en or. Il ne voulut pas que cette défense fût regardée comme une loi établie par lui, mais comme une ancienne loi qu'il avait renouvelée. Son but était d'amener les débiteurs à payer quelques sommes et les créanciers à prêter à ceux qui étaient dans le besoin, ou de forcer les riches à se faire connaître, et de ne laisser entre les mains de personne de grandes sommes, qui pourraient servir à exciter des troubles pendant son absence. Le peuple, exalté par cette loi, demanda qu'une récompense fût assurée aux esclaves qui dénonceraient leurs maîtres à cette occasion ; mais César n'inséra pas cette clause dans sa loi : il jura même, sur sa tête,

---

7. Omis dans C

8. A l'ancienne leçon αὐτῶν μηδεὶς je substitue, d'après A, μηδεὶς αὐτῶν, adopté par M. Imm. Bekker.

9. A, E, F, G : προστεθεῖναι.

10. Oddey propose, sous une forme dubitative, de remplacer l'ancienne leçon αὐτῷ par αὐτὸ que j'adopte, d'après B, C, F, G, H : M. Imm. Bekker l'adopte aussi. Cette leçon est confirmée par Nic. Leoniceno : *non volse aggiungere questa parte alla legge*.

νόμῳ, καὶ προσέτι καὶ ἐξώλειαν ἑαυτῷ προσεπηράσατο, ἄν ποτέ τι δούλῳ κατὰ τοῦ δεσπότου εἰπόντι πιστεύσῃ.

39. Καῖσαρ μὲν δὴ ταῦτά τε πράξας[1], καὶ τὰ ἀναθήματα, τά τε ἄλλα, καὶ τὰ ἐν τῷ Καπιτωλίῳ[2] πάντα, ἀνελόμενος, ἐς τὸ Βρεντέσιον ἐπ' ἐξόδῳ τοῦ ἔτους καὶ πρὶν ἐς τὴν ὑπατείαν, ἐς ἣν ἐκεχειροτόνητο, ἐσελθεῖν, ἐξώρμησε. Καὶ αὐτοῦ τὰ τῆς ἐκστρατείας ποιοῦντος[3], ἰκτῖνος[4] ἐν τῇ ἀγορᾷ κλώνιον δάφνης ἑνὶ τῶν συμπαρόντων οἱ ἐπέρριψε. Καὶ μετὰ τοῦτο τῇ Τύχῃ θύοντος[5], ὁ ταῦρος ἐκφυγὼν πρὶν τιτρώσκεσθαι[6], ἔξω τῆς πόλεως[7] ἐξεχώρησε, καὶ πρὸς λίμνην τινὰ ἐλθὼν, διενήξατο αὐτήν. Κἀκ τούτων ἐπὶ πλέον θαρσήσας ἠπείχθη· καὶ μάλισθ', ὅτι οἱ μάντεις μένοντι μὲν αὐτῷ οἴκοι, ὄλεθρον· περαιωθέντι δὲ τὴν θάλασσαν, καὶ σωτηρίαν καὶ νίκην ἔσεσθαι ἔφασαν. Ἀφορμηθέντος δὲ αὐτοῦ, οἱ παῖδες οἱ ἐν τῇ πόλει ὄντες διχῇ τε ἐνεμήθησαν αὐτοκέλευστοι· καὶ οἱ μὲν Πομπηϊείους σφᾶς, οἱ δὲ Καισαριείους[8] ὀνομάσαντες, ἐμαχέσαντο τρόπον τινὰ ἄνευ ὅπλων ἀλλήλοις, καὶ ἐπεκράτησαν οἱ τῇ τοῦ Καίσαρος προσωνυμίᾳ χρώμενοι[9].

1. D'après les Mss, au lieu de la leçon vulgaire ταῦτα πράξας, j'adopte ταῦτά τε πράξας.
2. Cf. Xiphilin, p. 15, éd. Rob. Étienne, Paris, 1551. Reimarus préfère cette leçon à l'ancienne τὰ ἐκ τοῦ Καπιτωλίου qu'il conserve néanmoins. Sturz et M. Imm. Bekker la conservent aussi.
3. J'ai suivi l'interprétation de Fabricius : « Quum sacra pro felici expeditione et auspicata in militiam profectione faceret. » Suivant Reiske, il faut ajouter ou sous-entendre ἱερά. Je me contente de le sous-entendre.
4. G : ἔκ τινος.

qu'il n'ajouterait jamais foi aux délations d'un esclave contre son maître.

39. Après avoir adopté ces mesures et enlevé toutes les offrandes de divers temples et celles du Capitole, César, vers la fin de l'année, partit pour Brindes, avant de prendre possession du consulat pour lequel il était désigné. Pendant qu'il faisait les préparatifs de son expédition, un milan laissa tomber, dans le Forum, une branche de laurier sur un de ceux qui étaient placés auprès de lui. Puis, au moment où il offrait un sacrifice à la Fortune, le taureau s'échappa, avant d'être frappé, sortit de Rome et, parvenu auprès d'un marais, il le traversa à la nage. Ces présages accrurent sa confiance et il hâta son départ, poussé par les devins qui annonçaient qu'il trouverait la mort à Rome, s'il y restait; tandis que son salut serait assuré et qu'il remporterait la victoire, s'il franchissait la mer. A peine fut-il parti que les enfants, à Rome, se divisèrent d'eux-mêmes en deux camps : les uns prirent le nom de Pompéiens, les autres celui de Césariens, et se livrèrent un simulacre de combat sans armes. La victoire se déclara pour les Césariens.

---

5. Cf. Plutarq. Brut. XX. — 6. C, G, H : τετρῶσθαι.

7. G : ἔξω τε τῆς πόλεως. F : πόλεως ἔξω τε τῆς.

8. D'après les raisons qui m'ont déterminé à lire Οὐαλερίειοι, liv. XXXVI, 14-16, tom. II, p. 257-264, de cette édition, je remplace l'ancienne leçon Πομπηείους et Καισαρείους par Πομπηιείους — Καισαριείους, comme le conseille Xylander. Les Mss. portent Πομπηίους — Καισαρίους.

9. Reimarus et Sturz lisent ὅσοι — ἐχρῶντο, d'après Xiphilin, l. l. J'ai mieux aimé m'en tenir aux Mss, comme M. Imm. Bekker.

40. Ἐν ᾧ δὲ δὴ¹ ταῦτα ἔν² τε τῇ Ῥώμῃ καὶ ἐν τῇ Ἰβηρίᾳ ἐγίγνετο, Μάρκος μὲν Ὀκταούϊος καὶ Λούκιος Σκριβώνιος³ Λίβων⁴, Πούπλιον Κορνήλιον Δολοβέλλαν, τά τε τοῦ Καίσαρος πράττοντα, καὶ ἐν τῇ Δαλματίᾳ⁵ ὄντα, ἐξήλασαν ἐξ αὐτῆς, τῷ τοῦ Πομπηίου ναυτικῷ χρώμενοι. Καὶ μετὰ τοῦτο Γάϊον Ἀντώνιον ἐπαμῦναί οἱ⁶ ἐθελήσαντα, ἔς τε⁷ νησίδιόν τι κατέκλεισαν· κἀνταῦθα πρός τε τῶν ἐπιχωρίων ἐγκαταλειφθέντα καὶ λιμῷ πιεσθέντα, πασσυδὶ πλὴν ὀλίγων εἷλον⁸. Ἔς τε γὰρ τὴν ἤπειρον ἔφθησάν⁹ τινες αὐτῶν διαφυγόντες· καὶ ἕτεροι ἐν σχεδίαις διαπλέοντες καὶ ἁλισκόμενοι σφᾶς αὐτοὺς ἀπεχρήσαντο.

41. Κουρίων δὲ Σικελίαν ἀμαχὶ παρεστήσατο· (ὁ γὰρ Κάτων ἄρχων αὐτῆς, ὡς οὔτε ἀξιόμαχός οἱ ἦν, οὔτε τὰς πόλεις ἐς κίνδυνον μάτην ἐμβαλεῖν ἠθέλησε, προεξεχώρησε¹⁰ πρὸς τὸν Πομπήϊον)· ἐς δὲ δὴ τὴν Ἀφρικὴν περαιωθείς, ἀπώλετο. Ὁ μὲν γὰρ Καῖσαρ ὁ Λούκιος τὴν Ἀσπίδα τὴν πόλιν, ἐν ᾗ κατὰ τύχην ἄλλως¹¹ ἦν, πρὸς τὸν ἐπίπλουν

---

1. Omis dans B, C, F, G. — 2. A : ταῦτ' ἐν. — 3. Κριμώνιος dans C, H, et dans le Ms. de Munich, n° 2, par l'omission de la lettre initiale et par la confusion de μ avec β.
4. Λαβών, dans A, B, C, F, G, H, et dans le Ms. de Munich n° 2.
5. D'après Sturz et M. Imm. Bekker, au lieu de la leçon vulgaire Δελματίᾳ.
6. J'ai traduit, d'après l'interprétation de Penzel, *ulcisci ejus cladem*. Cf. Orose, VI, 15, p. 416, éd. d'Havercamp.
7. Dans l'ancienne leçon ἔς γε, la particule γε ne s'accorde pas avec le sens : je le remplace par τε.
8. C : ἦλθον. — 9. Le même : ἔφθασαν.

40. Pendant que ces événements se passaient à Rome et en Espagne, M. Octavius et L. Scribonius Libon, avec les vaisseaux de Pompée, chassèrent de la Dalmatie, où il se trouvait alors, P. Corn. Dolabella, qui soutenait la cause de César, et renfermèrent ensuite dans une petite île C. Antonius, qui avait voulu venger sa défaite. Abandonné par les habitants et pressé par la faim, celui-ci tomba entre leurs mains avec ses soldats, à l'exception d'un petit nombre, qui avaient pris les devants et s'étaient enfuis sur le continent. D'autres, naviguant sur des radeaux, furent pris et se donnèrent la mort.

41. Curion s'empara de la Sicile sans coup férir : Caton, qui en était gouverneur, n'ayant pas des forces suffisantes pour lutter contre lui et ne voulant pas exposer inutilement les villes au danger, s'éloigna en toute hâte et se rendit auprès de Pompée. Curion, ayant passé en Afrique, y trouva la mort. A son approche, L. César quitta la ville d'Aspis, où il était par hasard, et Pub. Attius Varus, qui commandait alors dans cette contrée,

---

10. G : προεξεχώρισε. Dans Rob. Étienne, προεξεχάρισε provient d'une leçon fautive, reproduite par H : προεξεχάρησε. Après προεξεχώρησε, l'ancienne leçon porte μὲν, particule justement suspecte à Leunclavius et à Oddey. Je la supprime d'après Sturz : « Fateor particulam ambiguitati locum dare, quum sic sequentia ἐς δὲ δὴ τὴν Ἀφρικὴν περαιωθεὶς ad eumdem Catonem referre possis, quod miror etiam a Leunclavio factum in versione ad marginem. Pertinent autem ad Curionem, cujus in Africa interitum statim Dio describit (§ LI). » Pour prévenir toute ambiguïté, je place entre parenthèses le passage ὁ γὰρ Κάτων — πρὸς τὸν Πομπήϊον.

11. C, G, H : ἄλλος.

αὐτοῦ ἐξέλιπε ¹, καὶ Πούπλιος Ἄττιος Οὔαρος, ὁ τὰ ἐκεῖ ² πράγματα τότε ἔχων, καὶ στρατιώτας συχνοὺς καὶ πόλεις, ἡττηθεὶς ³ ὑπ' αὐτοῦ, ἀπέβαλεν ⁴. Ὁ δὲ δὴ Ἰόβας Ἰεμψοῦ τε παῖς ⁵ ὢν, καὶ τῶν Νομάδων βασιλεύων, τά τε τοῦ Πομπηΐου, ὡς καὶ τὰ τοῦ δήμου τῆς τε βουλῆς προτιμῶν, καὶ τὸν Κουρίωνα διά τε τοῦτο, καὶ ὅτι τήν τε βασιλείαν αὐτοῦ δημαρχῶν ἀφελέσθαι, καὶ τὴν χώραν ⁶ δημοσιῶσαι ἐπεχείρησε, μισῶν, ἰσχυρῶς αὐτῷ προσεπολέμησεν. Οἴκαδε μὲν γὰρ ἐς τὴν Νουμιδίαν οὐκ ἀνέμεινεν αὐτὸν ἐσβαλεῖν· πολιορκοῦντι δέ οἱ Οὐτικὴν, παντὶ μὲν ἅμα τῷ στρατῷ οὐ προσέμιξε, φοβηθεὶς μὴ καὶ προπυθόμενος ἐξαναχθείη· (οὐ γάρ πω ἀπώσασθαι αὐτὸν μᾶλλόν τι ἢ τιμωρήσασθαι ἐπεθύμει·) ὀλίγους δέ τινας προπέμψας, καὶ προφημίσας ⁷ ὡς ⁸ αὐτὸς ἄλλοσέ ποι καὶ πόρρω γε ⁹ ἀπεληλυθὼς εἴη, ἐφέσπετό τε σφίσι, καὶ οὐ διήμαρτεν ὧν ἤλπισεν.

42. Ὁ γὰρ Κουρίων πρότερον μὲν, ὡς καὶ αὐτοῦ ἐκείνου προσιόντος, ἔς τε τὸ στρατόπεδον τὸ πρὸς τῇ θαλάσσῃ ὂν μετέστη, καὶ γνώμην ἐποιεῖτο, τῶν τε νεῶν, ἂν βιάζηται, ἐπιβῆναι, καὶ τὴν Ἀφρικὴν παντελῶς ἐκλι-

---

1. C, G : ἐξέλιπεν.
2. A l'ancienne leçon ὅτι ἔχει je substitue, d'après Oddey, ὁ τὰ ἐκεῖ, adopté par M. Imm. Bekker. Sturz se contente de remplacer ὅτι par ὁ
3. L'ancienne leçon porte καὶ ἡττηθείς. Avec Sturz et M. Imm. Bekker, je supprime καὶ, qui semblerait indiquer une lacune.
4. Cf. Appien, Guer. civ. II, 44 : Κουρίωνος μὲν εἷς ἀνὴρ ἔπεσεν, Οὐάρου δὲ ἐξακόσιοι· καὶ κατετρώθησαν ἔτι πλείονες.

fut vaincu par lui et perdit beaucoup de soldats et de villes; mais Juba, fils d'Hiempsal et roi des Numides, dévoué à la cause de Pompée qu'il regardait comme celle du peuple et du sénat, ennemi de Curion pour cette raison et parce que celui-ci avait voulu, à l'époque où il était tribun, le dépouiller de son royaume et confisquer ses possessions, lui fit une guerre acharnée. Il n'attendit pas que Curion eût pénétré dans la Numidie, au cœur de ses États, et marcha contre lui, pendant qu'il assiégeait Utique; mais ce ne fut pas avec toute son armée. Il aurait craint que Curion, prévenu à temps, ne regagnât la haute mer, et il désirait moins le repousser que se venger. Il n'envoya contre lui qu'un petit nombre de soldats et fit courir le bruit qu'il se dirigeait en personne d'un autre côté et loin de là; tandis qu'il suivait son armée pas à pas. Juba ne fut point trompé dans ses espérances.

42. Curion, à la première nouvelle que ce roi venait à sa rencontre, s'était retiré dans son camp placé près de la mer; bien résolu, s'il était poussé vivement, à s'embarquer et à évacuer complétement l'Afrique; mais, ayant

5. D'après A, je remplace la leçon vulgaire Ἰεμψοῦ παῖς par Ἰεμψοῦ τε παῖς qu'adopte aussi M. Imm. Bekker.
6. Suivant Reiske, dans l'ancienne leçon καὶ τήν τε χώραν, il faut retrancher καὶ ou τε. Sturz supprime καὶ : avec M. Imm. Bekker, j'élimine τε.
7. Cf. Cæs. De Bell. civ. II, 38.
8. Ὡς καὶ, dans l'ancienne leçon. Καὶ manque dans A et B : je supprime cette conjonction, comme M. Imm. Bekker.
9. D'après A, B : M. Imm. Bekker donne la même leçon.

πεῖν· ἐπεὶ δὲ ὀλίγους τέ τινας, καὶ τούτους ἄνευ τοῦ Ἰόβου, ἀφικνεῖσθαι ἐπύθετο, ἐθάρσησε¹. Καὶ εὐθὺς τῆς νυκτὸς, ὡς καὶ ἐφ' ἕτοιμον νίκην, μὴ καὶ διαφύγωσιν αὐτὸν, ἄρας ἐπορεύετο· καί τινας τῶν προδρόμων καθεύδοντας ἐν τῇ ὁδῷ φθείρας, πολὺ προθυμότερος² ἐγένετο. Κἀκ τούτου τοῖς λοιποῖς ὑπὸ τὴν ἕω προκεχωρηκόσιν³ ἐκ τοῦ στρατοπέδου ἐντυχὼν, οὐδεμίαν ἀναβολὴν ἐποιήσατο· ἀλλὰ, καίτοι τῶν στρατιωτῶν καὶ ὑπὸ τῆς πορείας καὶ ὑπὸ τῆς ἀγρυπνίας τεταλαιπωρημένων, ἐς χεῖρας σφίσι παραχρῆμα ἦλθε. Κἂν τούτῳ ἑστώτων τε αὐτῶν, καὶ ἀντιρρόπως ἀγωνιζομένων, ὁ Ἰόβας⁴ αἰφνιδίως οἱ⁵ ἐπιφανεὶς, τῷ τε ἀδοκήτῳ ἅμα αὐτὸν καὶ τῷ πλήθει κατειργάσατο⁶, καὶ ἐκεῖνον μὲν, καὶ τῶν ἄλλων τοὺς πλείστους αὐτοῦ ταύτῃ⁷ ἀπέκτεινε⁸, τούς τε λοιποὺς μέχρι τε τῆς ταφρείας ἐπεδίωξε, καὶ μετὰ τοῦτο ἐς τὰς ναῦς καθεῖρξε. Καὶ τῷ ταράχῳ⁹ τούτῳ πολλῶν μὲν χρημάτων ἐκράτησε, πολλοὺς δὲ ἄνδρας ἔφθειρε. Συχνοὶ δὲ δὴ καὶ διαφυγόντες αὐτῶν ἀπώλοντο, οἱ μὲν ἐν τῇ ἐς τὰ πλοῖα ἐσβάσει ὑπὸ τοῦ ὠθισμοῦ σφαλέντες¹⁰· οἱ δὲ καὶ ἐν αὐτοῖς τοῖς σκάφεσιν ὑπὸ τοῦ βάρους αὐτῶν βαπτισθέντες¹¹. Γιγνομένων δὲ τούτων, φοβηθέντες τινὲς μὴ τὰ αὐτὰ αὐτοῖς πάθωσι, προσεχώρησαν μὲν τῷ Οὐάρῳ, ὡς καὶ σωθησόμενοι· εὑ-

---

1. H : ἐθάρρησε. — 2. C : προθυμώτερος.
3. Le même : προκεχειρηκόσιν.
4. G : Ἰόβαρ. Cf. Cæs. II, 41 et suiv.
5. C : οἱ ἐφνιδίως.
6. Le même : κατηργάσατο.

appris que les ennemis s'avançaient en petit nombre et que Juba n'était pas avec eux, il prit confiance, leva le camp, à l'arrivée de la nuit, dans la crainte qu'ils ne lui échappassent et marcha comme à une victoire assurée. Il tomba sur quelques soldats de Juba qui avaient pris les devants et s'étaient endormis en route, les massacra, et sa confiance s'accrut encore. Puis, ayant rencontré le reste de l'armée ennemie, qui était sortie de son camp à la pointe du jour, il engagea le combat sans délai, quoique ses troupes fussent épuisées par la marche et par les veilles. Les barbares tinrent ferme, et la victoire était encore incertaine, lorsque Juba parut soudain. Sa présence inattendue et le grand nombre de ses soldats causèrent la défaite de Curion : il périt là avec la plus grande partie de ses troupes. Juba en poursuivit les débris jusque dans leur camp et les força à se renfermer dans leurs vaisseaux. A la faveur du désordre, il s'empara de sommes considérables et fit un grand carnage des Romains. La plupart de ceux qui avaient pris la fuite trouvèrent aussi la mort ; ceux-ci en montant sur les vaisseaux, parce qu'ils se heurtaient les uns contre les autres et se renversaient mutuellement ; ceux-là dans les vaisseaux mêmes qui, trop chargés, coulèrent à fond. Dans cette catastrophe, plusieurs, craignant le même sort, se réfugièrent auprès de Varus dans l'espoir de conserver la vie ; mais ils

---

7. B, C, H : αὐτῇ ταύτῃ.
8. A, G : ἀπέκτεινεν.
9. Avec Reiske, j'aimerais mieux : κἂν τῷ ταράχῳ.
10. C : σφαλόντες.
11. Cf. Cæs. III, 43.

ροντο δ' οὐδὲν ἐπιεικές. Ὁ γὰρ Ἰόβας, προϊσχόμενος ὅτι αὐτὸς σφᾶς[1] ἐνενικήκει, καὶ ἐκείνους πλὴν ὀλίγων ἐφόνευσε[2]. Κουρίων μὲν δὴ, πλεῖστά τε[3] τῷ Καίσαρι συναράμενος, καὶ πάμπολλα ἐπ' αὐτὸ[4] ἐπελπίσας, οὕτως[5] ἀπώλετο. Ἰόβας δὲ πρὸς μὲν τοῦ Πομπηΐου τῶν τε ἄλλων τῶν ἐν τῇ Μακεδονίᾳ βουλευτῶν τιμάς τε εὕρατο[6], καὶ βασιλεὺς προσηγορεύθη· πρὸς δὲ δὴ τοῦ Καίσαρος, τῶν τε ἐν τῇ πόλει, αἰτίαν εἶχε, καὶ πολέμιος ἀπεδείχθη· ὅ τε Βόκχος καὶ ὁ Βογούας, βασιλεῖς, ὅτι ἐχθροὶ αὐτῷ ἦσαν, ὠνομάσθησαν[7].

43. Τῷ δὲ ἐχομένῳ ἔτει διττοί τε τοῖς Ῥωμαίοις ἄρχοντες παρὰ τὸ καθεστηκὸς ἐγένοντο, καὶ μάχη μεγίστη δὴ συνηνέχθη. Οἱ μὲν γὰρ ἐν τῷ ἄστει καὶ ὑπάτους τόν τε Καίσαρα καὶ Πούπλιον Σερουΐλιον, καὶ στρατηγοὺς, τά τε ἄλλα τὰ ἐκ τῶν νόμων ᾕρηντο[8]· οἱ δὲ ἐν τῇ Θεσσαλονίκῃ, τοιοῦτον[9] μὲν οὐδὲν προπαρεσκευάσαντο[10], καίτοι τῆς τε ἄλλης βουλῆς (ὥς φασί τινες) ἐς διακοσίους[11], καὶ τοὺς ὑπάτους ἔχοντες· καί τι καὶ χωρίον ἐς τὰ οἰωνίσματα (τοῦ δὴ καὶ ἐν νόμῳ δή τινι αὐτὰ δοκεῖν γίγνε-

---

1. Omis dans C. — 2. A, B, C, F, G, H : ἐφόνευσεν.
3. G : τι. — 4. A : ἐπ' αὐτῷ. — 5. C, G : οὕτω.
6. Je maintiens cette forme, comme Reimarus et M. Imm. Bekker. Sturz préfère εὕρετο.
7. Reimarus et Sturz remplacent la leçon vulgaire βασιλεὺς, ὅτι ἐχθροὶ αὐτῶν ἀντωνομάσθησαν, par la conjecture de Leunclavius : βασιλεῖς, ὅτι ἐχθροὶ αὐτῶν, ἀντωνομάσθησαν. M. Imm. Bekker préfère celle de Xylander : βασιλεῖς, ὅτι ἐχθροὶ αὐτῶν ἦσαν, ὠνομάσθησαν. Seulement il substitue αὐτῷ à αὐτῶν. J'adopte la même leçon que lui. Celle de Reimarus et de Sturz

HISTOIRE ROMAINE DE DION, L. XLI. 361

n'obtinrent point grâce. Juba, sous prétexte que c'était lui qui avait remporté la victoire, les fit mettre à mort, sauf quelques-uns. Ainsi périt Curion, l'un des plus fermes appuis de César et qui lui avait donné les plus belles espérances. Juba fut comblé d'honneurs par Pompée et par les sénateurs qui étaient en Macédoine : il reçut même le titre de roi. Mais César et les sénateurs qui étaient restés à Rome le déclarèrent criminel et ennemi public, tandis qu'ils donnèrent le nom de roi à Bocchus et à Bogud, ennemis de Pompée.

43. L'année suivante, les Romains eurent, contrairement aux lois, un nombre double de magistrats et il se livra une très-grande bataille. A Rome, César et P. Servilius furent nommés consuls : on élut aussi des préteurs et d'autres magistrats, en se conformant aux lois. Rien de semblable ne se fit à Thessalonique : cependant il y avait là, suivant certains auteurs, deux cents sénateurs avec les consuls, et l'on y avait même consacré un lieu pour prendre les auspices, afin que tout parût se faire légalement. On eût dit que dans cette

<small>An de Rome 706. César II et Pub. Servilius consuls.</small>

---

est confirmée par Nic. Leoniceno : *Bogo et Bogua, i quali erano nemici di costui, furono nominati re.*

Au lieu d'ἀντωνομάσθησαν, G porte ἀντονομάσθησαν. Ici, comme dans beaucoup d'autres passages, le copiste a négligé l'augment.

8. C, E, G, H : ἤροντο.

9. C, F, G : τοιοῦτο.

10. D'après A, C, G, H, je remplace l'ancienne leçon παρεσκευάσατο par προπαρεσκευάσατο. M. Imm. Bekker adopte aussi ce changement.

11. A, B, C, F, G : ἐς διακοσίους, ὥς φασί τινες.

σθαι) δημοσιώσαντες, ὥστε καὶ τὸν δῆμον, δι᾽ αὐτῶν[1], τήν τε πόλιν ἅπασαν ἐνταῦθα εἶναι νομίζεσθαι. Αἴτιον δὲ, ὅτι τὸν νόμον οἱ ὕπατοι τὸν φρατριατικὸν[2] οὐκ ἐσενηνόχεσαν. Τοῖς δὲ δὴ αὐτοῖς ἐκείνοις, οἷσπερ καὶ πρόσθεν[3], ἐχρήσαντο, τὰς ἐπωνυμίας σφῶν μόνας μεταβαλόντες· καὶ τοὺς μὲν, ἀνθυπάτους, τοὺς δὲ, ἀντιστρατήγους, τοὺς δὲ, ἀντιταμίας ὀνομάσαντες. Πάνυ γάρ που τῶν πατρίων αὐτοῖς ἔμελε, τά τε ὅπλα ἀνταιρομένοις, καὶ τὴν πατρίδα ἐκλελοιπόσιν, ὥστε μὴ πάντα τὰ ἀναγκαῖα, πρὸς τὴν τῶν παρόντων ἀπαίτησιν, καὶ παρὰ τὴν[4] τῶν τεταγμένων[5] ἀκρίβειαν, ποιεῖν. Οὐ μὴν ἀλλὰ τῷ μὲν ὀνόματι οὗτοι σφίσιν ἑκατέροις ἦρχον· ἔργῳ δὲ, ὁ Πομπήϊος καὶ ὁ Καῖσαρ, τῆς μὲν φήμης ἕνεκα τὰς ἐννόμους ἐπικλήσεις[6] ὁ μὲν τὴν τοῦ ὑπάτου, ὁ δὲ τὴν τοῦ ἀνθυπάτου ἔχοντες, πράττοντες δὲ οὐχ ὅσα ἐκεῖναι ἐπέτρεπον, ἀλλ᾽ ὅσα αὐτοὶ ἤθελον.

44. Τοιούτων δὲ δὴ τούτων ὄντων, καὶ δίχα τῆς ἀρχῆς μεμερισμένης, Πομπήϊος μὲν δὴ ἔν τε τῇ Θεσσαλονίκῃ ἐχείμαζε, καὶ φυλακὴν οὐκ ἀκριβῆ τῶν παραθαλασσίων ἐποιεῖτο· (οὔτε γὰρ ἐς τὴν Ἰταλίαν ἤδη τὸν Καίσαρα

1. Reiske substitue δι᾽ αὐτὸν à l'ancienne leçon δι᾽ αὐτῶν : d'après la remarque de Sturz, il faudrait δι᾽ αὐτὸ à cause de χωρίον. Mais la leçon δι᾽ αὐτῶν doit être maintenue.
2. A, F, G, H : φρατρικόν. D'après Sturz (cf. sa note, p. 735, tome I de son édition) et M. Imm. Bekker, je lis φρατριατικόν.
3. Avec les mêmes, j'adopte ἐσενηνόχεσαν — οἷσπερ καὶ πρόσθεν, au lieu de la leçon vulgaire ἐσενηνόχεισαν — τοῖσπερ καὶ πρόσθεν.

ville se trouvaient ainsi le peuple et Rome tout entière. Ce qui empêcha d'y élire des magistrats, c'est que les consuls n'avaient pas rendu de loi curiate. On conserva ceux de l'année précédente et l'on ne changea que leurs noms. Les uns furent appelés proconsuls, les autres propréteurs ou proquesteurs ; car, quoiqu'ils eussent pris les armes et quitté leur patrie, ils respectaient tellement les coutumes de leur pays qu'ils ne s'en écartaient en rien, même quand il s'agissait d'adopter des mesures impérieusement réclamées par les circonstances. Du reste, dans les deux partis, ces magistrats ne gouvernaient que de nom : en réalité, César et Pompée, qui, dans l'intérêt de leur réputation avaient pris, conformément aux lois, l'un le titre de consul, l'autre celui de proconsul, faisaient, non ce que ce titre permettait, mais tout ce qu'il leur plaisait de faire.

44. Ainsi, l'empire était divisé en deux camps : Pompée avait ses quartiers d'hiver à Thessalonique ; mais il ne surveillait pas assez les côtes, ne supposant point que César fût déjà revenu d'Espagne en Italie. Il ne croyait

---

4. Omis dans G.

5. H : τεταμένων.

6. A l'ancienne leçon τῆς ἐκ νόμου, Reimarus et Sturz substituent, d'après C, τῆς ἐννόμου. Avec M. Imm. Bekker, j'adopte la conjecture de Reiske, τὰς ἐννόμους ἐπικλήσεις, et je substitue un peu plus loin, d'après A, ἐκεῖναι (sous-ent. ἐπικλήσεις) à la leçon vulgaire ἐκεῖνοι, qui ne peut se justifier.

ἐκ τῆς Ἰβηρίας ἀφῖχθαι¹ ἐνόμιζεν²· εἴτε καὶ παρείη, ἀλλ' ἔν γε τῷ χειμῶνι οὐχ ὑπώπτευσεν³ αὐτὸν τολμήσειν τὸν Ἰόνιον διαβαλεῖν⁴. Καῖσαρ δὲ ἦν μὲν ἐν⁵ Βρεντεσίῳ τὸ ἔαρ ἀναμένων· πυθόμενος δὲ ἐκεῖνόν τε πόρρω τε ὄντα, καὶ τὴν καταντιπέρας Ἤπειρον⁶ ἀμελῶς τηρουμένην, τόν τε καιρὸν τοῦ πολέμου⁷ ἥρπασε⁸, καὶ τῷ ἀνέμῳ αὐτοῦ⁹ ἐπέθετο. Μεσοῦντος γοῦν τοῦ χειμῶνος, μέρει τοῦ στρατοῦ ἀπῆρεν¹⁰ (οὐ γὰρ ἦσαν ἱκαναὶ νῆες, ὥστε πάντας ἅμα αὐτοὺς περάσαι), καὶ λαθὼν τὸν Βίβουλον τὸν Μάρκον ᾧ ἡ θάλασσα φρουρεῖσθαι¹¹ προσετέτακτο, ἐπεραιώθη πρὸς τὰ ἄκρα τὰ Κεραύνια ὠνομασμένα. Ἔστι δὲ τὰ¹² ἔσχατα τῆς Ἠπείρου, πρὸς τῷ στόματι τοῦ Ἰονίου κόλπου. Καὶ ἐλθὼν ἐνταῦθα, πρὶν ἔκπυστος ὅτι καὶ πλευσεῖται γενέσθαι, τὰς ναῦς ἐς τὸ Βρεντέσιον ἐπὶ τοὺς λοιποὺς ἔστειλε· καὶ αὐτὰς ὁ Βίβουλος ἀνακομιζομένας¹³ ἐκάκωσε, καί τινας καὶ ἀνεδήσατο¹⁴, ὥστε τὸν Καίσαρα ἔργῳ μα-

1. Omis dans F. — 2. B, C, F, G, H : ἐνόμιζε. — 3. B, C, E, F, G : ὑπόπτευσεν.
4. A propos de l'emploi de διαβάλλειν dans le sens de διαπερᾶν, cf. M. Boissonade sur Eunape, p. 270.
5. D'après A, je remplace l'ancienne leçon ἦν ἐν par ἦν μὲν ἐν que donne aussi M. Imm. Bekker.
6. Reimarus, Sturz et M. Imm. Bekker abandonnent l'ancienne leçon ἤπειρον — *continentem*, pour Ἤπειρον — *Epirum*. La leçon vulgaire s'appuie sur César, De Bell. civ. III, 7 : « Neque Bibulus....... satis mature occurrit quod prius ad continentem visus est Cæsar, quum de ejus adventu fama omnino in eas regiones perferretur. » Elle est confirmée par Nic. Leoniceno : *Si faceva trista guardia nell' altro lato di terra ferma*. Cependant, le mot Ἤπειρον revenant un peu plus bas comme nom propre, j'ai suivi l'exemple de Reimarus.
7. Τό τε καινὸν τοῦ πολέμου, dans les Mss. n'offre aucun sens : j'adopte, comme Reimarus, Sturz et M. Imm. Bekker, la leçon proposée par Rob.

pas d'ailleurs qu'alors même qu'il serait de retour, il oserait traverser la mer d'Ionie, pendant la mauvaise saison. César, il est vrai, attendait le printemps à Brindes ; mais, informé que Pompée s'était éloigné et que l'Épire, située sur la rive opposée, était gardée avec négligence, il saisit l'occasion de faire la guerre et profita du premier vent favorable. Il s'embarqua donc, au cœur de l'hiver, avec une partie de ses troupes ; car ses vaisseaux ne suffisaient pas pour les transporter toutes à la fois, et, à l'insu de M. Bibulus, qui était chargé de veiller sur la mer, il alla débarquer au promontoire appelé Acroceraunia : c'est un cap de l'Épire à l'entrée du golfe Ionien. Arrivé là, avant même qu'on sût qu'il devait mettre à la voile, il renvoya ses vaisseaux à Brindes, pour transporter le reste de son armée. Bibulus leur fit beaucoup de mal à leur retour, et en captura plusieurs qu'il amarra aux siens. L'événement prouva à

Étienne et confirmée par Nic. Leoniceno : *prese il tempo della guerra.*
8. C, G : ἥρπασεν.
9. Cette leçon est excellente pour le sens et doit être maintenue ; cf. la note de Reimarus dans ses *Addenda.* M. Imm. Bekker adopte néanmoins la conjecture de Reiske : τῷ ἀνειμένῳ αὐτοῦ (h. e. πολέμου).
10. F : ἀπῆρε. — 11. H : φρονεῖσθαι.
12. La leçon vulgaire porte ἔστι δὲ καί. Reimarus et Sturz l'ont conservée ; mais M. Imm. Bekker supprime καί, qui manque dans A. Reiske voudrait remplacer cette conjonction par δή : Sturz aimerait mieux τὰ que j'adopte. D'après Nic. Leoniceno : *Aggiunse a promontorii nominati Ceraunii i quali sono l' ultima parte,* je propose comme variante : ὠνομασμένα · [ἃ] ἔστι τὰ ἔσχατα κτλ.
13. D'après A, B, C, F, H, je remplace la leçon vulgaire ἀναγομένας par ἀνακομιζομένας que donne aussi M. Imm. Bekker.
14. Comme Sturz et M. Imm. Bekker, d'après A, B, C, F, H, et Lo-

θεῖν, ὅτι εὐτυχέστερον τὸν πλοῦν, ἢ εὐβουλότερον ἐπεποίητο.

45. Ἐν δ' οὖν τῇ διατριβῇ ταύτῃ τό τε Ὤρικὸν [1] καὶ τὴν Ἀπολλωνίαν, ἄλλα τε τῶν ἐκείνῃ [2] χωρίων, ἐκλειφθέντα [3] ὑπὸ τῶν τοῦ Πομπηίου φρουρῶν, παρεστήσατο. Ἡ δὲ Ἀπολλωνία αὕτη Κορινθία, ἐν καλῷ μὲν τῆς γῆς, ἐν καλῷ δὲ καὶ τῆς θαλάσσης ποταμῶν τε ἄριστα κεῖται. Ὅ τε μάλιστα διὰ πάντων ἐθαύμασα, πῦρ πολὺ πρὸς τῷ Ἀώῳ [4] ποταμῷ ἀναδίδοται· καὶ οὔτε ἐπὶ πλεῖον τῆς πέριξ γῆς ἐπεξέρχεται, οὔτε αὐτὴν ἐκείνην ἐν ᾗ διαιτᾶται [5] ἐκπυροῖ, ἢ καὶ κραυροτέραν [6] πῃ ποιεῖ· ἀλλὰ καὶ πόας καὶ δένδρα καὶ πάνυ πλησίον [7] θάλλοντα ἔχει· πρός τε τὰς ἐπιχύσεις τῶν ὄμβρων ἐπαύξει, καὶ ἐς ὕψος ἐξαίρεται. Καὶ διὰ τοῦτο αὐτό τε Νυμφαῖον ὀνομάζεται· καὶ δὴ καὶ μαντεῖον τοιόνδε τι παρέχεται· λιβανωτὸν δὴ λαβὼν, καὶ προσευξάμενος ὅ τί ποτε καὶ βούλει, ῥίπτεις αὐτὸν τὴν εὐχὴν φέροντα. Κἂν τούτῳ τὸ πῦρ, ἂν μέν τι ἐπιτελὲς εἴη ἐσόμενον, δέχεται αὐτὸν ἑτοιμότατα· κἂν ἄρα καὶ ἔξω που προσπέσῃ, προσδραμὸν [8] ἥρπασε καὶ κατανάλωσεν· ἂν δὲ ἀτέλεστον ᾖ, οὔτ' ἄλλως αὐτῷ προσέρχεται,

---

beck sur Phrynich. p. 765, au lieu de l'ancienne leçon ἀνεδύσατο. Nic. Leoniceno confirme ce changement : *Alcune ne prese*.

1. A, B, F : Νωρικόν. C et H : Νεωρικόν.
2. Xiphilin, l. l. p. 15 : ἄλλα τε τῶν ἐκεῖ.
3. C, H : ἐκλεφθέντα.
4. L'ancienne leçon, πρὸς τῷ Ἄνᾳ, a donné lieu à de nombreuses conjectures; cf. la note de Fabricius. Je lis Ἀώῳ, d'après Plutarque,

César qu'il avait navigué avec plus de bonheur que de prudence.

45. En attendant le reste de son armée, César s'empara d'Oricum, d'Apollonie et d'autres villes de l'Épire, abandonnées par les garnisons de Pompée. Apollonie, fondée par les Corinthiens, est dans une position admirable, soit par rapport à la terre, soit par rapport à la mer et aux fleuves. Ce qui m'a le plus étonné, c'est le feu abondant qui jaillit auprès du fleuve Aoüs. Il ne se répand pas sur les terres voisines et ne brûle pas le sol qui le nourrit. Il ne le rend pas même plus sec : bien au contraire, tout auprès croissent du gazon et des arbres. Ce feu s'accroît par les grandes pluies et s'élève à une certaine hauteur ; ce qui lui a fait donner le nom de Nymphæum. Il sert d'oracle et voici de quelle manière : on prend de l'encens en prononçant n'importe quels vœux, et on jette dans le feu l'encens qui les a reçus. Lorsqu'ils doivent être exaucés, le feu absorbe aussitôt l'encens : si l'encens tombe hors du feu, le feu s'élance vers lui, le saisit et le consume ; mais lorsqu'ils ne doivent pas l'être, l'encens ne s'approche pas du feu. On a beau le jeter dans la flamme, il s'en écarte et s'enfuit. Ces phénomènes se

---

Cæs. XXXVIII, Casaubon sur Strabon, VII, p. 316, éd. de Paris 1620, et Le Paulmier de Grentemesnil, Ad. Auct. Gr. p. 248.

5. A, C, G, H et le Ms. de Munich, n° 2 : ἐνδιαιτᾶται.
6. D'après B, C, H et Xiphilin, l. l. au lieu de l'ancienne leçon ξηροτέραν.
7. Πλησία, dans A, B, C, G, H, et dans le Ms. de Munich n° 2.
8. C, E, G : προσδραμήν.

κἂν ἐς αὐτὴν τὴν φλόγα φέρηται, ἐξαναχωρεῖ τε [1] καὶ ἐκφεύγει. Καὶ ταῦθ' οὕτως ἑκάτερα περὶ πάντων ὁμοίως, πλὴν θανάτου τε καὶ γάμου, ποιεῖ. Περὶ γὰρ τούτων οὐδὲ ἔξεστί τινι ἀρχὴν αὐτοῦ πυθέσθαι τι. Τοῦτο μὲν τοιοῦτόν ἐστιν [2].

46. Ὁ δὲ δὴ Καῖσαρ, βραδύνοντος τοῦ Ἀντωνίοου, ᾧ τοὺς ὑπομείναντας ἐν τῷ Βρεντεσίῳ κομίσαι ἐπετέτακτο, καὶ οὐδὲ ἀγγελίας τινὸς περὶ αὐτῶν, διά τε τὸν χειμῶνα καὶ διὰ τὸν Βίβουλον, φοιτώσης, ὑπώπτευσε [3] σφᾶς μεσεύειν τε καὶ ἐφεδρεύειν τοῖς πράγμασιν· (οἷά που ἐν ταῖς στάσεσι φιλεῖ γίγνεσθαι·) καὶ διὰ τοῦτο βουλευθεὶς αὐτὸς καὶ μόνος γε ἐς τὴν Ἰταλίαν πλεῦσαι, ἐπέβη μὲν ἀκατίου τινός, ὥς τις ἄλλος, λέγων ὑπὸ τοῦ Καίσαρος πεπέμφθαι, καὶ τὸν κυβερνήτην αὐτοῦ, καίπερ πνεύματος ὄντος, ἐξεβιάσατο ἀναχθῆναι· ὡς μέντοι ἀπὸ τῆς γῆς ἐγένοντο, καὶ ὅ τε ἄνεμος ἰσχυρῶς κατέσπερχε, καὶ ὁ κλύδων δεινῶς [4] σφᾶς ἐξετάραττεν, ὥστε τὸν κυβερνήτην, μηδ' ἀναγκαζόμενον, ἔτι τολμῆσαι περαιτέρω πλεῦσαι, ἀλλὰ καὶ ἄκοντος αὐτοῦ ἐπανιέναι ἐπιχειρῆσαι [5]· ἐξέφηνεν ἑαυτὸν [6], καθάπερ ἐκ τούτου καὶ τὸν χειμῶνα παύσων, καὶ ἔφη, Θάρσει· Καίσαρα γὰρ ἄγεις. Τοιοῦτον μὲν δὴ φρόνημα, καὶ τοιαύτην ἐλπίδα, ἤτοι τηνάλλως [7], ἢ καὶ ἐκ μαντείας τινός, εἶχεν· ὥστε καὶ παρὰ τὰ φαινόμενα πίστιν τῆς σωτηρίας ἐχέγγυον

---

1. F : ἐξαναχωρεῖται.— 2. C : τοῦτο μέντοι καὶ τοιοῦτον.
3. C, F : ὑπόπτευσε. — 4. Omis dans E.
5. D'après Xiphilin, l. l. p. 16. La leçon vulgaire ἐπεχείρησεν est confirmée par A, B, F.

passent de cette manière, dans l'un et l'autre cas, quels que soient les événements qu'on désire connaître, excepté la mort et le mariage, sur lesquels il n'est permis absolument à personne de le consulter. Tel est l'oracle de Nymphæum.

46. Antoine, qui était chargé d'amener les soldats restés à Brindes, tardant à arriver et toutes les nouvelles étant interceptées de ce côté par l'hiver et par Bibulus, César les soupçonna de louvoyer et d'attendre les événements, comme il arrive d'ordinaire dans les guerres civiles. Il résolut donc de s'embarquer seul pour l'Italie, monta sur un esquif, sous un nom supposé, disant que César lui avait donné une mission, et força le pilote de lever l'ancre, malgré un vent impétueux. Quand ils se furent éloignés de la terre, le vent souffla avec violence, et les flots agités les remplirent d'effroi. Le pilote n'osait avancer davantage : la force même n'aurait pu l'y contraindre et, malgré César, il voulait rétrograder. César alors se fit connaître, comme s'il eût dû apaiser ainsi la tempête, et s'écria: « Prends courage, tu « portes César. » Il avait une si haute opinion de lui et de si grandes espérances, conçues témérairement ou d'après certaines prédictions, qu'il ne doutait pas de son salut, alors même que tout semblait lui être

---

6. G : ἐξέφηνε ἑαυτόν.

7. Comme Reimarus et Sturz, je n'hésite pas à substituer, d'après A et d'après Xiphilin, cette leçon à l'ancienne, ἢ τοιαύτην ἄλλως. Nic. Leoniceno est favorable à ce changement : *o vanamente, o per qualche oracolo.* M. Imm. Bekker lit : ἤτοι τὴν ἄλλως.

ποιεῖσθαι. Οὐ μέντοι καὶ ἐπεραιώθη· ἀλλ' ὡς [1] ἐπὶ πολὺ μάτην πονήσας ἀνέπλευσε [2].

47. Καὶ μετὰ τοῦτο τῷ Πομπηΐῳ περὶ τὸν Ἄψον ἀντεστρατοπεδεύσατο [3]. Ἐκεῖνος γὰρ, ἐπειδὴ πρῶτον τῆς ἀφίξεως αὐτοῦ ᾔσθετο, οὐκ ἀνεβάλετο [4], ἀλλ' ἐλπίσας [5] ῥᾳδίως αὐτὸν, πρὶν καὶ τοὺς ἄλλους τοὺς μετὰ τοῦ Ἀντωνίου ὄντας προσλαβεῖν, κατεργάσασθαι, σπουδῇ πρὸς τὴν Ἀπολλωνίαν δυνάμει τινὶ ἤλασεν. Ὁ οὖν Καῖσαρ μέχρι μὲν τοῦ ποταμοῦ ἀπήντησέν οἱ, νομίσας ἀξιόμαχος καὶ ὡς τοῖς τότε προσιοῦσι [6] γενήσεσθαι· ἐπεὶ δὲ [7] ἔμαθεν ὅτι πολὺ τῷ πλήθει ἠλαττοῦτο, ἡσύχασε. Καὶ ὅπως γε μήθ' ὑπὸ δέους τοῦτο ποιεῖν, μήτε ἐξάρχειν [8] τοῦ πολέμου νομισθείη, λόγους τέ τινας συμβατηρίους [9] σφίσι καθίη [10], καὶ κατὰ τοῦτο διῆγε. Γνοὺς δὲ ταῦθ' ὁ Πομπήϊος, συμβαλεῖν μὲν αὐτῷ ὡς ὅτιτάχιστα ἠθέλησε, καὶ διὰ τοῦτο καὶ τὸν ποταμὸν ἐπιδιαβῆναι [11] ἐπεχείρησεν· ὡς δὲ ἡ γέφυρα βάρος λαβοῦσα διελύθη, καί τινες τῶν προδιαβεβηκότων [12] μονωθέντες ἀπώλοντο, ἐπέσχεν, ἀθυμήσας ὅτι πρῶτον τῶν τοῦ πολέμου ἔργων ἁπτόμενος ἐπταίκει. Κἂν

1. Reiske propose de supprimer cette particule, qui lui paraît être inutile ou indiquer une omission. M. Imm. Bekker l'a retranchée : je l'ai conservée d'après Sturz : « *Ut qui diu frustra laborasset.* Nam particula ὡς, participio juncta, sæpe index est causæ. »
2. A, C, F : ἀνέπλευσεν.
3. Cf. Cæs. De Bell. civ. III, 13.
4. A, B, C, H : ἀνεβάλλετο.
5. A, C, G : ἀλλὰ ἐλπίσας.

contraire. Cependant il ne traversa pas la mer et retourna en arrière, après avoir longtemps lutté en vain.

47. Ensuite, il établit son camp auprès de l'Apsus, en face de Pompée. Celui-ci, dès qu'il fut instruit de l'arrivée de César, se dirigea sans délai vers Apollonie avec une partie de son armée, dans l'espoir d'en avoir facilement raison, avant qu'il eût reçu les renforts d'Antoine. César marcha à sa rencontre jusqu'à ce fleuve, persuadé que ses forces seraient suffisantes pour tenir tête aux ennemis qu'il avait alors devant lui; mais, ayant reconnu qu'elles étaient très-inférieures en nombre, il s'arrêta là. Cependant, pour ne point paraître céder à la peur ou donner le signal de la guerre, il fit proposer un accommodement à Pompée, voulant gagner du temps par ce moyen. Celui-ci pénétra ses intentions, résolut de l'attaquer le plus tôt possible et tenta de traverser le fleuve; mais son armée fut un trop lourd fardeau pour le pont, qui se rompit. Quelques-uns de ses soldats, qui avaient passé les premiers, se trouvèrent isolés et furent massacrés. Pompée, découragé par le mauvais succès de cette première tentative, n'en fit pas d'autre. Antoine étant

---

6. D'après B et H, comme Reimarus, Sturz et M. Imm. Bekker, au lieu de la leçon vulgaire προϊοῦσι.

7. H : ἐπειδὴ δέ. — 8. F : μήτ' ἐξάρχειν.

9. Dans G, le copiste a tout confondu : λόγους τε τινὰς συμβαλεῖν τοῦ πολέμου νομισθείη· λόγους τε τινὰς συμβατηρίους κτλ.

10. A, B, F, H : καθείη. Cf. Caes. l. l. 17-19.

11. Xiphilin, l. l. : διαβῆναι.

12. E : προδεδιαβεβηκότων (sic).

τούτῳ καὶ τοῦ Ἀντωνίου ἐπελθόντος, φοβηθεὶς ἀπεχώρησε πρὸς τὸ Δυρράχιον [1].

48. Ἕως [2] μὲν γὰρ ὁ Βίβουλος ἔζη, οὐδ' ἀπᾶραι ἐκεῖνος ἐκ τοῦ Βρεντεσίου ἐτόλμησε [3]· (τοσαύτη ποι φυλακὴ αὐτοῦ ἐγίγνετο·) ἐπεὶ δὲ αὐτός τε ἐκκαμὼν ὑπὸ τῆς ταλαιπωρίας ἐτελεύτησε [4], καὶ τὴν ναυαρχίαν ὁ Λίβων διεδέξατο [5], κατεφρόνησεν αὐτοῦ, καὶ ἀνηγάγετο ὡς καὶ βιασόμενος τὸν ἔκπλουν. Καταχθείς [6] τε ἐς τὴν γῆν, ἠμύνατό τε αὐτὸν ἰσχυρῶς προσβάλλοντά οἱ [7], καὶ μετὰ τοῦτο ἐπεκβῆναί ποι βουληθέντα, οὐδαμῇ τῆς ταύτῃ ἠπείρου προσορμισθῆναι εἴασεν [8]. Ἀπορήσας οὖν ὁ Λίβων [9] καὶ ὅρμου καὶ ὕδατος (τὸ γὰρ νησίδιον τὸ πρὸ τοῦ [10] λιμένος ὄν, ἐς ὅπερ μόνον προσέχειν ἐδύνατο [11], καὶ ἄνυδρον καὶ ἀλίμενόν ἐστιν·), ἀπέπλευσε πόρρω ποι, ὅπου ἀμφοτέρων εὐπορήσειν ἔμελλε [12]. Καὶ οὕτως ὁ Ἀντώνιος ἐξαναχθεὶς ὕστερον, πρὸς μὲν ἐκείνου, καίπερ μετεώροις σφίσιν ἐπιχειρῆσαι θελήσαντος [13], οὐδὲν ἔπαθε [14]· χειμὼν γὰρ σφοδρὸς ἐπιγενόμενος ἐκώλυσε τὴν ἐπίθεσιν· πρὸς δὲ δὴ αὐτοῦ τούτου ἀμφότεροι ἐκακοπάθησαν.

49. Διασωθέντων δ' οὖν [15] τῶν στρατιωτῶν, ὅ τε Πομ-

1. Cf. Caes. l. l. 26-30.
2. D'après Xiphilin, l. l., au lieu de la leçon vulgaire τέως, confirmée par les Mss.
3. B, F : ἐτόλμησεν. — 4. Cf. Caes. l. l. III, 18.
5. Suivant César, l. l., après la mort de Bibulus, personne n'eut le commandement en chef de la flotte; mais ailleurs, l. l. 23, il dit que cinquante vaisseaux furent placés sous les ordres de L. Scribonius Libon.
6. B : καὶ ταραχθείς. H : καταραχθείς.

arrivé sur ces entrefaites, il fut saisi de crainte et se dirigea vers Dyrrachium.

48. Tant que Bibulus vécut, Antoine n'osa pas quitter le port de Brindes, tant la mer était bien gardée; mais lorsqu'il eut succombé à de grandes fatigues et que le commandement de la flotte fut entre les mains de Libon, Antoine, à qui ce nouveau chef n'inspirait aucune crainte, mit à la voile, bien décidé à s'ouvrir un passage dans la mer, même par la force. Contraint de regagner la terre, il repoussa Libon qui l'attaquait avec vigueur, et, lorsque celui-ci essaya ensuite d'aborder, Antoine ne lui permit pas d'approcher de ces côtes. Libon, privé de mouillage et d'eau (la petite île située devant le port, la seule où il pût toucher terre, n'avait ni eau ni rade), s'éloigna, espérant trouver l'une et l'autre sur un autre point. Ainsi, Antoine put mettre de nouveau à la voile : Libon, qui avait résolu de tomber sur lui en pleine mer, ne lui fit aucun mal; car il s'éleva une violente tempête, qui empêcha Libon de l'attaquer et causa du dommage aux deux flottes.

49. Pompée, après que ses soldats eurent échappé au

---

7. A, F : προσβαλόντα. Cf. Cæs. l. 1. 23.

8. G : εἶχεν. — 9. C, G : Λίχων, par la confusion de β avec χ.

10. G, H : πρὸς τοῦ.

11. D'après B : Sturz et M. Imm. Bekker adoptent aussi cette leçon, au lieu de l'ancienne ἠδύνατο. Cf. la note de Sturz, p. 743, tom. I.

12. G : ἔμελλεν. — 13. A, B, F : ἐθελήσαντος. — 14. C, G : ἔπαθεν.

15. D'après C, H, je substitue, comme M. Imm. Bekker, cette leçon à l'ancienne διασωθέντων νῦν.

374 ΤΩΝ ΔΙΩΝΟΣ ΙΣΤΟΡΙΩΝ ΡΩΜ. ΒΙΒΛ. ΜΑ.

πήϊος ἐς τὸ Δυρράχιον (ὥσπερ εἶπον) ἀπεχώρησε, καὶ ὁ Καῖσαρ ἐπηκολούθησεν[1] αὐτῷ, θαρσήσας, ὅτι τῷ πλήθει τῶν τότε συνόντων οἱ περιῆν, ἐκ τῶν προσγεγενημένων[2]. Τὸ δὲ Δυρράχιον ἐν τῇ γῇ τῇ πρότερον μὲν Ἰλλυριῶν τῶν Παρθινῶν, νῦν δὲ, καὶ τότε γε ἤδη, Μακεδονίας νενομισμένη[3], κεῖται· καὶ ἔστιν[4] ἐπικαιρότατον, εἴτ' οὖν ἡ Ἐπίδαμνος ἡ τῶν Κερκυραίων[5], εἴτε καὶ ἑτέρα τις οὖσα. Καὶ οἱ μὲν τοῦτο γράψαντες, τήν τε κτίσιν[6] αὐτῆς καὶ τὸ ὄνομα ἐς Δύρραχον[7] ἥρωα ἀναφέρουσιν· οἱ δ' ἕτεροι Δυρράχιον ἀντονομασθῆναι τὸ χωρίον ὑπὸ τῶν Ῥωμαίων πρὸς τὴν τῆς ῥαχίας[8] δυσχέρειαν, ἔφασαν· ὅτι ἡ τῆς Ἐπιδάμνου πρόσρησις ζημίας δήλωσιν[9] ἐν τῇ τῶν Λατίνων γλώσσῃ ἔχουσα, δυσοιώνιστος σφίσιν[10] ἐς τὸ περαιοῦσθαι[11] ἐς αὐτὴν ἔδοξεν[12] εἶναι.

50. Πρὸς οὖν τοῦτο τὸ Δυρράχιον ὁ Πομπήϊος καταφυγὼν, στρατόπεδόν τε ἔξω τῆς πόλεως ἐποιήσατο, καὶ τάφρους βαθείας σταυρώματά τε ἰσχυρὰ περιεβάλετο[13].

---

1. Cf. Cæs. l. l. 34.
2. Avec Reimarus, Sturz et M. Imm. Bekker, à la leçon vulgaire προγεγενημένων je substitue προσγεγενημένων, proposé par Xylander et confirmé par B, C, et par Nic. Leoniceno : *Confidandosi nella moltitudine per laquale lui era superiore, per quegli i quali erano aggiunti*.
3. L'ancienne leçon καὶ τότε γε, ἥδε Μακεδονία νενομισμένη κεῖται, confirmée par les Mss., ne fournit aucun sens. Leunclavius propose : καὶ τότε γε ἤδη, Μακεδονίᾳ νενομισμένῃ, κεῖται. Avec Reimarus, Sturz et M. Imm. Bekker, je préfère la conjecture d'Oddey, confirmée par Nic. Leoniceno : *Et in quel tempo era ascritto al paese di Macedonia*.
4. C : ἔστι.
5. D'après Xiphilin, l. l. p. 17, Reimarus, Sturz et M. Imm. Bekker. La leçon vulgaire καὶ ἡ τῶν Κερκυραίων se trouve dans A, B, E, F, H.

danger, se dirigea, comme je l'ai dit, vers Dyrrachium. César s'attacha à ses pas, plein de confiance ; parce que, grâce aux renforts qu'il avait reçus, ses troupes étaient plus nombreuses que celles de son rival. Dyrrachium est situé sur une terre qui appartenait autrefois aux Illyriens Parthiniens et qui maintenant, comme déjà à cette époque, appartient à la Macédoine : sa position est excellente; que ce soit Épidamne fondée par les Corcyréens, ou bien une autre. Les écrivains qui ont adopté cette opinion font remonter sa fondation et son nom à un héros appelé Dyrrachus. Les autres disent que le nom de Dyrrachium, qui lui a été donné par les Romains, est tiré des rochers qui en rendent l'accès difficile ; parce qu'Épidamne, signifiant dommage dans la langue latine, leur parut être de mauvais augure pour aborder sur ces plages.

50. Pompée s'étant donc retiré à Dyrrachium établit son camp hors de la ville et l'entoura de fossés profonds et de fortes palissades. César campa en face et l'attaqua,

---

6. H : κτῆσιν, leçon fautive, conservée par Rob. Étienne.

7. D'après Xylander, au lieu de la leçon vulgaire Δυρράχιον que portent A, B, H.

8. Cf. Xiphilin, l. l. p. 16. H porte ῥαχί pour ῥαχίας : le copiste a oublié de placer sur l'ι le signe abréviatif de la terminaison ας.

9. Avec M. Imm. Bekker, je substitue cette leçon, proposée par Reiske, à l'ancienne ζημιώδη δήλωσιν, moins satisfaisante.

10. Les mots ἐν τῇ — σφίσιν manquent dans G.

11. D'après Xiphilin, l. l., au lieu de la leçon vulgaire ἐν τῷ περαιοῦσθαι.

12. Pompon. Mela, II, 3 : Dyrrachium, Epidamnos ante erat : Romani nomen mutavere, quia, velut in damnum ituris, omen id visum est. De là, le bon mot de Plaute, Menæch. II, 1 : Ne mihi damnum in Epidamno duis.

13. Περιεβάλλετο, dans A, B, C, F, G.

Καὶ αὐτῷ ὁ Καῖσαρ ἐπιστρατοπεδεύσας προσέμιξε μὲν ὡς καὶ δι' ὀλίγου τὸ χαράκωμα τῷ πλήθει τῶν στρατιωτῶν αἱρήσων· ἐπεὶ δὲ ἀπεκρούσθη, ἐπεχείρησεν αὐτὸ ἀποτειχίσαι [1]. Καὶ ἐκεῖνός τε ἅμα τοῦτ' εἰργάζετο· καὶ ὁ Πομπήϊος τὰ μὲν διεσταύρου, τὰ δὲ ἀπετείχιζε [2] καὶ διετάφρευε· πύργους τε ἐπὶ τῶν μετεώρων καὶ φυλακὰς ἐπικαθίστη, ὡς τήν τε περίοδον τοῦ περιτειχίσματος ἀπέραντον, καὶ τὴν ἔφοδον καὶ κρατοῦσι τοῖς ἐναντίοις ἄπορον ποιῆσαι. Πολλαὶ μὲν οὖν καὶ ἐν τούτῳ μάχαι αὐτῶν, βραχεῖαι δ' ὅμως [3] ἐγίγνοντο· καὶ ἐν ταύταις τοτὲ μὲν οὗτοι, τοτὲ δὲ ἐκεῖνοι καὶ ἐνίκων καὶ ἐνικῶντο· ὥστε καὶ θνήσκειν τινὰς ἀμφοτέρων ὁμοίως. Αὐτοῦ δὲ δὴ τοῦ Δυρραχίου ὁ Καῖσαρ, μεταξὺ τῶν τε ἑλῶν καὶ τῆς θαλάσσης, νυκτός, ὡς καὶ προδοθησομένου, τῶν τε ἀμυνομένων πειράσας [4], εἴσω μὲν τῶν στενῶν παρῆλθε· προσπεσόντων δέ οἱ [5] ἐνταῦθα πολλῶν μὲν κατὰ πρόσωπον, πολλῶν δὲ καὶ κατόπιν, οἱ πλοίοις παρακομισθέντες, ἐξαίφνης αὐτῷ ἐπέθεντο, καὶ συχνοὺς ἀπέβαλε, καὶ ὀλίγου καὶ αὐτὸς ἐφθάρη. Γενομένου δὲ τούτου ὁ Πομπήϊος ἐπιθαρσήσας, ἐπεβούλευσε νυκτὸς τῷ περιτειχίσματι [6]· καὶ ἐκείνου τέ

---

1. A, B, C, E, G : ἀποτειχῆσαι.
2. Avec M. Imm. Bekker, je substitue, d'après Reiske, cette leçon à l'ancienne, ὑπετείχιζε.
3. Xiphilin, l. l. p. 16, porte βραδεῖαι δ' ὅμως, au lieu de la leçon vulgaire βραχεῖαι δ' οὖν. Comme Sturz j'emprunte ὅμως à cet abréviateur; mais βραδεῖαι doit être remplacé par βραχεῖαι. Je lis donc βραχεῖαι δ' ὅμως. M. Imm. Bekker adopte : βραχεῖαι δ' οὖν.

dans l'espoir d'emporter bientôt ses retranchements, grâce au nombre de ses soldats ; mais il fut repoussé et essaya de les entourer de circonvallations. Pendant qu'il exécutait ces travaux, Pompée, de son côté, fit construire des palissades sur certains points, bâtir des remparts et creuser des fossés sur d'autres : il éleva des tours sur les hauteurs et y plaça des troupes. Ces travaux de défense formèrent un cercle immense que l'ennemi ne pourrait franchir, alors même qu'il aurait l'avantage. Plusieurs engagements eurent lieu pendant qu'on les faisait, mais ils furent sans importance : la victoire pencha tantôt d'un côté, tantôt de l'autre, et les deux armées comptèrent à peu près le même nombre de morts. César, pendant la nuit, approcha de Dyrrachium même, après avoir cherché à corrompre les soldats chargés de sa défense, et pénétra jusqu'à la passe étroite qui se trouvait entre les marais et la mer, espérant que la ville lui serait livrée par trahison. Là, pris en face par une partie considérable des ennemis, en même temps que beaucoup d'autres, portés sur des barques, tombèrent inopinément sur ses derrières, il perdit un grand nombre de soldats : peu s'en fallut qu'il ne pérît lui-même. Rassuré par ce succès, Pompée épia le moment de tenter, à la faveur des ténèbres, un coup de main sur les fortifications de César, les attaqua inopinément, en prit une

---

4. Cette leçon est correcte et fournit un sens très-satisfaisant. C'est donc gratuitement que Reiske voudrait ajouter κειμένου après θαλάσσης et remplacer τῶν τε ἀμυνομένων πειράσας par ὑπὸ τῶν παραμενόντων πειράσας, ou bien par τῶν τε ἔνδον οὐδὲν ἀμυνουμένων.

5. Comme Reimarus, Sturz et M. Imm. Bekker, je substitue, d'après H. Etienne, cette accentuation à l'ancienne δὲ οἱ.

6. Cf. Cæs. l. l. III, 69 et suiv.

τι ἀπροσδόκητος προσπεσὼν εἷλε, καὶ φόνον τῶν αὐλιζομένων πρὸς αὐτῷ [1] πολὺν εἰργάσατο.

51. Ὁ οὖν Καῖσαρ, ὡς ταῦτά τε συνεβεβήκει, καὶ ὁ σῖτος αὐτὸν ἐπελελοίπει, (ἥ τε γὰρ θάλασσα καὶ ἡ γῆ πᾶσα ἡ πλησία ἀλλοτρία αὐτῷ ἦν, καί τινες διὰ ταῦτα καὶ ἀπηυτομολήκεσαν·) δείσας μήτοι [2] προσεδρεύων καταπολεμηθῇ, ἢ καὶ ὑπὸ τῶν ἄλλων ἐγκαταλειφθῇ, πάντα μὲν τὰ ᾠκοδομημένα κατέστρεψε, πάντα δὲ τὰ παραβεβλημένα [3] προσδιέφθειρε. Καὶ μετὰ τοῦτο ἐξαίφνης ἄρας ἐς Θεσσαλίαν ὥρμησεν [4]· ἐν γὰρ τῷ αὐτῷ τούτῳ χρόνῳ ᾧ τὸ Δυρράχιον [5] ἐπολιορκεῖτο, Λούκιός τε Κάσσιος Λογγῖνος καὶ Γναῖος Δομίτιος Καλουῖνος ἔς τε τὴν Μακεδονίαν καὶ ἐς τὴν Θεσσαλίαν ὑπ' αὐτοῦ πεμφθέντες, Λογγῖνος μὲν ἐνταῦθα ὑπό τε τοῦ Σκηπίωνος [6] καὶ ὑπὸ Σαδάλου [7] Θρακὸς ἰσχυρῶς ἐσφάλη· Καλουῖνος δὲ τῆς μὲν Μακεδονίας ὑπὸ τοῦ Φαύστου [8] ἀπεώσθη· Λοκρῶν δὲ δὴ καὶ Αἰτωλῶν προσχωρησάντων οἱ, ἔς τε τὴν Θεσσαλίαν μετ' αὐτῶν ἐσέβαλε, καὶ τὸν Σκηπίωνα [9] μάχαις, τῇ μὲν λοχισθεὶς, τῇ δ' ἀντενεδρεύσας ἐνέδρευσε [10]· καὶ ἀπ' αὐτοῦ καὶ πόλεις τινὰς προσεποιήσατο. Ἐνταῦθα οὖν ὁ Καῖσαρ, ὡς καὶ ῥᾷον σὺν ἐκείνοις τῆς τε τροφῆς εὐπορή-

---

1. C : πρὸς αὐτό. — 2. F : μή τι. M. Imm. Bekker lit : μὴ ἤτοι.
3. Reiske aimerait mieux προσβεβλημένα. Ces deux mots sont souvent confondus.
4. Cf. Cæs. l. l. III, 80.
5. D'après Leunclavius, je substitue, comme M. Imm. Bekker, cette leçon à l'ancienne : τῷ αὐτῷ τούτῳ χρόνῳ τὸ Δυρράχιον.

partie et tailla en pièces ceux qui avaient leurs tentes près de là.

51. Ces événements et le manque de vivres firent craindre à César que le siége du camp, s'il se prolongeait, ne l'exposât à être battu par Pompée, ou abandonné par le reste de son armée : la mer et les pays d'alentour lui étaient hostiles, et par cela même son armée comptait plusieurs transfuges. Il renversa les forts qu'il avait élevés, détruisit les retranchements qu'il avait établis, donna subitement le signal du départ et se dirigea vers la Thessalie; car, pendant le siége de Dyrrachium, L. Cassius Longinus et Cn. Domitius Calvinus avaient été envoyés par César en Macédoine et en Thessalie. Scipion et le Thrace Sadalus firent essuyer au premier une grande défaite, et Calvinus fut chassé de la Macédoine par Faustus; mais, les Locres et les Étoliens s'étant joints à lui, il envahit la Thessalie. En butte, dans un combat, aux embûches de Scipion, il lui en tendit à son tour dans un autre et remporta sur lui une double victoire, qui amena la soumission de plusieurs villes. César se dirigea incontinent vers cette contrée, espérant qu'avec leur concours, il lui serait plus facile de se procurer des vivres et de soutenir la

---

6. D'après G, au lieu de Σκιπίωνος : de même, l. 18, Σκηπίωνα, au lieu de Σκιπίωνα. — 7. E : Σανδάλου.

8. Le fils de Sylla. — 9. Le beau-père de Pompée. Cf. Cæs. l. l. 37.

10. Leunclavius, Turnèbe et Oddey proposent de substituer ἐνίκησε à ἐνέδρευσε, signalé comme fautif par Xylander. Avec Sturz, j'aimerais mieux ἐκράτησε : j'ai traduit d'après la conjecture de Leunclavius.

σων, καὶ τὸν πόλεμον διοίσων, ἠπείχθη. Καὶ ἐπειδὴ οὐδεὶς αὐτὸν, ἅτε κακῶς πεπραγότα ἐδέχετο, τῶν μὲν ἄλλων καὶ ἄκων ἀπείχετο· Γόμφοις δὲ δὴ, πολίχνῃ τινὶ Θεσσαλικῇ προσπεσὼν, καὶ κρατήσας, πολλούς τε ἔκτεινε, καὶ πάντας [1] διήρπασεν· ὅπως καὶ τοὺς ἄλλους ἐκ τούτου καταφοβήσῃ. Αὐτίκα γοῦν Μητρόπολις, ἕτερόν τι πόλισμα, οὐδὲ ἐς χεῖρας αὐτῷ ἦλθεν, ἀλλ᾽ ἀμαχὶ ὡμολόγησε [2]· καὶ σφᾶς κακὸν οὐδὲν δράσας, ῥᾷον καὶ ἄλλους τινὰς ἀφ᾽ ἑκατέρου προσεποιήσατο. Καὶ ὁ μὲν ἰσχυρὸς αὖθις ἐγίγνετο.

52. Πομπήϊος δὲ οὐκ ἐπεδίωξε μὲν αὐτόν· (νυκτός τε γὰρ ἐξαπιναίως ἀπανέστη, καὶ τὸν ποταμὸν τὸν Γενουσὸν σπουδῇ διέβη·) οὕτω μέντοι τὴν γνώμην εἶχεν, ὡς καὶ διαπεπολεμηκώς. Κἀκ τούτου τὸ μὲν τοῦ αὐτοκράτορος ὄνομα ἔλαβεν [3], οὐ μέντοι καὶ ἐμεγαληγόρει τι, ἢ καὶ δάφνην τινὰ ταῖς ῥάβδοις περιῆψε [4], δυσχεραίνων ἐπὶ πολίταις τοιοῦτόν τι [5] ποιῆσαι. Ἐκ δὲ δὴ τῆς αὐτῆς ταύτης διανοίας, οὐδὲ ἐς τὴν Ἰταλίαν οὔτ᾽ αὐτὸς ἔπλευσεν, οὔτ᾽ ἄλλους τινὰς ἔπεμψε, καίτοι ῥᾳδίως ἂν πᾶσαν αὐτὴν κατασχών. Τῷ τε γὰρ ναυτικῷ πολὺ ἐκράτει, ἅτε πεντακοσίας ναῦς ταχείας ἔχων [6] ὥστε πανταχόσε ἅμα καταρᾶι· καὶ τὰ ἐκεῖ οὔτ᾽ ἄλλως αὐτῷ ἤχθετο, οὔτε,

1. Xylander propose πάντα. Reiske défend avec raison l'ancienne leçon. Elle est confirmée par les Mss. et par Nic. Leoniceno : *Et quegli messe tutti a sacco.*
2. C, G : ὡμολόγησεν.
3. Caes. l. l. 71 : Pompeius eo praelio Imperator est appellatus. Hoc no-

guerre; mais personne ne l'accueillit à cause de ses revers. Forcé de laisser de côté les autres villes, il se jeta sur Gomphi, petite ville de la Thessalie, s'en empara, y fit un grand carnage et la livra au pillage, pour que cet exemple répandît la terreur dans tout le pays. Aussi Métropolis, autre petite ville de la Thessalie, n'essaya pas même de lui résister et se rendit sans combattre. César ne lui fit aucun mal : le sort contraire de ces deux villes rendit plus facile la soumission de plusieurs autres, et il redevint puissant.

52. Pompée ne poursuivit point César, qui s'était éloigné soudain pendant la nuit et avait traversé en toute hâte le fleuve Genusus. Persuadé qu'il avait mis fin à la guerre, il prit le titre d'Imperator; mais il ne se permit pas la moindre jactance dans son langage et n'entoura pas ses faisceaux de lauriers : il lui répugnait de faire parade d'une victoire remportée sur des concitoyens. Le même sentiment le détermina à ne point faire voile vers l'Italie et à n'y envoyer personne, quoiqu'il lui fût facile de l'occuper tout entière; car ses forces navales étaient considérables. Il avait cinq cents vaisseaux légers et il pouvait aborder sur tous les points à la fois. D'ailleurs les esprits n'étaient pas mal

---

meu obtinuit, atque ita se postea salutari passus est. Sed neque in litteris quas scribere est solitus, neque in fascibus insignia laureæ prætulit.

4. A, G : περιῆψεν. — 5. F, G : τοιοῦτό τι. C : τοιοῦτό τοι.

6. Le passage τῷ τε γὰρ — ταχείας ἔχων a été ajouté par Gronove, d'après A. Il se trouve aussi dans B, moins τε qui a été omis.

εἰ καὶ τὰ¹ μάλιστα ἠλλοτρίωτο, ἀξιόμαχά γε ἀντιπολεμῆσαι ἦν. Πορρωτέρω γὰρ² τοῦ περὶ αὐτῆς δόξαι πολεμεῖν, ἀφεστηκέναι ἐβούλετο, καὶ φόβον οὐδένα τοῖς ἐν τῇ Ῥώμῃ τότε οὖσι³ παρασχεῖν ἠξίου. Τῆς μὲν οὖν Ἰταλίας διὰ ταῦτ' οὐκ ἐπείρασεν⁴· οὐ μὴν οὐδὲ ἐπέστειλε τῷ κοινῷ περὶ τῶν πραχθέντων οὐδέν. Ἐπὶ δὲ δὴ τὸν Καίσαρα μετὰ τοῦθ' ὁρμήσας, ἐς τὴν Θεσσαλίαν ἀφίκετο.

53. Ἀντικαθημένων δὲ αὐτῶν ἀλλήλοις, ἡ μὲν ὄψις τῶν στρατοπέδων πολέμου τινὰ εἰκόνα ἔφερεν· ἡ δὲ δὴ χρεία τῶν ὅπλων ὡς καὶ ἐν εἰρήνῃ ἡσύχασε· τό τε γὰρ μέγεθος τοῦ κινδύνου διασκοποῦντες, καὶ τὸ ἄδηλον τό τε ἀστάθμητον τῶν πραγμάτων προορώμενοι, καί τινα καὶ αἰδῶ τοῦ τε ὁμοφύλου⁵ καὶ τῆς συγγενείας ἔτι ποιούμενοι, διέμελλον· κἂν τούτῳ καὶ λόγους περὶ φιλίας σφίσιν ἀντέπεμπον⁶, καί τισι καὶ συναλλαγήσεσθαι διακενῆς ἔδοξαν. Αἴτιον δὲ, ὅτι τοῦ τε παντὸς κράτους ἀμφότεροι ἐφιέμενοι, καὶ πολλῇ μὲν φιλοτιμίᾳ ἐμφύτῳ, πολλῇ δὲ καὶ φιλονεικίᾳ ἐπικτήτῳ χρώμενοι, (πρός τε γὰρ τῶν ἴσων καὶ πρὸς τῶν οἰκειοτάτων ἥκιστά τινες ἐλαττούμενοι φέρουσιν·) οὔτε τι συγχωρῆσαι ἀλλήλοις ἤθελον, ὥσπερ καὶ⁷ ἀμφότεροι κρατῆσαι δυνάμενοι· οὔτε πιστεῦσαι, κἂν συμβαθῇ⁸ τι, ἐδύ-

---

1. Omis dans G, H.
2. Je traduis d'après la leçon de M. Imm. Bekker, πόρρω τε γάρ, et d'après Nic. Leoniceno : *Volea esser molto remoto da parere combattere per Italia*. — 3. B : οὖσιν.
4. C : ἐπέρασεν. « Male, dit Reimarus : repugnat constructio τῆς Ἰταλίας. »

disposés pour lui, et, alors même qu'ils l'auraient été, il n'y avait pas des forces suffisantes pour lui résister. Enfin il désirait beaucoup ne pas être soupçonné de faire la guerre en vue de l'Italie et ne voulait causer aucune crainte à ceux qui étaient à Rome. Il n'entreprit donc rien contre ce pays et n'adressa même aux magistrats de la République aucune lettre sur ses exploits. Puis, s'étant mis à la poursuite de César, il arriva en Thessalie.

53. Campées vis-à-vis l'une de l'autre, les deux armées présentaient une image de la guerre ; mais les armes étaient au repos, comme en pleine paix. L'imminence d'un grand danger, l'obscurité de l'avenir, l'incertitude du succès, une certaine honte de mettre aux prises des concitoyens et des parents, tenaient les deux chefs en suspens. Pendant ces hésitations, ils entrèrent en négociation, et plusieurs conçurent en vain l'espérance de voir ces tentatives de réconciliation réussir. Et en effet, César et Pompée aspiraient l'un et l'autre à l'empire : naturellement dévorés d'ambition, en proie à une rivalité née des circonstances (car certains hommes ne peuvent se résigner à être au-dessous de leurs égaux et de leurs proches), ils ne voulaient se faire aucune concession, parce que chacun espérait vaincre, et ils ne pouvaient se persuader que, même après avoir traité, ils ne chercheraient pas l'un et l'autre à accroître

---

5. G : ὁμοφίλου.

6. Cf. Cæs. l. l. III, 57 et suiv.

7. Omis dans A, B, G.

8. D'après Sturz, au lieu de la leçon vulgaire συνϐάνθη. Cf. tome I, p. 750 de son édition.

ναντο, μὴ οὐ τοῦ πλείονός τε ἀεὶ σφᾶς ὀριγνήσεσθαι, καὶ ὑπὲρ τοῦ παντὸς αὖθις στασιάσειν.

54. Γνώμῃ μὲν γὰρ τοσοῦτον ἀλλήλων διέφερον, ὅσον Πομπήϊος μὲν, οὐδενὸς ἀνθρώπων δεύτερος, Καῖσαρ δὲ, καὶ πρῶτος πάντων εἶναι ἐπεθύμει· καὶ ὁ μὲν, παρ' ἑκόντων τε τιμᾶσθαι, καὶ ἐθελόντων προστατεῖν, φιλεῖσθαί τε ἐσπούδαζε· τῷ δὲ οὐδὲν ἔμελεν [1] εἰ καὶ ἀκόντων ἄρχοι, καὶ μισοῦσιν ἐπιτάσσοι, τάς τε τιμὰς αὐτὸς ἑαυτῷ διδοίη. Τὰ μέντοι [2] ἔργα, δι' ὧν ἤλπιζον πάνθ' ὅσα ἐβούλοντο καταπράξειν, ἀμφότεροι ὁμοίως καὶ [3] ἀνάγκῃ ἐποίουν. Ἀδύνατον γὰρ ἦν αὐτῶν κατατυχεῖν τινι μὴ οὐ τοῖς τε οἰκείοις πολεμοῦντι, καὶ τοὺς ὀθνείους ἐπὶ τοὺς ὁμοφύλους ἄγοντι, καὶ πολλὰ μὲν χρήματα ἀδίκως συλῶντι, πολλοὺς δὲ καὶ τῶν φιλτάτων ἀνόμως [4] κτείναντι· ὥστε, εἰ καὶ ταῖς ἐπιθυμίαις διήλλαττον [5], ἀλλὰ ταῖς γε πράξεσι [6], δι' ὧν ἀποπληρώσειν αὐτὰς ἤλπιζον, ὡμοιοῦντο. Καὶ διὰ τοῦτο οὔθ' ὑφίεντό [7] τινος ἀλλήλοις, καίπερ πολλὰς δικαιώσεις [8] προτεινάμενοι [9], καὶ ἐς χεῖρας τελευτῶντες ἦλθον.

55. Ἐγένετο δὲ ὁ ἀγὼν μέγας, καὶ οἷος οὐχ ἕτερος. Αὐτοί τε γὰρ ἄριστοι πρὸς πάντα τὰ πολέμια [10] καὶ εὐ-

1. Ἔμελλεν dans les Mss.
2. D'après les Mss., je substitue, comme Reimarus, Reiske, Sturz et M. Imm. Bekker, cette leçon à l'ancienne μὲν δή.
3. Suivant Reiske, il faut supprimer cette conjonction, ou admettre qu'il y a ici une lacune. Il propose de la combler ainsi : παρὰ τὴν ἑαυτῶν φύσιν καί.

incessamment leur puissance et ne susciteraient pas de nouveaux orages pour la posséder sans partage.

54. Ils différaient essentiellement l'un de l'autre, en ce que Pompée ne voulait pas être à la seconde place et que César convoitait la première. Pompée était jaloux d'obtenir des honneurs décernés volontairement, d'exercer une autorité librement acceptée et d'être aimé de ceux qui lui obéissaient. César, au contraire, ne s'inquiétait pas si on lui obéissait à contre-cœur, si son autorité était détestée, s'il s'était arrogé lui-même les honneurs dont il était revêtu. Du reste, ils étaient fatalement entraînés tous les deux aux mêmes actes pour arriver à leurs fins, et ils ne pouvaient y parvenir sans faire la guerre à des concitoyens, sans armer des barbares contre leur patrie, sans extorquer des sommes considérables, sans faire périr illégalement un grand nombre de leurs amis. Leurs passions étaient donc différentes, mais ils devaient recourir aux mêmes moyens pour les satisfaire. Aussi ne se firent-ils aucune concession, tout en s'enveloppant de mille spécieux prétextes, et ils finirent par en venir aux mains.

55. La bataille fut si terrible qu'aucune autre ne peut lui être comparée. César et Pompée étaient regardés

4. G : ἀνόμους.
5. F : διήλαττον. — 6. B, C, G : πράξεσιν.
7. D'après Reiske, comme Reimarus, Sturz et M. Imm. Bekker, au lieu de la leçon vulgaire διὰ τοῦθ' ὑφίεντο.
8. Cæs. l. l. III, 10, 16 et suiv. — 9. G, H : προτεινόμενοι.
10. Ou mieux πολεμικὰ, proposé par Sturz. Cf. sa note, l. l. p. 753.

T. IV.   25

δοκιμώτατοι διαφανῶς, οὐχ ὅτι τῶν Ῥωμαίων, ἀλλὰ καὶ τῶν ἄλλων τῶν τότε [1] ἀνθρώπων ἠξιοῦντο εἶναι. Οἱ γὰρ ἐκ παίδων τε ἐν αὑτοῖς ἠσκημένοι, καὶ διὰ παντὸς αὑτοῖς ὡμιληκότες, ἔργα τε ἀξιόλογα ἀποδεδειγμένοι· καὶ πολλῇ μὲν ἀρετῇ, πολλῇ δὲ καὶ τύχῃ κεχρημένοι, καὶ ἀξιοστρατηγικότατοι [2] καὶ ἀξιονικότατοι ἦσαν. Καὶ δυνάμεις Καῖσαρ μὲν [3], τοῦ τε πολιτικοῦ τὸ πλεῖστον καὶ καθαρώτατον, καὶ ἐκ τῆς ἄλλης Ἰταλίας τῆς τε Ἰβηρίας καὶ τῆς Γαλατίας πάσης, τῶν τε νήσων ὧν ἐκράτει, τοὺς μαχιμωτάτους εἶχε· Πομπήϊος δὲ συχνοὺς μὲν καὶ ἐκ τῆς βουλῆς, τῆς τε ἱππάδος, κἀκ τῶν καταλόγων, ἐπῆκτο· παμπληθεῖς δὲ, παρά τε τῶν λοιπῶν ὑπηκόων, καὶ παρὰ τῶν ἐνσπόνδων καὶ δήμων καὶ βασιλέων ἠθροίκει. Ἄνευ γὰρ δὴ τοῦ τε Φαρνάκου καὶ τοῦ Ὀρώδου, (καὶ γὰρ τοῦτον, καίτοι πολέμιον, ἀφ' οὗ τοὺς Κράσσους [4] ἀπέκτεινεν, ὄντα, προσεταιρίσασθαι ἐπεχείρησε·) πάντες οἱ ἄλλοι, οἱ καὶ ἐφ' ὁσονοῦν οἰκειωθέντες ποτὲ αὐτῷ, καὶ χρήματά οἱ ἔδωκαν, καὶ βοηθείας οἱ μὲν ἔπεμψαν, οἱ δὲ ἤγαγον. Ὁ δὲ δὴ Πάρθος ὑπέσχετο μὲν αὐτῷ, ἂν τὴν Συρίαν λάβῃ [5], συμμαχήσειν· μὴ τυχὼν δὲ αὐτῆς, οὐκ ἐπήμυνε. Προὔχοντος δ' οὖν πολὺ τοῦ Πομπηΐου τῷ πλήθει, ἐξισοῦντο σφίσιν οἱ τοῦ Καίσαρος τῇ ῥώμῃ· καὶ

---

1. A, H : τῶν τε.
2. D'après B, E, F, au lieu de l'ancienne leçon ἀξιοστρατηγικώτατοι, maintenue par Reimarus et Sturz, j'adopte ἀξιοστρατηγικότατοι, comme M. Imm. Bekker. A porte aussi : ἀξιοστρατηγικότατοι.

comme les généraux les plus habiles et les plus illustres, non-seulement parmi les Romains, mais parmi tous les hommes de leur temps. Rompus au métier des armes dès l'enfance, leur vie s'était passée au milieu des combats, et ils s'y étaient couverts de gloire. Doués d'un grand courage, soutenus par un rare bonheur, ils étaient également dignes de commander des armées et de remporter des victoires. Sous les drapeaux de César marchaient la partie la plus nombreuse et la plus distinguée des légions, la fleur de l'Italie, de l'Espagne, de toute la Gaule, et les hommes les plus belliqueux des îles qu'il avait conquises. Dans les rangs de Pompée se trouvaient beaucoup de sénateurs, beaucoup de chevaliers et les guerriers qu'il avait levés lui-même. Il avait réuni, en outre, autour de lui des forces considérables, fournies par les provinces soumises à Rome, par les peuples et par les rois ses alliés ; car, à l'exception de Pharnace et d'Orode (il avait tenté d'attirer ce dernier dans son parti, quoiqu'il le comptât parmi ses ennemis depuis qu'il avait fait périr les deux Crassus), tous ceux qui lui furent jadis attachés par quelque lien lui donnèrent de l'argent : les uns lui envoyèrent des secours, les autres les lui amenèrent eux-mêmes. Le roi parthe lui avait promis de le secourir si la Syrie lui était restituée ; mais, ne l'ayant pas obtenue, il ne tint point parole. Pompée l'emportait beaucoup par le nombre de ses soldats ; mais la bravoure rétablissait l'équilibre pour l'armée de César. Ainsi, les avantages se contre-balançaient de part et d'autre, et les

---

3. Omis dans G, H.
4. Le père et le fils. Cf. Dion, XL, § 21 et 27.
5. C : λάβοι.

οὕτως ἀπ' ἀντιπάλου πλεονεξίας καὶ ἰσόρροποι ἀλλήλοις καὶ ἰσοκίνδυνοι [1] ἐγίγνοντο.

56. Ἔκ τε οὖν τούτων, καὶ ἐξ αὐτῆς τῆς αἰτίας, τῆς τε ὑποθέσεως τοῦ πολέμου, ἀξιολογώτατος ἀγὼν συνηνέχθη. Ἥ τε γὰρ πόλις ἡ τῶν Ῥωμαίων, καὶ ἡ ἀρχὴ αὐτῆς ἅπασα, καὶ πολλὴ καὶ μεγάλη ἤδη οὖσα, ἆθλον σφίσι προὔκειτο. Εὔδηλον γάρ που πᾶσιν ἦν, ὅτι τῷ τότε κρατήσαντι δουλωθήσεται [2]. Τοῦτό τε οὖν ἐκλογιζόμενοι, καὶ προσέτι καὶ τῶν προτέρων ἔργων, Πομπήϊος μὲν, τῆς τε Ἀφρικῆς καὶ τοῦ Σερτωρίου, τοῦ τε Μιθριδάτου, καὶ τοῦ Τιγράνους, καὶ τῆς θαλάσσης· Καῖσαρ δὲ, τῆς τε Γαλατίας καὶ τῆς Ἰβηρίας, τοῦ τε Ῥήνου καὶ τῆς Βρεττανίας [3], ἀναμιμνησκόμενοι, καὶ κινδυνεύειν τε καὶ περὶ ἐκείνοις ἡγούμενοι, καὶ προσκτήσασθαι τὴν ἀλλήλων δόξαν σπουδὴν ποιούμενοι, ὤργων [4]. Τά τε γὰρ ἄλλα τῶν ἡττημένων τοῖς κρατοῦσι προσγίγνεται [5], καὶ ἡ [6] εὔκλεια ὅτι μάλιστα. Ὅσῳ γὰρ ἂν μείζω [7] καὶ δυνατώτερόν τις ἀνταγωνιστὴν καθέλῃ, τόσῳ [8] καὶ αὐτὸς ἐπὶ μεῖζον αἴρεται.

57. Καὶ διὰ τοῦτο καὶ τοῖς στρατιώταις πολλὰ μὲν, παραπλήσια δ' οὖν [9] ἀλλήλοις, παρήνεσαν· εἰπόντες πάνθ'

---

1. C : ἰσοδύναμοι. Penzel traduit : *Dass Tapferkeit, Gefahr und Volksmenge auf beiden Seiten gleich war*, comme s'il y avait : ἰσοκίνδυνοι καὶ ἰσοδύναμοι.

2. Ce passage est très-maltraité dans G, qui omet les mots γάρ που — κρατήσαντι, et qui porte εὐδηλωθήσεται, au lieu de εὔδηλον δουλωθήσεται.

3. G : Βρετανίας. — 4. C, F : ἔργων.

5. C, G, H : προσγίγνεσθαι.

deux armées marchaient au combat avec les mêmes chances de victoire et de danger.

56. Ces circonstances, la cause même et le sujet de la guerre rendirent cette bataille à jamais mémorable. Rome et son empire, déjà vaste et puissant, allaient être le prix du vainqueur; car il était clair pour tous que Rome et l'empire tomberaient sous son joug. La pensée fixée sur ce but, les deux généraux se rappelaient, en outre, les victoires qu'ils avaient remportées, Pompée sur Sertorius, sur Mithridate, sur Tigrane, sur la mer et en Afrique; César dans la Gaule, en Espagne, sur le Rhin et dans la Bretagne. Persuadés que tout leur passé était en jeu, jaloux de s'approprier chacun la gloire de son rival, tout les poussait à un effort suprême; car ce ne sont pas seulement les biens du vaincu qui deviennent le partage du vainqueur, c'est surtout sa gloire, et plus un adversaire est grand et puissant, plus s'élève celui qui l'a dompté.

57. Aussi, chacun des chefs adressa à ses soldats de longues exhortations, qui se ressemblaient au fond. Ils

---

6. Omis dans C.

7. Comme Sturz et M. Imm. Bekker, au lieu de la leçon vulgaire, ὅσῳ γὰρ μείζω, d'après A, C, G, H.

8. A l'ancienne leçon, τοσούτῳ je substitue, d'après E, τόσῳ, qu'adopte aussi M. Imm. Bekker.

9. Sur la formule δ' οὖν, cf. les notes de M. Boissonade sur Aristænète, p. 334 et suiv.

ὅσα ἐν τῷ τοιούτῳ, πρός τε τὸ αὐτίκα τοῦ κινδύνου, καὶ πρὸς τὸ ἔπειτα, πρέπει λέγεσθαι. Ἔκ τε γὰρ τῆς αὐτῆς πολιτείας ὁρμώμενοι, καὶ ὑπὲρ τῶν αὐτῶν λόγους ποιούμενοι, καὶ ἀλλήλους τε τυράννους, καὶ αὐτοὺς [1] ἐλευθερωτὰς αὐτῶν ὀνομάζοντες, οὐδὲν σφίσι διάφορον εἰπεῖν ἔσχον· ἀλλ' ὅτι τοῖς μὲν, ἀποθανεῖν, τοῖς δὲ, σωθῆναι· καὶ τοῖς μὲν, αἰχμαλώτοις[2], τοῖς δὲ, ἐν [3] δεσπότου μοίρᾳ, πάντα τε ἔχειν, ἢ πάντων στερηθῆναι, καὶ παθεῖν ἢ ποιῆσαι δεινότατα, ὑπάρξει. Τοιαύτας οὖν δή τινας παραινέσεις τοῖς πολίταις ποιησάμενοι, καὶ προσέτι καὶ τὰ τῶν ὑπηκόων [4], τῶν τε συμμάχων, πρός τε τὰς ἐλπίδας τῶν κρεισσόνων καὶ πρὸς τοὺς φόβους τῶν χειρόνων προαγαγόντες, συνέβαλλον ἀλλήλοις τοὺς ὁμοφύλους, τοὺς συσκήνους, τοὺς συσσίτους [5], τοὺς ὁμοσπόνδους. Καὶ τί ἄν τις τὰ τῶν ἄλλων ὀδύραιτο [6], ὁπότε καὶ αὐτοὶ ἐκεῖνοι πάντα τε ταῦτα ἀλλήλοις ὄντες, καὶ προσέτι πολλῶν μὲν λόγων ἀπορρήτων, πολλῶν δὲ καὶ [7] ἔργων ὁμοίων κεκοινωνηκότες, κῆδός τέ [8] ποτε συναψάμενοι, καὶ τὸ αὐτὸ παιδίον, ὁ μὲν, ὡς πατὴρ, ὁ δὲ, ὡς πάππος, ἀγαπήσαντες, ὅμως ἐμάχοντο; ὅσα [9] γὰρ ἡ φύσις τὸ αἷμα αὐτῶν μίξασα συνέδησε, τότε ταῦτα [10] τῇ ἀπλήστῳ τῆς δυναστείας ἐπιθυμίᾳ διέλυον καὶ διέσπων καὶ διερρήγνυσαν. Καὶ δι' ἐκείνου καὶ ἡ

---

1. B : αὐτούς. — 2. C, F : τοὺς μὲν αἰχμαλώτους. — 3. Omis dans F.
4. G : κατὰ τῶν ὑπηκόων. — 5. Le même : τούς τε συσσίτους.
6. B, C, F : ὠδύρετο. — 7. Omis dans F.
8. Omis dans C, G, H.

dirent tout ce qui devait être dit, dans de semblables circonstances, sur le danger du moment et sur l'avenir qui les attendait. Nés dans la même république, discourant sur le même sujet, donnant chacun à son rival le nom de tyran et s'arrogeant celui de vengeur de la liberté, ils ne pouvaient tenir un langage différent. D'un côté, disaient-ils, est la mort; de l'autre le salut : d'un côté la captivité; de l'autre la domination : d'un côté la chance de tout avoir; de l'autre la chance de tout perdre : ici, tous les maux à souffrir; là, pouvoir de les faire souffrir à ses adversaires. Après avoir excité ainsi les citoyens et donné par de tels discours aux sujets et aux alliés de Rome l'espérance d'un meilleur avenir et la crainte d'une condition encore plus triste, ils mirent aux prises des hommes de la même nation, qui avaient reposé sous la même tente, mangé à la même table, et qui étaient liés par des traités. Mais comment gémir sur les autres, lorsque les deux chefs, unis par les mêmes liens que tous les combattants, s'étaient, en outre, confié beaucoup de secrets, avaient pris part aux mêmes actes, contracté une alliance de famille et entouré le même enfant de leur affection, l'un comme père, l'autre comme grand-père; et pourtant ils allaient en venir aux mains! Ces liens du sang, formés par la nature, ils les dissolvaient alors, ils les brisaient, ils les rompaient par une insatiable ambition, et c'est ainsi que Rome se vit contrainte de com-

---

9. C : ὁ γάρ.

10. Reimarus aimerait mieux ταῦτα τότε. M. Imm. Bekker remplace ταῦτα par τοσαῦτα, que j'adopterais volontiers, s'il se trouvait dans les manuscrits.

Ῥώμη περί τε ἑαυτῇ καὶ πρὸς ἑαυτὴν ἅμα κινδυνεύειν ἠναγκάζετο, ὥστε καὶ νικήσασα ἡττηθῆναι.

58. Τοιούτῳ μὲν ἀγῶνι συνηνέχθησαν· οὐ μέντοι καὶ εὐθὺς συνέμιξαν, ἀλλ' οἷα ἔκ τε τῆς αὐτῆς πατρίδος καὶ ἐκ τῆς αὐτῆς ἑστίας ὁρμώμενοι, καὶ τά τε ὅπλα παραπλήσια καὶ τὰς τάξεις ὁμοίας ἔχοντες, ὤκνουν μὲν ἄρξαι τῆς μάχης, ὤκνουν δὲ καὶ φονεῦσαί τινας ἑκάτεροι. Σιγή τε οὖν ἀμφοτέρων καὶ κατήφεια πολλὴ ἦν. Καὶ οὔτε τις αὐτῶν ἐς τὰ πρόσω προσῄει [1], οὔθ' ὅλως ἐκινεῖτο, ἀλλ' ἐγκύψαντες ἠτρέμιζον, ὥσπερ ἄψυχοι. Φοβηθέντες οὖν ὅ τε Καῖσαρ καὶ ὁ Πομπήϊος μὴ καὶ ἐπὶ πλεῖον ἡσυχάσαντες, ἀμβλύτεροί πως γένωνται, ἢ καὶ συναλλαγῶσι, προσέταξαν σπουδῇ τοῖς τε σαλπιγκταῖς σημῆναι, καὶ ἐκείνοις συμβοῆσαι τὸ πολέμιον. Καὶ ἐπράχθη μὲν ἑκάτερον· τοσούτου δὲ [2] ἐδέησαν ἐπιρρωσθῆναι, ὥστε καὶ ἐπὶ μᾶλλον [3] ἔκ τε τῆς τῶν σαλπιγκτῶν ἠχῆς ὁμοφωνούσης, καὶ ἐκ τῆς ἑαυτῶν βοῆς ὁμογλωσσούσης, τό τε ὁμόφυλον σφῶν ἐξέφηναν, καὶ τὸ ὁμογενὲς ἐξήλεγξαν. Κἀκ τούτου καὶ [4] ἐς δάκρυα καὶ θρῆνον ἔπεσον.

59. Ὀψὲ δ' οὖν ποτὲ τῶν συμμαχικῶν προκαταρξάντων, καὶ ἐκεῖνοι συνέμιξαν, ἔκφρονες ἐπ' αὐτοῖς γενόμενοι. Καὶ τοῖς μὲν ἄλλοις, οἷς πόρρωθεν ἡ ἀλκὴ ἦν, ἧττον τὸ

---

1. Comme Leunclavius, Reimarus, Sturz et M. Imm. Bekker, d'après Rob. et Henri Étienne, au lieu de l'ancienne leçon προήει. C, F, G portent προσείη, par la confusion d'ει avec η et d'η avec ει. La bonne leçon προσῄει est dans A et H.

2. Avec A, B, F, je remplace la leçon vulgaire τοσοῦτον δὲ par τοσούτου

battre contre elle-même pour elle-même, et dut être vaincue, même en remportant la victoire!

58. C'est pour cette lutte terrible que les deux armées se mirent en marche l'une contre l'autre; mais elles ne l'engagèrent pas incontinent. Sorties de la même patrie et des mêmes foyers, portant les mêmes armes, rangées dans le même ordre de bataille, elles n'osaient ni l'une ni l'autre commencer le combat et donner le signal du carnage. Des deux côtés régnaient le silence et un profond abattement. Aucun soldat ne faisait un pas en avant, aucun ne bougeait : tous, les yeux attachés à la terre, restaient immobiles, comme des corps inanimés. César et Pompée, craignant qu'une plus longue inaction n'émoussât les courages et n'amenât une réconciliation, ordonnèrent aussitôt aux trompettes de sonner la charge et aux autres soldats de pousser le cri des batailles. Leurs ordres furent exécutés; mais il s'en fallut beaucoup que les cœurs fussent raffermis. Les trompettes faisaient entendre les mêmes sons, et les cris de guerre, proférés dans la même langue, proclamaient plus haut encore que les combattants étaient du même pays et de la même race. Des deux côtés coulèrent des larmes et retentirent des lamentations!

59. Enfin, les auxiliaires ayant commencé le combat, les autres en vinrent aussi aux mains, poussés par leur exemple à une sorte de délire. Pour ceux qui se bat-

---

δὲ, qu'adopte également M. Imm. Bekker. Toutefois la leçon vulgaire peut être maintenue.

3. Préférable à ἔτι μᾶλλον, proposé par Oddey. Cf. la note de Sturz, t. I. p. 758.

4. Omis dans C, G.

δεινὸν συνέβαινεν· (οὐδὲ[1] γὰρ εἰδότες οὓς ἔβαλλον, ἐτόξευον, ἠκόντιζον, ἐσφενδόνων)· οἱ δὲ δὴ ὁπλῖται οἵ τε ἱππεῖς χαλεπώτατα ἀπήλλασσον[2], ἅτε καὶ ἐγγὺς ἀλλήλων ὄντες, καί τι καὶ λαλεῖν σφίσι δυνάμενοι. Ἐγνώριζόν τε ἅμα τοὺς ἀντιπαρατεταγμένους, καὶ ἐτίτρωσκον, ἀνεκάλουν, καὶ ἐφόνευον· τῶν πατρίδων ἐμέμνηντο, καὶ ἐσκύλευον. Ταῦτα μὲν οἵ τε Ῥωμαῖοι καὶ οἱ ἄλλοι οἱ ἐκ τῆς Ἰταλίας συστρατευόμενοι σφίσιν, ὅπου ποτὲ προστύχοιεν ἀλλήλοις, καὶ ἔπραττον καὶ ἔπασχον· καὶ πολλοὶ πολλὰ καὶ οἴκαδε δι' αὐτῶν τῶν σφαγέων ἐνετέλλοντο. Τὸ δὲ ὑπήκοον καὶ προθύμως καὶ ἀφειδῶς ἐμάχετο, πολλὴν σπουδὴν, ὥσπερ ποτὲ ὑπὲρ τῆς σφετέρας[3] ἐλευθερίας, οὕτω τότε κατὰ[4] τῆς[5] τῶν Ῥωμαίων δουλείας, ποιούμενοι, ἐπιθυμίᾳ, ἅτε ἐν πᾶσιν αὐτῶν ἐλαττούμενοι, ὁμοδούλους σφᾶς ἔχειν.

60. Μεγίστη τε οὖν μάχη καὶ πολυτροπωτάτη, διά τε ταῦτα καὶ διὰ τὸ πλῆθος, τό τε πολυειδὲς τῆς παρασκευῆς, ἐγένετο. Πάμπολλοι μὲν γὰρ ὁπλῖται, πάμπολλοι δὲ καὶ ἱππεῖς, τοξόται τε ἕτεροι, καὶ σφενδονῆται ἄλλοι ὄντες, τό τε πεδίον πᾶν κατέλαβον· καὶ σκεδασθέντες πολλαχῇ μὲν ἀλλήλοις, οἷα ὁμόσκευοι, πολλαχῇ δὲ καὶ ἑτέροις ἀναμὶξ ἐμάχοντο· προεῖχον δὲ

---

1. F : οὐδέν. — 2. F, G : ἀπήλασσον.
3. L'ancienne leçon ὑπὸ τῆς σφετέρας est confirmée par A, B, H. Comme mes devanciers, j'adopte ὑπὲρ τῆς σφετέρας, proposé par Rob. Etienne.
4. Oddey propose de remplacer κατὰ par ὑπέρ. Reimarus voudrait sub-

taient à distance, la lutte était moins horrible; parce qu'ils ne connaissaient pas ceux qu'atteignaient leurs traits, leurs lances, leurs javelots, leurs frondes; mais la position des légionnaires et des cavaliers était affreuse. Placés les uns auprès des autres et pouvant même se parler, ils reconnaissaient leurs adversaires, et ils les blessaient; ils les désignaient par leurs noms, et ils leur donnaient la mort; ils rappelaient le souvenir de leur commune patrie, et ils les dépouillaient! Voilà ce qu'avaient à faire et à souffrir, partout où ils se rencontraient, les Romains et les Italiens qui étaient dans leurs rangs : plusieurs donnèrent à leurs meurtriers des commissions pour leurs familles. Quant aux soldats des nations conquises, ils combattaient avec ardeur et sans ménagement, déployant pour l'asservissement des Romains la vigueur qu'ils avaient montrée jadis pour leur propre liberté, et désirant les avoir pour compagnons d'esclavage, parce qu'ils étaient vis-à-vis d'eux dans un état complet d'abaissement.

60. La bataille fut acharnée et offrit des aspects très-divers, soit par les circonstances dont je viens de parler, soit à cause du nombre des combattants et de la variété des préparatifs. La plaine était inondée de légionnaires, de cavaliers, d'archers, de frondeurs. Disséminés sur tous les points, ils luttaient tantôt contre des hommes portant les mêmes armes, tantôt pêle-mêle contre des adversaires ayant des armes différentes. Les meilleurs

stituer καὶ à κατὰ et sous-entendre ὑπέρ. Comme Sturz et M. Imm. Bekker, je maintiens κατὰ dans le sens de περὶ — de. Cf. Wakefield. Silv. Critic. P. III, p. 69.
5. Omis dans G.

οἱ Πομπηΐειοι τῇ τε ἱππείᾳ καὶ τῇ τοξείᾳ, καὶ διὰ τοῦτο πόῤῥωθέν τε ἐγκυκλούμενοι τινὰς, προσβολαῖς αἰφνιδίοις ἐχρῶντο, καὶ συνταράξαντες αὐτοὺς ἐξανεχώρουν· εἶτ' αὖθις καὶ μάλ' αὖθις ἐπετίθεντο σφίσι, τοτὲ μὲν ἐνταῦθα, τοτὲ δὲ ἐκεῖσε μεθιστάμενοι. Οἱ οὖν Καισαρίειοι ταυτά τε ἐφυλάσσοντο, καὶ τὰς τάξεις σφῶν ἐξελίσσοντες, ἀντιπρόσωποί τε ἀεὶ τοῖς προσβάλλουσιν ἐγίγνοντο· καὶ ὁμόσε αὐτοῖς χωροῦντες, τῶν τε ἀνδρῶν καὶ τῶν ἵππων [1] ἀντελαμβάνοντο, προθύμως ἀγωνιζόμενοι. Καὶ γὰρ πεζοὶ τοῖς ἱππεῦσιν αὐτῶν κοῦφοι ἐπ' αὐτὸ τοῦτο συνετετάχατο. Καὶ ταῦτα οὐ καθ' ἓν [2], (ὥσπερ εἶπον) ἀλλὰ πολλαχῇ ἅμα σποράδην ἐγίγνετο· ὥστε τῶν μὲν πόῤῥωθεν μαχομένων, τῶν δὲ συσταδὸν ἀγωνιζομένων, καὶ τῶν μὲν παιόντων τινὰς, τῶν δὲ πατασσομένων, φευγόντων ἄλλων, διωκόντων ἄλλων [3], πολλὰς μὲν πεζομαχίας, πολλὰς δὲ καὶ ἱππομαχίας ὁρᾶσθαι. Κἂν τούτῳ καὶ παρὰ δόξαν συχνὰ [4] συνέβαινε. Καὶ γὰρ τρέψας τίς τινα, ἐτρέπετο, καὶ ἄλλος [5] ἐκκλίνας [6] τινὰ, ἀντεπετίθετο [7] αὐτῷ· πλήξας τις ἕτερον, αὐτὸς ἐτιτρώσκετο, καὶ πεπτωκὼς ἄλλος, τὸν ἑστηκότα ἀπεκτίννυε [8]. Καὶ πολλοὶ μὲν καὶ ἄτρωτοι ἔθνησκον, πολλοὶ δὲ καὶ ἡμιθνῆ-

---

1. D'après Xiphilin, l. l. p. 17, au lieu de la leçon vulgaire ἱππέων, confirmée par A.
2. A l'ancienne leçon καθ' ἕνα, maintenue par Reimarus et par Sturz, je substitue, d'après Reiske, καθ' ἕν — *simul et semel a toto exercitu*.
3. D'après Xiphilin, l. l. L'ancienne leçon διωκόντων ἑτέρων est conservée par Reimarus et Sturz. Ces deux mots manquent dans G, H.

cavaliers et les meilleurs archers étaient dans l'armée de Pompée. Aussi, se déployant de loin autour de leurs ennemis, ils fondaient inopinément sur eux et se retiraient après les avoir mis en désordre ; puis ils les attaquaient de nouveau coup sur coup, tantôt sur un point, tantôt sur un autre. Pour éviter ces surprises, les soldats de César développaient leurs lignes, la face toujours tournée du côté de l'ennemi, le serrant de près, se jetant avec élan sur les hommes et sur les chevaux ; car ils avaient mêlé de l'infanterie légère à la cavalerie dans cette intention. Ces luttes, comme je l'ai dit, n'avaient pas lieu sur un seul point, mais sur plusieurs points à la fois. Ainsi, les uns combattant à distance, les autres corps à corps ; ceux-ci portant des coups, ceux-là en recevant ; les uns fuyant, les autres les poursuivant ; c'était simultanément plusieurs combats d'infanterie et plusieurs combats de cavalerie, qui offraient mille accidents imprévus. Celui qui avait mis un adversaire en fuite fuyait à son tour ; celui qui avait échappé à un agresseur devenait agresseur lui-même, celui qui avait fait une blessure était blessé, celui qui avait été renversé donnait la mort à un adversaire qui était encore debout. Plusieurs mouraient sans blessure ; plusieurs, déjà à demi morts, portaient des coups mortels. D'un côté c'étaient la joie et des

---

4. D'après C et Xiphilin, l. l. L'ancienne leçon παρὰ δόξαν τι συχνὰ est confirmée par les autres Mss.

5. C et H : ἄλλως.

6. Xiphilin, l. l. p. 18 : ἐγκλίνας.

7. D'après B et Xiphilin, l. l., au lieu de la leçon vulgaire ἀντεπέθετο.

8 Au lieu de la leçon vulgaire ἀπεκτείννυε. Cf. Xiphilin, l. l.

τες ἐφόνευον. Καὶ οἱ μὲν ἔχαιρον καὶ ἐπαιώνιζον [1]· οἱ δὲ ἐλυποῦντο καὶ ὠλοφύροντο· ὥστε βοῆς καὶ στεναγμῶν πάντα πληρωθῆναι, καὶ τοῖς πλείοσι [2] καὶ ἐκ τούτου ταραχὴν ἐγγενέσθαι· (τὰ γὰρ λεγόμενα, ἄσημα σφίσι διά τε τὸ ἀλλοεθνὲς καὶ διὰ τὸ ἀλλόθροον ὄντα, δεινῶς αὐτοὺς ἐξέπλησσε [3])· τοῖς δὲ δὴ συνιεῖσιν ἀλλήλων, πολλαπλάσιον τὸ κακὸν συμβῆναι. Πρὸς γὰρ τοῖς ἰδίοις σφῶν παθήμασι [4], καὶ τὰ τῶν πέλας καὶ ἑώρων ἅμα καὶ ἤκουον.

61. Τέλος δὲ, ἰσορρόπως αὐτῶν ἐπὶ μακρότατον ἀγωνισαμένων, καὶ πολλῶν ἀμφοτέρωθεν ὁμοίως καὶ πεσόντων καὶ τρωθέντων, ὁ Πομπήϊος, ἅτε καὶ Ἀσιανὸν καὶ ἀγύμναστον τὸ πλεῖον τοῦ στρατοῦ ἔχων, ἡττήθη· ὥσπερ που καὶ πρὸ τοῦ ἔργου οἱ ἐδεδήλωτο. Κεραυνοί τε γὰρ ἐς τὸ στρατόπεδον αὐτοῦ ἐσέπεσον [5], καὶ πῦρ ἀέριον ὑπὲρ τῆς τοῦ Καίσαρος ταφρείας φανέν, ἐς τὴν ἐκείνου κατέσκηψε [6]· τά τε σημεῖα αὐτοῦ τὰ στρατιωτικὰ μέλισσαι περιέσχον· καὶ πολλὰ τῶν ἱερείων αὐτοῖς ἤδη τοῖς βωμοῖς προσαγόμενα ἐξέδρα [7]. Καὶ οὕτω γε καὶ πρὸς τοὺς ἄλλους ἀνθρώπους ὁ ἀγὼν ἐκεῖνος ἔτεινεν, ὥστε πολλαχόθι [8] ἐν αὐτῇ τῇ τῆς μάχης ἡμέρᾳ [9] καὶ στρατοπέδων συνόδους, καὶ ὅπλων

---

1. F : ἐπαιόνιζον, approuvé par Leunclavius.
2. C, G : πλείοσιν. A, F : τοῖς μὲν πλείοσι.
3. F : ἐξέπλησε.
4. G : παθήμασιν.
5. Reimarus cite ἐπέπεσον, comme une variante tirée de Xiphilin. Dans l'édition de Rob. Étienne, p. 18, le texte de cet abréviateur porte ἐσέπεσον.

chants de victoire, de l'autre la douleur et des lamentations. Partout retentissaient des cris et des gémissements : de là un trouble qui se propageait de rang en rang. Les cris poussés par les étrangers dans une langue inconnue étaient inintelligibles et produisaient une terreur profonde; mais le mal paraissait plus grand à ceux qui se comprenaient : outre leurs propres souffrances, ils voyaient celles de leurs voisins et ils en recueillaient l'expression.

61. La victoire flotta longtemps incertaine, et il y eut également des deux côtés un grand nombre de tués et de blessés. Enfin Pompée, dont l'armée était composée en grande partie d'Asiatiques peu faits au métier de la guerre, fut vaincu. Divers présages lui avaient annoncé sa défaite avant le combat : la foudre était tombée dans son camp; une flamme, qui avait brillé dans les airs au-dessus des retranchements de César, vint fondre sur les siens; des abeilles s'étaient fixées sur ses étendards; beaucoup de victimes, déjà conduites à l'autel, s'étaient échappées. Plusieurs prodiges, annonçant cette bataille, éclatèrent jusque parmi les étrangers. Ainsi, le jour même où elle fut livrée, on entendit dans beaucoup d'endroits le bruit d'armées qui s'entre-choquaient et le

---

6. C : κατέσκηψεν.

7. Florus, IV, 2 : Nunquam imminentis cladis manifestiora prodigia : fuga victimarum, examina in signis, interdiu tenebræ.

8. Cf. Cæs. l. l. III, 105 ; Val. Maxime, I, 6, 12. Comme Sturz et M. Imm. Bekker, je substitue πολλαχόθι à la leçon vulgaire πολλαχόθεν.

9. D'après A, je remplace l'ancienne leçon, αὐτῇ τῆς μάχης ἡμέρᾳ, par

κτύπους συμβῆναι· ἔν τε Περγάμῳ τυμπάνων τέ τινα καὶ κυμβάλων ψόφον ἐκ τοῦ Διονυσίου ἀρθέντα, διὰ πάσης τῆς πόλεως χωρῆσαι· καὶ ἐν Τράλλεσι φοίνικά τε ἐν τῷ τῆς Νίκης ναῷ ἀναφῦναι[1], καὶ τὴν θεὸν αὐτὴν πρὸς εἰκόνα τοῦ Καίσαρος, ἐν πλαγίῳ που κειμένην, μεταστραφῆναι· τοῖς τε Σύροις δύο τινὰς νεανίσκους τὸ τέλος τῆς μάχης ἀγγείλαντας, ἀφανεῖς γενέσθαι· καὶ ἐν Παταουίῳ τῆς νῦν Ἰταλίας, τότε δὲ ἔτι Γαλατίας, ὄρνιθάς τινας οὐχ ὅτι διαγγεῖλαι αὐτήν, ἀλλὰ καὶ δεῖξαι τρόπον τινά. Γάϊος γάρ τις Κορνήλιος πάντα τὰ γενόμενα ἀκριβῶς τε ἐξ αὐτῶν ἐτεκμήρατο[2], καὶ τοῖς παροῦσιν ἐξηγήσατο. Ταῦτα μὲν ἐν αὐτῇ ἐκείνῃ τῇ ἡμέρᾳ ὡς ἕκαστα[3] συνηνέχθη· καὶ παραχρῆμα μὲν ἠπιστεῖτο, (ὥσπερ εἰκὸς ἦν·) ἀγγελθέντων δὲ τῶν πραχθέντων, ἐθαυμάζετο.

62. Τῶν δὲ δὴ Πομπηϊείων[4] τῶν μὴ ἐν χερσὶ φθαρέντων[5], οἱ μὲν ἔφυγον ὅπῃ ποτὲ ἠδυνήθησαν, οἱ δὲ καὶ μετέστησαν[6]. Καὶ αὐτῶν ὁ Καῖσαρ τοὺς μὲν ἐν τῷ τεταγμένῳ στρατευομένους, ἐς τὰ ἑαυτοῦ στρατόπεδα ἐσέγραψε, μηδὲν σφίσι μνησικακήσας· τῶν δὲ δὴ βουλευτῶν

ἐν αὐτῇ τῇ τῆς μάχης ἡμέρᾳ, qu'adopte aussi M. Imm. Bekker. Reimarus et Sturz, qui approuvent cette leçon, maintiennent pourtant l'ancienne.

1. F : ἀναφῆναι.
2. Jul. Obsequens, Prodig. Libell. CXXV : C. Cornelius augur Patavii eo die, quum aves admitterent, proclamavit rem geri et vincere Caesarem.
3. L'ancienne leçon ὡς ἥκιστα est altérée : avec M. Imm. Bekker j'adopte ὡς ἕκαστα, proposé par Oddey. Reiske approuve cette conjecture ; ce qui ne l'empêche pas d'en proposer une autre : ὡς ἑκάστοις — *apud singulos quosque populos*. — 4. Sur cette leçon, au lieu de l'ancienne Πομπηείων, cf. p. 353, not. 8, de ce volume.

cliquetis de leurs armes ; à Pergame, les sons des tambours et des cymbales, partis du temple de Bacchus, se répandirent dans toute la ville ; à Tralles, un palmier naquit dans le temple de la Victoire, et la statue de la déesse se tourna d'elle-même en face de celle de César qu'elle regardait de côté auparavant. En Syrie, deux jeunes gens, qui avaient annoncé l'issue de ce combat, ne reparurent jamais ; à Padoue, qui fait maintenant partie de l'Italie et qui alors appartenait encore à la Gaule, des oiseaux n'en donnèrent pas seulement des indices ; mais ils la rendirent, pour ainsi dire, visible ; car un certain C. Cornélius lut exactement dans leur vol tout ce qui s'était passé et l'exposa à ceux qui se trouvaient avec lui. Tels sont les prodiges qui éclatèrent le jour même de la bataille : ils ne furent pas accueillis avec confiance sur-le-champ, et cela devait être ; mais lorsque l'événement fut connu, ils excitèrent un vif étonnement.

62. Parmi les Pompéiens qui ne périrent point sur le champ de bataille, les uns s'enfuirent où ils purent, les autres passèrent du côté du vainqueur. César pardonna aux simples soldats et leur ouvrit les rangs de son armée, sans garder aucun ressentiment. Quant aux

---

5. La leçon vulgaire τῶν μὲν ἐν χερσὶ φθαρέντων est altérée : « Quomodo, dit Reimarus, ἐν χερσὶ φθαρέντες, fugere aut capi possint non video. » J'adopte, avec Sturz et M. Imm. Bekker, la correction qu'il propose : τῶν μὴ ἐν χερσὶ φθαρέντων. Elle est confirmée par Nic. Leoniceno : *Ma i Pompeani, quegli dico i quali non furono morti allhora, fuggirono in ciascuno luogo dove potevano.*

6. L'ancienne leçon οἱ δὲ καὶ μετὰ τοῦτο ne pourrait donner un sens qu'avec l'ellipse d'un verbe ; par exemple, ἑάλωσαν, proposé par Xylander et approuvé par Penzel. J'aime mieux, d'après Leunclavius, remplacer μετὰ τοῦτο par μετέστησαν — *ad hostem transierunt.*

τῶν τε ἱππέων, ὅσους μὲν καὶ πρότερόν ποτε ᾑρηκὼς ἠλεήκει, ἀπέκτεινε· πλὴν εἴ [1] τινας οἱ φίλοι αὐτοῦ ἐξῃτήσαντο· (τούτοις γὰρ ἕνα ἑκάστῳ τότε σῶσαι [2] συνεχώρησε·) τοὺς δὲ λοιποὺς, τοὺς τότε πρῶτον ἀντιπολεμήσαντας αὐτῷ ἀφῆκεν· εἰπὼν, ὅτι οὐδέν με [3] ἠδικήκασιν, οἱ τὰ τοῦ Πομπηίου φίλου σφίσιν ὄντος ἐσπούδασαν, μηδεμίαν εὐεργεσίαν παρ' ἐμοῦ ἔχοντες [4]· τὸ δ' αὐτὸ τοῦτο καὶ πρὸς τοὺς δυνάστας, τούς τε δήμους τοὺς συναραμένους οἱ, ἐποίησε. Πᾶσι γὰρ αὐτοῖς συνέγνω, ἐννοῶν ὅτι αὐτὸς μὲν ἢ οὐδένα ἢ τινὰ αὐτῶν ἠπίστατο, παρ' ἐκείνου δὲ δὴ πολλὰ καὶ ἀγαθὰ προεπεπόνθεσαν [5]. Καὶ πολύ γε τούτους μᾶλλον ἐπῄνει τῶν εὐεργεσίαν μέν τινα παρὰ τοῦ Πομπηίου προλαβόντων, ἐν δὲ δὴ τοῖς κινδύνοις αὐτὸν ἐγκαταλιπόντων. Τοὺς μὲν γὰρ καὶ ἑαυτῷ δι' εὐνοίας [6] ἔσεσθαι ἤλπιζε· τοὺς δὲ, εἰ καὶ τὰ μάλιστα ἔδοξάν τί οἱ καὶ χαρίσασθαι [7], ἀλλὰ προδότας γε τοῦ νῦν φίλου γενομένους, οὐδὲ ἑαυτοῦ ποτε φείσεσθαι [8] ἐνόμιζε.

63. Τεκμήριον δὲ, ὅτι Σαδάλου μὲν τοῦ Θρακὸς, καὶ Δηϊοτάρου τοῦ Γαλάτου καίτοι καὶ ἐν τῇ μάχῃ γενομένων, Ταρχονδιμότου [9] τε [10] ἐν μέρει μέν τινι τῆς Κιλικίας δυναστεύοντος, πλεῖστον δὲ αὐτῷ πρὸς τὰ ναυτικὰ βοηθή-

1. A, B, E, H : πλὴν ἤ. — 2. Omis dans G, H. — 3. A, H : οὐδὲν μέν.
4. G : ἔχοντος.
5. Le même : προεπεπόνθεσαν.
6. D'après A, cité par Sturz, et d'après B, F, G, H, je substitue cette leçon à l'ancienne δι' εὔνοιαν, maintenue par Reimarus. M. Imm. Bekker adopte aussi δι' εὐνοίας.

sénateurs et aux chevaliers, il fit mettre à mort ceux auxquels il avait déjà pardonné lorsqu'ils étaient ses prisonniers. Il n'excepta que ceux pour lesquels ses amis implorèrent sa clémence, car il avait permis à chacun d'eux de demander grâce pour un Pompéien. Il renvoya sains et saufs tous les autres qui avaient pris, alors pour la première fois, les armes contre lui : « Je n'ai, disait-« il, aucun reproche à faire à des hommes qui s'étaient « déclarés pour Pompée, leur ami, et qui ne me devaient « rien. » Il agit de même envers les princes et les peuples qui avaient soutenu Pompée et leur pardonna, parce qu'il n'en connaissait aucun, ou qu'un très-petit nombre ; tandis que Pompée les avait comblés de bienfaits. Il en disait même beaucoup plus de bien que de ceux qui, redevables de quelque service envers Pompée, l'avaient abandonné au moment du danger. Il espérait que les premiers pourraient lui être dévoués un jour : les autres, qui avaient trahi leur ami, lui paraissaient, malgré le dévouement qu'ils affichaient pour sa personne, ne pas devoir se montrer plus scrupuleux à son égard.

63. Témoin Sadalus le Thrace et le Galate Déjotarus : il leur laissa la vie, quoiqu'ils eussent pris part au combat. Il usa de la même clémence envers Tarcondimotus, qui tenait sous sa puissance une partie de la Cilicie et qui avait fourni des secours considérables à la

---

7. C, H : οἱ κεχαρίσασθαι.

8. Φείσασθαι, dans Rob. Étienne et dans les Mss.

9. La leçon vulgaire Ταρχονδομότου se trouve dans A, B, C, E, F, G, H. Je lui substitue, d'après Rob. Étienne, Ταρχονδιμότου, confirmé par Nic. Leoniceno.

10. Reiske aimerait mieux δέ. L'ancienne leçon doit être maintenue.

σαντος, ἐφείσατο. Τί γὰρ δεῖ¹ τοὺς ἄλλους τοὺς τὰς συμμαχίας πέμψαντας καταλέγειν, οἷς καὶ αὐτοῖς συγγνώμην ἔνειμε, χρήματα μόνον παρ' αὐτῶν λαβών; ἄλλο γὰρ οὐδὲν οὔτε ἔδρασε σφᾶς, οὔτ' ἀφείλατο²· καίπερ πολλῶν πολλὰ καὶ μεγάλα, τὰ μὲν πάλαι, τὰ δὲ καὶ τότε, παρὰ τοῦ Πομπηΐου εἰληφότων. Μέρος μὲν γάρ τι τῆς Ἀρμενίας τῆς τοῦ Δηϊοτάρου γενομένης, Ἀριοβαρζάνει τῷ τῆς Καππαδοκίας βασιλεῖ ἔδωκεν· οὐ μέντοι καὶ τὸν Δηϊόταρον ἐν τούτῳ τι ἔβλαψεν, ἀλλὰ καὶ προσευηργέτησεν. Οὐ γὰρ ἐκείνου τὴν χώραν ἀπετέμετο, ἀλλ' ὑπὸ τοῦ Φαρνάκου πᾶσαν τὴν Ἀρμενίαν καταληφθεῖσαν³ καταλαβών, τὸ μέν τι⁴ αὐτῆς τῷ Ἀριοβαρζάνει, τὸ δὲ δὴ τῷ Δηϊοτάρῳ ἐχαρίσατο. Καὶ τούτοις μὲν οὕτως ἐχρήσατο· τῷ δὲ δὴ Φαρνάκῃ, προβαλλομένῳ⁵ ὅτι μὴ προσαμῦναι τῷ Πομπηΐῳ κἀκ τούτου συγγνώμης, ἐφ' οἷς ἐπεποιήκει, τυχεῖν ἀξιοῦντι, οὔτε ἔνειμεν ἐπιεικὲς οὐδέν, καὶ προσέτι καὶ αὐτὸ τοῦτ' ἐνεκάλεσεν⁶, ὅτι καὶ πονηρὸς καὶ ἀνόσιος περὶ τὸν εὐεργέτην ἐγένετο. Τοσαύτῃ μὲν καὶ φιλανθρωπίᾳ καὶ ἀρετῇ πρὸς ἅπαντας τοὺς ἀντιπολεμήσαντας αὐτῷ ἔπειτα ἐχρῆτο. Ἀμέλει καὶ τὰ γράμματα ἀπόθετα, τὰ ἐν τοῖς τοῦ Πομπηΐου κιβωτίοις εὑρεθέντα, ὅσα τινῶν τήν τε πρὸς ἐκεῖνον εὔνοιαν καὶ τὴν πρὸς ἑαυτὸν

1. C, F : δή.
2. Cf. Lobeck. ad Phrynich., p. 183. Je conserve cette leçon avec Reimarus et M. Imm. Bekker. Sturz préfère ἀφείλετο.
3. Reimarus aimerait mieux καταλειφθεῖσαν. L'ancienne leçon que je

HISTOIRE ROMAINE DE DION, L. XLI.   405

flotte de Pompée. A quoi bon énumérer tous ceux que
César épargna et dont il n'exigea que de l'argent, quoiqu'ils eussent envoyé des secours à Pompée? Il ne leur infligea aucun châtiment et ne leur enleva rien, malgré les
faveurs que Pompée leur avait prodiguées anciennement
et tout récemment encore. Il donna, il est vrai, à Ariobarzane, roi de Cappadoce, une partie de l'Arménie
qui était devenue la possession de Déjotarus; mais
en agissant ainsi, loin de nuire à Déjotarus, il lui
fit du bien; car il ne démembra pas ses États, et,
ayant repris l'Arménie entière dont Pharnace s'était
emparé, il la partagea entre Ariobarzane et Déjotarus.
Telle fut la générosité de César à leur égard. Pharnace
fit valoir qu'il n'avait pas secouru Pompée et crut obtenir ainsi son pardon; mais César, loin de se montrer
clément à son égard, lui reprocha d'avoir été méchant
et impie envers son bienfaiteur. Dans la suite, il témoigna la même douceur et la même magnanimité à ceux
qui avaient porté les armes contre lui : bien plus, ayant
trouvé dans les coffres de Pompée des lettres secrètes,
qui contenaient l'expression du dévouement de quelques
hommes pour son rival et de leur haine pour lui, il
ne les lut pas et ne les fit pas transcrire; il les brûla

---

maintiens d'après les Mss est confirmée par Nic. Leoniceno : *Ma havendo
recuperata tutta l'Armenia laquale era stata occupata da Pharnace*, etc.

4. C, G, H : τὸ μέντοι. — 5. G : προβαλομένῳ. — 6. F, H : ἐπεκάλεσεν.

δύσνοιαν ἤλεγχεν, οὔτ' ἀνέγνω, οὔτ' ἐξεγράψατο¹· ἀλλ' εὐθὺς κατέφλεξεν, ὅπως μηδὲν ἀπ' αὐτῶν δεινὸν ἀναγκασθῇ δρᾶσαι· ὥστε τινὰ καὶ διὰ ταῦτα τοὺς ἐπιβουλεύσαντας αὐτῷ μισῆσαι. Τοῦτο δὲ οὐκ ἄλλως εἶπον, ἀλλ' ὅτι καὶ ὁ Καιπίων² ὁ Βροῦτος ὁ Μάρκος, ὁ μετὰ τοῦτο αὐτὸν ἀποκτείνας, καὶ ἑάλω ὑπ' αὐτοῦ, καὶ³ ἐσώθη⁴.

1. F : οὔτε ἐξεγράψατο.
2. A, C, G, H : Καπίων.
3. Omis dans le même Ms.

même sur-le-champ, afin qu'elles ne le missent pas dans la nécessité d'exercer des actes de rigueur. Cette grandeur d'âme suffit pour appeler la haine sur ceux qui tramèrent sa perte. Ce n'est pas sans raison que je tiens ce langage : il est surtout dirigé contre M. Brutus Cæpion, devenu plus tard son assassin, mais qui fut alors son prisonnier et lui dut la vie.

4. Après ce mot, on lit dans A : Δίωνος ῥωμαϊκῆς ἱστορίας ΜΑ′. Vient ensuite l'indication des matières contenues dans le livre XLII : Τάδε ἔνεστιν ἐν τῷ ΜΒ′ τῶν Δίωνος ῥωμαϊκῶν, puis l'argument grec de ce livre.

ÉCLAIRCISSEMENTS.

LIVRE TRENTE-NEUVIÈME.

Les Belges formés du mélange de plusieurs races (p. 5-7). Les diverses campagnes de César, depuis l'expédition contre Arioviste jusqu'à la seconde expédition en Bretagne, sont racontées par Dion dans ce livre (1). Plutarque les a résumées dans trois chapitres (2). Nous n'avons d'Appien qu'un fragment sur les Usipètes et sur les Tenchtères (3) et trois passages qui renferment à peine un mot sur les Bretons, sur Cicéron (Quintus) et sur les Éduens (4) : c'est tout ce qui nous reste du récit que cet historien avait consacré aux expéditions de César dans la Gaule et dans la Bretagne (5).

La seconde expédition en Bretagne et les événements relatifs à la conquête définitive de la Gaule se trouvent dans le quarantième livre de Dion (6). Plutarque les raconte très-succinctement dans quatre chapitres (7) : ils seront le sujet du premier éclaircissement sur le XL⁰ livre.

Ici, je dois m'occuper des événements dont la Gaule et la Bretagne furent le théâtre, depuis l'expédition contre Arioviste jusqu'à la seconde expédition en Bretagne.

Comparé aux Commentaires de César, le récit de Dion est maigre et sec : assez exact en général, il offre pourtant plusieurs omissions graves. Je me bornerai à réparer celles qui nuisent à l'intelligence complète des faits.

1° *Expédition contre les Belges.*

Ce ne fut pas seulement par les Rémois que César fut instruit des mouvements préparés chez les Belges : des lettres de Labiénus les lui firent connaître (8). Aussitôt il leva deux légions dans la Gaule Cisalpine, les envoya, sous la conduite de Q. Pédius, dans la Gaule Transalpine où il arriva bientôt lui-même, et il chargea les Sénonais et les autres peuples voisins des Belges de le tenir au courant de tout (9).

---

(1) § 1-5; § 40-54. — (2) Cf. Vie de César, § XX-XXIII.
(3) Liv. IV, 18. — (4) L. l. 19, 20, 21.
(5) Appien, Guer. Civ. II, 17 : Ὁ δὲ Καῖσαρ ἔν τε Κελτοῖς καὶ Βρεττανοῖς πολλὰ καὶ λαμπρὰ εἰργασμένος, ὅσα μοι περὶ Κελτῶν λέγοντι εἴρηται.
(6) § 1-11 et § 31-43. — (7) L. l. XXIV-XXVII.
(8) Cæs. Bell. Gall. II, 1. — (9) L. l. 2.

ÉCLAIRCISSEMENTS.

Les Rémois ne se contentèrent pas de donner à César de simples renseignements : ils députèrent vers lui Iccius et Antébrogius pour se mettre à sa discrétion eux et leurs biens, et lui annoncer que tous les Belges étaient sous les armes, que les Germains s'étaient ligués avec eux et qu'ils avaient même entraîné les Suessions, unis avec les Rémois par la conformité des lois et du gouvernement (1). Ils firent même connaître les contingents promis aux Belges par les divers peuples ligués contre les Romains : ils ne s'élevaient pas à moins de 308,000 hommes (2).

Dion ne parle pas de l'attaque dirigée par les Belges contre Bibrax, où César envoya au secours d'Iccius, et sur sa demande, des Numides, des archers crétois et des archers baléares. Ainsi soutenus, les assiégés reprirent courage ; tandis que les assiégeants, désespérant de s'emparer de la ville, s'éloignèrent en marquant tous leurs pas par la dévastation et l'incendie (3).

Dion dit vaguement que les Barbares échappés au massacre rentrèrent dans leur pays, parce qu'ils avaient appris qu'il avait été envahi par les Éduens (4). Ceci doit s'entendre de l'ordre donné par César à Divitiacus de faire diversion en attaquant sur les derrières des Belges le pays des Bellovaques avec l'armée éduenne (5). A la nouvelle de cette attaque, les Bellovaques, au nombre de 60,000, volèrent à la défense de leur territoire. Les autres peuples furent entraînés par cet exemple. La cavalerie romaine, commandée par Q. Pédius et L. Aurunculéius Cotta, eut ordre de harceler les fuyards, et T. Labiénus les poursuivit avec trois légions (6).

Dion n'est pas plus précis lorsqu'il dit qu'après les succès obtenus sur les Belges, César *soumit les autres peuplades*, les unes sans combattre, les autres par la guerre (7).

La défaite des Belges avait dissous la coalition : César marcha incontinent contre les Suessions et assiégea Noviodunum (8). Ils capitulèrent, et César les épargna, à la prière des Rémois ; mais il se fit livrer toutes les armes (9). Puis il marcha contre les Bellovaques dont il accepta la soumission par égard pour Divitiacus, mais en exigeant six cents otages (10). Il se dirigea ensuite vers les frontières des Ambiens, qui se mirent aussitôt à sa discrétion (11).

Plutarque ne donne à l'expédition contre les Belges que quelques lignes qui ne fournissent pas des renseignements assez explicites (12).

(1) L. l. 3. — (2) L. l. 4. — (3) Cæs. l. l. 6-7. — (4) § 2, p. 9.
(5) Cæs. l. l. 5. — (6) L. l. 11. — (7) § 2, p. 9. — (8) Cæs. l. l. 12.
(9) L. l. 13. — (10) L. l. 14-15. — (11) L. l. 15.
(12) Vie de César, XX : Ἐπεὶ δὲ Βέλγας ἤκουσε δυνατωτάτους Κελτῶν καὶ τὴν τρίτην ἁπάσης τῆς Κελτικῆς νεμομένους, ἀφεστάναι, πολλὰς δή τινας μυριάδας ἐνόπλων ἀνδρῶν ἠθροικότας, ἐπιστρέψας εὐθὺς ἐχώρει τάχει πολλῷ· καὶ πορθοῦσι τοὺς συμμάχους Γαλάτας ἐπιπεσὼν τοῖς πολεμίοις, τοὺς μὲν

ÉCLAIRCISSEMENTS.

2° *Expédition contre les Nerviens.*

Cette expédition contre un peuple intrépide, dont elle effaça presque entièrement la race et le nom (1), n'occupe pas une place suffisante dans notre historien. Il ne fait point connaître les dangers auxquels l'armée romaine aurait été exposée par les révélations des transfuges belges et d'autres Gaulois, si César n'en avait point changé l'ordre et la marche (2). Il ne donne aucun détail sur le combat dans lequel les Romains, réduits à la situation la plus critique, auraient probablement eu le dessous sans l'infatigable activité de César et sans les secours envoyés par T. Labiénus (3). Mais, grâce à ces secours, tout changea de face, malgré les héroïques efforts des Nerviens, que l'on vit se faire des cadavres amoncelés un rempart d'où ils lançaient leurs traits (4). Ils se battirent avec le courage du désespoir. De leurs *six cents* sénateurs, il n'en resta que trois, et, de 60,000 combattants, 500 à peine survécurent (5).

Après cette bataille, les vieillards, qu'on avait relégués dans des marais avec les femmes et les enfants, envoyèrent une députation à César pour se mettre à sa discrétion. Le vainqueur se montra clément : il leur rendit leur territoire et leurs villes et défendit à leurs voisins de leur faire aucun mal (6).

Plutarque est plus explicite que Dion, et son récit, s'il n'est pas tout à fait en rapport avec l'importance des événements, en indique du moins les principales circonstances et fait connaître les difficultés de la lutte (7).

3° *Expédition contre les Aduatiques.*

Suivant Dion (8), les Aduatiques envoyèrent une députation à César et jetèrent du haut des murs de leur ville une partie de leurs armes. Puis ils firent une sortie, pendant la nuit, dans l'espérance de surprendre les Romains; mais leur tentative échoua, et tous ceux qui échappèrent à la mort furent vendus.

Les faits ont besoin d'être complétés : les Aduatiques envoyèrent des dé-

ἀθρουστάτους καὶ πλείστους αἰσχρῶς ἀγωνισαμένους τρεψάμενος διέφθειρεν, ὥστε καὶ λίμνας καὶ ποταμοὺς βαθεῖς τοῖς Ῥωμαίοις νεκρῶν πλήθει περατοὺς γενέσθαι. Τῶν δ' ἀποστάντων οἱ μὲν παρωκεάνιοι πάντες ἀμαχεὶ προσεχώρησαν.

(1) Cæs. l. l. 28. — (2) Cæs. l. l. 17-19. — (3) L. l. 19-26. — (4) L. l. 27.
(5) L. l. 28. — (6) L. l.
(7) Vie de César, l. l : Ἐπὶ δὲ τοὺς ἀγριωτάτους καὶ μαχιμωτάτους τῶν τῇδε Νερβίους ἐστράτευσεν..... Καὶ μὴ προσδεχομένῳ τηνικαῦτα τὴν μάχην ἑξακισμύριοι τὸ πλῆθος ὄντες αἰφνιδίως προσέπεσον..... Εἰ δὲ μὴ Καῖσαρ ἁρπάσας τὸν θυρεὸν, καὶ διασχὼν τοὺς πρὸ αὑτοῦ μαχομένους ἐνέβαλε τοῖς βαρβάροις..... οὐδεὶς ἂν δοκεῖ περιγενέσθαι.
(8) § 4. p. 11-13.

putés à César pour mettre à sa discrétion leurs biens et leurs personnes (1), à condition qu'il ne les dépouillerait point de leurs armes. César ayant exigé qu'elles lui fussent remises, ils répondirent qu'ils allaient obéir et en jetèrent une grande quantité du haut des remparts dans les fossés qui entouraient leur ville; mais ils en cachèrent un tiers dans la place (2). Ils ouvrirent les portes et le reste du jour fut paisible; mais, sur le soir, les uns prirent les armes qu'ils avaient cachées, les autres se firent des boucliers d'écorce ou d'osier, sortirent de la ville et tombèrent sur les Romains. Aussitôt l'alarme fut donnée par des signaux, et les soldats romains accoururent de tous les forts voisins. Les Aduatiques se battirent avec acharnement; 4,000 restèrent sur le champ de bataille; les autres furent repoussés dans la place. Le lendemain César fit briser les portes, entra sans résistance et fit vendre tous ceux qui s'y trouvaient : il apprit des acheteurs que le nombre des têtes fut de 53,000 (3).

Dion ajoute qu'après la défaite des Aduatiques, *d'autres peuples furent soumis par César ou par ses lieutenants.* Ce furent les Vénètes, les Unelles, les Osismiens, les Curiosolites, les Séduniens, les Aulerques, les Redons (4). Les victoires des Romains déterminèrent même plusieurs peuples situés au delà du Rhin à faire aussi leur soumission et à donner des otages (5).

Plutarque ne dit rien de l'expédition contre les Aduatiques.

4° *Expédition contre les Véragres* (6).

Ce fut César lui-même qui envoya Servius Galba avec la douzième légion et une partie de la cavalerie, non-seulement chez les Véragres, mais encore chez les Nantuates et les Séduniens (7) : il lui permit d'y établir ses quartiers d'hiver, s'il le jugeait à propos. Galba reçut des otages et fit la paix. Il laissa deux cohortes chez les Nantuates et se rendit avec le reste de sa légion à Octodur, bourg des Véragres. Ce bourg était divisé en deux parties par une rivière : Galba laissa l'une aux Gaulois, réserva l'autre pour ses soldats et fit établir un fossé et un retranchement.

Quelques jours s'étaient à peine écoulés, lorsqu'il apprit que les Véragres se préparaient à la guerre. A cette nouvelle, il assembla un conseil : plusieurs, vu le manque de vivres, étaient d'avis qu'il fallait chercher le salut en se faisant jour à travers les ennemis. Le plus grand nombre opina pour tenter le sort des armes et défendre le camp (8). Les Barbares attaquèrent les Romains et eurent l'avantage (9) : après une lutte de six heures, les forces des soldats romains étaient épuisées, et l'ennemi allait forcer le retranchement, lorsque P. Sextius Baculus et C. Volusénus pressèrent

---

(1) Cæs. l. 1. 31. — (2) L. l. 32. — (3) Cæs. l. 1. 33. — (4) L. l. 34.
(5) L. l. 35. — (6) Dion, § 5. p. 15-17. — (7) Cæs. Bell. Gall. III, 1.
(8) Cæs. l. 1. 3. — (9) L. l. 4.

ÉCLAIRCISSEMENTS.

Galba de tenter une vigoureuse résistance. Les centurions furent convoqués sur-le-champ : on ordonna aux soldats de suspendre le combat, de reprendre haleine pour fondre sur l'ennemi, à un signal donné, et de n'attendre leur salut que de leur valeur (1). C'est à ces dispositions que Dion fait allusion, en parlant de la résolution inspirée à Galba par le désespoir (2).

Les soldats s'élancent hors du camp (3), et soudain le combat change de face. Sur 30,000 Barbares, plus du tiers fut tué : le reste prit la fuite, et ne put même rester sur les hauteurs. Après cette victoire, Galba, forcé de prévenir la disette qui le menaçait, fit brûler toutes les habitations du bourg et ramena sa légion chez les Nantuates : de là, il se rendit chez les Allobroges, où il établit ses quartiers d'hiver (4).

5° *Expédition contre les Vénètes* (5).

Le récit de Dion sur cette expédition donne lieu à plusieurs observations :

Cet historien met César en scène dès le début. Je vais tâcher de présenter plus exactement l'ordre des faits.

P. Crassus hivernait avec la septième légion chez les Andes. Manquant de vivres, il envoya des préfets et des tribuns militaires chez les peuples voisins pour en demander, à savoir : T. Terrasidius chez les Unelles, M. Trébius Gallus chez les Curiosolites, Q. Vélanius et T. Silius chez les Vénètes (6). Ceux-ci retinrent Vélanius et Silius, espérant recouvrer ainsi les otages qu'ils avaient livrés à Crassus (7). Les autres peuples en firent autant : en même temps une ligue se forma entre tous ces peuples, qui prirent l'engagement de ne rien faire que d'un commun accord. A leur tour, ils envoyèrent à P. Crassus des députés pour lui signifier qu'ils ne lui rendraient ses officiers que s'il leur restituait lui-même les otages.

A peine César fut-il instruit de ces événements qu'il ordonna de construire des galères sur la Loire, de lever des rameurs, de rassembler des matelots et des pilotes. Il se rendit à l'armée aussitôt que la saison le permit. Dès que son arrivée fut connue, les Vénètes et leurs alliés équipèrent des vaisseaux et prirent toutes les mesures nécessaires pour faire face au danger (8).

César s'empressa de partager ses forces et d'étendre son armée. Dion se contente de dire qu'*il envoya des détachements dans diverses directions* (9). Voici des renseignements plus précis : T. Labiénus eut ordre de se transporter chez les Trévires avec de la cavalerie (10), de maintenir les Belges dans le devoir et de fermer le passage du Rhin aux Germains.

---

(1) L. l. 5. — (2) § 5, p. 15. — (3) Cæs. l. l. 6. — (4) L. l.
(5) Dion, § 40-43, p. 81-89. — (6) Cæs. l. l. 7. — (7) Cf. Cæs. Bell. Gall. II, 34. — (8) Cæs. Bell. Gall. III, 9. — (9) § 40, p. 81. — (10) Cæs. l. l. 11.

414   ÉCLAIRCISSEMENTS.

P. Crassus dut se rendre en Aquitaine avec douze cohortes et une nombreuse cavalerie. Q. Titurius Sabinus fut envoyé avec trois légions chez les Unelles, les Curiosolites et les Lexoviens. D. Brutus reçut le commandement de la flotte, et César se mit lui-même à la tête des troupes de terre (1).

Dion est d'accord avec César pour ce qui concerne les villes des Vénètes; mais César donne sur leurs vaisseaux et sur ceux des Romains des détails qui expliquent l'inégalité de la lutte entre les deux flottes (2). On lira avec intérêt ce qu'il dit d'une invention qui fut de la plus grande utilité aux Romains : je veux parler de longues perches, à l'aide desquelles les Romains accrochaient et tiraient à eux les cordages qui attachaient les vergues aux mâts (3). Une fois qu'ils les avaient accrochés, ils les rompaient en faisant force de rames. Les vergues tombaient, et les vaisseaux gaulois, ainsi privés de voiles et d'agrès, étaient réduits à l'impuissance. Dès qu'un vaisseau était dans cet état, deux ou trois navires romains l'entouraient, les soldats sautaient à l'abordage et remportaient facilement un succès qui ne dépendait plus que du courage (4).

Après cette bataille, les Vénètes et tous les États maritimes de cette côte se soumirent. César, voulant faire un exemple, fit mettre tout le sénat à mort et vendit le reste à l'encan (5).

Dion place l'expédition contre les Morins et les Ménapiens (6) immédiatement après la guerre contre les Vénètes. César n'en parle qu'après avoir raconté la lutte de Q. Titurius Sabinus contre les Unelles et la conquête de l'Aquitaine par P. Crassus. Nul doute que cet ordre ne soit préférable, d'après ce qu'il dit lui-même : « César marcha contre les Morins et « les Ménapiens, *qui, seuls restaient en armes, lorsque toute la Gaule* « *était pacifiée.* » Comment aurait-il pu tenir ce langage, s'il avait tourné ses armes contre ces deux peuples avant la soumission de l'Aquitaine? Dion s'est probablement décidé à placer la guerre contre les Morins et les Ménapiens après l'expédition contre les Vénètes parce que ces peuples étaient voisins (7).

6° *Expédition de Q. Titurius Sabinus contre les Unelles* (8).

Dion est d'accord avec l'auteur des Commentaires, sauf deux circonstances :

1° César ne dit pas que les Unelles ajoutèrent foi au transfuge; parce qu'ils étaient hors d'état de réfléchir, ayant bu et mangé avec excès (9).

(1) Cæs. l. l. — (2) Cf. l. l. 13-14. — (3) L. l. 14-15. — (4) L. l. 17.
(5) § 44, p. 89. — (6) Cæs. l. l. 38. — (7) L. l : ἐπί τε Μωρίνους καὶ ἐπὶ Μεναπίους ὁμόρους σφίσιν ὄντας ἐστράτευσε. — (8) Dion, § 45, p. 89-93.
(9) Dion, l. l. : πάνυ γάρ τοι διακορεῖς καὶ τῆς τροφῆς καὶ τοῦ πότου ἦσαν.

ÉCLAIRCISSEMENTS.

Suivant lui, ils voulurent marcher immédiatement contre les Romains et ne laissèrent sortir du conseil Viridorix et les autres chefs qu'après avoir obtenu d'eux l'ordre de prendre les armes et de voler à l'attaque. Les motifs qui les excitaient ainsi, c'était l'hésitation de Sabinus pendant plusieurs jours, le besoin de vivres auquel ils n'avaient pas pourvu; mais surtout l'espoir que les Vénètes auraient l'avantage sur César (1).

2° D'après Dion, les Gaulois emportèrent des sarments et des fascines *pour brûler les Romains* (2). César dit avec plus de vraisemblance que c'était pour combler les fossés (3). Un passage de Frontin ne laisse point de doute à cet égard (4).

7° *Expédition dans l'Aquitaine* (5).

L'existence des *Apiates* ne repose que sur une fausse leçon; il s'agit ici des Sotiates, contre lesquels P. Crassus livra un premier engagement, qui fut long et opiniâtre (6). Le souvenir du désastre éprouvé par L. Valérius Préconius et par le proconsul L. Mallius commandait une grande prudence au général romain. Il ajouta à son armée les troupes auxiliaires, força les Sotiates à prendre la fuite et à se réfugier dans leur capitale. Crassus en fit le siége : les Sotiates opposèrent une vigoureuse résistance; mais enfin ils durent céder, et ils envoyèrent une députation à Crassus, qui exigea qu'on lui remît toutes les armes (7).

La ruse dont parle Dion (8) se rapporte à la sortie de l'Aquitain Adcantuannus, d'un autre côté de la ville, avec 600 Solduriens, lorsque le traité était en voie d'exécution. Le combat entre ce général et les Romains fut sanglant; mais Adcantuannus fut repoussé dans la place. Crassus lui accorda les mêmes conditions qu'aux autres Sotiates (9).

La prise de la capitale des Aquitains et la marche de Crassus sur les terres des Vocates et des Térusates multiplièrent les alarmes. Une ligue se forma et des députations allèrent chercher des secours dans l'Espagne Citérieure : ils prirent pour chefs quelques-uns de ceux qui avaient servi sous Sertorius (10).

Les circonstances du combat entre les Vocates, les Tarusates, leurs auxiliaires et les Romains ne sont pas clairement exposées dans Dion.

Le conseil de guerre assemblé par Crassus ayant décidé à l'unanimité qu'il fallait se hâter de combattre, l'attaque fut ordonnée pour le lende-

---

(1) Cæs. l. l. 18. — (2) Dion, l. l : ὡς καταπρήσοντες αὐτούς.
(3) L. l : Sarmentis virgultisque collectis quibus fossas Romanorum compleant.
(4) Stratag. III, 17, 7 : Barbari, oblata victoriæ spe concitati, lignis sarmentisque se oneraverunt quibus fossas completerent. — (5) Dion, § 46, p. 93-97.
(6) Cæs. l. l. 20-21. — (7) Cæs. l. l. 21. — (8) L. l. p. 94 : ὀλίγους μὲν ἐν ὁμολογίᾳ τινὶ ἐξ ἀπάτης ἀποβαλών. — (9) Cæs. l. l. 22.
(10) Dion, l. l : Καὶ στρατιώτας ἐκ τῆς Ἰβηρίας Σερτωριείους ἔχοντας.

main (1). Au point du jour Crassus fit sortir les troupes, les rangea sur deux lignes, plaça les auxiliaires au centre et attendit. Les Gaulois, de leur côté, se tinrent dans leur camp. Les soldats romains demandèrent par un cri général qu'on les y conduisît sans délai : Crassus, cédant à leur vœu, donna le signal (2) et le combat s'engagea. Pendant la lutte, la cavalerie romaine, qui avait fait le tour du camp, rapporta à Crassus qu'on pouvait l'attaquer du côté de la porte Décumane, où il était moins gardé (3). Aussitôt il donna ses instructions aux préfets de la cavalerie : ceux-ci prirent quatre cohortes, dérobèrent leur marche par un long détour, se rendirent à la partie du retranchement qui présentait un accès plus facile et pénétrèrent dans le camp. L'ennemi surpris perdit courage et chercha son salut dans la fuite. La cavalerie romaine l'atteignit en rase campagne et en fit un grand carnage (4).

8° *Expédition contre les Usipètes et les Tenchtères* (5).

D'après César, ces deux peuples avaient été forcés de passer le Rhin par les incursions des Suèves, qui, depuis plusieurs années, leur faisaient la guerre (6). Ils attaquèrent les Ménapiens, s'emparèrent de leurs demeures et se nourrirent pendant l'hiver des provisions qu'ils y trouvèrent (7). César rejoignit son armée plus tôt que de coutume. Ayant appris qu'à la demande de plusieurs peuples de la Gaule, les Germains avaient franchi le Rhin et s'étendaient déjà jusqu'au territoire des Éburons et des Condrusiens, il résolut de marcher contre eux (8). Ceux-ci lui envoyèrent des députés, déclarant qu'ils ne seraient pas les premiers à lui faire la guerre; mais qu'ils étaient prêts à la soutenir (9).

Les députés germains demandèrent, suivant Dion (10), qu'on leur assignât quelque contrée, ou qu'il leur fût permis d'en conquérir une; mais ils n'obtinrent rien. Il y a là une double inexactitude : 1° ces députés ne demandèrent pas qu'il leur fût permis de conquérir des terres; mais bien qu'on leur laissât celles qu'ils avaient conquises (11); 2° ils n'éprouvèrent pas un refus formel : César leur répondit qu'ils pourraient se fixer chez

---

(1) Cæs. l. l. — (2) L. l. 24. — (3) L. l. 25.

(4) Cæs. l. l. Suivant Dion, l. l. p. 95, les Barbares furent *tous* massacrés : ce n'est pas exact. César dit formellement que, sur 50,000 hommes fournis par les Aquitains et le pays des Cantabres, *un quart* à peu près échappa à la mort. Il donne aussi les noms des peuples dont cette victoire valut la soumission aux Romains.

(5) Dion, § 47-48. Cf. Plutarq. Vie de César, § XXII; Appien, IV, 18.

(6) Bell. Gall. IV, 1. — (7) L. l. 4. — (8) L. l. 6. — (9) L. l. 7.

(10) § 47, p. 96 : Καὶ χώραν αἰτοῦντες, ἢ σφίσι γε ἐπιτραπῆναί τινα ἀξιοῦντες λαβεῖν· ὡς δ' οὐδενὸς ἔτυχον κτλ. — (11) Cæs. l. l : vel sibi agros attribuant, *vel patiantur eos tenere quos armis possederint*.

ÉCLAIRCISSEMENTS.

les Ubiens dont les députés étaient venus réclamer son secours, et qu'il se chargerait d'obtenir pour eux cette faveur (1).

Les députés répondirent qu'ils communiqueraient cette proposition à leurs concitoyens et qu'ils reviendraient dans trois jours lui faire connaître leur résolution; ils le conjurèrent de ne pas avancer davantage jusqu'à leur retour (2). C'est probablement la trève dont parle Dion (3). César, soupçonnant qu'ils demandaient un délai pour donner à la cavalerie qu'ils avaient envoyée au delà de la Meuse le temps de revenir, le refusa et se mit en marche. Il n'était plus qu'à douze milles de l'ennemi (4), lorsque les députés revinrent et le supplièrent inutilement de ne pas aller plus avant. Alors ils le conjurèrent de ne pas commencer le combat et de leur laisser le temps d'envoyer des députés chez les Ubiens, et lui promirent de se soumettre dans trois jours, si cette nation refusait de les recevoir. César, convaincu qu'ils ne sollicitaient ce nouveau délai que pour attendre leur cavalerie, le refusa encore; mais il promit de ne s'avancer, ce jour-là, que de quatre milles. En même temps, il les engagea à revenir le lendemain.

La suite du récit de Dion renferme quelques erreurs. Suivant lui, les plus jeunes d'entre les Germains, ayant remarqué que César ne faisait marcher contre eux *qu'un petit nombre de cavaliers*, tombèrent sur eux à l'improviste et les maltraitèrent. Le lendemain, les plus âgés se rendirent auprès de César pour s'excuser et obtenir grâce. Il les retint en leur promettant de donner bientôt une réponse; mais il attaqua à l'improviste ceux qui étaient restés dans leurs tentes, ne s'attendant à aucune hostilité, et il en fit un grand carnage (5).

Rectifions les faits.

D'abord la cavalerie romaine se composait de 5,000 hommes, tandis que les barbares n'étaient qu'au nombre de 800 (6); ils la mirent aisément en désordre, parce qu'elle était sans défiance, à cause de la trève que les députés germains avaient demandée pour cette journée. Après une telle perfidie, César résolut de ne plus différer la bataille et fit part de son dessein à ses lieutenants et à son questeur. Le lendemain, les Germains se réunirent en grand nombre avec leurs chefs et les vieillards; ils se rendirent auprès de César et cherchèrent à obtenir une prolongation de la trève; mais il les fit arrêter (7), se mit en marche avec son armée, surprit par son attaque subite les barbares qui jetèrent leurs armes, abandon-

---

(1) L. l. 8. — (2) L. l. 9. — (3) § 47, l. l. — (4) Cæs. l. l. 11.
(5) Dion, § 47-48, p. 97-99. — (6) Cæs. l. l. 12.
(7) Suivant Appien, l. l., Caton, indigné de cette conduite de César, aurait voulu que le sénat le livrât aux barbares pour détourner sur lui la colère des dieux. Plutarque, Vie de Cés. XXII, rapporte le même fait; mais il ajoute qu'il l'emprunte à

nèrent leurs enseignes et s'échappèrent de leur camp. Arrivés sur les bords du Rhin, les uns furent massacrés, les autres périrent dans le fleuve (1).

9° *Première expédition en Bretagne* (2).

Les difficultés de l'entreprise, jointes à l'absence de renseignements suffisants sur la Bretagne, ne permettaient pas à un général prudent de la tenter sans connaître les côtes, les ports les plus propres à recevoir de grands vaisseaux, le caractère, les forces des Bretons et leur manière de faire la guerre. Dion ne dit rien à ce sujet; tandis que nous lisons dans César (3) qu'il chargea C. Volusénus d'explorer les parties de l'île les plus voisines de la Gaule et de lui rendre compte de tout ce qu'il aurait appris (4).

Il est à regretter que Dion ne parle pas des moyens dont César pouvait disposer pour traverser la mer et des mesures qu'il prit à cette occasion. Il rassembla 80 vaisseaux de transport pour deux légions et distribua ses galères à son questeur, à son lieutenant et à ses préfets. Il en réserva 18 autres que les vents avaient empêchés d'aborder dans le même endroit et qui étaient à une distance de huit milles (5).

L'absence de tout détail sur l'engagement qui eut lieu entre les Bretons et les Romains laisse aussi un vide dans le récit de Dion. Il faut lire celui de César et surtout le beau trait de dévouement du porte-aigle de la X° légion (6). Deux faits importants, 1° le dommage causé par une tempête à la flotte romaine, 2° le massacre des soldats romains par les Bretons, sont à peine indiqués par Dion. César leur donne tous les développements nécessaires (7).

Pompée travailla au rappel de Cicéron (p. 17). Plutarque (8) et Appien (9) sont d'accord avec Dion (10) sur les principales circonstances du rappel de Cicéron et de son retour à Rome; mais leur récit, en général trop succinct, laisse dans l'ombre des faits qu'il ne faut pas perdre de vue, si l'on veut conserver à ce mémorable épisode de la vie de l'Orateur romain tout son intérêt historique. Je vais les indiquer, en le prenant lui-même pour guide (11).

un historien nommé Tanusius. Le sénat répondit à la proposition de Caton, en votant des actions de grâces aux dieux pour cette nouvelle victoire de César, l. l.

(1) Cæs. l. l. 13-15. — (2) Dion, § 50-53, p. 101-107. — (3) Cæs. l. l. 21.
(4) Peut-être César visita-t-il les côtes lui-même : « Habeo tamen non ignobiles auctores, qui Cæsarem per se ipsum portus et navigationem et accessum ad insulam explorasse confirment; quod ut credi possit, ipse ducis animus facit et similis aliis in rebus audacia. » (Jul. Celsus, De Vita Jul. Cæsaris.)
(5) Cæs. l. l. 22. — (6) L. l. 24-25. — (7) L. l. 29-36.
(8) Vie de Cic. XXXIII; Vie de Pompée, XLX. — (9) Guerr. Civ. II. 16.
(10) § 6, 11. — (11) Cf. Disc. de Cicéron au sénat et Disc. au peuple après

ÉCLAIRCISSEMENTS.

Pompée, inquiet de l'audace et de l'insolence toujours croissantes de Clodius, qui osait s'égaler à lui, le menacer et décrier même les actes de son pouvoir militaire (1), ne fut pas le seul qui rouvrit à Cicéron le chemin de Rome. César, auprès duquel Sextius, alors simple tribun désigné, s'était rendu pour l'intéresser au retour de Cicéron, donna son consentement (2) : il sentit, lui aussi, la nécessité d'opposer une barrière à Clodius qui attaquait ses actes, comme contraires aux auspices, et en demandait l'abrogation au sénat (3).

Dès le mois de janvier, l'an de Rome 696, les deux consuls, P. Lentulus et C. Métellus Népos qui, dans cette grave conjoncture, sacrifia d'anciens ressentiments (4), presque tous les tribuns et Pompée, réunirent leurs efforts pour le rappel de Cicéron (5). P. Sextius et T. Annius Milon déployèrent un rare courage (6). Le sénat avait décrété qu'une loi serait proposée au peuple pour le rétablissement de Cicéron, et une assemblée fut convoquée pour le 25 janvier (7). Le peuple s'y porta en foule; tous les ordres et l'Italie entière s'y rendirent; P. Lentulus et Pompée parlèrent avec éloquence (8). Fabricius, qui devait proposer la loi, fut attaqué par les gens armés et par les esclaves dont Clodius avait rempli le Forum, le Comitium et la salle du sénat. Là se passèrent des scènes sanglantes qui faillirent coûter la vie à Quintus, frère de Cicéron (9), et au tribun Sextius, qui tomba percé de coups et presque mort (10). Entre Clodius et Milon s'engagea une lutte marquée par la violence, le meurtre et l'incendie. Enfin Milon l'emporta et, malgré l'opposition d'Ælius Ligur ou Ligus, sur le rapport du tribun L. Ninnius Quadratus (11), le rappel de Cicéron fut décidé par tout le sénat, à l'exception de Clodius (12) : la loi fut publiée le 4 août.

Cicéron nous fait connaître l'itinéraire qu'il suivit en rentrant dans sa patrie (13). Je vais le retracer en quelques lignes.

Il partit de Dyrrachium, le 4 août, et arriva le lendemain à Brindes, où sa fille l'attendait.

Le 8, une lettre de son frère lui annonça que la loi de son rappel avait

---

son retour; Disc. pour sa maison; Disc. pour Sextius; Disc. sur les rép. des aruspices; Lettres à Atticus, liv. IV, *passim*.

(1) Plutarq. l. l. — (2) Disc. pour Sext. XXXIII.
(3) Cic. pour sa maison, XV : à ce prix, Clodius, qui avait fait exiler Cicéron, promettait de le rapporter à Rome sur ses épaules, comme un sauveur.
(4) Cic. pour sa maison, III. — (5) Disc. au sénat, III-IV.
(6) Disc. au peuple, VI. — (7) Disc. pour Sextius, XXXV. — (8) L. l. L.
(9) L. l. III. — (10) Disc. pour Sext. XXXVII.
(11) Cic. pour sa maison, XIX ; Rép. des arusp. III ; Disc. au sénat, II.
(12) Cic. pour sa maison, VI; pour Sext. XXXI.
(13) Lettr. à Attic. IV, 1.

été adoptée dans les comices par centuries, avec le concours de toute l'Italie et de tous les ordres.

Il quitta Brindes comblé d'honneurs, et partout, sur sa route, il rencontra les députations des villes voisines qui venaient le féliciter. C'était le prélude du triomphe qui l'attendait à Rome. A son arrivée dans cette ville, il fut accueilli avec des transports de joie par une multitude immense, qui l'accompagna depuis la porte Capène jusqu'au Capitole. C'est ainsi qu'Athènes tout entière s'était portée au-devant de Démosthène, à son retour de l'exil (1).

Le lendemain, il adressa ses remercîments au sénat, qui avait été convoqué par les consuls.

Suivant Dion (2), ce fut Cicéron qui conseilla au sénat de charger Pompée du soin des subsistances et de lui donner, à cet effet, le pouvoir proconsulaire en Italie et hors de l'Italie, pour cinq ans. Cicéron (3) expose les faits, pour ainsi dire, un à un, à savoir : l'émeute excitée par Clodius à l'occasion de la cherté du blé, le vœu public désignant Pompée comme le plus capable de remédier au mal, la proposition faite à ce sujet par Cicéron sur les vives instances du peuple et des honnêtes gens, l'absence calculée des consulaires, à l'exception d'Afranius et de Messala, le sénatus-consulte qui offrait à Pompée la commission des blés, avec promesse de la faire confirmer par le peuple, l'assemblée du sénat tenue le lendemain et à laquelle assistèrent tous les consulaires, les quinze lieutenants accordés à Pompée, et à la tête desquels figurait Cicéron, le décret qui donnait à Pompée pour cinq ans, dans tout l'empire, la surintendance du commerce et du transport du blé. Cette loi frumentaire mettait sous sa dépendance les ports, les marchés, l'achat et la vente des fruits, en un mot tout le négoce des cultivateurs et des navigateurs (4) ; mais ses amis allèrent plus loin et firent demander par le tribun Messius qu'on autorisât Pompée à disposer de tout l'argent du trésor, à lever des troupes, à armer une flotte, à commander dans les provinces au-dessus même des gouverneurs. Cette proposition fit paraître le premier décret fort modéré : c'était probablement ce que Pompée désirait (5).

Les faits relatifs à la maison de Cicéron sont très-sommairement résumés dans Dion (6). Ils doivent être complétés par le IV⁰ livre des Lettres à Atticus, par le discours *pro Domo*, par plusieurs paragraphes du Discours pour Sextius et du discours sur les réponses des aruspices. Je me borne à indiquer les principaux : illégalité de l'adoption de Clodius (7), de son ad-

---

(1) Appien, l. l. — (2) § 9. — (3) Lettr. à Attic. IV, 1.
(4) Plutarq. Pompée, XLIX. — (5) Lettr. à Attic. IV, 1. — (6) § 11.
(7) Cic. pour sa maison, XIII, XV.

ÉCLAIRCISSEMENTS.

mission dans l'ordre des plébéiens (1), et par suite des actes de son tribunat (2); dédicace frappée de nullité (3); Cicéron mis en possession de la place qu'avait occupée cette maison (4) : elle est rebâtie aux frais de l'État (5). Les détails contenus dans la seconde lettre du IVe livre à Atticus nous rendent pour ainsi dire présents à la délibération qui eut lieu sur cette affaire délicate : Cicéron nous apprend lui-même à quelle somme s'élevèrent les indemnités qui lui furent accordées et dont il se montra mécontent (6).

A l'occasion du retour de Ptolémée (p. 27). Les détails concernant cette affaire forment deux récits distincts dans Dion : 1° la délibération (7); 2° le rétablissement de Ptolémée par Gabinius (8).

Plutarque et Appien gardent le silence sur les événements qui amenèrent l'expulsion de Ptolémée et disent très-peu de chose sur son retour en Égypte (9). En revanche, Cicéron donne les renseignements les plus explicites (10).

1° *Délibération sur le retour de Ptolémée en Égypte.*

Le proconsul P. Lentulus Spinther, gouverneur de la Cilicie, et Pompée étaient sur les rangs pour obtenir la mission de ramener Ptolémée dans ses États. Ammonius, ministre du roi, qui travaillait à lui faire des partisans par la corruption, était opposé à Lentulus et cherchait par ses amis à faire tomber le choix du sénat sur Pompée.

La discussion s'ouvrit dans les premiers jours de janvier. Hortensius, Lucullus et Cicéron demandaient que Lentulus fût désigné, mais sans armée, d'après l'oracle de la Sibylle. Crassus proposa de nommer trois députés, sans exclure Pompée, ne voulant pas que d'autres commandements fussent un motif d'exclusion. M. Bibulus et les consulaires, à l'exception de Servilius, voulaient aussi trois députés; mais ils exigeaient que ces députés n'eussent point d'autre charge. Volcatius, soutenu par Lupus et par Afranius, demandait que Pompée fût choisi (11).

Le 13 janvier, rien ne fut décidé, malgré les efforts de Cicéron en faveur

---

(1) Disc. pour Sext. III. — (2) Cic. pour sa maison, XXIII, XXIV.
(3) L. l. XLV-XLVII; LIII; LIV. Disc. sur les rép. des arusp. VI.
(4) Lettr. à Attic. IV, 2. — (5) Disc. sur les rép. des arusp. VII.

(6) A savoir : *deux* millions de sesterces pour sa maison de Rome; cinq cent mille sesterces pour sa maison de Tusculum, et deux cent cinquante mille pour celle de Formies.

(7) § 12-16. — (8) § 55-63. — (9) Le premier dans la Vie de Pompée, XLIX; le second dans l'Histoire de Syrie, LI. Appien se borne à ces mots : Πτολεμαῖος... ἐκπεσὼν καὶ ὅδε τῆς ἀρχῆς. — (10) Cf. Lettr. Fam. liv. I, 1-7. Lettr. à Quintus, III, 1-9; Lettr. à Attic. IV, 16, 17, 18.

(11) Lettr. Fam. I, 1.

de Lentulus (1). Le lendemain, dans la séance qui dura jusqu'à la nuit, le débat roula sur les opinions de Bibulus, d'Hortensius et de Volcatius. Dans la journée du 15, nouvelle discussion (2) : Caninius et Caton déclarèrent qu'ils ne porteraient aucune loi avant les comices, et Caton renversa toutes les espérances des amis de Lentulus en proposant, alors que personne ne s'y attendait, de le rappeler de son gouvernement de Cilicie (3). Le but de cette proposition était de délivrer Pompée d'une redoutable concurrence. Dans cette situation critique, les amis de Lentulus devaient agir avec précaution, afin d'éviter les altercations, s'ils pouvaient obtenir quelque chose, et de ne point paraître avoir essuyé un refus, s'ils devaient échouer (4).

La journée du 6 février fut mauvaise pour Pompée : le peuple l'interrompit pendant qu'il plaidait la cause de Milon, et Caton l'accusa en plein sénat, sans que personne prît la parole en sa faveur (5). Dès lors, il parut renoncer à l'affaire d'Alexandrie, et les amis de Lentulus mirent leurs soins à ce que le roi d'Égypte, ne comptant plus sur lui, tournât ses espérances du côté de Lentulus; mais les difficultés étaient grandes. Parmi les consulaires, Lucullus et Hortensius seuls soutenaient franchement Lentulus : les autres le traversaient en secret, ou lui étaient ouvertement opposés (6).

Le mois de mars vit la ruine de toutes leurs espérances. M. Asinius Pollion se chargea de faire connaître à Lentulus la situation des affaires (7) : ses amis, et Pompée lui-même était de cet avis, l'engagèrent à profiter de ce qu'aucun décret ne lui avait ôté la commission d'Égypte, pour conduire le roi à Ptolémaïs ou dans quelque autre endroit voisin, à se rendre à Alexandrie avec une flotte et une armée, à y rétablir la paix, à l'assurer par des garnisons et à faire rentrer ainsi Ptolémée dans ses États; voulant concilier par là le décret qui l'avait chargé du rétablissement de ce roi avec l'oracle de la Sibylle, d'après lequel ce rétablissement devait se faire sans armée (8). Mais une pareille entreprise ne devait être tentée qu'avec la certitude du succès : pour peu qu'elle parût douteuse, il fallait y renoncer. Lentulus recula devant un coup de main si hardi. Dès ce moment, les voies légales furent abandonnées, et Pompée et Gabinius rendirent de concert le trône à Ptolémée.

2° *Rétablissement de Ptolémée par Gabinius.*

Appien (9) raconte, comme Dion (10), que Mithridate, chassé de son royaume par son frère, persuada à Gabinius de faire la guerre contre les Parthes; mais l'or de Ptolémée détermina le général romain à renoncer à cette expédition pour se diriger vers Alexandrie. Il ajoute que Gabinius, ayant rétabli Ptolémée après avoir vaincu les Alexandrins, *fut exilé*

(1) L. l. 2. — (2) L. l. 3. — (3) L. l. 5. — (4) L. l. 5. — (5) L. l.
(6) L. l. — (7) L. l. 6. — (8) L. l. 7. — (9) Hist. de Syr. Ll. — (10) § 56.

ÉCLAIRCISSEMENTS.

par le sénat, parce qu'il avait fait une guerre qu'aucun décret n'avait autorisée et qui était même interdite par un oracle de la Sibylle. Nous verrons que Gabinius fut condamné à l'exil pour une autre cause. Le sénat, il est vrai, avait fait prononcer contre lui la peine capitale; mais l'or que Gabinius avait expédié à Rome y arriva à temps, et il n'eut rien à souffrir (1).

Josèphe (2) rapporte à peu près comme Dion (3) les faits relatifs à Aristobule et à Archélaüs; mais il ne parle ni du mariage de celui-ci avec Bérénice, ni de sa mort. Strabon (4) est d'accord avec Dion; seulement il ajoute deux faits qui ne se trouvent point dans cet historien. Le premier, c'est qu'Archélaüs, pour obtenir plus facilement la main de la reine, se fit passer pour fils de Mithridate Eupator; le second, c'est qu'il occupa le trône pendant six mois.

Le rétablissement de Ptolémée donna lieu contre Gabinius à une accusation de *Majesté*, ou de crime d'État. Elle fut intentée par L. Lentulus (5), fils de Pub. Lentulus, qui était de la faction opposée à Pompée (6).

C'est le 28 septembre que Gabinius entra de nuit dans Rome (7). Forcé par l'édit de C. Alfius de comparaître pour répondre à l'accusation de *Majesté*, il faillit être accablé par la foule (8). Il avait contre lui la haine de tous les ordres : les témoins l'accablèrent; mais rien de plus froid que ses accusateurs (9). L. Lentulus fut même accusé ouvertement de s'être laissé corrompre (10) : il parla on ne peut plus mal, ainsi que ceux qui soutinrent l'accusation (11). Les pressantes sollicitations de Pompée, la pauvreté et l'avarice des juges, les bruits de dictature répandus à dessein, sauvèrent Gabinius : il fut absous par soixante-dix voix contre trente-deux (12). Deux prétoriens siégeaient parmi les juges : Domitius Calvinus, qui se déclara pour l'absolution, à la vue de tout le monde, et Caton, qui se retira doucement pour en porter la première nouvelle à Pompée. Ce jugement parut si révoltant qu'on ne douta pas que Gabinius ne succombât dans les autres, et surtout dans celui de concussion (13).

Cicéron, que Pompée avait tenté plusieurs fois, mais en vain, de réconcilier avec Gabinius, n'avait rien négligé pour aigrir le peuple par la lecture des Oracles sibyllins. Toutefois, il n'alla pas jusqu'à suivre les conseils de Sallustius, qui l'engageait à se charger de l'accusation, et se contenta de

---

(1) Dion, § 61. — (2) Ant. Juiv. XIV, 6, 6; Guer. des Juifs, 8, 6.
(3) L. l. — (4) Liv. XIV, p. 558, éd. de Paris, 1620.
(5) Cic. à Attic. IV, 16. — (6) Cic. Lett. Fam. II, 24. — (7) Lett. à Quint. III, 2.
(8) L. l. — (9) L. l, 3. — (10) Lettr. à Attic. IV, 16.
(11) Lettr. à Quint. III, 4. — (12) l. l. et Lettr. à Attic. l. l.
(13) Cf. Lettr. à Quint. l. l. où Cicéron donne les raisons de la conduite qu'il tint dans cette affaire.

faire sa déposition avec force (1). Plus tard, il consentit à le défendre, alléguant qu'il ne voulait pas emporter ses ressentiments dans le tombeau (2).

Outre l'accusation de *Majesté*, Gabinius en eut deux autres à subir (3) : une de concussion et une de brigue : il fut condamné pour concussion, avant qu'on jugeât le crime de brigue. Il eut pour défenseur Cicéron que Pompée était enfin parvenu à réconcilier avec Gabinius; mais ni l'éloquence du grand orateur ni le crédit de Pompée ne purent le sauver, et il fut condamné à l'exil (4).

LIVRE QUARANTIÈME.

Il repassa en Bretagne (p. 135). De toute la Bretagne deux États seulement envoyèrent des otages à César (5) : ce fut le prétexte qu'il mit en avant pour faire une nouvelle expédition dans ce pays ; mais, comme Dion le remarque (6), s'il ne l'avait pas eu, il en aurait imaginé un autre.

En partant pour l'Italie, ainsi qu'il le faisait chaque hiver (7), il chargea ses lieutenants de réparer les anciens vaisseaux et d'en construire de nouveaux dont il détermina la forme et la grandeur. A son retour dans la Gaule, il trouva 600 navires construits d'après ses instructions, et vingt galères prêtes à mettre à la mer (8) : il donna à ses soldats l'ordre de se rendre au port d'Itius, se transporta de son côté chez les Trévires et chez les Eduens, et, après les avoir fait rentrer dans le devoir, il laissa Labiénus sur le continent avec trois légions et 2,000 chevaux et leva l'ancre, au coucher du soleil, avec cinq légions et 2,000 cavaliers. Le lendemain, toute la flotte prit terre, après divers accidents (9).

La tempête dont parle Dion (10) causa de grands dommages aux Romains : quarante vaisseaux furent perdus, et les autres ne purent être réparés que difficilement. César prit dans les légions tous les ouvriers propres à ce travail et en fit venir d'autres du continent : en même temps, il fit tirer à sec toute la flotte, opération qui coûta dix jours de fatigues ; puis

(1) Lettr. à Quint. III, 9. — (2) Disc. pour Rabirius, XII : neque me vero pœnitet mortales inimicitias, sempiternas amicitias habere.
(3) Lettr. à Attic. IV, 16. — (4) Saint Jérôme (Apol. adv. Rufinum) nous a conservé un fragment du discours de Cicéron pour Gabinius (Note de M. J. V. Le Clerc sur les Lettr. à Quintus, III, 1).
(5) Cæs. Bell. Gall. IV, 38. — (6) Liv. XL, 1. — (7) Cæs. l. l. V, 1.
(8) l. l. 2. — (9) L. l. 8. — (10) l. l. 2.

ÉCLAIRCISSEMENTS.

il reprit la lutte contre les Bretons qu'il trouva rassemblés en grand nombre, sous le commandement de Cassivellanus ou Cassivellaunus (1). César la raconte en détail (2). Elle eut pour résultat la soumission des Trinobantes et de plusieurs autres peuples (3). Cassivellaunus tenta encore de battre les Romains; mais, après une nouvelle défaite, il fit, par l'entremise de Commius, des propositions de paix à César qui les accepta, à condition que les Bretons lui livreraient des otages et payeraient un tribut annuel (4).

Après le récit de la deuxième expédition de César en Bretagne, Dion revient à la conquête de la Gaule, consacre sept paragraphes à cette conquête (5); puis il l'abandonne pour la reprendre et la continuer jusqu'à la fin (6). Dans ces éclaircissements, je n'interromprai point la suite des événements.

Nouvelle guerre des Romains jusqu'à la conquête complète de la Gaule Transalpine.

César, en revenant de la Bretagne, trouva la Gaule tranquille en apparence; mais sous ce calme trompeur se cachait un vaste complot qui ne tarda pas à éclater.

Dion se contente de dire que le signal de la guerre fut donné par les Éburons, sous la conduite d'Ambiorix (7). Quelques détails me paraissent nécessaires.

A son retour de la Bretagne, César, pour remédier au manque de vivres, distribua ses légions dans divers quartiers (8). Ils étaient à peine établis depuis quinze jours, qu'Ambiorix et Cativolcus, chefs des Eburons chez lesquels une légion et cinq cohortes avaient été envoyés sous le commandement de Q. Titurius Sabinus et de L. Aurunculéius Cotta, soulevèrent le pays et attaquèrent le camp des Romains. Repoussés avec vigueur, ils demandèrent à entrer en pourparlers : C. Arpinéius et Q. Junius furent désignés pour les entendre (9).

Dion résume en quelques lignes la harangue adressée par Ambiorix aux chefs de l'armée romaine, et dans laquelle, après avoir rappelé sa reconnaissance pour les bienfaits de César et signalé les dangers dont les Romains étaient menacés par une ligue de la Gaule armée pour la liberté commune, il les engageait à retirer leurs troupes de tous les quartiers et à rejoindre Cicéron ou Labiénus (10). Dion se borne à dire que *les Romains suivirent ce conseil;* tandis que le récit de César a tout l'intérêt d'un drame. A leur retour, C. Arpinéius et Q. Junius portent l'affaire devant le conseil. De vives contestations s'élèvent : plusieurs tribuns et centu-

---

(1) Cæs. l. l. 11. — (2) L. l. 14-19. — (3) L. l. 21. — (4) L. l. 22-23.
(5) § 5-11. — (6) § 31-34. — (7) L. l. § 5. — (8) Ils sont énumérés dans César, l. l. 24. — (9) Cæs. l. l. 26-27. — (10) Cæs. l. l. 27.

rions soutiennent qu'il ne faut rien faire sans mûre réflexion, et qu'on ne doit point quitter les quartiers sans l'ordre de César. Sabinus défend avec force un avis contraire qu'il présente sous la forme d'un dilemme : « S'il « n'y a rien à craindre, dit-il, nous joindrons sans aucun danger la légion la « plus voisine : si toute la Gaule est liguée avec les Germains, la prompti- « tude est pour nous la seule voie de salut. » La discussion s'échauffe; les assistants conjurent les deux lieutenants de ne pas tout perdre par la discorde. Cotta est ébranlé, Sabinus enfin l'emporte, et le départ est annoncé pour la pointe du jour (1).

Le plan d'attaque dressé par les barbares, le lieu précis où ils s'étaient mis en embuscade, le trouble et les hésitations de Sabinus, la fermeté et la présence d'esprit de Cotta remplissant le devoir de général et celui de soldat, l'habile et prudente tactique d'Ambiorix, les efforts des cohortes romaines depuis le lever du soleil jusqu'à la huitième heure du jour, tout est fidèlement reproduit dans la narration de César (2).

Dion dit que Cotta et un grand nombre de soldats restèrent sur la place et qu'Ambiorix invita Sabinus à se rendre auprès de lui. Ce n'est pas tout à fait exact : au moment où le courage de l'armée romaine fut ébranlé à la vue des blessures reçues par deux centurions et par Cotta, frappé d'un coup de fronde au visage (3), Sabinus fit demander à Ambiorix la vie pour lui et pour les siens. Le chef gaulois répondit que, s'il voulait venir conférer avec lui, il le pouvait sans crainte. Sabinus invita Cotta à l'accompagner; mais celui-ci répondit fièrement qu'il ne se rendrait pas auprès d'un ennemi armé. Sabinus alors ordonne aux tribuns légionnaires et aux premiers centurions de le suivre. A peine arrivé auprès d'Ambiorix, il est enveloppé et mis à mort. Aussitôt les barbares crient victoire et fondent sur l'armée romaine. Cotta et la plupart de ses soldats périssent : les autres soutiennent le combat jusqu'à la nuit, et, cette nuit même, ils se tuent de désespoir. Quelques-uns, parvenus à s'échapper à travers les bois et à gagner les quartiers de Labiénus, l'instruisent de cet affreux désastre (4).

Ambiorix profite de cette victoire pour exciter les Gaulois à s'affranchir : il gagne facilement les Nerviens dont l'exemple entraîne les Centrons, les Grudiens, les Lévaques, et d'autres peuples de leur dépendance (5). Il tombe inopinément avec eux sur le camp de Q. Cicéron, qui ignorait encore la mort de Sabinus. L'attaque fut vive et la défense héroïque. Les Romains firent des prodiges de courage : Cicéron ne prit aucun repos, même la nuit (6).

Suivant Dion (7), Ambiorix voulut tromper Q. Cicéron, comme il avait

(1) L. I. 28-31. — (2) L. I. 32-35. — (3) L. I. 35. — (4) L. I. 36-37. (5) L. 38-39. — (6) L. I. 39-40. — (7) § 7.

ÉCLAIRCISSEMENTS. 427

trompé Sabinus. D'après César (1), ce ne fut pas Ambiorix seul : tous les chefs des Nerviens et les principaux de cette nation, qui avaient eu avec lui des relations d'amitié, lui proposèrent un entretien et lui tinrent à peu près le même langage qu'Ambiorix à Sabinus. La réponse de Q. Cicéron mérite d'être citée textuellement : « Il n'est pas dans l'habitude du peuple « romain de recevoir des conditions d'un ennemi armé. Si vous voulez « mettre bas les armes, je vous prêterai mon concours, et vous pourrez « envoyer des députés à César. Sa justice permet d'espérer que vous ob- « tiendrez ce que vous demandez. »

Dion ne parle pas des ouvrages rapidement exécutés par les Gaulois autour du camp des Romains (2). Il n'entre dans aucun détail sur la septième journée du siége, qui fut marquée par une lutte de générosité entre T. Pulfion et L. Varenus (3).

Dion apprécie avec justesse l'habile tactique de César pour faire croire aux Gaulois qu'il craignait de se mesurer avec eux; mais il a omis un fait qui ne manque pas d'importance; je veux parler de la lettre apportée par un esclave gaulois à César, et dans laquelle Cicéron lui annonçait que les barbares avaient abandonné le siége du camp et marchaient contre lui avec 60,000 hommes (4).

Il ne sera pas sans intérêt de rapprocher des § 5-8 de Dion le passage dans lequel Plutarque (5) résume assez exactement les faits les plus importants.

César (6) raconte en détail les événements qui suivirent la victoire des Romains sur les Gaulois et qui sont indiqués très-succinctement par Dion (7). Le fait capital est le combat entre Labiénus et Indutiomare, dont la mort tragique permit aux Romains de respirer (8). Mais le calme était plus apparent que réel : il ne fit pas illusion à César, qui, s'attendant à de prochains mouvements, chargea M. Silanus, C. Antistius Réginus et T. Sextius, ses lieutenants, de faire des levées et demanda à Cn. Pompée d'ordonner aux recrues de la Gaule Cisalpine de rejoindre leurs drapeaux et de se rendre auprès de lui (9).

Dion (10) annonce qu'il ne mentionnera que les exploits les plus mémorables de César et de ses lieutenants. La brièveté qu'il s'impose nuit à la clarté du récit par l'omission de plusieurs faits qu'il ne sera pas inutile de rétablir.

Dion commence par l'expédition de Labiénus contre les Trévires. Avant

---

(1) L. l. — (2) A savoir : un rempart haut de *onze* pieds, un fossé de *quinze* pieds de profondeur et un retranchement qui avait *quinze* milles de circuit. Suivant César, tout fut fait en trois heures, l. l. 42. N'y a-t-il pas là un peu d'exagération? — (3) L. l. 44. — (4) L. l. 49. — (5) Vie de Cés. XXIV. — (6) L. l. 53-58. (7) § 11. — (8) Cæs. l. l. 57-58. — (9) Cæs. l. l. VI, 1. — (10) § 31, p. 191.

cette expédition, César eut à comprimer, par sa prévoyance et par sa vigueur, les Nerviens, les Aduatiques, les Sénonais et les Ménapiens (1). Il tourna ensuite toutes ses pensées du côté des Trévires et d'Ambiorix (2). Informé qu'ils avaient rassemblé des troupes pour attaquer Labiénus, qui hivernait sur leurs terres avec une seule légion, il lui en envoya deux autres.

Le stratagème employé par Labiénus pour donner à son départ les apparences d'une fuite est rapporté par Frontin (3), et les paroles auxquelles Dion fait allusion se trouvent en partie dans César (4). Le stratagème eut un plein succès : les barbares passèrent la rivière et engagèrent le combat sur un terrain désavantageux. Labiénus les attira de l'autre côté, en s'avançant lentement; puis il fit volte-face contre les barbares qui, tout étonnés de se voir ainsi attaqués, s'enfoncèrent dans les forêts. Labiénus les y poursuivit avec sa cavalerie, en tua un grand nombre et fit beaucoup de prisonniers. Quelques jours après, le pays se soumit (5).

Toutes les circonstances du passage du Rhin ne sont pas nettement exposées dans Dion. D'abord César fit construire un pont un peu au-dessus de l'endroit où son armée l'avait traversé la première fois : il laissa une forte garde à la tête de ce pont, du côté des Trévires, afin qu'ils ne pussent point se soulever de nouveau, et passa le fleuve avec le reste de son armée (6). Les Ubiens vinrent aussitôt demander à être épargnés et lui offrirent des otages. Ils lui annoncèrent en même temps que les Suèves rassemblaient toutes leurs troupes et avaient ordonné aux peuples placés sous leur dépendance de leur envoyer des renforts. César accueillit leur demande; mais il les chargea de s'informer exactement de ce qui se passait chez les ennemis. Peu de jours après, ils lui apprirent que les Suèves s'étaient retirés dans la forêt de Bacenis, à l'entrée de laquelle ils devaient attendre les Romains (7). D'après ce renseignement, César, qui craignait de manquer de vivres, repassa le Rhin; mais, pour laisser aux barbares la crainte de son retour et pour les empêcher d'envoyer facilement des secours à ses ennemis, il fit couper *deux cents pieds du pont*, du côté des Ubiens, et à l'extrémité opposée, il éleva, du côté de la Gaule, une tour à quatre étages et y laissa une garde de douze cohortes, sous le commandement de C. Volcatius Tullus (8); puis il se mit à la poursuite d'Ambiorix, à travers les Ardennes, en se faisant précéder de L. Minucius Basilus

---

(1) Cæs. l. l. 2, 3, 4. — (2) L. l. 5, 6. — (3) Stratagem. II, 5, 20, ed. Oudendorp. — (4) L. l. 7 : loquitur in consilio palam, quoniam Germani appropinquare dicuntur, sese suas exercitusque fortunas in dubium non devocaturum, et postero die, prima luce, castra moturum.

(5) L. l. 8. — (6) Cæs. l. l. 9. — (7) L. l. 10. — (8) L. l. 29.

et de la cavalerie. Peu s'en fallut qu'Ambiorix ne tombât en son pouvoir. Il perdit ses équipages, ses armes, ses chevaux : heureusement pour lui, ses compagnons purent pendant quelque temps soutenir, dans un défilé, le choc de la cavalerie romaine, et Ambiorix s'échappa dans les bois (1).

Après cet événement, les soldats d'Ambiorix se réfugièrent les uns dans les Ardennes, les autres dans les marais, et Cativolcus, l'allié d'Ambiorix, s'empoisonna (2). César reçut à composition les Sègnes et les Condrusiens, à condition qu'ils lui livreraient les Éburons qui se seraient réfugiés chez eux; puis il divisa ses troupes en trois corps et envoya les bagages de toutes les légions à Aduatuca, dans le pays des Eburons, où Titurius Sabinus et Aurunculéius avaient eu leurs quartiers d'hiver (3).

César raconte en détail l'attaque du camp des Romains par les Sicambres (4). Là brilla le courage de P. Sextius Balbus, qui, malade et n'ayant pris aucune nourriture depuis cinq jours, sortit de sa tente, saisit les premières armes qui tombèrent sous sa main et se plaça à une porte. Aussitôt la résistance s'organise; les soldats romains, qui revenaient du fourrage, entendant des cris, ne doutent point que leur camp ne soit en danger. La cavalerie prend les devants, la lutte se prolonge; mais enfin les barbares sont forcés de repasser le Rhin.

L'épouvante causée par cette attaque n'était pas encore dissipée, quand César arriva. Après s'être plaint de ce qu'on avait fait sortir les cohortes, il se mit de nouveau à la poursuite des barbares, pillant et brûlant toutes les habitations. Ensuite il ramena son armée à Durocortore, capitale des Rémois, punit suivant les anciens usages Accon, auteur de la révolte des Carnutes, et, après avoir envoyé en quartiers d'hiver *deux* légions chez les Trévires, *deux* chez les Lingons, et les *six* autres chez les Sénonais, il se rendit en Italie (5).

Pour ne pas interrompre le fil des événements relatifs à la Gaule, je vais m'occuper de ceux qui se passèrent l'an de Rome 701, sous le consulat de Cn. Calvinus et de Messala. Dion les renferme dans onze paragraphes (6). Les voici dans l'ordre où je dois les examiner :

Soulèvement général de la Gaule; siége et prise d'Avaricum (7). — Siége de Gergovie des Arvernes; troubles chez les Éduens (8). — Expédition de Labiénus contre les Séquanais (9). — Siége et prise d'Alésia (10). — Fin de la conquête de la Gaule (11).

1° *Soulèvement général de la Gaule; siége et prise d'Avaricum.*

Pendant que César était en Italie, les Gaulois, un moment contenus, profitèrent de son absence pour tenter de nouveaux mouvements et for-

---

(1) Cæs. l. l. 30. — (2) L. l. 31. — (3) L. l. 32. — (4) L. l. 35-41.
(5) Cæs. l. l. 42-44 — (6) § 33-43. — (7) § 33-34. — (8) § 35-38.
(9) § 38. — (10) § 39-41. — (11) § 42.

mèrent une ligue universelle contre la domination romaine. Le signal fut donné par les Carnutes, qui, après avoir juré sur leurs étendards de ne jamais les abandonner, marchèrent, sous la conduite de Cotuatus et de Conetodunus, sur Génabum où ils massacrèrent tous les Italiens que le commerce y avait attirés (1). Le fils de Celtillus, qui avait été mis à mort pour avoir aspiré à la royauté (2), est investi du commandement suprême, sous le titre de Vercingétorix. Il charge un de ses lieutenants, Lucterius, d'envahir la Province ; tandis qu'il se dirige lui-même vers les légions du nord (3). A cette nouvelle, César part pour la Gaule Transalpine, traverse les Cévennes couvertes de neige et s'ouvre un chemin dans le pays des Arvernes. Le Vercingétorix, cédant aux instances des Arvernes, qui le conjurent de ne pas exposer leurs foyers au pillage, lève le camp et quitte le pays des Bituriges (4). César marche aussitôt sur Vienne, traverse le pays des Éduens, gagne celui des Lingons, où hivernaient deux légions, et ordonne aux autres de le rejoindre. Le Vercingétorix, instruit de sa marche, ramène son armée chez les Bituriges et fait le siége de Gergovie des Boïens. César obtient des vivres chez les Éduens, fait avertir les Boïens de son approche, les exhorte à rester fidèles et à se défendre vaillamment. Le lendemain, il arrive à Vellaunodunum qui capitule, se rend en toute hâte à Génabum, s'en empare, la livre au pillage et arrive chez les Bituriges : chemin faisant, il force Noviodunum de se soumettre (5).

Les revers essuyés par les Gaulois poussent le Vercingétorix à une résolution inspirée par le désespoir. Il convoque un conseil et déclare qu'il faut priver les Romains de vivres et d'abri, en incendiant les villes et les bourgs et en brûlant toutes les places. Cet avis est adopté, et à l'instant s'allume un vaste incendie : Avaricum n'est épargné que sur les plus vives instances des Bituriges, et sa défense est confiée aux plus braves (6).

Les détails du siége et de la prise de cette ville forment un récit des plus émouvants : il ne faut pas l'analyser, mais l'étudier. Je signale à l'attention du lecteur le § 23, qui contient des renseignements précieux sur les murailles des villes gauloises (7).

Les Romains, maîtres de la place, n'épargnèrent ni l'âge ni le sexe : sur 40,000 habitants ou soldats, 800 à peine échappèrent à la mort par la fuite (8).

Plutarque ne donne qu'un exposé sommaire du soulèvement de la Gaule sous la conduite du Vercingétorix (9). Il ne parle ni du pillage de Génabum, ni de la prise d'Avaricum.

---

(1) Cæs. Bell. Gall. VII, 2-3. — (2) Plutarq. Vie de Cés. XXV.
(3) L. l. 4-5. — (4) L. l. 4-8. — (5) L. l. 9-13. — (6) L. l. 14.
(7) L. l. 15-29. — (8) L. l. 28.
(9) Vie de Cés. XXV.

ÉCLAIRCISSEMENTS.

2° *Siége de Gergovie des Arvernes ; troubles chez les Éduens.*

Après le désastre d'Avaricum, le Vercingétorix, loin de se laisser abattre par les revers, rallie divers États autour de lui et fait de toute la Gaule un seul corps (1). César, de son côté, séjourna pendant quelque temps à Avaricum, où il avait trouvé des vivres en abondance, et donna à son armée quelques instants de repos (2). Là, il reçut une députation des Éduens qui le suppliaient d'intervenir entre Convictolitan et Cottus, qui se disputaient le titre de *Vergobret :* César fit pencher la balance en faveur du premier. Il est bon de noter ce fait en passant, parce que nous aurons bientôt à parler de l'ingratitude de Convictolitan envers César.

Aussitôt que le calme fut rétabli chez les Éduens, César leur demanda toute leur cavalerie et dix mille fantassins. Il envoya Labiénus avec *quatre* légions contre les Sénonais et les Parisiens, et conduisit lui-même les *six* autres contre Gergovie des Arvernes, en longeant l'Allier. Le Vercingétorix coupa tous les ponts et fit route de l'autre côté de cette rivière : les deux armées marchaient presque en face l'une de l'autre, et les éclaireurs du Vercingétorix ne permettaient pas à César de construire un pont sur l'Allier, qui n'est guéable qu'en automne. Pour sortir d'embarras, il eut recours à l'expédient mentionné par Dion (3) : César s'arrêta vis-à-vis de l'un des ponts détruits par le Vercingétorix, et, l'ayant rétabli promptement sur les anciens pilotis dont la partie inférieure était restée intacte, il parvint à Gergovie en cinq jours de marche (4).

Le récit de Dion sur la trahison de Litavicus manque de netteté et présente quelques lacunes.

L'Éduen Convictolitan, celui que César avait fait porter à la suprême magistrature, se laissa corrompre par les Arvernes et souleva sa nation contre les Romains (5). Le complot ourdi entre lui et Litavicus est exposé en détail par César (6). Il nous apprend que le corps auxiliaire envoyé par les Éduens se composait de dix mille hommes, et que Litavicus leva le masque lorsqu'il ne fut plus qu'à une distance de trente milles de Gergovie. Instruit de leur projet, au milieu de la nuit, par l'Éduen Éporédorix, César prend quatre légions et toute la cavalerie et laisse la garde du camp à Fabius. Parvenu à une distance de vingt-cinq milles, il aperçoit les Éduens, et aussitôt il ordonne à Éporédorix et à Viridomare, que l'on disait morts, de se montrer aux yeux de leurs compatriotes, qui, reconnaissant la fraude de Litavicus, jettent leurs armes et demandent grâce. Litavicus se retire à Gergovie avec ses clients (7).

Dion (8) parle de la résolution de lever le siége de Gergovie, prise par

---

(1) Cæs. l. l. VII, 29-31. — (2) L. l. 32-33. — (3) L. l. § 35.
(4) Cæs. l. l. 35-36. — (5) L. l. 37. — (6) l. l. 37-38.
(7) L. l. 40. — (8) § 36.

César, à la suite des souffrances auxquelles furent en butte les soldats qu'il y avait laissés en partant pour le pays des Éduens. Il revient sur le même fait un peu plus loin (1). A la vérité, les mots τῇ Γεργοουίᾳ sont une intercalation conjecturale; mais l'échec reçu par les Romains n'en est pas moins constant : seulement le récit de Dion est vague : je vais tâcher de lui donner plus de précision, à l'aide de César (2).

Après avoir pardonné à ceux qui avaient trempé dans la défection de Litavicus, César reprit le chemin de Gergovie. A moitié chemin, des messages de Fabius lui annoncent que les Romains, épuisés par un travail sans relâche, avaient été attaqués dans le camp; qu'un grand nombre de ses soldats avaient été blessés; qu'il avait fait boucher toutes les portes du camp et qu'il s'attendait à une nouvelle attaque pour le lendemain. En même temps, des troubles excités chez les Éduens par les menées de Litavicus et de Convictolitan amenèrent des scènes de massacre et de pillage; mais bientôt, instruits que leurs troupes sont entre les mains de César, les Éduens lui envoient une députation pour se disculper. César dissimule son ressentiment, dans la crainte d'être enveloppé par tous les peuples de la Gaule, et songe aux moyens de s'éloigner de Gergovie, sans laisser à sa retraite l'apparence d'une fuite. Ces faits me semblent justifier suffisamment la leçon τῶν Ῥωμαίων πρός τε τῇ Γεργοουίᾳ πταισάντων.

Quant aux incidents qui précédèrent cette retraite jusqu'au moment où César put l'effectuer, reconstruire un pont sur l'Allier et repasser cette rivière avec ses troupes, ils forment un récit très-intéressant (3).

Par les Éduens qui, suivant Dion (4), demandèrent à rentrer dans leur pays pour y rétablir l'ordre, il faut entendre Viridomare et Éporédorix dont le zèle pour les Romains couvrait des vues astucieuses qui n'échappèrent pas à César (5). Il consentit pourtant à leur départ, afin qu'on ne supposât pas qu'il avait la moindre inquiétude. Dion raconte, comme César, les massacres commis à Noviodunum et l'incendie de cette ville; mais il n'est pas d'accord avec lui lorsqu'il ajoute que César ne put traverser la Loire et se dirigea vers le pays des Lingons. César dit formellement (6) qu'après avoir marché nuit et jour, il arriva sur les bords de la Loire; que sa cavalerie ayant trouvé un gué, il la plaça de manière à rompre le courant; que toute son armée traversa le fleuve et qu'il se dirigea vers les Sénonais, après avoir fait d'amples provisions. Peut-être Dion s'est-il fait l'écho des bruits calomnieux d'après lesquels César, trouvant les chemins fermés et ne pouvant passer la Loire faute de vivres, s'était

---

(1) § 38 : Αὖθις δὲ τῶν Ῥωμαίων πρός τε [τῇ Γεργοουίᾳ τῇ] τοῦ Καίσαρος ἀπουσίᾳ πταισάντων. — (2) L. l. 41-42. — (3) Liv. VII; 42-53.
(4) § 38. — (5) L. l. 54. — (6) L. l. 56.

ÉCLAIRCISSEMENTS.

retiré vers la Province romaine; peut-être aussi a-t-il confondu cette marche de César avec celle qu'il fit vers les Séquanais, par l'extrême frontière des Lingons, lorsque les Arvernes eurent joint les troupes ennemies (1).

3° *Expédition de Labiénus contre les Séquanais.*

Cette expédition est à peine indiquée dans Dion : il ne nomme pas même Camulogène, que les Parisiens et leurs alliés chargèrent du commandement, malgré son grand âge, en considération de son habileté dans l'art de la guerre. Les détails de cette lutte héroïque se trouvent dans César (2) : Plutarque la raconte en peu de mots (3).

Suivant Dion (4), le Vercingétorix, ne redoutant plus César, se mit en campagne contre les Allobroges, surprit dans le pays des Séquanais le général romain et l'enveloppa. César expose autrement les faits (5) : d'après lui, la défection des Éduens devint le signal d'une grande ligue. A Bibracte fut convoquée une assemblée à laquelle tous les États de la Gaule se rendirent, à l'exception des Rémois, des Lingons et des Trévires. Là, le commandement souverain fut déféré au Vercingétorix, qui demanda tout d'abord 15,000 cavaliers, la destruction des récoltes et l'incendie de toutes les habitations. Puis il exigea des Éduens et des Ségusiens 10,000 fantassins, 800 chevaux, et chargea le frère d'Éporédorix de porter la guerre chez les Allobroges. Dans le même temps, il chercha par des messages secrets à gagner ce peuple. Les Allobroges répondirent en établissant près du Rhône des postes considérables et en se préparant à une défense vigoureuse. César, voyant que l'ennemi lui était très-supérieur en cavalerie et qu'il ne pouvait faire venir aucun secours ni de l'Italie, ni de la Province, envoya demander aux Germains de la cavalerie et de l'infanterie légère, qui avait coutume de se mêler avec la cavalerie dans les combats (6). Ce fut au moment où César se dirigeait vers le pays des Séquanais, par l'extrême frontière des Lingons, que le Vercingétorix vint asseoir *trois* camps à deux milles des Romains (7). César donne les détails de la lutte entre l'armée gauloise et celle des Romains : elle se termina par le massacre des barbares. Trois Éduens, Cotus, Cavarillus, Éporédorix, furent faits prisonniers et amenés à César : la cavalerie gauloise prit la fuite. César poursuivit l'ennemi tout le jour, lui tua trois mille hommes et campa le lendemain devant Alésia, où le Vercingétorix s'était réfugié avec les débris de son armée (8).

4° *Siége et prise d'Alésia.*

Le récit de Dion n'est qu'une sèche indication de quelques incidents du siége et de la prise de cette ville, dernier boulevard de l'indépendance

---

(1) L. l. 66. — (2) L. l. 57-62. — (3) Cf. Vie de Cés. XXVI.
(4) § 39, au commencement. — (5) L. l. 63 et suiv. — (6) L. l. 64-65.
(7) L. l. 66. — (8) L. l. 66-68.

gauloise. Cet événement mémorable forme, au contraire, dans César le tableau le plus animé (1). Je me borne à résumer les points principaux :

1° Situation d'Alésia ; camp des Romains (2) ;

2° Premier engagement entre les Gaulois et les Romains dans la plaine qui s'étendait devant la ville : les Gaulois sont repoussés par les Germains, qui leur tuent beaucoup de monde et prennent un grand nombre de chevaux (3) ;

3° Le Vercingétorix, n'ayant plus de vivres que pour trente jours, renvoie toute sa cavalerie, afin que chacun aille dans son pays chercher des provisions et enrôler tout ce qui est en âge de porter les armes (4) ;

4° Travaux de fortification exécutés par les Romains au milieu des attaques des Gaulois et de leurs fréquentes sorties (5) ;

5° Dénombrement des troupes auxiliaires fournies par les divers peuples de la Gaule : elles forment un total de 8,000 cavaliers et 240,000 fantassins. Le commandement général fut donné à l'Atrébate Commius, aux Éduens Viridomare et Éporédorix et à l'Arverne Vergasillaunus (6) ;

6° Les assiégés, menacés par la famine, prennent, sur l'avis de Critognatus, la résolution de se défendre avec vigueur, après avoir fait sortir de la ville les vieillards, les femmes et les enfants (7) ;

7° Arrivée des troupes auxiliaires sous les murs d'Alésia : combat entre les Romains et les Gaulois ; il avait duré depuis midi jusqu'au coucher du soleil, sans que la victoire fût décidée, lorsque l'intervention des Germains força les barbares de céder (8) ;

8° Sortie nocturne des assiégés : à l'approche du jour, craignant d'être pris en flanc par les Romains qui occupaient les hauteurs, ils se retirent, après avoir eu le dessous dans cette seconde attaque (9);

9° Troisième attaque des Gaulois contre les Romains : elle est dirigée par Vergasillaunus et par le Vercingétorix ; les Romains sont en danger : mesures arrêtées par César, de concert avec Labiénus et C. Fabius ; César prend une part très-active au combat ; les barbares sont mis en déroute ; Sédulius, chef des Lémovices, est tué ; Vergasillaunus est pris vivant et 74 enseignes sont apportées à César (10) ;

10° Le lendemain, le Vercingétorix se met à la disposition des Gaulois et leur laisse le choix d'apaiser les Romains par sa mort, ou de le livrer vivant aux vainqueurs (11).

Dion est en désaccord avec César sur plusieurs circonstances : suivant lui (12), le Vercingétorix se rendit auprès de César, sans l'avoir prévenu. D'après César (13), les Gaulois lui envoyèrent des députés, et il ordonna

---

(1) L. l. 69-89. — (2) L. l. 69 — (3) L. l. 70. — (4) L. l. 71.
(5) L. l. 72-74. — (6) L. l. 75-76. — (7) L. l. 77-78. — (8) L. l. 79-80.
(9) L. l. 81-82. — (10) L. l. 83-88. — (11) L. l. 89. — (12) § 41. — (13) L. l. 89.

que les armes et les chefs lui seraient remis. Il s'assit sur son tribunal, à la tête de son camp; on lui amena tous les chefs, on lui livra le Vercingétorix, et les armes furent jetées à ses pieds. Il n'y a là aucune trace de la scène dans laquelle Dion nous montre le Vercingétorix serrant la main du vainqueur et tous les assistants vivement émus.

Les principales circonstances du siége et de la prise d'Alésia sont résumées par Plutarque (1), qui porte à 300,000 le nombre des auxiliaires accourus à la défense de cette ville.

5° *Fin de la conquête de la Gaule.*

En parlant des peuples que César soumit par la force des armes, Dion a en vue : 1° les Bituriges, sur lesquels il tomba au milieu de l'hiver et dont il dévasta le pays par la flamme et le fer (2), 2° les Carnutes, dont le pays devint également un théâtre de dévastation et de pillage, et qui allèrent mourir dans leurs bois de misère et de froid (3).

Les détails sur la dernière lutte des Belges contre les Romains, sous la conduite de Commius, me paraissent suffisants dans Dion ; mais il ne dit rien du siége et de l'héroïque résistance d'Uxellodunum qu'il ne nomme pas même. Le dernier asile de la liberté gauloise occupe une grande place dans l'histoire de cette guerre et ne devait pas être passé sous silence (4).

Il se mit donc en campagne contre les Parthes (p. 153). Le récit de Dion sur la guerre des Parthes (5) a besoin d'être complété ou éclairci par les écrivains qui se sont occupés du même sujet, à savoir : Plutarque (6), Appien (7), Strabon (8), Josèphe (9), Justin (10), Cicéron (11) et Orose (12). Je n'ai pas cru devoir recourir à la compilation publiée sous le nom d'Appien et intitulée : *Guerres contre les Parthes.* Les considérations qui déterminèrent Schweighæuser à la regarder comme un ouvrage apocryphe ne me permettent pas d'en faire usage (13).

Il est à regretter que les travaux demandés, en 1808, par l'empereur Na-

---

(1) Vie de Cés. XXVII. — (2) De Bell. Gall. VIII, 2-3. — (3) L. l. 4-5.
(4) L. l. 37-44. — (5) § 12-30. — (6) Vie de M. Crassus, XVI-XXXIII.
(7) Hist. de la Syrie, LI ; Guer. Civ. II, 18.
(8) Liv. I, p. 14, éd. Casaub. Paris, 1620; VI, p. 288, l. l.; XI, p. 510, 515, 522, l. l.; XIV, p. 669, l. l.; XV, p. 702, 728, 732, l. l.; XVI, p. 743, 744, 745, 747, 748, 749, l. l.
(9) Antiq. Juiv. XIV, 7, 1, 3; XVIII, 2, 4, 8, 8; Guer. des Juifs, I, 8, 8, 13.
(10) Liv. XLI-XLII. — (11) Lettr. Fam. II, 17; Lettr. à Attic. IV, 13; V, 20; VI, 5. — (12) Liv. VI, 13.
(13) Cf. sa dissertation : *Ad Historiam Parthicam Appiano temere tributam adnotatio*, p. 905-922, tom. III de son édition d'Appien. C'est avec raison que cette compilation n'a pas été admise dans la Bibliothèque grecque publiée par MM. Didot.

poléon n'aient pas été exécutés (1). Le programme tracé de sa main suffit pour faire apprécier quelles en auraient été l'importance et l'utilité :

« Rédiger des mémoires sur les campagnes qui ont eu lieu sur l'Eu-
« phrate et contre les Parthes, à partir de celles de Crassus jusqu'au hui-
« tième siècle, en y comprenant celles d'Antoine, de Trajan, de Julien, etc.

« Tracer sur des cartes d'une dimension convenable le chemin qu'a
« suivi chaque armée, avec les noms anciens et nouveaux des pays et des
« principales villes; des observations géographiques du territoire, et des
« relations historiques de chaque expédition, en les tirant des auteurs
« originaux. »

Sur le rocher de Sainte-Hélène, les Parthes occupaient encore la pensée

---

(1) J'emprunte les détails qui vont suivre à une brochure intitulée : NAPOLÉON ET LES PARTHES (extrait des *Souvenirs sur le bibliothécaire de l'Empereur*) : elle m'a été communiquée par Mme Barbié du Bocage, veuve du géographe.

Dans une lettre, dictée à Bayonne, le 17 juillet 1808, pour son bibliothécaire, Napoléon, après avoir donné le plan d'une *Bibliothèque historique portative* qu'il eut le projet de faire imprimer pour son usage, exprimait le désir que M. Barbier s'occupât, avec un des meilleurs géographes, d'un travail historique et géographique, d'après le programme transcrit ci-dessus. Dans les premiers jours de septembre, M. Barbier communiqua à l'Empereur une note sur quelques-unes des principales expéditions des Parthes et lui annonça qu'il s'était adressé au savant Barbié du Bocage, membre de l'Académie des inscriptions et belles-lettres, pour l'exécution des cartes et pour les recherches géographiques et historiques relatives aux mémoires particuliers sur ces expéditions.

A son retour d'Erfurt, l'Empereur demanda à son bibliothécaire où en était le travail relatif aux Parthes, et, deux jours avant son départ pour l'Espagne, il se fit présenter M. Barbié du Bocage, qui mit sous ses yeux plusieurs mémoires et plusieurs cartes. Jusqu'à ce moment, M. Barbié du Bocage avait rédigé quatre mémoires; le cinquième était en train. Les mémoires contenaient l'expédition de Lucullus contre Tigrane; celle de Pompée contre Mithridate, Tigrane, les Colchidiens et les Ibériens; celle de Crassus contre les Parthes; celle d'Antoine en Arménie contre les Parthes, et celle de C. Jul. César dans le même pays. Chaque mémoire devait comprendre toutes les remarques que peut fournir l'histoire sur la nature du terrain et être accompagné de cartes plus ou moins détaillées, selon l'importance de chaque expédition. (Renseignements tirés du rapport adressé le 28 décembre 1808 par M. Barbier, bibliothécaire de l'Empereur, à S. A. S. LE PRINCE DE BÉNÉVENT, GRAND CHAMBELLAN de S. M.)

On ignore par quel motif ces travaux ne furent pas continués; mais on voit d'après la liste des cartes et manuscrits laissés par M. Barbié du Bocage, décédé en 1825, que pendant plusieurs années ce savant géographe s'occupa de ces recherches.

ÉCLAIRCISSEMENTS.

de l'immortel conquérant, et il indiquait lui-même les difficultés des recherches dont il avait rédigé le plan au faîte de la puissance et de la gloire (1).

Dion, si je puis parler ainsi, entre brusquement en matière. Plutarque insiste sur les faits intermédiaires, qui mettent en lumière le cours des événements (2). Crassus, aussitôt que la Syrie lui fut échue en partage, s'abandonna à une joie presque puérile et se flatta d'éclipser, en Orient, les exploits de Lucullus et de Pompée. Dès lors il nourrissait la pensée de porter la guerre chez les Parthes, quoique aucun décret ne l'y autorisât, et d'étendre ses conquêtes jusqu'à la Bactriane et aux Indes. Malgré la vive opposition et les terribles imprécations du tribun Atéius, il parvint à sortir de Rome, grâce à l'assistance de Pompée, se rendit à Brindes où il s'embarqua, quoique la mer fût encore agitée par les tourmentes de l'hiver, et perdit plusieurs vaisseaux ; puis il poursuivit sa marche à travers la Galatie (3).

Les commencements furent heureux pour Crassus : il put, sans obstacle, construire un pont sur l'Euphrate et le franchir avec son armée : plusieurs villes firent spontanément leur soumission (4). Dion dit que Crassus saccagea Zenodotium, pour venger le massacre de *quelques* soldats romains : Plutarque en fixe le chiffre à *cent* et il ajoute qu'après avoir pris et pillé la ville, Crassus en vendit les habitants (5). Il apprécie comme notre historien la faute commise par le proconsul en rentrant dans la Syrie au lieu de s'avancer jusqu'à Babylone et Séleucie, villes ennemies des Parthes. Dion ne parle pas des exécutions que la soif de l'or fit commettre par Crassus : Plutarque comble cette lacune.

Dion et Plutarque rendent compte de la même manière de l'envoi d'une députation vers Crassus par le roi des Parthes (6) et du résultat de cette ambassade ; mais Plutarque nous fait connaître la frayeur causée à l'armée romaine par les renseignements que lui donnèrent sur les Parthes quelques-uns des soldats laissés dans les villes de la Mésopotamie, les sages conseils de Cassius, qui l'engageait à réfléchir mûrement avant de pousser les choses plus loin, l'opiniâtreté du proconsul, qui, malgré ces

---

(1) On ne lira pas sans un vif intérêt quelques lignes sur les Parthes dictées par Napoléon à Sainte-Hélène et insérées dans l'*Appendice aux Mémoires de Napoléon*, publié en 1836 sous le titre de *Précis des Guerres de César, par Napoléon, écrit par M. Marchand, à Sainte-Hélène, sous la dictée de l'Empereur*.

(2) Vie de M. Crassus, XVI. — (3) Dion parle aussi des imprécations prononcées contre Crassus par le tribun Atéius, liv. XXXIX, 39. — (4) Plutarq. l. l. XVII.

(5) L. l. : καὶ τοὺς ἀνθρώπους ἀπέδοτο.

(6) L'Arsacide Orode est ainsi nommé dans Appien, Dion, Josèphe, Justin et Orose. Plutarque seul l'appelle Hyrode.

remontrances et les mauvais présages, se montra d'autant plus inflexible qu'Artabaze s'était rendu auprès de lui avec 6,000 hommes de sa garde, 30,000 fantassins et 1,000 soldats bardés de fer, le pressant d'envahir la Parthie par l'Arménie, où il trouverait des vivres en abondance, une sécurité complète, un pays montueux et peu favorable aux combats de cavalerie dans lesquels les Parthes étaient si redoutables (1).

Après le difficile passage de l'Euphrate à Zeugma (2), l'armée romaine, composée de sept légions, de quatre mille cavaliers et d'autant de troupes légères, se met en marche le long de ce fleuve. Les rapports de quelques éclaireurs inspirent à Crassus une dangereuse confiance que Cassius s'efforce en vain de dissiper (3). Sa prudence reste impuissante devant les conseils d'un perfide appelé Ariamne par Plutarque, qui en fait un chef des Arabes (4); tandis que Dion le nomme Augarus, de la nation des Osroènes (5). Il est pourtant très-probable que c'est le même personnage, puisque les deux historiens en parlent comme d'un homme qui eut des relations d'amitié avec Pompée, et qui, en raison de cette circonstance, inspira de la confiance aux Romains.

Crassus se laissa persuader et conduisit son armée à travers de vastes plaines arides. Sur ces entrefaites, les envoyés d'Artabaze vinrent lui annoncer que ce roi ne pouvait marcher à son secours, parce qu'il était forcé de tenir tête à Orode, qui lui faisait la guerre en personne, et ils l'engagèrent à se diriger vers l'Arménie, où les forces des Romains, réunies à celles d'Artabaze, formeraient un rempart contre les Parthes. Crassus cria à la trahison et menaça de se venger bientôt (6).

Dans la description du combat entre les Romains et les Parthes, Dion semble viser à l'effet bien plus qu'à tracer le tableau fidèle des événements (7). Plutarque est plus exact et plus instructif (8).

La fin glorieuse de P. Crassus est trop brièvement racontée dans Dion (9). Son père, qui commençait à perdre courage, lui ayant fait porter l'ordre de tomber sur les ennemis, le jeune Crassus marcha à leur rencontre avec 1,300 cavaliers, 500 sagittaires et huit cohortes de soldats armés de boucliers. Les Parthes prirent à dessein la fuite pour l'attirer le plus loin qu'ils pourraient : il se mit à leur poursuite avec Censorinus et Megabacchus : l'infanterie se joignit à eux. Quand ils furent à une grande distance du reste de l'armée romaine, les Parthes firent volte-face. Dans cette situation critique, P. Crassus déploya la bravoure d'un héros : il fut couvert de blessures, et deux Grecs, Hiéronyme et Nicomaque, l'ayant exhorté à abandonner le champ de bataille et à se retirer avec eux à Ichniæ, ville

---

(1) Plutarq. l. l. XVIII-XIX. — (2) Cf. Plutarq. l. XIX, et Dion, § 19.
(3) Plutarq. l. l. XX. — (4) L. l. XXI. — (5) § 20. — (6) Plutarq. l. l. XXII.
(7) § 21-24. — (8) L. l. XXIV-XXVII. — (9) § 21.

ÉCLAIRCISSEMENTS.

dévouée aux Romains, il répondit noblement que la crainte du trépas le plus cruel ne pourrait lui faire quitter ceux qui sacrifiaient leur vie pour lui; puis, présentant le flanc à son écuyer, il lui commanda de lui passer l'épée à travers le corps : Censorinus en fit autant. Megabacchus et plusieurs autres se tuèrent eux-mêmes. Les Parthes se dirigèrent vers Crassus, emportant avec eux les têtes de son fils et de ses compagnons (1). A la vue de la tête du jeune Crassus, son père, qui s'était livré à la joie en apprenant que les Parthes avaient pris la fuite, tomba dans un profond découragement : toute l'armée romaine fut frappée de terreur. Cependant le combat se prolongea jusqu'à la fin du jour. En ce moment, les Parthes se retirèrent, voulant, disaient-ils avec une sanglante ironie, laisser la nuit à Crassus pour pleurer la mort de son fils; mais espérant tailler en pièces toute l'armée romaine le lendemain. L'armée passa la nuit au milieu des angoisses les plus cruelles. En vain Octavius et Cassius cherchèrent-ils à ranimer le courage de Crassus : il resta enseveli dans sa douleur. Enfin on s'éloigna avec effroi de ce champ de bataille, et Ignatius parvint à peine à Carrhes avec trois cents blessés vers le milieu de la nuit (2).

La retraite de Crassus à Carrhes avec ceux de ses soldats qui étaient en état de le suivre, son départ de cette ville quand il crut ne plus y être en sûreté (3), les propositions de paix insidieusement faites à Crassus par le Suréna (4), et l'entrevue des deux chefs (5), présentent dans Dion des omissions qui nuisent à la clarté du récit.

Il ne parle ni de Coponius, commandant de Carrhes, qui alla à la rencontre de Crassus, aussitôt qu'il fut informé de sa marche vers cette ville, et recueillit les restes de l'armée romaine (6), ni des quatre mille blessés abandonnés par les Romains dans le camp et qui furent égorgés par les Parthes, ni des quatre cohortes du lieutenant Varguntéius qui, s'étant égarées dans la route, se retirèrent sur un tertre et furent enveloppées et massacrées par les barbares à l'exception de vingt hommes, ni enfin du faux avis d'après lequel le Suréna, croyant que Crassus s'était échappé avec les principaux personnages de son armée et que la foule qui s'était réfugiée dans Carrhes n'était qu'un ramas de gens sans importance, voulut s'assurer, en faisant faire des propositions de paix, si Crassus ou Cassius étaient réellement dans Carrhes. Après en avoir acquis la certitude, il amena, le lendemain, les Parthes sous les murs de cette ville et déclara aux Romains que, pour obtenir une capitulation, ils devraient livrer Crassus et Cassius enchaînés (7).

Suivant Dion, Crassus, découragé et ne se croyant plus en sûreté à Carrhes, aurait voulu s'enfuir incontinent. D'après Plutarque, au con-

---

(1) Plutarq. l. l. XXV. — (2) L. l. XXVI-XXVII. — (3) Dion, § 25.
(4) L. l. 26. — (5) L. l. 27. — (6) Plutarq. l. l. — (7) L. l. XXVIII-XXIX.

traire, les soldats romains, indignés d'avoir été trompés par les Parthes, ne voulaient que fuir; mais le secret le plus absolu était nécessaire; et Crassus eut le tort de communiquer ses projets au traître Andromachus qu'il choisit pour guide et qui informait les Parthes de tout. Ce même Andromachus causa les plus grands maux à l'armée romaine, en la conduisant tantôt par une route, tantôt par une autre, et en l'engageant dans des marais et dans des terrains difficiles et entrecoupés de fossés profonds. Crassus, suivi de quatre cohortes armées de boucliers, d'un petit nombre de cavaliers et de cinq licteurs, parvint enfin à se retirer sur une crête de montagne, dominée par les Sinnaques et en vue d'Octavius. Celui-ci accourut à son secours, fondit sur les barbares, les repoussa de la crête et plaça Crassus au milieu de ses soldats, qui le couvrirent de leurs boucliers et s'écrièrent que les Parthes n'avaient pas un trait qui pût atteindre le corps de leur général, avant qu'ils eussent tous succombé en combattant pour lui (1). Témoin de ce courage inspiré par une situation désespérée, et voyant l'ardeur des Parthes s'émousser, le Suréna eut encore recours à un de ses expédients ordinaires, et tendit un piége à Crassus : il fit cesser le combat, et, s'avançant vers le coteau avec ses principaux officiers, il débanda son arc, tendit la main vers Crassus et l'invita à une entrevue (2).

Dion raconte que Crassus, en proie à de vives craintes, abattu par ses malheurs et par ceux de la république, se montra disposé à traiter avec le Suréna et accepta l'entrevue qui lui fut proposée (3). Plutarque rapporte les faits différemment : ce furent les Romains qui accueillirent avec empressement les propositions du chef des Parthes; tandis que Crassus, le soupçonnant de quelque nouvelle perfidie, hésitait et voulait délibérer avec ses officiers (4). Les soldats impatients l'accablent de reproches et vont même jusqu'à le menacer (5). Crassus cède et descend du coteau avec Octavius : les licteurs voulaient aussi le suivre; mais Crassus les renvoya.

Les circonstances de l'entrevue sont à peu près les mêmes dans Dion et dans Plutarque; mais le Biographe leur a donné une forme plus dramatique par les paroles qu'il met tour à tour dans la bouche de Crassus et du Suréna. Il raconte aussi avec plus de précision les incidents de la lutte qui s'engagea autour du proconsul romain, au moment où les écuyers du Suréna, l'ayant placé sur un cheval dont le frein était d'or, se mirent à frapper ce cheval pour presser sa marche. Ce fut Octavius qui, le premier, saisit la bride du cheval; Pétronius, un des tribuns de légion, puis les autres, se mirent à la traverse pour le retenir. D'abord on s'agita en tumulte; puis on en vint aux coups. Octavius tua l'écuyer d'un coup d'é-

---

(1) Plutarq. l. l. XIX : — (2) L. l. XXX. — (3) § 26.
(4) Plutarq. l. l. XXXI. — (5) L. l.

pée et tomba mort lui-même frappé par derrière; Pétronius reçut un coup sur sa cuirasse, mais ne fut pas blessé. Crassus, à ce que l'on croit, mais les traditions varient à ce sujet, fut tué par un Parthe (1). Le Suréna envoya à Orode sa tête et sa main; puis il prépara une pompe burlesque dans laquelle figura Caïus Pausimus et dont le récit termine la biographie de Crassus dans Plutarque (2).

Les événements de la guerre des Parthes postérieurs à la mort de Crassus sont plus détaillés dans Dion (3) que partout ailleurs. Il sera utile de rapprocher son récit de la vingtième lettre de Cicéron à Atticus, liv. V^e. Ces événements sont résumés en quelques lignes dans Orose (4).

César craignit de tomber dans les mains de Pompée et de ses ennemis, s'il se séparait de ses soldats, et il ne les licencia pas (p. 219-221). Les événements racontés par Dion, à partir du § 44 jusqu'à la fin de ce livre, peuvent être regardés comme le prélude de la rupture définitive et patente entre César et Pompée. A côté des désordres toujours croissants dont Rome est le théâtre et des scènes de violence et de carnage qui accompagnent la brigue des charges publiques, deux partis se dessinent ouvertement, celui de César opposé à l'oligarchie et celui de Pompée soutenu par le sénat. Quitter son armée pour rentrer dans la vie privée n'était rien moins pour César qu'abdiquer en faveur de son rival. Il le savait; son parti et le parti contraire le savaient aussi. De là cette lutte acharnée qui, à travers les incidents suscités par l'habileté et la ruse des chefs, devait aboutir fatalement au passage du Rubicon, terrible signal de la guerre civile.

Dion semble n'avoir voulu que résumer les faits : pour en connaître le détail, il faut les étudier d'après Plutarque (5), Appien (6) et Asconius (7).

---

(1) Plutarq. l. l. — (2) L. l. XXXII-XXXIII. — (3) § 29-30.

(4) Liv. VI, ch. XIV, p. 413, ed. Havercamp : Cognita clade Romanorum, multæ Orientis provinciæ a societate vel fide populi romani defecissent, ni Cassius, collectis ex fuga militibus paucis, intumescentem Syriam egregia animi virtute ac moderatione pressisset : qui et Antiochum copiasque ejus ingentes vicit et interfecit : Parthos quoque, ab Orode in Syriam missos, jamque ingressos Antiochiam bello expulit, ducemque eorum Osacen interfecit.

(5) Vies de César, de Pompée et de M. Caton. — (6) Guerres Civiles, II.

(7) Scholies sur le discours de Cicéron pour Milon, dans l'édition d'Orelli, tom. II, p. 1-55. Les scholies du manuscrit de Bobio, l. l. p. 273-290, n'apprennent rien d'important.

La correspondance entre Cicéron et Atticus fut suspendue, depuis le mois de novembre 699 jusqu'au mois de mai 702, pendant deux ans et demi. On ne saurait trop le regretter : elle aurait jeté de vives lumières sur les temps qui nous occupent.

C'est ce que je vais faire le plus succinctement possible et en les ramenant à ces deux points : l'état de la République, — la lutte entre le parti de Pompée et celui de César.

1° *État de la République.*

Les élections troublées, les brigues, les interrègnes (1) avaient déjà fait dire à Cicéron que Rome avait perdu sa vraie constitution et jusqu'à l'apparence même des lois (2). Le scandale fut porté si loin que Memmius osa lire en plein sénat cette fameuse convention que son compétiteur et lui avaient faite avec les consuls (3). Le désordre ne s'arrêta pas là : Appien (4) et Plutarque (5) nous montrent les comices convertis nonseulement en marchés, où l'argent destiné aux largesses était effrontément étalé sur des tables (6), mais en véritables champs de bataille où les candidats se faisaient accompagner de gens armés de flèches, d'épées et de frondes.

L'épisode sanglant de la mort de Clodius, tué par Milon, augmenta le désordre. Au récit trop sommaire de Plutarque (7) et à celui de Dion il est nécessaire d'ajouter quelques renseignements qui se trouvent dans Appien (8) et dans Asconius (9). Ainsi, nous lisons dans le premier qu'après l'incendie du palais du sénat et les honneurs rendus aux restes de Clodius par la multitude, Milon rentra dans Rome, appuyé par le tribun du peuple M. Cœlius, qui le conduisit au Forum, où il se disposait à plaider sa cause devant ceux qu'il avait gagnés par ses largesses, comme s'ils avaient formé une assemblée légitime : il espérait échapper ainsi à un jugement plus sévère. Il commença par déclarer que le meurtre de Clodius n'avait pas été prémédité; que s'il avait eu l'intention de le commettre, il ne se serait pas mis en route avec sa femme et avec un bagage embarrassant. Puis il se répandit en invectives contre Clodius dont l'audace ne respectait rien, et devenu le chef de cette tourbe effrénée qui n'avait pas craint de porter la flamme dans le palais du sénat. Sur ces entrefaites, les autres tribuns du peuple et une troupe en armes arrivent dans le Forum. Milon et M. Cœlius, travestis en esclaves, parviennent à s'échapper : alors commencent des scènes de dévastation et de carnage qui se prolongent pendant plusieurs jours.

Ces faits sont confirmés par Asconius (10), dont les scholies peu-

---

(1) Cic. à Attic. IV, 15. — (2) L. l. 16. Cf. la lettre 17, pour les faits à l'appui de ses plaintes.

(3) Cicéron nous en a conservé les clauses honteuses, l. l. 18. — (4) L. l. XIX.

(5) Vie de Cés. XXVIII. Cf. Vie de Pompée, LIV, et Vie de M. Caton, XLVII.

(6) Appien cite même un candidat qui offrit de déposer huit cents talents, si son élection au consulat était assurée.

(7) Vie de Cicéron, XXV. — (8) L. l. XXII. — (9) L. l. — (10) l. l. p. 34.

ÉCLAIRCISSEMENTS.

vent être considérées comme un mémoire historique. Je me borne à l'indication des renseignements les plus importants : rencontre de Clodius et de Milon (1), rixe entre leurs esclaves; Clodius, blessé à l'épaule par le gladiateur Birria, est transporté dans une taverne voisine; Milon ordonne aussitôt à M. Fustenus de l'enlever; Clodius est percé de coups et abandonné sur la route; le sénateur Sex. Tédius, qui passe par là fortuitement, fait transporter son cadavre à Rome dans sa litière; ce cadavre y arrive avant la première heure de la nuit; il est exposé dans le vestibule de la maison de Clodius, et dès le lendemain matin il attire une affluence extraordinaire (2); les tribuns T. Munatius Plancus et Q. Pompéius Rufus animent la multitude contre Milon; incendie du palais du sénat (3); noms des accusateurs de Milon et de ses défenseurs (4); rapport de Q. Métellus Scipion sur cette affaire; déposition de M. Æmilius Philémon (5); inimitiés suscitées à Cicéron par son zèle pour Milon, il reste inébranlable dans son dévouement (6); caractère honorable des juges choisis par Pompée (7); détails curieux sur les formalités suivies dans les jugements (8); interrogatoire des témoins (9); plaidoiries des accusateurs : ils parlèrent pendant deux heures, ainsi que la loi leur en donnait le droit; discours de Cicéron (10). Jugement : après les récusations exercées par les accusateurs et par l'accusé, *cinquante et un* juges prirent part au vote : *trentehuit* se prononcèrent pour la condamnation, et *treize* pour l'absolution (11): on croit que M. Caton fut au nombre de ces derniers.

Le lendemain, Milon, absent, fut accusé de brigue et condamné (12). Peu de jours après, il fut accusé d'affiliation aux associations illégales (*de sodaliciis*) et condamné (13). Ensuite, pendant une nouvelle absence, il fut condamné pour crime de violences, et, presque immédiatement, il se rendit à Marseille. Tous ses biens furent vendus (14).

Suivant Dion (15), Milon *et d'autres* furent condamnés : Asconius ne s'exprime pas d'une manière plus précise (16); mais il rend un compte assez détaillé des deux accusations subies par M. Sauféius : l'une à l'occasion du meurtre de Clodius et dans laquelle il eut pour défenseurs Cicéron et M. Cœlius : il ne fut absous qu'à la majorité d'une voix; l'autre pour crime *de violences*, dans laquelle il fut défendu par Cicéron et M. Térentius Varron Gibba, et absous par *trente-deux* voix contre *dix-neuf* (17).

---

(1) L. l. p. 32-33. — (2) L. l. p. 33. — (3) L. l. p. 33-34.
(4) L. l. p. 35. — (5) L. l. p. 36. — (6) L. l. p. 38-39. — (7) L. l. p. 39.
(8) L. l. p. 40. — (9) L. l. p. 41. — (10) L. l. p. 42. — (11) L. l. p. 53.
(12) L. l. p. 54. Cf. p. 40. — (13) L. l. — (14) L. l. p. 54. Cf. p. 40.
(15) § 54, p. 239. — (16) Multi præterea et præsentes, et quum citati non respondissent, damnati sunt : ex quibus maxima pars Clodianorum; p. 55.
(17) L. l. p. 54-55.

ECLAIRCISSEMENTS.

2° *Lutte entre le parti de Pompée et celui de César.*

La république touchait à une crise suprême : chaque parti en profita pour établir sa prééminence et assurer sa domination. Les faits relatifs à cette lutte sont assez fidèlement rapportés par Dion, sauf quelques inexactitudes et quelques omissions que je vais réparer, à l'aide de Plutarque et surtout d'Appien.

Les projets de dictature en faveur de Pompée, qui faisait semblant de ne pas s'y montrer favorable (1), eurent pour promoteur le tribun du peuple L. Lucilius : il fut le premier qui osa faire une proposition formelle à ce sujet (2). Caton la combattit et proposa, à son tour, de nommer Pompée consul sans collègue (3) : il fut soutenu par Bibulus, son ami (4). Pompée fut très-flatté d'avoir obtenu l'appui de Caton : il voulut l'en remercier lui-même et l'invita à se rendre auprès de lui dans le faubourg où il se trouvait alors. L'entrevue fut des plus cordiales : Pompée alla jusqu'à supplier Caton d'être son conseiller et son guide. On connaît sa noble réponse (5).

Parmi les lois proposées par Pompée, il en est une fort importante, qui n'est mentionnée ni par Dion ni par Plutarque, et sur laquelle Appien donne assez de détails (6) : je veux parler de la loi qui autorisait tous les citoyens à demander une enquête contre ceux qui avaient géré quelque charge publique, depuis le premier consulat de Pompée : c'était une période de vingt ans, dans laquelle le consulat de César se trouvait compris. Aussi ses amis la regardèrent-ils comme une injure pour lui et firent-ils des efforts auprès de Pompée pour qu'il la retirât; mais celui-ci, se montrant indigné des intentions qu'on lui prêtait envers César que le soupçon, disait-il, ne pouvait atteindre, soutenait que cette loi était réclamée par les maux qui affligeaient la république : d'ailleurs il s'y soumettait lui-même, puisque son second consulat était renfermé dans cette période, comme celui de César : elle fut adoptée.

Ce fut trois jours après sa nomination que Pompée proposa ces diverses lois (7) : elles provoquèrent de la part du tribun Cœlius l'opposition la plus vive. Pompée courroucé déclara que, si on l'y contraignait, il défendrait la république par la force des armes (8).

---

(1) Plutarq. Cæs. XXVIII. — (2) Le même, Pomp. LIX.
(3) Le même, Cæs. l. l.; Pomp. l. l.; Cat. M. XLVII; Ascon. in Mil. p. 37.
(4) Plutarq. Cat. M. l. l.
(5) Plutarque nous l'a conservée, l. l. XLVIII : μήτε τὰ πρῶτα πρὸς ἀπέχθειαν εἰπεῖν τοῦ Πομπηίου, μήτε ταῦτα πρὸς χάριν· ἀλλ' ἐπὶ συμφέροντι πάντα τῆς πόλεως. Ἰδίᾳ μὲν οὖν αὐτῷ παρακαλοῦντι σύμβολος ἔσεσθαι ; δημοσίᾳ δὲ, κἂν μὴ παρακαλῆται, πάντως ἐρεῖν τὸ φαινόμενον.
(6) Guer. Civ. II, 23. — (7) Ascon. l. l. p. 37. — (8) l. l.

ÉCLAIRCISSEMENTS.

D'après Dion (1), Pompée, craignant que César ne se crût négligé, obtint par les tribuns qu'il lui serait permis de briguer le consulat, *même pendant son absence*. Il y a là une inexactitude : ce fut César qui fit faire une proposition à ce sujet par les tribuns. Marcellus et Lentulus la combattirent; mais Pompée garda le silence, et elle fut adoptée (2).

Le même historien dit ailleurs que Pompée, ne voulant pas être seul consul, par la crainte que cette distinction extraordinaire ne lui attirât l'envie (3), prit pour collègue Q. Scipion, son beau-père. Ce ne fut pas immédiatement après sa nomination, mais après l'adoption des mesures que l'état de la république semblait rendre nécessaires (4), et très-probablement pour les cinq derniers mois de l'année (5).

Mais ces divers incidents n'étaient que le prélude de la lutte entre les deux hommes qui se disputaient le pouvoir suprême. Caton ne se dissimulait pas le danger : il voulut le conjurer en s'interposant comme consul et il se mit sur les rangs; mais Pompée et César, qui le redoutaient également, travaillèrent contre sa candidature, et il échoua (6). M. Marcellus, l'un des deux consuls élus pour l'an 703, était dévoué à Pompée : il proposa sur-le-champ de donner un successeur à César, avant l'époque fixée par les lois (7). Pompée, qui ne croyait pas que le moment de jeter le masque fût venu, résista au zèle imprudent de Marcellus, affecta une grande bienveillance pour César, disant qu'il ne fallait pas faire un pareil affront à un citoyen illustre, qui avait si bien mérité de la patrie. En même temps il s'attacha à démontrer que César devrait se démettre de son commandement, aussitôt que le terme légal serait arrivé (8); mais, afin que César fût hors d'état de résister plus tard, il fit désigner comme consuls, pour l'année suivante, Æmilius Paulus et Claudius Marcellus, ennemis de César, et choisir pour tribun un de ses ennemis les plus acharnés, Curion, homme très-influent sur la multitude et très-éloquent (9).

César déjoua ses calculs : il rendit Æmilius Paulus neutre en lui donnant quinze cents talents, et il gagna Curion en payant ses dettes (10). Marcellus resta incorruptible, et ce fut entre lui et Curion que s'engagea la lutte.

---

(1) § 51, p. 235. — (2) Appien, l. l. XXV : καὶ τοῦθ' ὑπατεύοντος ἔτι τοῦ Πομπηΐου καὶ οὐδὲν ἀντείποντος, ἐκεκύρωτο. Cf. Plutarq. Cæs. XXIX. Pendant la discussion, Pompée assura que César lui avait écrit qu'il consentirait à ce qu'on lui donnât un successeur, pourvu qu'il lui fût permis de briguer le consulat pendant son absence (Plutarq. Pomp. LVI).

(3) L. l. p. 233. — (4) Appien, l. l. et Plutarq. Pomp. LV.
(5) Plutarq l. l. : εἰς τοὺς ὑπολοίπους πέντε μῆνας. — (6) Cf. Dion, § 58.
(7) Appien, l. l. XXVI. — (8) l. l. — (9) l. l. — (10) l. l. et Plutarq. Cés. XXIX.

Les péripéties de cette lutte sont plutôt indiquées que racontées par Dion. C'est surtout dans Appien qu'il faut en chercher le tableau (1). Curion, habile dans l'art des ménagements, chercha d'abord l'occasion de blesser les amis de Pompée. Dion parle de propositions qu'il fit dans cette intention, quoiqu'il sût qu'elles ne devaient pas être accueillies (2); mais il n'entre dans aucun détail. Une des plus importantes fut celle par laquelle il demanda à être chargé, pendant cinq ans, de la construction et de l'entretien des routes (3). Bientôt, le terme légal du commandement de César étant arrivé, Cl. Marcellus proposa de lui envoyer un successeur. Æmilius Paulus se tut : Curion, fidèle à sa tactique, approuva la motion de Marcellus; mais il ajouta que Pompée devait aussi renoncer au gouvernement des provinces et au commandement des armées : c'était le seul moyen de rendre la liberté et la sécurité à la république. On se récrie sur ce que Pompée n'a pas encore atteint le terme légal; Curion insiste avec plus d'énergie, et le peuple ravi sème des fleurs sur son passage (4).

Dion, après avoir fait allusion à ce débat (5), ajoute que Pompée, ne pouvant rien obtenir par d'autres voies, eut recours à la violence et se montra sans détour l'adversaire de César (6) : il omet l'incident de la lettre astucieuse qu'adressa au sénat Pompée, retenu loin de Rome par une convalescence, et dans laquelle il prodiguait les éloges à César et offrait de se démettre de toute l'autorité dont il était revêtu. Ses amis ne manquèrent pas de mettre ce désintéressement en opposition avec la conduite de César. Peu de temps après, Pompée, de retour à Rome, renouvela sa promesse en plein sénat, ajoutant que César, après tant de fatigues, sentirait sans doute le besoin de jouir en repos de la gloire d'avoir agrandi la puissance de Rome. Curion prit aussitôt la parole : à son avis, il fallait des actes et non pas de simples promesses : César ne devait pas être forcé d'abandonner le commandement, à moins que Pompée n'en fît autant; car la sûreté de l'État exigeait qu'un seul homme ne fût pas investi d'un pouvoir qui serait plus redoutable encore lorsque personne n'aurait assez de force pour le contre-balancer et pour opposer une barrière aux plus audacieuses entreprises contre la république. Puis il parla sans ménagement contre l'ambition de Pompée, qui ne pourrait jamais être contraint à rentrer dans la vie privée s'il ne l'était pas au moment où César était encore redoutable. Sa conclusion fut que Pompée et César, s'ils ne renonçaient pas l'un et l'autre aux pouvoirs qui leur avaient été conférés, devaient être déclarés ennemis publics, et qu'on ferait marcher une armée contre l'un et contre l'autre. Par là il éloigna tout soupçon sur son

---

(1) L. l. XXVII-XXXI. — (2) § 61. — (3) Appien, l. l. XXVII.
(4) Le même, l. l. — (5) § 62, p. 257. — (6) § 63, l. l.

ÉCLAIRCISSEMENTS.

dévouement pour César (1). Ce fut alors que Pompée éclata en menaces et se retira dans un faubourg (2).

La discussion ayant continué dans le sénat, plusieurs exprimèrent la crainte que la république n'eût quelque danger à courir si Pompée licenciait son armée avant César, qui était loin de Rome et venait de se couvrir de gloire par ses exploits. Curion rétorqua l'argument en disant qu'il était utile que César fît contre-poids à Pompée, ou qu'il fallait les forcer l'un et l'autre à se démettre. N'ayant pu faire prévaloir cette opinion, il leva la séance, en vertu de son autorité tribunitienne, après que le sénat eut décrété que César et Pompée enverraient chacun une légion en Syrie; mais l'état de cette province permit de leur faire passer l'hiver à Capoue (3).

Dion ne parle pas des rapports faits par les officiers qui amenèrent ces légions à Rome, sur le prétendu mécontentement de l'armée de César qu'ils représentaient comme fatiguée de ses longues campagnes, impatiente de revoir ses pénates et prête à se déclarer pour Pompée, aussitôt qu'elle aurait franchi les Alpes (4). Ces mensonges inspirèrent une dangereuse sécurité à Pompée, qui ne fit point de levées et ne se prépara pas suffisamment à tenir tête à César.

Le même historien ne dit rien ici du résultat de la délibération du sénat. Le voici d'après Appien (5) : Le consul Cl. Marcellus procéda astucieusement par division et demanda : 1° s'il fallait donner un successeur à César, 2° s'il fallait révoquer les pouvoirs conférés à Pompée. Il y eut vote affirmatif sur la première question, et vote négatif, presque à l'unanimité, sur la seconde.

Curion, à son tour, posa la question en ces termes : *Le sénat est-il d'avis que César et Pompée déposent l'un et l'autre les pouvoirs dont ils sont revêtus?* Il y eut 22 voix *contre*, et 372 *pour*.

Le consul indigné leva la séance en s'écriant : « Triomphez; vous aurez « César pour maître (6). »

Appien et Plutarque ne disent rien de l'accusation portée, suivant Dion (7), contre le tribun Curion par Marcellus, qui, n'ayant pas réussi,

---

(1) Appien, l. l. XXVIII. — (2) Le même, l. l. XXIX.

(3) L. l. XXIX. Suivant Dion, § 65, p. 263, ce fut Pompée qui fit décréter par le sénat l'envoi de ces deux légions.

(4) Cf. Appien, l. l. XXX. Plutarq., Pomp. LVII, attribue ces rapports à Appius.

(5) L. l. XXX. Cf Plutarq. Pomp. LVIII.

(6) Plutarque, l. l. lui prête des paroles menaçantes : Ἀναστὰς οὐκ ἔφη λόγων ἀκροάσεσθαι καθήμενος· ἀλλ' ὁρῶν ὑπερφαινόμενα τῶν Ἄλπεων ἤδη δέκα τάγματα βαδίζειν καὶ αὐτὸς ἐκπέμψειν τὸν ἀντιταξόμενον αὐτοῖς ὑπὲρ τῆς πατρίδος. — (7) § 64, p. 261.

s'élança de dépit hors du sénat, se rendit auprès de Pompée et, de son autorité privée, lui confia la garde de la ville et deux légions (1).

Suivant Appien, après le vote du sénat, le bruit se répandit que César avait franchi les Alpes et marchait vers Rome. Cl. Marcellus proposa de faire venir les troupes qui étaient à Capoue et de les envoyer contre César, comme contre un ennemi de la république. Curion s'y opposa, parce que, disait-il, tous ces bruits étaient autant de mensonges. Le consul s'écria : « Si je ne puis pourvoir au salut de l'État en vertu d'une délibération « publique, j'y pourvoierai par ma propre autorité. » A ces mots, il se rendit avec son collègue (2) auprès de Pompée, et, lui présentant le glaive : « Nous t'ordonnons, mon collègue et moi, lui dit-il, de marcher contre « César pour la défense de la patrie : à cet effet, nous te confions les « troupes qui sont à Capoue et dans le reste de l'Italie, et nous t'auto- « risons à lever autant de soldats que tu le croiras nécessaire. » Pompée répondit qu'il obéirait, « à moins, ajouta-t-il hypocritement, qu'il n'y « eût un parti plus sage à prendre. » Curion voulut faire décréter que personne ne devrait s'enrôler à la demande de Pompée; mais il ne put y parvenir : puis, craignant d'être en danger lorsqu'il ne serait plus en charge, et la fin de son tribunat approchait, il quitta Rome où il ne pouvait rien et alla joindre César.

(1) Suivant Plutarque, l. l. LIX, il traversa le Forum, accompagné par le sénat : δι' ἀγορᾶς ἐβάδιζε, τῆς βουλῆς ἑπομένης. Appien ne dit pas, comme Dion (§ 66, p. 265), que Marcellus emmena avec lui Lentulus et C. Claudius, consuls désignés pour l'année suivante; mais le fait n'est pas douteux, du moins en ce qui concerne Lentulus. Cf. Plutarq. l. l. — (2) Appien, l. l. XXXI.

ÉCLAIRCISSEMENTS.

LIVRE QUARANTE-UNIÈME.

Il se rendit à Rome (p. 270). Dion ne raconte pas tout à fait comme Appien et Plutarque les événements qui se passèrent depuis l'arrivée de Curion auprès de César jusqu'au moment où celui-ci sortit de son gouvernement pour se diriger vers Ariminum.

Suivant notre historien (1), Curion porta à Rome, le jour où Corn. Lentulus et C. Claudius prirent possession du consulat, la lettre dans laquelle César offrait de se démettre du commandement, à condition que Pompée en ferait autant. Il a omis un fait important : César avait franchi les Alpes et se dirigeait vers Ravenne, lorsque Curion vint le rejoindre. Il lui fit un accueil amical, le remercia de son zèle et le consulta sur ce qu'il devait faire. Curion lui conseilla de réunir toutes ses troupes et de marcher sur Rome. César aima mieux recourir aux voies de conciliation. Il écrivit donc à ses amis de traiter et proposa de tout abandonner, à condition qu'on lui laisserait le gouvernement de la Gaule Cisalpine et celui de l'Illyrie avec deux légions, jusqu'à ce qu'il eût obtenu un second consulat. Pompée trouvait ces conditions acceptables ; mais elles furent repoussées par les consuls, et ce fut alors que César adressa au sénat la lettre qui fut apportée par Curion (2).

Tel est le récit d'Appien. Plutarque, dans la Vie de Pompée (3), ne parle que d'une lettre de César qu'Antoine lut au peuple, malgré le sénat, et par laquelle il demandait que Pompée et lui quittassent leurs gouvernements, licenciassent leurs troupes et comparussent devant le peuple pour rendre compte de leurs actes. D'après lui, ce fut Cicéron, nouvellement arrivé de Cilicie, qui proposa, comme moyen d'accommodement, que César renoncerait à la Gaule et licencierait son armée, à l'exception de deux légions qu'il garderait avec le gouvernement de l'Illyrie, en attendant un second consulat. Pompée s'étant montré peu favorable à cet arrangement, Cicéron conseilla aux amis de César de consentir au licenciement de l'une des deux légions ; mais Lentulus repoussa encore cette proposition. Caton s'écria que Pompée faisait une nouvelle faute, qu'il se laissait tromper, et la négociation échoua. Mais, dans la Vie de César (4), il parle de deux lettres, comme Appien ; seulement il en intervertit l'ordre. La première, suivant lui, fut celle dans laquelle César offrait de se démettre, à condition que Pompée en ferait autant. Dans la seconde, il faisait lui-même la proposition dont Plutarque attribue l'initiative à Cicéron. D'après cette

---

(1) Liv. XLI, § 1-3. — (2) Appien, Guer. Civ. II, 32. — (3) § LIX.
(4) § XXX-XXXI.

seconde version, Cicéron n'aurait joué que le rôle de médiateur, et il serait parvenu à obtenir l'assentiment de Pompée et des amis de César, sans l'opposition de Lentulus et de sa faction.

Cette version me paraît la plus vraisemblable, attendu qu'elle est confirmée par Appien. Quant à l'ordre des deux lettres, j'incline pour celui qui est suivi par le même historien : je me fonde sur le récit de Plutarque. Et en effet ce fut, suivant lui, d'après la première lettre que Scipion, beau-père de Pompée, proposa de traiter César en ennemi public, s'il ne posait pas les armes à un jour fixé (1). Or, César nous apprend lui-même (2) que cette proposition fut faite après la lecture de la lettre apportée par Curion (3).

De ce qui précède je crois pouvoir conclure 1° qu'il y a une omission dans Dion, 2° que Plutarque a confondu l'ordre des deux lettres et qu'il donne à tort Cicéron comme l'auteur d'une proposition émanée de César : Cicéron ne fit que l'appuyer.

Dion (4) résume à peu près dans les mêmes termes qu'Appien (5) le contenu de la lettre remise par Curion, à l'exception de quelques expressions très-tempérées (6), qui sont remplacées dans Appien par une menace que tout le monde prit pour une déclaration de guerre (7).

Appien raconte qu'après la lecture de la lettre de César, les tribuns Antoine et Cassius Longinus ayant soutenu sa proposition, le sénat déclara qu'il considérait l'armée de Pompée comme sa garde et celle de César comme une armée ennemie. En même temps, les consuls ordonnèrent aux tribuns de sortir du sénat, s'ils ne voulaient pas être exposés à quelque acte de violence. Alors Antoine s'élança de son siége, invoquant les hommes et les dieux, présageant les guerres, les meurtres, les proscriptions, les bannissements, les confiscations, et vouant aux Furies infernales les auteurs de toutes ces calamités. Puis il sortit, accompagné de Cassius et de Curion, et ils se rendirent auprès de César dans une voiture de louage, et travestis en esclaves. Sans entrer dans les mêmes détails, Plutarque (8) rend compte, comme lui, de l'exclusion d'Antoine et de Curion, et de leur départ de Rome; mais il place cette scène après la lecture de la

---

(1) Vie de Cés. XXX. — (2) Guer. Civ. I, 2.

(3) La leçon *litteris a Fabio C. Cæsaris consulibus redditis* est depuis longtemps abandonnée par les meilleurs critiques; d'après l'autorité d'Appien et de Dion.

(4) L. l. § 1. — (5) L. l. XXXII.

(6) Dion, l. l. : οὐδὲ ἑαυτὸν δίκαιον εἶναι ἀναγκασθῆναι αὐτὰ ἀφεῖναι ἔλεγεν, ἵνα μὴ καὶ τοῖς ἐχθροῖς ἐκδοθῇ.

(7) Appien, l. l. : Καὶ τιμωρὸς αὐτίκα τε τῇ πατρίδι καὶ ἑαυτῷ κατὰ τάχος ἀφίξεσθαι· ἐφ' ᾧ δὴ σφόδρα πάντες ἀνέκραγον ὡς ἐπὶ πολέμου καταγγελίᾳ.

(8) Vie de Cés. XXXI.

ÉCLAIRCISSEMENTS.

lettre par laquelle César offrait de se contenter de la Gaule Cisalpine et de l'Illyrie avec deux légions; tandis que, d'après Appien et Dion, elle aurait suivi la lecture de celle qui avait été apportée par Curion. La dernière version est confirmée par César (1).

Suivant Dion (2), ce fut après la lecture de cette lettre que le sénat délibéra sur la proposition de César (3); personne n'opina pour que Pompée mît bas les armes; tandis que tout le monde, à l'exception de M. Cœlius et de Curion, fut d'avis que César devait les poser. Appien donne des chiffres précis que j'ai déjà fait connaître (4); mais il place cette délibération après la motion faite par Curion, avant de se rendre auprès de César. Ici, j'adopte de préférence la version suivie par Dion, qui a pour lui l'autorité de César (5). C'est d'après cette autorité (6) que le même historien mentionne le décret du sénat, qui chargea les consuls et les autres magistrats de veiller au salut de la République (7). Appien n'en parle pas : c'est une omission regrettable dans cet écrivain ordinairement si exact.

Dion ajoute que le sénat se réunit ensuite auprès de Pompée, hors du Pomerium, et lui confia de l'argent et des troupes. Appien (8) et César (9) rendent un compte détaillé des mesures adoptées dans cette réunion. César en est instruit et les fait connaître aussitôt à ses soldats, en se plaignant des injures faites à leur général, de l'atteinte portée aux droits de la puissance tribunitienne, et surtout du décret rendu par le sénat, sans y être autorisé par aucun danger public. Les soldats de la treizième légion, la seule qui fût alors arrivée, s'écrièrent avec indignation qu'ils étaient prêts à le venger, et César se dirigea incontinent avec cette légion vers Ariminum (10).

Le récit des événements, depuis ce départ jusqu'à la bataille de Pharsale inclusivement, remplit dans Dion tout le XLIe livre, à l'exception des quatre premiers paragraphes. On peut les grouper ainsi :

Marche de César à travers l'Italie; Pompée quitte Rome (11). — Siége de Corfinium; Pompée gagne Brindes; César l'y suit (12). — Retour de César à Rome; Cicéron se rend auprès de Pompée; siége de Marseille et guerre d'Espagne; révolte militaire à Plaisance (13). — César dictateur; défaite et mort de Curion (14). — César en Épire; échec qu'il reçoit à Dyrrachium; bataille de Pharsale (15). J'examinerai les plus importants.

(1) Guer. Civ. I, 5. — (2) § 2, p. 273.
(3) L. l. § 1 : καταλύσειν τε τὰ στρατόπεδα καὶ τῆς ἀρχῆς ἐκστήσεσθαι ὑπισχνεῖτο, ἂν καὶ ὁ Πομπήϊος τὰ αὐτά οἱ ποιήσῃ.
(4) Cf. p. 447. — (5) Guer. Civ. I, 2-5. — (6) L. l. 6. — (7) § 3, p. 275.
(8) L. l. XXXIV. — (9) L. l. 6-7. — (10) L. l. 8. — (11) § 4-9, p. 275-293.
(12) § 10-13, p. 293-301. — (13) § 14-35, p. 301-347.
(14) § 36-42, p. 347-361. — (15) § 43-63, p. 361-407.

ÉCLAIRCISSEMENTS.

1° *Marche de César à travers l'Italie; Pompée quitte Rome.*

On ne se ferait point une juste idée des événements, si l'on se contentait du récit de Dion. Il nous montre, d'une part, César s'avançant jusqu'à Ariminum, s'emparant de toutes les villes situées sur son passage, recevant les députés envoyés par Pompée pour entrer en négociation; et d'autre part, lorsque les négociations n'eurent pas abouti, Pompée s'éloignant de Rome pour gagner la Campanie et ordonnant au sénat et à tous ceux qui étaient revêtus de quelque charge publique de le suivre. Puis, il fait, dans un style de rhéteur, une longue description de la douleur publique, au moment où les partisans de Pompée sortirent de Rome (1). Elle pouvait être abrégée et remplacée utilement par des faits que l'auteur a négligés.

César, au moment où Curion, Antoine et Cassius arrivèrent dans son camp, n'avait auprès de lui que 300 cavaliers et 5,000 légionnaires (2) : le reste de son armée était au delà des Alpes, et ceux qu'il avait envoyés pour la chercher n'étaient pas encore de retour. Persuadé que le succès exigeait moins un grand nombre de soldats qu'un coup de main dont la hardiesse frapperait ses ennemis de stupeur, il ordonna aux tribuns et aux centurions de ne prendre que leurs épées et de s'emparer d'Ariminum, sans tuer personne (3). Il confia la conduite de son armée à Hortensius (4). Après avoir passé une partie de la journée à voir combattre les gladiateurs, il prit un bain et resta quelque temps avec des amis qu'il avait invités à souper. Dès que la nuit fut venue, il quitta les convives, les engageant à faire bonne chère et leur disant qu'il allait revenir; mais il monta sur un chariot, après avoir prévenu ceux qui devaient l'accompagner, chacun par un chemin différent, prit une autre route que celle qu'il devait suivre et tourna ensuite vers Ariminum (5). Arrivé sur les bords du Rubicon, il hésite et confère pendant quelques instants avec Asinius Pollius; mais enfin il prononce le mot fatal (6), traverse la rivière et s'empare d'Ariminum, à la pointe du jour.

La nouvelle de son entrée à Ariminum répandit dans Rome un trouble et une frayeur vivement décrits par Plutarque (7). Le sénat et tous les magistrats accoururent auprès de Pompée. Tullus lui demanda de quelles forces il pouvait disposer, et, peu rassuré par sa réponse, il conseilla d'envoyer des députés à César (8). Le jeune L. César et le préteur Roscius

---

(1) Cette description remplit trois paragraphes, § 7-9, p. 283-293.
(2) Plutarq. Vie de Pomp. LX ; Vie de Cés. XXXII.
(3) Plutarq. l. l. et Appien, Guer. Civ. II, 34-35. — (4) Plutarq. Cés. l. l.
(5) Le même, l. l. et Appien, l. l. XXXV. — (6) Ὁ κύϐος ἀνερρίφθω.
(7) Vie de Pomp. l. l. Vie de Cés. XXXIII.
(8) Plutarq. Pomp. LX. Suivant Appien, l. l. XXXVI, ce fut Cicéron qui donna ce conseil.

ÉCLAIRCISSEMENTS.

furent chargés de cette mission (1). César demanda une entrevue avec Pompée pour terminer leurs différends (2). A leur retour, les députés durent se transporter à Capoue, où Pompée et les consuls s'étaient retirés. Ils exposèrent les propositions de César. On délibéra, et ils furent chargés de porter une réponse écrite, ainsi conçue : « César devra sortir d'Ariminum, retourner en Gaule et licencier ses troupes : Pompée alors ira en Espagne. Jusqu'à ce que César ait donné des garanties à l'appui de ses promesses, les consuls et Pompée n'interrompront pas les levées (3). » Ces conditions ne laissaient aucune espérance de paix : César poursuivit sa marche.

Plutarque et Appien ne donnent pas plus de détails que Dion sur cette marche (4). C'est dans César qu'il faut les chercher.

Après la rupture des négociations, il envoie Antoine à Arretium avec cinq cohortes, fait occuper Pisaurum, Fanum, Ancône, et met une cohorte dans chacune de ces places (5). Il fait partir ensuite Curion pour Iguvium, occupée par Thermus : Curion est accueilli avec empressement (6). Alors, pouvant compter sur les villes municipales, César tire de leurs garnisons les cohortes de la XIIIe légion et part pour Auximum, où Attius s'était jeté. Les habitants forcent Attius de s'enfuir et se déclarent pour César, qui se dirige aussitôt vers le Picenum, où toutes les préfectures le reçoivent avec joie. Cingulum lui envoie des députés et lui donne des soldats; Firmum et Asculum se soumettent. César ordonne des levées, ne s'arrête qu'un jour, afin de pourvoir aux subsistances, et marche sur Corfinium (7).

2° *Siége de Corfinium; Pompée gagne Brindes; César l'y suit.* Dion ne donne pas assez de détails sur ces événements (8); mais du moins son récit est exact, et il est facile de le compléter à l'aide de César (9) et d'Appien (10). Quant à Plutarque, beaucoup trop succinct dans la Vie de César, il se trompe dans celle de Pompée (11) lorsqu'il dit que ce fut après s'être rendu maître de Rome, où il traita avec douceur ceux qui y étaient restés, et avoir emporté, malgré Métellus, l'argent dont il avait besoin, que César se mit à la poursuite de Pompée retiré à Brindes.

César campa sous les murs de Corfinium, après avoir battu les soldats de Domitius, qui travaillaient à détruire un pont situé à trois milles de la ville (12). Domitius, effrayé de sa situation, fit demander des secours à Pompée : sur ces entrefaites, Sulmone se déclara pour César et fut occu-

---

(1) César, Guer. Civ. I, 8. — (2) L. l. 9. — (3) L. l. 10.
(4) Appien se borne à dire, l. l. : Καὶ ἐς τὸ πρόσθεν ἐχώρει, φρούρια τοῖς ἐπικαίροις ἐφιστάς, καὶ τὰ ἐν ποσὶν ἢ βίᾳ χειρούμενος ἢ φιλανθρωπίᾳ.
(5) César, l. l. 11. — (6) L. l. 12. — (7) L. l. 12-16.
(8) Cf. § 10-12, p. 293-299. — (9) Guer. Civ. I, 16-31.
(10) L. l. § XXXIV-XXXV. — (11) § LXII. — (12) Cés. Guer. Civ. I, 16

pée par Antoine, qui revint le même jour. César, toujours actif et prévoyant, fit venir du blé des villes municipales, réunit de nouvelles forces et forma, de l'autre côté de la place, un second camp qu'il entoura de retranchements et de forts (1). Domitius, plus menacé de jour en jour, reçoit de Pompée une réponse qui ne lui laisse aucune espérance (2). Il en cache le contenu; mais son agitation et son trouble le trahissent. Les soldats découvrent qu'il a le projet de s'échapper; ils s'assurent aussitôt de sa personne et font dire à César qu'ils sont prêts à lui ouvrir les portes de la ville, à lui obéir et à lui livrer Domitius (3). César prend les mesures qui doivent lui assurer la possession de Corfinium et prévenir la licence et le pillage. Lentulus Spinther demande à lui parler. César le rassure par ses paroles; quelques heures après, il fait venir devant lui les sénateurs, les tribuns militaires et les chevaliers romains qui étaient dans la ville, se montre tout à la fois clément et désintéressé. Puis il incorpore dans son armée les troupes de Domitius, auquel il laisse la liberté de se retirer où il voudra, et, après être resté sept jours devant Corfinium, il se rend à marches forcées en Apulie. A cette nouvelle, Pompée va de Capoue à Lucérie, de Lucérie à Canusium, et de là à Brindes (4).

Les événements dont Brindes fut le théâtre n'occupent qu'un paragraphe dans Dion (5). Il parle de propositions de paix faites par César et auxquelles Pompée répondit que les consuls avaient résolu de ne pas entrer en négociation avec un citoyen armé : il y a là une légère inexactitude. César essaya deux fois de traiter en demandant une entrevue à Pompée, d'abord par l'intermédiaire de Cn. Magius (6), et ensuite par l'intermédiaire de Caninius Rebilus, son lieutenant, ami intime de Scribonius Libon. Ce fut après cette seconde tentative que, sur la réponse de Pompée, César ne songea plus qu'à la guerre (7).

Dion fait mention des précautions prises par Pompée pour intercepter les deux issues qui conduisaient de la ville au port; mais il passe sous silence la digue que César fit construire des deux côtés de ce port (8) et les travaux exécutés par l'ordre de Pompée pour arrêter l'impétuosité de César et de ses troupes, les portes murées, les rues et les places bouchées,

---

(1) L. l. 17-18. — (2) D'après Dion, § 11, Pompée ordonna à Domitius de quitter Corfinium, pour le suivre. D'après César, l. l. 19, Pompée répondit qu'il ne pouvait point s'exposer au danger, que ce n'était ni de son avis ni par son ordre que Domitius s'était jeté dans Corfinium; qu'ainsi il vint le rejoindre avec toutes ses troupes, s'il le pouvait.

(3) Cés. l. l. 19-20. — (4) Cés. l. l. 20-23. — (5) § 12, p. 297-299.

(6) L. l. 24. — (7) L. l. 26.

(8) Cf. dans Cic. Lettr. à Attic. IX, 14, le fragment d'une lettre de César à Q. Pédius sur cette digue, et pour les détails, Cés. Guer. Civ. I, 25.

les chemins coupés par des tranchées, remplies de pieux pointus et recouverts de claies et de terre (1).

Le même historien dit bien que Brindes et deux vaisseaux, chargés de soldats, tombèrent au pouvoir de César; mais il se tait sur les incidents qui marquèrent le départ de Pompée et l'entrée de César dans Brindes. On les lira avec intérêt dans Plutarque (2) et dans César (3).

Pour le siége de Corfinium, comme pour les événements de Brindes, Appien (4) semble s'être attaché à suivre César qu'il se contente d'abréger en quelques lignes.

3° *Retour de César à Rome; Cicéron se rend auprès de Pompée; siége de Marseille et guerre en Espagne; révolte militaire à Plaisance.*

Soixante jours avaient suffi à César pour se rendre maître de toute l'Italie, sans verser une goutte de sang (5). Il aurait voulu se mettre aussitôt à la poursuite de Pompée; mais il lui manquait de vaisseaux, et l'Italie lui donnait des inquiétudes (6). Il ne pouvait pas oublier d'ailleurs que Pompée avait en Espagne une armée dévouée, presque entièrement composée de vétérans, et qui pouvait tomber sur ses derrières (7). César dut conjurer ce double danger.

Dion se borne à dire qu'*il mit une garnison à Brindes et se rendit à Rome*. Dans la Vie de Pompée (8), Plutarque, j'en ai déjà fait la remarque, se trompe sur l'époque de son retour à Rome. Plus exact dans la Vie de César (9), il parle de son séjour dans la capitale et de son démêlé avec le tribun Métellus; mais il ne dit rien des mesures qu'il eut à prendre avant de quitter Brindes. J'en emprunte le détail à Appien (10).

Il divisa ses troupes en *cinq* parties; trois furent placées à Brindes, à Hydrus et à Tarente, pour veiller sur l'Italie; une quatrième fut envoyée en Sardaigne, sous le commandement de Q. Valérius, et une cinquième passa avec Asinius Pollion dans la Sicile, pour l'enlever à Caton (11). Puis il se dirigea vers Rome en toute hâte.

Suivant Plutarque (12), il trouva cette ville beaucoup plus calme qu'il ne

---

(1) Cés. l. l. 27. — (2) Vie de Pomp. LXII. — (3) L. l. 27-28.
(4) Guer. Civ. II, 38. — (5) Plutarque, Vie de Pomp. LXIII, et Vie de Cés. XXXV. — (6) Dion, § 15, p. 303. — (7) Appien, l. l. II, 40. — (8) L. l.
(9) L. l. — (10) L. l.
(11) Cf. César, Guer. Civ. I, 30-31. A l'arrivée d'Asinius Pollion, Caton lui demanda s'il était porteur d'un décret du sénat ou du peuple, qui l'autorisât à envahir sa province. « Je viens, répondit Pollion, par l'ordre de celui qui est maître « de l'Italie. » Caton répliqua qu'il remettait sa vengeance à une autre époque, et fit voile vers Corcyre, pour se rendre de là auprès de Pompée; Appien, l. l.
(12) Vie de Cés. l. l.

ÉCLAIRCISSEMENTS.

s'y attendait. Appien (1) et Dion me paraissent plus près de la vérité en nous la montrant tristement préoccupée du souvenir des cruautés de Marius et de Sylla. Témoin le discours adressé par César au sénat pour rassurer les esprits (2), et les belles promesses qu'il prodigua pour ranimer la confiance (3). Le peuple ne les accueillit pas avec faveur (4) : il faut avouer que l'homme qui disait crûment au tribun Métellus : « Le temps des armes n'est pas celui des lois (5), » devait paraître suspect à bon droit.

Suivant Dion, César, avant de partir pour l'Espagne, *confia Rome et l'Italie à Antoine* (6). C'est inexact : il donna la garde de Rome à Lépide et celle de l'Italie, avec le commandement de toutes les troupes qui s'y trouvaient, au tribun du peuple M. Antoine (7). De plus, Curion fut définitivement chargé du gouvernement de la Sicile, à la place de Caton ; Q. Valérius de celui de la Sardaigne, C. Antonius de l'Illyrie, et Licinius Crassus de la Gaule Cisalpine. Enfin, il ordonna de construire en toute hâte une flotte qui devait, sous le commandement d'Hortensius et de Dolabella, veiller à la sûreté de la mer Ionienne et de la mer de Toscane (8).

Dion ne dit qu'un mot du départ de Cicéron pour se rendre auprès de Pompée (9). Cette brièveté excessive, ou plutôt cette singulière indifférence, doit être attribuée aux dispositions peu bienveillantes dont notre historien se montre partout animé à l'égard de l'orateur romain. Si les tergiversations de Cicéron font vivement regretter que ce grand homme n'ait pas allié un caractère plus ferme aux dons du génie, le rôle brillant qu'il a joué et la place qu'il occupe dans l'histoire méritaient que Dion entrât dans quelques détails sur sa conduite, au milieu des circonstances les plus délicates et les plus difficiles. Ils auraient eu plus d'attrait pour le lecteur que la froide harangue mise dans la bouche de César, à propos d'une révolte militaire à Plaisance. Je vais essayer de combler cette lacune (10).

Cicéron, qui connaissait à fond les vues ambitieuses de César et de Pompée, ne pouvait se faire illusion sur les fatales conséquences de leur rivalité. Quel que fût le vainqueur, la tyrannie lui paraissait inévitable : de là, ses constants efforts pour arriver à une réconciliation. Tant qu'elle lui paraît possible, il ne veut point s'engager, et, dans les épanchements de l'amitié, il ouvre son cœur, fait part de ses craintes et demande des con-

---

(1) L. l. XLI. — (2) Cf. César, Guer. Civ. l. l. Dion, § 15-16, n'en donne que le résumé. — (3) Appien, l. l. : Τόν τε δῆμον;..... ἐλπίσι καὶ ὑποσχέσεσι πολλαῖς ἀνελάμβανε. — (4) Dion, § 16.

(5) Plutarq. Cés. l. l. César garde sur ses démêlés avec Métellus un silence très-significatif. — (6) § 18. — (7) Appien, l. l. — (8) L. l. — (9) L. l. p. 311. Cf. Plutarq. Cic. XXXVII ; M. J. V. Le Clerc, Vie politique de Cic. et l'article de M. Villemain sur Cicéron, dans la Biog. universelle.

(10) Cf. Lettr. à Attic. VII, 6, 8, 15, 17, 18 ; VIII, 9, 11 ; IX, 11 ; X, 1, 3

ÉCLAIRCISSEMENTS.

seils (1). Sans illusion sur Pompée, dont il blâme plus d'une fois la conduite (2), il déclare pourtant que, si la guerre éclate, il se rendra auprès de lui à Lucérie (3); mais il n'est pas disposé à le suivre hors de l'Italie (4). Le départ de Pompée pour Brindes lui causa un vif mécontentement (5), parce qu'il compromettait ses espérances pour la paix. Pressé de se rendre dans cette ville (6), il ne veut rien faire sans les conseils d'Atticus (7); mais bientôt il est informé que César, parti de Corfinium, marche avec diligence vers Brindes. Dès lors il ne veut plus rester en Italie, si Pompée est forcé de fuir (8): au moment où déjà la foule se précipite au-devant de César, il se déclare pour Pompée, quoiqu'il voie bien que celui dont il embrasse la fortune perdra l'Italie (9). Livré aux plus vives inquiétudes, il apprend enfin que Pompée accompagné des consuls, de deux tribuns du peuple et des sénateurs qui étaient à Brindes, a quitté cette ville avec 30,000 hommes. A cette nouvelle, ce n'est plus de l'embarras, du trouble, de l'agitation qu'il éprouve; c'est une douleur mortelle (10), et, malgré les fautes de Pompée, il regrette amèrement de ne pas être avec lui. Sur ces entrefaites, César lui écrit pour l'engager à retourner à Rome, où il pourra lui être d'un grand secours par ses conseils, par son crédit et par tout son pouvoir (11). Balbus et Oppius l'invitent par des lettres pressantes à ne pas prendre ouvertement parti contre César (12). Cicéron persiste à vouloir se rendre auprès de Pompée : *il se reproche de ne l'avoir pas suivi partout, comme un soldat suit son drapeau; quoiqu'il marchât, ou plutôt qu'il courût à sa perte* (13). Il avait pu hésiter, tant que Pompée était en Italie et qu'on pouvait conserver encore quelque espérance de paix; mais les choses sont changées maintenant, et, quel que soit le danger, il est résolu à quitter l'Italie; ce qu'il aurait dû faire plus tôt (14). Il demande à Antoine la permission de se retirer à Malte : celui-ci cherche à le détourner de ce projet, en l'assurant de toute l'amitié de César, qui, de son côté, lui écrit directement pour l'engager à rester neutre (15). Cicéron se montre toujours résolu à se retirer à Malte : Cœlius le conjure de ne pas sortir de la neutralité, en attendant la solution des affaires d'Espagne (16). Cette

(1) L. l. VII, 12, 13, 20-25; VIII, 12, 13. — (2) L. l. 10-12; VIII, 2, 7, 9.
(3) L. l. VII, 26. — (4) L. l. VIII, 3. — (5) L. l. 8, 9. — (6) L. l. 11.
(7) L. l. 12. — (8) L. l. 14. — (9) L. l. 16.
(10) Lettr. à Attic. IX, 1-6. Dolore ardeo, dit-il lui-même, l. l. 6, et il s'écrie, comme Agamemnon dans Homère, Iliad. X, 93 :

.... Οὐδέ μοι ἦτορ
Ἔμπεδον· ἀλλ' ἀλαλύκτημαι.

(11) L. l. 6. — (12) L. l. 7. — (13) L. l. 10. — (14) L. l. — (15) L. l. IX, 8.
(16) L. l. 9.

guerre d'Espagne le jette dans de nouvelles inquiétudes ; mais enfin il prend définitivement son parti et n'attend plus qu'un vent favorable pour s'embarquer à Formies (1).

Telle fut en résumé la conduite de Cicéron. En rapprochant les renseignements qui précèdent des fragments des lettres d'Atticus (2), on voit qu'il ne s'arrêta jamais à une détermination sans qu'elle eût été conseillée ou approuvée par un homme qui avait toute sa confiance, et qui en était digne par ses lumières comme par son dévouement. Ainsi, ses irrésolutions s'expliquent jusqu'à un certain point par la puissante influence d'un ami et ne sont plus le simple effet d'une indécision personnelle.

D'ailleurs, et il ne faut pas le perdre de vue, Cicéron ne manqua jamais de loyauté et de franchise. A Pompée, qui lui avait écrit de venir à Lucérie, il répondit : « Si vous avez dessein de rassembler toutes vos for-
« ces, je n'hésiterai pas à vous aller joindre incontinent : j'ai toujours
« souhaité d'être avec vous, comme je vous le témoignai lorsque nous sor-
« times de Rome. » Pompée le remercie de son zèle, lui annonce de Canusium que les consuls sont auprès de lui en Apulie et le presse d'y venir, afin qu'ils puissent tous ensemble prendre des mesures pour remédier aux maux de la patrie. Cicéron lui répond qu'il était parti aussitôt pour l'Apulie avec son frère et leurs enfants, et rend compte des obstacles qui l'empêchèrent d'arriver à temps. Le 27 février, il reçut une lettre, datée du 20, et dans laquelle Pompée l'engageait à partir pour Brindes ; mais alors le chemin lui était entièrement fermé. A travers les précautions dont Cicéron entoure sa pensée, il n'est pas difficile de voir qu'il n'approuve point Pompée d'avoir quitté l'Italie ; mais il se résigne : « Je n'ai pas la
« présomption de croire que mon avis devait l'emporter ; je me suis fait
« un devoir de suivre le vôtre, non par rapport à la république, dont le
« salut me paraît désespéré et à laquelle il ne reste plus qu'un remède
« aussi funeste que l'est une guerre civile ; c'était uniquement vous qui
« me déterminiez : je ne voulais point me séparer de vous, et je ne man-
« querai pas de vous aller joindre, dès que j'en trouverai l'occasion. Je sais
« bien que ceux qui ne veulent point d'accommodement n'ont garde d'ê-
« tre contents de moi : je me suis, dès le principe, déclaré pour la paix.
« Ce n'est pas que je ne craignisse les mêmes choses qu'eux ; mais c'est
« que je les trouvais moins à craindre qu'une guerre civile (3). » Puis il expose sans détour les raisons qui le portent à ménager César, pour éviter les nouveaux coups dont les mauvais citoyens le menacent hautement :

---

(1) L. l. 11, 13, 16, 18. — (2) Cf. Lettr. à Attic. VIII, 11.

(3) L. l. Je me sers ici et plus loin de la traduction de l'abbé Mongault, revue par M. J. V. Le Clerc.

ÉCLAIRCISSEMENTS.

« J'ai cru, dit-il, qu'il était de la prudence de m'en garantir, *pourvu que* « *je le fisse sans intéresser mon honneur* (1). »

La même loyauté, la même franchise respirent dans sa réponse à César, qui l'avait engagé à venir à Rome (2). Je cite textuellement quelques passages : « J'ai dû naturellement espérer que vous songiez à la paix, à la « tranquillité, à l'union des citoyens, et il m'a paru que cela convenait « assez à mon caractère et à la situation où je me trouve. S'il est donc « vrai que vous pensiez à vous réconcilier avec Pompée et à le rendre à la « république, vous ne trouverez certainement personne qui soit plus « propre que moi à vous seconder; car je l'ai toujours porté à la paix, et, « dès que je l'ai pu, j'ai tenu le même langage au sénat. Depuis qu'on a « pris les armes, j'ai gardé une exacte neutralité, persuadé qu'on vous « faisait une injustice (3). »

Et un peu plus loin : « Comme je ne me suis pas contenté de soutenir « votre dignité, et que j'ai mis encore plusieurs personnes dans vos inté-« rêts, il est juste aussi que j'aie quelques égards pour un homme d'un « rang aussi distingué que Pompée; car, depuis quelques années, je m'é-« tais attaché à vous deux d'une manière particulière : j'étais votre ami, « comme je le suis encore. Je vous prie donc, ou plutôt je vous conjure « de prendre quelques moments sur vos grandes occupations, pour cher-« cher comment vous pourrez me laisser les moyens et la liberté de rem-« plir ce qu'un honnête homme doit à un ami dont il a reçu des services « qu'on ne peut oublier sans crime.......... Vous devez me laisser, « moi plus que personne, dans une situation où je puisse ménager un « accord entre vous deux et entre tous les citoyens. »

Le siége de Marseille, dont Dion et César ont disséminé le récit (4), est exposé très-sommairement dans notre historien. Il ne parle ni des machines construites par l'ordre de Tribonius, ni de la perfidie des Marseillais qui, après avoir tenté vainement de les détruire, profitèrent, pour exécuter leur projet, de la trêve qui leur avait été accordée jusqu'à l'arrivée de César (5). Il fait bien mention des nouveaux vaisseaux envoyés par Pompée (6); mais il ne dit pas que ces vaisseaux, amenés par L. Nasidius au nombre de seize, ne furent d'aucune utilité (7). Il rapporte, comme César, les conditions de la capitulation; mais il aurait dû ajouter qu'en partant pour Rome, César laissa deux légions en garnison à Marseille (8).

Il faut remarquer ici qu'Appien garde sur ce siége un silence absolu : il ne parle de Marseille qu'à l'occasion de la révolte militaire qui avait

---

(1) L. l. — (2) J'ai parlé de cette lettre de César, p. 457.
(3) Lettr. à Attic. IX, 11. — (4) Cf. Dion, § 19, 21, 25; César, Guer. Civ. I, 34-36; II, 2-22. — (5) Cés. l. l. II, 1, 8-16. — (6) § 25.
(7) Cés. l. l. II, 3. — (8) Le même, l. l. 7.

éclaté à Plaisance. C'est de Marseille que César partit pour aller la réprimer (1).

Plutarque, dans la Vie de Pompée, ne fait qu'une simple allusion à l'expédition de César en Espagne contre Afranius et Pétréius (2) : dans la Vie de César, il la résume en quelques lignes (3). Dion (4) et Appien (5) suivent César (6) pas à pas; mais Appien est plus précis et plus net : en deux paragraphes il groupe les faits avec tant d'art et de méthode, qu'aucune circonstance importante n'est omise. Dion avait négligé de rappeler que les Pompéiens abandonnèrent l'Espagne à condition que César les conduirait sains et saufs jusqu'au Var, et que là il leur permettrait d'aller joindre Pompée. Appien n'a pas oublié cette condition : il rapporte même la courte et habile allocution que César leur adressa, quand on fut arrivé sur les bords de ce fleuve (7) : elle ne se trouve ni dans César ni ailleurs.

4° *Défaite et mort de Curion* (8).

Ici encore, Dion (9) et Appien (10) sont les abréviateurs de César (11); mais Appien a toujours l'avantage pour l'exactitude, la précision et la netteté. Il mentionne même trois faits dont il n'est pas question dans César :

1° L'empoisonnement des eaux voisines du camp Cornélien, avant l'arrivée de Curion, et la maladie causée par cet empoisonnement : la vue de ses soldats était obscurcie, comme par un épais brouillard, et ils étaient engourdis par un sommeil léthargique, suivi de vomissements et de fortes convulsions (12).

2° Après la mort de Curion, sa tête fut apportée à Juba (13). L'historien aurait pu ajouter, en l'honneur de Curion, que, pressé par Cn. Domitius, préfet de la cavalerie, de chercher son salut dans la fuite, il répondit no-

---

(1) Appien, Guer. Civ. II, 43. — (2) § LXIII : Εἰς Ἰβηρίαν ἔλαυνε τὰς ἐκεῖ δυνάμεις προσαγαγέσθαι βουλόμενος. — (3) § XXXVI : « César se mit en « marche vers l'Espagne avec une armée : il avait résolu d'en chasser d'abord Afra-« nius et Varron, lieutenants de Pompée, et de s'emparer de leurs troupes et de « leurs gouvernements, afin de ne laisser aucun ennemi derrière lui. Il fut souvent « lui-même en danger par les embûches qu'on lui dressa, et son armée courut « grand danger de mourir de faim; mais il ne cessa de poursuivre les ennemis, de « les provoquer au combat et de les environner de tranchées, qu'après s'être rendu « maître par la force de leurs camps et de leurs troupes. Les chefs prirent la fuite « et se rendirent auprès de Pompée. »
(4) § 20-23, p. 313-323. — (5) Guer. Civ. II, 42-43.
(6) Guer. Civ. I, 41-88. — (7) L. l. 43.
(8) Il n'en est pas question dans Plutarque. — (9) § 41-42, p. 355-361.
(10) L. l. XLIV-XLVI. — (11) Guer. Civ. II, 34-44. — (12) L. l. XLIV.
(13) L. l. XLV.

blement qu'après la perte de l'armée que César lui avait confiée, il ne reparaîtrait jamais devant lui, et qu'il se fit tuer en combattant (1).

3° Lorsque la nouvelle du désastre de Curion fut parvenue à la partie de l'armée qui était restée sous les murs d'Utique, Flamma, commandant de la flotte, s'éloigna avant d'avoir reçu un seul soldat sur ses vaisseaux. Il fallut qu'Asinius Pollion se transportât sur un esquif auprès des commerçants qui stationnaient hors du port et les priât de prendre terre et de recevoir à leur bord les débris de l'armée de Curion. Plusieurs accueillirent cette demande et s'approchèrent des côtes pendant la nuit. Ce fut alors que des navires coulèrent à fond, comme Dion le raconte.

Ce désastre coûta aux Romains deux légions, toute la cavalerie qui avait été placée sous les ordres de Curion, tous les soldats armés à la légère et les valets de l'armée (2).

Campées vis-à-vis l'une de l'autre, les deux armées etc. (p. 283).

BATAILLE DE PHARSALE.

Dion semble n'avoir vu dans la bataille de Pharsale que le sujet d'un exercice oratoire. Après un parallèle entre les deux chefs (3) et une très-vague indication de leurs forces respectives (4), il résume la harangue adressée par chacun d'eux à son armée (5); puis il décrit dans un style de rhéteur, parsemé d'antithèses souvent affectées, les sentiments pénibles que les soldats durent éprouver au moment où une lutte parricide allait s'engager (6), l'acharnement des combattants et l'issue de cette lutte (7).

Plutarque, dans ses réflexions sur l'ambition des deux chefs (8) et dans la description du combat (9), s'élève au-dessus de son ton ordinaire, mais sans tomber dans la déclamation. Il donne d'ailleurs des détails intéressants sur l'ordre de bataille des deux armées (10) et sur l'abattement de Pompée, quand il vit ses retranchements envahis (11). Il raconte aussi l'anecdote de Crastinus, qu'il appelle Crassianus (12).

Appien est beaucoup plus explicite que Dion et Plutarque. Il est facile de se convaincre, par quelques rapprochements, qu'il suit César presque partout (13); mais il discute avec un grand sens ce qui lui paraît sujet à contestation (14) et il fournit des renseignements qui ne se trouvent ni

---

(1) Cés. l. I. 42. — (2) Appien, Guer. Civ. l. I, 46. — (3) § 54.
(4) § 55. — (5) § 57. — (6) § 58-59. — (7) § 60-61.
(8) Vie de Pomp. LXX. — (9) L. I. LXXI, et Vie de Cés. XLV.
(10) Vie de Pomp. LXIX; Vie de Cés. XLIV. — (11) Vie de Pomp. LXXII, Vie de Cés. XLV. — (12) Vie de Pomp. LXXI; Vie de Cés. XLIV.
(13) Cf. Cæs. De Bell. Civ. III, 88, 89, 90, 92-99; et Appien, Guer. Civ. II, 75, 76, 78-82. — (14) Notamment, l. I. 70, à propos des forces respectives de César et de Pompée.

462 ÉCLAIRCISSEMENTS.

dans son guide ni dans aucun autre historien. Témoin l'ordre donné par César à ses soldats d'épargner leurs concitoyens et de faire tomber leur fureur sur les troupes auxiliaires : « Les vainqueurs, dit-il, s'approchaient « des vaincus et les exhortaient à rester sans crainte à leur place. Chacun, « en recevant cette invitation de son voisin, gardait sa place, et bientôt « les soldats de Pompée eurent pour mot d'ordre : *rester sans crainte à* « *sa place*. En leur qualité d'Italiens, ils étaient équipés comme les sol- « dats de César et ils parlaient la même langue. Les soldats de César les « laissaient donc de côté et massacraient les alliés, qui étaient hors d'état « de leur résister : il se fit un très-grand carnage (1). »

Dion (2) dit qu'avant la bataille, César et Pompée adressèrent à leurs soldats *des exhortations qui se ressemblaient au fond*. Tel n'est pas le caractère de leurs harangues dans Appien, qui me paraît avoir respecté la vraisemblance historique (3). Dans ce moment suprême, César, s'il faut s'en rapporter à lui-même, fut d'une brièveté toute militaire (4).

Appien évalue ainsi les pertes éprouvées par les deux armées (5) :

Du côté de César, *trente* centurions et *deux cents* légionnaires. Ces chiffres concordent avec ceux que donne César (6). Suivant une autre version rapportée par le même historien, César aurait perdu 1,200 légionnaires.

Du côté de Pompée, *dix* sénateurs, *quarante* chevaliers et 25,000 soldats, d'après les calculs les plus élevés. César porte les pertes de Pompée à 24,000 hommes faits prisonniers et à 15,000 hommes tués; mais ce dernier chiffre paraît exagéré. Vraisemblablement il se fit, comme Plutarque le raconte (7), un grand carnage des soldats qui gardaient les tentes et des valets d'armée; mais dans la bataille il ne périt pas plus de *six mille* combattants, chiffre donné par Asinius Pollion dans ses Mémoires et adopté par Appien. Mais, quel qu'ait été au juste le nombre des morts, le sang versé dans cette guerre impie explique les remords tardifs de César et les paroles qu'il proféra en traversant ce champ de carnage : « Ils l'ont « voulu ! Ils m'avaient réduit à une telle nécessité que, moi, César, qui « avais obtenu la victoire dans de si grandes guerres, j'aurais été con- « damné si j'avais licencié mon armée (8). »

(1) L. l. 80. — (2) § 57. — (3) Cf. la harangue de Pompée, l. l. 72, et celle de César, l. l. 73-74. — (4) Cf. De Bell. Civ. III, 90 : « In primis commemoravit, « testibus se militibus uti posse quanto studio pacem petiisset; quæ per Vatinium « in colloquiis, quæ per A. Clodium cum Scipione egisset, quibus modis ad Ori- « cum cum Libone de mittendis legatis contendisset; neque se unquam abuti mili- « tum sanguine, neque Rempublicam alterutro exercitu privare voluisse. »

(5) L. l. 82. — (6) L. l. 99. — (7) Vie de Pompée LXXII; Vie de Cés. XLVI.
(8) Plutarq. Vie de Cés. l. l.

ÉCLAIRCISSEMENTS.

Appien se contente de dire (1) que César, maître du camp de son rival, profita, avec ses soldats, des apprêts d'un repas destiné à Pompée et aux siens. D'après César (2) et Plutarque, qui l'a copié (3), tout offrait l'image du luxe : c'étaient des tables dressées, des buffets chargés de vaisselle d'argent, des tentes couvertes de gazon frais, ou même, comme celle de L. Lentulus, couronnées de guirlandes de lierre. C'était l'appareil et l'ordonnance d'un sacrifice ou d'une fête, plutôt que les préparatifs d'un combat ; et cependant ils accusaient de mollesse l'armée de César !

Dion (4) parle du présage interprété à Padoue par C. Cornélius. Ce fait, peu important en lui-même, est reproduit dans Plutarque avec plus de détail, d'après Tite-Live. Je vais citer textuellement le biographe grec, parce que nous n'avons plus la partie de l'ouvrage de l'historien latin où était racontée la guerre civile : « C. Cornélius, compatriote et ami de Tite-« Live, et très-habile dans l'art de la divination, était occupé ce jour-là à « contempler le vol des oiseaux. D'abord, comme Tite-Live le rapporte, « il connut le moment où le combat était engagé et dit à ceux qui étaient « présents que l'affaire se vidait en cet instant et que les deux généraux « en étaient aux mains. Puis, s'étant mis de nouveau à observer, il se leva « avec enthousiasme, après avoir examiné les signes, et s'écria : *La victoire est à toi, César!* Et comme les assistants étaient frappés de stu-« peur, déposant la couronne qu'il avait sur la tête, il jura qu'il ne la re-« mettrait que lorsque l'événement aurait confirmé sa prophétie. Voilà « comment, au rapport de Tite-Live, la chose se passa (5). »

(1) L. l. 81. — (2) L. l. 96. — (3) Vie de Pomp. l. l. — (4) § 61, p. 401.
(5) Plutarq. Vie de Cés. XLVII.

FIN DU QUATRIÈME VOLUME.

TABLE DES MATIÈRES

CONTENUES DANS LE QUATRIÈME VOLUME.

LIVRE TRENTE-NEUVIÈME.

	Pages.
Expédition de César { 1° Contre les Belges...............	5— 9
2° Contre les Nerviens.............	9— 11
3° Contre les Aduatiques...........	11— 13
Expédition de Servius Galba contre les Véragres.............	13— 17
Rappel de Cicéron à Rome.............................	19— 21
Retour de Cicéron : il remercie le peuple et le sénat.........	21
Pompée est chargé du soin des subsistances................	21— 23
Cicéron recouvre ses biens...............................	25— 27
Ptolémée s'enfuit de l'Égypte et se retire à Rome............	27— 29
Députation des habitants d'Alexandrie.....................	29— 31
Délibération sur le retour de Ptolémée en Égypte, il se retire à Éphèse..	33— 35
Milon accusé par Clodius................................	37— 39
Prodiges...	41
Attaques de Clodius contre Cicéron.......................	41— 43
Administration de Caton à Cypre : proposé pour la préture, il la refuse...	43— 47
Distribution de blé par Pompée...........................	47— 49
Pompée brigue le consulat : sa jalousie envers César.........	49— 53
Pompée s'unit avec Crassus..............................	53— 57
Clodius se déclare de nouveau pour Pompée ; troubles dans le sénat...	57— 59
Pompée et Crassus sont élus consuls......................	59— 63
Ils empêchent Caton d'être nommé préteur.................	63
Proposition du tribun du peuple C. Trébonius, en faveur de Pompée : elle est adoptée malgré l'opposition de Favonius et de Caton..	65— 71
Proposition des consuls contre la corruption et contre le luxe.	71— 73
Dédicace du théâtre de Pompée...........................	73— 77
Nouveaux troubles ; imprécations d'Atéius contre Crassus.....	77— 81
Expédition de César contre les Vénètes....................	81— 89
Expédition de César contre les Morins et les Ménapiens.......	89
Expédition de Q. Titurius Sabinus contre les Unelles.........	89— 93

L'Aquitaine est conquise par Publius Crassus................ 93— 97
Expédition de César contre les Tenchtères et les Usipètes; il passe le Rhin, à la prière des Ubiens..................... 97—101
De la Bretagne... 101—103
Première expédition de César contre cette Île............. 103—107
Troubles en Espagne...................................... 107—109
Ptolémée est rétabli dans ses États par Gabinius.......... 109—117
Gabinius, mis en accusation pour sa conduite dans l'affaire de Ptolémée, est absous, grâce aux richesses qu'il avait expédiées à Rome.. 117—125
Il est condamné pour d'autres griefs...................... 125—127
Mort de Julie, femme de Pompée........................... 127—129
C. Pomptinus reçoit les honneurs du triomphe.............. 129

LIVRE QUARANTIÈME.

Seconde expédition de César en Bretagne................... 133—139
Nouveaux soulèvements dans la Gaule....................... 139
Les Éburons donnent le signal de la guerre sous la conduite d'Ambiorix; mort de Cotta et de Sabinus................ 139—143
Divers peuples de la Gaule se révoltent: ils sont subjugués... 143—151
Guerre contre les Parthes................................. 151—191
Crassus la commence: il s'empare de plusieurs villes; mais il se dégoûte de son séjour en Mésopotamie et rentre dans la Syrie... 151—155
Mœurs et habitudes des Parthes............................ 155—161
Orode envoie une députation à Crassus..................... 161—163
Présages funestes, surtout au passage de l'Euphrate....... 163—167
Découragement de l'armée romaine.......................... 167—169
Conduite perfide d'Augarus; défaite des Romains........... 169—179
Crassus se retire à Carrhes............................... 179—181
Le Suréna demande à traiter............................... 183
Perfidie du Suréna; mort de Crassus....................... 183—185
Cassius met fin à cette guerre............................ 187—191
Expédition de César contre les Germains................... 191—197
Nouveaux troubles dans la Gaule; les Arvernes se révoltent et s'emparent d'Avaricum................................. 197
Avaricum tombe au pouvoir des Romains..................... 197—199
Expédition de César contre les Arvernes; siége de Gergovie; César l'abandonne..................................... 199—205
Les Éduens font défection, à l'instigation de Litavicus; pillage et incendie de Noviodunum............................. 205—209
Labiénus s'empare de l'île située dans la Seine........... 209

Le Vercingétorix, battu par César, se réfugie dans Alésia	209
Siége et prise de cette ville	209—215
Fin de la conquête de la Gaule	215—219
César, craignant de tomber entre les mains de ses ennemis, ne licencie pas son armée	219
Troubles à Rome; retour de Pompée; Rome reste sans magistrats, pendant la première partie de l'année	221—225
Prodiges sinistres	225
Clodius est tué par Milon; troubles à l'occasion de ce meurtre.	227—231
Pompée, mandé à Rome, est nommé consul unique : il s'adjoint pour collègue Q. Scipion, son beau-père	231—235
Divers règlements de Pompée, concernant les tribunaux et les accusations de brigue	235—237
Condamnations prononcées contre Milon et contre plusieurs autres citoyens	237—243
Loi électorale renouvelée par Pompée; autre loi relative au gouvernement des provinces	243—245
Scipion abroge la loi de Clodius sur les censeurs	245—247
Caton sollicite le consulat; il échoue	247
M. Marcellus et Sulpicius Rufus sont élus consuls	Ibid.
Proposition du consul M. Marcellus contre César	249
César se réconcilie avec Curion, qui fit d'abord semblant de ne pas embrasser sa cause	251—255
Curion se déclare pour César : sa proposition sur le licenciement des armées	255—257
Pompée se montre sans détour l'adversaire de César. Lutte entre Marcellus et Curion	257—261
Marcellus se retire auprès de Pompée	261
Deux légions sont enlevées à César	263—267
Curion se rend auprès de César	267

LIVRE QUARANTE-UNIÈME

Curion porte au sénat la lettre dans laquelle César promettait de licencier son armée, à condition que Pompée licencierait la sienne	271
Les consuls s'opposent à la lecture de cette lettre	Ibid.
Délibération sur la proposition contenue dans la lettre de César : les tribuns Q. Cassius Longinus et M. Antoine quittent Rome et se rendent auprès de César	271—273
César s'avance jusqu'à Ariminum et marche sur Rome	275
Défection de Labiénus	277
Pompée envoie des députés à César	279

Pompée se dirige vers la Campanie : il ordonne au sénat et à tous ceux qui étaient revêtus de quelque charge publique de le suivre.. 279—283
Les partisans de Pompée quittent Rome : trouble et désordre qui accompagnent leur départ.................................... 283—293
César se rend en personne à Corfinium et l'assiége............ 293—295
Pompée gagne Brindes... 295
César fait à Pompée des propositions de paix, qui ne sont pas acceptées.. 297
César attaque Brindes ; Pompée se dirige vers la Macédoine ; réflexions.. 297—301
Présages sinistres pour Pompée..................................... 301—303
César se rend à Rome : il cherche à calmer les inquiétudes du sénat et du peuple... 303—307
Démêlés de César avec le tribun Métellus........................ 307—309
César s'empare de la Sardaigne et de la Sicile : il permet aux enfants des proscrits de briguer les charges publiques......... 309
César termine en Espagne la guerre contre Afranius et Pétréius. 309—325
Marseille refuse de recevoir César ; siége de cette ville...... 311—313
Les Marseillais sont vaincus par Brutus dans un combat naval.. 319
Capitulation de Marseille.. 325—327
Révolte militaire à Plaisance : discours de César................ 327—347
César est nommé dictateur par M. Æmilius Lépidus : ses actes : il renonce à la dictature... 347—349
Mesures concernant les dettes....................................... 349—353
César part pour Brindes ; présages favorables.................. 353
P. Corn. Dolabella est chassé de la Dalmatie..................... 355
Curion s'empare de la Sicile : il passe en Afrique, où il trouve la mort... 355—361
César et P. Servilius sont nommés consuls....................... 361
Pompée et son parti à Thessalonique............................... 363
César s'embarque pour l'Épire avec une partie de son armée... 365
César s'empare de plusieurs villes de l'Épire................... 367
Oracle de Nymphæum... 367—369
Intrépidité de César au milieu d'une tempête..................... 369—371
Antoine quitte Brindes après la mort de Bibulus................. 373
Affaire de Dyrrachium : César a le dessous et se dirige vers la Thessalie... 375—383
Parallèle entre Pompée et César..................................... 385
Bataille de Pharsale.. 385—401
Magnanimité et clémence de César.................................. 401—407
Éclaircissements... 409—463

FIN DE LA TABLE DU IVe VOLUME.

www.ingramcontent.com/pod-product-compliance
Lightning Source LLC
Chambersburg PA
CBHW051621230426
43669CB00013B/2139